¡VIVA!

Primer curso de lengua española

José A. Blanco

Philip Redwine Donley, late
Austin Community College

VISTA®
HIGHER LEARNING

Boston, Massachusetts

On the cover: Aymara dancers at
El Señor del Gran Poder festival,
La Paz, Bolivia.

Publisher: José A. Blanco
Editorial Development: Judith Bach, Emily Bates, Deborah Coffey, Jo Hanna Kurth, Gonzalo Montoya
Project Management: Brady Chin, Sally Giangrande
Rights Management: Jorgensen Fernandez, Ashley Poreda
Technology Production: Reginald Millington, Paola Ríos Schaaf
Design: Radoslav Mateev, Gabriel Noreña, Andrés Vanegas
Production: Oscar Díez, Alejandro Rojas Escobar

© 2019 by Vista Higher Learning, Inc. All rights reserved.

No part of this work may be reproduced or distributed in any form or by any means,
electronic or mechanical, including photocopying and recording, or by any information
storage or retrieval system without prior written permission from Vista Higher Learning,
500 Boylston Street, Suite 620, Boston, MA 02116-3736.

Student Text ISBN: 978-1-68005-466-8
Instructor's Annotated Edition ISBN: 978-1-68005-467-5
Library of Congress Control Number: 2017946005

1 2 3 4 5 6 7 8 9 WC 22 21 20 19 18 17

Instructor's Annotated Edition

Table of Contents

The Vista Higher Learning Story

Your Specialized World Language Publisher

Independent, specialized, and privately owned, Vista Higher Learning was founded in 2000 with one mission: to raise the teaching and learning of world languages to a higher level. This mission is based on the following beliefs:

- It is essential to prepare students for a world in which learning another language is a necessity, not a luxury.
- Language learning should be fun and rewarding, and all students should have the tools necessary for achieving success.
- Students who experience success learning a language will be more likely to continue their language studies both inside and outside the classroom.

With this in mind, we decided to take a fresh look at all aspects of language instructional materials. Because we are specialized, we dedicate 100 percent of our resources to this goal and base every decision on how well it supports language learning.

That is where you come in. Since our founding in 2000, we have relied on the continuous and invaluable feedback from language instructors and students nationwide. This partnership has proved to be the cornerstone of our success by allowing us to constantly improve our programs to meet your instructional needs.

The result? Programs that make language learning exciting, relevant, and effective through:

- an unprecedented access to resources
- a wide variety of contemporary, authentic materials
- the integration of text, technology, and media, and
- a bold and engaging textbook design

By focusing on our singular passion, we let you focus on yours.

The Vista Higher Learning Team

VISTA®
HIGHER LEARNING

500 Boylston Street, Suite 620, MA 02116-3736 TOLLFREE: 800-618-7375
TELEPHONE: 617-426-4910 FAX: 617-426-5209 www.vistahigherlearning.com

GETTING TO KNOW ¡VIVA!

¡VIVA!, Fourth Edition, offers a student-friendly approach to introductory Spanish. Its goal is to make learning Spanish easier and more rewarding so that students will be successful language learners. To this end, **¡VIVA!** emphasizes an interactive, communicative approach. It develops speaking, listening, reading, and writing skills so that students are capable of communicating with confidence in real-life situations.

NEW to the Fourth Edition

- New, interactive grammar tutorials—now with quick checks
- Expanded Activity Pack now includes new! Task-based activities for use in class or as an assessment
- Expanded Digital Image Bank includes new! Illustration Bank
- Oral testing suggestions now assignable online as chat activities
- 2 new **Lectura** readings
- 6 new authentic **TV Clips** showcasing Spanish from diverse locations in the Spanish-speaking world
- Redesigned textbook icons, including easy-to-identify chat activities
- **Vocabulary Tools** include customizable word lists with multiple practice modes, and flashcards with audio and options for English translations.

Original hallmark features of ¡VIVA!

- Dynamic presentation of practical, high-frequency vocabulary
- Focus on grammar as a tool for communication
- Emphasis on culture as an integral part of language learning
- Meaningful integration of dramatic video
- Two compelling cultural videos: **Flash Cultura** and **Panorama cultural**
- Enriching, authentic cultural content, including the **TV Clip**
- Unique and cohesive design that provides students with access to grammar explanations and corresponding activities on a single spread
- Tiered, four-part practice sequence that builds to productive output
- Incorporation of meaningful communicative practice in every section of every lesson
- Rich design that supports the learning of language and culture

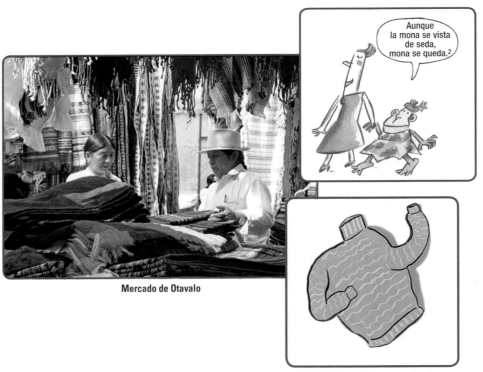

Mercado de Otavalo

¿De qué color es el suéter?

ICONS AND *RECURSOS* BOXES

Icons Familiarize yourself with these icons that appear throughout ¡VIVA!

Additional practice on the Supersite, not included in the textbook, is indicated with this icon feature:

Practice more at vhlcentral.com.

Recursos boxes let you know exactly which program components you can use to reinforce and expand on every section of every lesson. They include page numbers when applicable.

Recursos boxes legend		
WB pp. 37–38 — **Workbook**		**VM** pp. 199–200 — **Video Manual**
LM p. 19 — **Lab Manual**		**S** — **Supersite**

	PREPARACIÓN	ESCENAS

EXPLORACIÓN	GRAMÁTICA	LECTURA

	PREPARACIÓN	ESCENAS

EXPLORACIÓN | GRAMÁTICA | LECTURA

EXPLORACIÓN	GRAMÁTICA	LECTURA

	PREPARACIÓN	**ESCENAS**

THE ¡VIVA!, FOURTH EDITION, SUPERSITE

The ¡**VIVA!** Supersite is a learning environment designed especially for world language instruction, based on feedback from language educators. Its simplified interface, innovative new tools, and seamless textbook-technology integration will help you reach students and build their love of language.

Educator tools

Enhanced online tools facilitate instruction and save time.

Easy course management

A powerful setup wizard lets you customize your course settings, copy previous courses to save time, and create your all-in-one gradebook. Grades for instructor-created assignments (pop quizzes, class participation, etc.) can be incorporated for a true, up-to-date cumulative grade.

Customized content

Tailor the Supersite to fit your needs. Create your own open-ended or video Partner Chat activities, add video or outside resources, and modify existing content with your own personalized notes.

Grading tools

Grade efficiently via spot-checking, student-by-student, and question-by-question options. Use in-line editing tools to give targeted feedback and voice comments—it's the perfect tool for busy language educators!

Assessment solutions

Administer online quizzes and tests from the Testing Program or develop your own—such as open-ended writing prompts or chat activities for an oral assessment portfolio. Adapt premade online assessments by reordering or removing content as needed. Plus, new tools allow for time limits and password protection.

Plus!

- Single sign-on for easy integration with your school's LMS
- An option for hiding content from a course
- Forums for oral assignments, group discussions, homework, and more
- Reporting tools for summarizing student data

Each section of your textbook comes with activities on the **¡VIVA!** Supersite, many of which are auto-graded for immediate feedback. Plus, the Supersite is iPad®-friendly*, so it can be accessed on the go!

PREPARACIÓN
- Vocabulary tutorials
- Image-based vocabulary activity with audio
- Audio activities
- Textbook activities
- Additional activities for extra practice
- Chat activities
- Audio files for **Pronunciación**
- Record-compare practice

ESCENAS
- Streaming video of **Escenas fotonovela**, with instructor-managed options for subtitles and transcripts in Spanish and English
- Textbook activities
- Additional activities for extra practice
- Chat activities

EXPLORACIÓN
- Reading available online
- Streaming video of **Flash Cultura** series, with instructor-managed options for subtitles and transcripts in Spanish and English
- Textbook activities
- Additional activities for extra practice
- Additional reading

GRAMÁTICA
- Interactive grammar tutorials
- Grammar presentations available online
- Textbook activities
- Streaming **TV Clip** in every other lesson, with instructor-managed options for subtitles and transcripts in Spanish and English
- Audio files for **Escuchar** activity in **Ampliación**
- Composition engine for **Escribir** activity in **Ampliación**
- Additional activities for extra practice
- Chat activities

LECTURA
- Audio-synced reading
- Additional reading
- Textbook activities
- Additional activities for extra practice

VOCABULARIO
- Vocabulary list with audio
- Vocabulary Tools: customizable word lists, flashcards with audio

¡VIVAN LOS PAÍSES HISPANOS!
- Interactive map
- Textbook activities
- Additional activities for extra practice
- Streaming video of **Panorama cultural** series, with instructor-managed options for subtitles and transcripts in Spanish and English

Plus!
- All textbook and lab audio MP3 files
- Communication center for instructor notifications and feedback
- Live Chat tool for video chat, audio chat, and instant messaging without leaving your browser
- WebSAM online Workbook, Video Manual, and Lab Manual
- **vText** online, interactive student edition with access to Supersite activities, audio, and video

Supersite features vary by access level.
*Students must use a computer for audio recording and select presentations and tools that require Flash or Shockwave.

Lesson Openers
outline the content and goals of each lesson.

Para empezar A series of questions on the lesson opener photo recycles the language you already know and previews the vocabulary you are about to learn.

Lesson organization Consistent, color-coded sections make navigating each lesson easy.

Supersite

Supersite resources are available for every section of the lesson at **vhlcentral.com**. Icons show you which textbook activities are also available online, and where additional practice activities are available. The description next to the ⓢ icon indicates what additional resources are available for each section: videos, recordings, tutorials, presentations, and more!

Supersite features vary by access level.

Preparación
introduces vocabulary central to the lesson theme.

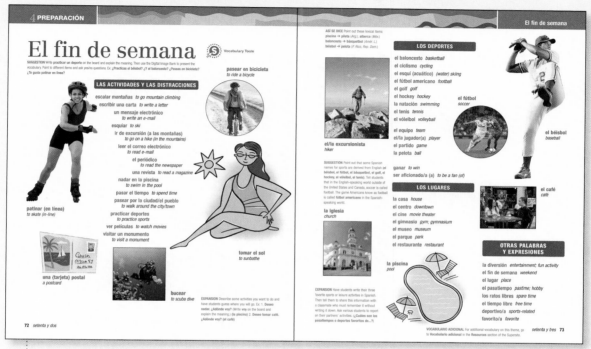

Art Dynamic photos and illustrations present high-frequency vocabulary.

Recursos These boxes let you know exactly which program components you can use to reinforce and expand on every lesson.

Vocabulary Theme-related vocabulary appears in easy-to-reference Spanish/English lists.

Supersite

- Vocabulary tutorials
- Audio support for vocabulary presentation

  Supersite features vary by access level.

Preparación
practices vocabulary in stages.

Práctica y conversación Practice always begins with listening activities that focus on vocabulary recognition and comprehension.

Practice continues with guided and transitional activities that reinforce the new vocabulary in diverse formats.

Practice concludes with a variety of activities that get you using vocabulary creatively for self-expression in interactions with a partner, a small group, or the entire class.

Pronunciación explains the sounds and pronunciation of Spanish in **Lecciones 1-9**. **Ortografía** focuses on topics related to Spanish spelling in **Lecciones 10-16**.

Icons Icons provide a visual cue that indicates listening, Supersite, chat, pair, and group activities.

Supersite

- Textbook activities
- Additional online-only practice activities
- Chat activities for conversational skill-building and oral practice
- Audio for pronunciation explanation

Supersite features vary by access level.

Escenas
tells the story of a group of students living and traveling in Mexico.

Characters The characters who appear in the episode are shown at the top of the page.

Conversations Taken from the **Escenas** video, the conversations use vocabulary from **Preparación**. They also preview structures from the upcoming **Gramática** section in context and in a comprehensible way.

Escenas video The photo-based **Escenas** conversations appear in the textbook's video program.

Expresiones útiles New words and expressions are organized by language function so that you can focus on using them for real-life, practical purposes.

Actividades Guided exercises check your understanding and communicative activities allow you to react in a personalized way.

Supersite

- Streaming video of the **Escenas** episode
- Textbook activities
- Additional online-only practice activities

Supersite features vary by access level.

Exploración

highlights engaging contemporary culture through readings and video.

Bajo la lupa The feature article focuses on a person, place, custom, event, or tradition in the Spanish-speaking world, with an emphasis on contemporary, day-to-day culture. Written in Spanish as of **Lección 7**, this feature also provides valuable reading practice.

Flash Cultura The enormously successful video offers specially shot content tied to the lesson theme. Pre-viewing support and comprehension activities are integrated into the student text.

Supersite

- **Bajo la lupa** article
- Textbook activities
- Additional online-only practice activities
- Additional cultural reading
- Streaming video of **Flash Cultura**

Supersite features vary by access level.

Gramática
uses innovative design to support learning Spanish.

Explanations Written with the student in mind, ¡VIVA!'s grammar explanations are known for their clarity. Images, charts, and diagrams support the text by illustrating language and calling out key grammatical structures, patterns, and vocabulary.

Video Photos from the **Escenas** video integrate it into the grammar explanations, providing a model and a real-life context for the structures you are studying.

Español en vivo Authentic documents, like advertisements and movie posters, highlight the new grammar point in a real-life context.

Ⓢupersite

- Interactive grammar tutorials with quick checks
- Textbook activities
- Additional online-only practice activities
- Chat activities for conversational skill-building and oral practice

Supersite features vary by access level.

Gramática
progresses from directed to communicative practice.

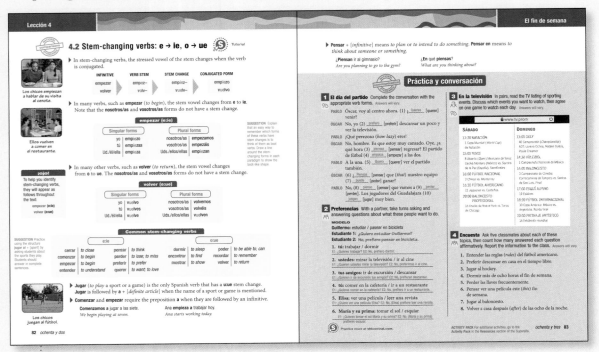

Guided practice **Práctica y conversación** begins with a wide range of guided exercises in contexts that combine current and previously learned vocabulary with each grammar point.

Open-ended practice **Práctica y conversación** ends with opportunities for personalized expression using the lesson's grammar and vocabulary. Activities take place with a partner, in small groups, or with the whole class.

ⓢupersite

- Interactive grammar tutorials with quick checks
- Textbook activities
- Additional online-only practice activities
- Chat activities for conversational skill-building and oral practice

Supersite features vary by access level.

Gramática
emphasizes listening, writing, and speaking in *Ampliación*.

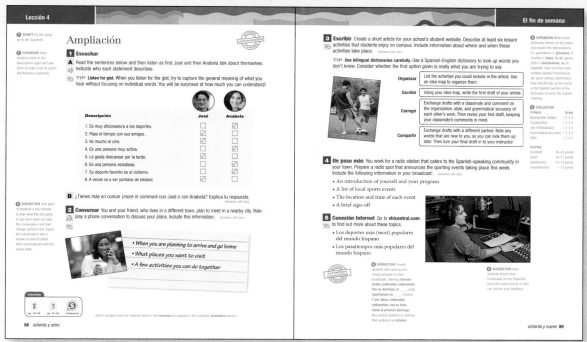

Escuchar A recorded conversation or narration develops your listening skills in Spanish and checks your understanding of what you heard. Valuable on-the-spot listening tips help you carry out the activity effectively.

Conversar Your oral communication skills are developed through realistic, practical role-plays and situations.

Escribir A writing topic and plan take you step-by-step through the writing process, including planning, writing a first draft, peer review, and correcting your work. Valuable on-the-spot writing strategies (tips) help you carry out the activity effectively.

Un paso más This project guides you to research and create a tangible product such as a brochure or a web page or else give a presentation about a certain topic.

Supersite

- Textbook activities
- Streaming video of **TV Clip** in every other lesson
- Chat activities for conversational skill-building and oral practice

Supersite features vary by access level.

Lectura
supports the development of reading skills
in the context of the lesson theme.

Antes de leer This feature presents helpful strategies and pre-reading activities to build your reading abilities in Spanish.

Readings The selections are specifically related to the lesson theme and recycle the vocabulary and grammar you have learned. **Lecciones 13–16** feature literary selections so that you can experience reading works by well-known authors in Spanish.

Después de leer Exercises check your comprehension of the reading.

Coméntalo Activities encourage you to discuss the material in the reading from your own, personal perspective.

Supersite

- Audio-sync reading that highlights text as it is being read
- Textbook activities
- Additional reading
- Additional online-only practice activities

Supersite features vary by access level.

Vocabulario
summarizes the active vocabulary in each lesson.

4 VOCABULARIO

Vocabulary Tools

Las actividades y las distracciones

bucear	to scuba dive
escalar montañas	to go mountain climbing
escribir una carta/ un mensaje electrónico/ una (tarjeta) postal	to write a letter an e-mail message a postcard
esquiar	to ski
ir de excursión (a las montañas)	to go for a hike (in the mountains)
leer el correo electrónico/	to read e-mail
leer el periódico/	a newspaper
leer una revista	a magazine
nadar en la piscina	to swim in the pool
pasar el tiempo	to spend time
pasear en bicicleta	to ride a bicycle
pasear por la ciudad/el pueblo	to walk around the city/town
patinar (en línea)	to skate (in-line)
practicar deportes	to play sports
tomar el sol	to sunbathe
ver películas	to watch movies
visitar un monumento	to visit a monument

Otras palabras y expresiones

la diversión	entertainment; fun activity
el fin de semana	weekend
el lugar	place
el pasatiempo	pastime; hobby
los ratos libres	spare time
el tiempo libre	free time

Verbos

cerrar (e:ie)	to close
comenzar (e:ie)	to begin
conseguir (e:i)	to get; to obtain
dormir (o:ue)	to sleep
empezar (e:ie)	to begin
encontrar (o:ue)	to find
entender (e:ie)	to understand
hacer	to do; to make
ir	to go
ir a (+ inf.)	to be going to do something
jugar (u:ue)	to play
mostrar (o:ue)	to show
oír	to hear
pedir (e:i)	to ask for; to request
pensar (e:ie)	to think
pensar (+ inf.)	to intend; to plan
pensar en	to think about
perder (e:ie)	to lose; to miss
poder (o:ue)	to be able to; can
poner	to put; to place
preferir (e:ie)	to prefer
querer (e:ie)	to want; to love
recordar (o:ue)	to remember
repetir (e:i)	to repeat
salir	to leave
seguir (e:i)	to follow; to continue; to keep (doing something)
suponer	to suppose
traer	to bring
ver	to see
volver (o:ue)	to return

Adjetivos

deportivo/a	sports-related
favorito/a	favorite

Los deportes

el baloncesto	basketball
el béisbol	baseball
el ciclismo	cycling
el equipo	team
el esquí (acuático)	(water) skiing
el/la excursionista	hiker
el fútbol	soccer
el fútbol americano	football
el golf	golf
el hockey	hockey
el/la jugador(a)	player
la natación	swimming
el partido	game
la pelota	ball
el tenis	tennis
el vóleibol	volleyball
ganar	to win
ser aficionado/a (a)	to be a fan (of)

Los lugares

el café	café
la casa	house
el centro	downtown
el cine	movie theater
el gimnasio	gym; gymnasium
la iglesia	church
el museo	museum
el parque	park
la piscina	swimming pool
el restaurante	restaurant

As students finish the lesson, encourage them to explore the **Repaso** section on the Supersite. There they will find quizzes for practicing vocabulary, grammar, and oral language.

92 noventa y dos

Vocabulario The end-of-lesson page lists the active vocabulary from this lesson. This is the vocabulary that may appear on quizzes or tests.

Supersite

- Audio for all vocabulary items
- Vocabulary Tools: customizable word lists, flashcards with audio

Supersite features vary by access level.

¡Vivan los países hispanos!
presents the countries of the Spanish-speaking world and appears after every even-numbered lesson.

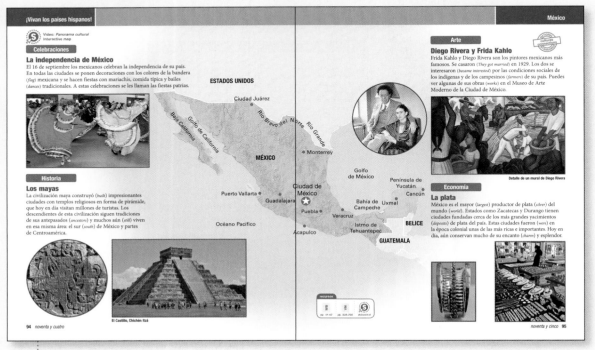

Maps These maps situate the country or region on its continent and highlight significant features.

Readings Short readings with eye-catching photos explore key facets of the location's culture, such as history, fine arts, food, celebrations, and traditions.

Panorama cultural video A video segment from the **Panorama cultural** Video Program lets you experience the sights and sounds of each country featured in this section.

Opening and closing pages The opening page sets the scene for the section with a dramatic photo and statistics about the location. **¿Qué aprendiste?** activities on the closing page connect what you've learned with your own experiences.

Supersite

- Interactive map
- Streaming video of the **Panorama cultural** program
- Textbook activities
- Additional online-only practice activities

Supersite features vary by access level.

Consulta

Consulta Find useful reference materials at the end of your textbook.

Maps Find maps of Mexico, Central America and the Caribbean, South America, and Spain.

Glossary of Grammatical Terms A glossary that contains definitions, explanations, and examples of all the grammar concepts covered in the textbook.

Verb Conjugation Tables Verb conjugation tables that show you how to conjugate every verb taught in ¡VIVA!

Vocabulary A comprehensive Spanish-English/English-Spanish vocabulary list that cross-references the lessons, and includes additional common words and expressions.

Supersite

- Dictionary

  Supersite features vary by access level.

PROGRAM COMPONENTS

- **Student Edition**

- **v̂Text** This virtual, interactive student edition provides a digital text, plus links to all Supersite activities and media.

- **Student Activities Manual (Workbook/Video Manual/Lab Manual)** The Workbook activities provide additional practice of the vocabulary and grammar in each textbook lesson and the information in the **¡Vivan los países hispanos!** sections. The Video Manual includes pre-, while-, and post-viewing activities for the **Escenas**, **Panorama cultural**, and **Flash Cultura** videos. The Lab Manual activities build listening comprehension, speaking, and pronunciation skills.

- **Lab Audio** The Lab Program MP3 audio files provide the recordings to be used in conjunction with the activities in the Lab Manual. These recordings are available on the **¡VIVA!** Supersite.

- **Textbook Audio** The Textbook MP3 files are the recordings for the listening activities in the **Preparación**, **Pronunciación**, and **Ampliación** sections in each lesson of the student text, as well as the active vocabulary in each end-of-lesson **Vocabulario** list. These recordings are available on the **¡VIVA!** Supersite.

- **WebSAM** The WebSAM delivers the Workbook, Video Manual, and Lab Manual online.

INSTRUCTOR RESOURCES

- **Activity Pack** The Activity Pack contains Info Gap Activities and Worksheet activities. In addition, many closed-ended activities for each lesson's vocabulary and grammar are included here, alongside a plethora of communicative activities. New to the Fourth Edition, Task-based activities can be used in class or as an assessment.
- **SAM Answer Key** This supplement contains the answers to all activities with discrete responses in the Student Activities Manual.
- **PDF files** On the Supersite you will find PDF files for the lab and textbook audioscripts, videoscripts and translations for all four video programs, and **Vocabulario adicional**.
- **Expanded Digital Image Bank** including maps of Spanish-speaking countries, illustrations to reinforce the textbook's **Preparación** vocabulary sections, presentations for each grammar point in **Gramática**, and other textbook illustrations, as well as a new! Illustration Bank with thematically organized images correlated to each lesson's theme.
- **Testing Program** The Testing Program contains four versions of tests for each textbook lesson, quizzes for each lesson's vocabulary and grammar topics, semester and quarter exams, listening scripts, answer keys, and suggestions for oral tests. The *Testing Program* is provided in ready-to-print DOCX files.

VIDEO PROGRAMS

Escenas

Fully integrated with your textbook, the **Escenas** video contains sixteen episodes. The episodes present the adventures of the Díaz family, whose household includes two college-aged children and a visiting student from the U.S. Over the course of an academic year, Jimena, Felipe, Marissa, and their friends explore **el D.F.** and other parts of Mexico as they make plans for their future. Their adventures take them through some of the greatest natural and cultural treasures of the Spanish-speaking world, as well as the highs and lows of everyday life.

The **Escenas** section in each textbook lesson is actually an abbreviated version of the dramatic episode featured in the video. Therefore, each **Escenas** section can be done before you see the corresponding video episode, after it, or as a section that stands alone.

In each dramatic segment, the characters interact using the vocabulary and grammar you are studying. As the storyline unfolds, the episodes combine new vocabulary and grammar with previously taught language. The **Resumen** segment serves to recap the plot as well as to emphasize the grammar and vocabulary you are studying.

The cast

Here are the main characters you will meet when you watch the **Escenas** video:

 From Mexico, **Jimena Díaz Velázquez**

 From Mexico, **Felipe Díaz Velázquez**

 From Mexico, **María Eugenia (Maru) Castaño**

 From Argentina, **Juan Carlos Rossi**

 From the U.S., **Marissa Wagner**

 From Spain, **Miguel Ángel Lagasca Martínez**

Flash Cultura

The dynamic **Flash Cultura** video is fully integrated into the **Exploración** section of each lesson and into your Video Manual. Shot in eight countries (U.S., Puerto Rico, Mexico, Spain, Argentina, Costa Rica, Ecuador, and Peru), these contemporary and engaging episodes expand on the lesson themes. Each episode is hosted by a correspondent from the featured country; the host provides valuable information about a tradition, event, resource, or other aspect of the country's culture and talks to the locals to get their opinions about the subject at hand.

The episodes are entirely in Spanish as of **Lección 7**, but all lessons feature real interviews in Spanish, exposing you to the diverse and authentic accents of the Spanish-speaking world. Support materials in the text, on the Supersite, and in the Video Manual make these interviews accessible so that you get the most out of them.

We hope you enjoy **Flash Cultura, ¡el programa donde aprender es toda una aventura!**

TV Clip

The **¡VIVA!** Supersite features an authentic **TV Clip** from the Spanish-speaking world in every other lesson. Clip formats include, commercials and news stories. These clips have been carefully chosen to be comprehensible for students learning Spanish, and are accompanied by activities and vocabulary lists to facilitate understanding. Developed by Spanish speakers for Spanish speakers, they offer another valuable window into the products, practices, and perspectives that are key to the cultures of the Spanish-speaking world. More importantly, though, these clips are a fun and motivating way to improve your Spanish!

Here are the countries represented in each **TV Clip**:

Lesson 1, *MasterCard Perrito*, **U.S.**

Lesson 3, *Diminutivo*, **Argentina**

Lesson 5, *Tu Panamá, ¿ya la conoces?*, **Panama**

Lesson 7, *Pelos solitarios,* **U.S.**

Lesson 9, *Día de muertos*, **Mexico**

Lesson 11, *Autocine*, **Argentina**

Lesson 13, *Energía geotérmica*, **Spain**

Lesson 15, *Azucarlito*, **Uruguay**

Panorama cultural

The **Panorama cultural** video is integrated with the **¡Vivan los países hispanos!** section in **¡VIVA!** Each segment is 2–3 minutes long and consists of documentary footage from each of the countries featured. The images were specially chosen for interest level and visual appeal, while the all-Spanish narrations were carefully written to reflect the vocabulary and grammar covered in the textbook.

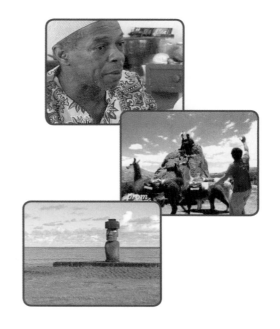

As you watch the video segments, you will experience a diversity of images and topics: cities, monuments, traditions, festivals, archeological sites, geographical wonders, and more. **Panorama cultural** covers each Spanish-speaking country, including the United States and Canada, and gives you the opportunity to expand your cultural perspectives with information directly related to the content of **¡VIVA!**

INTERACTIVE GRAMMAR TUTORIALS

Research shows that a little humor is engaging, stimulates the brain, and helps with memory retention. Interactive grammar tutorials, **NEW!** for **¡VIVA!, Fourth Edition,** feature the Professor, an amusing character who grabs your attention with his humorous gags and lighthearted approach to grammar. The tutorials entertain and inform by pairing grammar rules with fun explanations and examples.

There are five learning scenarios: the classroom, the library, the theater, the café, and the Professor's living room. These settings offer opportunities for humor and for cultural references.

The Professor explains the grammar in an informal, conversational way. The Narrator pronounces words in charts and reads example sentences. Animation features such as color and pulsing emphasize the grammar being taught. The examples often appear with pictures that illustrate their meaning.

Each tutorial has one or two quick checks, which are pauses in the instruction to give you a chance to react to what has just been presented. It's a way to make sure you understand one concept before tackling the next one. It's also a way to make the tutorial interactive and keep you interested and engaged throughout the tutorial. Formats include multiple choice, sorting, fill in the blank, and ordering sentence elements. The Professor may also guide the quick check by having you listen and repeat, listen to cues and give the answers orally, or read cues and give the answers aloud.

Each tutorial features a **Repaso** section at the end that summarizes what you have learned.

These interactive grammar tutorials are a handy reference tool and support independent study.

¡VIVA! AND THE *WORLD-READINESS STANDARDS FOR LEARNING LANGUAGES*

¡VIVA!'s pedagogy has been shaped by two main influences: the *ACTFL Proficiency Guidelines* and the *Standards for Foreign Language Learning in the 21st Century*. As a result, ¡VIVA! emphasizes an interactive, proficiency-oriented approach to teaching language and culture. This approach is organized into five goal areas, often called the five Cs: Communication, Cultures, Connections, Comparisons, and Communities.

The Communications goal is integral to the very nature of ¡VIVA! For example, the basic structure of the **Gramática** section with explanations and activities presented on the same two-page spread supports and facilitates communication by providing students with immediate access to information essential to using Spanish in the on-page activities. Diverse activity formats, such as interviews, role-plays, surveys, information gaps, and task-based, engage students in communicative exchanges. The robust Textbook Audio Program develops students' listening and interpreting skills. Finally, integrated projects guide students in presenting information, concepts, and ideas to their classmates on a variety of topics and in varied ways.

The Cultures goal is most evident in the **Exploración** and **¡Vivan los países hispanos!** sections, but ¡VIVA! also weaves culture into virtually every page, exposing students to the multiple facets of practices, products, and perspectives of the Spanish-speaking world. With respect to the Connections goal, students can connect with other disciplines such as geography, history, and fine arts in the **¡Vivan los países hispanos!**, **Exploración,** and **Lectura** sections. The **Pronunciación** and **Gramática** sections, with their clear explanations and parallels to English, reflect the Comparisons goal. Students can work toward the Connections and Communities goals when they do the activities on the **¡VIVA!** Supersite (**vhlcentral.com**).

The above correlations are just a few of the many that you will find as you work with the **¡VIVA!** program. As you go through each lesson, Standards icons will appear on the pages of your IAE to call out sections that have a particularly strong relationship with the Standards. You will find many more connections to the Standards as you work with the student textbook and its print, audio, video, and technology components.

NATIONAL
communication
cultures
STANDARDS

General Teaching Considerations

Orienting Students to the Student Textbook

Since the interior and graphic design of ¡VIVA! were created to support and facilitate students' language-learning experience, you may want to spend some time orienting students to the textbook on the first day of class. Have students flip through **Lección 1** while you point out the major sections. Explain that all lessons are organized in the same manner, so students should always know "where they are" in the textbook. Emphasize that sections are self-contained, occupying either a full page or a spread of two facing pages, which eliminates the need to flip back and forth to reference grammar explanations while completing activities. Call students' attention to the use of color to highlight important information in charts, diagrams, and word lists. Also point out how the major sections of each lesson are color-coded for easy navigation: red for **Preparación**, green for **Escenas**, teal for **Exploración**, burgundy for **Gramática**, purple for **Lectura**, and gold for **Vocabulario**. Then have students turn to the **¡Vivan los países hispanos!** section that follows **Lección 2**. Explain that these sections cover different countries or regions of the Spanish-speaking world and that they appear at the end of every even-numbered lesson.

Flexible Lesson Organization

To meet the needs of diverse teaching styles and instructional objectives, the lesson organization of ¡VIVA! is flexible. For example, if you do not want to devote class time to teaching grammar, you can assign the **Gramática** explanations for outside study, freeing up class time for other purposes like developing communicative skills, learning more about the Spanish-speaking world, or working with the video program. You might have students do the listening exercises in **Preparación** and **Ampliación**, and the **Pronunciación** sections in the language lab or at home. You may choose to skip some sections or use them only periodically, depending on students' interests and time constraints. If you plan on using the ¡VIVA! Testing Program, be aware that the tests and exams contain sections based on language presented in **Preparación** and **Gramática**. In the **Fourth Edition**, the **Expresiones útiles** from ¡VIVA! are not part of the active vocabulary load.

Identifying Active Vocabulary

All words and expressions appearing with the illustrations and in the thematic lists in **Preparación** are active vocabulary. The words and expressions in charts, word lists, and sample sentences in **Gramática** are also active vocabulary. At the end of each lesson, **Vocabulario** provides a convenient one-page summary of the items students should know; these items may appear on assessments.

To increase students' lexicon, supplemental vocabulary lists for each lesson are available on the Supersite (**vhlcentral.com**); these may be distributed to the class.

Using the Illustration Bank and Creating Your Own Picture File

Many language instructors find picture files useful for extending and varying practice of vocabulary groups or grammar points. For **¡VIVA!, Fourth Edition,** a new illustration bank has been added to the **Digital Image Bank**. Images are grouped by theme and correlated to lessons. One of the easiest ways to assemble your own picture file is to get into the habit of looking for dramatic images as you flip through magazines. Another way is to ask students to bring in illustrations or photos that appeal to them and that they would like to talk about. These materials can be mounted on posterboard, laminated, and filed in a box. The pictures can be arranged in various ways—by theme (for example, family, clothing, or pastimes), by grammar topic (preterite vs. imperfect, descriptive adjectives, or the present subjunctive), or by textbook lesson.

Suggestions for Using *Preparación*

Lesson Vocabulary

- Introduce the new vocabulary using comprehensible input.
- Use the lesson opener questions to preview the new vocabulary.
- Ask multiple-choice and yes/no questions about the images in the **Preparación** spread and in the Textbook Images part of the Digital Image Bank. Use as many cognates as possible.
- Make use of any other elements you might have in your classroom to preview recognition of the new vocabulary in a comprehensible way.

Práctica y conversación: listening

- If class time is limited, assign the listening activities as homework, although it is advisable to do them in class for the first few lessons so that students develop good listening habits.
- In the first few lessons, tell students that they should listen for general meaning and not worry about understanding every word they hear.
- Before playing the recording, read the direction line to the class to set the scene and then have students read through the exercise as a pre-listening activity.
- If the recorded passage is long, encourage students to take notes.
- If students have difficulty completing the activity, play the recording for them again.

Práctica y conversación: practice activities

- Use the Supersite (**vhlcentral.com**) to your advantage.
- Assign as many practice activities as you choose as auto-graded homework on the Supersite. Establish a baseline grade and automatically assign additional practice as needed. For example, if students get 80% or above on assigned activities, they are done; if they get less than 80%, they should complete the additional activities on the Supersite as well.
- Use class time for communicative practice and to go over problem areas.

Práctica y conversación: pairs and groups

- Have students form pairs or groups quickly, or assign students to pairs and groups.
- Allow sufficient time for pairs or groups to do activities (between five and fifteen minutes depending on the activity), but do not give them too much time or they may lapse into English and socialize. Always give students a time limit for an activity before they begin.
- Insist on the use of Spanish only. Encourage students to use language creatively.
- Monitor students and note common errors to be worked on for general improvement.
- Remind students to jot down information during the interview and survey activities.

Pronunciación

- Explain how the sounds are pronounced.
- Have students find examples of the sounds in the corresponding and preceding lessons' vocabulary lists.
- Model pronunciation of example words followed by choral repetition.
- Remind students that the **Pronunciación** section is recorded on the Supersite, so they can practice the sounds on their own.

Suggestions for Using *Escenas*

- To introduce the **Escenas** video, first have students predict what will happen based on the video stills.
- Have students brainstorm a list of things that might happen based on the title of the episode.
- Have students read the first half of the **Escenas** conversations and predict what will happen in the second half.
- Explain which phrases in the **Expresiones útiles** are more or less formal, emphatic, or polite.
- Have students identify situations in which they would use certain phrases in the **Expresiones útiles**.
- Assign the activities, which can be done orally as class, pair, or group activities. Some may be assigned as written homework if they do not involve pair or group work.

Suggestions for Using *Exploración*

- Relate **Exploración** to the lesson theme.
- Use the photos as a basis for cross-cultural comparisons. Have students describe what they see in each photo, and then explain how things are similar or different in their culture. In the early lessons, this discussion should be conducted in English since students may lack the necessary linguistic ability in Spanish.
- Use **Exploración** as a pronunciation exercise by having different students read aloud.
- Use **Bajo la lupa** as a reading comprehension exercise. Have students read the material in class; then ask them content questions or give them true/false statements.
- Have students explore additional information on the theme through the **¡VIVA!** Supersite (**vhlcentral.com**).

Suggestions for Using *Gramática*

Grammar Explanations

- Keep grammar explanations to a minimum, about three to five minutes for each point. Grammar explanations can be assigned as homework so that class time can be devoted to communication.
- Have students locate examples of the grammar points in the **Escenas** section.

Práctica y conversación

- Exercises can be done orally with the whole class, in pairs, or in small groups. They may also be assigned as written homework.
- Use the Supersite (**vhlcentral.com**) to your advantage.
- Assign as many of the activities as you wish as auto-graded homework on the Supersite.
- Use the same baseline grade as you did for **Preparación** and automatically assign additional practice as needed. For example, if students get 80% or above on assigned activities, they are done; if they get less than 80%, they should complete the additional activities on the Supersite as well.
- Use class time for communicative practice and to go over problem areas.
- See the suggestions on the Supersite for individual activities.

Suggestions for Using *Ampliación*

Escuchar

- Briefly discuss the listening tip in each **Escuchar** activity with students. Point out how these strategies will help them develop their listening skills.

Conversar

- For suggestions, see *Práctica y conversación*: **pairs and groups**.

Escribir

- These activities can be assigned as homework or done in class as pair or group writing activities.
- Briefly discuss the writing tip in each **Escribir** activity with students. Point out how these strategies will help them develop their writing skills in Spanish.
- In the first lesson, explain the four steps in the writing process (**Organizar**, **Escribir**, **Corregir**, and **Compartir**) and their purpose. Show students the rubric you will use to grade their work (see the instructor annotations), perhaps with some examples.
- Encourage students to be creative in their writing, but remind them to keep their writing simple and to use vocabulary and structures they know.

Suggestions for Using *Lectura*

- Discuss **Antes de leer** with students. Emphasize that these reading strategies will develop their reading skills. Discourage students from translating the readings into English or relying on a dictionary.
- If the **Lectura** is used as an in-class reading comprehension exercise, students can complete the **¿Comprendiste?** and **Preguntas** activities orally as a class, in pairs, or in small groups.

Suggestions for Using *¡Vivan los países hispanos!*

- This section can be used as an in-class or outside-of-class assignment. It may also be presented at any time; you do not have to wait until the end of the lesson it follows.
- Have students look at the map in the book, or project the map in the Textbook Images part of the Digital Image Bank on the Supersite. Ask them to read aloud the names of the cities and geographical features, or ask questions about the locations of certain cities and geographical features.

Suggestions for Using the ¡VIVA! Video Programs

The video programs are extremely flexible. Students and instructors have access to all four programs on the **¡VIVA!** Supersite (**vhlcentral.com**). All videos may be shown in class or assigned for out-of-class viewing. You may choose to consistently show one or two videos in class, or vary the ones you show depending on time and interest. Students always have access to the material, so they can get the most out of its valuable cultural and linguistic input even if you do not have time to show everything in class.

Escenas

Fully integrated with the text, the **Escenas** video is a dynamic and contemporary window into the Spanish language. The video centers around the Díaz family, whose household includes two college-aged children and a visiting student from the U.S. Over the course of an academic year, the students explore Mexico as they make plans for their futures. The **Escenas** section in **Lecciones 1–16** of the student text and the **Escenas** video were created as integrated pieces. Both the **Escenas** conversations and their expanded video versions represent comprehensible input at the discourse level; they were purposely written to use language from the corresponding lesson's **Preparación** and **Gramática** sections. Thus, as of **Lección 2**, they recycle known language, preview grammar points students will study later in the lesson, and, in keeping with the concept of "i + 1," contain a small amount of unknown language.

Since the **Escenas** sections in the text and the video episodes are so closely connected, you may use them in different ways. For instance, you can use each **Escenas** section as an advance organizer, presenting it before showing the video module. You can also show the video module first and follow up with the **Escenas** section in the text, or you can show the video module at the end of the lesson as a synthesis activity. You might also want to use the **Escenas** video in class when working with **Gramática** by playing the sections of the dramatic episode that correspond to the video stills in the grammar explanations or showing parts of the episode and asking students to identify certain structures. You can even use the **Escenas** text section as a stand-alone, video-independent section.

Flash Cultura

Flash Cultura is a dynamic cultural video fully integrated into the **Exploración** cultural strand and the Video Manual. Filmed in eight countries, **Flash Cultura** features correspondents that present various aspects of life in the Spanish-speaking world, always related to the lesson theme. The episodes gradually transition from English into Spanish, but each episode—even the early ones—delivers authentic input through spontaneous interviews with native speakers.

You can use **Flash Cultura** to preview the **Bajo la lupa** reading in **Exploración**, or to expand on it. You can also use this video out of sequence and present it with **¡Vivan los países hispanos!** as different countries and regions are featured. Or you can use these episodes to jump-start research projects and presentations. Since you have the flexibility to show the video in class or assign it as homework, the options for using the video are endless.

Panorama cultural

The **Panorama cultural** video contains documentary and travelogue footage of each country featured in the textbook's **¡Vivan los países hispanos!** sections. The images were chosen for visual appeal, diversity of topics, and information of interest that goes beyond the information about each country that is presented in the textbook. Like the conversations in the **Escenas** video, the voice-overs for the video segments represent comprehensible input. Each was written to make the most of the vocabulary and grammar students learned in the corresponding and previous lessons, while still providing a small amount of unknown language. The effect on students as they watch will be that of viewing a documentary in their first language, because all footage is authentic and all narration is exclusively in Spanish.

TV Clip

¡VIVA! also features an authentic clip (news stories, commercials) for each odd-numbered lesson. With clips from all over the Spanish-speaking world, students are exposed to authentic issues, products, practices, accents, and humor. These clips were not developed by Vista Higher Learning and do not have controlled language as other video programs do. However, with additional support on the Supersite, working with these clips should be a motivating and rewarding experience for students.

If assigned as homework, encourage students to watch the clips two or three times to maximize comprehension. When showing the clips in class, be sure to explain any lexical particularities students may encounter. If you have heritage speakers in your class from the source country, invite them to point out variations in accent and lexicon to the class.

Encourage your students to find similar clips to share with the class.

The video programs for **¡VIVA!, Fourth Edition**, are all available with subtitles in Spanish and English. They also all have supporting materials and comprehension checks in the Student Book, in the Video Manual, or on the Supersite, or some combination of the three.

Suggestions for Using the Video Manual

The **¡VIVA!** Video Manual contains pre-, while-, and post-viewing activities for three of the four video programs: **Escenas, Flash Cultura**, and **Panorama cultural.**

Before Viewing

- Mention the video segment's title and ask students to guess what the segment might be about.

- Have pairs make a list of the lesson vocabulary they expect to hear in the video segment.

- Read the class a list of true/false or multiple-choice questions about the video. Confirm their guesses after watching the segment.

While Viewing

- Show the video segment with the audio turned off and ask students to use lesson vocabulary and structures to describe what is happening. Have them confirm their guesses by showing the segment again with the audio on.

- Have students refer to the list of words they brainstormed before viewing the video and put a check next to any words they actually hear in the segment.

- First, have students simply watch the video. Then, show it again and ask students to take notes on what they see and hear. Finally, have them compare their notes in pairs or groups for confirmation.

- Print the segment's videoscript from the Supersite and white out words and expressions related to the lesson theme. Distribute the scripts for pairs or groups to complete as cloze activities.

After Viewing

- When applicable, have students say what aspects of the information presented in the **Exploración** and **¡Vivan los países hispanos!** sections of their textbook are observable in the video segment.

- Ask groups to write a brief summary of the content of the video segment. Have them exchange papers with another group for peer editing.

- Ask students to discuss any aspects of the featured country/countries of which they were unaware before watching. Encourage them to say why they did not expect those aspects to be true of the country in question.

- Have students pick one point that they learned from watching the video segment. Have them research more about that topic and write a brief composition to expand on it.

COURSE PLANNING

The ¡VIVA! program was developed keeping in mind the need for flexibility and manageability in a wide variety of academic situations. The following sample course plans illustrate how ¡VIVA! can be used in courses on a semester or quarter system, and in courses that complete the book in two or three semesters. You should, of course, feel free to organize your courses in the way that best suits your students' needs and your instructional goals.

Two-Semester System

The following chart shows how the ¡VIVA! program can be completed in a two-semester course. The division of material allows the present indicative tense, the present progressive tense, and the preterite to be presented in the first semester; the second semester covers the imperfect, the subjunctive, the present and past perfect tenses, the future, and the conditional.

Semester 1	Semester 2
Lecciones 1–8	Lecciones 9–16

Three-Semester Course or Quarter System

This chart presents one way to configure ¡VIVA! for a three-semester course or for the quarter system. This arrangement allots only five lessons to the second and third semesters/ quarters, which gives students more time to absorb and practice new verb tenses.

Semester 1/ First Quarter	Semester 2/ Second Quarter	Semester 3/ Third Quarter
Lecciones 1–6	Lecciones 7–11	Lecciones 12–16

¡VIVA!, Fourth Edition, has been informed by extensive reviews and ongoing input from both students and instructors using the Third Edition. Accordingly, we gratefully acknowledge those who shared their suggestions, recommendations, and ideas as we prepared this Fourth Edition.

We express our appreciation to the many instructors using **¡VIVA!** who completed our online reviews. Their comments and suggestions were instrumental in shaping the entire **¡VIVA!, Fourth Edition,** program.

Reviewers

Aleta Anderson
Grand Rapids Community College, MI

David G. Anderson
John Carroll University, OH

Tim Barnett, PhD
Our Lady of the Lake University, TX

John R. Boyst
Salem College, NC

Norma Branson
Norwalk Community College, CT

Sandra Caballero
Christopher Newport University, VA

Dr. Gregory A. Clemons
Mars Hill University, NC

Florence Dwyer, PhD
Thomas More College, KY

E. Kay Dyer
Culver-Stockton College, MO

David G. Fish
Ozark Christian College, MO

Ryan Furness
University of Minnesota Rochester, MN

Dr. Wilson Garcia
Plymouth State University, NH

Maria C. Garriga, PhD
Thomas More College, KY

Jeannette Harker
St. Johns River State College, FL

Dr. Krishauna Hines-Gaither
Salem College, NC

Gordon Hinners
Mars Hill University, NC

Maribel Larraga, PhD
Our Lady of the Lake University, TX

Nilsa Lasso
Moravian College, PA

Bernard E. Manker III
Grand Rapids Community College, MI

Elaine M. Miller
Christopher Newport University, VA

Dr. Margaret L. Morris
South Carolina State University, SC

Beatriz G. Roques
Nicholls State University, LA

Sally Backlin Sanchez
Montana State University, MT

Bryant Smith
Nicholls State University, LA

Margaret L. Snyder
Moravian College, PA

Dr. Maria Souza Hogan
University of Saint Joseph, CT

Ingrid Watson-Miller
Norfolk State University, VA

Jennifer Williams
Methodist University, NC

Dr. Mac Williams
Coker College, SC

1 Hola, ¿qué tal?

PARA EMPEZAR Have students look at the photo. Ask: What do you think is happening in the photo? Say: In Hispanic cultures people greet each other with a handshake, or with one or two kisses on the cheek, depending on the situation and the country. Ask: How do you greet your friends? And strangers?

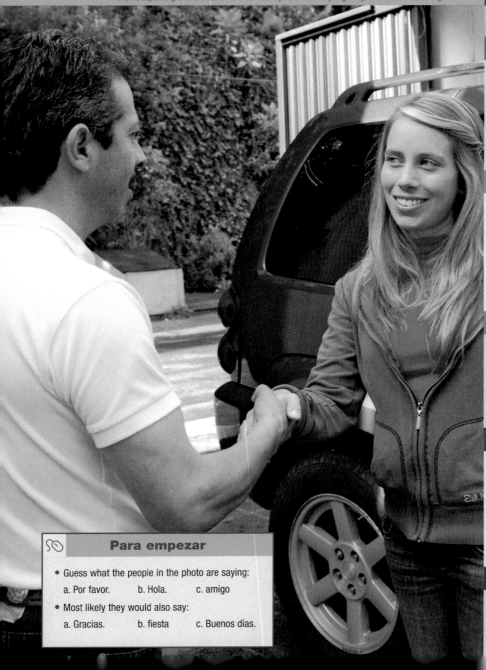

Para empezar

- Guess what the people in the photo are saying:
  - a. Por favor.
  - b. Hola.
  - c. amigo
- Most likely they would also say:
  - a. Gracias.
  - b. fiesta
  - c. Buenos días.

Hola, ¿qué tal?

 Vocabulary Tools

SALUDOS Y DESPEDIDAS

Buenas noches. *Good evening; Good night.*

Buenas tardes. *Good afternoon.*

Hasta la vista. *See you later.*

Hasta pronto. *See you soon.*

Hasta mañana. *See you tomorrow.*

SUGGESTION Write a few greetings, farewells, and courtesy expressions on the board. Explain their meanings and model pronunciation. Circulate around the room greeting students, making introductions, and encouraging responses.

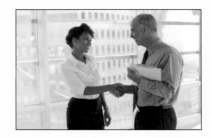

SEÑORA	Hola, señor Pérez. ¿Cómo está usted?
SEÑOR	Muy bien, gracias. ¿Y usted, señora Salas?
SEÑORA	Bien, gracias.
SEÑOR	Hasta luego, señora Salas. Saludos al señor Salas.
SEÑORA	Adiós.

¿CÓMO ESTÁS?

¿Cómo estás? *(familiar) How are you?*

No muy bien. *Not very well.*

¿Qué pasa? *What's happening?; What's going on?*

JUANA	Hasta luego, Sofía.
SOFÍA	Chau, Juana. Nos vemos mañana.

CARLOS	¿Qué tal, Roberto?
ROBERTO	Regular. ¿Y tú?
CARLOS	Bien. ¿Qué hay de nuevo?
ROBERTO	Nada.

INSTRUCTIONAL RESOURCES See page IAE-31 of the Instructor's Annotated Edition for a complete list of instructional resources available for each section of the textbook.

PRESENTACIONES

¿Cómo se llama usted? *What's your name? (form.)*

¿Cómo te llamas (tú)? *What's your name? (fam.)*

Le presento a… *I would like to introduce you to… (form.)*

Te presento a… *I would like to introduce you to… (fam.)*

Éste es… *This is… (masculine)*

Ésta es… *This is… (feminine)*

SUGGESTION Point out the use of **usted** vs. **tú** in the conversations. Explain in which situations each form is appropriate.

EXPANSION Use the Digital Image Bank and have students identify informal and formal conversations. Have small groups create conversations based on the pictures and share them with the class.

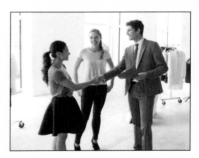

LAURA	Buenos días. Me llamo Laura.
ESTEBAN	Buenos días. Me llamo Esteban. Mucho gusto.
LAURA	El gusto es mío. ¿De dónde eres?
ESTEBAN	Soy de los Estados Unidos, de Texas.

SUSANA	Leti, éste es el señor Garza.
LETICIA	Encantada.
SEÑOR GARZA	Igualmente. ¿De dónde es usted, señora?
LETICIA	Soy de Puerto Rico. ¿Y usted?
SEÑOR GARZA	De México.

EXPRESIONES DE CORTESÍA

¡Muchas gracias!

Por favor. *Please.*

De nada. *You're welcome.*

No hay de qué. *You're welcome.*

Lo siento. *I'm sorry.*

Muchas gracias. *Thank you very much; Thanks a lot.*

ASÍ SE DICE Point out these lexical items:
Buenos días. → Buenas.
De nada. → A la orden. (*colloquial*)
Lo siento. → Perdón.
¿Qué tal? → ¿Cómo vas? (*colloquial*); ¿Cómo te va? (*colloquial*); ¿Qué hubo? (*Col.*)

1 SCRIPT For the script, go to the Supersite.

2 SCRIPT For the script, go to the Supersite.

Práctica y conversación

1 **¿Lógico o ilógico?** Listen to each conversation and indicate whether the conversation is logical or illogical.

	1.	2.	3.	4.	5.	6.
Lógico		✓	✓		✓	✓
Ilógico	✓			✓		

2 **Una fiesta** Margarita is having an all-day party to celebrate her twentieth birthday. Listen to the conversations and indicate whether each guest is arriving (**Llega**) or leaving (**Sale**).

	Llega	Sale		Llega	Sale
1. Ramiro	✓		**4.** Vicente		✓
2. Sra. Sánchez		✓	**5.** Profesor Lado	✓	
3. Luisa	✓		**6.** Sr. Torres		✓

3 **Sinónimos** For each expression, write a word or phrase that expresses a similar idea.

MODELO
¿Cómo estás? ___¿Qué tal?___

1. De nada. ___No hay de qué./A la orden.___
2. Encantado. ___Mucho gusto.___
3. Adiós. ___Chau; Hasta luego/mañana /pronto/la vista./Nos vemos.___
4. Te presento a Antonio. ___Éste es Antonio.___
5. ¿Qué hay de nuevo? ___¿Qué pasa?/¿Cómo está usted?/¿Cómo estás?/ ¿Qué tal?/¿Cómo te va?/¿Qué hubo?/¿Cómo vas?___
6. Igualmente. ___El gusto es mío.___

4 **Ordenar** With a classmate, put this scrambled conversation in order. Then act it out.

—Muy bien, gracias. Soy María Rosa.

—Soy de Ecuador. ¿Y tú?

—Mucho gusto, María Rosa.

—Hola. Me llamo Carlos. ¿Cómo estás?

—Soy de Cuba.

—Igualmente. ¿De dónde eres, Carlos?

CARLOS	Hola. Me llamo Carlos. ¿Cómo estás?
MARÍA ROSA	Muy bien, gracias. Soy María Rosa.
CARLOS	Mucho gusto, María Rosa.
MARÍA ROSA	Igualmente. ¿De dónde eres, Carlos?
CARLOS	Soy de Ecuador. ¿Y tú?
MARÍA ROSA	Soy de Cuba.

¡ojo!

Look at these words:
señor (Sr.) *Mr.; sir*
señora (Sra.) *Mrs.; ma'am*
señorita (Srta.) *Miss*
Note that the abbreviations are capitalized, while the titles themselves are not.

• • •

There is no Spanish equivalent for the English title *Ms.*

3 EXPANSION Write these categories on the board: **Saludo** (*Greeting*), **Despedida** (*Farewell*), **Presentación** (*Introduction*), and **Expresión de cortesía** (*Courtesy Expression*). Ask students to identify the category for each expression.

4 EXPANSION Tell students to continue the conversation by adding at least two lines when they act it out.

recursos

WB
pp. 1–2

LM
p. 1

vhlcentral

5 Conversaciones With a partner, make up a conversation in Spanish for each photo.

Answers will vary.

5 SUGGESTION To prepare students, have them brainstorm who the people in the photos are and what they are talking about. Ask them whether the people in the photos would use the **tú** or **usted** form when conversing.

Practice more at **vhlcentral.com.**

Pronunciación The Spanish alphabet

 Audio

The Spanish and English alphabets are almost identical, with a few exceptions. For example, the Spanish letter **ñ** (**eñe**) doesn't occur in the English alphabet. Furthermore, the letters **k** (**ka**) and **w** (**doble v**) are used only in words of foreign origin. Examine the chart below to find other differences.

Letra	Nombre(s)	Ejemplo(s)	Letra	Nombre(s)	Ejemplo(s)
a	a	**a**diós	m	eme	**m**apa
b	be	**b**ien, pro**b**lema	n	ene	**n**acionalidad
c	ce	**c**osa, **c**ero	ñ	eñe	ma**ñ**ana
ch	che	**ch**ico	o	o	**o**nce
d	de	**d**iario, na**d**a	p	pe	**p**rofesor
e	e	**e**studiante	q	cu	**q**ué
f	efe	**f**oto	r	ere	**r**egular, seño**r**a
g	ge	**g**racias, **G**erardo, re**g**ular	s	ese	**s**eñor
			t	te	**t**ú
h	hache	**h**ola	u	u	**u**sted
i	i	**i**gualmente	v	ve	**v**ista, nue**v**o
j	jota	**J**avier	w	doble ve	**w**alkman
k	ka, ca	**k**ilómetro	x	equis	e**x**istir, Mé**x**ico
l	ele	**l**ápiz	y	i griega, ye	**y**o
ll	elle	**ll**ave	z	zeta, ceta	**z**ona

¡LENGUA VIVA!

Note that **ch** and **ll** are digraphs, or two letters that together produce one sound. Conventionally they are considered part of the alphabet, but **ch** and **ll** do not have their own entries when placing words in alphabetical order, as in a glossary.

SUGGESTION Point out that in 2010 the **Real Academia** recommended the use of a unified naming convention of the alphabet. The suggested names for **r, v, w,** and **y** are **erre, uve, uve doble,** and **ye.** However, most Spanish speakers tend to use the traditional naming convention followed in their countries.

Refranes Read these sayings aloud.

EXPANSION For additional practice with the alphabet, give students these **refranes: De tal palo, tal astilla.** (*A chip off the old block.*); **Los ojos son el espejo del alma.** (*The eyes are the window to the soul.*); **El rayo nunca cae dos veces en el mismo lugar.** (*Lightning never strikes twice in the same place.*); **No dejes para mañana lo que puedas hacer hoy.** (*Don't put off until tomorrow what you can do today.*)

Ver es creer.[1]

En boca cerrada no entran moscas.[2]

1 Seeing is believing.
2 Silence is golden.

 Practice more at **vhlcentral.com.**

recursos

LM
p. 2

vhlcentral

cinco **5**

¡Bienvenida, Marissa! Video: Fotonovela

Marissa llega a México para pasar un año con la familia Díaz.

Expresiones útiles

Identifying yourself and others

¿Cómo se llama usted?
What's your name?
Yo soy Diego, el portero. Mucho gusto.
I'm Diego, the doorman. Nice to meet you.
¿Cómo te llamas?
What's your name?
Me llamo Marissa.
My name is Marissa.
¿Quién es…? / ¿Quiénes son…?
Who is…? / Who are…?
Es mi esposo. *He's my husband.*
Tú eres…, ¿verdad? / ¿cierto? / ¿no?
You are…, right?

Identifying objects

¿Qué hay en esta cosa?
What's in this thing?
Bueno, a ver, aquí hay tres cuadernos.
Well, let's see, here are three notebooks.
Oye / Oiga, ¿cómo se dice *suitcase*
en español?
Hey, how do you say suitcase *in Spanish?*
Se dice *maleta*. *You say* maleta.

Saying what time it is

¿Qué hora es? *What time is it?*
Es la una. / Son las dos.
It's one o'clock. / It's two o'clock.
Son las cuatro y veinticinco.
It's four twenty-five.

Polite expressions

Con permiso.
Pardon me; Excuse me.
(to request permission)
Perdón.
Pardon me; Excuse me. (to get someone's attention or excuse yourself)
¡Bienvenido/a! *Welcome!*

recursos

VM
pp. 169–170 vhlcentral

MARISSA ¿Usted es de Cuba?
SRA. DÍAZ Sí, de La Habana. Y Roberto es de Mérida. Tú eres de Wisconsin, ¿verdad?
MARISSA Sí, de Appleton, Wisconsin.

MARISSA ¿Quiénes son los dos chicos de las fotos? ¿Jimena y Felipe?
SRA. DÍAZ Sí. Ellos son estudiantes.

DON DIEGO Buenas tardes, señora. Señorita, bienvenida a la ciudad de México.
MARISSA ¡Muchas gracias!

MARISSA ¿Cómo se llama usted?
DON DIEGO Yo soy Diego. Mucho gusto.
MARISSA El gusto es mío, don Diego.

DON DIEGO ¿Cómo está usted hoy, señora Carolina?
SRA. DÍAZ Muy bien, gracias. ¿Y usted?
DON DIEGO Bien, gracias.

MARISSA

SRA. DÍAZ

DON DIEGO

SR. DÍAZ

FELIPE

JIMENA

VIDEO SYNOPSIS Marissa, an American college student, arrives in Mexico City for a year abroad. She meets her Mexican hosts, Carolina and Roberto Díaz, and their doorman, don Diego. As Marissa unpacks, the Díaz children, Felipe and Jimena, take away her English-Spanish dictionary as a joke. Marissa accepts the challenge and leaves the dictionary with Carolina.

SRA. DÍAZ Ahí hay dos maletas. Son de Marissa.
DON DIEGO Con permiso.

SR. DÍAZ ¿Qué hora es?
FELIPE Son las cuatro y veinticinco.

SRA. DÍAZ Marissa, te presento a Roberto, mi esposo.
SR. DÍAZ Bienvenida, Marissa.
MARISSA Gracias, señor Díaz.

JIMENA ¿Qué hay en esta cosa?
MARISSA Bueno, a ver, hay tres cuadernos, un mapa... ¡Y un diccionario!
JIMENA ¿Cómo se dice mediodía en inglés?
FELIPE "Noon".

FELIPE Estás en México, ¿verdad?
MARISSA ¿Sí?
FELIPE Nosotros somos tu diccionario.

Actividades

1 ¿Cierto o falso? Indicate if each statement is **cierto** or **falso**. Then correct the false statements.

1. La Sra. Díaz es de Caracas.
   Falso. La Sra. Díaz es de La Habana.
2. El Sr. Díaz es de Mérida.
   Cierto.
3. Marissa es de Los Ángeles, California.
   Falso. Marissa es de Appleton, Wisconsin.
4. Jimena y Felipe son profesores.
   Falso. Jimena y Felipe son estudiantes.
5. Las dos maletas son de Jimena.
   Falso. Las dos maletas son de Marissa.

2 Completar Complete this other version of don Diego and Marissa's meeting for the first time.

DON DIEGO Buenos días, (1) ___señorita___.
MARISSA Buenos días, señor. ¿Cómo se (2) ___llama___ usted?
DON DIEGO Yo me llamo Diego, ¿y (3) ___usted___?
MARISSA Yo me llamo Marissa.
(4) Encantada/Mucho gusto
DON DIEGO (5) ___Igualmente/___, señorita
El gusto es mío
Marissa.

3 Preguntas Imagine that you are speaking with a traveler you just met at the airport. With a partner, create a conversation using these cues.

- Greet each other.
- Introduce yourselves.
- Ask how your partner is doing.
- Ask where your partner is from.
- Say goodbye.

BAJO LA LUPA

Additional Reading Video

NATIONAL STANDARDS
comparisons
cultures
communities

Saludos y besos en los países hispanos

Even when people are introduced for the first time, it is common for them to kiss, particularly in non-business settings. In formal or business settings, where associates do not know one another on a personal basis, a simple handshake is appropriate.

Greetings can differ depending on gender, as well as the country and context.

In Spain, it is customary to give **dos besos**, starting with the right cheek first. In most Latin American countries, a greeting consists of a single "air kiss" on the right cheek. It is also acceptable to simply shake hands. In Colombia, female acquaintances tend to simply pat each other on the right forearm or shoulder. In Argentina, male friends and relatives lightly kiss on the cheek.

In Spanish-speaking countries, kissing on the cheek is a customary way of greeting friends and family members. Greetings between men and women, and between women, generally include a kiss (**un beso**) on the cheek, or a kiss on each cheek. Men generally greet each other with a hug or warm handshake. Whereas North Americans maintain considerable personal space when greeting, Spaniards and Latin Americans decrease their personal space to give one or two kisses on the cheek, sometimes accompanied by a handshake or a hug.

Tendencias			
País	**Beso**	**País**	**Beso**
Argentina	💋	España	💋💋
Bolivia	💋	México	💋
Chile	💋	Paraguay	💋💋
Colombia	💋	Puerto Rico	💋
El Salvador	💋	Venezuela	💋/💋💋

ASÍ SE DICE

Saludos y despedidas

Chao./Ciao. ↔ Adiós.

¿Cómo te/le va? ↔ *How are things going?*

¿Qué hay? / ¿Qué hacés? (Arg.) / ¿Qué te cuentas? (Esp.) / ¿Qué onda? (Arg., Chi., Méx.) / ¿Qué más? (Col., Ven.) ↔ *What's up?*

ACTIVIDADES

1 **¿Cierto o falso?** Indicate whether each statement is true (**cierto**) or false (**falso**). Correct the false statements.

MODELO
In Spain, people greet with just one kiss on the left cheek.
Falso. Spanish people give dos besos, starting with the right cheek.

1. In Spanish-speaking countries, people use less personal space when greeting than non-Hispanics. Cierto.
2. Men never greet with a kiss in Spanish-speaking countries. Falso. Argentine men can greet with a light kiss.
3. Shaking hands is not appropriate for a business setting in Latin America. Falso. In most business settings, people greet one another by shaking hands.
4. Spaniards greet with one kiss on the right cheek. Falso. They greet with one kiss on each cheek.
5. In Mexico, people greet with an "air kiss." Cierto.
6. Gender can play a role in the type of greeting given. Cierto.
7. If two women acquaintances meet in Colombia, they should exchange two kisses on the cheek. Falso. They pat one another on the right forearm or shoulder.
8. In Peru, a man and a woman meeting for the first time in a business setting would probably greet each other with an "air kiss." Falso. They would probably shake hands.

2 **Saludos** Based on your experiences, compare greeting styles in North America with those of Spanish-speaking countries.

3 **Situaciones** With a partner, act out one of the following scenarios. You run into a friend at the mall and you want to say hello. How would you do so in the following countries?

- Argentina
- Spain
- Colombia
- The United States

4 **Conexión Internet** Go to **vhlcentral.com** and research the Spanish custom of *el paseo*.

Encuentros en la plaza

1 **Preparación** Where do you usually meet your friends? Are there public places where you get together? What do you do there?

2 **El video** Watch this **Flash Cultura** episode.

Vocabulario	
abrazo	*hug*
encuentro	*meeting*
¡Cuánto tiempo!	*It's been a long time!*
¡Qué bueno verte!	*It's great to see you!*

Today we are at the **Plaza de Mayo**.

People come to walk and get some fresh air...

3 **Identificar** Identify the person or people who make(s) each of these statements.

1. ¿Cómo están ustedes? d
2. ¡Qué bueno verte! b
3. Mucho gusto, Mariana. a
4. Hola. a, b, c, d

a. Gonzalo
b. Mariana
c. Mark
d. Silvina

recursos

VM
pp. 201–202

vhlcentral

1.1 Nouns and articles

 Tutorial

▶ Nouns identify people, animals, places, things. All Spanish nouns have gender (masculine or feminine) and number (singular or plural).

▶ Most nouns that refer to males are masculine. Most nouns that refer to females are feminine.

Masculine		Feminine		Masculine		Feminine	
el hombre	*the man*	la mujer	*the woman*	el conductor	*the driver*	la conductora	*the driver*
el chico	*the boy*	la chica	*the girl*	el profesor	*the teacher*	la profesora	*the teacher*
el pasajero	*the passenger*	la pasajera	*the passenger*				

¡ojo!

Video and **problema** are *cognates*—words that share similar spellings and meanings in Spanish and English. Recognizing cognates will help you determine the meaning of many Spanish words. Here are some other cognates: **el animal, el apartamento, la decisión, la música, el restaurante.**

▶ Most nouns ending in –**o**, –**ma**, and –**s** are masculine. Most nouns ending in –**a**, –**ción**, and –**dad** are feminine.

Masculine		Feminine	
el cuaderno	*the notebook*	la cosa	*the thing*
el diario	*the diary*	la escuela	*the school*
el diccionario	*the dictionary*	la maleta	*the suitcase*
el número	*the number*	la mochila	*the backpack*
el video	*the video*	la palabra	*the word*
el problema	*the problem*	la lección	*the lesson*
el programa	*the program*	la conversación	*the conversation*
el autobús	*the bus*	la nacionalidad	*the nationality*
el país	*the country*	la comunidad	*the community*

¡ojo!

El **lápiz** (*pencil*), el **mapa** (*map*), and **el día** (*day*) are masculine. La **mano** (*hand*) is feminine.

• • •

In general, when a singular noun has an accent mark on the last syllable, the accent is dropped from the plural form:

la lección →
las lecciones

el autobús →
los autobuses

▶ Some nouns have identical masculine and feminine forms. The article indicates the gender of these words.

Masculine		Feminine	
el turista	*the tourist*	la turista	*the tourist*
el joven	*the young man*	la joven	*the young woman*
el estudiante	*the student*	la estudiante	*the student*

Plural of nouns

▶ Nouns that end in a vowel form the plural by adding –**s**. Nouns that end in a consonant add –**es**. Nouns that end in –**z** change the –**z** to –**c**, then add –**es**.

SINGULAR	PLURAL	SINGULAR	PLURAL
el chico	los chicos	el país	los países
la palabra	las palabras	el lápiz	los lápices

▶ The masculine plural form may refer to a mixed-gender group.

1 pasajero + 2 pasajeras = 3 pasajeros

Spanish articles

Spanish has four forms that are equivalent to the English definite article *the*. Spanish also has four forms that are equivalent to the English indefinite article, which, according to context, may mean *a, an,* or *some.*

Spanish articles

Definite articles

MASCULINE		FEMININE	
el diccionario	the dictionary	la computadora	the computer
los diccionarios	the dictionaries	las computadoras	the computers

Indefinite articles

un pasajero	a (one) passenger	una fotografía	a (one) photograph
unos pasajeros	some passengers	unas fotografías	some photographs

¡ojo!

Feminine singular nouns that begin with **a-** or **ha-** require the masculine articles **el** and **un** to avoid repetition of the **a** sound:

el agua *water*
las aguas *waters*
un hacha *ax*
unas hachas *axes*

Práctica y conversación

NATIONAL communication STANDARDS

1 Singular y plural Make the singular words plural and the plural words singular.

1. el turista _los turistas_
2. las cosas _la cosa_
3. una mujer _unas mujeres_
4. la mochila _las mochilas_
5. los países _el país_
6. el problema _los problemas_
7. unos hombres _un hombre_
8. el conductor _los conductores_
9. un pasajero _unos pasajeros_
10. una mano _unas manos_

2 Identificar For each photo, provide the noun and its corresponding definite and indefinite articles.

MODELO Answers will vary. Suggested answers:
Las maletas, unas maletas.

1. _la computadora, una computadora_

2. _los cuadernos, unos cuadernos_

3. _el joven, un joven/ el chico, un chico_

4. _las fotografías, unas fotografías_

3 Clasificar With a partner, identify the photos and supply the definite and indefinite articles. Then indicate the plural forms of the singular nouns and vice versa.

la chica, una chica; las chicas, unas chicas

1. _la chica, una chica; las chicas, unas chicas_
2. _el profesor, un profesor; los profesores, unos profesores_
3. _el autobús, un autobús; los autobuses, unos autobuses_

4. _el mapa, un mapa; los mapas, unos mapas_
5. _los lápices, unos lápices; el lápiz, un lápiz_
6. _los pasajeros, unos pasajeros; el/la pasajero/a, un(a) pasajero/a_

4 Dibujar In groups, play a game of *Pictionary*. Individually, think of three nouns, and taking turns, draw each noun for group members to guess. The first person to identify the singular and plural forms wins a point. Answers will vary.

ACTIVITY PACK For additional activities, go to the **Activity Pack** in the **Resources** section of the Supersite.

Practice more at **vhlcentral.com.**

1.2 Numbers 0–30

 Tutorial

Numbers 0–30							
0 cero	4 cuatro	8 ocho	12 doce	16 dieciséis	20 veinte	24 veinticuatro	28 veintiocho
1 uno	5 cinco	9 nueve	13 trece	17 diecisiete	21 veintiuno	25 veinticinco	29 veintinueve
2 dos	6 seis	10 diez	14 catorce	18 dieciocho	22 veintidós	26 veintiséis	30 treinta
3 tres	7 siete	11 once	15 quince	19 diecinueve	23 veintitrés	27 veintisiete	

▶ Before a masculine noun, **uno** shortens to **un**. Before a feminine noun, **uno** changes to **una**.

un hombre → veintiún hombres   una mujer → veintiuna mujeres

¡ojo!

Uno and **veintiuno** are used when counting (**uno, dos, tres…** **veinte, veintiuno, veintidós…**). They are also used after a noun, even if it is feminine (**la lección uno**).

▶ To ask *how many*, use **¿Cuántos?** with a masculine noun and **¿Cuántas?** with a feminine one. **Hay** means both *there is* and *there are*. Use **¿Hay…?** to ask *Is/Are there…?* Use **no hay** to express *there is/are not*.

¿**Hay** chicos en la fotografía?
No, **no hay** chicos.
Are there boys in the picture?
No, there aren't any boys.

¿**Cuántas** chicas **hay**?
Hay tres.
How many girls are there?
There are three.

SUGGESTION Have students scan the poster and find the places where numbers appear. Call on volunteers to say the numbers out loud.

SUGGESTION Ask students to indicate how many of each are needed.
a. profesores
b. estudiantes

ESPAÑOL EN VIVO

¿Cuál es la fórmula para un futuro perfecto?

1 escuela + 3 profesores + 20 estudiantes

30 cuadernos + 80° lápices de colores = una generación de niños con futuro

Proyecto **EducAR** trabaja° para construir un futuro mejor°. Apoye° a **EducAR** en la construcción de quince nuevas escuelas rurales.

SUGGESTION Emphasize the variable forms of **uno** and **veintiuno**, giving additional examples of each.
Ex: **veintiún profesores, veintiuna profesoras.**

80 *ochenta*   trabaja *works*   mejor *better*   Apoye *Support*

Práctica y conversación

1 Matemáticas Solve these math problems.

    + más   **– menos**   **= son**

MODELO   **9 + 2 =** Nueve más dos son once.

1. **3 + 10 =** Tres más diez son trece.
2. **22 – 3 =** Veintidós menos tres son diecinueve.
3. **4 + 8 =** Cuatro más ocho son doce.
4. **17 + 13 =** Diecisiete más trece son treinta.
5. **22 + 1 =** Veintidós más uno son veintitrés.
6. **5 – 2 =** Cinco menos dos son tres.
7. **11 + 12 =** Once más doce son veintitrés.
8. **10 – 0 =** Diez menos cero es diez.
9. **3 + 14 =** Tres más catorce son diecisiete.
10. **22 – 11 =** Veintidós menos once son once.

2 ¿Cuántos hay? Say how many there are.

MODELO

¿Cuántas maletas hay?

Hay cuatro maletas.

1. ¿Cuántos hombres hay?
   Hay un hombre.
4. ¿Cuántas fotografías hay?
   Hay cuatro fotografías.

2. ¿Cuántos chicos hay?
   Hay veinticinco chicos.
5. ¿Cuántos turistas hay?
   Hay tres turistas.

3. ¿Cuántas conductoras hay?
   Hay una conductora.
6. ¿Cuántas chicas hay?
   Hay diecisiete chicas.

3 Describir With a classmate, answer these questions about the photo.

1. ¿Cuántas mujeres hay en la fotografía?
   Hay tres mujeres.
2. ¿Cuántos hombres hay?
   Hay un hombre.
3. ¿Cuántas jóvenes hay?
   Hay tres jóvenes.
4. ¿Cuántos libros (*books*) hay?
   Hay un libro.
5. ¿Cuántas personas hay?
   Hay cuatro personas.

4 En la clase With a classmate, take turns asking and answering these questions about your classroom.

Answers will vary.

1. ¿Cuántos estudiantes hay?
2. ¿Hay un profesor o (*or*) una profesora?
3. ¿Cuántos hombres hay?
4. ¿Cuántas mujeres hay?
5. ¿Hay una computadora?
6. ¿Hay fotografías?
7. ¿Hay mapas?
8. ¿Hay diccionarios?
9. ¿Hay cuadernos?
10. ¿Cuántas mochilas hay?
11. ¿Hay maletas?

ACTIVITY PACK For additional activities, go to the **Activity Pack** in the **Resources** section of the Supersite.

1.3 Present tense of **ser**

 Tutorial

Subject pronouns

¡ojo!

Nosotros, **vosotros**, and **ellos** refer to a group of males or to a group of males and females. **Nosotras**, **vosotras**, and **ellas** refer only to groups of females.

• • •

In Latin America, **ustedes** is used as the plural of both **tú** and **usted**. In Spain, **vosotros/as** is used as the plural of **tú**. **Usted** and **ustedes** are abbreviated **Ud.** and **Uds.**

▶ In order to use verbs, you will need to learn about subject pronouns. A subject pronoun replaces the name or title of a person or thing and acts as the subject of a verb.

Carlos es estudiante. → Él es estudiante.

SUGGESTION You may want to point out that while **usted** and **ustedes** are part of the second person *you*, they use third person forms.

Subject pronouns

	Singular forms			Plural forms	
FIRST PERSON	yo	*I*		nosotros / nosotras	*we (masculine)* / *we (feminine)*
SECOND PERSON	tú / usted (Ud.)	*you (familiar)* / *you (formal)*		vosotros / vosotras / ustedes (Uds.)	*you (masc., fam.)* / *you (fem., fam.)* / *you (form.)*
THIRD PERSON	él / ella	*he* / *she*		ellos / ellas	*they (masc.)* / *they (fem.)*

▶ Spanish has four subject pronouns that mean *you*. Use **tú** when talking to a friend, a family member, or a child. Use **usted** when talking to someone with whom you have a more formal relationship, such as an employer or a professor, or to someone who is older than you.

The present tense of **ser**

SUGGESTION Remind students that although the **vosotros/as** forms are listed in the verb paradigms in ¡**VIVA!**, they will not be actively practiced.

ser (to be)

Singular forms		Plural forms	
yo	soy *(I am)*	nosotros/as	somos *(we are)*
tú	eres *(you are)*	vosotros/as	sois *(you are)*
Ud./él/ella	es *(you are; he/she is)*	Uds./ellos/ellas	son *(you/they are)*

▶ Use **ser** to identify people and things.

▶ There is no Spanish equivalent of the English subject pronoun *it*.

¡ojo!

De does not form contractions with **la**, **los**, or **las**.
Es la mochila **del** pasajero.
Es la mochila **de la** pasajera.
Es la mochila **de los** pasajeros.

¿Quién **es** ella?　**Es** Marissa.　　¿Qué **es**?　**Es** una maleta.
Who is she?　*She's Marissa.*　　*What is it?*　*It's a suitcase.*

▶ Use **ser** to express possession, with the preposition **de**. **De** combines with **el** to form the contraction **del**. Note that Spanish does not use *[apostrophe]*+ *s* to indicate possession.

¿**De** quién **es** la mochila?　**Es** la mochila **de** Marissa.　¿**De** quién **son** los lápices?　**Son** los lápices **del** chico.
Whose backpack is this?　*It's Marissa's backpack.*　*Whose pencils are these?*　*They are the boy's pencils.*

▶ Use **ser** to express origin, along with **de**.

¿**De** dónde **es** Marissa?
Where is Marissa from?

Es de los Estados Unidos.
She's from the U.S.

▶ Use **ser** to talk about someone's occupation.

Jimena **es** estudiante.
Jimena is a student.

Isabel **es** profesora.
Isabel is a teacher.

¡ojo!

Spanish does not use **un** or **una** after **ser** when mentioning a person's occupation, unless the occupation is accompanied by an adjective.
Roberto **es** profesor.
Roberto **es un** profesor excelente.

NATIONAL communication STANDARDS

Práctica y conversación

1 ¿**De quién es?** Ask your partner to name the objects and say to whom they belong.

MODELO
Estudiante 1: ¿Qué es?
Estudiante 2: Es un diccionario.

Estudiante 1: ¿De quién es?
Estudiante 2: Es del profesor.

1.

2.

E1: ¿Qué es? E2: Es una maleta.
E1: ¿De quién es? E2: Es de la señora López.

E1: ¿Qué es? E2: Es un cuaderno.
E1: ¿De quién es? E2: Es de Manuel.

3.

4.

E1: ¿Qué es? E2: Es una computadora.
E1: ¿De quién es? E2: Es de Rafael.

E1: ¿Qué es? E2: Es un diario.
E1: ¿De quién es? E2: Es de Marisa.

2 **En el dormitorio** Using the items in the box, ask your partner questions about Susana's bedroom. Answers will vary.

¿Cuántas?
¿Cuántos?
¿De dónde?
¿De quién?
¿Qué?
¿Quién?

3 ¿**Quién es?** With a partner, take turns asking who these people are (¿**Quién es?** / ¿**Quiénes son?**) and where they are from (¿**De dónde es?** / ¿**De dónde son?**). Answers will vary.

MODELO
Sofía Vergara / Colombia
Estudiante 1: ¿Quién es?
Estudiante 2: Es Sofía Vergara.
Estudiante 1: ¿De dónde es?
Estudiante 2: Es de Colombia.

1. **Penélope Cruz y Antonio Banderas** España
2. **Miguel Cabrera** Venezuela
3. **Shakira** Colombia

4 **Personas famosas** Pretend to be a person from **Cuba**, **México**, **España** (Spain), **Canadá** or **los Estados Unidos** (U.S.) who is famous in one of these professions. Your classmates will try to guess who you are. Answers will vary.

| actor | *actor* | cantante | *singer* | escritor(a) | *writer* |
| actriz | *actress* | deportista | *athlete* | músico/a | *musician* |

MODELO
Estudiante 3: ¿Eres de Cuba?
Estudiante 1: Sí.
Estudiante 2: ¿Eres mujer?
Estudiante 1: No. Soy hombre.
Estudiante 3: ¿Eres músico?
Estudiante 1: No. Soy actor.
Estudiante 2: ¿Eres Andy García?
Estudiante 1: ¡Sí! ¡Sí!

Andy García

ACTIVITY PACK For additional activities, go to the **Activity Pack** in the **Resources** section of the Supersite.

quince **15**

EXPANSION You may wish to explain that Spanish speakers tend to view the time of day differently than English speakers do. In many countries, only after someone has eaten lunch does one say **Buenas tardes**. Similarly, with the evening, Spanish speakers tend to view 6:00 and even 7:00 as **de la tarde**, not **de la noche**.

1.4 Telling time

  Tutorial

▶ Use numbers with the verb **ser** to tell time. To ask what time it is, use **¿Qué hora es?** To say what time it is, use **es la** with **una** and **son las** with other hours.

 Es la una.

 Son las cuatro.

▶ Express time from the hour to the half hour by adding minutes.

 Son las dos **y diez.**

 Son las ocho **y veinte.**

▶ Use **y cuarto** or **y quince** to say that it's fifteen minutes past the hour.
Use **y media** or **y treinta** to say that it's thirty minutes past the hour.

 Son las cuatro **y cuarto.**
Son las cuatro **y quince.**

 Son las nueve **y media.**
Son las nueve **y treinta.**

▶ To express time from the half-hour to the hour in Spanish, use **menos** to subtract minutes or a portion of an hour from the next hour.

 Son las nueve **menos diez.**

 Es la una **menos cuarto.**

Time-related expressions

¡ojo!
To ask or state at what time a particular event takes place, use the constructions **¿A qué hora (...)?** and **a la(s) + time.**

▶ Here are some useful expressions related to telling time.

¿Qué hora es?
What time is it?

Son las nueve de la mañana.
It's 9 o'clock in the morning.

Son las cuatro de la tarde.
It's 4 o'clock in the afternoon.

Son las diez de la noche.
It's 10 o'clock at night.

Son las once en punto.
It's 11 o'clock on the dot (sharp).

Es el mediodía.
It's noon.

Es la medianoche.
It's midnight.

¿A qué hora es la clase?
(At) what time is the class?

La clase es a la una.
The class is at one o'clock.

La clase es a las dos.
The class is at two o'clock.

Práctica y conversación

1 **Emparejar** Match each watch with the correct statement.

4   5   1

3   6   2

1. Son las ocho menos veinticinco de la mañana.
2. Es la una menos diez de la mañana.
3. Son las tres y cinco de la mañana.
4. Son las dos menos cuarto de la tarde.
5. Son las seis y media de la mañana.
6. Son las once y veinte de la noche.

2 **¿Qué hora es?** With a partner, take turns asking and answering the questions. Use the clocks as a guide.

MODELO

Estudiante 1: Son las siete de la noche en Los Ángeles. ¿Qué hora es en San Antonio?

Estudiante 2: Son las nueve de la noche.

Miami   San Antonio   Denver   Los Ángeles

1. Son las cinco en punto de la tarde en Los Ángeles. ¿Qué hora es en Miami?
   Son las ocho de la noche. / Son las ocho de la noche en Miami. / Son las ocho de la tarde. / Son las ocho de la tarde en Miami.
2. Son las seis de la tarde en San Antonio. ¿Qué hora es en Denver?
   Son las cinco de la tarde en Denver.
3. Son las siete de la noche en Denver. ¿Qué hora es en Los Ángeles?
   Son las seis de la tarde en Los Ángeles.
4. Son las dos y media de la tarde en Los Ángeles. ¿Qué hora es en Miami?
   Son las cinco y media de la tarde en Miami.

3 **En la televisión** With a partner, take turns asking and answering questions about these television listings.

Answers will vary.

MODELO

Estudiante 1: ¿A qué hora es el programa *Las computadoras*?

Estudiante 2: Es a las ocho de la noche.

	Programación **TV** ▼
	HOY
11:00 am	Película: *El cóndor* (drama)
1:00 pm	Telenovela: *Dos mujeres y dos hombres*
3:00 pm	Programa juvenil: *Fiesta*
3:30 pm	Telenovela: *¡Sí, sí, sí!*
4:00 pm	Telenovela: *El diario de la Sra. González*
5:00 pm	Telenovela: *Tres mujeres*
5:45 pm	Clip de noticias
6:00 pm	Especial musical: *Música folclórica de México*
7:00 pm	La naturaleza: *Jardín secreto*
7:30 pm	Noticiero: *Veinticuatro horas*
8:00 pm	Documental: *Las computadoras*
9:00 pm	Telecomedia: *Don Paco y doña Tere*
10:00 pm	Película: *Pedro Páramo*

4 **Entrevista** Use these questions to interview a classmate. Answers will vary.

1. ¿Qué hora es?
2. ¿A qué hora es la clase de español?
3. ¿A qué hora es el programa *60 Minutes*?
4. ¿A qué hora es el programa *Today Show*?
5. ¿A qué hora es tu (*your*) programa favorito?
6. ¿Hay una fiesta (*party*) el sábado (*on Saturday*)? ¿A qué hora es?

ACTIVITY PACK For additional activities, go to the **Activity Pack** in the **Resources** section of the Supersite.

1 SCRIPT For the script, go to the Supersite.

1 SUGGESTION Point out to students that the tip in the **Escuchar** activity will help them improve their listening skills in Spanish.

2 EXPANSION Tell the interviewers to write down the responses to their questions. Then ask them to write a summary of the interview based on their partner's responses, or have them report the information to the class.

Ampliación

 Video: TV Clip

1 Escuchar

A Listen to the conversation between an airline employee (Ms. Martínez) and a traveler. Then fill in the missing information on the form.

TIP Listen for words you know. You can get the gist of a conversation by listening for words and phrases you already know.

www.aerotur.com

aerotur

1. **Número de pasajeros** — *uno*
2. **Nombre** (first name) **del pasajero** — *Alejandro*
3. **Apellido** (last name) **del pasajero** — *Cavazos*
4. **Destino** — *Quito*
5. **Número de maletas** — *dos*

B When does this conversation take place, before or after the trip? How do you know?

Before the trip. Answers will vary.

2 Conversar
You are surveying professors to find out about the resources in their classrooms. With a partner, act out an interview between you and a professor. During the interview, you need to find out the following information. (Don't forget to introduce yourself and thank the professor before saying goodbye.)

- *The professor's name (Confirm the correct spelling.)*
- *The start time of the class*
- *The number of students in class*
- *The number of dictionaries in the class*
- *Whether or not there are computers in class*
- *Whether or not there are maps in class*

recursos

WB pp. 1–2

LM pp. 3–6

vhlcentral

Inform students that the material listed in the **recursos** box applies to the complete **Gramática** section.

3 Escribir Write an e-mail to Mrs. Suárez, the director of a language school in Madrid where you want to take a summer course. Introduce yourself and ask her questions about the program.

Answers will vary.

TIP Write in Spanish. Use grammar and vocabulary that you know. Also, look at your textbook for examples of style, format, and expressions in Spanish.

3 EVALUATION

Criteria	Scale
Content	1 2 3 4
Organization	1 2 3 4
Comprehensibility	1 2 3 4
Accuracy	1 2 3 4
Creativity	1 2 3 4

Scoring

Excellent	18–20 points
Good	14–17 points
Satisfactory	10–13 points
Unsatisfactory	< 10 points

Organize Make a list of the information that you can provide about yourself in Spanish (your name, your occupation, where you are from). In addition, make a list of questions that you want to ask Mrs. Suárez, such as what time class starts, the number of students in the class, and information about the other students (where they are from, number of males/females, etc).

Write Using the material you have compiled, write the first draft of your e-mail.

Revise Exchange your draft with a classmate and comment on the organization, style, and grammatical accuracy of each other's work. Then, revise your first draft, taking your classmate's comments into consideration.

4 SUGGESTION Have students brainstorm a list of possible cities or assign students specific cities so that a wide variety is covered.

Share Read your e-mail aloud in small groups. What kind of greetings and expressions of courtesy were used in the e-mails?

4 Un paso más Prepare a presentation about how Hispanic cultures have influenced an American city. Search for information about this city and include the following in your presentation:

Answers will vary.

- An introduction of yourself in Spanish
- A general description of the city
- A brief explanation of why you chose this city
- Examples of how Hispanic cultures have influenced the city
- Photos, drawings, and charts to make your presentation more interesting

5 Conexión Internet Go to **vhlcentral.com** and research these topics.

- Emisoras de radio en Nueva York
- Dominó en Miami
- Calle Olvera en Los Ángeles

4 EXPANSION Bring in a map of the United States and ask students to name the cities described in the presentations as you mark them on the map.

4 EXPANSION You might have students read **¡Vivan los países hispanos!** on pages 45–48 at this point.

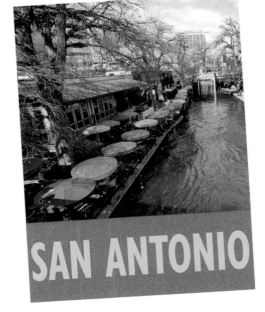

SAN ANTONIO

ACTIVITY PACK For additional activities, go to the **Activity Pack** in the **Resources** section of the Supersite.

Antes de leer

Audio: Reading
Additional Reading

Cognates are words that share similar meanings and spellings in two or more languages. The Spanish words **computadora**, **problema**, and **programa** are examples of cognates.

When you read in Spanish, look for cognates and use them to get the general meaning of what you're reading. Watch out for false cognates such as **librería**, which means *bookstore*, not *library*.

Laura, a university student, made a list of important names and numbers she needed to remember. Look for cognates while you read her list.

Phone numbers are usually read as pairs of numbers. However, for phone numbers with an odd number of digits, the first number is read separately. For example, Mrs. Ruiz's phone number would be read as 4-24-17-11. For e-mail addresses in Spanish, the "at" symbol (@) is called **arroba** and the period is called **punto**.

SUGGESTION Write the following suffixes on the board and have students guess the English equivalent: **–ción/–sión** = –tion/–sion (**información, nación, televisión, decisión**); **–ante/–ente** = –ant/–ent (**elegante, inteligente**); **–ia/–ía** = –y (**historia, sociología**); **–dad** = –ty (**oportunidad, universidad**).

SUGGESTION As a prereading activity, have students scan the two lists and identify the cognates. Then have them compare their lists in groups.

EXPANSION Have students correct the false statements in ¿**Comprendiste?**

EXPANSION Have students write additional true/false statements on the reading to ask their classmates.

Teléfonos importantes

Sra. Ruiz (asistente de matemáticas) 424-1711

Oficina de ayuda financiera 427-1407

Administración universitaria (número principal) 427-1300

Dormitorio Los Pinos 427-3023

Policía del campus 427-0710

Dra. Chen 313-2012

Estadio de béisbol 222-1514

Pizzería Roma 218-0723

Cooperativa Orgánica El Sol 310-1604

Llamar a la Sra. Ruiz

10 a.m.

Después de leer

Direcciones electrónicas

Oficina de matemáticas
ofna@matematicas.unimetro.edu.pe

Profesora González
a.gonzalez@matematicas.unimetro.edu.pe

Farmacia
rx@farmaciagomez.com.pe

Gimnasio
informacion@gimnasio.unimetro.edu.pe

¿Comprendiste?

Indicate whether each statement is **cierto** (*true*) or **falso** (*false*).

Cierto	Falso	
✓		**1.** Profesora González works in the math department.
	✓	**2.** If Laura wanted to get a student loan, she would call 427-3023.
	✓	**3.** Laura never eats pizza.
✓		**4.** If Laura needed to report a crime, she would call 427-0710.
✓		**5.** To find out the price of organic apples, Laura would call 310-1604.
✓		**6.** Laura would call 427-1300 to get a baseball ticket.

Coméntalo

Think about the names, phone numbers, and e-mail addresses that Laura keeps in her address book. Can you think of any others she should add? Answers will vary.

Vocabulary Tools

Saludos y despedidas

Hola.	Hello; Hi.
Buenos días.	Good morning.
Buenas tardes.	Good afternoon.
Buenas noches.	Good evening; Good night.
Adiós.	Goodbye.
Nos vemos.	See you.
Hasta luego.	See you later.
Hasta la vista.	See you later.
Hasta pronto.	See you soon.
Hasta mañana.	See you tomorrow.
Saludos a…	Greetings to…
Chau.	Bye.

¿Cómo estás?

¿Cómo está usted?	How are you? (form.)
¿Cómo estás?	How are you? (fam.)
¿Qué hay de nuevo?	What's new?
¿Qué pasa?	What's going on?
¿Qué tal?	How is it going?
(Muy) bien, gracias.	(Very) well, thanks.
Nada.	Nothing.
No muy bien.	Not very well.
Regular.	So-so.

Expresiones y títulos de cortesía

De nada.	You're welcome.
Lo siento.	I'm sorry.
(Muchas) gracias.	Thank you (very much).
No hay de qué.	You're welcome.
Por favor.	Please.
señor (Sr.)	Mr.; sir
señora (Sra.)	Mrs.; ma'am
señorita (Srta.)	Miss

Presentaciones

¿Cómo se llama usted?	What's your name? (form.)
¿Cómo te llamas (tú)?	What's your name? (fam.)
Me llamo…	My name is…
¿Y tú?	And you? (fam.)
¿Y usted?	And you? (form.)
Mucho gusto.	Pleased to meet you.
El gusto es mío.	The pleasure is mine.
Encantado/a.	Pleased to meet you.
Igualmente.	Likewise.
Éste/Ésta es…	This is…
Le presento a…	I would like to introduce you to… (form.)
Te presento a…	I would like to introduce you to… (fam.)
¿De dónde es usted?	Where are you from? (form.)
¿De dónde eres?	Where are you from? (fam.)
Soy de…	I'm from…

Verbos

ser	to be

Expresiones adicionales

¿Cuántos/as?	How many?
¿De quién…?	Whose…? (sing.)
¿De quiénes…?	Whose…? (plural)
Hay	There is; There are
No hay	There is not; There are not
¿Qué es?	What is it?
¿Quién es?	Who is it?

As students finish the lesson, encourage them to explore the **Repaso** section on the Supersite. There they will find quizzes for practicing vocabulary, grammar, and oral language.

Sustantivos

el autobús	bus
la chica	girl
el chico	boy
la computadora	computer
la comunidad	community
el/la conductor(a)	driver; chauffeur
la conversación	conversation
la cosa	thing
el cuaderno	notebook
el día	day
el diario	diary
el diccionario	dictionary
la escuela	school
el/la estudiante	student
la foto(grafía)	photograph
el hombre	man
el/la joven	youth; young person
el lápiz	pencil
la lección	lesson
la maleta	suitcase
la mano	hand
el mapa	map
la mochila	backpack
la mujer	woman
la nacionalidad	nationality
el número	number
el país	country
la palabra	word
el/la pasajero/a	passenger
el problema	problem
el/la profesor(a)	teacher
el programa	program
el/la turista	tourist
el video	video

Títulos	See page 4.
Numbers 0–30	See page 12.
Subject Pronouns	See page 14.
Time-related expressions	See page 16.

2 Las clases

PARA EMPEZAR Have students look at the photo. Say: **Es una foto de tres jóvenes en la universidad.** Then ask: **¿Quiénes son los jóvenes? (Son Juan Carlos, Marissa y Felipe). ¿Qué hay en la mano de Felipe? (un libro)**

Communicative Goals

You will learn how to:
- talk about classes and college life
- express likes and dislikes
- ask questions
- describe the location of people and things

PREPARACIÓN

pages 24–27
- Words related to people, places, and classes at the university
- Days of the week
- Pronouncing Spanish vowels

ESCENAS

pages 28–29
- Felipe takes Marissa around Mexico City. Along the way, they meet some friends and discuss the upcoming semester.

EXPLORACIÓN

pages 30–31
- Bajo la lupa: *La elección de una carrera universitaria*
- Flash Cultura: *Los estudios*

GRAMÁTICA

pages 32–41
- Present tense of **–ar** verbs
- Forming questions
- Present tense of **estar**
- Numbers 31–100

LECTURA

pages 42–43
- Brochure: *UAE: La mejor universidad de Europa*

Para empezar

- ¿Cuántas personas hay en la foto?
- ¿Son profesores o estudiantes?
- ¿Están en la universidad o en un laboratorio?

Las clases

 Vocabulary Tools

el laboratorio
laboratory

LA UNIVERSIDAD

la cafetería   *cafeteria*
la librería   *bookstore*
la residencia estudiantil   *dormitory*
el salón de clases   *classroom*

el estadio
stadium

la biblioteca
library

SUGGESTION Identify items from the Digital Image Bank or the text, then in the room, and ask questions. **Es un lápiz.** (Looking around the room) Ex: **¿Hay un lápiz en la clase? ¿Cuántos lápices hay en la clase? ¿Dónde hay un libro de biología? ¿De quién es el libro de historia?**

la química
chemistry

LOS CURSOS

la administración   *business administration*
   de empresas
el arte   *art*
la biología   *biology*
la clase   *class*
la contabilidad   *accounting*
el curso   *course*
el español   *Spanish*
la física   *physics*
la historia   *history*

el inglés   *English*
las lenguas extranjeras   *foreign languages*
las matemáticas   *mathematics*
el periodismo   *journalism*
la psicología   *psychology*
la sociología   *sociology*

la geografía
geography

la computación
computer science

ASÍ SE DICE Point out these lexical items:
la pluma → el bolígrafo *(Esp., Perú, Ven.)*; el lapicero *(Col.)*
la pizarra → el tablero *(Col.)*
la tarea → la asignación *(P. Rico)*; los deberes *(Esp., Arg.)*

LA CLASE

el borrador *eraser*

el examen *test; exam*

el horario *schedule*

el marcador *dry-erase marker*

la mesa *table*

el papel *paper*

la pizarra *blackboard; whiteboard*

la pluma *pen*

la prueba *test; quiz*

la puerta *door*

el semestre *semester*

la silla *chair*

la tarea *homework*

la tiza *chalk*

el trimestre *trimester; quarter*

la ventana *window*

EXPANSION Ask students what phrases or words they associate with various items. Ex: **la pizarra (la tiza, el borrador), el reloj (¿Qué hora es? Son las...), la biblioteca (los libros, los exámenes, los cursos).**

el reloj
clock; watch

el libro
book

el mapa
map

el escritorio
desk

OTRAS PALABRAS Y EXPRESIONES

EXPANSION Write ¿Qué clases tomas? and **Tomo...** on the board and explain their meaning. Have students circulate, introducing themselves, finding out where others are from, and asking what classes they are taking. Then, ask students to present the information that they have learned about a classmate.

el/la compañero/a de clase
  classmate

el/la compañero/a de cuarto
  roommate

la semana *week*

la universidad *university*

Hoy es... *Today is...*

LOS DÍAS DE LA SEMANA

lunes *Monday*

martes *Tuesday*

miércoles *Wednesday*

jueves *Thursday*

viernes *Friday*

sábado *Saturday*

domingo *Sunday*

SUGGESTION Point out that Monday is considered the first day of the week in Spanish-speaking countries.

VOCABULARIO ADICIONAL For additional vocabulary on this theme, go to **Vocabulario adicional** in the **Resources** section of the Supersite.

Práctica y conversación

1 SCRIPT For the script, go to the Supersite.

1 SUGGESTION Using sentences 1 through 5 as a model, have students prepare four statements about their classes to share with the class or a partner. Prepare a class schedule like María's on the board if time permits.

1 SUGGESTION Point out that the days of the week are always written in lowercase. Also, explain that all days of the week are masculine, and that the singular and plural forms are the same except for **sábado(s)** and **domingo(s)**.

2 SUGGESTION Have students write analogies using the unused words.

3 EXPANSION Ask students to provide examples of famous people from other fields such as **física** (ex: Albert Einstein), **computación** (ex: Bill Gates), **economía** (ex: Alan Greenspan), **periodismo** (ex: Barbara Walters).

3 EXPANSION Ask students to give additional examples and have classmates identify the class.

1 **Mis clases** Listen and fill in the calendar with María's class schedule. Then complete the sentences below.

MODELO
Éste (*This*) es el primer (*first*) <u>semestre</u> de María en la universidad.

Estudiante: María			Semestre Nº 1		
	lunes	**martes**	**miércoles**	**jueves**	**viernes**
AM	10:30 arte				biblioteca (todo el día)
			11:00 periodismo		
PM					
		2:15 computación			
				3:30 geografía	

1. Este semestre María toma cuatro ____clases____.
2. La clase de ___arte___ es el lunes a las diez y media de la mañana.
3. La clase de ___computación___ es el martes a las dos y quince de la tarde.
4. La clase de periodismo es el ___miércoles___ a las once de la mañana.
5. La clase de ___geografía___ es el jueves a las tres y media de la tarde.
6. María estudia (*studies*) en la ___biblioteca___ los viernes.

2 **Analogías** Choose the best word from the list to complete each analogy.

1. dos ⟷ cuatro ⊜ martes ⟷ ___jueves___
2. hoy ⟷ mañana ⊜ viernes ⟷ ___sábado___
3. EE.UU. ⟷ mapa ⊜ hora ⟷ ___reloj___
4. inglés ⟷ lengua ⊜ miércoles ⟷ ___día___
5. maleta ⟷ turista ⊜ mochila ⟷ ___estudiante___
6. pluma ⟷ papel ⊜ tiza ⟷ ___pizarra___

borrador	**miércoles**
día	**pizarra**
estudiante	**reloj**
jueves	**sábado**

3 **Cursos** What is the subject matter of each class?

MODELO
la cultura de España, el verbo **ser**
Es la clase de español.

Frida Kahlo   El río Amazonas

1. los microbios, los animales
   Es la clase de biología.

2. George Washington, Martin Luther King, Jr.
   Es la clase de historia.

3. la geometría, la trigonometría
   Es la clase de matemáticas.

4. Frida Kahlo, Leonardo da Vinci
   Es la clase de arte.

5. África, el río Amazonas
   Es la clase de geografía.

recursos

WB
pp. 9–10

LM
p. 7

vhlcentral

④ **SUGGESTION** Have students jot down the responses to their questions. Then ask them to report what their classmates said and to write a paragraph about him or her.

4 **Entrevistas** Use these questions to interview two classmates. Answers will vary.

1. ¿Cómo te llamas?
2. ¿Cómo estás hoy?
3. ¿De dónde eres?
4. ¿Cuántas clases tomas?
5. ¿Cuándo tomas…?
6. ¿A qué hora es la clase de…?
7. ¿Quién es el/la profesor(a)?
8. ¿Cuál (*Which*) es tu clase favorita?

④ **EXPANSION** Have students prepare and ask additional interview questions.

Practice more at **vhlcentral.com.**

Pronunciación Spanish vowels Audio

NATIONAL comparisons STANDARDS

a   **e**   **i**   **o**   **u**

Spanish vowels are never silent; they are always pronounced in a short, crisp way without the glide sounds used in English.

SUGGESTION Point out that the drawings above the vowels on this page indicate the approximate shape of the mouth as the vowels are pronounced.

SUGGESTION Model pronunciation and have students watch the shape of your mouth as you pronounce each word. Have them repeat after you.

SUGGESTION Model the pronunciation of each word, sentence and **refrán**, and have students repeat after you.

Álex   **clase**   **nada**   **encantada**

The letter **a** is pronounced like the *a* in *father*, but shorter.

el   **ene**   **mesa**   **elefante**

The letter **e** is pronounced like the *e* in *they*, but shorter.

Inés   **chica**   **tiza**   **señorita**

The letter **i** sounds like the *ee* in *beet*, but shorter.

hola   **con**   **libro**   **don Francisco**

The letter **o** is pronounced like the *o* in *tone*, but shorter.

uno   **regular**   **saludos**   **gusto**

The letter **u** sounds like the *oo* in *room*, but shorter.

Refranes Practice the vowels by reading these sayings aloud.

Cada loco con su tema.[2]

Del dicho al hecho hay un gran trecho.[1]

1 Easier said than done.
2 To each their own.

recursos

LM
p. 8
vhlcentral

 Practice more at **vhlcentral.com.**

¿Qué estudias? Video: Fotonovela

Felipe, Marissa, Juan Carlos y Miguel visitan Chapultepec y hablan de las clases.

SUGGESTION Be sure to go over the simple uses of **me/te gusta(n)** with students in the context of the video.

Expresiones útiles

Talking about classes

¿Cuántas clases tomas?
How many classes are you taking?
Tomo cuatro clases.
I'm taking four classes.
Mi especialización es en arqueología.
My major is archeology.
Este año, espero sacar buenas notas y, por supuesto, viajar por el país.
This year, I hope / I'm hoping to get good grades. And, of course, travel through the country.

Talking about likes/dislikes

Me gusta mucho la cultura mexicana.
I like Mexican culture a lot.
Me gustan las ciencias ambientales.
I like environmental science.
Me gusta dibujar. *I like to draw.*
¿Te gusta este lugar? *Do you like this place?*

Paying for tickets

Dos boletos, por favor.
Two tickets, please.
Dos boletos son sesenta y cuatro pesos.
Two tickets are sixty-four pesos.
Aquí están cien pesos.
Here's a hundred pesos.
Son treinta y seis pesos de cambio.
That's thirty-six pesos change.

Talking about location and direction

¿Dónde está tu diccionario?
Where is your dictionary?
Está en casa de los Díaz.
It's at the Díaz's house.
Y ahora, ¿adónde? ¿A la biblioteca?
And now, where to? To the library?
Sí, pero primero a la librería.
Está al lado.
Yes, but first to the bookstore.
It's next door.

recursos

VM
pp. 171–172

vhlcentral

FELIPE Dos boletos, por favor.

VIDEO SYNOPSIS Felipe takes Marissa around Mexico City. Along the way, they meet some friends, Juan Carlos and Miguel. Felipe, Marissa, and Juan Carlos compare schedules for the upcoming semester, while Miguel rushes off to meet Maru.

EMPLEADO Dos boletos son 64 pesos.
FELIPE Aquí están 100 pesos.
EMPLEADO 100 menos 64 son 36 pesos de cambio.

FELIPE Ésta es la ciudad de México.

FELIPE Oye, Marissa, ¿cuántas clases tomas?
MARISSA Tomo cuatro clases: español, historia, literatura y también geografía. Me gusta mucho la cultura mexicana.

MIGUEL Marissa, hablas muy bien el español... ¿Y dónde está tu diccionario?
MARISSA En casa de los Díaz. Felipe necesita practicar inglés.
MIGUEL ¡Ay, Maru! Chicos, nos vemos más tarde.

MARISSA

FELIPE

JUAN CARLOS

MIGUEL

EMPLEADO

MARU

FELIPE Juan Carlos, ¿quién enseña la clase de química este semestre?

JUAN CARLOS El profesor Morales. Ah, ¿por qué tomo química y computación?

FELIPE Porque te gusta la tarea.

FELIPE Los lunes y los miércoles, economía a las 2:30. Tú tomas computación los martes en la tarde, y química, a ver... Los lunes, los miércoles y los viernes ¿a las 10? ¡Uf!

FELIPE Y Miguel, ¿cuándo regresa?

JUAN CARLOS Hoy estudia con Maru.

MARISSA ¿Quién es Maru?

MIGUEL ¿Hablas con tu mamá?

MARU Mamá habla. Yo escucho. Es la 1:30.

MIGUEL Ay, lo siento. Juan Carlos y Felipe...

MARU Ay, Felipe.

MARU Y ahora, ¿adónde? ¿A la biblioteca?

MIGUEL Sí, pero primero a la librería. Necesito comprar unos libros.

Actividades

1 Identificar Indicate which person would say the following.

1. ¿Maru es compañera de ustedes?
   Marissa

2. Mi mamá habla (*talks*) mucho. Maru

3. Mi diccionario está en casa de Felipe y Jimena. Marissa

4. Hoy yo estudio (*am studying*) con Maru en la biblioteca. Miguel

5. Yo tomo (*am taking*) computación los martes por la tarde. Juan Carlos

2 Completar Complete each sentence with the correct words.

1. Marissa habla (*speaks*) muy bien el
   español.

2. El profesor Morales enseña (*teaches*)
   química.

3. Marissa toma cuatro
   clases.

4. Hay clase de economía los lunes y
   miércoles.

5. Maru necesita ir (*needs to go*) a la biblioteca y Miguel necesita ir a la
   librería.

3 Preguntas personales Interview a classmate about his/her college life.
Answers will vary.

1. ¿Qué clases tomas en la universidad?

2. ¿Qué clases tomas los viernes?

3. ¿En qué clase hay más chicos?

4. ¿En qué clase hay más chicas?

5. ¿Te gusta la clase de español?

comparisons
cultures
communities

NATIONAL
STANDARDS

Additional Reading
Video

La elección de una carrera universitaria

Since the Spanish-speaking world covers so many nations, there is a lot of variety in the educational systems within those countries. However, most countries share some important differences from the US educational system. In the Spanish-speaking world, higher education is heavily state-subsidized, so tuition is almost free; as a result, public universities see large enrollments. Spanish and Latin American students generally choose their **carrera universitaria** (major) when they're eighteen, which can be during their last year of high school or their first year of college. In order to enroll, all students must complete a high school degree, known as the **bachillerato**. In countries like Bolivia and Mexico, the last year of high school (**colegio**) tends to be specialized in an area of study, such as the arts or natural sciences. (**Colegio** is a false cognate. In most countries, it means *high school,* but in some regions it refers to an elementary school.)

Students then choose their major according to their specialization. Similarly, university-bound students in Argentina follow the **polimodal** track during the last three years of high school.

Universidad Central de Venezuela en Caracas

Polimodal refers to exposure to various disciplines, such as business, social sciences, or design; based on this coursework, Argentine students choose their **carrera**. Finally, in Spain, students choose their major according to the score they receive on the **prueba de aptitud** (skills test or entrance exam).

University graduates receive a **licenciatura**, or bachelor's degree. In Argentina or Chile, a **licenciatura** takes four to six years to complete, and may be considered equivalent to a master's degree. In Peru and Venezuela, a bachelor's degree is a five-year process. Spanish and Colombian **licenciaturas** take four to five years, although some fields, such as medicine, require six or more.

Imagine, getting the equivalent of a bachelor's or even a master's degree with little or no cost to the student! How does that compare to your own college costs?

Estudiantes hispanos en los EE.UU.

In the 2014–15 academic year, over 17,000 Mexican students (2% of all international students) studied at U.S. universities. Colombians were the second largest Spanish-speaking group, with over 7,000 students.

recursos

VM
pp. 203–204

vhlcentral

ACTIVIDADES

1 ¿Cierto o falso? Indicate whether each statement is **cierto** or **falso**. Correct the false statements.

MODELO

In Colombia and in Spain, it takes two or three years to complete a licenciatura.

Falso. In Colombia and in Spain, it takes four, five, or more years, depending on the field, to complete a licenciatura.

1. Students in Spanish-speaking countries must pay large amounts of money toward their college tuition.
   Falso. At public universities tuition is almost free.
2. **Carrera** refers to any undergraduate and/or graduate program that students enroll in order to obtain a professional degree. *Cierto.*
3. After studying at a **colegio,** students receive their **bachillerato.** *Cierto.*
4. Undergraduates study at a **colegio** or an **universidad.**
   *Falso. An undergraduate student takes classes at an **universidad**.*
5. In Latin America and Spain, students usually choose their majors in their second year at
   the university. *Falso. They choose their majors either in the last year of high school or upon entering the university.*
6. The **polimodal** system helps students choose their university major. *Cierto.*
7. Venezuelans complete a **licenciatura** in four years.
   *Falso. In Venezuela, a **licenciatura** takes five years.*
8. According to statistics, Mexican students are the largest group of Spanish-speaking students studying at U.S. universities. *Cierto.*

2 Universidades In pairs, research a Spanish or Latin American university online and find five statistics about that institution (total enrollment, majors offered, number of departments/schools). Using this information, create a dialogue between a prospective student and a university representative.

3 Conexión Internet Go to **vhlcentral.com** and find which **facultad** your major belongs to in Spain or Latin America.

Los estudios

1 Preparación What is the name of your school or university? What degree program are you in? What classes are you taking this semester?

2 El video Watch this **Flash Cultura** episode.

Vocabulario

¿Qué estudias? *What do you study?*
¿Cuál es tu materia favorita? *What is your favorite subject?*
carrera (de medicina) *(medical) degree program, major*
derecho *law*

Estudio derecho en la UNAM.

¿Conoces algún° profesor famoso que dé clases… en la UNAM?

¿Conoces algún…? *Do you know any…?*

3 Emparejar Match the phrases in column A to each sentence in column B.

1. En la UNAM no hay *c*
2. México, D.F. es *d*
3. La UNAM tiene (*has*) *b*
4. La UNAM ofrece *a*

a. muchos profesores famosos.
b. 74 carreras de estudio.
c. residencias estudiantiles.
d. la ciudad más grande (*largest*) de Latinoamérica.

2.1 The present tense of regular –ar verbs
Tutorial

▶ To create the forms of regular verbs, drop the infinitive endings (**–ar, –er, –ir**). Then add the endings that correspond to the different subject pronouns. The chart below shows how to conjugate regular **–ar** verbs.

estudiar (to study)

yo	estudio	I study
tú	estudias	you (fam.) study
Ud./él/ella	estudia	you (form.) study; he/she studies
nosotros/as	estudiamos	we study
vosotros/as	estudiáis	you (pl.) study
Uds./ellos/ellas	estudian	you (pl.) study; they study

Common –ar verbs

bailar	to dance	descansar	to rest	explicar	to explain	preguntar	to ask (a question)
buscar	to look for	desear	to want; to wish	hablar	to talk; to speak	preparar	to prepare
caminar	to walk	dibujar	to draw	llegar	to arrive	regresar	to return
cantar	to sing	enseñar	to teach	llevar	to carry	terminar	to end; to finish
comprar	to buy	escuchar	to listen	mirar	to look (at); to watch	tomar	to take; to drink
contestar	to answer	esperar	to wait (for); to hope	necesitar	to need	trabajar	to work
conversar	to talk	estudiar	to study	practicar	to practice	viajar	to travel

▶ The Spanish present tense has several meanings in English. Note the following examples.

Ana **trabaja** en la cafetería.
Ana works in the cafeteria.
Ana is working in the cafeteria.
Ana does work in the cafeteria.

Paco **viaja** a Madrid mañana.
Paco travels to Madrid tomorrow.
Paco is traveling to Madrid tomorrow.
Paco does travel to Madrid tomorrow.

SUGGESTION Have students work in pairs to write ten sentences using the verbs presented in this section.

Juan Carlos estudia ciencias ambientales.

Using verbs in Spanish

▶ When two verbs are used together with no change of subject, the second verb is generally in the infinitive.

Deseo hablar con Felipe.
I want to speak with Felipe.

Necesito comprar lápices.
I need to buy pencils.

SUGGESTION Point out to students that the Spanish verbs **buscar, escuchar, esperar,** and **mirar** don't need to be followed by prepositions as they do in English. Ex. **Busco la tarea.** *I'm looking for the homework.*

Y tú, ¿qué estudias, Miguel?

▶ To make a sentence negative, use **no** before the conjugated verb.

Yo **no** miro la televisión.
I don't watch TV.

Ella **no** desea bailar.
She doesn't want to dance.

▶ Subject pronouns are often omitted; the verb endings indicate who the subject is.

¿Habl**as** español?
Do you speak Spanish?

No, no habl**o** español.
No, I don't speak Spanish.

Refer students to the **recursos** box in **Ampliación** for complete information.

▶ Subject pronouns may be used for clarification or for emphasis.

¿Qué enseñan?
What do they teach?

Él enseña arte y **ella** enseña química.
He teaches art and she teaches chemistry.

¿Quién desea trabajar hoy?
Who wants to work today?

Yo no deseo trabajar.
I don't want to work.

Práctica y conversación

1 Completar Complete the conversation with the appropriate forms of the verbs.

LINDA Hola, Juan. (1) _____Tomo_____ [tomar] tres clases: química, biología y computación. Y tú, ¿cuántas clases (2) _____tomas_____ [tomar]?

JUAN (3) _____Tomo_____ [tomar] cuatro: sociología, biología, arte y literatura. Yo (4) _____tomo_____ [tomar] biología a las cuatro. ¿Y tú?

LINDA Lily, Alberto y yo (5) _____tomamos_____ [tomar] biología a las diez.

JUAN ¿(6) _____Estudian_____ [estudiar] ustedes mucho?

LINDA Sí, porque (*because*) hay muchos exámenes. Alberto y yo (7) _____estudiamos_____ [estudiar] dos horas juntos todos los días (*together every day*).

JUAN ¿Lily no (8) _____estudia_____ [estudiar] con ustedes?

LINDA No, ella (9) _____estudia_____ [estudiar] con su novio (*boyfriend*), Arturo.

2 ¿Te gusta...? Get together and take turns asking each other if you like these activities. Answers will vary.

| ¿Te gusta...? | Sí, me gusta.../No, no me gusta... |

MODELO
Estudiante 1: ¿Te gusta dibujar?
Estudiante 2: Sí/No, no me gusta dibujar.

	Sí	No		Sí	No
la universidad	___	___	la computación	___	___
cantar	___	___	los exámenes	___	___
la historia	___	___	trabajar	___	___

3 Describir With a partner, describe what the people in the photos are doing. Answers will vary. Suggested answers:

MODELO
Ana María baila.

Ana María

Héctor

1. Héctor dibuja/estudia.

Ernesto

3. Ernesto descansa.

Gabriela

2. Gabriela enseña inglés.

Mario y Laura

4. Mario y Laura toman el autobús.

4 Entrevista Use these questions to interview a classmate. Answers will vary.

1. ¿Qué clases tomas?
2. ¿Caminas a tus clases?
3. ¿A qué hora termina la clase de español?
4. ¿Cuántas lenguas hablas?
5. ¿Dónde estudias?
6. ¿Necesitas estudiar hoy para un examen?
7. ¿Miras mucho la televisión? ¿Qué programas te gustan?
8. ¿Te gusta viajar? ¿Deseas viajar a Suramérica?

2.2 Forming questions in Spanish Tutorial

¿Hablas con tu mamá?

▶ One way to ask questions is simply to raise the pitch of your voice at the end of a sentence. When writing a question, use an upside-down question mark (¿) at the beginning of a question and a regular question mark (?) at the end.

Statement	Question
Miguel regresa a las seis.	¿Miguel regresa a las seis?
Miguel returns at six.	*Does Miguel return at six?*

Te gusta mucho
la tarea, ¿no?

▶ You can also ask a question by placing the subject after the verb. The subject may even be placed at the end of the sentence.

Statement	Question
SUBJECT VERB	VERB SUBJECT
Ustedes trabajan los sábados.	**¿Trabajan ustedes** los sábados?
You work on Saturdays.	*Do you work on Saturdays?*
SUBJECT VERB	VERB SUBJECT
Miguel regresa a las seis.	**¿Regresa** a las seis **Miguel**?
Miguel returns at six.	*Does Miguel return at six?*

¡ojo!

You may only add **¿verdad?** to form a question with negative statements.

No trabajas mañana, ¿verdad?

▶ Another way to ask questions is by adding **¿no?** or **¿verdad?** at the end of a statement.

Statement	Question
Ella regresa a las seis.	Ella regresa a las seis, **¿verdad?**
She returns at six.	*She returns at six, right?*

▶ These interrogative words are used to form questions in Spanish.

Interrogative words

¿Adónde?	Where (to)?	¿Cuándo?	When?	¿De dónde?	From where?	¿Qué?	What?; Which?
¿Cómo?	How?	¿Cuánto/a?	How much?	¿Dónde?	Where?	¿Quién?	Who?
¿Cuál?, ¿Cuáles?	Which?; Which one(s)?	¿Cuántos/as?	How many?	¿Por qué?	Why?	¿Quiénes?	Who? (plural)

¡ojo!

Interrogative words always carry a written accent mark.

• • •

The answer to the question **¿por qué?** is **porque**, which is written as one word without an accent.

¿por qué? *why?*
porque *because*

▶ Use interrogative words in questions that require more than a *yes* or *no* answer.

¿Cuándo descansan ustedes?
When do you rest?

¿Adónde caminamos?
Where are we walking to?

¿Qué clases tomas?
What classes are you taking?

▶ In questions that contain interrogative words, the pitch of your voice falls at the end of the sentence.

¿Cómo llegas a la escuela?
How do you get to school?

¿Por qué necesitas estudiar?
Why do you need to study?

Práctica y conversación

1 Preguntas
Change these statements into questions by inverting the word order.

MODELO

Ernesto estudia español.

¿Estudia Ernesto español? /

¿Estudia español Ernesto?

1. Sandra habla con su compañera de cuarto.
¿Habla Sandra con su compañera de cuarto? /
¿Habla con su compañera de cuarto Sandra?

2. La profesora Soto busca unos libros.
¿Busca la profesora Soto unos libros? /
¿Busca unos libros la profesora Soto?

3. Tú preparas la tarea.
¿Preparas tú la tarea? /
¿Preparas la tarea tú?

4. Ustedes trabajan en la cafetería.
¿Trabajan ustedes en la cafetería? /
¿Trabajan en la cafetería ustedes?

5. Los chicos escuchan música por la radio.
¿Escuchan los chicos música por la radio? /
¿Escuchan música por la radio los chicos?

2 Una conversación
Irene and Manolo are chatting (quietly!) in the library. Complete their conversation with the appropriate questions.

MODELO

IRENE: Hola, Manolo. *¿Cómo estás?*

MANOLO Bien, gracias. (1) *¿Y tú?*

IRENE Muy bien. (2) *¿Qué hora es?*

MANOLO Son las nueve.

IRENE (3) *¿Qué estudias?*

MANOLO Estudio historia.

IRENE (4) *¿Por qué?*

MANOLO Porque hay un examen mañana.

IRENE (5) *¿Te gusta la clase?*

MANOLO Sí, me gusta mucho la clase.

IRENE (6) *¿Quién enseña la clase?*

MANOLO El profesor Padilla enseña la clase.

IRENE (7) *¿Tomas psicología este semestre?*

MANOLO No, no tomo psicología este semestre.

3 Encuesta
Change the phrases in the first column into questions and use them to survey two or three classmates. Then report the results of your survey to the class. Answers will vary.

Actividades	Nombres
1. Estudiar contabilidad	_____
2. Tomar una clase de historia	_____
3. Dibujar bien	_____
4. Cantar bien	_____
5. Trabajar los sábados	_____
6. Escuchar música en un iPod	_____
7. Necesitar comprar una computadora	_____
8. Tomar el autobús a la escuela	_____
9. Llevar una mochila a clase	_____
10. Desear viajar a España	_____

4 Entrevista
Imagine that you are a reporter for the school newspaper. Use these questions and write three of your own to interview a classmate about student life. Answers will vary.

1. ¿Dónde estudias? ¿Cuándo?
2. ¿Quién es tu profesor(a) favorito/a?
3. ¿Cuántas clases tomas?
4. ¿Necesitas estudiar más (*more*)?
5. ¿A qué hora llegas a la universidad?
6. ¿Trabajas? ¿Dónde?
7. ¿Cuál es tu día favorito de la semana? ¿Por qué?
8. ¿——————————————?
9. ¿——————————————?
10. ¿——————————————?

2.3 The present tense of estar

 Tutorial

Marissa está en
México para
estudiar este año.

▶ In Lesson 1, you learned how to conjugate and use the verb **ser** (*to be*). Spanish has a second verb which means *to be*: the verb **estar**.

▶ Although **estar** ends in **–ar**, it does not follow the pattern of regular **–ar** verbs. The **yo** form (**estoy**) is irregular. Also, all forms but the **yo** and **nosotros/as** forms have an accented **á**. As you will see, **ser** and **estar** are used in different ways.

Hola mamá.
¿Cómo estás?

estar (to be)

yo	**estoy**	*I am*
tú	**estás**	*you (fam.) are*
Ud./él/ella	**está**	*you (form.) are; he/she is*
nosotros/as	**estamos**	*we are*
vosotros/as	**estáis**	*you (pl.) are*
Uds./ellos/ellas	**están**	*you (pl.) are; they are*

Uses of *ser* and *estar*

SUGGESTION Read short
sentences in English aloud
and have students determine
whether they would use **ser**
or **estar** in the Spanish
translation. Ex.: *I'm at home.*
(**estar**) *I'm a student.* (**ser**)
I'm tired. (**estar**) *I'm glad.*
(**estar**) *I'm generous.* (**ser**)

Uses of estar

LOCATION

Estoy en la biblioteca.
I am at the library.

Marissa está al lado
de Felipe.
Marissa is next to Felipe.

HEALTH

Javier está enfermo hoy.
Javier is sick today.

WELL-BEING

¿Cómo estás, Juan
Carlos?
*How are you, Juan
Carlos?*

Estoy muy bien, gracias.
I'm very well, thank you.

Uses of ser

IDENTITY

Hola, soy Maru.
Hello, I'm Maru.

OCCUPATION

Soy estudiante.
I'm a student.

ORIGIN

¿Eres de España?
Are you from Spain?

Sí, soy de España.
Yes, I'm from Spain.

TELLING TIME

Son las cuatro.
It's four o'clock.

Marissa, Miguel
y yo estamos muy
lejos de casa.

Estar with prepositions of location

SUGGESTION Explain that prepositions
of location typically indicate where one
thing or person is, in relation to another
thing or person.

Prepositions of location

al lado de	*next to; beside*	delante de	*in front of*
a la derecha de	*to the right of*	detrás de	*behind*
a la izquierda de	*to the left of*	encima de	*on top of*
en	*in; on; at*	entre	*between; among*
cerca de	*near*	lejos de	*far from*
debajo de	*below; under*	sobre	*on; over*

La biblioteca está al
lado de la librería.

▶ **Estar** is often used with certain prepositions to describe the location of a person or an object.

La cafetería está **al lado de** la biblioteca.
The cafeteria is beside the library.

El estadio no está **lejos de** la librería.
The stadium isn't far from the bookstore.

Los libros están **encima del** escritorio.
The books are on top of the desk.

Estamos **entre** la puerta y la ventana.
We are between the door and the window.

ACTIVITY PACK For additional activities, go to the **Activity Pack** in the **Resources** section of the Supersite.

Práctica y conversación

1 Completar Complete this phone conversation between Daniela and her mother with the correct forms of **ser** or **estar**.

DANIELA Hola, mamá. (1) ___Estoy___ bien. ¿Dónde (2) ___está___ papá? ¡Ya (*already*) (3) ___son___ las ocho de la noche!

MAMÁ No (4) ___está___ aquí. (5) ___Está___ en la oficina.

DANIELA Y Andrés y Margarita, ¿dónde (6) ___están___ ellos?

MAMÁ (7) ___Están___ en el restaurante Dalí con Martín.

DANIELA ¿Quién (8) ___es___ Martín?

MAMÁ (9) ___Es___ un compañero de clase. (10) ___Es___ de México.

DANIELA Y el restaurante Dalí, ¿dónde (11) ___está___?

MAMÁ (12) ___Está___ cerca de la plaza Mayor, en San Modesto.

DANIELA Gracias, mamá. Voy (*I'm going*) al restaurante. ¡Hasta pronto!

2 En la librería Imagine that you are in the school bookstore and can't find various items. Ask the clerk (your partner) where the items in the drawing are located.
Answers will vary.

3 ¿Dónde estás...? With a partner, take turns asking each other where you normally are at these times.
Answers will vary.

1. viernes / 1:30 p.m.
2. miércoles / 9:15 a.m.
3. lunes / 11:10 a.m.
4. jueves / 12:45 p.m.
5. viernes / 2:25 p.m.
6. martes / 3:50 p.m.

4 La ciudad universitaria You and your partner are at the **Facultad de Bellas Artes** (*School of Fine Arts*). Take turns asking each other where other buildings on the campus map are located. Answers will vary.

Facultad de Medicina

Facultad de Administración de Empresas

biblioteca

Facultad de Química

Colegio Mayor Cervantes

Facultad de Bellas Artes

1. ¿Está lejos la biblioteca de la Facultad (*school*) de Bellas Artes?
2. ¿Dónde está la Facultad de Medicina?
3. ¿Está la Facultad de Administración de Empresas a la derecha de la biblioteca?
4. ¿Dónde está el Colegio Mayor Cervantes?
5. ¿Está la Facultad de Administración de Empresas detrás del Colegio Mayor Cervantes?
6. ¿Dónde está la Facultad de Química?

2.4 Numbers 31–100

 Tutorial

Numbers 31–100

31 *treinta y uno*	36 *treinta y seis*	41 *cuarenta y uno*	80 *ochenta*
32 *treinta y dos*	37 *treinta y siete*	42 *cuarenta y dos*	90 *noventa*
33 *treinta y tres*	38 *treinta y ocho*	50 *cincuenta*	100 *cien*
34 *treinta y cuatro*	39 *treinta y nueve*	60 *sesenta*	
35 *treinta y cinco*	40 *cuarenta*	70 *setenta*	

Hay cuarenta y siete estudiantes en la clase de geografía.

Cien menos sesenta y cuatro son treinta y seis pesos de cambio.

▸ The word **y** is used in most numbers from **31** through **99**.

Hay **ochenta y cinco** exámenes.
There are eighty-five exams.

Hay **cuarenta y dos** estudiantes.
There are forty-two students.

EXPANSION Bring in a newspaper or magazine ad that shows phone numbers and prices. Call on volunteers to read the numbers aloud.

▸ With numbers that end in **uno** (31, 41, etc.), **uno** becomes **un** before a masculine noun and **una** before a feminine noun.

Hay **treinta y un** chicos.
There are thirty-one guys.

Hay **treinta y una** chicas.
There are thirty-one girls.

▸ **Cien** is used before nouns and in counting. The words **un**, **una**, and **uno** are never used before **cien** in Spanish.

¿Cuántos libros hay?
How many books are there?

Hay **cien** libros.
There are one hundred books.

¿Cuántas sillas hay?
How many chairs are there?

Hay **cien** sillas.
There are one hundred chairs.

▸ Note that most Spanish-speaking countries use a comma with numbers where English would use a decimal, and vice-versa.

$33,50   treinta y tres dólares y cincuenta centavos

SUGGESTION Write the beginning of a series of numbers on the board and have students continue the sequence. Ex: 5, 10, 15,… or 3, 6, 9, 12,…

SUGGESTION Tell students that this is the table of contents from a Latin American magazine. Have them scan it and identify the places where numbers appear.

SUGGESTION Ask students questions about the table of contents. Ex: ¿Qué está en la página 59? ¿En qué página está la sección de música? ¿Y el horóscopo? ¿Con quién conversan en la página 74?

ESPAÑOL EN VIVO

CONTENIDO

- 37 Correo
- 42 Mi álbum de fotos
- 56 Salud
- 57 Dinero
- 59 Amor
- 61 Familia
- 62 Educación
- 69 Mi cocina
- 74 Música
- 82 Horóscopo

59 Cuestionario

¿Dónde buscas amor?

62 Encuesta

Entrevistamos a 100 estudiantes de la universidad para preguntarles cuáles son los cursos más importantes para su futuro profesional.

 74 Pop en español

Conversamos con el cantante colombiano Juanes sobre su nuevo álbum.

Práctica y conversación

1 Baloncesto Provide these basketball scores in Spanish.

DUKE | VIRGINIA

FLORIDA | FLORIDA STATE

1. setenta y ocho, sesenta y cuatro

4. cien, noventa y dos

KENTUCKY | TENNESSEE

STANFORD | UCLA

2. sesenta y tres, cincuenta y siete

5. cincuenta y ocho, cuarenta y nueve

TEXAS | OKLAHOMA

3. noventa y uno, ochenta y seis

2 Números de teléfono Imagine that you are a telephone operator in Spain. Take turns giving the appropriate phone numbers when callers ask for them. Answers will vary.

MORALES	🔍 buscar
Morales Ballesteros, José	Venerable Centenares, 2222	📞 (91) 944-6662
Morales Benito, Francisco	Calle Flores, 16	📞 (91) 773-1216
Morales Borrego, Flora	Mayor, 51	📞 (91) 634-3211
Morales Calvo, Emilio	Villafuerte, 49	📞 (91) 472-2350
Morales Campos, María	Toledo, 35	📞 (91) 773-1382
Morales Cid, Pedro	Rosal, 98	📞 (91) 419-7660
Morales Conde, Ángel	Alameda, 67	📞 (91) 944-3915
Morales Crespo, Pascual	Fernando de la Peña, 13	📞 (91) 634-7148
Morales Díaz, Luz	Buenavista, 80	📞 (91) 834-5238
Morales Fraile, Rosa	Avenida Solares, 74	📞 (91) 834-3371

3 ¿Cuánto cuesta? With a partner, take turns asking how much the items in the ad cost. Answers will vary.

MODELO

Estudiante 1: Deseo comprar papel. ¿Cuánto cuesta (does it cost)?

Estudiante 2: Un paquete cuesta cuatro dólares y cuarenta y un centavos.

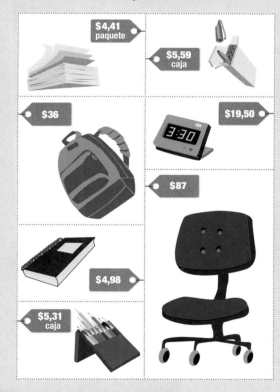

$4,41 paquete

$5,59 caja

$36

$19,50

$87

$4,98

$5,31 caja

4 Entrevista Find out the telephone numbers and e-mail addresses of four classmates. Answers will vary.

MODELO

Estudiante 1: ¿Cuál es tu (your) número de teléfono?

Estudiante 2: Es el (416) 635-1951.

Estudiante 1: ¿Y tu dirección de correo electrónico (e-mail address)?

Estudiante 2: Es jota-Smith-arroba (@)-pe-ele-punto-e-de-u. (jsmith@pl.edu).

ACTIVITY PACK For additional activities, go to the **Activity Pack** in the **Resources** section of the Supersite.

① SCRIPT For the script, go to the Supersite.

Ampliación

1 Escuchar

A Listen to Armando and Julia's conversation. Then list the classes each person is taking.

Answers will vary.

 TIP Listen for cognates. Cognates are words that have similar spellings and meanings in two or more languages. Listening for cognates will help you increase your comprehension.

Julia   **Armando**

1. astronomía   1. antropología
2. geología   2. filosofía
3. italiano   3. japonés
4. cálculo   4. italiano
                                         5. cálculo

B ¿Cuántas clases toman Armando y Julia? ¿Cuántas clases tomas tú? ¿Qué clases te gustan y qué clases no te gustan? Julia toma cuatro clases y Armando toma cinco clases. Answers will vary.

② EXPANSION Have students write down and ask a few additional questions, such as
1. ¿Qué clases no te gustan?
2. ¿Trabajas los sábados?
3. ¿Dónde estás los domingos a la una de la tarde?
4. ¿Necesitas estudiar para un examen esta semana?

2 Conversar
Greet a classmate, find out how he or she is, and get to know your classmate better by asking these questions. Answers will vary.

- ¿Cómo te llamas?
- ¿De dónde eres?
- ¿Qué clases tomas?
- ¿Qué clases te gustan?
- ¿Cuántos estudiantes hay en tu (your) clase de...?
- ¿Cuántas horas estudias durante (during) la semana?
- ¿Dónde estudias normalmente (usually)?

recursos

WB pp. 11–18   LM pp. 9–12   vhlcentral

Inform students that the material listed in the **recursos** box applies to the complete **Gramática** section.

3 Escribir Write a description of yourself to post on a website in order to meet Spanish-speaking people. Answers will vary.

TIP Brainstorm. Spend ten to fifteen minutes jotting down ideas about the topic you are going to write about. The more ideas you write down, the more you'll have to choose from later when you start to organize your thoughts.

on inicio perfil Hola! Me llamo Alicia Roberts. Estudio matemáticas en la Universidad de Nueva York...	
Organizar	Make a list of things you would like people to know about you, including your name, your major, where you go to school, what you're studying, where you work, and your likes and dislikes.
Escribir	Using the material you have compiled, write the first draft of your description.
Corregir	Exchange papers with a classmate and comment on the organization, style, and grammatical accuracy of each other's work. Then revise your first draft, keeping your classmate's comments in mind.
Compartir	Read your descriptions aloud in small groups. Point out the three best features of each description.

4 EXPANSION Have students present their posters in class and give a short talk in Spanish that might include how many students are in the university, what interesting sites are in the area, what courses are offered, what number to call for more information, etc.

4 Un paso más Create a poster that will encourage students to study in a university in a Spanish-speaking country. The poster might include these elements: Answers will vary.

- A title
- Photos of university locations
- A campus map
- A short summary of the university's programs
- A list of activities and sports that you can participate in at the university
- Photos of the town where the university is located
- A brief description of the town where the university is located

NATIONAL
connections
communities
STANDARDS

5 Conexión Internet Go to **vhlcentral.com** and research these topics.

- Las universidades en España
- Las universidades en América Latina

UNIVERSIDAD DE ANDALUCÍA

El futuro en tus manos

3 SUGGESTION Tell students to brainstorm using Spanish whenever possible. Explain that to brainstorm means to enjoy thinking about possibilities, and that selecting and organizing ideas comes in the second stage of writing.

3 EVALUATION

Criteria	Scale
Content	1 2 3 4
Comprehensibility	1 2 3 4
Organization	1 2 3 4
Accuracy	1 2 3 4
Creativity	1 2 3 4

Scoring
Excellent	18–20 points
Good	14–17 points
Satisfactory	10–13 points
Unsatisfactory	< 10 points

4 SUGGESTION Tell students that information on universities in the Spanish-speaking world will usually appear in Spanish. Encourage students to use their knowledge of cognates to determine meaning. Key Internet search words include **universidad, estudiantes extranjeros, estudios universitarios.**

ACTIVITY PACK For additional activities, go to the **Activity Pack** in the **Resources** section of the Supersite.

Antes de leer

 Audio: Reading
Additional Reading

Examina el texto

Recognizing the format of a document can help you to predict its content. For instance, invitations and classified ads follow an easily identifiable format, which usually gives you a general idea of the information they contain. Glance at the document on this page and identify it based on its format.

Cognados

With a classmate, make a list of cognates in the text and guess their English meanings. What do the cognates reveal about the content of the document?

Piénsalo

If you guessed that this text is a brochure from a university, you are correct. You can now infer that the document contains information on departments, courses, and the university campus.

SUGGESTION Tell students that there is a wide variety of public and private universities in Spain. Detailed information may be found at the Spanish Ministry of Education, www.mec.es.

SUGGESTION Point out that the photo on page 43 is of the Retiro Park **(Parque del Buen Retiro)** in Madrid. Originally the gardens of the Royal Palace, the **Retiro** has become a great public park.

EXPANSION Have students correct the false statements in **¿Comprendiste?**

UAE

LA MEJOR° UNIVERSIDAD DE EUROPA
Universidad Autónoma de España

En el campus de la UAE hay ocho facultades:

- Ciencias
- Derecho°
- Medicina
- Psicología

- Filosofía y Letras
- Ciencias Económicas y Empresariales
- Escuela Técnica Superior de Computación
- Facultad° de Formación de Profesorado y Educación

Toma cursos de:

- Antropología Aplicada°
- Computación
- Contabilidad
- Derecho Privado
- Ecología
- Economía General
- Filosofía Antigua°
- Física General
- Geografía
- Historia Contemporánea
- Literatura Española
- Matemáticas
- Microbiología
- Psicología Social
- Química
- Sociología

Después de leer

¿Comprendiste?

Indicate whether each statement is **cierto** (*true*) or **falso** (*false*).

Cierto	Falso	
✓		**1.** La Universidad Autónoma de España está en Europa.
	✓	**2.** En la UAE hay diez facultades.
	✓	**3.** Filosofía y Letras es un curso.
	✓	**4.** Hay cursos de literatura china en la UAE.
✓		**5.** Hay una facultad de psicología en la UAE.
	✓	**6.** La UAE está en Málaga, España.

Preguntas

Answer these questions using complete sentences. Answers will vary slightly.

1. ¿Hay clases de contabilidad en la UAE?

Sí, hay clases de contabilidad en la UAE.

2. ¿Es posible estudiar medicina en la UAE?

Sí, es posible estudiar medicina en la UAE.

3. ¿En qué facultad hay clases de economía general? Hay clases de economía general en la Facultad de Ciencias Económicas y Empresariales.

4. ¿En qué facultad hay clases de microbiología?

Hay clases de microbiología en la Facultad de Ciencias.

5. ¿En qué facultad hay clases de literatura?

Hay clases de literatura en la Facultad de Filosofía y Letras.

Coméntalo

Look at the brochure of the **Universidad Autónoma de España** and identify the courses taught there. Does your university offer the same courses? Are you taking any of those courses? Would you be interested in studying at the UAE? Why? Answers will vary.

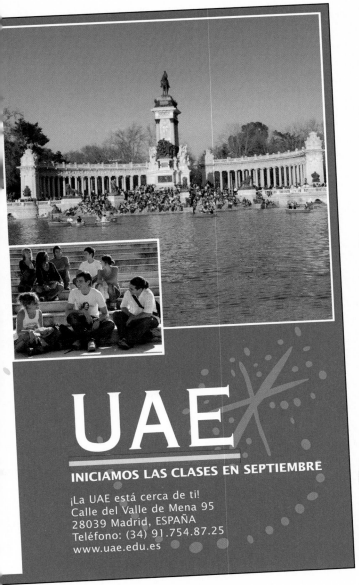

UAE

INICIAMOS LAS CLASES EN SEPTIEMBRE

¡La UAE está cerca de ti!
Calle del Valle de Mena 95
28039 Madrid, ESPAÑA
Teléfono: (34) 91.754.87.25
www.uae.edu.es

mejor *best*   derecho *law*   facultad *school*
aplicada *applied*   antigua *ancient*

Vocabulary Tools

La clase y la universidad

el borrador	*eraser*
el escritorio	*desk*
el libro	*book*
el marcador	*dry-erase marker*
la mesa	*table*
el papel	*paper*
la pizarra	*blackboard; whiteboard*
la pluma	*pen*
la puerta	*door*
el reloj	*clock; watch*
la silla	*chair*
la tiza	*chalk*
la ventana	*window*
la biblioteca	*library*
la cafetería	*cafeteria*
el estadio	*stadium*
el laboratorio	*laboratory*
la librería	*bookstore*
la residencia estudiantil	*dormitory*
el salón de clases	*classroom*
la universidad	*university*
la clase	*class*
el curso	*course*
el examen	*test; exam*
el horario	*schedule*
la prueba	*test; quiz*
el semestre	*semester*
la tarea	*homework*
el trimestre	*trimester; quarter*
el/la compañero/a de clase	*classmate*
el/la compañero/a de cuarto	*roommate*

Verbos

bailar	*to dance*
buscar	*to look for*
caminar	*to walk*
cantar	*to sing*
comprar	*to buy*
contestar	*to answer*
conversar	*to talk; to chat*
descansar	*to rest*
desear	*to want; to wish*
dibujar	*to draw*
enseñar	*to teach*
escuchar	*to listen*
esperar	*to wait (for); to hope*
estar	*to be*
estudiar	*to study*
explicar	*to explain*
gustar	*to be pleasing to; to like*
hablar	*to talk; to speak*
llegar	*to arrive*
llevar	*to carry*
mirar	*to look (at); to watch*
necesitar	*to need*
practicar	*to practice*
preguntar	*to ask (a question)*
preparar	*to prepare*
regresar	*to return*
terminar	*to end; to finish*
tomar	*to take; to drink*
trabajar	*to work*
viajar	*to travel*

As students finish the lesson, encourage them to explore the **Repaso** section on the Supersite. There they will find quizzes for practicing vocabulary, grammar, and oral language.

Los cursos

la administración de empresas	*business administration*
el arte	*art*
la biología	*biology*
la computación	*computer science*
la contabilidad	*accounting*
el español	*Spanish*
la física	*physics*
la geografía	*geography*
la historia	*history*
el inglés	*English*
las lenguas extranjeras	*foreign languages*
las matemáticas	*mathematics*
el periodismo	*journalism*
la psicología	*psychology*
la química	*chemistry*
la sociología	*sociology*

Los días de la semana

lunes	*Monday*
martes	*Tuesday*
miércoles	*Wednesday*
jueves	*Thursday*
viernes	*Friday*
sábado	*Saturday*
domingo	*Sunday*
la semana	*week*
Hoy es...	*Today is...*

Interrogative words	*See page 34.*
Prepositions of location	*See page 36.*
Numbers 31–100	*See page 38.*

Todos los años (*Every year*), en el mes de junio, Nueva York organiza un gran desfile (*parade*) en honor a los puertorriqueños.

Estados Unidos y Canadá

Estados Unidos

Población de los EE.UU.: 321.368.000
Población de origen hispano: 53.070.000
País de origen de hispanos en los EE.UU.:

8,5% otros
3,6% Cuba
9,4% **Puerto Rico**
14,3% **Centroamérica y Suramérica**
64,1% **México**

Estados con mayor población hispana:
California, Texas, Florida y Nueva York

SOURCE: U.S. Census Bureau

Canadá

Población de Canadá: 35.099.000
Población de origen hispano: 374.000
País de origen de hispanos en Canadá:

18,6% **México**
16,2% **Colombia**
11,7% **El Salvador**
53,5% otros

Ciudades con mayor población hispana:
Montreal, Toronto y Vancouver

SOURCE: Statistics Canada

Video: *Panorama cultural*
Interactive map

Lugares

La Pequeña Habana

La Pequeña Habana (*Little Havana*) es un barrio (*neighborhood*) de Miami, Florida, donde viven (*live*) muchos cubanoamericanos. Es un lugar donde se encuentran (*are found*) las costumbres (*customs*) de la cultura cubana, los aromas y sabores (*flavors*) de su comida (*food*) y la música salsa. La Pequeña Habana es una parte de Cuba en los Estados Unidos.

CANADÁ

Vancouver • Calgary

San Francisco

EE.UU.

Las Vegas

Los Ángeles •

San Diego

Personalidades

Latinos famosos

Los estadounidenses de origen hispanoamericano contribuyen (*contribute*) en todos los niveles (*at all levels*) a la cultura y a la economía de los Estados Unidos.

Sonia Sotomayor,
juez, de origen
puertorriqueño

Ellen Ochoa, astronauta,
de origen mexicano

John Quiñones, periodista,
de origen mexicano

Eva Mendes, actriz,
de origen cubano

Ottawa ⭐
Toronto
Chicago ○
Ciudad de
Nueva York ●
⭐
Washington, D.C.

Océano
Atlántico

Miami

Golfo
de México

Mar Caribe

recursos

WB
pp. 19–20

VM
pp. 233–234

Ⓢ
vhlcentral

Comida

La comida mexicana

La comida (*food*) mexicana es muy popular en los Estados Unidos. Los tacos, las enchiladas y las quesadillas son platos (*dishes*) mexicanos que frecuentemente forman parte de las comidas (*meals*) de muchos norteamericanos. También (*Also*) son populares las variaciones de la comida mexicana en los Estados Unidos... el tex-mex y el cali-mex.

Comunidad

Hispanos en Canadá

La población hispana en Canadá crece (*grows*) cada año (*year*). Más (*More*) del 50% de los hispanos está en Toronto y en Montreal. La mayoría de ellos tiene (*have*) estudios universitarios y habla una de las lenguas oficiales: inglés o francés (*French*). Esto les permite (*This allows them*) participar activamente en la vida cotidiana (*daily life*) y profesional.

Cubanos en el festival Salsa on St. Clair, Toronto.

¿Qué aprendiste?

1 **¿Cierto o falso?** Indicate whether these statements are **cierto** or **falso**, based on what you have learned about Hispanics in the U.S. and Canada.

Cierto	Falso	
✓		1. Los mexicanos son el grupo hispano más grande (*biggest*) de los EE.UU.
	✓	2. En Florida no hay muchas personas de origen hispano.
✓		3. En Texas hay muchos latinos.
	✓	4. La Pequeña Habana está en la isla de Cuba.
✓		5. John Quiñones es de origen mexicano.
✓		6. Eva Mendes es de origen hispano.
	✓	7. Los tacos y las quesadillas son los platos más populares en los restaurantes hispanos de los Estados Unidos.
	✓	8. A los estadounidenses no les gustan los tacos.
	✓	9. Los colombianos son el grupo hispano más grande de Canadá.
✓		10. Muchos hispanos en Canadá tienen estudios universitarios.

2 **Preguntas** Answer these questions in complete sentences. Answers will vary.

1. ¿Qué ciudades en los Estados Unidos tienen una visible influencia hispana?
2. ¿Hay barrios hispanos en tu ciudad o pueblo? Si es así (*If so*), ¿los barrios son de algún (*any*) país hispano en particular?
3. ¿Estudias o trabajas con hispanos? ¿De dónde son?
4. ¿Qué otros estadounidenses de origen hispano conoces (*do you know*)?
5. ¿Qué platos de comida hispana te gustan?
6. ¿Qué música latina conoces? ¿Te gusta bailar música latina?

3 **¿Qué piensas?** With a partner, take turns answering the following questions with complete sentences.

1. ¿Por qué la Pequeña Habana es un lugar tan importante para los cubanos en los Estados Unidos? ¿Cuáles son las características de este lugar?
2. ¿Cómo crees que contribuyen (*contribute*) personajes como Sonia Sotomayor al progreso social en los Estados Unidos?
3. ¿Por qué la comida mexicana es tan popular en los Estados Unidos?
4. ¿Por qué es importante hablar la lengua del país en el que vives?

4 **Conexión Internet** Go to **vhlcentral.com** and research these topics.

- Norteamericanos famosos de origen hispano
- Lugares en los Estados Unidos con nombres en español

Practice more at **vhlcentral.com**.

3 La familia

PARA EMPEZAR Here are some additional questions: **¿Dónde está la casa de tu familia?**
¿Estudias lejos o cerca de la casa de tu familia? ¿Cuántas personas hay en tu familia?

Para empezar

- ¿Cuántas personas hay en la fotografía?
- ¿Son compañeros de clase o son una familia?
- ¿Cuántos años tiene la mamá: doce, treinta y cuatro o cincuenta y uno?

La familia Vocabulary Tools

EXPANSION Use the Digital Image Bank to present the new vocabulary. Ask: ¿Cómo se llama el padre? ¿Quién es la hija de Mirta? Con referencia a Marina, ¿quién es Héctor? Con referencia a Héctor, ¿quién es José Miguel? Con referencia a Héctor, ¿quién es Silvia? Work through additional relationships.

LA FAMILIA

el/la esposo/a *husband/wife*

el/la hermanastro/a *stepbrother/stepsister*

el/la hermano/a *brother/sister*

el/la hijastro/a *stepson/stepdaughter*

la madrastra *stepmother*

el/la medio/a hermano/a *half-brother/half-sister*

el padrastro *stepfather*

los padres *parents*

el abuelo
grandfather

la abuela
grandmother

el padre
father

la madre
mother

SUGGESTION Ask: Who has siblings? Write **hermanos, hermano, hermana,** and **hermanas** on the board and explain that the masculine plural form can refer to mixed groups of males and females. Ask: **¿Cómo se llama tu hermano?** Ask another student: **¿Cómo se llama el hermano de ___?** Work through the remaining relationships in the same manner.

los hijos
sons; children

la hija
daughter

LA FAMILIA EXTENDIDA

el/la cuñado/a *brother-in-law/sister-in-law*

el/la nieto/a *grandson/granddaughter*

la nuera *daughter-in-law*

los parientes *relatives*

el/la primo/a *cousin*

el/la sobrino/a *nephew/niece*

el/la suegro/a *father-in-law/mother-in-law*

el/la tío/a *uncle/aunt*

el yerno *son-in-law*

EXPANSION In groups of three have students take turns interviewing each other about their families. One student should conduct the interview, one should answer questions, and the third should take notes. As a class, ask students questions at random about the families of their group members.

el artista
artist

ASÍ SE DICE Point out these lexical items:
madre → **mamá, mami** (*colloquial*)
padre → **papá, papi** (*colloquial*)
padres → **papás, papis** (*colloquial*)

OTRAS PALABRAS

el/la amigo/a *friend*

el/la gato/a *cat*

la gente *people*

el/la muchacho/a *boy/girl*

la persona *person*

el/la perro/a *dog*

mi *my (sing.)*

mis *my (pl.)*

la novia
girlfriend

el novio
boyfriend

LAS PROFESIONES

el/la ingeniero/a *engineer*

el/la médico/a *doctor*

el/la periodista *journalist*

el/la programador(a) *computer programmer*

la doctora
doctor

SUGGESTION Ask students to name a profession based on the definition you provide. Ex: **Un hombre que programa las computadoras, ¿qué es? (Es un programador.) Una mujer que trabaja en un hospital, ¿qué es? (Es una médica.)**

el niño
boy; child

la niña
girl

Práctica y conversación

1 SCRIPT For the script, go to the Supersite.

1 EXPANSION Play Luisa's statements again, pausing at each one. If the statement is true, have students repeat it. If the statement is false, have students provide the correct information.

1 SUGGESTION Students will learn about surnames on page 56; however, you may want to preview that information by pointing out how Luisa got her last names.

2 EXPANSION Ask students to provide additional examples for the class to identify.

3 EXPANSION Ask questions about the photos and captions. Ex: ¿Quién es artista? (Elena Vargas Soto es artista.) ¿Trabaja Irene? (Sí, es programadora.)

3 EXPANSION Have students bring in pictures of people engaged in various activities. (Use family photos, magazine pictures, drawings, computer art, etc.) Create a class family tree and identify each picture with a name. As a class, ask questions about relationships and professions. Ex: ¿Quién es la abuela de ____? ¿Es artista?

1 Escuchar Find Luisa Moya Sánchez on the family tree. Then listen to her statements and indicate whether they are **cierto** (*true*) or **falso** (*false*), based on her family tree.

	Cierto	Falso
1.	✓	
2.	✓	
3.		✓
4.		✓
5.		✓
6.	✓	
7.		✓
8.		✓
9.	✓	
10.		✓

2 Completar Complete these sentences with the correct words.

1. Mi madre y mi padre son mis _padres_.
2. El padre de mi madre es mi _abuelo_.
3. Yo soy el _tío_ del hijo de mi hermana.
4. La esposa de mi hijo es mi _nuera_.
5. Yo soy el _yerno_ de los padres de mi esposa.
6. La hija de mi hermana es mi _sobrina_.
7. El segundo (*second*) esposo de mi madre es mi _padrastro_.
8. La hija de mi padre y de mi madrasta es mi _media hermana_.

3 Profesiones Complete the description of each photo.

1. Rosa María Ortiz es _profesora_.
2. Héctor Ibarra es _periodista_.
3. Alberto Díaz es _médico / doctor_.

4. Elena Vargas Soto es _artista_.
5. Daniela López es _ingeniera_.
6. Irene González es _programadora_.

recursos WB pp. 21–22 LM p. 13 vhlcentral

4 **¿Y tú?** With a classmate, take turns asking each other these questions. Answers will vary.

1. ¿Cuántas personas hay en tu familia?
2. ¿Cómo se llaman tus padres? ¿De dónde son?
3. ¿Cuántos hermanos tienes? ¿Cómo se llaman?
4. ¿Cuántos primos tienes? ¿Cuántos son niños y cuántos son adultos?
5. ¿Eres tío/a? ¿Cómo se llaman tus sobrinos/as? ¿Dónde estudian o trabajan?
6. ¿Tienes novio/a? ¿Tienes esposo/a? ¿Cómo se llama?

tengo *I have*	**tu** *your (sing.)*
tienes *you have*	**tus** *your (pl.)*

4 **EXPANSION** Ask students to prepare and ask additional interview questions.

ACTIVITY PACK For additional activities, go to the **Activity Pack** in the **Resources** section of the Supersite.

 Practice more at vhlcentral.com.

Pronunciación Diphthongs and linking Audio

hermano   **niña**   **cuñado**

In Spanish, **a**, **e**, and **o** are considered strong vowels. The weak vowels are **i** and **u**.

ruido   **parientes**   **periodista**

A diphthong is a combination of two weak vowels or of a strong vowel and a weak vowel. Diphthongs are pronounced as a single syllable.

la abuela   **mi hijo**   **una clase excelente**

Two identical vowel sounds that appear together are pronounced like one long vowel.

con Natalia   **sus sobrinos**   **las sillas**

Two identical consonants together sound like a single consonant.

es ingeniera   **mis abuelos**   **sus hijos**

A consonant at the end of a word is linked with the vowel at the beginning of the next word.

mi hermano   **su esposa**   **nuestro amigo**

A vowel at the end of a word is linked with the vowel at the beginning of the next word.

SUGGESTION Write **hermano**, **niña**, and **cuñado** on the board, pronounce the words, and ask students to repeat them. Ask students to identify the strong and weak vowels. Repeat writing, modeling, practicing, and identifying key pronunciation points with each of the remaining five sections.

EXPANSION Provide more model sentences to practice diphthongs and linking. Ex: **Los estudiantes extranjeros hablan inglés. Mi abuela Ana tiene ochenta años. Juan y Enrique son hermanos. ¿Tu esposa aprende una lengua extranjera? Tengo un examen en la clase de español hoy.**

Refranes Read these sayings aloud to practice diphthongs and linking sounds.

Cuando una puerta se cierra, otra se abre.[1]

Hablando del rey de Roma, por la puerta se asoma.[2]

1 When one door closes, another opens.
2 Speak of the devil and he will appear.

 Practice more at vhlcentral.com.

recursos

LM
p. 14

vhlcentral

Un domingo en familia

Marissa pasa el día en Xochimilco con la familia Díaz.

Video: Fotonovela

PREVIEW Ask students to read the title, glance at the video stills, and predict what they think the episode will be about. Record the predictions and return to them after watching the video.

NATIONAL STANDARDS communication cultures

Expresiones útiles

Talking about your family

¿Tienes una familia grande?
Do you have a large family?

Tengo dos hermanos mayores y un hermano menor.
I have two older siblings and a younger brother.

La verdad, mi familia es pequeña.
The truth is, my family is small.

¿Pequeña? Yo soy hija única.
Small? I'm an only child.

Describing people

¡Qué bonitas son tus hijas! Y ¡qué simpáticas!
Your daughters are so pretty! And so nice!

Soy guapo y delgado.
I'm handsome and slim.

¡Por favor! Eres gordo, antipático y muy feo.
Please! You're fat, unpleasant, and very ugly.

Talking about plans

¿Compartimos una trajinera?
Shall we share a barge?

¡Claro que sí! ¡Qué bonitas son!
Of course! They're so pretty!

¿Vienes, Jimena?
Are you coming, Jimena?

No, gracias. Tengo que leer.
No, thanks. I have to read.

Saying how old people are

¿Cuántos años tienen tus hijas?
How old are your daughters?

Marta tiene ocho años y Valentina doce.
Marta is eight and Valentina twelve.

SUGGESTION Have students review the Expresiones útiles. In groups of six, have them select a character and role-play Un domingo en familia. Ask one or two groups to act out the episode for the class.

recursos
VM
pp. 173–174
vhlcentral

JIMENA Hola, tía Nayeli.
TÍA NAYELI ¡Hola, Jimena! ¿Cómo estás?
JIMENA Bien, gracias. Y, ¿dónde están mis primas?
TÍA NAYELI No sé. ¿Dónde están mis hijas? ¡Ah!

MARISSA ¡Qué bonitas son tus hijas! Y ¡qué simpáticas!

VIDEO SYNOPSIS The Díaz family spends Sunday afternoon in Xochimilco. Marissa meets some of the extended family and answers questions about her own family. The group has a picnic and the women take a boat ride through the canals. Mrs. Díaz makes arrangements for Marissa and her friends to travel to Mérida.

FELIPE Soy guapo y delgado.
JIMENA Ay, ¡por favor! Eres gordo, antipático y muy feo.

TÍO RAMÓN ¿Tienes una familia grande, Marissa?
MARISSA Tengo dos hermanos mayores, Zack y Jennifer, y un hermano menor, Adam.

MARISSA La verdad, mi familia es pequeña.
SRA. DÍAZ ¿Pequeña? Yo soy hija única. Bueno, y ¿qué más? ¿Tienes novio?
MARISSA No. Tengo mala suerte con los novios.

FELIPE

TÍA NAYELI

JIMENA

MARTA

VALENTINA

SRA. DÍAZ

TÍO RAMÓN

SR. DÍAZ

MARISSA

MARISSA Tía Nayeli, ¿cuántos años tienen tus hijas?

TÍA NAYELI Marta tiene ocho años y Valentina doce.

SRA. DÍAZ Chicas, ¿compartimos una trajinera?

MARISSA ¡Claro que sí! ¡Qué bonitas son!

SRA. DÍAZ ¿Vienes, Jimena?

JIMENA No, gracias. Tengo que leer.

MARISSA Me gusta mucho este sitio. Tengo ganas de visitar otros lugares en México.

SRA. DÍAZ ¡Debes viajar a Mérida!

TÍA NAYELI ¡Sí, con tus amigos! Debes visitar a Ana María, la hermana de Roberto y de Ramón.

(La Sra. Díaz habla por teléfono con la tía Ana María.)

SRA. DÍAZ ¡Qué bien! Excelente. Sí, la próxima semana. Muchísimas gracias.

MARISSA ¡Gracias, Sra. Díaz!

SRA. DÍAZ Tía Ana María.

MARISSA Tía Ana María.

SRA. DÍAZ ¡Un beso, chau!

MARISSA *Bye!*

Actividades

1 **¿Cierto o falso?** Indicate whether each sentence is **cierto** or **falso**. Correct the false statements.

1. La señora Díaz tiene dos hermanos.
Falso. La señora Díaz es hija única.
2. Marissa no tiene novio. Cierto.
3. Valentina tiene veinte años.
Falso. Valentina tiene doce años.
4. Marissa comparte una trajinera con la señora Díaz y la tía Nayeli. Cierto.
5. A Marissa le gusta mucho Xochimilco. Cierto.

2 **Identificar** Indicate which person would make each statement.

1. Felipe es antipático y feo. Jimena
2. Mis hermanos se llaman Jennifer, Adam y Zach. Marissa
3. ¡Soy un joven muy guapo! Felipe
4. Mis hijas tienen doce y ocho años. tía Nayeli
5. Tus hijas son bonitas y simpáticas. Marissa
6. Ana María es la hermana de Ramón y Roberto. tía Nayeli

3 **Conversar** With a partner, use these questions to talk about your families. Answers will vary

1. ¿Tienes una familia grande o pequeña?
2. ¿Hay artistas en tu familia?
3. ¿Tienes hermanos menores? ¿Y hermanos mayores?
4. ¿Cuántos años tiene tu abuelo (tu hermana, tu primo...)?
5. ¿De dónde son tus padres?

Additional Reading
Video

¿Cómo te llamas?

NATIONAL STANDARDS
comparisons
cultures
communities

In the Spanish-speaking world, it is common to have two last names: one paternal and one maternal. In some cases, the words **de** or **y** are used to connect the two. For example, in the name **Juan Martínez de Velasco**, *Martínez* is the paternal surname (**el apellido paterno**), and *Velasco* is the maternal surname (**el apellido materno**); **de** simply links the two. This convention of using two last names (**doble apellido**) is a European tradition that Spaniards brought to the Americas. It continues to be practiced in many countries, including Chile, Colombia, Mexico, Peru, and Venezuela. There are exceptions, however; in Argentina, the prevailing custom is for children to inherit only the father's last name.

When a woman marries in a country where two last names are used, legally she retains her two maiden surnames. However, socially she may take her husband's paternal surname in place of her inherited maternal surname. For example, **Mercedes Barcha Pardo**, wife of Colombian writer **Gabriel García Márquez**, might use the names **Mercedes Barcha García** or **Mercedes Barcha de García** in social situations (although officially her name remains

Gabriel García Márquez

Mercedes Barcha Pardo

Rodrigo García Barcha

Mercedes Barcha Pardo). Adopting a husband's last name for social purposes, though widespread, is only legally recognized in Ecuador and Peru.

Most parents do not break tradition upon naming their children; regardless of the surnames the mother uses, they use the father's first surname followed by the mother's first surname, as in the name **Rodrigo García Barcha**. However, both surnames come from the grandfathers, and therefore all **apellidos** are effectively paternal.

Hijos en la casa

In Spanish-speaking countries, family and society place very little pressure on young adults to live on their own (**independizarse**), and children often live with their parents well into their thirties. For example, about 70% of Spaniards between the ages of 18 and 29 live at home with their parents. This delay in moving out is both cultural and economic—lack of job security or low wages coupled with a high cost of living may make it impractical for young adults to live independently before they marry.

recursos

VM
pp. 205–206

vhlcentral

La familia

ACTIVIDADES

1 **¿Cierto o falso?** Indicate whether each statement is **cierto** or **falso.** Correct the false statements.

MODELO

In Spanish-speaking countries, parents do not follow tradition when naming their children.
Falso. Most parents do not break tradition when naming their children.

1. Most Spanish-speaking people have three last names.
Falso. Most people have two last names.
2. Hispanic last names generally consist of the paternal last name followed by the maternal last name. *Cierto.*
3. It is common to see **de** or **y** used in a Hispanic last name. *Cierto.*
4. Someone from Argentina would most likely have two last names. *Falso. They would use only the father's last name.*
5. Generally, married women legally retain two maiden surnames. *Cierto.*
6. In social situations, a married woman often uses her husband's last name in place of her inherited paternal surname. *Falso. She often uses it in place of her inherited maternal surname.*
7. Adopting a husband's surname is only legally recognized in Peru and Ecuador. *Cierto.*
8. Hispanic last names are effectively a combination of the maternal surnames from the previous generation. *Falso. They are a combination of the paternal surnames from the previous generation.*

2 **Una familia famosa** Create a genealogical tree of a famous family, using photos or drawings labeled with their names and origins. Present the family tree to a classmate and explain who the people are and their relationships to each other.
Answers will vary.

3 **Tu familia** Work in pairs to create your own genealogical tree. Then, prepare a list of five questions in Spanish about your partner's genealogical tree.

4 **Conexión Internet** Go to **vhlcentral.com** to find out what role **padrinos** and **madrinas** have in today's Hispanic family.

1 **Preparación** What is a "typical family" like where you live? Is there such a thing? What members of a family usually live together?

2 **El video** Watch this **Flash cultura** episode.

Vocabulario	
familia grande y feliz	*a big, happy family*
familia numerosa	*a large family*
hacer (algo) juntos	*to do (something) together*
reuniones familiares	*family gatherings, reunions*

¡Qué familia tan° grande tiene!

Te presento a la familia Bolaños.

tan *so*

3 **Completar** Complete this paragraph with the correct options.

Los Valdivieso y los Bolaños son dos ejemplos de familias en Ecuador. Los Valdivieso son una familia (1) ____numerosa____ (difícil/numerosa). Viven *(They live)* en una casa (2) ____grande____ (grande/buena). En el patio, hacen *(they do)* muchas reuniones (3) ____familiares____ (familiares/con amigos). Los Bolaños son una familia pequeña *(small)*. Ellos comen *(eat)* (4) ____juntos____ (separados/juntos) y preparan canelazo, una bebida *(drink)* típica ecuatoriana.

3.1 Descriptive adjectives

 Tutorial

▶ Descriptive adjectives describe nouns. In Spanish, adjectives agree in gender and number with the nouns or pronouns they describe.

▶ Adjectives that end in **–o** and **–or** have four forms. The feminine singular is formed by changing the **–o** to **–a**. The plural is formed by adding **–s** to the singular forms.

Masculine	Feminine		Masculine	Feminine
el chico alto	la chica alta		el hombre trabajador	la mujer trabajadora
los chicos altos	las chicas altas		los hombres trabajadores	las mujeres trabajadoras

▶ Adjectives that end in **–e** or a consonant have the same masculine and feminine forms. The plural for adjectives that end in a consonant is formed by adding **–es**.

Masculine	Feminine		Masculine	Feminine
el chico inteligente	la chica inteligente		el profesor difícil	la profesora difícil
los chicos inteligentes	las chicas inteligentes		los profesores difíciles	las profesoras difíciles

Common descriptive adjectives

alto/a	tall	fácil	easy	inteligente	intelligent	pequeño/a	small
antipático/a	unpleasant	feo/a	ugly	interesante	interesting	rubio/a	blond
bajo/a	short (in height)	gordo/a	fat	joven	young	simpático/a	nice
bonito/a	pretty	grande	big	malo/a	bad	tonto/a	foolish
bueno/a	good	guapo/a	good looking	moreno/a	dark-haired	trabajador(a)	hard-working
delgado/a	thin; slender	importante	important	pelirrojo/a	red-haired	viejo/a	old
difícil	hard, difficult						

▶ Adjectives of nationality that end in a consonant add **–a** to form the feminine.

Masculine	Feminine		Masculine	Feminine
Toño es mexicano.	Gloria es mexicana.		Héctor es español.	Sara es española.
Ellos son mexicanos.	Ellas son mexicanas.		Ellos son españoles.	Ellas son españolas.

Adjectives of nationality

alemán, alemana	German	estadounidense	from the United States	japonés, japonesa	Japanese
canadiense	Canadian			mexicano/a	Mexican
ecuatoriano/a	Ecuadorian	francés, francesa	French	norteamericano/a	(North) American
español(a)	Spanish	inglés, inglesa	English	puertorriqueño/a	Puerto Rican

▶ Adjectives generally follow the nouns they modify.

La muchacha **rubia** es de España.
The blond woman is from Spain.

¿Cómo se llama la mujer **ecuatoriana**?
What is the Ecuadorian woman's name?

▶ Adjectives of quantity such as **mucho/a** are placed before the modified noun.

Muchos ingenieros trabajan aquí.
Many engineers work here.

Mucha gente viaja en el verano.
A lot of people travel in the summer.

¡ojo!

Adjectives describing different genders use the masculine plural form.

¿Cómo son Paco y Ana?
Paco es alt**o**. Ana es alt**a**.
→ Paco y Ana son alt**os**.

• • •

Note that **joven** takes an accent in the plural: **jóvenes**. Also note that **mayor** is the polite way to refer to a person's age (not **viejo/a**).

SUGGESTION Show the VIVA **Escenas** video again to give students more practice with descriptive adjectives. Stop the video where appropriate to discuss how certain adjectives were used.

Refer students to the **recursos** box in **Ampliación** for complete information.

▶ **Bueno/a** and **malo/a** can be placed before or after a noun. Before a masculine singular noun, the forms are shortened: **bueno → buen**; **malo → mal**.

José es un **buen** amigo.
José es un amigo **bueno**.
José is a good friend.

Hoy es un **mal** día.
Hoy es un día **malo**.
Today is a bad day.

▶ When **grande** appears before a singular noun, it is shortened to **gran**. The adjective **grande** also changes its definition depending on its position: **gran** = *great*, but **grande** = *big, large*.

Manuel es un **gran** hombre.
Manuel is a great man.

La familia de Inés es **grande**.
Inés' family is large.

Práctica y conversación

NATIONAL communication STANDARDS

ACTIVITY PACK For additional activities, go to the **Activity Pack** in the **Resources** section of the Supersite.

1 Emparejar Read the descriptions and match them with the photos.

1. _E_ Mateo es moreno.
2. _D_ Duque es gordo.
3. _F_ Luisa es rubia.
4. _B_ Rayo es delgado.
5. _A_ César es muy pequeño.
6. _C_ Raquel es pelirroja.

A   B   C

D   E   F

2 Completar Look at the portrait of Amanda's family and imagine their personalities. Complete the sentences with appropriate adjectives. Answers will vary.

1. Mi familia es _____.
2. Mis abuelos son _____. Mi abuelo es _____ y mi abuela es _____.
3. Mi padre se llama Julio. Él es _____.
4. Mi madre se llama Victoria. Ella es _____.
5. Mi hermana se llama Rosa. Ella es _____.
6. Y mi hermano Tomás es muy _____.

3 Describir With a partner, take turns describing each photo. Tell your partner whether you agree (**Sí**) or disagree (**No**) with the descriptions. Answers will vary.

MODELO
Estudiante 1: Los Ángeles es bonita.
Estudiante 2: Sí, y es muy grande. / No, es muy fea.

Los Ángeles

1. Rey y reina de España   2. La Torre (*Tower*) Sears

3. Taylor Swift   4. Enrique Iglesias

5. Santa Fe, Nuevo México   6. Bill Gates

4 Anuncio personal Write a personal ad that describes yourself and your ideal boyfriend, girlfriend, or mate. Compare your ad with a classmate's. Answers will vary.

★ **SOY ALTA** y bonita. Soy estadounidense, de Texas. Estudio arte en la universidad. Busco un chico similar a mí *(to me)*. Mi novio ideal es alto, inteligente y muy simpático.

3.2 Possessive adjectives

Tutorial

¿Dónde están
mis primas?

Nuestra cuñada es
muy simpática.

SUGGESTION Ask students a
few questions about the
members of their immediate
and extended families. Ex.:
¿Cómo son tus padres?,
¿Cómo se llama tu tío
favorito?, etc.

SUGGESTION Have students
scan the advertisement and
identify the instances where
possessive adjectives are used.

SUGGESTION Ask these
questions about the
advertisement: ¿Quiénes son
las personas del anuncio?
¿Cuál es su bebida favorita?
¿Por qué bebe el niño un vaso
de leche por día?

▶ Possessive adjectives express ownership or possession.

Forms of possessive adjectives		
Singular forms	**Plural forms**	
mi	mis	my
tu	tus	your (fam.)
su	sus	his, her, its, your (form.)
nuestro/a	nuestros/as	our
vuestro/a	vuestros/as	your (fam.)
su	sus	their, its, your (form.)

▶ Spanish possessive adjectives show agreement in number with the nouns they modify.
Nuestro and **vuestro** agree in gender and number.

mi primo	mis primos		mi tía	mis tías
nuestro tío	nuestros tíos		nuestra tía	nuestras tías

▶ Possessive adjectives are placed before the nouns they modify.

▶ **Su** and **sus** have multiple meanings (*your, his, her, their, its*). To avoid confusion, use this construction instead: [*article*] + [*noun*] + **de** + [*subject pronoun*].

sus parientes
- los parientes de él/ella — *his/her relatives*
- los parientes de Ud./Uds. — *your relatives*
- los parientes de ellos/ellas — *their relatives*

ESPAÑOL EN VIVO

Vida Láctea
Su crecimiento° es vital

¡La leche es nuestra bebida favorita!

A mi hijo le gusta Vida Láctea por su excelente sabor°. Su vaso° de leche diario tiene vitaminas y minerales esenciales para su crecimiento. Sus huesos° están cada vez más grandes y fuertes.

crecimiento *growth* **sabor** *flavor* **vaso** *glass* **huesos** *bones*

Práctica y conversación

SUGGESTION Encourage students to use -ar verbs in the second part of their answers. Ex: **(Mis padres)** Mis padres son muy simpáticos. Ellos conversan con mis amigos.

1 **Completar** Marta just took a photo of her family. Complete her description with the appropriate possessive adjectives.

Ésta es una foto de (1) __mi__ familia. Aquí están (2) __mis__ abuelos. Son los padres de (3) __mi__ papá. (4) __Su__ casa (*home*) está en Valparaíso, Chile. ¡Es muy bonita!

Este (*This*) hombre es (5) __mi__ papá. Se llama David y es médico. (6) __Mi__ mamá se llama Rebeca; es periodista. (7) __Su__ hermana, (8) __mi__ tía Silvia, es una gran artista. Y aquí está (9) __mi__ hermano Ramón. (10) __Su__ esposa se llama Sonia. (11) __Sus__ hijos Javier y Laura son (12) __mis__ sobrinos. Son muy simpáticos.

2 **¿Dónde está?** Imagine that you can't remember where you put some of your belongings (pictured below). Your partner will help you by reminding you where things are. Take turns playing each role. *Answers will vary.*

MODELO

Estudiante 1: ¿Dónde está mi pluma?

Estudiante 2: Tu pluma está al lado de la computadora.

1.

2.

3.

4.

5.

6.

3 **Describir** With a partner, take turns describing these people and places. *Answers will vary.*

MODELO

La biblioteca de su universidad

La biblioteca de nuestra universidad es muy grande. Hay muchos libros en la biblioteca. Mis amigos y yo estudiamos allí (there).

1. Tus padres
2. Tus abuelos
3. Tu mejor (*best*) amigo/a
4. Tu novio/a ideal
5. Su universidad
6. La librería de su universidad
7. Tu profesor(a) favorito/a
8. Su clase de español

4 **Tres fotos** Choose one of the three family photos and describe the family as if it were your own. Your partner will guess which photo you are describing. Then switch roles. *Answers will vary.*

Familia 1

Familia 2

Familia 3

3.3 Present tense of regular –er and –ir verbs

 Tutorial

▶ In Lesson 2, you learned how to form the present tense of regular **–ar** verbs. The chart below contains the forms of the regular **–ar** verb **trabajar**, which is conjugated just like the other **–ar** verbs you have learned. There are other regular verbs in Spanish: regular **–er** and **–ir** verbs. The chart also shows the forms of an **–er** verb and an **–ir** verb.

Felipe y su tío comen.

Jimena lee.

SUGGESTION Ask students to come up with a list of things they routinely do in Spanish class or in any of their other classes. Encourage them to use the -er/-ir verbs that they have learned so far.

Present tense of –ar, –er, and –ir verbs		
trabajar	**comer**	**escribir**
to work	*to eat*	*to write*
yo	trabajo	como	escribo
tú	trabajas	comes	escribes
Ud./él/ella	trabaja	come	escribe
nosotros/as	trabajamos	comemos	escribimos
vosotros/as	trabajáis	coméis	escribís
Uds./ellos/ellas	trabajan	comen	escriben

▶ **–Ar, –er,** and **–ir** verbs have very similar endings. Study the chart above to detect the patterns that make it easier for you to use the verb endings to communicate in Spanish.

▶ Like **–ar** verbs, the **yo** forms of **–er** and **–ir** verbs end in **–o.**

trabajo   como   escribo

▶ The endings for **–ar** verbs begin with **–a**, except for the **yo** form.

hablo   habla   habláis
hablas   hablamos   hablan

Lucía y Marcos **corren** en el parque.

EXPANSION Ask students questions based on the photos: ¿Quiénes corren en el parque en la foto? ¿Dónde corren? ¿Ustedes corren? ¿A quién creen que escribe la muchacha? ¿Escribe a su novio o escribe a su mamá? ¿Ustedes escriben a sus mamás?

▶ The endings for **–er** verbs begin with **–e**, except for the **yo** form.

como   come   coméis
comes   comemos   comen

▶ **–Er** and **–ir** verbs have the exact same endings, except in the **nosotros/as** and **vosotros/as** forms.

nosotros ◀ comemos / escribimos   vosotros ◀ coméis / escribís

Rosa **vive** en la residencia estudiantil.

SUGGESTION Point out the characteristic vowel (–e–) of –er verbs. Help students see that all the present-tense endings of regular –er and –ir verbs are the same except for the **nosotros/as** and **vosotros/as** forms.

Common –er and –ir verbs

–er verbs

aprender	to learn	correr	to run
beber	to drink	creer (en)	to believe (in)
comer	to eat	deber (+ inf.)	should, ought to; must
comprender	to understand	leer	to read

–ir verbs

abrir	to open	describir	to describe
asistir (a)	to attend	escribir	to write
compartir	to share	recibir	to receive
decidir	to decide	vivir	to live

Práctica y conversación

NATIONAL communication STANDARDS

1 Mi familia Susana is describing her family. Complete each sentence with the correct verb form.

1. Mi familia y yo ___vivimos___ [vivir] en Montevideo, Uruguay.
2. Mi hermano Alfredo es muy inteligente. Él ___asiste___ [asistir] a clases de lunes a viernes.
3. Los martes Alfredo y yo ___corremos___ [correr] en el parque.
4. Mis padres ___comen___ [comer] mucho; ellos son un poco gordos.
5. Yo ___creo___ [creer] que (*that*) mis padres ___deben___ [deber] comer menos (*less*).

2 Completar Juan is talking about what he and his friends do after school. Complete his sentences.

MODELO

Yo ___corro___ por (*for*) una hora.

1. Nosotros ___comemos___ en el restaurante.

3. Elena ___escribe___ en su diario.

2. Sofía y Diego ___beben___ café.

4. Ana y Lía ___comparten___ el almuerzo (*lunch*).

3 Entrevista Use these questions to interview a classmate. Then report the results of your interview to the class. Answers will vary.

1. ¿Dónde vives?
2. ¿Con quién vives? ¿Compartes tu cuarto?
3. ¿Dónde comes al mediodía?
4. ¿Bebes leche (*milk*) todos los días?
5. ¿Qué días asistes a tus clases?
6. ¿Qué cursos debes tomar el próximo (*next*) semestre?
7. ¿Lees el periódico (*newspaper*)? ¿Cuál?
8. ¿Recibes muchos mensajes de texto (*text messages*)? ¿De quién(es)?
9. ¿Escribes poemas o cuentos (*short stories*)?
10. ¿Crees en extraterrestres (*aliens*)?

4 Encuesta Walk around the class and ask your classmates if they do (or should do) the things mentioned on the survey. Try to find at least two people for each item. Answers will vary.

Actividades	Nombres
1. Asistir siempre (*always*) a la clase de español	_____
2. Correr todos los días (*every day*)	_____
3. Leer mucho (*a lot*) para los exámenes	_____
4. Compartir tus cosas con tus hermanos	_____
5. Abrir las ventanas en invierno (*winter*)	_____
6. Escribir en un blog	_____
7. Vivir en una residencia estudiantil	_____
8. Comer en la cafetería de la universidad	_____

S Practice more at **vhlcentral.com**.

ACTIVITY PACK For additional activities, go to the **Activity Pack** in the **Resources** section of the Supersite.

sesenta y tres **63**

¿Tienes una familia grande, Marissa?

3.4 Present tense of **tener** and **venir**

 Tutorial

▶ The verbs **tener** (*to have*) and **venir** (*to come*) are frequently used. Since most of their forms are irregular, you will have to learn each one individually.

Present tense of *tener* and *venir*

tener — *to have*				venir — *to come*			
yo	tengo	nosotros/as	tenemos	yo	vengo	nosotros/as	venimos
tú	tienes	vosotros/as	tenéis	tú	vienes	vosotros/as	venís
Ud./él/ella	tiene	Uds./ellos/ellas	tienen	Ud./él/ella	viene	Uds./ellos/ellas	vienen

▶ Note that the **yo** forms are irregular:

tengo   vengo

▶ The **nosotros** and **vosotros** forms are regular:

tenemos   venimos
tenéis   venís

▶ In the **tú, Ud./él/ella** and **Uds./ellos/ellas** forms, the **e** of the stem changes to **ie** as shown below.

INFINITIVE	VERB STEM	VERB FORM	
tener	ten-	tú	tienes
		Ud./él/ella	tiene
		Uds./ellos/ellas	tienen
venir	ven-	tú	vienes
		Ud./él/ella	viene
		Uds./ellos/ellas	vienen

▶ In certain expressions, Spanish uses the construction **tener** + [*noun*] instead of **ser** or **estar** to express the English equivalent *to be* + [*adjective*].

Expressions with *tener*

tener... años	to be . . . years old	tener (mucha) hambre	to be (very) hungry	tener razón	to be right
tener (mucho) calor	to be (very) hot			no tener razón	to be wrong
		tener (mucho) miedo	to be (very) afraid/scared	tener (mucha) sed	to be (very) thirsty
tener (mucho) cuidado	to be (very) careful			tener (mucho) sueño	to be (very) sleepy
		tener (mucha) prisa	to be in a (big) hurry	tener (mucha) suerte	to be (very) lucky
tener (mucho) frío	to be (very) cold				

¡ojo!

To express an obligation, use **tener que** (*to have to*) + [*infinitive*].

—¿**Tienes que** estudiar hoy?
Do you have to study today?

—Sí, **tengo que** estudiar física.
Yes, I have to study physics.

• • •

To ask people if they feel like doing something, use **tener ganas de** (*to feel like*) + [*infinitive*].

—¿**Tienes ganas de** comer?
Do you feel like eating?

—No, **tengo ganas de** dormir.
No, I feel like sleeping.

Suggestion Point out that **tener que** + infinitive can express both obligation and need. **Tengo que estudiar más** can mean either I have to (am obligated to) study more or I need to study more.

Práctica y conversación

 1 **Completar** Complete each sentence with the appropriate form of **tener** or **venir**.

MODELO
Hoy nosotros _____tenemos_____ una reunión familiar.

1. Todos (*all*) mis parientes ___vienen___, excepto mi tío Ricardo.

2. Él no ___viene___ porque vive lejos, en Guayaquil.

3. Mi prima Inés y su novio no ___vienen___ hasta (*until*) las ocho porque ella ___tiene___ que trabajar.

4. En las fiestas, mis sobrinos siempre (*always*) ___tienen___ ganas de cantar y bailar.

5. Mi madre cree que mis sobrinos son muy simpáticos. Creo que ella ___tiene___ razón.

2 **Describir** Describe these people using **tener** expressions.

1. ___Tienen (mucha) hambre.___

2. ___Tiene (mucho) calor.___

3. ___Tienen (mucho) frío.___

4. ___Tiene veintiún años.___

5. ___Tiene (mucha) sed.___

3 **¿Sí o no?** Decide if these statements apply to you. Then interview a classmate by transforming each statement into a question. Report your results to the class. Answers will vary.

MODELO
Estudiante 1: ¿Tiene tu madre cincuenta años?
Estudiante 2: No, tiene cuarenta y dos años.

	Yo	Mi amigo/a
1. Mi madre tiene cincuenta años.	Sí	No
2. Mi padre siempre (*always*) tiene razón.	____	____
3. Mis padres vienen a la universidad con frecuencia (*frequently*).	____	____
4. Vengo a clase los jueves.	____	____
5. Tengo dos pruebas hoy.	____	____
6. Mis amigos vienen a mi casa (*house*) los sábados.	____	____
7. Hoy tengo ganas de comer en un restaurante.	____	____
8. Tengo sed.	____	____
9. Tengo miedo de vivir solo/a (*by myself*).	____	____
10. Tengo que estudiar los domingos.	____	____
11. Tengo una familia grande.	____	____
12. Siempre tengo prisa.	____	____

4 **Entrevista** Use these questions to interview a classmate. Answers will vary.

1. ¿Cuántos años tienes? ¿Y tus hermanos/as?

2. ¿Cuándo vienes a la universidad?

3. ¿Tienes que estudiar hoy? ¿Por qué?

4. Normalmente, ¿tienes hambre a la medianoche?

5. ¿Tienes sueño ahora (*now*)?

6. ¿Qué tienes ganas de hacer (*doing*) el sábado?

7. ¿De qué tienes miedo? ¿Por qué?

8. ¿Cuándo vienen tus amigos a tu casa, apartamento o residencia estudiantil?

S Practice more at **vhlcentral.com**.

ACTIVITY PACK For additional activities, go to the **Activity Pack** in the **Resources** section of the Supersite.

sesenta y cinco **65**

1 SCRIPT For the script, go to the Supersite.

2 SUGGESTION Before beginning the conversation, have students review descriptive adjectives and the present tense of regular verbs. You may also wish to have them brainstorm a list of words and ideas for each item.

2 TEACHING OPTION Ask for a few volunteers to present a summary of their conversation to the rest of the class.

Ampliación

 Video: TV Clip

 NATIONAL communication STANDARDS

1 Escuchar

A Listen to Cristina and Laura's conversation. Then indicate who would make each statement.

🔊 **TIP Ask for repetition.** During a conversation, you can ask someone to repeat by saying **¿Cómo?** (*What?*) or **¿Perdón?** (*Pardon me?*). In class, you can ask your teacher to repeat by saying **Repítalo, por favor** (*Repeat it, please*). If you don't understand a recorded activity, you can simply replay it.

	Cristina	Laura
1. Mi novio habla sólo (*only*) del fútbol y del béisbol.	✓	☐
2. Tengo un novio muy interesante y simpático.	☐	✓
3. Mi novio es alto y moreno.	✓	☐
4. Mi novio trabaja mucho.	☐	✓
5. Mi amiga no tiene buena suerte con los muchachos.	☐	✓
6. Mi novio es un poco gordo, pero guapo.	☐	✓

B ¿Cómo son Laura y Cristina? ¿Cómo son sus novios? ¿Tienes novio/a? ¿Cómo es?   Answers will vary.

2 Conversar You are taking a friend to your family reunion. So that there will not be any surprises for your friend, you have a conversation with him or her to talk about your relatives. During the conversation, your friend should find out about the following: Answers will vary.

- *Which family members are coming, including their names and their relationship to you*
- *What each family member is like*
- *How old each person is*
- *Where each person is from*
- *Where each person lives*

recursos

WB pp. 23–30

LM pp. 15–18

S vhlcentral

Inform students that the material listed in the **recursos** box applies to the complete **Gramática** section.

3 **Escribir** One of your online friends wants to know about your family. Write an e-mail describing your family or an imaginary family.   *Answers will vary.*

TIP **Use idea maps.** Idea maps help you group your information.

Organízalo — Use an idea map to help you list and organize information about your family. See the example.

Escríbelo — Using the material you have compiled, write the first draft of your e-mail. Use an appropriate greeting, such as **Querido/a** (*Dear*), and an appropriate closing, such as **Un abrazo** (*A hug*).

Corrígelo — Exchange papers with a classmate and comment on the organization, style, and grammatical accuracy of each other's work. Then revise your first draft, keeping your classmate's comments in mind.

Compártelo — Read your e-mail aloud to a small group of classmates. Discuss how your families are similar (**semejantes**) and how they are different (**distintas**).

- moreno / trabajador / inteligente / alto — **Simón** *padre*
- trabajadora / simpática / bonita — **Rosa** *madre*
- **Mi familia**
- **José** *hermano*

4 **Un paso más** Create an illustrated family tree for your family and share it with the class. Your family tree might include these elements: *Answers will vary.*

- A simple title
- A format that clearly shows the relationships between family members
- Photos of family members and their names, following Hispanic naming conventions
- A few adjectives that describe each family member

5 **Conexión Internet** Go to **vhlcentral.com** to find out more about names in the Spanish-speaking world.

- Tradiciones relacionadas con los nombres en el mundo hispano
- Origen y significado (*meaning*) de los nombres en español

NATIONAL STANDARDS connections communities

3 EXPANSION Tell students that they may find it helpful to create idea maps with note cards. Writing each detail on a separate card allows students to rearrange ideas and experiment with organization. Remind students to write their ideas in Spanish, since they may not know the vocabulary or structures for some English items they generate.

3 EVALUATION

Criteria	Scale
Content	1 2 3 4
Comprehensibility	1 2 3 4
Organization	1 2 3 4
Accuracy	1 2 3 4
Use of visuals	1 2 3 4

Scoring
Excellent	18–20 points
Good	14–17 points
Satisfactory	10–13 points
Unsatisfactory	< 10 points

4 SUGGESTION Students may use newspaper or magazine photos for their family tree. Encourage students to use poster paper or computer presentations.

4 SUGGESTION Before students present their trees to the class, have them practice in small groups, so classmates can make suggestions for improvement. Extend the presentations over more than one class period so that each student will have sufficient time to present.

ACTIVITY PACK For additional activities, go to the **Activity Pack** in the **Resources** section of the Supersite.

Antes de leer

Audio: Reading
Additional Reading

SUGGESTION Guide students to see that the photos and captions reveal that the paragraphs are about several different families. Review cognates by having them find at least five in the reading.

You do not need to understand every word you read in Spanish. When you come across words you have not learned, try to guess what they mean by looking at the context—the surrounding words and sentences. Look at this article about families and find a few words or phrases you don't know. Then guess what they mean, using the context as your guide.

Las familias

Me llamo Armando y tengo setenta años, pero no me considero viejo. Tengo seis nietas y un nieto. Vivo con mi hija y tengo la oportunidad de pasar mucho tiempo con ella y con mi nieto. Por las tardes salgo a pasear por el parque con él y por la noche le leo cuentos°.

Armando. Tiene seis nietas y un nieto.

Diana. Vive con su prima.

Mi prima Victoria y yo nos llevamos muy bien. Estudiamos juntas° en la universidad y compartimos un apartamento. Ella es muy inteligente y me ayuda° con los estudios. Además, es muy simpática y generosa. Si necesito cualquier cosa, ¡ella me la compra!

Me llamo Ramona y soy paraguaya, aunque ahora vivo en los Estados Unidos. Tengo tres hijos, uno de nueve años, uno de doce y el mayor de quince. Es difícil a veces, pero mi esposo y yo tratamos° de ayudarlos y comprenderlos siempre.

Ramona. Sus hijos son muy importantes para ella.

Tengo mucha suerte. Aunque mis padres están divorciados, tengo una familia muy unida. Tengo dos hermanos y dos hermanas. Me gusta hablar y salir a fiestas con ellos. Ahora tengo novio en la universidad y él no conoce a mis hermanos. ¡Espero que se lleven bien!

SUGGESTION Have partners check their work in ¿**Comprendiste?** by locating the words and phrases that enabled them to infer their meanings.

TEACHING OPTION Have pairs read the paragraphs aloud and write two questions about each. Then have them exchange their questions with another pair.

Después de leer

¿Comprendiste?

Look at the magazine article and see how the words and phrases in the first column are used in context. Then find their meanings in the second column.

1. nos llevamos muy bien ___h___	a. the oldest
2. me la compra ___d___	b. movies
3. el mayor ___a___	c. better than
4. no conoce ___g___	d. buys it for me
5. películas ___b___	e. borrows it from me
6. mejor que ___c___	f. we see each other
	g. doesn't know
	h. we get along very well

Ana María. Su familia es muy unida.

Antes quería° tener hermanos, pero ya no es tan importante. Ser hijo único tiene muchas ventajas°: no tengo que compartir mis cosas con hermanos, no hay discusiones° y, como soy nieto único también, ¡mis abuelos piensan° que soy perfecto!

Fernando. Es hijo único.

Como soy joven todavía, no tengo ni esposa ni hijos. Pero tengo un sobrino, el hijo de mi hermano, que es muy especial para mí. Se llama Benjamín y tiene diez años. Es un muchacho muy simpático. Siempre tiene hambre y por lo tanto vamos° frecuentemente a comer hamburguesas. Nos gusta también ir al cine° a ver películas de acción. Hablamos de todo. ¡Creo que ser tío es mejor que ser padre!

Santiago. Cree que ser tío es divertido.

Preguntas

Answer these questions using complete sentences.

1. ¿Cuántas personas hay en la familia de Ramona?

Hay cinco personas en su familia.

2. ¿Con quién vive Diana?

Diana vive con su prima Victoria.

3. ¿Cómo se llama el sobrino de Santiago?

El sobrino de Santiago se llama Benjamín.

4. ¿Quién no tiene hermanos ni (*nor*) primos?

Fernando no tiene hermanos ni primos.

5. ¿Quién tiene novio?

Ana María tiene novio.

6. ¿Cuántos nietos tiene Armando?

Armando tiene siete nietos.

Coméntalo

¿Es similar tu familia a las familias del artículo? En tu opinión, ¿son ideales las familias del artículo? ¿Cómo es la familia ideal? Answers will vary.

cuentos *stories*   juntas *together*   me ayuda *she helps me*
tratamos *we try*   quería *I wanted*   ventajas *advantages*
discusiones *arguments*   piensan *think*   vamos *we go*
ir al cine *to go to the movies*

Vocabulary Tools

La familia

el/la abuelo/a	grandfather/grandmother
el/la cuñado/a	brother-in-law/sister-in-law
el/la esposo/a	husband/wife; spouse
la familia	family
el/la hermanastro/a	stepbrother/stepsister
el/la hermano/a	brother/sister
el/la hijastro/a	stepson/stepdaughter
el/la hijo/a	son/daughter
los hijos	children; sons
la madrastra	stepmother
la madre	mother
el/la medio/a hermano/a	half-brother/half-sister
el/la nieto/a	grandson/granddaughter
la nuera	daughter-in-law
el padrastro	stepfather
el padre	father
los padres	parents
los parientes	relatives
el/la primo/a	cousin
el/la sobrino/a	nephew/niece
el/la suegro/a	father-in-law/mother-in-law
el/la tío/a	uncle/aunt
el yerno	son-in-law

Otras palabras

el/la amigo/a	friend
el/la gato/a	cat
la gente	people
el/la muchacho/a	boy/girl
el/la niño/a	child; boy/girl
el/la novio/a	boyfriend/girlfriend
la persona	person
el/la perro/a	dog

Adjetivos

alto/a	tall
antipático/a	unpleasant
bajo/a	short (in height)
bonito/a	pretty
buen, bueno/a	good
delgado/a	thin; slender
difícil	difficult, hard
fácil	easy
feo/a	ugly
gordo/a	fat
gran; grande	big, large; great
guapo/a	good-looking
importante	important
inteligente	intelligent
interesante	interesting
joven	young
mal, malo/a	bad
moreno/a	dark-haired
mucho/a	much; many; a lot of
pelirrojo/a	red-haired
pequeño/a	small
rubio/a	blond
simpático/a	nice
tonto/a	foolish
trabajador(a)	hard-working
viejo/a	old

Las profesiones

el/la artista	artist
el/la doctor(a)	doctor
el/la ingeniero/a	engineer
el/la médico/a	doctor
el/la periodista	journalist
el/la programador(a)	computer programmer

Nationalities	See page 58.
Possessive adjectives	See page 60.

Verbos

abrir	to open
aprender	to learn
asistir (a)	to attend
beber	to drink
comer	to eat
compartir	to share
comprender	to understand
correr	to run
creer (en)	to believe (in)
deber (+ inf.)	to have to; should
decidir	to decide
describir	to describe
escribir	to write
leer	to read
recibir	to receive
tener	to have
venir	to come
vivir	to live

Expresiones con *tener*

tener... años	to be... years old
tener (mucho) calor	to be (very) hot
tener (mucho) cuidado	to be (very) careful
tener (mucho) frío	to be (very) cold
tener ganas de (+ inf.)	to feel like (doing something)
tener (mucha) hambre	to be (very) hungry
tener (mucho) miedo	to be (very) afraid/scared
tener (mucha) prisa	to be in a (big) hurry
tener que (+ inf.)	to have to (do something)
tener razón	to be right
no tener razón	to be wrong
tener (mucha) sed	to be (very) thirsty
tener (mucho) sueño	to be (very) sleepy
tener (mucha) suerte	to be (very) lucky

As students finish the lesson, encourage them to explore the **Repaso** section on the Supersite. There they will find quizzes for practicing vocabulary, grammar, and oral language.

4 El fin de semana

PARA EMPEZAR Here are some additional questions: ¿Trabajas los sábados y domingos? ¿Te gusta participar en actividades físicas como correr o bailar, o prefieres descansar en casa?

Para empezar

- ¿Cómo son estas personas?
- ¿Son amigos? ¿Qué relación tienen?
- ¿Tienen calor o frío?

El fin de semana

 Vocabulary Tools

SUGGESTION Write **practicar un deporte** on the board and explain the meaning. Then use the Digital Image Bank to present the vocabulary. Point to different items and ask yes/no questions. Ex: **¿Practicas el béisbol? ¿Y el baloncesto? ¿Paseas en bicicleta? ¿Te gusta patinar en línea?**

pasear en bicicleta
to ride a bicycle

LAS ACTIVIDADES Y LAS DISTRACCIONES

escalar montañas *to go mountain climbing*

escribir una carta *to write a letter*

un mensaje electrónico
to write an e-mail

esquiar *to ski*

ir de excursión (a las montañas)
to go on a hike (in the mountains)

leer el correo electrónico
to read e-mail

el periódico
to read the newspaper

una revista *to read a magazine*

nadar en la piscina
to swim in the pool

pasar el tiempo *to spend time*

pasear por la ciudad/el pueblo
to walk around the city/town

practicar deportes
to practice sports

ver películas *to watch movies*

visitar un monumento
to visit a monument

patinar (en línea)
to skate (in-line)

tomar el sol
to sunbathe

una (tarjeta) postal
a postcard

bucear
to scuba dive

EXPANSION Describe some activities you want to do and have students guess where you will go. Ex: 1. **Deseo nadar. ¿Adónde voy?** (Write **voy** on the board and explain the meaning.) **(la piscina)** 2. **Deseo tomar café. ¿Adónde voy? (el café)**

ASÍ SE DICE Point out these lexical items:
piscina → pileta (*Arg.*); **alberca** (*Méx.*)
baloncesto → básquetbol (*Amér. L.*)
béisbol → pelota (*P. Rico, Rep. Dom.*)

LOS DEPORTES

el baloncesto *basketball*
el ciclismo *cycling*
el esquí (acuático) *(water) skiing*
el fútbol americano *football*
el golf *golf*
el hockey *hockey*
la natación *swimming*
el tenis *tennis*
el vóleibol *volleyball*

el equipo *team*
el/la jugador(a) *player*
el partido *game*
la pelota *ball*

ganar *to win*
ser aficionado/a (a) *to be a fan (of)*

el fútbol
soccer

el/la excursionista
hiker

SUGGESTION Point out that some Spanish names for sports are derived from English (**el béisbol, el fútbol, el básquetbol, el golf, el hockey, el vóleibol, el tenis**). Tell students that in the English-speaking world outside of the United States and Canada, soccer is called football. The game Americans know as football is called **fútbol americano** in the Spanish-speaking world.

la iglesia
church

EXPANSION Have students write their three favorite sports or leisure activities in Spanish. Then tell them to share this information with a classmate who must remember it without writing it down. Ask various students to report on their partners' activities. (**¿Cuáles son los pasatiempos o deportes favoritos de...?**)

el béisbol
baseball

LOS LUGARES

la casa *house*
el centro *downtown*
el cine *movie theater*
el gimnasio *gym; gymnasium*
el museo *museum*
el parque *park*
el restaurante *restaurant*

el café
café

la piscina
pool

OTRAS PALABRAS Y EXPRESIONES

la diversión *entertainment; fun activity*
el fin de semana *weekend*
el lugar *place*
el pasatiempo *pastime; hobby*
los ratos libres *spare time*
el tiempo libre *free time*
deportivo/a *sports-related*
favorito/a *favorite*

VOCABULARIO ADICIONAL For additional vocabulary on this theme, go to **Vocabulario adicional** in the **Resources** section of the Supersite.

Práctica y conversación

1 SCRIPT For the script, go to the Supersite.

2 EXPANSION Have students correct the false statements.

2 EXPANSION For review, ask students to describe the people in the photos.

3 EXPANSION Have students act out the conversation in pairs and tell them to continue the conversation by adding at least two lines.

3 EXPANSION Tell students to work in pairs and rewrite the conversation, substituting their own preferences.

1 Una estudiante muy activa Number the drawings in the order Laura mentions them.

a. __3__   **b.** __1__   **c.** __2__

d. __4__   **e.** __5__

2 ¿Cierto o falso? Indicate whether each statement is **cierto** or **falso**.

Gustavo y Simón   **los chicos**   **José**   **don Fernando**

1. __Cierto__ Gustavo y Simón pasean por la ciudad en bicicleta.
2. __Cierto__ Los chicos practican fútbol.
3. __Falso__ José escala la montaña.
4. __Cierto__ Don Fernando lee el periódico en el parque.
5. __Falso__ Maribel patina en línea.
6. __Cierto__ Doña Leonor pasea por la ciudad.

Maribel   **doña Leonor**

recursos

WB
pp. 31–32

LM
p. 19

vhlcentral

3 Dos amigos Complete the conversation with the words given.

centro	piscina
gimnasio	semana
pasar	tiempo
pasatiempos	vóleibol

LUISA ¿Cómo te gusta (1) __pasar__ los ratos libres, Manuel?

MANUEL Bueno, Luisa, no tengo mucho (2) __tiempo__ libre, pero los fines de (3) __semana__ me gusta ver películas. Y tú, Luisa, ¿cuáles son tus (4) __pasatiempos__ favoritos?

LUISA Ir al (5) __gimnasio/centro__, nadar en la (6) __piscina__ y jugar al (7) __vóleibol__.

4 ¿Y tú? Interview your partner. Use these questions. Answers will vary.

1. ¿Te gustan los deportes? ¿Qué deportes practicas?
2. ¿Eres aficionado/a a los deportes profesionales? ¿Cuáles son tus equipos favoritos?
3. ¿Te gusta ir al cine? ¿Cuáles son tus películas favoritas?
4. ¿Hay lugares para esquiar o ir de excursión cerca de tu ciudad/pueblo? ¿Cuáles?
5. ¿Cuántos mensajes electrónicos escribes aproximadamente durante el día? ¿Y cuántos lees?

4 EXPANSION Using the lesson vocabulary, have students add at least two of their own questions to the list.

4 EXPANSION Have students jot down the responses to their questions. Then ask them to report what their partner said to the class. Have them write a paragraph about their partner.

ACTIVITY PACK For additional activities, go to the **Activity Pack** in the **Resources** section of the Supersite.

Practice more at vhlcentral.com.

Pronunciación Word stress Audio

pe-lí-cu-la   **e-di-fi-cio**   **ver**   **yo**

Every Spanish syllable contains at least one vowel. When two vowels (two weak vowels or one strong and one weak) are joined in the same syllable, they form a **diphthong**. A **monosyllable** is a word formed by a single syllable.

SUGGESTION Model pronunciation having students repeat after you.

bi-blio-te-ca   **vi-si-tar**   **par-que**   **fút-bol**

The syllable of a Spanish word that is pronounced most emphatically is the "stressed" syllable.

EXPANSION Write a list of words on the board. In small groups, have students come up with the stress rule that applies to each word. Ex: **Inés, lápiz, equipo, pluma, Javier, chicas, francés, comer, mujer, tenis, hombre, libros, papel, Álex, excursión, deportes, pasear, esquí, mensaje.** Then have the class pronounce each word, paying particular attention to the word stress.

pe-lo-ta   **pis-ci-na**   **ra-tos**   **ha-blan**

Words that end in **n, s,** or a **vowel** are usually stressed on the next-to-last syllable.

na-ta-ción   **pa-pá**   **in-glés**   **Jo-sé**

If words that end in **n, s,** or a **vowel** are stressed on the last syllable, they must carry an accent mark on the stressed syllable.

bai-lar   **es-pa-ñol**   **u-ni-ver-si-dad**   **tra-ba-ja-dor**

Words that do **not** end in **n, s,** or a **vowel** are usually stressed on the last syllable.

SUGGESTION You may want to explain that all words in which the spoken stress falls on the before the next-to-last syllable (**película, vóleibol**) or before the third-to-last syllable syllable (**específicamente**) will carry a written accent, regardless of the word's final letter.

béis-bol   **lá-piz**   **ár-bol**   **Gó-mez**

If words that do **not** end in **n, s,** or a **vowel** are stressed on the next-to-last syllable, they must carry an accent mark on the stressed syllable.

Refranes Read these sayings aloud to practice word stress.

En la unión está la fuerza.[2]

Quien ríe de último, ríe mejor.[1]

1 *He who laughs last laughs loudest.*
2 *In unity, there is strength.*

recursos
LM p. 20   vhlcentral

Practice more at vhlcentral.com.

Fútbol, cenotes y mole   Video: Fotonovela

Maru, Miguel, Jimena y Marissa visitan un cenote, mientras Felipe y Juan Carlos
van a un partido de fútbol.

Expresiones útiles

Making invitations

Hay un partido de fútbol en el parque.
¿Quieren ir conmigo?
There's a soccer game in the park today.
Do you want to come with me?

Yo puedo jugar.
I can play.

Ummm... no quiero.
Hmmm… I don't want to.

Lo siento, pero no puedo.
I'm sorry, but I can't.

¡Vamos a nadar!
Let's go swimming!

Sí, vamos.
Yes, let's go.

Making plans

¿Qué van a hacer hoy?
What are you going to do today?

Vamos a llevar a Marissa a un cenote.
We are taking Marissa to a cenote.

Talking about pastimes

¿Qué te gusta hacer? ¿Escalar montañas?
¿Ir de excursión?
What do you like to do? Mountain climbing?
Hiking?

**Sí, me gusta ir de excursión y practicar
esquí acuático.**
Yes, I like hiking and water skiing.

**Y usted, ¿qué prefiere hacer en sus ratos
libres?**
*And you, what do you like to do in your
free time?*

Salgo mucho los fines de semana.
I go out a lot on the weekends.

MIGUEL Buenos días a todos.
ANA MARÍA Hola, Miguel... Maru,
¿qué van a hacer hoy?
MARU Miguel y yo vamos a llevar
a Marissa a un cenote.

MARISSA ¿No vamos a nadar?
¿Qué es un cenote?
MIGUEL Sí, sí, vamos a nadar. Un
cenote... difícil de explicar... es una
piscina natural en un hueco profundo....
MARU ¡Ya vas a ver! Seguro que te
va a gustar.

ANA MARÍA Marissa, ¿qué te
gusta hacer? ¿Escalar montañas?
¿Ir de excursión?
MARISSA Sí, me gusta ir de
excursión y practicar el esquí
acuático. Y usted, ¿qué prefiere
hacer en sus ratos libres?

PABLO Uy, pues, mi mamá tiene
muchos pasatiempos y actividades.
EDUARDO Sí. Ella nada y juega al
tenis y al golf...
PABLO ... va al cine y a los museos.
ANA MARÍA Sí, salgo mucho los
fines de semana.

(unos minutos después)
EDUARDO Hay un partido de fútbol
en el parque. ¿Quieren ir conmigo?
PABLO Y conmigo. Si no consigo
más jugadores, nuestro equipo va
a perder.

recursos

VM
pp. 175–176 vhlcentral

VIDEO SYNOPSIS
The friends have arrived at Ana
María's house in Mérida.
Juan Carlos and Felipe head off to
play soccer with Felipe's cousins,
Eduardo and Pablo. Meanwhile,
Maru, Miguel and Jimena take
Marissa to explore a cenote.

SUGGESTION Point out these new words in the **Escenas** video: **el almuerzo** (*lunch*), **la cartera** (*wallet*), **el
hueco** (*hole*), **un montón de** (*a lot of*), **la paleta helada** (*popsicle*). Have students search for these words.

MIGUEL   **PABLO**   **ANA MARÍA**   **MARU**   **MARISSA**   **EDUARDO**   **FELIPE**   **JUAN CARLOS**   **JIMENA**   **DON GUILLERMO**

FELIPE ¿Recuerdas el restaurante del mole?

EDUARDO ¿Qué restaurante?

JIMENA El mole de mi tía Ana María es mi favorito.

MARU Chicos, ya es hora, vamos.

(*más tarde, en el parque*)

PABLO ¡No puede ser! ¡Cinco a uno!

FELIPE Vamos a jugar. Si perdemos, compramos el almuerzo. Y si ganamos...

EDUARDO ¡Empezamos!

(*mientras tanto, en el cenote*)

MARISSA ¿Hay muchos cenotes en México?

MIGUEL Sólo en la península de Yucatán.

MARISSA ¡Vamos a nadar!

(*Los chicos visitan a don Guillermo, un vendedor de paletas heladas.*)

JUAN CARLOS Don Guillermo, ¿dónde podemos conseguir un buen mole?

FELIPE Eduardo y Pablo van a pagar el almuerzo. Y yo voy a pedir un montón de comida.

FELIPE Sí, éste es el restaurante. Recuerdo la comida.

EDUARDO Oye, Pablo... No tengo...

PABLO No te preocupes, hermanito.

FELIPE ¿Qué buscas? (*muestra la cartera de Pablo*) ¿Esto?

Actividades

1 **Identificar** Identify the person who would make each statement.

<u>Marissa</u> **a.** Me gusta nadar, pero no sé (*I don't know*) qué es un cenote.

<u>tía Ana María</u> **b.** Me gustan las películas.

<u>Felipe</u> **c.** Voy a pedir mucha comida.

<u>Pablo/ Eduardo</u> **d.** Nuestro equipo de fútbol juega en el parque.

<u>tía Ana María</u> **e.** Me gusta salir los fines de semana.

2 **Preguntas** Answer the questions using the information from **Escenas**.

1. ¿Qué van a hacer Miguel y Maru?
Miguel y Maru van a llevar a Marissa a un cenote.

2. ¿Adónde va Ana María en sus ratos libres?
Ana María va al cine y a los museos.

3. ¿Quiénes van al parque?
Eduardo, Pablo, Felipe y Juan Carlos van al parque.

4. ¿Quiénes ganan el partido?
Felipe y Juan Carlos ganan el partido.

5. ¿Qué va a comer Felipe en el restaurante? Felipe va a comer mole.

3 **Conversación** In pairs, talk about pastimes and plan an activity together. Use these expressions and the **Expresiones útiles** on page 76.
Answers will vary.

- ¿Eres aficionado/a a...?
- ¿Te gusta...?
- ¿Qué prefieres hacer en tus ratos libres?
- ¿Por qué no...?
- ¿Quieres... conmigo?
- Nos vemos a las siete.

BAJO LA LUPA

comparisons
cultures
communities

NATIONAL STANDARDS

Additional Reading
Video

Real Madrid y Barça:
rivalidad total

Soccer in Spain is a force to be reckoned with, and no two teams draw more attention than **Real Madrid Club de Fútbol** and the **Fútbol Club Barcelona.** Whether the venue is Madrid's **Santiago Bernabéu** stadium or Barcelona's **Camp Nou,** both cities shut down for the game, paralyzed by **fútbol** fever. A ticket to the game is always the hottest ticket in town.

The rivalry between **Real Madrid** and **Barça***
is about more than soccer. As the two biggest, most

* Note that **ç** is pronounced like *s*.

powerful cities in Spain, Barcelona and Madrid are constantly compared to each other and there is a natural rivalry. There is also a political component to the dynamic. Barcelona, with its distinct language and culture, has long struggled for increased political autonomy. Under Francisco Franco's rule (1939–1975), when the repression of Catalan identity was strongest, a game between **Real Madrid** and **FC Barcelona** also symbolized the regime versus the resistance, even though both teams and both regions suffered casualties in Spain's civil war and the subsequent dictatorship.

Although the dictatorship ended more than 40 years ago, the rivalry still sends in the inhabitants of both cities into a state of anxiety in the hours leading up to the game. Once the final score is announced, one of those cities is transformed again, this time into the best party in the country.

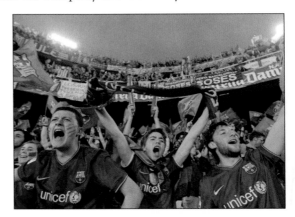

Rivalidades del fútbol

Argentina: Boca Juniors vs. River Plate
México: Águilas del América vs. Chivas del Guadalajara
Chile: Colo Colo vs. Universidad de Chile
Guatemala: Comunicaciones vs. Municipal
Uruguay: Peñarol vs. Nacional
Colombia: Millonarios vs. Independiente Santa Fe

recursos

VM
pp. 207–208   vhlcentral

ACTIVIDADES

1 ¿Cierto o falso? Indicate whether each statement is **cierto** or **falso**. Correct the false statements.

MODELO

Millonarios is a soccer team from Uruguay.
Falso. Millonarios is a soccer team from Colombia.

1. Soccer is not a popular sport in Spain.
Falso. Soccer is very popular in Spain.
2. Madrid and Barcelona are the most important cities in Spain. *Cierto.*
3. Santiago Bernabéu is a stadium in Barcelona.
Falso. It is a stadium in Madrid.
4. The rivalry between Real Madrid and FC Barcelona is restricted to athletic competition.
Falso. The rivalry goes beyond soccer.
5. Barcelona has resisted Madrid's centralized government. *Cierto.*
6. Only the FC Barcelona team was affected by the civil war. *Falso. Both teams were affected by the civil war.*
7. During Franco's regime, the Catalan culture thrived.
Falso. Catalan culture was repressed during Franco's regime.
8. There are many famous rivalries between soccer teams in the Spanish-speaking world. *Cierto.*
9. River Plate is a popular team from Argentina. *Cierto.*
10. Comunicaciones and Peñarol are famous rivalries in Guatemala. *Falso. Comunicaciones and Municipal are important rivalries in Guatemala.*

2 Comparación In pairs, think about a popular sport where you live. What are some famous rivalries in that sport? What is the source of the rivalry? How would you describe the different sets of fans?

MODELO

Estudiante 1: El equipo de los Boston Celtics es famoso donde yo vivo.
Estudiante 2: Sí, pero los Lakers de Los Ángeles es mi equipo favorito. Los aficionados de los Lakers son...

3 Conexión Internet Go to **vhlcentral.com** and find other activities and sports that are popular in Hispanic countries.

¡Fútbol en España!

1 Preparación What is the most popular sport at your school? What team is your rival? How do students celebrate winning?

2 El video Watch this **Flash cultura** episode.

Vocabulario			
afición	*fans*	**preferido**	*favorite*
perder	*to lose*	**se junta con**	*it's tied up with*

Hay mucha afición al fútbol en España.

—¿Cuál es tu equipo preferido?
—El Barça.

3 Escoger Select the correct answer.

1. Un partido entre el Barça y el Real Madrid es _____un evento_____ (un deporte/un evento) importante en toda España.

2. El _____Barça_____ juega en el Camp Nou, el estadio más grande de Europa.

3. Los aficionados _____celebran_____ (miran/celebran) las victorias de sus equipos en las calles (*streets*).

4. La rivalidad entre el Real Madrid y el Barça está relacionada con la _____política_____ (religión/política).

4.1 The present tense of **ir**

 Tutorial

ir (to go)			
Singular forms		**Plural forms**	
yo	voy	nosotros/as	vamos
tú	vas	vosotros/as	vais
Ud./él/ella	va	Uds./ellos/ellas	van

¡Voy a ir con ellos!

SUGGESTION Point out the difference in usage between **dónde** and **adónde**. Ask: **¿Adónde va el presidente para descansar?** (Va a Camp David.) **¿Dónde está Camp David?** (Está en Maryland.)

▶ The verb **ir** (*to go*) is irregular in the present tense.

▶ **Ir** is often used with the preposition **a** (*to*). When **a** is followed by the article **el**, they form the contraction **al**. There is no contraction when **a** is followed by **la**, **las**, and **los**.

Vamos a jugar al fútbol en el parque.

a + el = al

Voy al cine con María.
I'm going to the movies with María.

Ellos **van a** las montañas.
They are going to the mountains.

▶ The construction **ir a** + [*infinitive*] expresses actions that are going to happen in the future. It is equivalent to the English *to be going to* + [*infinitive*].

▶ **Vamos a** + [*infinitive*] can also express the idea of *let's (do something)*.

Vamos a pasear.
Let's take a walk.

¡Vamos a ver!
Let's see!

¡ojo!

Use **adónde** instead of **dónde** when asking a question with **ir**.

¿Adónde vas?
Where are you going?

¿Dónde estás?
Where are you?

SUGGESTION Bring in pictures of people dressed for a particular activity. Show the pictures to the class and describe them using **ir a** + [*a place*]. Ex: Show a picture of a basketball player and say: **Va al gimnasio.**

SUGGESTION Have students scan the advertisement, and find the instances where the **ir a** + [*infinitive*] construction is used.

SUGGESTION Ask students questions about the advertisement. Ex: **¿Quiénes son las personas de la familia? ¿Cómo va a estar la familia? ¿Qué va a hacer el hijo? ¿Por qué el hijo escoge el Banco Nacional?**

ESPAÑOL EN VIVO

Esta familia siempre va a estar unida,
porque el Banco Nacional siempre va a estar con ellos.

Luis va a trabajar lejos de su familia, pero ellos van a estar tranquilos.
Luis va a depositar su sueldo en el Banco Nacional y, así, él va a ayudar a su familia.

Banco Nacional
Estamos siempre con usted

Refer students to the **recursos** box in **Ampliación** for complete information.

Práctica y conversación

NATIONAL communication STANDARDS

1 Adivina Roberto has gone to see Doña Imelda, a fortune teller. Using **ir a +** [*infinitive*], say what Doña Imelda predicts.

MODELO

Tu hermano Gabriel ____va a____ ir a Europa.

1. Tú ___vas a___ correr en el Maratón de Boston.
2. Tú y tu familia ___van a___ escalar el monte Everest.
3. Tu hermano Pablo ___va a___ visitar las ruinas mayas.
4. Tu hermana Tina ___va a___ recibir una carta misteriosa.
5. Tu hermana Rosario ___va a___ patinar en los Juegos Olímpicos.
6. Tus padres ___van a___ tomar el sol en Acapulco.
7. Tú ___vas a___ ver las pinturas (*paintings*) de tu amiga en el Museo Nacional de Arte.
8. ¡Y yo ___voy a___ ser muy, muy rica!

2 ¿Adónde vas? You are visiting Madrid with some friends. Work with a partner and ask each other which sites you will visit today. Answers will vary.

MODELO

Estudiante 1: ¿Adónde vamos nosotros?
Estudiante 2: Nosotros vamos a La Plaza de Santo Domingo.

3 Situaciones With a partner, say where you and your friends go in these situations.

MODELO

Tienes ganas de tomar el sol.
Estudiante 1: Tienes ganas de tomar el sol. ¿Adónde vas?
Estudiante 2: Voy a la piscina.

1. Deseas descansar.
2. Tu novio/a tiene que estudiar.
3. Tus amigos/as necesitan practicar el español.
4. Tienes ganas de practicar deportes.
5. Tú y tus amigos/as tienen hambre.
6. Tienes tiempo libre.
7. Tus amigos/as desean esquiar.
8. Deseas leer.

4 Encuesta Walk around the room and ask your classmates if they are going to do these activities today. Try to find at least two people for each item and record their names. Report your findings to the class. Answers will vary.

Actividades	Nombres
1. comer en un restaurante	_____
2. mirar la televisión	_____
3. leer una revista	_____
4. escribir un mensaje electrónico	_____
5. correr	_____
6. ver una película	_____
7. pasear en bicicleta	_____
8. estudiar en la biblioteca	_____

5 Entrevista Talk with two classmates and find out what they are going to do this weekend. Answers will vary.

MODELO

Estudiante 1: ¿Adónde vas este (*this*) fin de semana?
Estudiante 2: Voy a Guadalajara con mis amigos.
Estudiante 3: ¿Y qué van a hacer (*to do*) ustedes en Guadalajara?
Estudiante 2: Vamos a visitar unos museos. ¿Y ustedes...?

 Practice more at **vhlcentral.com**.

ACTIVITY PACK For additional activities, go to the **Activity Pack** in the **Resources** section of the Supersite. *ochenta y uno* **81**

4.2 Stem-changing verbs: e → ie, o → ue

Tutorial

▶ In stem-changing verbs, the stressed vowel of the stem changes when the verb is conjugated.

INFINITIVE	VERB STEM	STEM CHANGE	CONJUGATED FORM
empezar	empez–	empiez–	empiezo
volver	volv–	vuelv–	vuelvo

Los chicos empiezan a hablar de su visita al cenote.

▶ In many verbs, such as **empezar** (*to begin*), the stem vowel changes from **e** to **ie**. Note that the **nosotros/as** and **vosotros/as** forms do not have a stem change.

empezar (e:ie)

Singular forms		Plural forms	
yo	empiezo	nosotros/as	empezamos
tú	empiezas	vosotros/as	empezáis
Ud./él/ella	empieza	Uds./ellos/ellas	empiezan

Ellos vuelven a comer en el restaurante.

SUGGESTION Explain that an easy way to remember which forms of these verbs have stem changes is to think of them as boot verbs. Draw a line around the stem-changing forms in each paradigm to show the boot-like shape.

▶ In many other verbs, such as **volver** (*to return*), the stem vowel changes from **o** to **ue**. The **nosotros/as** and **vosotros/as** forms do not have a stem change.

volver (o:ue)

Singular forms		Plural forms	
yo	vuelvo	nosotros/as	volvemos
tú	vuelves	vosotros/as	volvéis
Ud./él/ella	vuelve	Uds./ellos/ellas	vuelven

¡ojo!

To help you identify stem-changing verbs, they will appear as follows throughout the text:

empezar (e:ie)

volver (o:ue)

Common stem-changing verbs

SUGGESTION Practice using the structure **jugar al** + [*sport*] by asking students about the sports they play. Students should answer in complete sentences.

e:ie				o:ue			
cerrar	to close	pensar	to think	dormir	to sleep	poder	to be able to; can
comenzar	to begin	perder	to lose; to miss	encontrar	to find	recordar	to remember
empezar	to begin	preferir	to prefer	mostrar	to show	volver	to return
entender	to understand	querer	to want; to love				

Los chicos juegan al fútbol.

▶ **Jugar** (*to play* a sport or a game) is the only Spanish verb that has a **u:ue** stem change. **Jugar** is followed by **a** + [*definite article*] when the name of a sport or game is mentioned.

▶ **Comenzar** and **empezar** require the preposition **a** when they are followed by an infinitive.

Comenzamos a jugar a las siete.
We begin playing at seven.

Ana **empieza a** trabajar hoy.
Ana starts working today.

▶ **Pensar** + [*infinitive*] means *to plan* or *to intend to do something*. **Pensar en** means *to think about someone or something.*

¿**Piensan** ir al gimnasio?
Are you planning to go to the gym?

¿**En** qué **piensas**?
What are you thinking about?

Práctica y conversación

1 El día del partido Complete the conversation with the appropriate verb forms. Answers will vary.

PABLO Óscar, voy al centro ahora. (1) ¿ __Quieres__ [querer] venir?

ÓSCAR No, yo (2) __prefiero__ [preferir] descansar un poco y ver la televisión.

PABLO ¡Qué perezoso (*how lazy*) eres!

ÓSCAR No, hombre. Es que estoy muy cansado. Oye, ¿a qué hora (3) __piensas__ [pensar] regresar? El partido de fútbol (4) __empieza__ [empezar] a las dos.

PABLO A la una. (5) __Quiero__ [querer] ver el partido también.

ÓSCAR (6) ¿ __Piensas__ [pensar] que (*that*) nuestro equipo (7) __puede__ [poder] ganar?

PABLO No, (8) __pienso__ [pensar] que vamos a (9) __perder__ [perder]. Los jugadores del Guadalajara (10) __juegan__ [jugar] muy bien.

2 Preferencias With a partner, take turns asking and answering questions about what these people want to do.

MODELO
Guillermo: estudiar / pasear en bicicleta
Estudiante 1: ¿Quiere estudiar Guillermo?
Estudiante 2: No, prefiere pasear en bicicleta.

1. **tú:** trabajar / dormir
E1: ¿Quieres trabajar? E2: No, prefiero dormir.

2. **ustedes:** mirar la televisión / ir al cine
E1: ¿Quieren ustedes mirar la televisión? E2: No, preferimos ir al cine.

3. **tus amigos:** ir de excursión / descansar
E1: ¿Quieren ir de excursión tus amigos? E2: No, prefieren descansar.

4. **tú:** comer en la cafetería / ir a un restaurante
E1: ¿Quieres comer en la cafetería? E2: No, prefiero ir a un restaurante.

5. **Elisa:** ver una película / leer una revista
E1: ¿Quiere ver una película Elisa? E2: No, (Elisa) prefiere leer una revista.

6. **María y su prima:** tomar el sol / esquiar
E1: ¿Quieren tomar el sol María y su prima? E2: No, (María y su prima) prefieren esquiar.

3 En la televisión In pairs, read the TV listing of sporting events. Discuss which events you want to watch, then agree on one game to watch each day. Answers will vary.

🔒 www.tv.prom ↻

SÁBADO

13:30 NATACIÓN
1 Copa Mundial (*World Cup*) de Natación

15:00 TENIS
8 Abierto (*Open*) Mexicano de Tenis: Cecilia Montero (México) vs. Sandra de la Paz (España). Semifinales

16:00 FÚTBOL NACIONAL
3 Chivas vs. Monterrey

16:30 FÚTBOL AMERICANO
21 Jaguares vs. Costeños

20:00 BALONCESTO PROFESIONAL
16 Knicks de Nueva York vs. Toros de Chicago

DOMINGO

13:00 GOLF
40 Campeonato (*Championship*) ADT: Lorena Ochoa, Natalie Gulbis, Paula Creamer

14:30 VÓLEIBOL
1 Campeonato Nacional de México

16:00 BALONCESTO
3 Campeonato de Cimeba: Correcaminos de Tampico vs. Santos de San Luis. Final

17:00 ESQUÍ ALPINO
19 Eslálom

18:30 FÚTBOL INTERNACIONAL
30 Copa América: México vs. Argentina. Ronda final

20:00 PATINAJE ARTÍSTICO
16 Exhibición mundial

4 Encuesta Ask five classmates about each of these topics, then count how many answered each question affirmatively. Report the information to the class. Answers will vary.

1. Entender las reglas (*rules*) del fútbol americano.
2. Preferir descansar en casa en el tiempo libre.
3. Jugar al hockey.
4. Dormir más de ocho horas el fin de semana.
5. Perder las llaves frecuentemente.
6. Pensar ver una película este (*this*) fin de semana.
7. Jugar al baloncesto.
8. Volver a casa después (*after*) de las ocho de la noche.

S Practice more at **vhlcentral.com**.

ACTIVITY PACK For additional activities, go to the **Activity Pack** in the **Resources** section of the Supersite.

ochenta y tres 83

4.3 Stem-changing verbs: e → i

Tutorial

▶ In some verbs, such as **pedir** (*to ask for; to request*), the stressed vowel in the stem changes from **e** to **i**.

INFINITIVE	VERB STEM	STEM CHANGE	CONJUGATED FORM
pedir ▶	ped– ▶	pid– ▶	pido

▶ As with other stem-changing verbs, there is no stem change in the **nosotros/as** or **vosotros/as** forms in the present tense.

pedir (e:i)

Singular forms		Plural forms	
yo	pido	nosotros/as	pedimos
tú	pides	vosotros/as	pedís
Ud./él/ella	pide	Uds./ellos/ellas	piden

▶ Here are the most common **e:i** stem-changing verbs:

conseguir	repetir	seguir
to get; to obtain	*to repeat*	*to follow; to continue; to keep (doing something)*

Consiguen ver buenas películas.   **Repito** la pregunta.   **Sigue** una dieta especial.
They get to see good movies.   *I repeat the question.*   *He is on a special diet.*

▶ The **yo** forms of **seguir** and **conseguir** have a spelling change as well as a stem change.

Sigo su plan.   **Consigo** revistas en la biblioteca.
I'm following their plan.   *I get magazines at the library.*

conseguir (e:i)

Singular forms		Plural forms	
yo	consigo	nosotros/as	conseguimos
tú	consigues	vosotros/as	conseguís
Ud./él/ella	consigue	Uds./ellos/ellas	consiguen

seguir (e:i)

Singular forms		Plural forms	
yo	sigo	nosotros/as	seguimos
tú	sigues	vosotros/as	seguís
Ud./él/ella	sigue	Uds./ellos/ellas	siguen

repetir (e:i)

Singular forms		Plural forms	
yo	repito	nosotros/as	repetimos
tú	repites	vosotros/as	repetís
Ud./él/ella	repite	Uds./ellos/ellas	repiten

¡ojo!
To help you identify verbs with the **e:i** stem change, they will appear as follows throughout the text:

pedir (e:i)

SUGGESTION Make sure students are clear that, unlike **seguir** and **conseguir**, **repetir** does not have a **g** in the **yo** form: **yo repito.**

SUGGESTION Ask for volunteers to answer questions using the common stem-changing verbs **pedir, repetir, seguir,** and **conseguir.**

Práctica y conversación

1 Por la ciudad Complete the sentences with the correct form of the verb.

1. Mi madre va a un café y ___pide___ [pedir] un capuchino.
2. Mi padre va a la biblioteca y ___consigue___ [conseguir] buenas películas.
3. Mi hermano menor (*younger*) ___sigue___ [seguir] mis instrucciones.
4. Mis padres ___repiten___ [repetir] la misma pregunta: "¿Dónde está tu hermana?".
5. Mi hermana y yo ___pedimos___ [pedir] permiso para volver a casa un poco más tarde (*a little later*).
6. ¿___Sigues___ [seguir] tú la misma rutina todos los fines de semana?

2 Combinar Combine words from the columns to create sentences about yourself and people you know.
Answers will vary.

MODELO

Mis padres consiguen libros en Internet.

yo
mi compañero/a de cuarto
mi mejor (*best*) amigo/a
mi familia
mis amigos/as
mis amigos/as y yo
mis padres
mi hermano/a
mi profesor(a) de español

pedir muchos favores
nunca (*never*) repetir los cursos
nunca pedir perdón
nunca seguir las instrucciones del profesor
siempre (*always*) seguir las instrucciones del profesor
conseguir libros en Internet
conseguir viajar a lugares exóticos
repetir el vocabulario de la lección en voz alta (*out loud*)

3 Las películas Use these questions to interview a classmate. Answers will vary.

1. ¿Dónde consigues información sobre (*about*) cine y televisión?
2. ¿Prefieres las películas románticas, las películas de acción o las películas de terror? ¿Por qué?
3. ¿Dónde consigues las entradas (*tickets*) para ver una película?
4. Para decidir qué películas vas a ver, ¿sigues las recomendaciones de los críticos de cine?
5. ¿Qué cines en tu comunidad muestran las mejores (*best*) películas?
6. ¿Vas a ver una película esta semana? ¿A qué hora empieza la película?

4 El fin de semana Ask a classmate if he or she does these things on a weekend. Report the results to the class.
Answers will vary.

Actividad	Sí	No
1. dormir hasta la una de la tarde	___	___
2. pedir una pizza por teléfono	___	___
3. jugar al tenis	___	___
4. ir a un partido de fútbol/baloncesto/béisbol	___	___
5. pasear	___	___
6. ir a un museo	___	___
7. escribir mensajes electrónicos	___	___
8. patinar	___	___
9. ir al gimnasio	___	___

Practice more at **vhlcentral.com**.

ACTIVITY PACK For additional activities, go to the **Activity Pack** in the **Resources** section of the Supersite.

ochenta y cinco **85**

4.4 Verbs with irregular **yo** forms Tutorial

Salgo mucho los fines de semana.

▶ In Spanish, several verbs have irregular **yo** forms in the present tense. The verbs **hacer** (*to do, to make*), **poner** (*to put, to place*), **salir** (*to leave*), **suponer** (*to suppose*), and **traer** (*to bring*) have **yo** forms that end in **–go**. The other forms are regular.

Verbs with irregular yo forms

	hacer	poner	salir	suponer	traer
yo	hago	pongo	salgo	supongo	traigo
tú	haces	pones	sales	supones	traes
Ud./él/ella	hace	pone	sale	supone	trae
nosotros/as	hacemos	ponemos	salimos	suponemos	traemos
vosotros/as	hacéis	ponéis	salís	suponéis	traéis
Uds./ellos/ellas	hacen	ponen	salen	suponen	traen

▶ **Salir de** is used to indicate that someone is leaving a particular place.

Salgo de casa muy temprano.
I leave home very early.

El tren **sale de** la estación a las dos.
The train leaves the station at two.

▶ **Salir para** is used to indicate someone's destination.

Mañana **salgo para** México.
Tomorrow I leave for Mexico.

Hoy **salen para** España.
Today they leave for Spain.

SUGGESTION Have students work in pairs to role-play a perfect date or a night out with friends.

▶ **Salir con** means *to leave with someone or something*, or *to date someone*.

Alberto **sale con** su amigo.
Alberto is leaving with his friend.

Raúl **sale con** una chica muy bonita.
Raúl is going out with a very pretty girl.

▶ The verb **ver** (*to see*) has an irregular **yo** form. The other forms of **ver** are regular.

▶ The verb **oír** (*to hear*) has an irregular **yo** form and a spelling change in the **tú**, **usted**, **él**, **ella**, **ustedes**, **ellos**, and **ellas** forms. The **nosotros/as** and **vosotros/as** forms have an accent mark.

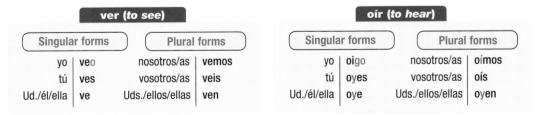

ver (to see)

Singular forms		Plural forms	
yo	veo	nosotros/as	vemos
tú	ves	vosotros/as	veis
Ud./él/ella	ve	Uds./ellos/ellas	ven

oír (to hear)

Singular forms		Plural forms	
yo	oigo	nosotros/as	oímos
tú	oyes	vosotros/as	oís
Ud./él/ella	oye	Uds./ellos/ellas	oyen

No **veo** el problema.
I can't see the problem.

¿**Oyes** la música?
Do you hear the music?

Práctica y conversación

1 Completar Complete this conversation with the appropriate verb forms.

MODELO

Ernesto: David, ¿qué _haces_ [hacer] por la noche?

DAVID (1) _Salgo_ [salir] con Luisa. Vamos al cine. Queremos (2) _ver_ [ver] la nueva (*new*) película de Almodóvar.

ERNESTO ¿Y Diana? ¿Qué (3) _hace_ [hacer] ella?

DAVID (4) _Sale_ [salir] a comer con sus padres.

ERNESTO ¿Qué (5) _hacen_ [hacer] Andrés y Javier?

DAVID Tienen que (6) _hacer_ [hacer] las maletas. (7) _Salen_ [salir] para Monterrey mañana.

ERNESTO ¿Qué (8) _hago_ [hacer] yo entonces (*then*)?

DAVID (9) _Supongo_ [suponer] que puedes estudiar o (10) _ver_ [ver] la televisión.

ERNESTO Prefiero (11) _poner_ [poner] la televisión.

2 Oraciones Form sentences with the cues given.
Answers will vary. Suggested answers:

1. Nosotros / ? / mucha / tarea
   Nosotros hacemos/tenemos mucha tarea.
2. ¿Tú / ? / la radio? ¿Tú oyes/pones la radio?
3. Yo / no / ? / el problema Yo no veo el problema.
4. Marta / ? / una grabadora / clase Marta trae una grabadora a clase.
5. Los señores Marín / ? / su casa / siete
   Los señores Marín salen de/para su casa a las siete.
6. Yo / ? / que (*that*) / tú / ir / cine / ¿no?
   Yo supongo que tú vas al cine, ¿no?

3 Describir In pairs, say complete sentences with the cues provided. Answers will vary.

1.

Fernán/poner

2.

Yo/traer

3.

Nosotras/salir

4.

El estudiante/hacer

4 Preguntas Ask and answer these questions with a classmate. Answers will vary.

1. ¿A qué hora sales de tu residencia o de tu casa por la mañana? ¿A qué hora llegas a la universidad?
2. ¿Traes un diccionario a la clase de español? ¿Por qué? ¿Qué más traes?
3. ¿A qué hora salimos de la clase de español?
4. Cuando vuelves a casa, ¿dónde pones tus libros? ¿Siempre (*always*) pones tus cosas en su lugar?
5. ¿Oyes la radio o prefieres ver la televisión?
6. ¿Pones la radio o la televisión en cuanto (*as soon as*) llegas a casa?
7. ¿Cuándo estudias? ¿Haces la tarea cada (*each*) noche o esperas hasta el último (*last*) día?
8. ¿Qué haces los fines de semana? ¿Adónde vas?

5 Charadas Play a game of charades. Each person should think of a phrase using **hacer**, **poner**, **salir**, **oír**, **traer**, or **ver** and act out the phrase. The first person to guess correctly acts out the next charade. Answers will vary.

6 Típico fin de semana Interview a classmate about what he or she does on a typical weekend. Answers will vary.

- What time does he/she leave the house on the weekend?
- What does he/she do in the afternoon?
- What TV shows does he/she watch?
- Does he/she go out with friends?

ACTIVITY PACK For additional activities, go to the **Activity Pack** in the **Resources** section of the Supersite.

SCRIPT For the script, go to the Supersite.

EXPANSION Have students listen to the descriptions again and ask them to make a list of José's and Anabela's pastimes.

Ampliación

1 Escuchar

A Read the sentences below and then listen as first José and then Anabela talk about themselves. Indicate who each statement describes.

TIP **Listen for gist.** When you listen for the gist, try to capture the general meaning of what you hear without focusing on individual words. You will be surprised at how much you can understand!

Descripción	José	Anabela
1. Es muy aficionado/a a los deportes.	☐	☑
2. Pasa el tiempo con sus amigos.	☑	☐
3. Va mucho al cine.	☑	☐
4. Es una persona muy activa.	☐	☑
5. Le gusta descansar por la tarde.	☑	☐
6. Es una persona estudiosa.	☐	☑
7. Su deporte favorito es el ciclismo.	☐	☑
8. A veces va a ver partidos de béisbol.	☑	☐

B ¿Tienes más en común (*more in common*) con José o con Anabela? Explica tu respuesta.

Answers will vary.

SUGGESTION Give pairs of students a few minutes to plan what they are going to say. Have them role-play the conversation and then change partners and repeat the conversation. Ask a couple of pairs to share their conversations with the whole class.

2 Conversar

You and your friend, who lives in a different town, plan to meet in a nearby city. Role-play a phone conversation to discuss your plans. Include this information: Answers will vary.

- When you are planning to arrive and go home
- What places you want to visit
- A few activities you can do together

recursos

WB
pp. 33–40

LM
pp. 21–24

vhlcentral

Inform students that the material listed in the **recursos** box applies to the complete **Gramática** section.

3 **Escribir** Create a short article for your school's student website. Describe at least six leisure activities that students enjoy on campus. Include information about where and when these activities take place. Answers will vary.

> **TIP** **Use bilingual dictionaries carefully.** Use a Spanish-English dictionary to look up words you don't know. Consider whether the first option given is really what you are trying to say.

Organizar	List the activities you could include in the article. Use an idea map to organize them.
Escribir	Using your idea map, write the first draft of your article.
Corregir	Exchange drafts with a classmate and comment on the organization, style, and grammatical accuracy of each other's work. Then revise your first draft, keeping your classmate's comments in mind.
Compartir	Exchange drafts with a different partner. Note any words that are new to you, so you can look them up later. Then turn your final draft in to your instructor.

③ EXPANSION Write a few dictionary entries on the board and explain the abbreviations. Ex: gymnastics n. **gimnasia, f.**; bowling n. **bolos, m. pl.** (game); pitch n. **lanzamiento, m.** (in baseball). Point out that when multiple Spanish translations are given without clarification they should look up the words in the Spanish section of the dictionary to verify the English meaning.

③ EVALUATION

Criteria	Scale
Appropriate Details	1 2 3 4
Organization	1 2 3 4
Use of Vocabulary	1 2 3 4
Grammatical Accuracy	1 2 3 4
Style	1 2 3 4

Scoring

Excellent	18–20 points
Good	14–17 points
Satisfactory	10–13 points
Unsatisfactory	< 10 points

4 **Un paso más** You work for a radio station that caters to the Spanish-speaking community in your town. Prepare a radio spot that announces the sporting events taking place this week. Include the following information in your broadcast: Answers will vary.

- An introduction of yourself and your program
- A list of local sports events
- The location and time of each event
- A brief sign-off

5 **Conexión Internet** Go to **vhlcentral.com** to find out more about these topics.

- Los deportes más (*most*) populares del mundo hispano
- Los pasatiempos más populares del mundo hispano

4 SUGGESTION Provide students with opening and closing phrases for their broadcasts. Opening: **Buenas tardes, estimados radioyentes. Hoy es domingo, el ____, y su reportero(a) es ____.** Closing: **Y por ahora, estimados radioyentes, eso es todo. Hasta el próximo domingo.** Also remind students to address their audience as **ustedes**.

4 SUGGESTION Have students record their broadcasts on the Supersite using the voice boards so they can receive your feedback.

Antes de leer

Audio: Reading
Additional Reading

This article appeared on the website of one of Mexico City's newspapers. Scan the article's headlines and visual elements. Based on what you see, what do you think it is about?

Can you guess the meaning of these cognates from the article?

baladas	ballads
concierto	concert
contemporáneo/a	contemporary
creativo/a	creative
festival	festival
fotógrafo/a	photographer
origen	origin
pasión	passion
recomendar	to recommend
romántico/a	romantic

SUGGESTION Discuss with students where foreign language films are shown in your community.

EXPANSION Have students correct the false statements in **¿Comprendiste?**

EXPANSION Have students work in groups to prepare a similar **Guía para el fin de semana** for their school or community.

GUÍA para el fin de semana

CINE
Festival de cine latinoamericano

Para los aficionados al cine, este fin de semana comienza el Festival de Cine Latinoamericano en el cine Plaza. Se muestran las últimas° producciones de Juan Pablo Reátegui, Lorena Suárez, Álvaro del Carpio y Diego Bianchi. Recomendamos especialmente *Un día sin° fútbol* del director Juan Pablo Reátegui. *Un día sin fútbol* cuenta la historia° de un grupo de aficionados al fútbol y su enorme pasión por este deporte.

Fechas: 10-14 de marzo
Hora: 8:00 p.m.
Lugar: Cine Plaza
Dirección: Calle Principal #152

CONCIERTO
Canta Maribel Puértolas

Si quiere escuchar buena música, la cantante° Maribel Puértolas va a ofrecer° un concierto en el café La Gloria. De origen puertorriqueño, esta joven cantante ha conquistado° a los románticos con *Cuando tú no estás*, su último CD de baladas. "Va a ser un concierto para recordar", dice Puértolas.

Fecha: 11 de marzo
Hora: 7:00 p.m.
Lugar: Café La Gloria
Dirección: Avenida Bolívar #345

Después de leer

¿Comprendiste?

Based on the reading, indicate whether each statement is **cierto** or **falso**?

Cierto	Falso	
	✓	**1.** La guía presenta noticias sobre eventos deportivos.
	✓	**2.** *Un día sin fútbol* cuenta la historia de un equipo de fútbol.
✓		**3.** Maribel Puértolas es una cantante de baladas.
	✓	**4.** Las fotografías de Juan Pablo Reátegui se exhiben en el cine Plaza.
✓		**5.** Lucía Velasco es una fotógrafa uruguaya.
	✓	**6.** En el café La Gloria hay una exposición de arte.

Preguntas

Answer these questions.

1. ¿De dónde es Maribel Puértolas?

Es de Puerto Rico.

2. ¿Qué clase de canciones (*songs*) canta ella?

Canta baladas.

3. ¿Cuántas fotografías de Lucía Velasco hay en la exposición?

Hay cien.

4. ¿Dónde está la exposición de Lucía Velasco?

Está en el Museo de Arte Contemporáneo, en la avenida Juárez #248.

5. ¿Qué película recomienda la guía?

Recomienda *Un día sin fútbol*.

6. ¿Dónde es el festival de cine?

Es en el cine Plaza, en la calle Principal #152.

Coméntalo

In small groups, discuss which of the activities in the article you would each prefer to do on a weekend and why.

EXPOSICIÓN

Lucía Velasco:
Cuarenta años de fotografía

Este fin de semana se va a inaugurar la exposición° de la fotógrafa uruguaya Lucía Velasco en el Museo de Arte Contemporáneo. Las cien fotografías que forman parte de la exposición muestran el desarrollo° creativo de Velasco durante sus 40 años de carrera.

Fechas: 10 de marzo - 8 de abril
Lugar: Museo de Arte Contemporáneo
Dirección: Avenida Juárez #248

últimas *latest* sin *without* cuenta la historia *tells the story*
cantante *singer* ofrecer *offer* ha conquistado *has won over*
inaugurar la exposición *to open the exhibit* desarrollo *development*

Vocabulary Tools

Las actividades y las distracciones

bucear	to scuba dive
escalar montañas	to go mountain climbing
escribir una carta/ un mensaje electrónico/ una (tarjeta) postal	to write a letter an e-mail message a postcard
esquiar	to ski
ir de excursión (a las montañas)	to go for a hike (in the mountains)
leer el correo electrónico/ leer el periódico/ leer una revista	to read e-mail a newspaper a magazine
nadar en la piscina	to swim in the pool
pasar el tiempo	to spend time
pasear en bicicleta	to ride a bicycle
pasear por la ciudad/el pueblo	to walk around the city/town
patinar (en línea)	to skate (in-line)
practicar deportes	to play sports
tomar el sol	to sunbathe
ver películas	to watch movies
visitar un monumento	to visit a monument

Otras palabras y expresiones

la diversión	entertainment; fun activity
el fin de semana	weekend
el lugar	place
el pasatiempo	pastime; hobby
los ratos libres	spare time
el tiempo libre	free time

Verbos

cerrar (e:ie)	to close
comenzar (e:ie)	to begin
conseguir (e:i)	to get; to obtain
dormir (o:ue)	to sleep
empezar (e:ie)	to begin
encontrar (o:ue)	to find
entender (e:ie)	to understand
hacer	to do; to make
ir	to go
ir a (+ inf.)	to be going to do something
jugar (u:ue)	to play
mostrar (o:ue)	to show
oír	to hear
pedir (e:i)	to ask for; to request
pensar (e:ie)	to think
pensar (+ inf.)	to intend; to plan
pensar en	to think about
perder (e:ie)	to lose; to miss
poder (o:ue)	to be able to; can
poner	to put; to place
preferir (e:ie)	to prefer
querer (e:ie)	to want; to love
recordar (o:ue)	to remember
repetir (e:i)	to repeat
salir	to leave
seguir (e:i)	to follow; to continue; to keep (doing something)
suponer	to suppose
traer	to bring
ver	to see
volver (o:ue)	to return

Adjetivos

deportivo/a	sports-related
favorito/a	favorite

Los deportes

el baloncesto	basketball
el béisbol	baseball
el ciclismo	cycling
el equipo	team
el esquí (acuático)	(water) skiing
el/la excursionista	hiker
el fútbol	soccer
el fútbol americano	football
el golf	golf
el hockey	hockey
el/la jugador(a)	player
la natación	swimming
el partido	game
la pelota	ball
el tenis	tennis
el vóleibol	volleyball
ganar	to win
ser aficionado/a (a)	to be a fan (of)

Los lugares

el café	café
la casa	house
el centro	downtown
el cine	movie theater
el gimnasio	gym; gymnasium
la iglesia	church
el museo	museum
el parque	park
la piscina	swimming pool
el restaurante	restaurant

As students finish the lesson, encourage them to explore the **Repaso** section on the Supersite. There they will find quizzes for practicing vocabulary, grammar, and oral language.

¡VIVAN LOS PAÍSES HISPANOS!

En Acapulco, un clavadista (*diver*) salta desde un acantilado (*cliff*) frente al océano Pacífico. El lugar se llama La Quebrada y miles de turistas lo visitan cada (*each*) día. ¿Te gustaría (*Would you like*) visitarlo algún (*some*) día?

México

México

Área: 1.972.550 km^2 (761.603 millas^2)

Población: 121.736.000

Capital: México, D.F. 20.999.000

Ciudades importantes: Guadalajara, Monterrey, Ciudad Juárez, Puebla

Moneda: peso mexicano

SOURCE: Population Division, UN Secretariat

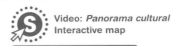

Video: *Panorama cultural*
Interactive map

Celebraciones

La independencia de México

El 16 de septiembre los mexicanos celebran la independencia de su país. En todas las ciudades se ponen decoraciones con los colores de la bandera (*flag*) mexicana y se hacen fiestas con mariachis, comida típica y bailes (*dances*) tradicionales. A estas celebraciones se les llaman las fiestas patrias.

ESTADOS UNIDOS

Ciudad Juárez

Río Bravo

Baja California

Golfo de California

MÉXICO

Puerto Vallarta

Guada

Océano Pacífico

Historia

Los mayas

La civilización maya construyó (*built*) impresionantes ciudades con templos religiosos en forma de pirámide, que hoy en día visitan millones de turistas. Los descendientes de esta civilización siguen tradiciones de sus antepasados (*ancestors*) y muchos aún (*still*) viven en esa misma área: el sur (*south*) de México y partes de Centroamérica.

El Castillo, Chichén Itzá

Arte

Diego Rivera y Frida Kahlo

Frida Kahlo y Diego Rivera son los pintores mexicanos más famosos. Se casaron (*They got married*) en 1929. Los dos se interesaron (*became interested*) por las condiciones sociales de los indígenas y de los campesinos (*farmers*) de su país. Puedes ver algunas de sus obras (*works*) en el Museo de Arte Moderno de la Ciudad de México.

Detalle de un mural de Diego Rivera

Economía

La plata

México es el mayor (*largest*) productor de plata (*silver*) del mundo (*world*). Estados como Zacatecas y Durango tienen ciudades fundadas cerca de los más grandes yacimientos (*deposits*) de plata del país. Estas ciudades fueron (*were*) en la época colonial unas de las más ricas e importantes. Hoy en día, aún conservan mucho de su encanto (*charm*) y esplendor.

ío Grande

Monterrey

Golfo de México

d de ico

bla

Veracruz

Península de Yucatán

Cancún

Bahía de Campeche   Uxmal

Istmo de Tehuantepec

BELICE

lco

GUATEMALA

recursos

WB pp. 41–42 | VM pp. 235–236 | vhlcentral

¿Qué aprendiste?

1 **¿Cierto o falso?** Indicate if these statements are **cierto** or **falso**.

Cierto	Falso	
	✓	**1.** La Quebrada está en México, D.F.
✓		**2.** Frida Kahlo es una pintora.
	✓	**3.** El 16 de septiembre en México organizan una celebración religiosa.
	✓	**4.** La plata no es un mineral abundante en México.
✓		**5.** Los mexicanos celebran la independencia con las fiestas patrias.
	✓	**6.** En México no hay ciudades cerca de los yacimientos de plata.
✓		**7.** Diego Rivera fue (*was*) el esposo de Frida Kahlo.
	✓	**8.** Puebla es la capital de México.
	✓	**9.** Muchos turistas visitan los templos mayas en Suramérica.
	✓	**10.** La moneda mexicana es el dólar mexicano.

2 **Preguntas** Answer the questions in complete sentences.   Answers will vary.

1. ¿Qué elementos en común hay en las celebraciones de la independencia de tu país y las celebraciones en México? ¿Qué diferencias hay?

2. ¿Qué piensas del estilo artístico de Diego Rivera? ¿Prefieres el arte realista o el abstracto?

3. ¿Sigues alguna (*any*) tradición de tus antepasados? ¿Cuál(es)?

4. ¿Hay yacimientos de minerales cerca de donde vives?

5. ¿Cuál es la actividad económica más (*more*) importante de tu ciudad o estado: la agricultura, la minería, la industria, el turismo, los servicios o el comercio (*trade*)?

3 **Conexión Internet** Go to **vhlcentral.com** to find out more about these topics.

- Lugares para visitar en México
- Pintores famosos de México

Practice more at **vhlcentral.com**.

5 Las vacaciones

PARA EMPEZAR Here are some additional questions: **¿Dónde te gusta pasar las vacaciones?**
¿Prefieres ir con tu familia o con amigos? ¿Qué te gusta hacer?

Para empezar

- ¿Cómo es la persona de la foto?
- ¿Dónde está: en la playa o en la montaña?

SUGGESTION Ask: ¿A quién le gusta mucho viajar? ¿Cómo prefieres viajar? ¿Te gusta viajar en tren? ¿en auto? ¿Cómo le gusta viajar a _____? Y a ti, ¿adónde te gusta viajar? ¿Cómo puedes llegar a _____?

Las vacaciones

 Vocabulary Tools

la estación del tren
train station

LAS VACACIONES Y LOS VIAJES

el aeropuerto *airport*
la agencia de viajes *travel agency*
el/la agente de viajes *travel agent*
la cabaña *cabin*
el campo *countryside*
la estación de autobuses *bus station*
del metro *subway station*
el/la inspector(a) de aduanas *customs officer*
la llegada *arrival*
el mar *ocean*
el pasaje (de ida y vuelta) *(round-trip) ticket*
la salida *departure; exit*
la tienda de campaña *tent*

el pasaporte
passport

ASÍ SE DICE Point out these lexical items:
automóvil → coche (*Esp.*), **carro** (*Amér. L.*)
autobús → camión (*Méx.*), **guagua** (*P. Rico*)
motocicleta → moto (*colloquial*)

¿QUÉ TIEMPO HACE?

¿Qué tiempo hace? *How's the weather?*
Está despejado. *It's clear.*
    (muy) nublado. *It's (very) cloudy.*
Hace buen/mal tiempo. *The weather is nice/bad.*
    (mucho) calor. *It's (very) hot.*
    fresco. *It's cool.*
    (mucho) frío. *It's (very) cold.*
    (mucho) sol. *It's (very) sunny.*
    (mucho) viento. *It's (very) windy.*
Hay (mucha) niebla. *It's (very) foggy.*
Llueve. *It's raining.*
Nieva. *It's snowing.*

llover (o:ue) *to rain*
nevar (e:ie) *to snow*

EN EL HOTEL

el alojamiento *lodging*
el ascensor *elevator*
la cama *bed*
el/la empleado/a *employee*
el equipaje *luggage*
la habitación *room*
    individual *single room*
    doble *double room*
el hotel *hotel*
el/la huésped *guest*
la pensión *boarding house*
el piso *floor (of a building)*
la planta baja *ground floor*

la llave
key

el viajero
traveler

ir en motocicleta (f.)
to go by motorcycle

LAS ACTIVIDADES

acampar *to camp*

confirmar una reservación *to confirm a reservation*

estar de vacaciones *to be on vacation*

hacer las maletas *to pack (one's suitcases)*

hacer turismo (m.) *to go sightseeing*

un viaje *to take a trip*

una excursión *to go on a hike, to go on a tour*

ir a la playa *to go to the beach*

de pesca *to go fishing*

de vacaciones *to go on vacation*

en autobús (m.) *to go by bus*

en auto(móvil) (m.) *to go by car*

en avión (m.) *to go by plane*

en barco (m.) *to go by boat*

en taxi (m.) *to go by taxi*

pasar por la aduana *to go through customs*

pescar *to fish*

sacar fotos (f. pl.)
to take pictures

montar a caballo
to ride a horse

VOCABULARIO ADICIONAL For additional vocabulary on this theme, go to **Vocabulario adicional** in the **Resources** section of the Supersite.

SUGGESTION Point out that the names of months aren't capitalized in Spanish.

LOS NÚMEROS ORDINALES

primer, primero/a *first*

segundo/a *second*

tercer, tercero/a *third*

cuarto/a *fourth*

quinto/a *fifth*

sexto/a *sixth*

séptimo/a *seventh*

octavo/a *eighth*

noveno/a *ninth*

décimo/a *tenth*

SUGGESTION Point out the use of **primero** for the first day of the month.

SUGGESTION Point out that Spanish speakers label the ground floor of buildings as **la planta baja** (first floor in the United States).

LAS ESTACIONES Y LOS MESES

el invierno *winter*

la primavera *spring*

el verano *summer*

el otoño *fall, autumn*

el año *year*

la estación *season*

el mes *month*

OTRAS PALABRAS Y EXPRESIONES

ahora mismo *right now*

todavía *yet; still*

¿Cuál es la fecha de hoy?
What is today's date?

Hoy es el primero de marzo.
Today is March first.

Hoy es el dos (tres, cuatro...) de marzo.
Today is March second (third, fourth…).

enero	January
marzo	March
febrero	February
abril	April
mayo	May
junio	June
julio	July
agosto	August
septiembre	September
octubre	October
noviembre	November
diciembre	December

EXPANSION Have students associate months with seasons and weather. Ask: **¿Cuáles son los meses de _____?**

ASÍ SE DICE Point out these lexical items:
el automóvil → el coche (*Esp., Arg.*), **el carro** (*Amér. L.*)
el autobús → el camión (*Méx.*), **la guagua** (*P. Rico*)
la motocicleta → la moto (*colloquial*)

1 SCRIPT For the script, go to the Supersite.

1 EXPANSION Ask students to describe what different people do. Ex: ¿Qué hace un agente de viajes? Un agente de viajes confirma la reservación.

Práctica y conversación

1 Escuchar Indicate who would probably make each statement you hear. Each answer is used twice.

El agente de viajes

La inspectora de aduanas

El empleado del hotel

El agente de viajes	La inspectora de aduanas	El empleado del hotel
1. ✓ 4. ___	1. ___ 4. ✓	1. ___ 4. ___
2. ✓ 5. ___	2. ___ 5. ___	2. ___ 5. ✓
3. ___ 6. ___	3. ___ 6. ✓	3. ✓ 6. ___

2 SCRIPT For the script, go to the Superiste.

2 ¿Cierto o falso? Listen to each sentence and indicate whether it is **cierto** or **falso**. Correct the false statements. Suggested Answers:

Cierto	Falso	
___	✓	1. Abrimos la puerta con una llave.
✓	___	2. _____
___	✓	3. Necesitas el pasaporte para pasar por la aduana.
___	✓	4. Un(a) turista/viajero/a es una persona que hace turismo.
✓	___	5. _____
✓	___	6. _____
___	✓	7. Debes pasar por la aduana en el aeropuerto.
✓	___	8. _____

3 EXPANSION In pairs, have students take turns asking each other questions about the illustrations. Encourage them to invent details when specific information is not provided. Ex: 1. ¿Qué estación es? ¿Dónde están? ¿Qué tiempo hace? ¿Qué mes es? ¿Dónde trabajan cuando no están de vacaciones?

3 Describir With a partner, take turns describing what these people are doing.

1. Enrique y Gustavo
Enrique y Gustavo pescan/van de pesca.

2. Yo
Yo monto a caballo.

3. Tú
Tú vas en motocicleta.

4. Don Luis
Don Luis va a su habitación.

5. Marcela
Marcela saca/toma fotos.

6. Juan y yo
Juan y yo hacemos las maletas.

recursos

WB
pp. 45–46

LM
p. 25

S
vhlcentral

4 EXPANSION Ask individuals to share their answers for items 6–9. Ex: _____, cuando vas de vacaciones, ¿qué haces? Ask other students to report on the preferences of their classmates. Ex: _____, ¿qué hace _____ cuando va de vacaciones? Students must use complete sentences.

4 Contestar With a classmate, take turns asking each other these questions. Answers will vary.

1. ¿Cuál es la fecha de hoy?

2. ¿Qué estación es? ¿Te gusta esta (*this*) estación?

3. ¿Cuál es el segundo mes del verano?

4. ¿Cuál es el primer mes del invierno?

5. ¿Cuál es la cuarta estación del año?

6. ¿Prefieres el otoño o la primavera? ¿Por qué?

7. ¿Prefieres el mar o las montañas? ¿Por qué?

8. ¿Te gusta más el campo o la ciudad? ¿Por qué?

9. Cuando vas de vacaciones, ¿qué haces?

Practice more at **vhlcentral.com.**

Pronunciación Spanish b and v ◁)) Ⓢ Audio

bueno	**v**ólei**b**ol	**b**i**b**lioteca	**v**i**v**ir

There is no difference in pronunciation between the Spanish letters **b** and **v**. However, each letter can be pronounced two different ways, depending on which letters appear next to them.

bonito   **v**iajar   tam**b**ién   in**v**estigar

B and **v** are pronounced like the English hard **b** when they appear either as the first letter of a word, at the beginning of a phrase, or after **m** or **n**.

de**b**er   no**v**io   a**b**ril   cer**v**eza

In all other positions, **b** and **v** have a softer pronunciation, which has no equivalent in English. Unlike the hard **b**, which is produced by tightly closing the lips and stopping the flow of air, the soft **b** is produced by keeping the lips slightly open.

bola   **v**ela   Cari**b**e   decli**v**e

In both pronunciations, there is no difference between **b** and **v**. The English *v* sound, produced by friction between the upper teeth and lower lip, does not exist in Spanish. Instead, the soft **b** comes from friction between the two lips.

Verónica y su esposo cantan boleros.

When **b** or **v** begins a word, its pronunciation depends on the previous word. At the beginning of a phrase or after a word that ends in **m** or **n**, it is pronounced as a hard **b**.

Benito es de Boquerón pero vive en Victoria.

Words that begin with **b** or **v** are pronounced with a soft **b** if they appear immediately after a word that ends in a vowel or any consonant other than **m** or **n**.

SUGGESTION Emphasize that **b** and **v** are pronounced identically, but that, depending on the letter's position in a word, each letter can be pronounced two ways. Model both sounds and ask students to repeat after you. Take special care to model the soft **b** sound and note that it has no equivalent in English.

SUGGESTION Write some additional proverbs for students to practice pronunciation. Ex: **Más vale que sobre y no que falte.** (*Better to have too much than too little.*) **No sólo de pan vive el hombre.** (*Man does not live by bread alone.*) **A caballo regalado no se le ve el colmillo.** (*Don't look a gift horse in the mouth.*)

Hombre prevenido vale por dos.[2]

No hay mal que por bien no venga.[1]

◁) **Refranes** Read these sayings aloud to practice the **b** and the **v**.

1 *Every cloud has a silver lining.*
2 *Forewarned is forearmed.*

Ⓢ Practice more at **vhlcentral.com.**

recursos

LM
p. 26

Ⓢ vhlcentral

¡Vamos a la playa! Video: Fotonovela

Los seis amigos hacen un viaje a la playa.

Expresiones útiles

Talking to hotel personnel

¿En qué puedo servirles?
How can I help you?
Tenemos una reservación.
We have a reservation.
¿A nombre de quién?
In whose name?
¿Quizás López? ¿Tal vez Díaz?
Maybe López? Maybe Díaz?
Ahora lo veo, aquí está. Díaz.
Now I see it. Here it is. Díaz.
Dos habitaciones en el primer piso para seis huéspedes.
Two rooms on the first floor for six guests.
Aquí tienen las llaves.
Here are your keys.

Describing a hotel

No está nada mal el hotel.
The hotel isn't bad at all.
Todo está tan limpio y cómodo.
Everything is so clean and comfortable.
Es excelente/estupendo/fabuloso/ fenomenal/increíble/magnífico/ maravilloso/perfecto.
It's excellent/stupendous/fabulous/ phenomenal/incredible/magnificent/ marvelous/perfect.

Talking about how you feel

Yo estoy un poco cansado/a.
I am a little tired.
Estoy confundido/a. *I'm confused.*
Todavía estoy/Sigo enojado/a contigo.
I'm still angry with you.

TÍA ANA MARÍA ¿Están listos para su viaje a la playa?
TODOS Sí.
TÍA ANA MARÍA Excelente... ¡A la estación de autobuses!
MARU ¿Dónde está Miguel?
FELIPE Yo lo traigo.

(*se escucha un grito de Miguel*)
FELIPE Ya está listo. Y tal vez enojado. Ahorita vamos.

EMPLEADO Bienvenidas. ¿En qué puedo servirles?
MARU Hola. Tenemos una reservación para seis personas para esta noche.
EMPLEADO ¿A nombre de quién?
JIMENA ¿Díaz? ¿López? No estoy segura.

EMPLEADO No encuentro su nombre. Ah, no, ahora sí lo veo, aquí está. Díaz. Dos habitaciones en el primer piso para seis huéspedes.

VIDEO SYNOPSIS The friends watch the weather report on TV and discuss weather and seasons in their hometowns. Felipe wakes up Miguel so they don't miss the bus to the beach. The group checks in to their hotel. At the beach, Maru and Miguel windsurf and Miguel gets back at Felipe.

FELIPE No está nada mal el hotel, ¿verdad? Limpio, cómodo... ¡Oye, Miguel! ¿Todavía estás enojado conmigo? (*a Juan Carlos*) Miguel está de mal humor. No me habla.
JUAN CARLOS ¿Todavía?

recursos
VM
pp. 177–178
vhlcentral

FELIPE   **JUAN CARLOS**   **MARISSA**   **JIMENA**   **MARU**   **MIGUEL**   **MAITE FUENTES**   **ANA MARÍA**   **EMPLEADO**

EMPLEADO Aquí están las llaves de sus habitaciones.

MARU Gracias. Una cosa más. Mi novio y yo queremos hacer windsurf, pero no tenemos tablas.

EMPLEADO El botones (*bellhop*) las puede conseguir para ustedes.

JUAN CARLOS ¿Qué hace este libro aquí? ¿Estás estudiando en la playa?

JIMENA Sí, es que tengo un examen la próxima semana.

JUAN CARLOS Ay, Jimena. ¡No! ¿Vamos a nadar?

JIMENA Bueno, como estudiar es tan aburrido y el tiempo está tan bonito...

MARISSA Yo estoy un poco cansada. ¿Y tú? ¿Por qué no estás nadando?

FELIPE Es por causa de Miguel.

MARISSA Hmm, estoy confundida.

FELIPE Esta mañana. ¡Sigue enojado conmigo!

MARISSA No puede seguir enojado tanto tiempo.

Actividades

1 Identificar Identify the person who would say the following.

1. No lo encuentro, ¿a nombre de quién está su reservación? *empleado*
2. ¿Por qué estás estudiando en la playa? ¡Mejor vamos a nadar! *Juan Carlos*
3. Nuestra reservación es para seis personas en dos habitaciones. *Maru*
4. Miguel está enojado conmigo. *Felipe*
5. No tengo ganas de nadar. Estoy cansada. *Marissa*

2 Ordenar Place these events in the correct order.

  _3_   **a.** El empleado busca la reservación.

  _5_   **b.** Marissa dice que (*says that*) está confundida.

  _1_   **c.** Felipe, Juan Carlos, Marissa y Jimena están listos para ir a la playa.

  _4_   **d.** El empleado da (*gives*) las llaves de las habitaciones a las chicas.

  _2_   **e.** Miguel da un grito.

3 Conversar With a partner, use these cues to create a conversation between a hotel employee and a guest in Mexico.

1. Greet the employee and ask for your reservation.
2. Tell the employee that the reservation is in your name.
3. Tell the employee that the hotel is very clean and comfortable.

Additional Reading Video

El Camino Inca

Early in the morning, Larry rises, packs up his campsite, fills his water bottle in a stream, eats a quick breakfast, and begins his day. Yesterday, Larry and his group hiked seven miles to a height of 9,700 feet. By tonight, that hike will seem easy. Today the hikers will cover seven miles to a height of almost 14,000 feet, all the while carrying fifty-pound backpacks.

While not everyone is cut out for such a rigorous trip, Larry is on the journey of a lifetime: **el Camino Inca**. Between 1438 and 1533, when the vast and powerful **Imperio Incaico** (*Incan Empire*) was at its height, the Incas built an elaborate network of **caminos** (*trails*) that traversed the Andes Mountains and converged on the empire's capital, Cuzco. Today, hundreds of thousands of tourists come to Peru annually to walk the surviving **caminos** and enjoy the spectacular landscapes. The most popular trail, **el Camino Inca**, leads from Cuzco to the ancient mountain city of Machu Picchu. Many trekkers opt for a guided four-day itinerary, starting at a suspension bridge over the Urubamba River, and ending at **Intipunku** (*Sun Gate*), the entrance to Machu Picchu. Guides organize campsites and meals for travelers, as well as one night in a hostel en route.

Wiñay Wayna

To preserve **el Camino Inca**, the National Cultural Institute of Peru limits the number of hikers to five hundred per day. Those that make the trip must book in advance and should be in good physical condition in order to endure the high altitude and difficult terrain.

Sitios en el Camino Inca

Highlights of a four-day hike along the Inca Trail:

Warmiwañusqua (*Dead Woman's Pass*), at 13,800 feet, hiker's first taste of the Andes' extreme sun and wind

Sayacmarca (*Inaccessible Town*), fortress ruins set on a sheer cliff

Phuyupatamarca (*Town in the Clouds*), an ancient town with stone baths, probably used for water worship

Wiñay Wayna (*Forever Young*), a town named for the pink orchid native to the area, famous for its innovative agricultural terraces which transformed the mountainside into arable land

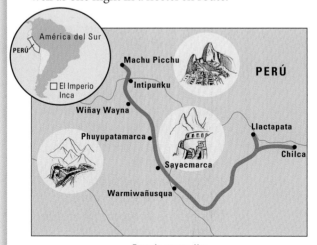

Ruta de cuatro días

recursos
VM
pp. 209–210
vhlcentral

ACTIVIDADES

1 ¿Cierto o falso? Indicate whether these statements are **cierto** or **falso**. Correct the false statements.

MODELO

There is no restriction on the number of travelers and hikers that walk el Camino Inca each day.

Falso. The National Cultural Institute of Peru allows only five hundred hikers per day on el Camino Inca, in order to preserve it.

1. **El Imperio Incaico** reached its height between 1438 and 1533. *Cierto.*

2. Lima was the capital of the Incan Empire. *Falso.*
   Cuzco was the capital of the Incan Empire.

3. Hikers on **el Camino Inca** must camp out every night. *Falso. Hikers camp out and also stay in hostels.*

4. The Incas invented a series of terraces to make the rough mountain landscape suitable for farming. *Cierto.*

5. Along **el Camino Inca**, one can see village ruins, native orchids, and agricultural terraces. *Cierto.*

6. High altitude is one of the challenges faced by hikers on **el Camino Inca**. *Cierto.*

7. At Sayacmarca, hikers can see Incan pyramids set on a sheer cliff. *Falso. Hikers can see fortress ruins set on a sheer cliff.*

8. Travelers can complete **el Camino Inca** on their own at any time. *Falso. Travelers hike with a guide and must reserve in advance.*

2 De vacaciones Spring break is coming up, and you want to hike **el Camino Inca** with some friends. In groups, decide how you will get there, where you prefer to stay and for how long, and what each of you will do during free time. Present your trip to the class.

3 Conexión Internet Go to **vhlcentral.com** and find another tourist place that is visited in Cuzco.

¡Vacaciones en Perú!

1 Preparación Have you ever visited an archeological or historic site? Where? Why did you go there?

2 El video Watch this **Flash cultura** episode.

Vocabulario	
ciudadela	*citadel*
el/la guía	*guide*
quechua	*Quechua (indigenous Peruvian)*
sector (urbano)	*(urban) sector*

Machu Picchu se salvó° de la invasión española […] se encuentra aislada°…

… siempre he querido° venir […] Me encantan° las civilizaciones antiguas°.

se salvó° *was saved* se encuentra aislada° *it is isolated* siempre he querido° *I have always wanted* Me encantan° *I love* antiguas° *ancient*

3 Completar Complete these sentences with the words from **Vocabulario**. Make the necessary changes.

1. Las ruinas de Machu Picchu son una antigua ___ciudadela___ inca.

2. La ciudadela estaba (*was*) dividida en tres sectores: ___urbano___, religioso y de cultivo (*farming*).

3. Cada año los ___guías___ reciben a cientos (*hundreds*) de turistas de diferentes países.

4. Hoy en día, la cultura ___quechua___ está presente en las comunidades andinas (*Andean*) del Perú.

5.1 **Estar** with conditions and emotions

Tutorial

▶ In Spanish, the verb **estar** is used to talk about how people feel and to say where people, places, and things are located. (See page 36.)

Estoy bien, gracias.   *I'm fine, thanks.*   Juan **está** en la biblioteca.   *Juan is at the library.*

▶ **Estar** is used with adjectives to describe the physical condition of nouns.

La puerta **está** cerrada.   *The door is closed.*   Todo **está** muy limpio.   *Everything is very clean.*

▶ Use **estar** with adjectives to describe how people feel.

Yo estoy cansada.

¿Están listos
para su viaje?

Adjectives that describe emotions and conditions					
abierto/a	open	contento/a	happy, content	nervioso/a	nervous
aburrido/a	bored; boring	desordenado/a	disorderly; messy	ocupado/a	busy
alegre	happy; joyful	enamorado/a (de)	in love (with)	ordenado/a	orderly
amable	friendly	enojado/a	mad, angry	preocupado/a (por)	worried (about)
avergonzado/a	embarrassed	equivocado/a	wrong; mistaken	seguro/a	sure; confident; safe
cansado/a	tired	feliz	happy	sucio/a	dirty
cerrado/a	closed	limpio/a	clean	triste	sad
cómodo/a	comfortable				

▶ Note that the plural of **feliz** is **felices.** Also, note that **seguro** means *safe* when referring to an object and *confident* when referring to people.

SUGGESTION Show the
Escenas fotonovela again,
then ask comprehension
questions using **estar** and
adjectives expressing
conditions or emotions. Ex:
¿Cómo está el hotel? (Todo
está muy limpio y cómodo.)

SUGGESTION Have students
scan the advertisement and
identify the adjectives that take
the verb **estar.**

SUGGESTION Ask students
these questions: ¿Dónde
están las personas del
anuncio? ¿Cómo están ellos?
¿Te identificas con la
descripción de la vida en la
ciudad? ¿Por qué?

ESPAÑOL EN VIVO

TÚ: En la ciudad, estás muy ocupado, cansado y nervioso.

Si crees que el invierno
es así para todos,
estás equivocado.

CURAÇAO

DONDE SIEMPRE ES VERANO

El paquete incluye: Pasaje de ida y vuelta • Cómoda
estancia de 5 días en habitación doble • Excursiones
en barco a los maravillosos lugares de la isla

OFERTA
$945
ESPECIAL

CONSULTE SU
AGENCIA DE VIAJES

ELLOS: De vacaciones en Curaçao, están felices y relajados.

Refer students to the
recursos box in **Ampliación**
for complete information.

Práctica y conversación

1 Un viaje Claudia is going on a trip. Say how she, her family, and her friends are feeling. In the first blank, fill in the correct form of **estar**. In the second blank, fill in the adjective that best fits the context. Make any necessary changes.

Some answers may vary.

contento	nervioso	preocupado
enojado	ocupado	triste

MODELO

¡Qué bueno! Hoy yo ____estoy____ muy ____contenta____ porque mañana voy a hacer un viaje a Chicago.

1. ¡Qué nervios! También ____estoy____ un poco ____nerviosa____ porque voy en avión y no me gusta mucho volar (*to fly*).

2. Mis padres ____están____ ____preocupados____ porque viajo sola (*alone*).

3. Mi amiga Patricia y yo ____estamos____ muy ____tristes____ porque ella no puede ir. Ella tiene que estudiar para un examen.

4. Es que Patricia ____está____ muy ____ocupada____ porque este semestre toma muchas clases.

5. Mi novio César ____está____ muy ____enojado____ porque él piensa que yo voy a ir a bailar todas las noches.

2 ¿Cómo están? Describe these places and people.

La habitación de Teresa

1. ___Está ordenada/limpia.___

La habitación de César

2. ___Está desordenada/sucia.___

Yo

3. ___Yo estoy cansado/a.___

El profesor Olmos

4. ___El profesor Olmos está enojado.___

3 Situaciones With a partner, use **estar** to talk about how you feel in these situations. Answers will vary.

1. Durante las vacaciones…
2. En un examen…
3. Con mi familia…
4. En la clase de español…
5. En días nublados…
6. En un funeral…
7. En una cita a ciegas (*blind date*)…
8. En el invierno…

4 Describir With a partner, say how these people are and explain why. Use your imagination.

1. María Laura

2. Juan y Luisa

3. Sebastián

4. Olivia y Marco

5 Preguntas Use these questions to interview your partner.

Answers will vary.

1. ¿Estás ocupado/a este fin de semana? ¿Qué vas a hacer?
2. ¿Estás enamorado/a? ¿De quién?
3. ¿Qué haces cuando estás preocupado/a por algo (*something*)?
4. ¿Qué haces cuando estás aburrido/a?
5. ¿Cómo estás ahora? ¿Por qué?

4 Have students work in pairs to create skits for **Juan y Luisa** or **Olivia y Marco**. Have them present their skits to the class.

ACTIVITY PACK For additional activities, go to the **Activity Pack** in the **Resources** section of the Supersite.

5.2 The present progressive Tutorial

Las chicas están hablando con el empleado del hotel.

¿Estás estudiando en la playa?

▶ Both Spanish and English use the present progressive, which consists of the present tense of the verb *to be* and the present participle (the *-ing* form in English).

| Los chicos **están jugando.** | **Estoy haciendo** las maletas. | **Estás mirando** la televisión. |
| *The kids are playing.* | *I am packing.* | *You are watching TV.* |

▶ Form the present progressive with the present tense of **estar** and a present participle.

| **Están cantando.** | **Estamos esperando.** | **Estoy comiendo.** | Ella **está trabajando.** |
| *They are singing.* | *We are waiting.* | *I am eating.* | *She is working.* |

▶ The present participle of regular verbs is formed as follows:

INFINITIVE	STEM	ENDING	PRESENT PARTICIPLE
hablar	habl–	–ando	hablando
comer	com–	–iendo	comiendo
escribir	escrib–	–iendo	escribiendo

▶ When the stem of an **–er** or **–ir** verb ends in a vowel, the present participle ends in **–yendo**.

INFINITIVE	STEM	ENDING	PRESENT PARTICIPLE
leer	le–	–yendo	leyendo
oír	o–	–yendo	oyendo
traer	tra–	–yendo	trayendo

▶ The verbs **ir**, **poder**, and **venir** have irregular present participles (**yendo**, **pudiendo**, **viniendo**). Several other verbs have irregular present participles.

–ir stem-changing verbs

e:ie in the present tense	PRESENT PARTICIPLE	e:i in the present tense	PRESENT PARTICIPLE	o:ue in the present tense	PRESENT PARTICIPLE
preferir →	prefiriendo	conseguir →	consiguiendo	dormir →	durmiendo
sentir	sintiendo	pedir	pidiendo		
		seguir	siguiendo		

▶ The present progressive is used less in Spanish than in English. In Spanish, the present progressive emphasizes that an action is *in progress*.

| Ella todavía **está escuchando** música. | Javier **está estudiando** ahora mismo. |
| *She is still listening to music.* | *Javier is studying right now.* |

SUGGESTION Point out that the present progressive is rarely used with **ir, poder,** and **venir** since they already imply an action in progress.

SUGGESTION Mime an action and ask students to use the present progressive to say what you are doing. Ex: Pick up a newspaper and pretend to read it. Ask: _____, ¿qué estoy haciendo? (Usted está leyendo el periódico.) Also ask leading questions that require either affirmative or negative answers depending on what you pantomime. Ex: Y ahora, ¿estoy haciendo la maleta? (No, usted está sacando fotos.)

▶ In English, the present progressive is used with actions that occur over time or in the future. In Spanish, the simple present tense is used.

Tomo inglés este semestre.
I'm taking English this semester.

Salgo hoy a las tres.
I'm leaving today at three.

NATIONAL communication STANDARDS

Práctica y conversación

ACTIVITY PACK For additional activities, go to the Activity Pack in the **Resources** section of the Supersite.

1 **De vacaciones** Mauricio and his family are vacationing in Mazatlán, México. Complete his description of what everyone is doing right now. Answers will vary. Suggested answers:

1. Yo <u>estoy tomando el sol.</u>

4. Mi mamá <u>está sacando/ tomando fotos.</u>

2. Mi hermana Elena <u>está nadando.</u>

5. Mis hermanos <u>están jugando al vóleibol.</u>

3. Mi papá <u>está montando a caballo.</u>

6. Mi prima Paula <u>está patinando en línea.</u>

2 **¿Qué están haciendo?** In pairs, take turns asking questions and giving answers about what these celebrities are doing right now. Be creative! Answers will vary.

MODELO

Estudiante 1: ¿Qué está haciendo Shakira?
Estudiante 2: Shakira está cantando ahora mismo.

1. LeBron James
2. Hillary Clinton
3. Jay-Z
4. Angelina Jolie
5. Stephen King
6. Venus y Serena Williams

3 **Describir** With a partner, use the present progressive to describe what is going on in this beach scene. Answers will vary.

4 **Conversar** You and a classmate are each babysitting a group of children. In pairs, prepare a telephone conversation using these cues. Be creative! Answers will vary.

Estudiante 1	Estudiante 2
1. Say hello and ask what the kids are doing.	2. Say hello and tell your partner that two of your kids are doing their homework. Then ask what the kids at his/her house are doing.
3. Tell your partner that two of your kids are running and dancing in the house.	
5. Tell your partner that you are tired and that two of your kids are watching TV and eating pizza.	4. Tell your partner that one of the kids is reading.
7. Tell your partner you have to go; the kids are playing soccer in the house.	6. Tell your partner that one of the kids is sleeping.
	8. Say goodbye and good luck (**¡Buena suerte!**).

 Practice more at **vhlcentral.com**.

5.3 Comparing ser and estar

  Tutorial

▶ **Ser** and **estar** both mean *to be*, but are used for different purposes.

Jimena, Juan Carlos
y Marissa son muy
amables conmigo.

Miguel está enojado.

Uses of *ser*

Nationality and place of origin	Los Gómez son peruanos. Luisa es de Cuzco.	**Possession**	Las maletas son de Silvia.
Profession or occupation	Liliana es ingeniera. Ana y yo somos agentes de viaje.	**What something is made of**	Las llaves son de metal.
		Time and date	¿Qué hora es? Son las tres. ¿Qué día es hoy? Hoy es lunes. Hoy es el dos de abril.
Characteristics of people and things	Sus padres son simpáticos. El hotel es muy grande.	**Where or when an event occurs**	La fiesta es en mi casa. El concierto es a las ocho.
Generalizations	Es necesario trabajar. ¡Es difícil estudiar en la playa!		

Uses of *estar*

Location or spatial relationships	El hotel no está lejos. Álex está en el cine.	**Emotional states**	Ignacio está aburrido. Estoy contenta con el viaje.
Health	¿Cómo estás? Estoy enfermo.	**Certain weather expressions**	Está despejado. Está nublado.
Physical states and conditions	El conductor está cansado. Las puertas están cerradas.	**Ongoing actions (progressive tenses)**	Estamos buscando el museo. Catalina está durmiendo.

EXPANSION Write cloze sentences on the board. Ask students to supply the correct form of **ser** or **estar**. Ex: Mi casa _____ lejos de aquí. (**estar**, *location*: **está**) If either verb could be used ask students to explain how the meaning of the sentence would change.

SUGGESTION Call out sentences containing forms of **ser** or **estar**. Ask students to identify the use of the verb tense.

¡ojo!
Note that when referring to an object, **ser seguro** means *to be safe*: **El ascensor es seguro.** (*The elevator is safe.*)

Ser and estar with adjectives

▶ With many adjectives, both **ser** and **estar** can be used, but the meaning changes. Statements with **ser** describe inherent qualities, while statements with **estar** describe temporary and changeable conditions.

Juan **es** nervioso.
Juan is a nervous person.

Juan **está** nervioso hoy.
Juan is nervous today.

Ana **es** elegante.
Ana is an elegant person.

Ana **está** elegante hoy.
Ana looks elegant today.

▶ The meaning of some adjectives changes completely depending on whether they are used with **ser** or **estar**.

With *ser*	With *estar*	With *ser*	With *estar*
El chico **es listo**. *The boy is smart.*	El chico **está listo**. *The boy is ready.*	Las peras **son verdes**. *The pears are green.*	Las peras **están verdes**. *The pears are not ripe.*
La profesora **es mala**. *The professor is bad.*	La profesora **está mala**. *The professor is sick.*	El gato **es muy vivo**. *The cat is very clever.*	El gato **está vivo**. *The cat is alive.*
Jaime **es aburrido**. *Jaime is boring.*	Jaime **está aburrido**. *Jaime is bored.*	Él **es seguro**. *He's confident.*	Él no **está seguro**. *He's not sure.*

Práctica y conversación

1 Completar Complete this conversation with the correct forms of **ser** and **estar**.

TINA   ¡Hola, Ricardo! ¿Cómo (1) _estás_?

RICARDO   Bien, gracias. Oye... ¡Qué guapa (2) _estás_ hoy!

TINA   Gracias. (3) _Eres_ muy amable. Oye, ¿qué (4) _estás_ haciendo? (5) ¿_Estás_ ocupado?

RICARDO   No, sólo (6) _estoy_ escribiendo un mensaje electrónico a mi amigo Daniel.

TINA   ¿De dónde (7) _es_ él?

RICARDO   Daniel (8) _es_ de Ponce, pero ahora él y su familia (9) _están_ de vacaciones en Miami.

TINA   Y... ¿cómo (10) _es_ Daniel?

RICARDO   (11) _Es_ moreno y un poco bajo. También (12) _es_ muy listo. ¿Lo quieres conocer?

2 En el aeropuerto Use **ser** and **estar** to describe this scene at an airport in Spain. Tell what these people look like, how they are feeling, and what they are doing.

MODELO   Answers will vary.

Anita es una niña pequeña, delgada y morena. Ella está triste y ahora está llorando (crying).

3 Describir With a partner, take turns describing the people in the drawing without saying their names. Use these questions to guide your descriptions. Your partner has to guess who the person is. Answers will vary.

- ¿Dónde está(n)?
- ¿Cómo es? / ¿Cómo son?
- ¿Cómo está(n)?
- ¿Qué está(n) haciendo?
- ¿Qué estación es?
- ¿Qué tiempo hace?

4 Adivinar Using these questions as a guide, describe one classmate and one celebrity to your partner. Don't mention their names. Your partner will guess whom you are describing. Answers will vary.

- ¿Cómo es?
- ¿Cómo está?
- ¿De dónde es?
- ¿Dónde está?
- ¿Qué está haciendo?

ACTIVITY PACK For additional activities, go to the **Activity Pack** in the **Resources** section of the Supersite.

5.4 Direct object nouns and pronouns

 Tutorial

¿Dónde está Miguel?
Yo lo traigo.

▶ A direct object receives the action of the verb directly and generally follows the verb. In the example below, the direct object noun answers the question *what is Jimena reading?*

SUBJECT	VERB	DIRECT OBJECT NOUN
Jimena	está leyendo	un libro.
Jimena	*is reading*	*a book.*

▶ When a direct object noun is a person or a pet, it is preceded by the word **a**. This is called the "personal **a**" and it has no English equivalent.

Marta busca **a** su perro Lucas.
Marta is looking for her dog, Lucas.

Escucho **al** profesor.
I am listening to the professor.

Ustedes visitan el museo.
You are visiting the museum.

No tenemos tablas de windsurf.

El botones las puede conseguir para ustedes.

▶ Direct object pronouns replace direct object nouns. Like English, Spanish sometimes uses a direct object pronoun to avoid repetition.

DIRECT OBJECT	DIRECT OBJECT PRONOUN	DIRECT OBJECT	DIRECT OBJECT PRONOUN
Maribel hace las maletas.	Maribel las hace.	Felipe compra el pasaje.	Felipe lo compra.

SUGGESTION Point out that the direct object pronoun **los** refers to masculine and mixed groups. **Las** refers to feminine groups only.

Direct object pronouns

Singular forms			Plural forms		
me	*me*	lo	*you (m., form.); him; it (m.)*	nos	*us*	los	*you (m.); them (m.)*
te	*you (fam.)*	la	*you (f., form.); her; it (f.)*	os	*you (fam.)*	las	*you (f.); them (f.)*

¡ojo!

It is common to use the direct object pronoun when the direct object noun has been mentioned before.

¿Quieres a tu mamá?
Do you love your mom?

Sí, la quiero mucho.
Yes, I love her very much.

▶ In affirmative sentences and affirmative questions, direct object pronouns generally appear before the conjugated verb. In negative sentences and negative questions, the pronoun is placed between the word **no** and the verb.

Armando me escucha. ▶ Armando no me escucha.

Katia las tiene. ▶ Katia no las tiene.

▶ In the present progressive and in infinitive constructions, such as **ir a** + [*infinitive*], the direct object pronoun can be placed before the conjugated form, or attached to the present participle or infinitive.

Lo vamos a hacer. ▶ Vamos a hacerlo.

Las va a confirmar. ▶ Va a confirmarlas.

▶ When a pronoun is attached to the present participle, an accent mark is added to maintain the proper stress.

Laura las está escribiendo. ▶ Laura está escribiéndolas.

Práctica y conversación

1 Sustitución Professor Vega's class is planning a trip to Costa Rica. Describe their preparations by changing the direct object nouns to direct object pronouns.

MODELO

La profesora Vega tiene su pasaporte.

La profesora Vega lo tiene.

1. Gustavo y Héctor confirman las reservaciones.
   Gustavo y Héctor las confirman.
2. Nosotros leemos los folletos (*brochures*). *Nosotros los leemos.*
3. Ana María estudia el mapa. *Ana María lo estudia.*
4. Yo aprendo los nombres de los monumentos de San José. *Yo los aprendo.*
5. Alicia escucha a la profesora. *Alicia la escucha.*
6. Miguel escribe las instrucciones para llegar al hotel. *Miguel las escribe.*

2 Vacaciones Ramón is going to San Juan, Puerto Rico, with his friends, Javier and Marcos. Express his thoughts more succinctly using direct object pronouns.

MODELO

Quiero hacer una excursión.

Quiero hacerla./La quiero hacer.

1. Voy a hacer mi maleta.
   Voy a hacerla./La voy a hacer.
2. Necesitamos llevar los pasaportes.
   Necesitamos llevarlos./Los necesitamos llevar.
3. Marcos está pidiendo el folleto turístico.
   Marcos está pidiéndolo./Marcos lo está pidiendo.
4. Javier debe llamar a sus padres.
   Javier debe llamarlos./Javier los debe llamar.
5. Ellos esperan visitar las playas.
   Ellos esperan visitarlas./Ellos las esperan visitar.
6. No puedo llamar a Javier ahora mismo.
   No puedo llamarlo./No lo puedo llamar.

3 ¿Qué estás haciendo? A classmate has called to find out what you are doing to prepare for your trip to Cancún. Answer your partner's questions. Follow the model.

Answers will vary.

MODELO

preparar el itinerario de viaje

Estudiante 1: *¿Estás preparando el itinerario de viaje?*

Estudiante 2: *No, no lo estoy preparando.*

Estudiante 1: *¿Cuándo lo vas a preparar?*

Estudiante 2: *Voy a prepararlo mañana.*

1. preparar los documentos de viaje
2. buscar información de hoteles en Internet
3. practicar español
4. pensar en actividades para hacer
5. hacer las maletas

4 En un café Get together with a partner and take turns asking each other questions about the drawing.

Answers will vary.

MODELO

Estudiante 1: *¿Quién está leyendo el mapa?*

Estudiante 2: *El Sr. Torres está leyéndolo.*

5 Entrevista Use these questions to interview a classmate. Your partner should respond using direct object pronouns.

Answers will vary.

MODELO

Estudiante 1: *¿Quién confirma las reservaciones en tu familia antes de viajar?*

Estudiante 2: *Mi papá las confirma./Las confirma mi papá.*

1. ¿Quién prepara la comida (*food*) en tu casa?
2. ¿Visitas parientes con frecuencia (*frequently*)?
3. ¿Cuándo ves a tus amigos?
4. ¿Estudias español todos los días?
5. ¿Traes tu libro a clase? ¿Y tu cuaderno?
6. ¿Cuándo vas a hacer la tarea de la clase de español?
7. ¿Ves mucho la televisión? ¿Cuándo vas a ver tu programa favorito?
8. ¿Quieres visitar otro país? ¿Por qué?

Practice more at **vhlcentral.com**.

ACTIVITY PACK For additional activities, go to the **Activity Pack** in the **Resources** section of the Supersite.

ciento trece **113**

Ampliación

 Video: TV Clip

NATIONAL communication STANDARDS

1 **SCRIPT** For the script, go to the Supersite.

2 **SUGGESTION** Have students list the interrogative words they will use. Then have them list the uses of **ser** and **estar** they could use with each interrogative word.

1 Escuchar

A Listen to the weather report by Hernán Jiménez and indicate which of these phrases are correct.

🔊 **TIP** **Listen for key words.** Listening for key words and phrases will help you identify the subject and main ideas of what you hear, as well as some of the details.

Santo Domingo
✓ **1.** hace sol
___ **2.** va a hacer frío
___ **3.** una mañana de mal tiempo
✓ **4.** va a estar nublado
___ **5.** buena tarde para tomar el sol
✓ **6.** buena mañana para ir a la playa

San Francisco de Macorís
✓ **1.** hace frío
___ **2.** hace sol
___ **3.** va a nevar
✓ **4.** va a llover
✓ **5.** hay niebla
___ **6.** buen día para excursiones

B ¿Qué tiempo hace en tu ciudad?

2 Conversar
While you're on summer vacation, you run into a classmate from last year. With a partner, role-play a conversation that includes these topics. *Answers will vary.*

• Las clases	• Las vacaciones
• La familia	• Los deportes
• Los amigos	• El tiempo
• Los pasatiempos	• Los compañeros de clase

recursos

WB pp. 47–52   LM pp. 27–30   vhlcentral

Inform students that the material listed in the **recursos** box applies to the complete **Gramática** section.

3 **Escribir** Write a tourist brochure for a hotel or resort. Answers will vary.

🔗 **TIP** **Make an outline.** Identify topics and subtopics in order to provide a framework for the information you want to present.

Descripción del sitio (con foto)
A. Playa Grande
1. Playas seguras y limpias
2. Ideal para tomar el sol y descansar
B. El hotel
1. Abierto los 365 días del año
2. Piscina grande

Organizar Jot down the most attractive aspects of your hotel or resort. Then, organize your ideas into an outline.

Escribir Using your outline, write the first draft of your brochure.

Corregir Exchange papers with a classmate and comment on the brochure's completeness, organization, grammatical accuracy, and level of interest. Then revise your first draft, keeping your classmate's comments in mind.

Compartir Swap brochures with a classmate. After you have read the brochure, name the three aspects of the hotel or resort that appeal to you the most or least.

3 SUGGESTION Explain that outlines are a great way to think about and organize ideas before spending a lot of time and effort on writing. Outlines also allow the writer to focus attention on specific parts without losing sight of the project as a whole.

3 EVALUATION

Criteria	Scale
Appropriate details	1 2 3 4 5
Organization	1 2 3 4 5
Use of vocabulary	1 2 3 4 5
Grammar	1 2 3 4 5

Scoring
Excellent	18–20 points
Good	14–17 points
Satisfactory	10–13 points
Unsatisfactory	< 10 points

4 SUGGESTION You may want to teach additional terms related to the Internet, such as: **navegar en Internet** (to surf the Internet), **hacer clic** (click), **pasar a la próxima página** (to go to the next page).

4 **Un paso más** Create a real or simulated website to promote a travel package to a resort in a Spanish-speaking country. Include images whenever possible. Your website should include these pages: Answers will vary.

- A home page with a general description of the tour and links to the other pages, including images related to the culture of the Spanish-speaking country you chose
- A page describing the means of transportation
- A page describing hotels and accommodations
- A page describing typical food
- A page about the nearby sites to visit
- A page showing some recent history and interesting facts about the country you chose
- A page detailing activities available to travelers

5 **Conexión Internet** Go to **vhlcentral.com** and research these topics.

- Balnearios (*spa resorts*) de España
- Balnearios de Latinoamérica

EXCURSIÓN POR
PUERTO RICO
LA ISLA DEL ENCANTO

Excursión de 4 días   Excursión de 7 días

Agencia de viajes El Morro

Tel: 787-234-5678
Fax: 787-876-5432

4 EVALUATION (If an oral presentation is required, it will be the fifth criterion and the scale should be modified to 4 points per item.)

Criteria	Scale	Scoring	
Content	1 2 3 4 5	Excellent	18–20 points
Organization	1 2 3 4 5	Good	14–17 points
Accuracy	1 2 3 4 5	Satisfactory	10–13 points
Creativity	1 2 3 4 5	Unsatisfactory	< 10 points

ACTIVITY PACK For additional activities, go to the **Activity Pack** in the **Resources** section of the Supersite.

Antes de leer

Audio: Reading
Additional Reading

SUGGESTION Explain to
students that a good way to
get an idea of what an article
or other text is about is to
scan it before reading.

By scanning for specific information, you can learn a great deal about a text without reading it word for word. For example, you can scan a document to identify its format, to find cognates, or to find specific facts.

Examinar el texto

Scan the reading selection for cognates and write a few of them down.   Answers will vary.

1. _____
2. _____
3. _____
4. _____
5. _____

Based on the cognates you found, what do you think this document is about?

_____

_____

Preguntas

Read these questions. Then scan the document again to look for answers to the questions.   Answers will vary.

1. What is the format of the reading?

_____

2. What place is the document about?

_____

3. What are some of the visual cues this document provides? What do they tell you about the content of the document?

_____

_____

4. Who produced the document, and what do you think it is for?

_____

_____

Turismo ecológico en Puerto Rico

Hotel Vistahermosa ~ Lajas, Puerto Rico

- 40 habitaciones individuales
- 15 habitaciones dobles
- Teléfono/TV por cable/Internet
- Aire acondicionado
- Restaurante (Bar)
- Piscina
- Área de juegos
- Cajero automático°

El hotel está situado en Playa Grande, un pequeño pueblo de pescadores del mar Caribe. Es el lugar perfecto para el viajero que viene de vacaciones. Las playas son seguras y limpia, ideales para tomar el sol, descansar, tomar fotografías y nadar. Está abierto los 365 días del año. Hay una rebaja° especial par estudiantes universitarios.

DIRECCIÓN: Playa Grande 406, Lajas, PR 00667, cerca del Parque Nacional Foresta.

EXPANSION Have students check vhlcentral.com for additional information on Puerto Rico.

Atracciones cercanas

Playa Grande ¿Busca la playa perfecta? Playa Grande es el lugar que está buscando. Usted puede pescar, sacar fotos, nadar y pasear en bicicleta. Playa Grande es un paraíso para el turista que quiere practicar deportes acuáticos. El lugar es bonito e interesante y usted va a tener muchas oportunidades para descansar y disfrutar en familia.

Valle Niebla Ir de excursión, tomar café, montar a caballo, caminar, hacer picnics. Más de cien lugares para acampar.

Bahía Fosforescente Sacar fotos, salidas de noche, excursión en barco. Una maravillosa experiencia llena de luz°.

Arrecifes de Coral Sacar fotos, bucear, explorar. Es un lugar único en el Caribe.

Playa Vieja Tomar el sol, pasear en bicicleta, jugar a las cartas, escuchar música. Ideal para la familia.

Parque Nacional Foresta Sacar fotos, visitar el Museo de Arte Nativo. Reserva Mundial de la Biosfera.

Santuario de las Aves Sacar fotos, observar aves°, seguir rutas de excursión.

Después de leer

¿Comprendiste?

Indicate whether each statement is **cierto** or **falso**.

Cierto	Falso	
✓		1. El hotel Vistahermosa tiene 55 habitaciones
	✓	2. Playa Grande es un lugar ideal para montar a caballo.
✓		3. Hay muchos lugares para acampar en Valle Niebla.
	✓	4. El hotel Vistahermosa está cerrado en invierno.
✓		5. Es posible sacar fotos de las aves en el Santuario de las aves.
	✓	6. No hay museos cerca del hotel.

Preguntas

Answer these questions.

1. ¿Dónde está el hotel Vistahermosa?
El hotel Vistahermosa está en Lajas, Puerto Rico.

2. ¿Cómo son las playas cerca del hotel?
Las playas son seguras y limpias.

3. ¿Dónde podemos hacer picnics?
Podemos hacer picnics en Valle Niebla.

4. ¿Qué lugar es único en el Caribe?
Arrecifes de Coral es un lugar único en el Caribe.

5. ¿Dónde podemos ir de pesca?
Podemos ir de pesca a Playa Grande.

Coméntalo

Imagina que vas de vacaciones a Lajas. ¿En qué mes del año deseas ir? ¿Por qué? ¿Cómo prefieres viajar: en avión o en barco? ¿Quieres visitar los lugares mencionados aquí? ¿Por qué? Answers will vary.

Cajero automático *ATM*   rebaja *discount*   llena de luz *full of light*   aves *birds*

Vocabulary Tools

Las vacaciones y los viajes

el aeropuerto	airport
la agencia de viajes	travel agency
el/la agente de viajes	travel agent
la cabaña	cabin
el campo	countryside
la estación de autobuses	bus station
la estación del metro	subway station
la estación del tren	train station
el/la inspector(a) de aduanas	customs inspector
la llegada	arrival
el mar	ocean
el pasaje (de ida y vuelta)	(round-trip) ticket
el pasaporte	passport
la salida	departure; exit
la tienda de campaña	tent
el/la viajero/a	traveler

¿Qué tiempo hace?

¿Qué tiempo hace?	How's the weather?
Está despejado.	It's clear.
Está (muy) nublado.	It's (very) cloudy.
Hace buen/mal tiempo.	The weather is nice/bad.
Hace (mucho) calor.	It's (very) hot.
Hace fresco.	It's cool.
Hace (mucho) frío.	It's (very) cold.
Hace (mucho) sol.	It's (very) sunny.
Hace (mucho) viento.	It's (very) windy.
Hay (mucha) niebla.	It's (very) foggy.
Llueve.	It's raining.
Nieva.	It's snowing.
llover (o:ue)	to rain
nevar (e:ie)	to snow

En el hotel

el alojamiento	lodging
el ascensor	elevator
la cama	bed
el/la empleado/a	employee
el equipaje	luggage
la habitación doble	double room
la habitación individual	single room
el hotel	hotel
el/la huésped	guest
la llave	key
la pensión	boarding house
el piso	floor (of a building)
la planta baja	ground floor

Adjetivos

abierto/a	open
aburrido/a	bored; boring
alegre	happy
amable	friendly
avergonzado/a	embarrassed
cansado/a	tired
cerrado/a	closed
cómodo/a	comfortable
contento/a	happy, content
desordenado/a	disorderly
enamorado/a (de)	in love (with)
enojado/a	mad, angry
equivocado/a	wrong
feliz	happy
limpio/a	clean
listo/a	ready; smart
malo/a	bad; sick
nervioso/a	nervous
ocupado/a	busy
ordenado/a	orderly
preocupado/a (por)	worried (about)
seguro/a	sure; safe; confident
sucio/a	dirty
triste	sad
verde	green; not ripe
vivo/a	clever; alive

Las actividades

acampar	to camp
confirmar una reservación	to confirm a reservation
estar de vacaciones	to be on vacation
hacer las maletas	to pack (one's suitcases)
hacer turismo	to go sightseeing
hacer un viaje	to take a trip
hacer una excursión	to go on a hike, to go on a tour
ir a la playa	to go to the beach
ir de pesca	to go fishing
ir de vacaciones	to go on vacation
ir en autobús (m.)	to go by bus
ir en auto(móvil) (m.)	to go by car
ir en avión (m.)	to go by plane
ir en barco (m.)	to go by boat
ir en motocicleta (f.)	to go by motorcycle
ir en taxi (m.)	to go by taxi
montar a caballo	to ride a horse
pasar por la aduana	to go through customs
pescar	to fish
sacar fotos (f. pl.)	to take pictures

Otras palabras y expresiones

ahora mismo	right now
todavía	yet; still
¿Cuál es la fecha de hoy?	What is today's date?
Hoy es el primero (dos, tres,...) de marzo.	Today is March first (second, third,...).

Las estaciones y los meses	See page 99.
Los números ordinales	See page 99.
Direct object pronouns	See page 112.

As students finish the lesson, encourage them to explore the **Repaso** section on the Supersite. There they will find quizzes for practicing vocabulary, grammar, and oral language.

6 ¡De compras!

PARA EMPEZAR Here are some additional questions: ¿Te gusta ir de compras?
¿Por qué? ¿Estás pensando ir de compras este fin de semana?
¿Qué compras cuando estás de vacaciones?

Para empezar

- ¿Quiénes son las personas de la foto? ¿Cómo son?
- ¿Dónde están, en un restaurante o en una tienda?
- ¿Qué están haciendo: comprando o trabajando?

¡De compras!

 Vocabulary Tools

SUGGESTION Have students look at the money from various countries and compare it with that of the U.S. Point out that in 2002 Spain stopped using the **peseta** and adopted the **euro**, the currency of the European Union.

DE COMPRAS

el almacén *department store*

la caja *cash register*

el centro comercial *shopping mall*

el/la cliente/a *client*

el/la dependiente/a *clerk*

el mercado (al aire libre) *(open-air) market*

la rebaja *sale*

el regalo *gift*

la tienda *shop, store*

el/la vendedor(a) *salesperson*

costar (o:ue) *to cost*

gastar *to spend (money)*

hacer juego (con) *to match*

ir de compras *to go shopping*

llevar *to wear; to take*

pagar (con) *to pay (with)*

prestar *to lend*

regatear *to bargain*

usar *to wear; to use*

vender *to sell*

el dinero
money

el precio (fijo)
(fixed, set) price

SUGGESTION Ask students about their shopping habits. Write terms on the board as you say them. Ex: **¿A quién le gusta ir de compras? ¿Qué te gusta comprar? ¿Discos compactos? ¿Ropa?** (Point to your own clothing.) **¿Adónde vas para comprar estas cosas? ¿Cuánto dinero gastas?** (Pantomime paying.) **¿Te gusta regatear?** (Then ask another student:) **¿Adónde va _____? ¿Qué compra allí? ¿Cuánto gasta? Y a ti, ¿qué te gusta comprar?**

la tarjeta de crédito
credit card

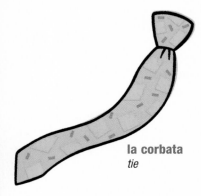

la corbata
tie

ASÍ SE DICE Point out these lexical items:

calcetines → medias *(Amér. L.)*

cinturón → correa *(Col., Venez.)*

gafas de sol → lentes oscuros, lentes negros *(Amér. L.)*

zapatos de tenis → zapatillas de deporte *(Esp.)*, zapatillas *(Arg., Perú)*

bluejeans → pantalones de mezclilla *(Méx.)*, vaqueros, tejanos *(Esp.)*

LA ROPA Y LOS ACCESORIOS

el abrigo *coat*

los bluejeans *jeans*

la blusa *blouse*

la bolsa *bag; purse*

las botas *boots*

los calcetines *socks*

la camisa *shirt*

la camiseta *t-shirt*

la cartera *wallet*

la chaqueta *jacket*

el cinturón *belt*

la falda *skirt*

los guantes *gloves*

el impermeable *raincoat*

las medias *pantyhose, stockings*

los pantalones *pants*

cortos *shorts*

la ropa *clothing, clothes*

interior *underwear*

las sandalias *sandals*

el sombrero *hat*

el suéter *sweater*

el traje *suit*

de baño *bathing suit*

el vestido *dress*

los zapatos de tenis *sneakers*

EXPANSION Have students do a mini fashion show, using adjectives and colors. Ex: **Éste es mi compañero de clase, Miguel. Hoy lleva unos bluejeans viejos, una camiseta gris y zapatos de tenis blancos y rojos.**

las gafas (de sol)
sunglasses

el par de zapatos
pair of shoes

LOS COLORES

amarillo/a *yellow*

anaranjado/a *orange*

blanco/a *white*

rojo/a *red*

gris *gray*

rosado/a *pink*

negro/a *black*

morado/a *purple*

café *brown*

azul *blue*

verde *green*

ADJETIVOS

barato/a *cheap*

bueno/a *good*

cada *each*

caro/a *expensive*

corto/a *short (in length)*

elegante *elegant*

hermoso/a *beautiful*

largo/a *long*

loco/a *crazy*

nuevo/a *new*

otro/a *other; another*

pobre *poor*

rico/a *rich*

SUGGESTION Name a vacation spot and ask students what clothing they need to take. Make it a continuing narration whereby the next student must repeat all the items before adding one. Ex: (You say:) **Vas a la playa. ¿Qué vas a llevar?** (S1:) **Voy a llevar un traje de baño.** (S2:) **Voy a llevar un traje de baño y gafas de sol.**

VOCABULARIO ADICIONAL For additional vocabulary on this theme, go to **Vocabulario adicional** in the **Resources** section of the Supersite.

Práctica y conversación

NATIONAL communication STANDARDS

1 SCRIPT For the script, go to the Supersite.

2 EXPANSION Have students bring in pictures with people in different types of clothing. In pairs, have students take turns making false statements about the clothing. The other student should correct the statements.

3 EXPANSION Have pairs spend a few minutes creating a description of a well-known TV or cartoon character, and then read it aloud as the class guesses the identity. Ex: **Soy bajo. Llevo pantalones cortos rojos, zapatos amarillos y guantes blancos. ¿Quién soy? (El ratón Mickey)**

1 Escuchar Listen to Juanita and Vicente talk about what they're packing for their vacations. Indicate who is packing each item. If neither is packing an item, write an **X**.

	Juanita	Vicente		Juanita	Vicente
1. abrigo		✓	7. gafas de sol		✓
2. zapatos de tenis	✓	✓	8. camisetas	✓	✓
3. impermeable	X	X	9. traje de baño	✓	
4. chaqueta		✓	10. botas		✓
5. sandalias	✓		11. pantalones cortos	✓	
6. bluejeans	✓	✓	12. suéter		✓

2 Anita la contraria Your friend Anita always contradicts you. Indicate how she would respond to each sentence.

MODELO

El suéter nuevo de Liliana es muy grande.
No, su suéter es muy pequeño.

1. El cinturón de Liliana es caro. No, su cinturón es barato.
2. El impermeable de don José es muy feo. No, su impermeable es muy hermoso.
3. La corbata del Sr. Ramos es larga. No, su corbata es corta.
4. Los zapatos de tenis de Noelia son viejos. No, sus zapatos de tenis son nuevos.
5. Los trajes de Mauricio son baratos. No, sus trajes son caros.
6. Las botas de Marta están sucias. No, sus botas están limpias.

3 Preguntas Answer these questions with a classmate.

MODELO

¿De qué color es el suéter?
El suéter es gris.

recursos

WB
pp. 53–54

LM
p. 31

S
vhlcentral

1. ¿De qué color es la corbata?
La corbata es roja y azul.

2. ¿De qué color es la planta?
La planta es verde.

3. ¿De qué color es la rosa de Texas?
La rosa de Texas es amarilla.

4. ¿De qué color es la casa donde vive el presidente de los EE.UU.?
La casa donde vive el presidente de los EE.UU. es blanca.

5. ¿De qué color es una cebra?
La cebra es blanca y negra.

4 Entrevista Use these questions to interview a classmate. Then report your findings to the class. *Answers will vary.*

 1. ¿Cuál es tu artículo de ropa preferido? ¿Cuándo lo usas?

2. ¿Con qué colores de ropa te gusta hacer juego?

3. ¿Qué ropa llevas en los días de sol? ¿Y en los días de frío?

4. ¿Cuál es tu marca (*brand*) de ropa preferida? ¿Es cara o barata?

5. ¿Adónde vas para (*in order to*) comprar ropa? ¿Por qué?

6. ¿Cuánto dinero gastas en ropa cada mes? ¿Cada año?

4 EXPANSION As students are reporting, have the class jot down preferences and any other important information. After all presentations are finished, have students discuss and prepare a summary of the class preferences.

ACTIVITY PACK For additional activities, go to the **Activity Pack** in the **Resources** section of the Supersite.

Practice more at vhlcentral.com.

Pronunciación The consonants **d** and **t** Audio

¿Dónde?   **vender**   **nadar**   **verdad**

Like **b** and **v**, the Spanish **d** can also have a hard sound or a soft sound, depending on which letters appear next to it.

Don   **dinero**   **tienda**   **falda**

At the beginning of a phrase and after **n** or **l**, the letter **d** is pronounced with a hard sound. This sound is similar to the English *d* in *dog*, but a little softer and duller. The tongue should touch the back of the upper teeth, not the roof of the mouth.

medias   **verde**   **vestido**   **huésped**

In all other positions, **d** has a soft sound. It is similar to the English *th* in *there*, but a little softer.

Don Diego no tiene el diccionario.

When **d** begins a word, its pronunciation depends on the previous word. At the beginning of a phrase or after a word that ends in **n** or **l**, it is pronounced as a hard **d**.

Doña Dolores es de la capital.

Words that begin with **d** are pronounced with a soft **d** if they appear immediately after a word that ends in a vowel or any consonant other than **n** or **l**.

traje   **pantalones**   **tarjeta**   **tienda**

When pronouncing the Spanish **t**, the tongue should touch the back of the upper teeth, not the roof of the mouth. Unlike the English **t**, no air is expelled from the mouth.

SUGGESTION Point out that the letter before the **d** determines whether its sound is hard or soft.

SUGGESTION Model the pronunciation of each word, sentence, and **refrán**, having students repeat after you.

EXPANSION Write some additional proverbs for students to practice. Ex: **De tal palo, tal astilla.** (*Like father, like son.*) **Quien tiene tejado de vidrio, no tire piedras al de su vecino.** (*People who live in glass houses shouldn't throw stones.*) **Cuatro ojos ven más que dos.** (*Two sets of eyes are better than one.*)

> Aunque la mona se vista de seda, mona se queda.[2]

> En la variedad está el gusto.[1]

 Refranes Read these sayings aloud to practice the **d** and the **t**.

1 Variety is the spice of life.
2 You can't make a silk purse out of a sow's ear.

Practice more at vhlcentral.com.

recursos

LM p. 32

vhlcentral

ciento veintitrés **123**

En el mercado Video: Fotonovela

Los chicos van de compras al mercado. ¿Quién hizo la mejor compra?

Expresiones útiles

Talking about clothing

¡Qué ropa más bonita!
What nice clothing!
Esta falda azul es muy elegante.
This blue skirt is very elegant.
Está de moda.
It's in style.
Éste rojo es de algodón/lana.
This red one is cotton/wool.
Ésta de rayas/lunares/cuadros es de seda.
This striped/polka-dotted/plaid one is silk.
Es de muy buena calidad.
It's very good quality.
¿Qué talla usas/llevas?
What size do you wear?
Uso/Llevo talla 4.
I wear a size 4.
¿Qué número calza?
What size shoe do you wear?
Yo calzo siete.
I wear a size seven.

Negotiating a price

¿Cuánto cuesta?
How much does it cost?
Demasiado caro/a.
Too expensive.
Es una ganga.
It's a bargain.

Saying what you bought

¿Qué compraste?/¿Qué compró usted?
What did you buy?
Sólo compré esto.
I only bought this.
¡Qué bonitos aretes!
What beautiful earrings!
Y ustedes, ¿qué compraron?
And you guys, what did you buy?

Additional vocabulary

híjole *wow*

recursos

VM
pp. 179–180

vhlcentral

MARISSA Oigan, vamos al mercado.
JUAN CARLOS ¡Sí! Los chicos en un equipo y las chicas en otro.
FELIPE Tenemos dos horas para ir de compras.
MARU Y don Guillermo decide quién gana.

JIMENA Esta falda azul es muy elegante.
MARISSA ¡Sí! Además, este color está de moda.
MARU Éste rojo es de algodón.

MARISSA ¿Me das aquella blusa rosada? Me parece que hace juego con esta falda, ¿no? ¿No tienen otras tallas?
JIMENA Sí, aquí. ¿Qué talla usas?
MARISSA Uso talla 4.
JIMENA La encontré. ¡Qué ropa más bonita!

(*En otra parte del mercado*)
FELIPE Juan Carlos compró una camisa de muy buena calidad.
MIGUEL (*a la vendedora*) ¿Puedo ver ésos, por favor?
VENDEDORA Sí, señor. Le doy un muy buen precio.

(*Las chicas encuentran unas bolsas.*)
VENDEDOR Ésta de rayas cuesta 190 pesos, ésta 120 pesos y ésta 220 pesos.

VIDEO SYNOPSIS The friends are back in Mérida where they go to the market to do some shopping. They split into two teams, the boys versus the girls, to see who is better at bargaining. Who will get the best deal?

FELIPE

JUAN CARLOS

MARISSA

JIMENA

MARU

MIGUEL

DON GUILLERMO

VENDEDORA

VENDEDOR

VENDEDOR Son 530 por las tres bolsas. Pero como ustedes son tan bonitas, son 500 pesos.

MARU Señor, no somos turistas ricas. Somos estudiantes pobres.

VENDEDOR Bueno, son 480 pesos.

JUAN CARLOS Miren, mi nueva camisa. Elegante, ¿verdad?

FELIPE A ver, Juan Carlos... te queda bien.

MARU ¿Qué compraste?

MIGUEL Sólo esto.

MARU ¡Qué bonitos aretes! Gracias, mi amor.

JUAN CARLOS Y ustedes, ¿qué compraron?

JIMENA Bolsas.

MARU Acabamos de comprar tres bolsas por sólo 480 pesos. ¡Una ganga!

FELIPE Don Guillermo, usted tiene que decidir quién gana. ¿Los chicos o las chicas?

DON GUILLERMO El ganador es... Miguel. ¡Porque no compró nada para él, sino para su novia!

Actividades

1 **¿Cierto o falso?** Indicate whether each sentence is **cierto** or **falso**. Correct the false statements.

1. Jimena dice que la falda azul no es elegante. Falso. Jimena dice que la falda es muy elegante.
2. Juan Carlos compra una camisa. Cierto.
3. Marissa dice que el azul es un color que está de moda. Cierto.
4. Miguel compra unas sandalias para Maru. Falso. Miguel compra unos aretes para Maru.
5. Miguel es el ganador. Cierto.

2 **Identificar** Provide the name of the person who would make each statement.

1. ¿Te gusta cómo se me ven mis nuevos aretes? Maru
2. Juan Carlos compró una camisa de muy buena calidad. Felipe
3. No podemos pagar 500, señor, eso es muy caro. Maru
4. Aquí tienen ropa de muchas tallas. Jimena
5. Esta falda me gusta mucho, el color azul es muy elegante. Jimena
6. Hay que darnos prisa, sólo tenemos dos horas para ir de compras. Felipe

3 **Conversar** With a partner, role-play a conversation between a customer and a salesperson in an open-air market. The customer is looking for a particular item of clothing. The salesperson and the customer discuss colors and sizes, and negotiate a price. Use the **Expresiones útiles** from the **Escenas** video.

BAJO LA LUPA

Los mercados al aire libre

Additional Reading
Video

El Rastro

Mercados al aire libre are an integral part of commerce and culture in the Spanish-speaking world. Whether they take place daily or weekly, these markets are an important forum where tourists, locals, and vendors interact. People come to the marketplace to shop, socialize, taste local foods, and watch street performers. Wandering from one **puesto** (*stand*) to the next, one can browse fresh fruits and vegetables, clothing, CDs and DVDs, artesanías (*crafts*), and more. Some markets offer a mix of products, while others specialize in food, fashion, or used merchandise, such as antiques and books.

When shoppers see an item they like, they can bargain with the vendor. Friendly bargaining is an expected ritual and may result in a significantly lower price. When selling food, vendors may give the customer a little extra of what they purchase; this free addition is known as **la ñapa**.

Many open-air markets are also tourist attractions. The market in Otavalo, Ecuador, is world-famous and has taken place every Saturday since pre-Incan times. This market is well-known for the colorful textiles woven by the **otavaleños**, the indigenous people of the area. One can also find leather goods and wood carvings from nearby towns. Another popular market is **El Rastro**, held every Sunday in Madrid, Spain. Sellers set up **puestos** along the streets to display their wares, which range from local artwork and antiques to inexpensive clothing and electronics.

Otros mercados famosos		
Mercado	**Lugar**	**Productos**
Feria Artesanal de Recoleta	Buenos Aires, Argentina	artesanías
Mercado Central	Santiago, Chile	mariscos°, pescado°, frutas, verduras°
Tianguis Cultural del Chopo	Ciudad de México, México	ropa, música, revistas, libros, arte, artesanías
El mercado de Chichicastenango	Chichicastenango, Guatemala	frutas, verduras, flores°, cerámica, textiles

Mercado de Otavalo

recursos

VM
pp. 211–212

vhlcentral

mariscos *seafood* pescado *fish* verduras *vegetables* flores *flowers*

ACTIVIDADES

1 ¿Cierto o falso?
Indicate whether these statements are **cierto** or **falso**. Correct the false statements.

MODELO

In Argentina you can buy seafood, fruits, vegetables, textiles, and flowers at the Tianguis Cultural del Chopo.
Falso. The Tianguis Cultural del Chopo is in Ciudad de México, and you can buy clothes, music, magazines, books, art, and crafts there.

1. In the Hispanic world, markets are vital centers of commerce and culture. **Cierto.**

2. Generally, open-air markets specialize in one type of goods. **Falso.** They sell a variety of goods.

3. Bargaining is commonplace at outdoor markets. **Cierto.**

4. Only new goods can be found at open-air markets. **Falso.** They sell both new and used goods.

5. A **ñapa** is a tax on open-air market goods. **Falso.** A ñapa is a free addition sometimes given to customers.

6. The **otavaleños** weave colorful textiles to sell on Saturdays. **Cierto.**

7. The market in Otavalo opened recently. **Falso.** It has taken place since pre-Incan times.

8. A Spaniard in search of antiques could search at **El Rastro**. **Cierto.**

9. Santiago's **Mercado Central** is known for books and music. **Falso.** It's known for seafood, fish, fruits, and vegetables.

10. If you are in Guatemala and want to buy ceramics, you can go to Chichicastenango. **Cierto.**

2 Comparación
Compare a market in the Hispanic world with a market where you live. How popular are markets? What items can you typically find there? How do customers negotiate prices?

3 Conexión Internet
Go to **vhlcentral.com** and find out which brands of clothing are popular in the Hispanic world.

Comprar en los mercados

1 Preparación
Have you ever been to an open-air market? What did you buy? Have you ever negotiated a price? What did you say?

2 El video
Watch this **Flash cultura** episode.

Vocabulario	
colones (pl.)	*currency from Costa Rica*
descuento	*discount*
¿Cuánto vale?	*¿Cuánto cuesta?*
el regateo	*bargaining*

...pero me hace un buen descuento.

¿Qué compran en el Mercado Central?

3 Comprensión
Select the option that best summarizes this episode.

A. Randy Cruz va al mercado al aire libre para comprar papayas. Luego va al Mercado Central. Él les pregunta a clientes qué compran, prueba (*tastes*) platos típicos y busca la heladería.

B. Randy Cruz va al mercado al aire libre para comprar papayas y pedir un descuento. Luego va al Mercado Central para preguntarles a los clientes qué compran en los mercados.

6.1 Numbers 101 and higher

 Tutorial

Costaron sólo doscientos pesos.

▶ Spanish uses a period, rather than a comma, to indicate thousands and millions.

	Numbers 101 and higher				
101	ciento uno	700	setecientos/as	5.000	cinco mil
200	doscientos/as	800	ochocientos/as	100.000	cien mil
300	trescientos/as	900	novecientos/as	200.000	doscientos mil
400	cuatrocientos/as	1.000	mil	550.000	quinientos cincuenta mil
500	quinientos/as	1.100	mil cien	1.000.000	un millón (de)
600	seiscientos/as	2.000	dos mil	8.000.000	ocho millones (de)

Son cuatrocientos ochenta por las tres bolsas en efectivo.

¡ojo!

Use **ciento uno** if used for counting. Use **ciento un(a)** when describing quantity.

cien, ciento uno, ciento dos...
ciento una noches

¡ojo!

Notice this difference between Spanish and English:

mil millones
a billion
(1.000.000.000)

un billón
a trillion
(1.000.000.000.000)

Hay **mil millones** de personas en China.
There are a billion people in China.

Hay un **billón** de planetas en el universo.
There are a trillion planets in the universe.

▶ The numbers **200** through **999** agree in gender with the nouns they modify.

324 tiendas
trescient**as** veinticuatro tiendas

605 clientes
seiscient**os** cinco clientes

873 habitaciones
ochocient**as** setenta y tres habitaciones

990 euros
novecient**os** noventa euros

500 mujeres
quinient**as** mujeres

257 estudiantes
doscient**os** cincuenta y siete estudiantes

▶ **Mil** can mean *a thousand* or *one thousand.* The plural form of **un millón** (*a million* or *one million*) is **millones**, which has no accent.

1.000 dólares
mil dólares

2.000.000 de pesos
dos millones de pesos

1.000 aviones
mil aviones

1.000.000 de personas
un millón de personas

5.000 bicicletas
cinco mil bicicletas

1.000.000 de aficionados
un millón de aficionados

SUGGESTION Explain to students that the plural forms **cientos** and **miles (de)** refer to *hundreds* or *thousands of* (*people or things*). Ex: **Cientos de personas.** (*Hundreds of people.*) **Miles de dólares.** (*Thousands of dollars.*)

▶ In Spanish, years are never expressed as pairs of 2-digit numbers as they sometimes are in English (*1979, nineteen seventy-nine*):

1945
mil novecientos cuarenta y cinco

2015
dos mil quince

1898
mil ochocientos noventa y ocho

1220
mil doscientos veinte

SUGGESTION Explain to students that In Spanish, street numbers follow the same pattern as expressing years.
¿Cuál es tu dirección?
What's your address?

Mi dirección es Balcarce mil doscientos ochenta y tres
My address is Balcarce twelve hundred eighty-three.

▶ When **millón** or **millones** is used before a noun, place **de** between the two.

1.000.000 **de** hombres = un **millón de** hombres
12.000.000 **de** aviones = doce **millones de** aviones
15.000.000 **de** personas = quince **millones de** personas

Refer students to the **recursos** box in **Ampliación** for complete information.

Práctica y conversación

1 Completar Complete these sequences in Spanish. Write out the words, not the digits.

1. 100, 120, 140, … 200

   cien, ciento veinte, ciento cuarenta, **ciento sesenta, ciento ochenta,**
   doscientos

2. 5.000, 10.000, 15.000, … 30.000

   cinco mil, diez mil, quince mil, **veinte mil, veinticinco mil,**
   treinta mil

3. 50.000, 100.000, 150.000, … 300.000

   cincuenta mil, cien mil, ciento cincuenta mil, **doscientos mil,**
   doscientos cincuenta mil, trescientos mil

4. 100.000.000, 200.000.000, 300.000.000, … 900.000.000

   cien millones, doscientos millones, trescientos millones, **cuatrocientos**
   millones, quinientos millones, seiscientos millones, setecientos
   millones, ochocientos millones, novecientos millones

2 Resolver Read these math problems aloud and solve them.

+ mas   − menos   = es (*singular*)/son (*plural*)

MODELO

Trescientos más cuatrocientos son setecientos.

1.   150
   + 150

   Ciento cincuenta más ciento
   cincuenta son trescientos.

2.   3.000
   + 753

   Tres mil más setecientos cincuenta
   y tres son tres mil setecientos
   cincuenta y tres.

3.   43.000
   − 10.000

   Cuarenta y tres mil menos
   diez mil son treinta y tres mil.

4.   200.000
   + 350.000

   Doscientos mil más trescientos
   cincuenta mil son quinientos
   cincuenta mil.

5.   20.000
   +   555

   Veinte mil más quinientos
   cincuenta y cinco son veinte mil
   quinientos cincuenta y cinco.

6.   1.000.000
   −   75.000

   Un millón menos setenta y cinco mil
   son novecientos veinticinco mil.

7.   32.000
   − 30.000

   Treinta y dos mil menos
   treinta mil son dos mil.

8.   800.000
   + 175.000

   Ochocientos mil más ciento setenta
   y cinco mil son novecientos setenta
   y cinco mil.

3 ¿Cuánto cuesta? Ask your partner how much each item costs.

MODELO

Estudiante 1: ¿Cuánto cuestan las gafas de sol?

Estudiante 2: Cuarenta mil pesos.

40.000 pesos

1.

210.000 pesos

E1: ¿Cuánto cuesta el vestido?
E2: Doscientos diez mil pesos.

4.

61.500 pesos

E1: ¿Cuánto cuestan los
pantalones cortos?
E2: Sesenta y un mil
quinientos pesos.

2.

160.150 pesos

E1: ¿Cuánto cuesta el traje
de baño?
E2: Ciento sesenta mil ciento
cincuenta pesos.

5.

84.450 pesos

E1: ¿Cuánto cuestan los bluejeans?
E2: Ochenta y cuatro mil
cuatrocientos cincuenta pesos.

3.

48.200 pesos

E1: ¿Cuánto cuesta la camiseta?
E2: Cuarenta y ocho mil
doscientos pesos.

6.
22.790 pesos

E1: ¿Cuánto cuestan
los calcetines?
E2: Veintidós mil setecientos
noventa pesos.

4 ¿En qué año? Take turns with a classmate asking and answering these questions. Follow the model.

MODELO

Estudiante 1: ¿En qué año terminaste (*did you finish*) la escuela secundaria?

Estudiante 2: En el año 2017.

1. ¿En qué año llegó (*arrived*) tu familia a los Estados Unidos?

2. ¿Cuál es el año de tu nacimiento (*birth*)?

3. ¿En qué año empezaste (*started*) a estudiar en la universidad?

4. ¿En qué año te vas a graduar?

5. ¿Cuándo te quieres jubilar (*retire*)?

6. ¿Cuál es hasta ahora (*so far*) el año en que has sido (*you have been*) más feliz?

Practice more at **vhlcentral.com**.

ACTIVITY PACK For additional activities, go to the **Activity Pack** in the **Resources** section of the Supersite.

ciento veintinueve **129**

6.2 The preterite tense of regular verbs Tutorial

▶ The preterite is used to talk about actions or states completed in the past.

¿Qué compraste?

Compré estos aretes.

Preterite of –ar, –er, and –ir verbs

	comprar	vender	escribir
yo	compré / bought	vendí / sold	escribí / wrote
tú	compraste	vendiste	escribiste
usted/él/ella	compró	vendió	escribió
nosotros/as	compramos	vendimos	escribimos
vosotros/as	comprasteis	vendisteis	escribisteis
ustedes/ellos/ellas	compraron	vendieron	escribieron

▶ The preterite endings for regular **–er** and **–ir** vebs are identical. Also, note that the **yo** and **usted/él/ella** forms of all three conjugations have written accents on the last syllable.

▶ Note that the **nosotros/as** forms of regular **–ar** and **–ir** verbs in the preterite are identical to the present-tense forms. Context will help you determine which tense is being used.

En invierno **compramos** suéteres.
In the winter we buy sweaters.

Anoche **compramos** unas sandalias.
Last night we bought some sandals.

Escribimos poemas en clase.
We write poems in class.

Ya **escribimos** dos veces al presidente.
We already wrote to the president twice.

▶ **–Ar** and **–er** verbs that have a stem change in the present tense do *not* have a stem change in the preterite.

INFINITIVE	PRESENT	PRETERITE
cerrar (e:ie)	Ana cierra la puerta.	Ana cerró la puerta.
volver (o:ue)	Juan vuelve a las dos.	Juan volvió a las dos.
jugar (u:ue)	Él juega al fútbol.	Él jugó al fútbol.
pensar (e:ie)	Pienso mucho.	Pensé mucho.

▶ Verbs that end in **–car**, **–gar**, and **–zar** have a spelling change in the **yo** form of the preterite. All the other forms are regular.

buscar → busqué   llegar → llegué   empezar → empecé

▶ **Creer**, **leer**, and **oír** have spelling changes in the preterite.

creer | creí, creíste, creyó, creímos, creísteis, creyeron
leer | leí, leíste, leyó, leímos, leísteis, leyeron
oír | oí, oíste, oyó, oímos, oísteis, oyeron

▶ **Ver** is regular in the preterite, but none of its forms has an accent.

ver → vi, viste, vio, vimos, visteis, vieron

SUGGESTION Explain to students that -ir verbs that have a stem change in the present tense also have a stem change in the preterite. They will learn more about this in **Lección 8**. Ex: **servir (e → i) A las ocho el camarero nos sirvió la comida.**

¡ojo!
Use **acabar de +** [*infinitive*] to say that something *has just occurred*. Note that **acabar** is in the present tense in this construction:
Acabo de comprar un suéter.
I just bought a sweater.
Acabas de ir de compras.
You just went shopping.

Words commonly used with the preterite

anoche	*last night*	ayer	*yesterday*	la semana pasada	*last week*
anteayer	*the day before yesterday*	de repente	*suddenly*	una vez	*once; one time*
		desde... hasta...	*from... until...*	dos veces	*twice; two times*
el año pasado	*last year*	pasado/a	*(adj.) last; past*	ya	*already*

Useful phrases

¿Qué hiciste?	*What did you (fam., sing.) do?*	¿Qué hizo él/ella?	*What did he/she do?*
¿Qué hizo usted?	*What did you (form., sing.) do?*	¿Qué hicieron ellos/ellas?	*What did they do?*
¿Qué hicieron ustedes?	*What did you (form., pl.) do?*		

SUGGESTION Introduce students to the irregular preterite forms of **hacer**. Students will see the preterite of this verb again in **Lección 9**.

Práctica y conversación

NATIONAL
communication
STANDARDS

1 Fin de semana Complete what Isabel says about her weekend with the appropriate verb forms.

(1) __Pasé__ [pasar] un fin de semana fantástico. Ayer por la mañana (2) __estudié__ [estudiar] y luego (3) __salí__ [salir] de compras con mis amigas al nuevo centro comercial. (4) __Compré__ [Comprar] un vestido y un suéter muy baratos porque el vendedor me hizo un buen descuento. ¡(5) __Gasté__ [Gastar] sólo 40 dólares! Más tarde, nosotras (6) __comimos__ [comer] en un restaurante mexicano. Mi amiga Estela (7) __gastó__ [gastar] mucho dinero porque pidió platos (*dishes*) muy caros. Por la noche, nosotras (8) __salimos__ [salir] a bailar a una discoteca y (9) __regresamos__ [regresar] muy tarde. Hoy me levanté (*I got up*) muy temprano porque tengo que estudiar para la clase de español. ¡Uy! ¡Qué cansada (*tired*) estoy!

2 Encuesta Find out if your partner just did these activities today before coming to class. Report the results to the class. Answers will vary.

MODELO

1. ver la televisión
2. escuchar la radio
3. hablar con un(a) compañero/a de clase
4. leer para una clase
5. comprar un café
6. recibir una buena noticia (*news*)

3 Nuestras vacaciones Imagine that you took these photos on a vacation with friends. Use the pictures to tell your partner about the trip. Answers will vary.

1.

2.

3.

4.

4 ¿Qué hiciste? Get together with a partner and take turns asking each other what you did yesterday, the day before yesterday, and last week. Answers will vary.

MODELO

Estudiante 1: *¿Qué hiciste ayer?*
Estudiante 2: *Ayer estudié toda la mañana y en la tarde mis amigos y yo vimos una película.*

S Practice more at vhlcentral.com.

ACTIVITY PACK For additional activities, go to the Activity Pack in the Resources section of the Supersite.

ciento treinta y uno 131

Bueno, le doy
un descuento.

Acabo de
mostrarles que sí
sabemos regatear.

SUGGESTION Point out to
students that the indirect
object pronouns for the
first and second persons
(me, te, nos, os) are the
same as the direct object
pronouns. Indirect object
pronouns agree in number
with the corresponding
nouns, but not in gender.

SUGGESTION Write
sentences like these on
the board: **Le presté
dinero a Luisa.** Ask
students to come to the
board to underline the
direct objects and circle
the indirect objects.

6.3 Indirect object pronouns Tutorial

▶ An indirect object is the noun or pronoun that answers the question *to whom or for whom* an action is done. In this example, the indirect object answers this question: **¿A quién le prestó Roberto cien pesos?** *To whom did Roberto loan 100 pesos?*

SUBJECT	INDIRECT OBJECT PRONOUN	VERB	DIRECT OBJECT	INDIRECT OBJECT
Roberto	le	prestó	cien pesos	a Luisa.
Roberto		*loaned*	*100 pesos*	*to Luisa.*

Indirect object pronouns

Singular forms		Plural forms	
me	*(to, for) me*	nos	*(to, for) us*
te	*(to, for) you (fam.)*	os	*(to, for) you (fam.)*
le	*(to, for) you (form.);*	les	*(to, for) you (form.);*
	(to, for) him; (to, for) her		*(to, for) them*

▶ Spanish speakers often use the indirect object pronoun and the noun to which it refers in the same sentence to emphasize or clarify *to whom* the pronoun refers. The indirect object pronoun is often used without the noun when the person for whom the action is being done is known.

Iván **le** prestó un lápiz **a Juan.** También **le** prestó papel.
Iván loaned a pencil to Juan. *He also loaned him paper.*

▶ Since **le** and **les** have multiple meanings, **a** + [*noun*] or **a** + [*pronoun*] are often used to clarify to whom the pronouns refer.

Unclear: Ella **les** vendió ropa. ***Clearer:*** Ella **les** vendió ropa **a ellos.**
She sold clothing (to them or to you all). *She sold clothing to them.*

▶ Indirect object pronouns usually precede the conjugated verb. In negative sentences, place the pronoun between **no** and the conjugated verb.

Te compré un abrigo. **No te compré** nada.
I bought you a coat. *I didn't buy you anything.*

▶ When an infinitive or present participle is used, there are two options for indirect object pronoun placement: before the conjugated verb, or attached to the infinitive or present participle. When a pronoun is attached to a present participle, an accent mark is added.

¿Vas a comprar**le** un regalo a Carla? Estoy mostrándo**les** las fotos a ellos.
¿**Le** vas a comprar un regalo a Carla? **Les** estoy mostrando las fotos a ellos.
Are you going to buy a gift for Carla? *I'm showing them the photos.*

SUGGESTION Tell students that they will learn how to use these pronouns with direct object pronouns in Lesson 8.

▶ The irregular verbs **dar** (*to give*) and **decir** (*to say; to tell*) are often used with indirect object pronouns.

Dar and decir

dar

yo	doy	vosotros/as	dais
tú	das	Uds./ellos/ellas	dan
Ud./él/ella	da	Present Participle	dando
nosotros/as	damos		

decir

yo	digo	vosotros/as	decís
tú	dices	Uds./ellos/ellas	dicen
Ud./él/ella	dice	Present Participle	diciendo
nosotros/as	decimos		

Ella **me da** regalos.
She gives me gifts.

Voy a **darle** un beso.
I'm going to give her a kiss.

Te digo la verdad.
I'm telling you the truth.

No **les estoy diciendo** mentiras a mis padres.
I am not telling lies to my parents.

Práctica y conversación

1 **Completar** Fill in the correct indirect object pronouns to complete Emilio's description of his family's holiday shopping.

1. Yo ___le___ compré una cartera a mi padre.
2. Mi tía ___me___ compró una corbata (a mí).
3. Mis dos hermanos ___les___ compraron a mis padres dos pares de pantalones.
4. Yo ___le___ compré un suéter azul a mi mamá.
5. Mi abuelo ___nos___ compró regalos a nosotros.
6. Y yo ___le___ compré una camiseta a mi novia.

2 **¡Somos ricos!** You and your classmates won the lottery! Now you want to spend money on your loved ones. In groups of three, discuss what each person is buying for their family and friends. Answers will vary.

MODELO
Estudiante 1: *Quiero comprarle un vestido a mi mamá.*
Estudiante 2: *Y yo voy a darles un auto nuevo a mis padres y una blusa a mi amiga.*
Estudiante 3: *Voy a comprarles una casa a mis padres, pero a mis amigos no les voy a dar nada.*

3 **Conversación** Take turns with a classmate asking and answering questions using the cues provided. Answers will vary.

MODELO
escribir mensajes electrónicos
Estudiante 1: ¿A quién le escribes mensajes electrónicos?
Estudiante 2: Le escribo mensajes electrónicos a mi hermano.

1. cantar canciones de amor (*love songs*)
2. dar besos
3. decir mentiras
4. invitar a comer
5. hablar por teléfono
6. mostrar fotos de un viaje

4 **Entrevista** Use these questions to interview a classmate. Answers will vary.

MODELO
Estudiante 1: ¿Le das regalos caros a tu novio/a?
Estudiante 1: No, no le doy regalos caros./Sí, le doy regalos caros.

1. Cuando vas de compras, ¿te dan tus padres su tarjeta de crédito?
2. Si tu amigo te pide dinero para ir de compras, ¿cuánto dinero le prestas?
3. ¿Pagas el dinero que les debes (money you owe) a tus amigos?
4. ¿A quiénes les compras regalos?
5. ¿Qué vas a darles a tus padres este año?
6. ¿Les dices mentiras a tus padres o a tus amigos? ¿Cuándo?

Ⓢ Practice more at **vhlcentral.com**.

ACTIVITY PACK For additional activities, go to the Activity Pack in the Resources section of the Supersite.

ciento treinta y tres **133**

6.4 Demonstrative adjectives and pronouns

 Tutorial

Me gustan
estos zapatos.

Prefiero esos zapatos.

SUGGESTION Hold up one
or two items of clothing or
classroom objects. Have
students write all three forms
of the demonstrative pronouns
that would apply. Ex: **estos
zapatos, esos zapatos,
aquellos zapatos.**

▶ Demonstrative adjectives demonstrate or point out nouns. They precede the nouns they modify and agree with them in gender and number.

este vestido	**esos** zapatos	**aquella** tienda	**aquellas** bolsas
this dress	*those shoes*	*that store (over there)*	*those bags (over there)*

Demonstrative adjectives

Singular forms		Plural forms		
MASCULINE	**FEMININE**	**MASCULINE**	**FEMININE**	
este	esta	estos	estas	*this; these*
ese	esa	esos	esas	*that; those*
aquel	aquella	aquellos	aquellas	*that; those (over there)*

SUGGESTION To help
students distinguish
between the different
demonstrative adjectiv
have them associate
este with **aquí, ese** wi
allí, and **aquel** with **all**

▶ The demonstrative adjectives **este**, **esta**, **estos**, and **estas** are used to point out nouns that are close to the speaker and the listener.

▶ The demonstrative adjectives **ese**, **esa**, **esos**, and **esas** are used to point out nouns that are not close in space and time to the speaker. They may, however, be close to the listener.

▶ The demonstrative adjectives **aquel**, **aquella**, **aquellos**, and **aquellas** are used to point out nouns that are far away from the speaker and the listener.

▶ Demonstrative pronouns are identical to demonstrative adjectives, except that they traditionally carry an accent mark on the stressed vowel. They agree in number and gender with the corresponding noun.

No me gusta **este** suéter. Prefiero **ése**.
I don't like this sweater. I prefer that one.

Ella quiere comprar **esa** bolsa, no **aquélla**.
She wants to buy that purse, not that one over there.

Aquel auto es de
mi hermana.

Demonstrative pronouns

Singular forms		Plural forms		
MASCULINE	**FEMININE**	**MASCULINE**	**FEMININE**	
éste	ésta	éstos	éstas	*this one; these*
ése	ésa	ésos	ésas	*that one; those*
aquél	aquélla	aquéllos	aquéllas	*that one; those (over there)*

SUGGESTION Point ou
that in 2010 the **Real
Academia** recommend
omitting the accent ma
on demonstrative
pronouns. However, m
Spanish speakers cont
to use the accent mar
avoid ambiguity.

▶ There are three neuter forms: **esto**, **eso**, and **aquello**. These forms refer to unidentified or unspecified nouns, situations, and ideas. They do not change in gender or number and never carry an accent mark.

¿Qué es **esto**?	**Eso** es interesante.	**Aquello** es bonito.
What's this?	*That's interesting.*	*That's pretty.*

Práctica y conversación

1 **En un almacén** María and Gabriel are shopping. Complete their conversation with the appropriate demonstrative adjectives and pronouns.

MARÍA No me gustan (1) ___esos___ (*those*) pantalones. Voy a comprar (2) ___éstos___ (*these*).

GABRIEL Yo prefiero (3) ___aquéllos/___ (*those over there*). aquellos

MARÍA Sí, a mí también me gustan. ¿Qué piensas de (4) ___estos___ (*these*) cinturones?

GABRIEL (5) ___Éstos/Estos___ (*These*) cuestan demasiado.

MARÍA También busco un vestido elegante. ¿Te gusta (6) ___éste/este___ (*this one*)?

GABRIEL No, es muy feo. ¿Necesitas una falda nueva? (7) ___Ésta/Esta___ (*This one*) es bonita.

MARÍA No, no necesito una falda. Vamos, Gabriel. Me gusta (8) ___este___ (*this*) almacén, pero (9) ___aquél/aquel___ (*that one over there*) es mejor (*better*).

2 **Oraciones** Form sentences using the words provided and the appropriate forms of the preterite. Make all the necessary changes. *Answers will vary slightly.*

MODELO
Este / clientes / gastar / mucho dinero
Estos clientes gastaron mucho dinero.

1. aquel / mujer / comprar / chaqueta
Aquella mujer compró una chaqueta.
2. el cliente / pagar / muy caro / ese / abrigos
El cliente pagó muy caro esos abrigos.
3. tú / salir / de compras / ese / centro comercial
Tú saliste de compras a ese centro comercial.
4. yo / buscar / aquel / sombreros / por mucho tiempo
Yo busqué aquellos sombreros por mucho tiempo.
5. los empleados / vender / este / corbatas / en rebaja
Los empleados vendieron estas corbatas en rebaja.

3 **¿De qué color es?** In pairs, use demonstrative adjectives and pronouns to discuss the colors of items in your classroom. *Answers will vary.*

MODELO
Estudiante 1: ¿Esos zapatos son azules?
Estudiante 2: No, ésos son verdes. Aquéllos son azules.
Estudiante 1: Y esa mochila, ¿es roja?
Estudiante 2: No, ésa es blanca. Aquélla es roja.

4 **En una tienda** Imagine that you and a classmate are in a small clothing store. Look at the illustration, then talk about what you see around you. *Answers will vary.*

MODELO
Estudiante 1: ¿Te gusta esa chaqueta de mujer que está debajo de las camisas?
Estudiante 2: No, prefiero aquélla que está al lado de los pantalones. ¿Dónde están los zapatos?
Estudiante 1: Están en el centro de la tienda.

1 **SCRIPT** For the script, go to the Supersite.

2 **SUGGESTION** Review vocabulary of clothing, colors, and adjectives, and the **Expresiones útiles**.

Ampliación

1 Escuchar

A Listen to Marisol and Alicia's conversation. Make a list of the clothing items that each person mentions, then note if she actually purchased it.

TIP Listen for linguistic cues. By listening for the endings of conjugated verbs, you can identify whether an event already took place, is taking place now, or will take place in the future. Verb endings also give clues about who is participating in the action.

Marisol		**Alicia**	
1. _pantalones_	☑	1. _zapatos_	☐
2. _blusa_	☑	2. _cinturón_	☐
3. _____	☐	3. _____	☐
4. _____	☐	4. _____	☐

B ¿Crees que la moda es importante para Alicia? ¿Y para Marisol? ¿Por qué? En tu opinión, ¿es importante estar a la moda? Answers will vary.

2 Conversar
With a classmate, take turns playing the roles of a shopper and a clerk in a clothing store. Use these guidelines. Answers will vary.

- The shopper talks about the clothing he/she is looking for as a gift, mentions for whom the clothes are intended, and says what he/she bought for the same person last year
- The clerk recommends items, based on the shopper's descriptions
- The shopper asks how much the items cost, and the clerk answers

recursos

WB pp. 55–62
LM pp. 33–36
vhlcentral

Inform students that the material listed in the **recursos** box applies to the complete **Gramática** section.

3 Escribir Write a report for the school newspaper about an interview you conducted with a student concerning his or her opinion on the latest fashion trends at your school. *Answers will vary.*

TIP **Reporting an interview.** You may transcribe the interview verbatim, or simply summarize it with occasional quotes from the speaker. Your report should begin with an interesting title and brief introduction, include some examples or a quote, and end with a conclusion.

Organizar	Use an idea map to organize the interview questions and develop an outline for your report. Then brainstorm a title for the report.
Escribir	Using your outline as a guide, write the first draft of your report.
Corregir	Exchange papers with a classmate and comment on the report's title, introduction, organization, level of interest, grammatical accuracy, and conclusion. Then revise your first draft with your classmate's comments in mind.
Compartir	Exchange reports in groups of four. Give a superlative title to each report on the basis of its strongest points, for example, "best use of Spanish" or "most interesting questions."

3 EVALUATION

Criteria	Scale
Content	1 2 3 4
Organization	1 2 3 4
Accuracy	1 2 3 4
Oral Presentation	1 2 3 4
Creativity	1 2 3 4

Scoring

Excellent	18–20 points
Good	14–17 points
Satisfactory	10–13 points
Unsatisfactory	< 10 points

4 Un paso más Develop a business plan to open a clothing store in a Spanish-speaking country. *Answers will vary.*

- Choose a location for your store.
- Decide which products you are going to sell and select an appealing name for your store.
- Include a visual presentation of your products.
- Itemize your prices and expected profits.
- Explain why you think your store will be successful (**va a tener éxito**).

5 Conexión Internet Go to **vhlcentral.com** and research these topics.

- Tiendas y almacenes hispanos
- Las monedas de los países hispanos

NATIONAL connections communities STANDARDS

ACTIVITY PACK For additional activities, go to the **Activity Pack** in the **Resources** section of the Supersite.

4 EXPANSION Have students work in pairs to create a mini drama of a meeting with the banker whose financial backing is critical. Remind students that the meeting should reflect a formal, business-like atmosphere. Would the class as a whole back the business plan? · Why or why not?

4 EVALUATION

Criteria	Scale
Content	1 2 3 4 5
Organization	1 2 3 4 5
Accuracy	1 2 3 4 5
Creativity	1 2 3 4 5

Scoring

Excellent	18–20 points
Good	14–17 points
Satisfactory	10–13 points
Unsatisfactory	< 10 points

Antes de leer

Audio: Reading
Additional Reading

Skimming involves quickly reading through a document to absorb its general meaning. This strategy allows you to understand the main ideas without having to read word for word.

GAME Write down items of clothing on slips of paper. Divide the class into two teams. Have a member of one team draw a slip from a hat. That team member mimes putting on the item of clothing while the other team guesses what it is. The team with the most correct answers wins.

Examinar el texto

Look at the format of the reading selection. How is it organized? What does the organization of the document tell you about its content?

Buscar cognados

Scan the reading selection to locate at least five cognates. Based on the cognates, what do you think the reading selection is about?

1. _____
2. _____
3. _____
4. _____
5. _____

Answers will vary. Suggested answers for 1–5: colores, blusas, accesorios, pantalones, precios.

6. The reading selection is about __a sale in a store__.

Impresiones generales

Now skim the reading selection to understand its general meaning. Jot down your impressions. What new information did you learn about the document by skimming it? Based on all the information you now have, answer these questions in Spanish.

1. Who created this document?
   una tienda/un almacén
2. What is its purpose?
   vender ropa
3. Who is its intended audience?
   gente que quiere comprar ropa

👑 Corona

◀ ▶ ⟳ http://corona.cl

¡Corona tiene las ofertas más locas del verano!

La tienda más elegante de la ciudad con precios increíbles

niños | **mujeres** | casa | baño | equipaje

Faldas largas
Algodón.
De distintos colores
Talla mediana
Precio especial: 30.000 pesos

Blusas de seda
De cuadros y de lunares
Ahora: 31.000 pesos
40% de rebaja

Vestido de algodón
Colores blanco,
azul y verde
Ahora: 58.000 pesos
30% de rebaja

Accesorios
Cinturones, gafas de sol,
sombreros, medias
Diversos estilos
Todos con un 40% de rebaja

Carteras
Colores anaranjado,
blanco, rosado y amarillo
Ahora: 40.000 pesos
50% de rebaja

Sandalias de playa
Números del 35 al 38
A sólo 25.000 pesos
50% de descuento

Lunes a sábado de 9 a 21 horas.
Domingo de 10 a 14 horas.

Real° Liquidación°

¡La rebaja está de moda en Corona!

¡Grandes rebajas!

y con la tarjeta de crédito más conveniente del mercado.

bebé | **hombres** | jardín | joyas | electrónica

Chaquetas
Microfibra. Colores negro, café y gris
Tallas: P, M, G, XG
Ahora: 72.500 pesos

Traje inglés
Modelos originales
Ahora: 105.000 pesos
30% de rebaja

Pantalones
Colores negro, gris y café
Ahora: 68.000 pesos
30% de rebaja

Accesorios
Gafas de sol, corbatas, cinturones, calcetines
Diversos estilos
Todos con un 40% de rebaja

Zapatos
Italianos y franceses
Números del 40 al 45
A sólo 60.000 pesos

Ropa interior
Tallas: P, M, G
Colores blanco, negro y gris
40% de rebaja

Real *Royal* Liquidación *Clearance sale*

Por la compra de 40.000 pesos, puede llevar un regalo de nuestra tienda:
- Un cinturón de mujer
- Un par de calcetines
- Una corbata de seda
- Una bolsa para la playa
- Una mochila
- Unas medias

Después de leer

¿Comprendiste?

Indicate whether each statement is **cierto** or **falso**. Correct the false statements.

Cierto	Falso	
✓		**1.** Hay sandalias de playa.
✓		**2.** El almacén Corona tiene un departamento de zapatos.
	✓	**3.** Corona abre a las nueve de la mañana los domingos. *Abre a las diez de la mañana.*
✓		**4.** Una elegante chaqueta café cuesta 72.500 pesos.
	✓	**5.** Las corbatas para hombre tienen una rebaja del 25%. *Tienen una rebaja del 40%.*
	✓	**6.** Normalmente las sandalias cuestan 22.000 pesos. *Normalmente cuestan 25.000 pesos.*
✓		**7.** El almacén Corona acepta tarjetas de crédito.
	✓	**8.** Cuando gastas 30.000 pesos en la tienda, llevas un regalo. *Cuando gastas 40.000 pesos en la tienda, llevas un regalo.*

Preguntas

Answer these questions.

1. ¿Cuánto cuestan los zapatos de hombre?
Los zapatos de hombre cuestan 60.000 pesos.

2. ¿Hay rebaja de blusas de algodón (*cotton*)?
No, hay rebaja de blusas de seda.

3. ¿Hay rebaja de ropa para niños?
No, no hay rebaja de ropa para niños.

4. ¿Hay rebaja de minifaldas?
No, hay rebaja de faldas largas.

Coméntalo

Imagine that you are going shopping at Corona. Answer these questions: ¿Qué ropa vas a comprar? ¿Hay tiendas similares a Corona en tu comunidad? ¿Cómo se llaman? ¿Tienen muchas rebajas? Answers will vary.

Vocabulary Tools

La ropa y los accesorios

el abrigo	coat
los bluejeans	jeans
la blusa	blouse
la bolsa	bag; purse
las botas	boots
los calcetines	socks
la camisa	shirt
la camiseta	t-shirt
la cartera	wallet
la chaqueta	jacket
el cinturón	belt
la corbata	tie
la falda	skirt
las gafas (de sol)	(sun)glasses
los guantes	gloves
el impermeable	raincoat
las medias	pantyhose, stockings
los pantalones	pants
los pantalones cortos	shorts
el par de zapatos	pair of shoes
la ropa	clothing, clothes
la ropa interior	underwear
las sandalias	sandals
el sombrero	hat
el suéter	sweater
el traje	suit
el traje de baño	bathing suit
el vestido	dress
los zapatos de tenis	sneakers

As students finish the lesson, encourage them to explore the **Repaso** section on the Supersite. There they will find quizzes for practicing vocabulary, grammar, and oral language.

Adjetivos

barato/a	cheap
bueno/a	good
cada	each
caro/a	expensive
corto/a	short (in length)
elegante	elegant
hermoso/a	beautiful
largo/a	long
loco/a	crazy
nuevo/a	new
otro/a	other; another
pobre	poor
rico/a	rich

De compras

el almacén	department store
la caja	cash register
el centro comercial	shopping mall
el/la cliente/a	client
el/la dependiente/a	clerk
el dinero	money
el mercado (al aire libre)	(open-air) market
el precio (fijo)	(fixed, set) price
la rebaja	sale
el regalo	gift
la tarjeta de crédito	credit card
la tienda	shop, store
el/la vendedor(a)	salesperson
costar (o:ue)	to cost
gastar	to spend (money)
hacer juego (con)	to match
ir de compras	to go shopping
llevar	to wear; to take
pagar (con)	to pay (with)
prestar	to loan
regatear	to bargain
usar	to wear; to use
vender	to sell

Palabras y expresiones

anoche	last night
anteayer	the day before yesterday
el año pasado	last year
ayer	yesterday
de repente	suddenly
desde	from
hasta	until
pasado/a	(adj.) last; past
la semana pasada	last week
una vez	once; one time
dos veces	twice; two times
ya	already
el beso	kiss
la mentira	lie
la verdad	truth
¿Qué hicieron ellos/ellas?	What did they do?
¿Qué hicieron ustedes?	What did you (form., pl.) do?
¿Qué hiciste?	What did you (fam., sing.) do?
¿Qué hizo él/ella?	What did he/she do?
¿Qué hizo usted?	What did you (form., sing.) do?
acabar de (+ inf.)	to have just done something
dar	to give
decir	to say; to tell

Los colores	See page 121.
Numbers 101 and higher	See page 128.
Indirect object pronouns	See page 132.
Demonstrative adjectives and pronouns	See page 134.

¡VIVAN LOS PAÍSES HISPANOS!

Cada año miles de personas de todo el mundo (*world*) llegan al Caribe para disfrutar (*to enjoy*) de sus encantos. De aguas cálidas (*warm*) y transparentes, el mar caribeño rodea (*surrounds*) las costas (*coasts*) de Cuba, Puerto Rico y la República Dominicana. Además de sus increíbles playas, el Caribe goza de (*enjoys*) un clima tropical todo el año y posee una enorme variedad de plantas y animales exóticos. ¿Te gustaría (*Would you like*) ir al Caribe algún (*some*) día?

El Caribe

Puerto Rico

Área: 8.870 km² (3.425 millas²)
Población: 3.667.000
Capital: San Juan – 2.730.000
Ciudades principales: Caguas, Mayagüez, Ponce
Moneda: dólar estadounidense

SOURCE: Population Division, UN Secretariat & CIA World Factbook

Cuba

Área: 109.890 km² (42.429 millas²)
Población: 11.061.000
Capital: La Habana – 2.116.000
Ciudades principales: Santiago de Cuba, Camagüey, Holguín, Guantánamo
Moneda: peso cubano

SOURCE: Population Division, UN Secretariat & CIA World Factbook

República Dominicana

Área: 48.670 km² (18.790 millas²)
Población: 10.349.000
Capital: Santo Domingo – 2.191.000
Ciudades principales: Santiago de los Caballeros, La Vega
Moneda: peso dominicano

SOURCE: Population Division, UN Secretariat & CIA World Factbook

Video: *Panorama cultural*
Interactive map

Lugares

La Habana Vieja

La Habana Vieja es uno de los lugares más maravillosos de Cuba. Este distrito fue declarado (*was declared*) Patrimonio (*Heritage*) Cultural de la Humanidad por la UNESCO en 1982. En la Plaza de Armas, se puede visitar el majestuoso Palacio de Capitanes Generales, que ahora es un museo. En la calle (*street*) Obispo, frecuentada por el escritor Ernest Hemingway, hay hermosos cafés, clubes nocturnos y tiendas elegantes.

ESTADOS UNIDOS

Plaza de la Catedral en La Habana

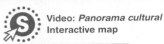

ISLAS BAHAMAS

Estrecho de la Florida

La Habana

Cordillera de
los Órganos

Isla de
la Juventud

CUBA

Deportes

El béisbol

Para algunos latinoamericanos, el béisbol es más que un deporte. Los primeros países hispanos en tener una liga fueron Cuba y México, donde se empezó a jugar al béisbol en el siglo (*century*) XIX. Hoy día este deporte es una afición nacional en la República Dominicana. Pedro Martínez y David Ortiz son sólo dos de los muchísimos beisbolistas dominicanos que han alcanzado (*have reached*) gran éxito e inmensa popularidad entre los aficionados.

Mar de las Antillas

Camagüey •

Holguín •

Sierra Maestra
Santiago de Cuba •
Guantána

JAMAICA

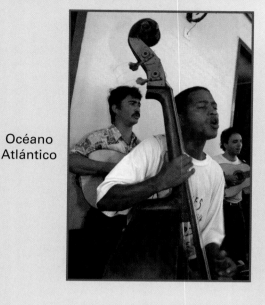

Océano
Atlántico

Música

La salsa y el merengue

Hoy día Puerto Rico es el centro internacional de la salsa. El Gran Combo de Puerto Rico, por ejemplo, es una de las orquestas de salsa más famosas del mundo. Sin embargo (*Nevertheless*), este género musical, que comúnmente (*commonly*) se asocia con el Caribe, nació (*was born*) en barrios latinos de Nueva York como resultado de una mezcla (*mix*) de influencias puertorriqueñas, cubanas, africanas, españolas y de los Estados Unidos.

El merengue, el ritmo de la República Dominicana, tiene sus raíces (*roots*) en el campo. Tradicionalmente las canciones hablaban de los problemas sociales de los campesinos (*farmers*). Entre 1930 y 1960, el merengue se popularizó en las ciudades y adoptó un tono más urbano. Uno de los cantantes y compositores de merengue más famosos es Juan Luis Guerra.

Monumentos

El Morro

El Morro, el gran tesoro (*treasure*) de Puerto Rico, es un fuerte (*fort*) que está en la bahía (*bay*) de San Juan. Lo construyeron (*built*) los españoles en el siglo XVI para defenderse de los piratas. Desde 1961, El Morro es un museo que atrae (*attracts*) a miles de turistas. También es el sitio más fotografiado de Puerto Rico. La arquitectura del fuerte es impresionante: tiene túneles misteriosos, mazmorras (*dungeons*) y vistas (*views*) fabulosas de la bahía.

Puerto Plata

Santiago

HAITÍ

Río Yuna

LA REPÚBLICA DOMINICANA

Sierra de Neiba

Sierra de Baoruco

Santo Domingo

San Pedro de Macorís

Arecibo

San Juan

Fajardo

Isla Culebra

Mayagüez

Ponce

Isla de Vieques

PUERTO RICO

recursos

WB pp. 63-64

VM pp. 237-240

vhlcentral

Mar Caribe

¿Qué aprendiste?

1 ¿Cierto o falso? Indica si estas oraciones son **ciertas** o **falsas**.

Cierto	Falso	
	✓	**1.** El mar Caribe está al oeste de América Central.
✓		**2.** El área de Cuba es mayor que el área de Puerto Rico.
✓		**3.** San Juan es la capital de Puerto Rico.
✓		**4.** La Habana Vieja es Patrimonio Cultural de la Humanidad.
	✓	**5.** La Habana Vieja es la parte nueva de la capital de Cuba.
	✓	**6.** Los primeros países hispanos en tener una liga de béisbol fueron Cuba y Puerto Rico.
✓		**7.** El béisbol es el deporte de afición nacional de la República Dominicana.
✓		**8.** La salsa nació en Nueva York.
	✓	**9.** El merengue tiene sus raíces en la ciudad.
✓		**10.** Juan Luis Guerra es un cantante de merengue.
	✓	**11.** El Morro fue construido (*was built*) por piratas en el siglo XVI.
✓		**12.** El Morro es actualmente un museo.

2 Preguntas Answer the questions in complete sentences. Answers will vary.

1. ¿Cuál de los países del Caribe te parece interesante visitar? ¿Por qué?
2. ¿Por qué crees que la Habana Vieja fue declarada Patrimonio Cultural de la Humanidad?
3. ¿Practicas béisbol? ¿Qué equipos de béisbol conoces? ¿Cuál es tu equipo favorito?
4. ¿Te gustan la salsa y el merengue? ¿Conoces (*Do you know*) bandas o artistas famosos de estos géneros musicales?
5. ¿Qué país del Caribe quieres visitar en tus próximas vacaciones? ¿Por qué?

3 Conexión Internet Go to **vhlcentral.com** and research these topics.

- Cubanos y puertorriqueños célebres
- Ecoturismo y lugares para visitar en el Caribe

Practice more at **vhlcentral.com**.

7 La vida diaria

PARA EMPEZAR Here are some additional questions: ¿Con quién vives? ¿Qué actividades diarias compartes con él o ella? ¿Organizan planes para los fines de semana? ¿Te gusta esa persona? ¿Por qué?

Communicative Goals

You will learn how to:
- talk about daily routines and personal hygiene
- reassure someone
- tell where you went

Para empezar

- ¿Dónde están ellas: en el patio o en el baño?
- ¿Crees que es de día o de noche? ¿Por qué?
- ¿Van a salir o acaban de llegar?
- ¿Crees que a ellas les gusta estar a la moda? ¿Por qué?

La vida diaria

 Vocabulary Tools

LA HIGIENE PERSONAL

cepillarse el pelo *to brush one's hair*

ducharse *to shower*

lavarse la cara *to wash one's face*

las manos *to wash one's hands*

maquillarse *to put on makeup*

peinarse *to comb one's hair*

el baño *bathroom*

el champú *shampoo*

la crema de afeitar *shaving cream*

el maquillaje *makeup*

la toalla *towel*

el despertador
alarm clock

el espejo
mirror

SUGGESTION Use the Digital Image Bank to present the new vocabulary. Create two columns on the board and write **Por la mañana** and **Por la noche** at the top. Discuss your own morning and evening routines and write the infinitive form of each activity in the appropriate column. Ex: **Por la mañana me despierto a las 7:00**. You write **despertarse** under **Por la mañana**. Then ask students to fill in the columns with other infinitive forms.

cepillarse los dientes
to brush one's teeth

afeitarse
to shave

el jabón
soap

SUGGESTION Point out the pronoun **se** that accompanies the infinitives on this spread. Explain that the **se** indicates that these are reflexive verbs, which they will learn more about in 7.1. For now, show them the correlation between the infinitive and the third-person conjugation. **Acostarse: Él/Ella se acuesta.**

bañarse
to bathe; to take a bath

POR LA MAÑANA Y POR LA NOCHE

acostarse (o:ue) *to lie down; to go to bed*
despertarse (e:ie) *to wake up*
vestirse (e:i) *to get dressed*

dormirse (o:ue)
to go to sleep; to fall asleep

levantarse
to get up

Se lava las manos.
She washes her hands.

EXPANSION Divide the class into small groups. Have students take turns miming actions associated with daily routines. The other group members should guess the verb or verb phrase. You may want to have students use only infinitive forms at this point. Ex: A student mimes washing their hands. **(lavarse las manos)**

ASÍ SE DICE Point out these lexical items:
afeitarse → rasurarse (*Méx., Amér. C.*)
la ducha → la regadera (*Col., Méx., Venez.*)
ducharse → bañarse (*Amér. L.*)

Se ducha.
He takes a shower.

OTRAS PALABRAS Y EXPRESIONES

la rutina diaria *daily routine*
antes (de) *before*
después *afterward; then*
después de *after*
durante *during*
entonces *then*
luego *afterward; then*
más tarde *later (on)*
por la mañana *in the morning*
por la noche *at night*
por la tarde *in the afternoon; in the (early) evening*
por último *finally*
siempre *always*
también *also; too*

TEACHING OPTION Have students write out the most important four daily routine activities. With a partner, have them organize those activities in the most logical order using adverbs of time. Go over answers as a class. Ex: **Ducharse después de levantarse.**

VOCABULARIO ADICIONAL For additional vocabulary on this theme, go to **Vocabulario adicional** in the **Resources** section of the Supersite.

ciento cuarenta y siete **147**

1 SCRIPT For the script, go to the Supersite.

2 SCRIPT For the script, go to the Supersite.

Práctica y conversación

1 ¿Cierto o falso? Escucha las oraciones, mira las fotos e indica si cada frase es **cierta** o **falsa**.

	Cierto	Falso
1.	✓	
2.	✓	
3.		✓
4.	✓	
5.	✓	
6.		✓
7.	✓	
8.		✓

1. 2. 3. 4.

5. 6. 7. 8.

2 SUGGESTION Have students rephrase the illogical sentences so that they are logical.

2 Escuchar Escucha las oraciones e indica si cada oración es **lógica** o **ilógica**.

	1.	2.	3.	4.	5.	6.
Lógico		✓		✓	✓	
Ilógico	✓		✓			✓

3 EXPANSION Ask follow-up questions about each item. Ex: ¿Qué más necesita Manuel para vestirse? (zapatos de tenis) ¿Qué hace Daniel antes de acostarse? (Se cepilla los dientes.)

3 TEACHING OPTION Name daily routine activities and have students make a list of the words that they associate with each one. Ex: **lavarse las manos: el jabón, el baño, el agua, la toalla**.

3 Identificar Con un(a) compañero/a, indica qué necesitan estas personas para realizar (*to perform*) estas acciones.

MODELO
Manuel / vestirse
Estudiante 1: ¿Qué necesita Manuel para (*in order to*) vestirse?
Estudiante 2: Necesita una camiseta y unos pantalones.

1. Daniel / acostarse
E1: ¿Qué necesita Daniel para acostarse?
E2: Necesita una cama.

2. Raúl / despertarse
E1: ¿Qué necesita Raúl para despertarse?
E2: Necesita un despertador.

3. Mercedes / lavarse la cara
E1: ¿Qué necesita Mercedes para lavarse la cara?
E2: Necesita jabón y una toalla.

4. Leonardo / afeitarse
E1: ¿Qué necesita Leonardo para afeitarse?
E2: Necesita crema de afeitar.

5. Sofía / lavarse el pelo
E1: ¿Qué necesita Sofía para lavarse el pelo?
E2: Necesita champú.

6. Yolanda / maquillarse
E1: ¿Qué necesita Yolanda para maquillarse?
E2: Necesita un espejo y maquillaje.

recursos
WB
pp. 65–66
LM
p. 37
vhlcentral

4 Describir Con un(a) compañero/a, describe la rutina diaria de dos o tres de estas personas. Usen las palabras de la lista. Answers will vary.

primero	durante el día	después
luego	antes	después de
entonces	antes de	por último

1. mi mejor (*best*) amigo/a
2. nuestro/a profesor(a) de español
3. mi padre/madre
4. mi compañero/a de cuarto

4 TEACHING OPTION In groups of three or four, have students choose a famous person and describe his or her daily routine. Have volunteers read their descriptions for the class to guess who is being described.

SUGGESTION Point out that the word **primero** can be used in this context to express sequence. Ex: **Primero, Juan se ducha. Luego se viste.**

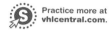
Practice more at **vhlcentral.com.**

Pronunciación The consonant r Audio

ropa	**r**utina	**r**ico	**R**amón

In Spanish, **r** has a strong trilled sound at the beginning of a word. No English words have a trill, but English speakers often produce a trill when they imitate the sound of a motor.

EXPANSION To practice the **r** and **rr** sounds, give students this sentence: **El carro corre por la carretera, pero el tren corre por el ferrocarril.**

gusta**r**	du**r**ante	p**r**imero	c**r**ema

In any other position, **r** has a weak sound similar to the English *tt* in *better* or the English *dd* in *ladder*. In contrast to English, the tongue touches the roof of the mouth behind the teeth.

EXPANSION Have students close their books. To help students discriminate between **r** and **rr**, pronounce the pairs **caro/carro** and **pero/perro**. Write each word on the board as you pronounce it. Then say them in random order and have students identify which word you said.

piza**rr**a	co**rr**o	ma**rr**ón	abu**rr**ido

The letter combination **rr**, which only appears between vowels, always has a strong trilled sound.

caro	ca**rr**o	pero	pe**rr**o

Between vowels, the difference between the strong trilled **rr** and the weak **r** is very important, as a mispronunciation could lead to confusion between two different words.

Refranes Lee en voz alta los refranes, prestando atención a la **r** y a la **rr**.

Perro que ladra no muerde.[1]

No se ganó Zamora en una hora.[2]

1 The dog's bark is worse than its bite.
2 Rome wasn't built in a day.

recursos

LM p. 38

vhlcentral

Practice more at **vhlcentral.com.**

¡Necesito arreglarme! Video: Fotonovela

NATIONAL communication cultures STANDARDS

Es viernes por la tarde y Marissa, Jimena y Felipe se preparan para salir.

Expresiones útiles

Talking about getting ready

Necesito arreglarme.
I need to get ready.
Me estoy lavando la cara.
I'm washing my face.
¿Te importa si me maquillo primero?
Is it OK with you if I put on my makeup first?
Tú te arreglas el pelo y después yo me maquillo.
You fix your hair and then I'll put on my makeup.
Todavía me falta cambiarme la camisa.
I still have to change my shirt.

Reassuring someone

Tranquilo/a.
Relax.
No te preocupes.
Don't worry.

Talking about past actions

¿Cuándo fue la última vez que viste a Juan Carlos?
When was the last time you saw Juan Carlos?
Cuando fuimos a Mérida.
When we went to Mérida.

Talking about likes and dislikes

Me fascinan las películas de Almodóvar.
I love Almodóvar's movies.
Me encanta la música en vivo.
I love live music.
Me molesta compartir el baño.
It bothers me to share the bathroom.

Additional vocabulary

encontrarse con *to meet up with*
molestar *to bother*
nadie *no one*

MARISSA ¿Hola? ¿Está ocupado?

JIMENA Sí. Me estoy lavando la cara.

MARISSA Necesito usar el baño.

VIDEO SYNOPSIS Marissa, Felipe, and Jimena all have plans to go out on a Friday night, but must compete for space in front of the mirror as they get ready. Felipe wins and manages to shave. Marissa convinces Jimena to skip the library and go with her to the movies.

MARISSA Tengo que terminar de arreglarme. Voy al cine esta noche.

JIMENA Yo también tengo que salir. ¿Te importa si me maquillo primero? Me voy a encontrar con mi amiga Elena en una hora.

JIMENA ¡Felipe! ¿Qué estás haciendo?

FELIPE Me estoy afeitando. ¿Hay algún problema?

JIMENA ¡Siempre haces lo mismo!

FELIPE Pues, yo no vi a nadie aquí.

JIMENA ¿Por qué no te afeitaste por la mañana?

FELIPE Porque cada vez que quiero usar el baño, una de ustedes está aquí. O bañándose o maquillándose.

JIMENA No te preocupes, Marissa. Llegaste primero. Entonces, te arreglas el pelo y después me maquillo.

FELIPE ¿Y yo? Tengo crema de afeitar en la cara. No me voy a ir. Estoy aquí y aquí me quedo.

---

recursos
VM pp. 181–182
vhlcentral

MARISSA **JIMENA** **FELIPE**

MARISSA Tú ganas. ¿Adónde vas a ir esta noche, Felipe?

FELIPE Juan Carlos y yo vamos a ir a un café en el centro. Siempre hay música en vivo. Me siento guapísimo. Todavía me falta cambiarme la camisa.

MARISSA ¿Adónde vas esta noche?

JIMENA A la biblioteca.

MARISSA ¡Es viernes! ¡Nadie debe estudiar los viernes! Voy a ver una película de Pedro Almodóvar con unas amigas.

MARISSA ¿Por qué no vienen tú y Elena al cine con nosotras? Después, podemos ir a ese café y molestar a Felipe.

JIMENA No sé.

MARISSA ¿Cuándo fue la última vez que viste a Juan Carlos?

JIMENA Cuando fuimos a Mérida.

MARISSA A ti te gusta ese chico.

JIMENA No tengo idea de qué estás hablando. Si no te importa, nos vemos en el cine.

Actividades

1 ¿Cierto o falso? Indica si lo que dicen estas oraciones es **cierto** o **falso**. Corrige las oraciones falsas.

1. Marissa va a ver una película de Pedro Almodóvar con unas amigas. **Cierto.**
2. Jimena se va a encontrar con Elena en dos horas. **Falso.** Jimena se va a encontrar con Elena en una hora.
3. Felipe se siente muy feo después de afeitarse. **Falso.** Felipe se siente guapísimo después de afeitarse.
4. Jimena quiere maquillarse. **Cierto.**
5. Marissa quiere ir al café para molestar a Juan Carlos. **Falso.** Marissa quiere ir al café para molestar a Felipe.

2 Ordenar Ordena correctamente los planes que tiene Marissa.

- _5_ **a.** Voy al café.
- _2_ **b.** Me arreglo el pelo.
- _6_ **c.** Molesto a Felipe.
- _3_ **d.** Me encuentro con unas amigas.
- _1_ **e.** Entro al baño.
- _4_ **f.** Voy al cine.

3 En el baño Trabaja en parejas para representar el conflicto entre dos compañeros/as de cuarto que deben usar el baño al mismo tiempo. Answers will vary.

Estudiante 1

1. Di (*Say*) que quieres arreglarte porque vas a ir al cine.
2. Pregunta si puedes secarte el pelo.
3. Di que puede lavarse la cara, pero que después necesitas secarte el pelo.

Estudiante 2

1. Di (*Say*) que necesitas arreglarte porque te vas a encontrar con tus amigos/as.
2. Responde que no porque necesitas lavarte la cara.
3. Di que después necesitas peinarte.

Additional Reading
Video

NATIONAL
comparisons
cultures
communities
STANDARDS

La siesta

¿Sientes cansancio° después de comer? ¿Te cuesta° volver al trabajo° o a clase después del almuerzo? Estas sensaciones son normales. A muchas personas les gusta relajarse° después de almorzar. Este momento de descanso es **la siesta**. La siesta es popular en los países hispanos y viene de una antigua costumbre° del área del Mediterráneo. La palabra *siesta* viene del latín, y significa "sexta hora". La sexta hora del día es después del mediodía, el momento de más calor. Debido al° calor y al cansancio, los habitantes de España, Italia, Grecia e incluso Portugal, tienen la costumbre de dormir la siesta desde hace° más

de° dos mil años. Los españoles y los portugueses llevaron la costumbre a los países americanos.

Aunque° hoy día esta costumbre está desapareciendo° en las grandes ciudades, la siesta todavía es importante en la cultura hispana. En pueblos pequeños, por ejemplo, muchas oficinas° y tiendas tienen la costumbre de cerrar por dos o tres horas después del mediodía. Los empleados van a su casa, almuerzan con sus familias, duermen la siesta o hacen actividades, como ir al gimnasio, y luego regresan al trabajo entre las 2:30 y las 4:30 de la tarde.

Los estudios científicos explican que una siesta corta después de almorzar ayuda° a trabajar más y mejor° durante la tarde. Pero ¡cuidado! Esta siesta debe durar° sólo entre veinte y cuarenta minutos. Si dormimos más, entramos en la fase de sueño profundo y es difícil despertarse.

Hoy, algunas empresas° de los EE.UU., Canadá, Japón, Inglaterra y Alemania tienen salas° especiales donde los empleados pueden dormir la siesta.

Sientes cansancio *Do you feel tired*   Te cuesta *Is it hard for you*
trabajo *work*   relajarse *to relax*   antigua costumbre *old custom*
Debido al *Due to*   desde hace *since*   más de *more than*
Aunque *Although*   está desapareciendo *is disappearing*
oficinas *offices*   ayuda *helps*   mejor *better*   durar *last*
algunas empresas *some businesses*   salas *rooms*

¿Dónde duermen la siesta?

■ Costumbre antigua
■ Costumbre nueva

En los lugares donde la siesta es una costumbre antigua, las personas la duermen en su casa. En los países donde la siesta es una costumbre nueva, la gente duerme en sus lugares de trabajo o en centros de siesta.

recursos

VM
pp. 213–214

vhlcentral

ACTIVIDADES

1 **¿Cierto o falso?** Indica si lo que dicen las oraciones es **cierto** o **falso**. Corrige la información falsa.

MODELO

Los españoles acostumbran dormir la siesta desde hace doscientos años.

Falso. La costumbre de dormir la siesta tiene más de dos mil años.

1. La costumbre de la siesta empezó en Asia. **Falso.**
   La costumbre de la siesta empezó en el área del Mediterráneo.
2. La palabra *siesta* está relacionada con la sexta hora del día. **Cierto.**
3. Los españoles y los portugueses llevaron la costumbre de la siesta a Latinoamérica. **Cierto.**
4. La siesta ayuda a trabajar más y mejor durante la tarde. **Cierto.**
5. Los horarios de trabajo de las grandes ciudades hispanas son los mismos que en los pueblos pequeños. **Falso.** En las grandes ciudades hispanas la costumbre de la siesta está desapareciendo.
6. Una siesta larga siempre es mejor que una siesta corta.
   Falso. La siesta debe durar entre veinte y cuarenta minutos.
7. En los Estados Unidos, los empleados de algunas empresas pueden dormir la siesta en el trabajo. **Cierto.**
8. Es fácil despertar de un sueño profundo.
   Falso. Es difícil despertar de un sueño profundo.

2 **Una nueva costumbre** Con un(a) compañero/a, imagina que las tiendas y comercios en donde vives deciden adoptar la costumbre de la hora de la siesta. ¿Es una buena idea? ¿Cómo afecta esta nueva costumbre tu vida diaria? ¿Qué debes hacer para adaptarte?

3 **Hora de la siesta** Imagina que las siestas son obligatorias en los colegios y en las universidades. ¿Qué impacto tendría esto? Explica tu respuesta.

4 **Conexión Internet** Investiga en el sitio **vhlcentral.com** qué costumbres son populares en los países hispanos.

Flash CULTURA

Tapas para todos los días

1 **Preparación** En el área donde vives, ¿qué hacen las personas normalmente después del trabajo (*work*)? ¿Van a sus casas? ¿Salen con amigos? ¿Comen?

2 **El video** Mira el episodio de **Flash Cultura.**

Vocabulario

económicas *inexpensive*
montaditos *bread slices with assorted toppings*
pagar propinas *to tip*
tapar el hambre *to take the edge off (lit. putting the lid on one's hunger)*

—¿Cuándo sueles° venir a tomar tapas?
—Generalmente después del trabajo.

Estos son los montaditos, o también llamados pinchos. ¿Te gustan?

°**sueles** *do you tend*

3 **Ordenar** Ordena estos eventos de manera lógica.

_5_ **a.** El empleado cuenta los palillos (*counts the toothpicks*) de los montaditos que Mari Carmen comió.

_2_ **b.** Mari Carmen va al barrio de la Ribera.

_1_ **c.** Un hombre dice cuándo toma tapas.

_3_ **d.** Un hombre explica la tradición de los montaditos o pinchos.

_4_ **e.** Mari Carmen le pregunta a la chica si los montaditos son buenos para la salud.

¿Te importa si me maquillo primero?

A las chicas les encanta maquillarse durante horas y horas.

7.1 Reflexive verbs
Tutorial

▶ A reflexive verb is used to indicate that the subject does something to or for himself or herself. Reflexive verbs always use reflexive pronouns.

SUBJECT	REFLEXIVE VERB
Carlos	**se afeita** todos los días.

SUGGESTION Have students turn to the **Escenas fotonovela**. Use reflexive verbs from this lesson to ask short questions about the characters. Have students answer in complete sentences.

The verb lavarse (to wash oneself)

yo	me lavo	*I wash (myself)*	nosotros/as	nos lavamos	*we wash (ourselves)*
tú	te lavas	*you wash (yourself)*	vosotros/as	os laváis	*you wash (yourself)*
usted	se lava	*you wash (yourself)*	ustedes	se lavan	*you wash (yourself)*
él/ella	se lava	*he/she washes (himself/herself)*	ellos/ellas	se lavan	*they wash (themselves)*

▶ When a reflexive verb is conjugated, the reflexive pronoun agrees with the subject:
Me peino.

▶ Reflexive pronouns follow the same rules for placement as object pronouns. They are placed before the conjugated verb, or attached to the infinitive or present participle. When a pronoun is attached to the participle, an accent mark is added.

José **se** levanta temprano.
José gets up early.

José **se** va a levantar temprano.
José va a levantar**se** temprano.
José is going to get up early.

Carlos **se** afeita.
Carlos shaves.

Carlos está afeitándo**se**.
Carlos **se** está afeitando.
Carlos is shaving.

Common reflexive verbs

acordarse (de) (o:ue)	to remember	irse	to go away; to leave	preocuparse (por)	to worry (about)
acostarse (o:ue)	to go to bed				
afeitarse	to shave	lavarse	to wash oneself	probarse (o:ue)	to try on
bañarse	to bathe; to take a bath	levantarse	to get up	quedarse	to stay
		llamarse	to be named	quitarse	to take off
cepillarse	to brush	maquillarse	to put on makeup	sentarse (e:ie)	to sit down
despertarse (e:ie)	to wake up	peinarse	to comb one's hair	sentirse (e:ie)	to feel
dormirse (o:ue)	to go to sleep	ponerse	to put on	vestirse (e:i)	to get dressed
ducharse	to shower	ponerse + (adj.)	to become + (adj.)		
enojarse	to get angry				

¡ojo!
Unlike English, Spanish uses the definite article, not a possessive adjective, when referring to clothing or parts of the body.
Se quitó **los** zapatos.
He took off his shoes.
Me cepillé **los** dientes.
I brushed my teeth.

SUGGESTION Explain that the definite article is used rather than a possessive because reflexive pronouns make it clear whose part of the body or clothing it is.

Refer students to the **recursos** box in **Ampliación** for complete information.

▶ Many Spanish verbs can be reflexive. If the verb acts upon the subject, use the reflexive form. If the verb acts upon something else, use the non-reflexive form.

Lola **lava** los platos.
Lola washes dishes.

Isabel **se lava** la cara.
Isabel washes her face.

▶ Reflexive verbs and their non-reflexive counterparts sometimes have different meanings.

acordar	acordarse	levantar	levantarse
to agree	*to remember*	*to lift*	*to get up*

NATIONAL communication STANDARDS

Práctica y conversación

ACTIVITY PACK For additional activities, go to the **Activity Pack** in the **Resources** section of the Supersite.

1 Emparejar Empareja cada foto con la oración correspondiente. Luego, indica qué oraciones tienen verbos reflexivos.

1.

2.

3.

4.

¿Reflexivo?

__2__	**a.** Julia se enoja.	✓
__1__	**b.** Manuela baña a su hija.	
__4__	**c.** Estela se pone los calcetines.	✓
__3__	**d.** Ramón se cepilla los dientes.	✓

2 Preguntas En parejas, túrnense para hacerse estas preguntas. Answers will vary.

1. ¿Cuándo te enojas?
2. ¿Cuándo te sientes feliz?
3. ¿A qué hora te despertaste ayer?
4. ¿A qué hora te levantaste hoy?
5. ¿Te cepillaste los dientes esta mañana?
6. ¿Te lavas las manos antes de comer?
7. ¿Te duermes antes o después de la medianoche?
8. ¿A qué hora te vas a acostar esta noche?

3 Conversaciones Completa las conversaciones con la forma apropiada de los verbos.

MARIO Tú (1) __lavaste__ [lavar / lavarse] los platos ayer, ¿no?

TOMÁS Sí, los (2) __lavé__ [lavar / lavarse] después de las clases.

BEATRIZ ¿Normalmente (tú) (3) __te duchas__ [duchar / ducharse] antes de ir a clase?

DAVID Sí, (4) __me ducho__ [duchar / ducharse] por la mañana.

MAMÁ Niños, ¿a qué hora (5) __se acostaron__ [acostar / acostarse] ustedes anoche?

PABLO Daniela (6) __se acostó__ [acostar / acostarse] a las nueve, pero nosotros (7) __nos acostamos__ [acostar/acostarse] a las ocho.

ANA Yo (8) __me siento__ [sentir / sentirse] nerviosa hoy.

PATRICIA Bueno... tú siempre (9) __te sientes__ [sentir / sentirse] nerviosa antes de un examen.

4 Charadas En grupos, jueguen a las charadas. Cada persona debe pensar en dos oraciones con verbos reflexivos. La primera persona que adivina la charada dramatiza la siguiente (*next one*). Answers will vary.

5 Entrevista Primero, prepara una lista con las actividades que hiciste (*you did*) anoche. Luego, compara con un(a) compañero/a las actividades y toma apuntes (*notes*) de lo que hizo él/ella (*what he/she did*). Sigue el modelo para el primer paso (*step*). Answers will vary.

6:00 p.m.	En el Centro Comercial. Me probé un vestido.
7:30 p.m.	Cine con Javier. Muy aburrido. Casi (*Almost*) me dormí.
9:00 p.m.	En el restaurante Cangrejo. Me enojé con Ana.
11:00 p.m.	Fiesta en casa de Antonio. Me acosté tarde.

7.2 Indefinite and negative words

Tutorial

¿Hay algún problema?

Yo tampoco me voy a ir.

SUGGESTION Point out that **ninguno/a** is rarely used in the plural Ex: —¿Visitaste algunos museos? —No, no visité ninguno.

SUGGESTION To provide oral practice with indefinite and negative words, create prompts that follow the pattern of the sentences in the explanations. Say the first part of the sentence, have students repeat it, then finish the sentence. Ex: **Latisha no se viste de azul hoy, sino ____ (de verde).**

▶ Indefinite words, such as *someone* or *something*, refer to people and things that are not specific. Negative words, like *no one* or *nothing*, deny the existence of people and things or contradict statements.

Indefinite and negative words

Indefinite words		Negative words	
algo	*something; anything*	nada	*nothing; not anything*
alguien	*someone; somebody; anyone*	nadie	*no one; nobody; not anyone*
alguno/a(s), algún	*some; any*	ninguno/a, ningún	*no; none; not any*
o... o	*either... or*	ni... ni	*neither... nor*
siempre	*always*	nunca, jamás	*never, not ever*
también	*also; too*	tampoco	*neither; not either*

▶ There are two ways to form negative sentences in Spanish. You can place the negative word before the verb, or you can place **no** before the verb and the negative word after the verb.

Nadie piensa en mí.	Ellos **nunca** se enojan.	**Ninguno** me gusta.	**Nada** me despierta.
No piensa **nadie** en mí.	Ellos **no** se enojan **nunca**.	**No** me gusta **ninguno**.	**No** me despierta **nada**.
Nobody thinks of me.	*They never get angry.*	*I don't like any.*	*Nothing wakes me up.*

▶ In Spanish, sentences frequently contain two or more negative words. Once a sentence is negative, all indefinite ideas must be expressed in the negative.

Ella **no** tiene **ninguna** idea.
She doesn't have any idea.

Jamás me preocupo por **nada**.
I never worry about anything.

Nunca te pido **nada**.
I never ask you for anything.

Tampoco me acuerdo de **nadie**.
I don't remember anyone either.

¡ojo!

Before a masculine, singular noun, **alguno** and **ninguno** are shortened to **algún** and **ningún**.

—¿Tienen ustedes **algún** amigo peruano?
Do you have a Peruvian friend?

—No, no tenemos **ningún** amigo peruano.
No, we don't have any Peruvian friends.

Note that the personal **a** is not used with these words when they function as adjectives.

▶ **Alguien** and **nadie** are often used with the personal **a**. The personal **a** is also used before **alguno/a**, **algunos/as**, and **ninguno/a** when these words refer to people and are the direct object of a verb.

Carlos, ¿ves **a alguien** allí?
Carlos, do you see someone there?

No, no veo **a nadie**.
No, I don't see anyone.

¿Oyes **a alguno** de los chicos?
Do you hear any of the boys?

No, no oigo **a ninguno**.
No, I don't hear any of them.

SUGGESTION Let students know that **alguno, algunos/as** are not always used in the same way English uses *some* or *any*. Often, **algún** is used where *a* would be used in English. Ex: **¿Tienes algún libro que hable de los incas?** *Do you have a book that talks about the Incas?*

▶ Although the conjunctions **pero** and **sino** both mean *but*, they are not interchangeable. **Sino** is used when the first part of a sentence is negative and the second part contradicts it. In this context, **sino** means *but rather* or *on the contrary*. In all other cases, **pero** is used to mean *but*.

No se acuesta temprano, **sino** tarde.
*He doesn't go to bed early, **but rather** late.*

No queremos irnos, **sino** quedarnos.
*We don't want to leave, **but rather** stay.*

Canto, **pero** nunca en público.
*I sing, **but** never in public.*

Me desperté a las once, **pero** estoy cansada.
*I woke up at eleven, **but** I'm tired.*

Práctica y conversación

1 **La familia de Claudia** Completa las oraciones con **pero**
o **sino**.

MODELO

Mi abuela es aburrida, ___pero___ amable.

1. No me ducho por la mañana, ___sino___ por
la noche.
2. A mí no me gusta nadar, ___sino___ correr.
3. Mi hermana María Luisa es alta, ___pero___ delgada.
4. Mi hermano Emilio no es moreno, ___sino___ rubio.
5. Mis padres no se acuestan temprano, ___sino___
tarde.
6. Mi primo Manuel es inteligente, ___pero___ no
es interesante.
7. Mi madre y yo siempre nos despertamos temprano,
___pero___ nunca estamos cansadas.
8. Mi amiga Mariana es pequeña, ___pero___
fuerte (*strong*).

2 **Completar** Completa esta conversación con oraciones que
tengan (*have*) palabras negativas.

MODELO

ALFONSO: Ana María, ¿encontraste algún regalo para Elena?

ANA MARÍA: No, no encontré ningún regalo/nada
para Elena.

ALFONSO ¿Viste a alguna amiga en el centro comercial?
ANA MARÍA (1) No, no vi a ninguna amiga/nadie en el centro comercial.

ALFONSO ¿Quieres ir al teatro o al cine esta noche?
ANA MARÍA (2) No, no quiero ir ni al teatro ni al cine.

ALFONSO ¿Quieres salir a comer?
ANA MARÍA (3) No, no quiero salir a comer (tampoco).

ALFONSO ¿Hay algo interesante en la televisión
esta noche?
ANA MARÍA (4) No, no hay nada interesante en la televisión.

ALFONSO ¿Tienes algún problema?
ANA MARÍA (5) No, no tengo ningún problema/ninguno.

ALFONSO ¿Eres siempre antipática?
ANA MARÍA (6) No, nunca soy antipática.

3 **Quejas** Con un(a) compañero/a, prepara una lista
de cinco quejas (*complaints*) comunes que tienen los
estudiantes universitarios. Usen expresiones negativas.
Answers will vary.

MODELO

Nadie me entiende.
¡Jamás puedo
levantarme tarde!

Ahora preparen una lista de cinco quejas que los padres
tienen de sus hijos.

MODELO

Nunca limpian sus
habitaciones.
¡No se lavan las
manos tampoco!

4 **Anuncios** Con un(a) compañero/a, lee el anuncio (*ad*) y
prepara otro similar sobre cualquier tipo de producto. Usa
expresiones afirmativas y negativas. Answers will vary.

¿Buscas algún producto especial?

¡No vas a poder
resistirte jamás a las **ofertas**
de las tiendas **García** !

 Practice more at **vhlcentral.com**.

NATIONAL comparisons STANDARDS

7.3 Preterite of **ser** and **ir**

 Tutorial

▶ The preterite forms of **ser** (*to be*) and **ir** (*to go*) are irregular, so you will need to memorize them. None of these forms has an accent mark.

¿Cuándo fue la última vez que viste a Juan Carlos?

Cuando fuimos a Mérida.

Preterite of *ser* and *ir*		
	ser *to be*	ir *to go*
yo	fui	fui
tú	fuiste	fuiste
usted/él/ella	fue	fue
nosotros/as	fuimos	fuimos
vosotros/as	fuisteis	fuisteis
ustedes/ellos/ellas	fueron	fueron

SUGGESTION Play the **Escenas fotonovela** video module and have students listen for preterite forms of **ser** and **ir**. Stop the video with each example to illustrate how context makes the meaning of the verb clear.

▶ Since the preterite forms of **ser** and **ir** are identical, the context clarifies which verb is being used.

Lucía **fue** a ver una película.
Lucía went to see a film.

Fui a Barcelona el año pasado.
I went to Barcelona last year.

La película **fue** muy interesante.
The film was very interesting.

Fue un viaje maravilloso.
It was a wonderful trip.

SUGGESTION Have students scan the advertisement and identify the preterite forms of **ser** and **ir**.
SUGGESTION Ask students these questions about the advertisement: ¿Cómo se siente el hombre del anuncio? ¿Por qué fue a Solario? ¿Cómo fue su visita? En tu opinión, ¿se acuerda este hombre de sus responsabilidades diarias mientras está en Solario? En tu opinión, ¿va a volver a Solario este hombre? ¿Por qué?

ESPAÑOL EN VIVO

Solario
Siempre te estamos esperando

Fue una experiencia increíble

"Cuando fui a Solario, me olvidé° de todo. Fui para despedirme de° todas mis preocupaciones y descubrir° los efectos calmantes del agua° de las lagunas. Después de bañarme en las aguas termales, se me fueron el cansancio° y el estrés. Fueron unas vacaciones extraordinarias."

30% de descuento sobre precios de nuestra página web

Hurtado 316 ◆ Teléfono: (506) 2327-3410 ◆ info@solario.com ◆ www.solario.com

NATIONAL communication cultures STANDARDS

olvidé *I forgot*
despedirme de *to say goodbye to*
descubrir *to discover*
agua *water* cansancio *fatigue*

1 EXPANSION To challenge students, have them identify which verb (**ser** vs. **ir**) they are using for each blank.

Práctica y conversación

1 Conversación Completa esta conversación con la forma correcta del pretérito de **ser** o **ir**.

ANDRÉS Cristina y Vicente (1) _____fueron_____ novios, ¿no?

LAURA Sí, pero ahora Cristina sale con Luis. Anoche ella (2) _____fue_____ a comer con él y la semana pasada ellos (3) _____fueron_____ al partido de fútbol.

ANDRÉS ¿Ah, sí? Mercedes y yo (4) _____fuimos_____ al partido y no los vimos.

LAURA ¿(5) _____Fuiste_____ tú con Mercedes? Y, ¿cómo (6) _____fue_____ el partido?

ANDRÉS (7) _____Fue_____ muy divertido. ¡Lo pasamos genial! Pero... ¡qué extraño! Nosotros (8) _____fuimos_____ al café Paraíso y vimos a Vicente con la hermana de Cristina.

LAURA ¿Él (9) _____fue_____ al café Paraíso con su hermana? ¡Qué horror!

2 Oraciones Forma oraciones con los siguientes elementos. Usa el pretérito. *Answers will vary.*

Sujetos	Verbos	Actividades
yo		a un restaurante
tú		en autobús a Nueva York
mis amigos/as		estudiante(s)
nosotros/as		a una discoteca en Buenos Aires
ustedes	(no) ir	muy amable
Antonio Banderas	(no) ser	a casa muy tarde
Julieta Venegas		a la playa con su novio/a
		dependiente/a en una tienda

3 Preguntas En parejas, túrnense para hacerse las siguientes preguntas. *Answers will vary.*

1. ¿Adónde fuiste de vacaciones el año pasado?
2. ¿Con quién fuiste?
3. ¿Cómo fueron tus vacaciones?
4. ¿Fuiste de compras esta semana? ¿Qué compraste?
5. ¿Cómo se llama la última película que viste?
6. ¿Cuándo fuiste a ver la película?
7. ¿Cómo fue?
8. ¿Adónde fuiste durante el fin de semana? ¿Por qué?

4 El fin de semana pasado Con un(a) compañero/a, habla de lo que hiciste (*what you did*) el fin de semana pasado por la mañana, por la tarde y por la noche. Luego comparte la información con la clase. *Answers will vary.*

	Yo	Mi compañero/a
Por la mañana	_____	_____
	_____	_____
	_____	_____
Por la tarde	_____	_____
	_____	_____
	_____	_____
Por la noche	_____	_____
	_____	_____
	_____	_____

5 Veinte preguntas En grupos pequeños, jueguen a las veinte preguntas. Una persona elige un personaje (*personality*) famoso. El resto del grupo hace preguntas hasta adivinar quién es. Los estudiantes deben hacer preguntas afirmativas o negativas con los verbos en el pretérito que conocen. *Answers will vary.*

- Barack Obama
- Oprah Winfrey
- Alejandro González Iñárritu
- Jennifer Aniston
- Alex Rodriguez

7.4 Gustar and verbs like gustar

Tutorial

▶ **Me gusta(n)** and **te gusta(n)** express the concepts of *I like* and *you* (fam.) *like*. The literal meaning of **gustar** is *to be pleasing to (someone)*.

Me gusta ese champú.
That shampoo is pleasing to me.
I like that shampoo.

¿**Te gustan** los deportes?
Are sports pleasing to you?
Do you like sports?

¿Te gusta
Juan Carlos?

▶ **Me gusta(n)** and similar constructions require an indirect object pronoun. In Spanish, the object or thing being liked (**el champú**) is the subject of the sentence. The person who likes the object is an indirect object that answers the question *to whom is the shampoo pleasing?*

INDIRECT OBJECT PRONOUN	VERB	SUBJECT	SUBJECT	VERB	DIRECT OBJECT
Me	gusta	ese champú.	I	like	that shampoo.

Me gustan los cafés
que tienen música
en vivo.

▶ **Gustar** and similar verbs are usually used in the third-person singular and plural. When the object or person liked is singular, the form **gusta** is used. When two or more objects or persons are liked, **gustan** is used.

SINGULAR	me, te, le	gusta gustó	la película el concierto
PLURAL	nos, os, les	gustan gustaron	las computadoras los libros

¡ojo!

To express the English equivalent of *would like* (*something* or *to do something*), use the construction [*i.o. pronoun*] + **gustaría(n)**.

¿**Te gustaría** ver esa película?
Would you like to see that movie?

Me gustarían unos días sin clases.
I would like a few days without class.

▶ To express what someone likes or does not like to do, the singular form **gusta** is used, followed by one or more infinitives.

Me gusta levantarme tarde.
I like to get up late.

Me gusta comer y **dormir**.
I like to eat and sleep.

SUGGESTION Point out that **mí** (*me*) has an accent mark to distinguish it from the possessive adjective **mi** (*my*).

▶ The construction **a** + [*personal pronoun*] (**a mí, a ti, a usted, a él, a ella, a nosotros/as, a vosotros/as, a ustedes, a ellos, a ellas**) clarifies or emphasizes the people who are pleased. **A** + [*noun*] can also be used.

A mí me gusta levantarme temprano. ¿Y **a ti**?
I like to get up early. How about you?

Al profesor le gustó el libro.
The teacher liked the book.

SUGGESTION Remind students to repeat the personal **a** if there is more than one person. Put this example on the board:
A Armando y **a Gabriela** les molesta levantarse temprano.

▶ Here is a list of common verbs used in the same way as **gustar**.

Verbs like *gustar*

aburrir	to bore	fascinar	to fascinate; to like very much	interesar	to be interesting to; to interest
encantar	to like very much; to love (objects)	importar	to be important to; to matter	molestar	to bother; to annoy
faltar	to lack; to need			quedar	to be left over; to fit (clothing)

▶ **Faltar** expresses what is lacking or missing. **Quedar** expresses how much of something is left and is also used to talk about how clothing fits or looks on someone.

Le falta dinero.	**Me faltan** dos pesos.	**Nos quedan** cinco libros.	La falda **te queda** bien.
He/she is short of money.	*I need two more pesos.*	*We have five books left.*	*The skirt looks good on you.*

SUGGESTION Have pairs prepare short TV commercials in which they use the target verbs presented in **Gramática 7.4** to sell a particular product. Group three pairs together so that each pair presents their skit to four other students.

Práctica y conversación

1 Completar Completa estas oraciones con los elementos necesarios.

1. A ___mí___ me ___gusta___ [gustar] más la música de Ricky Martin.
2. A mis amigos ___les molesta___ [molestar] la música de esa cantante.
3. ___A___ Juan y ___a___ Rafael les ___fascina___ [fascinar] la música de Shakira.
4. ___A___ nosotros ___nos importan___ [importar] los grupos de pop latino.
5. Creo que al señor Gómez ___le interesa___ [interesar] más la música clásica.
6. A ___mí___ me ___aburre___ [aburrir] la música clásica.
7. ¿A ___ti___ te ___falta___ [faltar] dinero para el concierto de Jennifer López?
8. Sí. Sólo ___me quedan___ [quedar] cinco dólares.

2 Describir Describe los dibujos con uno de los siguientes verbos: **aburrir, encantar, faltar, interesar, molestar, quedar.**

1. A Mauricio / libros
A Mauricio le interesan/
encantan los libros.

3. A Lorena / despertador
A Lorena le molesta
el despertador.

2. A nosotros / bailar
A nosotros nos encanta bailar.

4. A ti / camisa
A ti te queda grande la camisa.

3 Preguntas Con un(a) compañero/a, túrnate para hacer y contestar estas preguntas. *Answers will vary.*

1. ¿Te gusta levantarte temprano o tarde? ¿Por qué?
2. ¿Te molesta cuando tu compañero/a de cuarto se levanta muy temprano?
3. ¿Te gustaría poder dormir la siesta todos los días? ¿Por qué?
4. ¿Te gusta ducharte por la mañana o por la noche?
5. ¿Te gustaría ir de tapas todos los días después de las clases?
6. ¿Te aburren los fines de semana que no sales con amigos?
7. ¿Qué te gusta de esta universidad? ¿Qué te molesta? ¿Hay algo que le falta a esta universidad?
8. ¿Te interesan más las ciencias o las humanidades? ¿Por qué?

4 Conversar Con un(a) compañero/a, representa una conversación entre un(a) cliente/a y un(a) dependiente/a en una tienda de ropa. Sigue las instrucciones. *Answers will vary.*

Dependiente/a	Cliente/a
1. Saluda al/a la cliente/a y pregúntale en qué le puedes servir.	2. Saluda al/a la dependiente/a y dile (*tell him/her*) qué quieres comprar.
3. Pregúntale qué estilos le interesan y empieza a mostrarle la ropa.	4. Explícale que te interesan los estilos modernos. Escoge las cosas que te interesan.
5. Habla de las preferencias de la temporada (*trends*).	6. Habla de la ropa (me queda(n) bien/mal, me encanta(n)…).
7. Da opiniones favorables al/a la cliente/a (las botas le quedan fantásticas…).	8. Decide qué cosas te gustan y qué vas a comprar.

Practice more at vhlcentral.com.

ACTIVITY PACK For additional activities, go to the Activity Pack in the Resources section of the Supersite. *ciento sesenta y uno* **161**

1 SCRIPT For the script, go to the Supersite.

Ampliación

Audio: Activity
Video: TV Clip

1 Escuchar

A Escucha la entrevista entre Carolina y Julián, teniendo en cuenta (*taking into account*) tus conocimientos sobre este tipo de situación. Elige la opción que completa correctamente cada oración. Answers will vary.

TIP Use background information. Use what you already know about a topic to help you guess the meaning of unknown words or linguistic structures.

1. Julián es…
   a. político.   **b.** deportista profesional.
   c. artista de cine.

2. El público (*audience*) de Julián quiere saber de…
   a. sus películas.   **b.** su vida (*life*).   **c.** su novia.

3. Julián habla de…
   a. sus viajes y sus rutinas.   **b.** sus parientes y amigos.
   c. sus comidas (*foods*) favoritas.

4. Julián…
   a. se levanta y se acuesta a horas diferentes todos los días.
   b. tiene una rutina diaria.   **c.** no quiere hablar de su vida.

B ¿Crees que Julián siempre fue rico? ¿Por qué? ¿Qué piensas de Julián como persona?

2 Conversar
Conversa con un(a) compañero/a sobre lo que hiciste ayer. Sigue estas preguntas.
Answers will vary.

- ¿A qué hora te levantaste ayer? ¿Usaste un despertador?
- ¿Te bañaste o te duchaste? ¿Cuánto tiempo te tomó?
- ¿Qué ropa te pusiste?
- ¿Cuántas veces te cepillaste los dientes ayer?
- ¿Adónde fuiste ayer después de las clases?
- ¿A qué hora te acostaste anoche?
- ¿Te gusta mirar la televisión antes de acostarte?

Inform students that the material listed in the **recursos** box applies to the complete **Gramática** section.

recursos

WB
pp. 67–74

LM
pp. 39–42

vhlcentral

3 SUGGESTION Have students who have chosen the same location get together to brainstorm how their daily routines would change.

3 Escribir Escribe una composición en la que describes tu rutina diaria en algún lugar interesante (una isla desierta, el Polo Norte, el desierto, etc.). Considera cómo pueden cambiar los elementos básicos de tu rutina: ¿Dónde te acuestas? ¿Cómo te bañas? Answers will vary.

TIP Use adverbs to sequence events. You can use adverbs and adverbial phrases as transitions between the introduction, the body, and the conclusion of a narrative.

3 EVALUATION

Criteria	Scale
Content	1 2 3 4 5
Organization	1 2 3 4 5
Use of vocabulary	1 2 3 4 5
Grammatical accuracy	1 2 3 4 5

Scoring
Excellent	18–20 points
Good	14–17 points
Satisfactory	10–13 points
Unsatisfactory	< 10 points

Organizar	Utiliza estos adverbios para organizar la secuencia de tu composición: **primero, después, luego, más tarde** y **al final**. Anota ideas que respondan a estas preguntas: **¿qué?, ¿quién?, ¿cuándo?, ¿dónde?, ¿cómo?** y **¿por qué?**
Escribir	Utiliza tus notas para escribir el primer borrador *(draft)* de la composición.
Corregir	Intercambia tu composición con un(a) compañero/a. Comenta sobre la introducción, la secuencia de eventos, el nivel *(level)* de interés y los errores de gramática o de ortografía. Revisa el primer borrador según las indicaciones de tu compañero/a.
Compartir	Intercambia tu composición con otro/a compañero/a. Lee su trabajo y comparte con la clase tres ideas que te gustaron *(you liked)* de su composición.

NATIONAL STANDARDS connections communities

4 SUGGESTION Students may search for information on the Internet. They can also gather maps, magazines or tourism information from the local library or travel agencies. Encourage them to use visuals to illustrate their brochures.

4 Un paso más Planea un viaje a un lugar famoso del mundo hispano. Haz un folleto *(brochure)* con elementos visuales y esta información: Answers will vary.

- Presenta el itinerario de cada día del viaje e indica la hora para cada actividad.
- Describe el país, una breve *(brief)* historia del lugar y también las actividades programadas para el viaje.
- Comenta sobre los restaurantes, el transporte y los hoteles.
- Describe la rutina diaria de un viajero típico.

5 Conexión Internet Investiga estos temas en el sitio **vhlcentral.com**.

- Lugares de interés en España
- Lugares de interés en Latinoamérica

ACTIVITY PACK For additional activities, go to the **Activity Pack** in the **Resources** section of the Supersite.

4 EXPANSION Have students research typical foods and local restaurants, transportation, tourist attractions and their hours of operation, local customs, shopping for typical crafts of the region, etc.

PERÚ
Tierra de los incas

Agencia IncaTour
Cuzco, Perú

Antes de leer

 Audio: Reading
Additional Reading

Predicting content from the title will help you increase your reading comprehension in Spanish. In English, for example, readers can usually predict the content of a newspaper article from its headline.

Examinar el texto

Lee el título de la lectura y haz tres predicciones sobre el contenido. Escribe tus predicciones en una hoja de papel. Answers will vary.

Compartir

Comparte tus ideas con un(a) compañero/a. Answers will vary.

Cognados

Escribe una lista de cuatro cognados que encuentres en la lectura. Answers will vary.

1. _____
2. _____
3. _____
4. _____

¿Qué te dicen los cognados sobre el tema de la lectura?

SUGGESTION Possible cognates: **desastrosa**, **autobús**, **televisión**, **cereales**, **sándwiches**, **botas**, **teléfono**, **automóvil**, **clases**. Discuss how scanning a text for cognates can help predict the content.

EXPANSION In groups, have students rewrite the story from the perspective of Yolanda and Dolores.

SUGGESTION In pairs, have students write their own version of ¡Una mañana desastrosa! based on their own experiences.

15 de octubre
¡Una mañana desastrosa!

—Me levanté de la cama a las seis y media.

Esta mañana me levanté de la cama a las seis y media y corrí a despertar a mis dos hijas. —Yolanda, Dolores, van a perder el autobús de la escuela, —les grité°. Pero ellas no se despertaron. Jamás se despiertan temprano. Siempre se sientan a ver la televisión por la noche y se acuestan muy tarde.

—Corrimos para llegar a la parada del autobús.

Yolanda y Dolores salieron de la casa sin° cepillarse los dientes, pero eso no importa. Por lo menos se acordaron de ponerse las botas y el abrigo antes de irse. Corrimos para llegar a la parada° del autobús de la escuela, que pasa a las siete de la mañana.

—Nunca llegó el autobús.

Esperamos media hora, pero nunc llegó el autobús. Regresamos a casa. Llamamos por teléfono° a escuela, pero nadie contestó. Tomamos el automóvil y salimo de casa.

—¡Por fin se despertaron mis hijas!

...or fin se despertaron! Medio dormidas y medio enojadas°, ...las entraron al baño para lavarse la cara y peinarse. Luego ...olvieron a su habitación para vestirse. Yo fui a la cocina ...ara prepararles el desayuno°. A mis hijas les encanta ...omer un buen desayuno, pero hoy les di° cereales y les ...reparé dos sándwiches para el almuerzo°.

—¡Hoy es sábado!

Llegamos a la escuela antes de las ocho y entonces me di cuenta de que° hoy es sábado. ¡Y los sábados no hay clases!

grité *I shouted*   Medio dormidas y medio enojadas *Half asleep and half angry*
desayuno *breakfast*   di *I gave*   almuerzo *lunch*   sin *without*   parada *stop*
Llamamos por teléfono *We called on the phone*   me di cuenta de que *I realized that*

Después de leer

¿Comprendiste?

Selecciona la respuesta correcta.

1. ¿Quién es el/la narrador(a)?
   (a.) el padre de las chicas   b. Yolanda
   c. Dolores

2. ¿A qué hora se despertó el papá?
   a. a las seis de la mañana (b.) a las seis y media
   c. a las siete y media

3. ¿Qué comieron las chicas antes de salir de la casa?
   a. un sándwich (b.) cereales
   c. dos sándwiches

4. ¿Cómo fueron las chicas a la escuela?
   a. Corrieron. b. Fueron en autobús.
   (c.) Fueron en automóvil.

Preguntas

Responde estas preguntas con oraciones completas.

1. ¿Por qué nunca se despiertan temprano las chicas?
   Las chicas nunca se despiertan temprano porque siempre se acuestan muy tarde.

2. ¿Se bañaron las chicas esta mañana?
   No, no se bañaron.

3. ¿A qué hora llega generalmente el autobús?
   Llega a las siete de la mañana.

4. ¿A qué hora llegó el autobús hoy?
   El autobús nunca llegó.

5. ¿Por qué no contestó nadie cuando llamaron a la escuela?
   No contestó nadie porque no hay clases los sábados.

Coméntalo

¿Qué crees que le dicen Yolanda y Dolores a su papá después de volver de la escuela? Imagina que eres el papá, ¿cómo responderías (*would you respond*) a lo que te dicen las chicas? Answers will vary.

Vocabulary Tools

Los verbos reflexivos

acordarse (de) (o:ue)	to remember
acostarse (o:ue)	to lie down; to go to bed
afeitarse	to shave
bañarse	to bathe; to take a bath
cepillarse el pelo	to brush one's hair
cepillarse los dientes	to brush one's teeth
despertarse (e:ie)	to wake up
dormirse (o:ue)	to go to sleep; to fall asleep
ducharse	to shower
enojarse	to get angry
irse	to go away; to leave
lavarse la cara	to wash one's face
lavarse las manos	to wash one's hands
levantarse	to get up
llamarse	to be named
maquillarse	to put on makeup
peinarse	to comb one's hair
ponerse	to put on
ponerse + [adj.]	to become + [adj.]
preocuparse (por)	to worry (about)
probarse (o:ue)	to try on
quedarse	to stay
quitarse	to take off
sentarse (e:ie)	to sit down
sentirse (e:ie)	to feel
vestirse (e:i)	to get dressed

La higiene personal

el baño	bathroom
el champú	shampoo
la crema de afeitar	shaving cream
el espejo	mirror
el jabón	soap
el maquillaje	makeup
la toalla	towel

Verbos como *gustar*

aburrir	to bore
encantar	to like very much; to love (objects)
faltar	to lack; to need
fascinar	to fascinate; to like very much
gustar	to be pleasing to; to like
importar	to be important to; to matter
interesar	to be interesting to; to interest
me gustaría(n)…	I would like…
molestar	to bother; to annoy
quedar	to be left over; to fit (clothing)

As students finish the lesson, encourage them to explore the **Repaso** section on the Supersite. There they will find quizzes for practicing vocabulary, grammar, and oral language.

Otras palabras y expresiones

el despertador	alarm clock
la rutina diaria	daily routine
antes (de)	before
después	afterward; then
después de	after
durante	during
entonces	then
luego	afterward; then
más tarde	later (on)
por la mañana	in the morning
por la noche	at night
por la tarde	in the afternoon; in the (early) evening
por último	finally
siempre	always
también	also; too

Indefinite and negative words	See page 156.
Pero and sino	See page 156.

8 ¡A comer!

PARA EMPEZAR Here are some additional questions: ¿Siempre comes algo cuando te despiertas por la mañana? ¿Comes generalmente solo o con tu familia? ¿Sales a comer a restaurantes con frecuencia? ¿Por qué?

Para empezar

- ¿Quiénes son los muchachos?
- ¿Dónde están?
- ¿Qué están haciendo?
- ¿Crees que están contentos?

x

Communicative Goals

You will learn how to:
- talk about food
- order at a restaurant
- discuss familiar people and places

PREPARACIÓN

pages 168–171
- Words related to restaurants and meals
- Adjectives that describe food
- The letters **ll**, **ñ**, **c**, and **z**

ESCENAS

pages 172–173
- Miguel and Maru are at one of Mexico City's best restaurants enjoying a romantic dinner... until Felipe and Juan Carlos show up.

EXPLORACIÓN

pages 174–175
- Bajo la lupa: *Frutas y verduras de América*
- Flash Cultura: *La comida latina*

GRAMÁTICA

pages 176–185
- Preterite of stem-changing verbs
- Double object pronouns
- **Saber** and **conocer**
- Comparatives and superlatives

LECTURA

pages 186–187
- Newspaper website restaurant review: *Cinco estrellas para El Palmito*

SUGGESTION Mention some typical dishes and have students list the necessary ingredients. Ex: **una ensalada verde, una ensalada de fruta, un sándwich, una hamburguesa.**

¡A comer!

 Vocabulary Tools

el camarero
waiter

el menú
menu

EN UN RESTAURANTE

el/la dueño/a *owner*

el plato (principal) *(main) dish*

el almuerzo *lunch*

la cena *dinner*

la comida *food; meal*

el desayuno *breakfast*

almorzar (o:ue) *to have lunch*

cenar *to have dinner*

desayunar *to have breakfast*

pedir (e:i) *to order (food)*

probar (o:ue) *to taste; to try*

recomendar (e:ie) *to recommend*

servir (e:i) *to serve*

ASÍ SE DICE
Point out these lexical items:
los camarones → las gambas
el refresco → la gaseosa (Amé...
el sándwich → el bocadillo (Es...
la torta (Méx.)
la arveja → el guisante (Esp.),
el chícharo (Méx.)
la papa → la patata (Esp.)

los entremeses
hors d'oeuvres

EL GUSTO Y LOS SABORES

agrio/a *sour*

amargo/a *bitter*

delicioso/a *delicious*

dulce *sweet*

picante *spicy*

rico/a *tasty*

sabroso/a *delicious*

salado/a *salty*

el pollo (asado)
(roast) chicken

LAS CARNES, LOS PESCADOS Y LOS MARISCOS

el atún *tuna*

los camarones *shrimp*

la carne *meat*

de res *beef*

la chuleta de cerdo *pork chop*

la hamburguesa (vegetariana) *(veggie) hamburger*

el jamón *ham*

la langosta *lobster*

el pavo *turkey*

el pescado *fish*

la salchicha *sausage*

el salmón *salmon*

el bistec
steak

los mariscos
seafood

EXPANSION Review colors by having students associate them with foods. Ex: **las bananas (amarillas), los tomates (rojos)**.

LAS FRUTAS

la banana *banana*
el limón *lemon*
la manzana *apple*
la naranja *orange*
las uvas *grapes*

las frutas
fruit

EXPANSION Play *Twenty Questions*. Ask a volunteer to think of a food item. The other students ask yes/no questions until someone guesses the item correctly. Ex: **¿Es una fruta? ¿Es roja?**

SUGGESTION Point out that masculine or feminine articles, adjectives, and direct object pronouns can be used with **azúcar**.

la ensalada
salad

LOS GRANOS Y LAS VERDURAS

el ajo *garlic*
el arroz *rice*
las arvejas *peas*
la cebolla *onion*
los cereales *cereal; grain*
los frijoles *beans*
la lechuga *lettuce*
el maíz *corn*
la papa/patata *potato*
el tomate *tomato*
las verduras *vegetables*
la zanahoria *carrot*

los champiñones
mushrooms

LOS CONDIMENTOS Y OTRAS COMIDAS

el aceite *oil*
el azúcar *sugar*
el huevo *egg*
la mantequilla *butter*
la margarina *margarine*
la mayonesa *mayonnaise*
el pan (tostado) *(toasted) bread*
las papas/patatas fritas *French fries*
el queso *cheese*
la sal *salt*
la sopa *soup*
el vinagre *vinegar*

la pimienta
pepper

VOCABULARIO ADICIONAL
For additional vocabulary on this theme, go to **Vocabulario adicional** in the **Resources** section of the Supersite.

el sándwich
sandwich

LAS BEBIDAS

la bebida *drink; beverage*
la cerveza *beer*
el jugo (de fruta) *(fruit) juice*
la leche *milk*
el refresco *soft drink*
el té (helado) *(iced) tea*
el vino (blanco/tinto) *(white/red) wine*

el agua (f.) (mineral)
(mineral) water

el café
coffee

Práctica y conversación

NATIONAL communication STANDARDS

1 SCRIPT For the script, go to the Supersite.

1 **¿Lógico o ilógico?** Escucha las oraciones e indica si son **lógicas** o **ilógicas**.

	1.	2.	3.	4.	5.	6.	7.	8.
Lógico			✓		✓	✓		
Ilógico	✓	✓		✓			✓	✓

2 SCRIPT For the script, go to the Supersite.

2 **¿Qué pide Nora?** Lee las opciones de comidas y después escucha la conversación entre Nora y el camarero en un restaurante. Luego, indica las comidas y las bebidas que Nora pide.

RESTAURANTE **LAS FUENTES**
→ Avenida Las Lomas 22 ←

ENTREMESES
___ papas fritas
✓ cóctel de frutas con queso
___ sopa de verduras
___ sopa de pollo
✓ pan con mantequilla

PLATOS PRINCIPALES
___ sándwich de jamón y queso
___ pollo asado
___ hamburguesa
___ hamburguesa con queso
✓ enchiladas de res
___ enchiladas de queso

BEBIDAS
✓ agua mineral
___ té helado
___ leche
___ café
___ jugo de naranja

3 SUGGESTION Have students work in pairs to complete the sentences. Go over correct answers as a class.

3 **Completar** Completa las oraciones con las palabras correctas.

1. La persona que sirve la comida en un restaurante es el _____camarero_____.
2. Camarero, ¿puedo ver el _____menú_____, por favor?
3. El bistec y el jamón son dos tipos de _____carne_____.
4. El té helado, el café y los refrescos son _____bebidas_____.
5. Algo de color blanco que pongo en el café es _____el azúcar/la leche_____.
6. Las tres comidas principales del día son el _____desayuno_____, _____el almuerzo_____ y _____la cena_____.

4 TEACHING OPTION Bring in a copy of the USDA's MyPlate in Spanish and have students classify the food items they know into those categories.

recursos

WB
pp. 75–76

LM
p. 43

vhlcentral

4 **¿Qué es?** Describe cada uno de estos alimentos con alguna característica. Puedes decir de qué color es, qué sabor tiene o cuándo lo comes o lo tomas. Answers will vary.

MODELO
El limón es una fruta de color amarillo./Es una fruta agria./Le pongo limón a la ensalada.

1. El pollo es una carne blanca/sabrosa./ Lo como en el almuerzo o en la cena.

2. La papa es una verdura marrón/salada./ La como en la cena.

3. La lechuga es una verdura verde/amarga./ La como en las ensaladas.

4. La sal es un condimento blanco, y la pimienta es un condimento negro y picante./ Se las pongo a todas las comidas.

5. El jugo de naranja es una bebida anaranjada/ dulce./ Tomo jugo de naranja en el desayuno.

6. El bistec es salado/una carne roja./ Lo como en la cena.

7. La zanahoria es una verdura anaranjada/ deliciosa./ La como en las ensaladas.

8. Las uvas son dulces/ frutas moradas./ Las como en los entremeses.

5 Conversación Con un(a) compañero/a, contesta las preguntas. Answers will vary.

1. ¿Desayunas? ¿Qué comes y bebes por la mañana?
2. ¿Qué comes generalmente a la hora del almuerzo?
3. ¿Qué comidas prefieres para la cena?
4. ¿Qué tipos de comidas te gustan más: las dulces o las saladas?
5. ¿Te gustan las comidas picantes? ¿Cuáles?
6. ¿Te importa pagar más dinero por comer alimentos orgánicos?

Practice more at
vhlcentral.com.

5 SUGGESTION Have pairs report on their eating habits to the rest of the class.

5 SUGGESTION Point out to students that in addition to **beber**, the verb **tomar** is also used to express *to drink*.

5 SUGGESTION Mention that the mid-day meal is the largest one in the majority of Spanish-speaking countries.

ACTIVITY PACK For additional activities, go to the **Activity Pack** in the **Resources** section of the Supersite.

Pronunciación ll, ñ, c, and z

 Audio

NATIONAL comparisons STANDARDS

poll**o**   **ll**ave   e**ll**a   cebo**ll**a

Most Spanish speakers pronounce the letter **ll** like the *y* in *yes*.

mañana   se**ñ**or   ba**ñ**o   ni**ñ**a

The letter **ñ** is pronounced much like the *ny* in *canyon*.

café   **c**olombiano   **c**uando   ri**c**o

Before **a**, **o**, or **u**, the Spanish **c** is pronounced like the *c* in *car*.

cereales   deli**c**ioso   condu**c**ir   cono**c**er

Before **e** or **i**, the Spanish **c** is pronounced like the *s* in *sit*. (In parts of Spain, **c** before **e** or **i** is pronounced like the *th* in *think*.)

zeta   **z**anahoria   almuer**z**o   cerve**z**a

The Spanish **z** is pronounced like the *s* in *sit*. (In parts of Spain, **z** is pronounced like the *th* in *think*.)

Refranes Lee los refranes en voz alta.

SUGGESTION Model the pronunciation of each word or sentence, having students repeat after you.

SUGGESTION You may want to point out that in some regions of Argentina and Uruguay, speakers pronounce the letter **ll** like the sound *sh* in the word *ship*.

EXPANSION Pronounce these vocabulary words and have students repeat after you: **champiñones, comida, carne, cerdo, cena, dulce, picante, almuerzo.**

Panza llena,
corazón contento.[2]

Las apariencias
engañan.[1]

1 *Looks can be deceiving.*
2 *The way to a man's heart is through his stomach.*

 Practice more at **vhlcentral.com**.

recursos

LM
p. 44   vhlcentral

Una cena... romántica Video: Fotonovela

Maru y Miguel quieren tener una cena romántica, pero les espera una sorpresa.

Expresiones útiles

Ordering food

¿Qué me recomiendas?
What do you recommend?

Las chuletas de cerdo se ven muy buenas.
The pork chops look good.

¿Les gustaría saber nuestras especialidades del día?
Would you like to hear our specials?

Para el entremés, tenemos ceviche de camarón.
For an appetizer, we have shrimp ceviche.

De plato principal ofrecemos bistec con verduras a la plancha.
For a main course, we have beef with grilled vegetables.

Voy a probar el jamón.
I am going to try the ham.

Describing people and things

¡Qué bonitos! ¿Quién te los dio?
How pretty! Who gave them to you?

Me los compró un chico muy guapo e inteligente.
A really handsome, intelligent guy bought them for me.

¿Es tan guapo como yo?
Is he as handsome as I am?

Sí, como tú, guapísimo.
Yes, like you, very handsome.

Soy el peor camarero del mundo.
I am the worst waiter in the world.

Él es más responsable que yo.
He is more responsible than I am.

Additional vocabulary

el/la gerente *manager*
caballero *gentleman, sir*

MARU No sé qué pedir. ¿Qué me recomiendas?

MIGUEL No estoy seguro. Las chuletas de cerdo se ven muy buenas.

MARU ¿Vas a pedirlas?

MIGUEL No sé.

MIGUEL ¡Qué bonitos! ¿Quién te los dio?

MARU Me los compró un chico muy guapo e inteligente.

MIGUEL ¿Es tan guapo como yo?

MARU Sí, como tú, guapísimo.

(*El camarero llega a la mesa.*)

CAMARERO ¿Les gustaría saber nuestras especialidades del día?

MARU Sí, por favor.

CAMARERO Para el entremés, tenemos ceviche de camarón. De plato principal ofrecemos bistec con verduras a la plancha.

MARU Voy a probar el jamón.

CAMARERO Perfecto. ¿Y para usted, caballero?

MIGUEL Pollo asado con champiñones y papas, por favor.

CAMARERO Excelente.

MIGUEL Por nosotros.

MARU Dos años.

VIDEO SYNOPSIS Miguel and Maru are at one of Mexico City's best restaurants enjoying a romantic dinner to celebrate their second anniversary. Felipe and Juan Carlos show up and, while Juan Carlos distracts the waiter, Felipe serves the couple their food, making a mess of the table. To set things right with the manager, they must pay for dinner and wash the dishes.

recursos

VM
pp. 183–184 · vhlcentral

MARU **MIGUEL** **CAMARERO** **JUAN CARLOS** **FELIPE** **GERENTE**

PREVIEW Have the class predict the content of the **Escenas** based on its title and the video stills.

(*en otra parte del restaurante*)

JUAN CARLOS Disculpe. ¿Qué me puede contar del pollo? ¿Dónde lo consiguió el chef?

CAMARERO ¡Oiga! ¿Qué está haciendo?

FELIPE Los espárragos están sabrosísimos esta noche. Usted pidió el pollo, señor. Estos champiñones saben a mantequilla.

GERENTE ¿Qué pasa aquí, Esteban?

CAMARERO Lo siento señor. Me quitaron la comida.

GERENTE (*a Felipe*) Señor, ¿quién es usted? ¿Qué cree que está haciendo?

JUAN CARLOS Felipe y yo les servimos la comida a nuestros amigos. Pero desafortunadamente, salió todo mal.

FELIPE Soy el peor camarero del mundo. ¡Lo siento! Nosotros vamos a pagar la comida.

JUAN CARLOS ¿Nosotros?

FELIPE Todo esto fue idea tuya, Juan Carlos.

JUAN CARLOS ¿Mi idea? ¡Felipe! (*al gerente*) Señor, él es más responsable que yo.

GERENTE Tú y tú, vamos.

Actividades

1 **Escoger** Escoge la respuesta que completa mejor cada oración.

1. Miguel lleva a Maru a un restaurante para (almorzar / (cenar)).
2. El camarero les ofrece como plato principal (ceviche de camarón / (bistec con verduras a la plancha)).
3. Miguel va a pedir (langosta al horno / (pollo asado con champiñones y papas)).
4. Felipe les lleva la comida a sus amigos y prueba (el atún y la lechuga / (los espárragos y los champiñones)).

2 **Identificar** Indica quién puede decir estas oraciones.

1. Qué desastre. Soy un camarero muy malo. Felipe
2. Les recomiendo el bistec con verduras a la plancha. Camarero
3. Tal vez escoja las chuletas de cerdo, creo que son muy sabrosas. Miguel
4. ¿Cuál es el problema aquí? Gerente
5. Dígame las especialidades del día, por favor. Maru/Miguel
6. No fue mi idea. Felipe es más responsable que yo. Juan Carlos

3 **Situaciones** Con un(a) compañero/a, prepara este diálogo. Answers will vary.

- El/La camarero/a le pregunta a un(a) cliente/a qué le puede servir.
- El/La cliente/a pregunta cuál es la especialidad del restaurante.
- El/La camarero/a dice la especialidad y recomienda algunos platos del menú.
- El/La cliente/a pide entremeses, un plato principal y una bebida.
- El/La camarero/a le sirve la comida.

BAJO LA LUPA

Frutas y verduras de América

Additional Reading
Video: *Flash Cultura*

NATIONAL STANDARDS
comparisons
cultures
communities

Imagínate una pizza sin salsa° de tomate o una hamburguesa sin papas fritas. Ahora piensa que quieres ver una película, pero las palomitas de maíz° y el chocolate no existen. ¡Qué mundo° tan insípido°! Muchas de las comidas más populares del mundo tienen ingredientes esenciales que son originarios del continente americano. Tras la conquista de América, estas frutas y verduras fueron introducidas en Europa.

El tomate, por ejemplo, cuando llegó por primera vez a Europa, fue° usado como planta ornamental porque pensaron que era venenoso°. El maíz, por su parte, era° ya la base de la comida de muchas culturas latinoamericanas muchos siglos antes de la llegada de los españoles a sus tierras.

La papa fue un alimento° básico para los incas. Incluso consiguieron deshidratarla para almacenarla° por largos períodos de tiempo. El cacao (planta con la que se hace el chocolate) fue muy importante para los aztecas y los mayas. Ellos usaban sus semillas° como moneda° y como ingrediente de diversas salsas. También las molían° para preparar una bebida, mezclándolas° con agua ¡y con chile!

El aguacate°, la guayaba°, la papaya, la piña y el maracuyá (o fruta de la pasión) son otros ejemplos de frutas originarias de América que son hoy día conocidas en todo el mundo.

¿En qué alimentos encontramos estas frutas y verduras?

Tomate: pizza, ketchup, salsa de tomate, sopa de tomate
Maíz: palomitas de maíz, tamales, tortillas, arepas (Colombia y Venezuela), pan
Papa: papas fritas, frituras de papa°, puré de papas°, sopa de papas, tortilla de patatas (España)
Cacao: mole (México), chocolatinas°, cereales, helados°, tartas°
Aguacate: guacamole (México), cóctel de camarones, sopa de aguacate, nachos, enchiladas hondureñas

recursos

VM
pp. 215–216

vhlcentral

Mole

salsa *sauce*   palomitas de maíz *popcorn*   mundo *world*   insípido *flavorless*
fue *was*   venenoso *poisonous*   era *was*   alimento *food*   almacenarla *to store it*   semillas *seeds*   moneda *currency*   las molían *they used to grind them*   mezclándolas *mixing them*   aguacate *avocado*   guayaba *guava*   frituras de papa *chips*   puré de papas *mashed potatoes*   chocolatinas *chocolate bars*   helados *ice cream*   tartas *cakes*

ACTIVIDADES

1 ¿Cierto o falso? Indica si las oraciones son **ciertas** o **falsas**. Corrige la información falsa.

MODELO
En Colombia, los tamales se preparan con mole.
Falso. En Colombia, los tamales se preparan con maíz.

1. El cacao y el maíz se cultivaban en Europa antes de la conquista de América. *Falso. Fueron introducidos en Europa tras la conquista de América.*
2. El aguacate era usado como planta ornamental en Europa. *Falso. El tomate era usado como planta ornamental en Europa.*
3. Los incas consiguieron almacenar la papa por largos períodos gracias a que aprendieron a deshidratarla. *Cierto.*
4. Los aztecas y los mayas usaron las papas como moneda. *Falso. Los aztecas y los mayas usaron las semillas de cacao como moneda.*
5. El maíz era una comida poco popular en Latinoamérica. *Falso. El maíz era la base de la comida de muchas culturas en Latinoamérica.*
6. El aguacate era el alimento básico de los incas. *Falso. La papa era el alimento básico de los incas.*
7. Uno de los ingredientes principales del mole es el chocolate. *Cierto.*
8. El aguacate, la guayaba, la papaya, la piña y el maracuyá son frutas conocidas sólo en algunos países de América. *Falso. Estas frutas son conocidas en todo el mundo.*
9. Los incas pensaban que el tomate era venenoso. *Falso. Los europeos pensaban que el tomate era venenoso.*
10. El guacamole y las enchiladas hondureñas se preparan principalmente con aguacate. *Cierto.*

2 ¿Qué te gusta? Describe tres de tus comidas favoritas. ¿Tienen como ingrediente alguna fruta o verdura de América? ¿Qué ingredientes tienen?

3 Frutas y verduras Con un(a) compañero/a, contesta las preguntas. *Answers will vary.*

- ¿Te gustan las frutas y las verduras? ¿Qué frutas y verduras no te gustan? ¿Por qué?
- ¿Cómo es el sabor de las frutas y de las verduras de América? ¿Tienen alguna característica especial?

4 Conexión Internet Investiga en el sitio **vhlcentral.com** qué otros platos típicos puedes encontrar en los países hispanos.

Flash CULTURA

La comida latina

1 Preparación ¿Probaste alguna vez comida latina? ¿Qué plato? ¿La compraste en un supermercado o fuiste a un restaurante? ¿Te gustó?

2 El video Mira el episodio de **Flash Cultura**.

Vocabulario	
cocinar *to cook*	**¿Está lista para ordenar?**
condimentar *to season*	*Are you ready to order?*
	pruébala *try it, taste it*

Marta nos mostrará° algunos de los platos de la comida mexicana.

… hay más lugares donde podemos comprar productos hispanos.
°**mostrará** *will show*

3 ¿Cierto o falso? Indica si las oraciones son **ciertas** o **falsas**. Corrige la informacion falsa.

1. En Los Ángeles hay comida de países latinoamericanos y de España. *Cierto.*
2. Leticia explica que la tortilla del taco americano es blanda *(soft)* y la del taco mexicano es dura *(hard)*. *Falso. La tortilla del taco americano es dura y la del taco mexicano es blanda.*
3. Las ventas *(sales)* de salsa son bajas en los Estados Unidos. *Falso. Las ventas de salsa en los Estados Unidos han superado a las de kétchup.*
4. Leticia fue a un restaurante ecuatoriano. *Falso. Leticia fue a un restaurante cubano.*
5. Leticia probó Inca Kola en un supermercado. *Cierto.*

8.1 Preterite of stem-changing verbs

 Tutorial

¿Quién pidió
el jamón?

Yo lo pedí.

▶ As you know, **–ar** and **–er** stem-changing verbs have no stem change in the preterite. **–Ir** stem-changing verbs, however, do have a stem change.

Preterite of –ir stem-changing verbs

	servir e→i	morir (to die) o→u
yo	serví *I served*	morí *I died*
tú	serviste	moriste
usted/él/ella	sirvió	murió
nosotros/as	servimos	morimos
vosotros/as	servisteis	moristeis
ustedes/ellos/ellas	sirvieron	murieron

▶ In the preterite, stem-changing **–ir** verbs have an **e** to **i** or **o** to **u** stem change in the **Ud./él/ella** and **Uds./ellos/ellas** forms.

INFINITIVE	VERB STEM	STEM CHANGE	PRETERITE
pedir	ped–	pid–	pidió, pidieron
dormir	dor–	dur–	durmió, durmieron

¡Ojo!

Conseguir, divertirse *(to have fun)*, **preferir, repetir, seguir, sentir, sugerir** *(to suggest)*, and **vestirse** are other -ir verbs that change their stem vowel in the preterite.

SUGGESTION Have students scan the advertisement and identify the verbs that have a stem-change in the preterite.

SUGGESTION Ask students these questions about the advertisement: ¿Qué promociona (*promotes*) el anuncio? ¿Cuáles son algunos de los platos que prepara Tu_cocina.com? ¿Cómo son los comentarios de los clientes?

ESPAÑOL EN VIVO

Tu_cocina.com

Tu_cocina.com te prepara los mejores platos para eventos sociales y personalizados. ¡Pruébalos ya°!

¿Viste° los comentarios de nuestros clientes? ¿Qué esperas?

" Carmen Moreno *¡Prefiero este servicio a cualquier otro!*

Ana Tejada *Pedí cuarenta arepas° y me las prepararon en menos de dos horas.*

Manuel Sánchez *Serví cachapas° en la cena y todos mis invitados repitieron.* "

ya *now* **arepas** *cornmeal pancakes* **cachapas** *grilled pancakes made from fresh corn dough* **Viste** *Did you see*

Refer students to the **recursos** box in **Ampliación** for complete information.

Práctica y conversación

1 **¡Pobre señor Suárez!** Completa las oraciones con el pretérito de los verbos.

MODELO

Los señores Suárez ___cenaron___ [cenar] hoy en un restaurante.

1. Los señores Suárez llegaron al restaurante a las ocho y ___siguieron___ [seguir] al camarero a una mesa.
2. El señor Suárez ___pidió___ [pedir] una chuleta de cerdo. La señora Suárez decidió probar los camarones.
3. El camarero ___repitió___ [repetir] el pedido (*the order*).
4. La comida tardó mucho (*took a long time*) en llegar y los señores Suárez casi (*almost*) ___se durmieron___. [dormirse] esperándola.
5. A las nueve el camarero les ___sirvió___ [servir] la comida.
6. Después de comer la chuleta de cerdo, el señor Suárez ___se sintió___ [sentirse] muy mal.
7. ¡Pobre señor Suárez! ¿Por qué no ___pidió___ [pedir] los camarones?

2 **El camarero** Indica lo que los clientes pidieron y lo que un camarero les sirvió por error.

MODELO

Claudia / hamburguesa

Claudia pidió una hamburguesa, pero el camarero le sirvió zanahorias.

1. Juan y Rafael / té helado
Juan y Rafael pidieron té helado, pero el camarero les sirvió vino tinto.

3. Laura / arroz
Laura pidió arroz, pero el camarero le sirvió camarones.

2. Nosotros / papas fritas
Nosotros pedimos papas fritas, pero el camarero nos sirvió maíz.

4. Tú / salmón
Tú pediste salmón, pero el camarero te sirvió uvas.

3 **¿Qué hiciste?** Averigua (*Find out*) si tu compañero/a hizo estas actividades la semana pasada. Comparte los resultados con la clase. Answers will vary.

No, pedí una pizza con carne.

¿Pediste una pizza con salami?

Actividades	Respuestas
1. pedir una pizza con salami	_____
2. dormir más de diez horas	_____
3. quedarse dormido en clase	_____
4. pedir un plato muy caro en un restaurante elegante	_____
5. preferir quedarse en casa en lugar de (*instead of*) salir con amigos	_____
6. ir a una fiesta y vestirse con ropa muy formal	_____

4 **Una cena romántica** En grupos, describan la cena de Eduardo y Rosa. Usen la foto y las preguntas como guía (*as a guide*). Answers will vary.

- ¿Adónde salieron a cenar?
- ¿Qué pidieron?
- ¿Les sirvieron la comida rápidamente (*quickly*)?
- ¿Les gustó la comida? ¿Qué comida prefirieron?
- ¿Cuánto costó? ¿Quién pagó?
- ¿Van a volver otra vez a ese restaurante en el futuro?
- ¿Van a salir juntos otra vez? ¿Por qué?

S Practice more at **vhlcentral.com**.

ACTIVITY PACK For additional activities, go to the **Activity Pack** in the **Resources** section of the Supersite.

ciento setenta y siete **177**

8.2 Double object pronouns

 Tutorial

▶ You have already learned that direct and indirect object pronouns replace nouns. You'll now learn how to use these pronouns together.

SUGGESTION Write six sentences on the board and have students rewrite them using double object pronouns. Ex: **Rita les sirvió la cena a los viajeros.** (Rita se la sirvió.)

INDIRECT OBJECT PRONOUNS			DIRECT OBJECT PRONOUNS	
me	nos		lo	los
te	os	**+**		
le (se)	les (se)		la	las

¿Quién te los dio?

▶ When object pronouns are used together, the indirect object pronoun precedes the direct object pronoun.

Me los compró un chico muy guapo.

I.O.	D.O.		DOUBLE OBJECT PRONOUNS
El camarero **me** muestra el menú.		▶	El camarero **me lo** muestra.
The waiter shows me the menu.			*The waiter shows it to me.*
Nos sirven los platos.		▶	**Nos los** sirven.
They serve us the dishes.			*They serve them to us.*
Maribel **te** pidió una hamburguesa.		▶	Maribel **te la** pidió.
Maribel ordered a hamburger for you.			*Maribel ordered it for you.*

El camarero está sirviéndoselas.

▶ The indirect object pronouns **le** and **les** always change to **se** when they precede **lo, los, la,** and **las**.

I.O.	D.O.		DOUBLE OBJECT PRONOUNS
Le escribí la carta.		▶	**Se la** escribí.
I wrote him/her the letter.			*I wrote it to him/her.*
Les sirvió los entremeses.		▶	**Se los** sirvió.
He served them the hors d'oeuvres.			*He served them to them.*
Le pedimos un café.		▶	**Se lo** pedimos.
We ordered him/her a coffee.			*We ordered it for him/her.*

Lo siento, señor, ¡no me dejaron traérsela!

▶ Because **se** has multiple meanings, you can clarify to whom the pronoun refers by adding **a usted, a él, a ella, a ustedes, a ellos,** or **a ellas**.

¿El sombrero? Carlos **se** lo vendió **a ella**.
The hat? Carlos sold it to her.

¿Las llaves? Ya **se** las di **a ella**.
The keys? I already gave them to her.

▶ Double object pronouns are placed before a conjugated verb. With infinitives and present participles, double object pronouns may be placed before the conjugated verb or attached to the end of the infinitive or present participle.

▶ When double object pronouns are attached to an infinitive or a present participle, an accent mark is added to maintain the original stress.

Me lo estoy poniendo.
Estoy poniéndo**melo**.
I am putting it on.

Se la van a traer.
Van a traér**sela**.
They are going to bring it to you.

Práctica y conversación

1 **¿Quién?** Cambia los sustantivos subrayados (*underlined nouns*) por pronombres de objeto directo.

MODELO

¿Quién va a traerme la carne del supermercado? [Mi esposo]
Mi *esposo va a traérmela./Mi esposo me la va a traer.*

1. ¿Quién les mandó las invitaciones a los invitados (*guests*)? [Mi hija] Mi hija se las mandó.

2. ¿Quién me puede comprar el pan? [Mi hijo]
Mi hijo puede comprármelo./Mi hijo me lo puede comprar.

3. ¿Quién puede prestarme los platos que necesito?
[Mi mamá] Mi mamá puede prestármelos./Mi mamá me los puede prestar.

4. Nos falta mantequilla. ¿Quién nos trae la mantequilla? [Mi cuñada] Mi cuñada nos la trae.

5. ¿Quién está preparándonos los postres (dessert)?
[Silvia y Renata] Silvia y Renata están preparándonoslos./
Silvia y Renata nos los están preparando.

2 **En un restaurante** Con un(a) compañero/a, representa las conversaciones entre un(a) camarero/a y unos clientes.
Answers will vary.

MODELO

señora Guzmán: Una hamburguesa, por favor.

Camarero/a: Enseguida (*right away*) se la traigo.

señora Guzmán

1. Tus compañeros/as de cuarto

2. Tu profesor(a) de español

3. Tú

4. Tus padres

5. señorita Salas

6. doctor Cifuentes

3 **Contestar** Con un(a) compañero/a, haz preguntas usando las palabras interrogativas **¿Quién?** o **¿Cuándo?**
Answers will vary.

MODELO

nos enseña español

Estudiante 1: *¿Quién nos enseña español?*

Estudiante 2: La profesora Castro nos lo enseña.

1. te escribe mensajes electrónicos

2. me vas a prestar tu computadora

3. les vende los libros de texto a los estudiantes

4. le enseñó español al/a la profesor(a)

5. te compró esa camiseta

6. me vas a mostrar tu casa o apartamento

4 **Preguntas** Con un(a) compañero/a, haz estas preguntas e incluye pronombres de objeto directo e indirecto en cada respuesta. Answers will vary.

MODELO

Estudiante 1: *¿Quién te va a preparar el desayuno esta mañana?*

Estudiante 2: Yo me lo voy a preparar.

1. ¿Me prestas tu coche (*car*)? ¿Ya le prestaste tu coche a otro amigo?

2. ¿Me puedes comprar un auto nuevo?

3. ¿Quién te presta dinero cuando lo necesitas?

4. ¿Les prestas dinero a tus amigos? ¿Por qué?

5. ¿Les prestas tu casa o apartamento a tus amigos? ¿Por qué?

6. ¿Nos compras el almuerzo a mí y a los otros compañeros de clase?

7. ¿Me describes tu ropa?

8. ¿Quién te va a preparar la cena esta noche?

Practice more at vhlcentral.com.

8.3 Saber and conocer Tutorial

▶ Spanish has two verbs that mean *to know*, **saber** and **conocer**, but they are used differently. Note that only the **yo** forms of **saber** and **conocer** are irregular in the present tense.

Saber and conocer

	saber	conocer
yo	sé	conozco
tú	sabes	conoces
usted/él/ella	sabe	conoce
nosotros/as	sabemos	conocemos
vosotros/as	sabéis	conocéis
ustedes/ellos/ellas	saben	conocen

SUGGESTION Further distinguish the uses of **saber** and **conocer** by making statements such as: **Sé quién es el presidente de este país, pero no lo conozco.**

▶ **Saber** means *to know a fact or piece(s) of information* or *to know how to do something.*

No **sé** tu número de teléfono.
I don't know your telephone number.

Mi hermana **sabe** hablar francés.
My sister knows how to speak French.

¡ojo!

Conducir and traducir are –ir verbs, so they differ from **conocer** in their **nosotros/as** and **vosotros/as** forms.

▶ **Conocer** means *to know or be familiar/acquainted with a person, place, or thing.*

¿**Conoces** la ciudad de Nueva York?
Do you know New York City?

No **conozco** a tu amigo Esteban.
I don't know your friend Esteban.

▶ As you learned in **5.4**, when the direct object of **conocer** is a person or pet, the personal **a** is used. Compare these sentences.

¿**Conoces a** Rigoberta Menchú?
Do you know Rigoberta Menchú?

¿**Conoces** ese restaurante?
Do you know that restaurant?

▶ These verbs are conjugated like **conocer** in the **yo** form in the present. You will learn how to use **saber**, **conocer**, and related verbs in the preterite in Lesson 9.

conducir (*to drive*)	conduzco, conduces, conduce, etc.
ofrecer (*to offer*)	ofrezco, ofreces, ofrece, etc.
parecer (*to seem*)	parezco, pareces, parece, etc.
traducir (*to translate*)	traduzco, traduces, traduce, etc.

SUGGESTION Have students scan the advertisement and identify where the verbs **saber** and **conocer** are used.

SUGGESTION Ask students these questions about the advertisement: **Después de leer el anuncio, ¿qué sabes del Centro Comercial Málaga? ¿Qué puedes hacer en el Centro Comercial Málaga? ¿A quién está dirigido el anuncio? ¿Conoces un centro comercial como éste? ¿Cómo se llama? ¿En qué ciudad está?**

ESPAÑOL EN VIVO

Él sabe dónde **comer** lo que más le gusta.

Él sabe cómo **jugar** cuatro horas seguidas.

Él sabe dónde está su **regalo** de cumpleaños°.

Él sabe dónde **divertirse**° ...

... y usted sabe dónde puede encontrar un poco de todo°. ¿Conoce algún otro lugar como éste?

CENTRO COMERCIAL **MÁLAGA** SABE LO QUE TE GUSTA.

cumpleaños *birthday* **divertirse** *to have fun* **un poco de todo** *a little bit of everything*

Práctica y conversación

1 **Completar** Completa las oraciones con la forma apropiada de **saber** o **conocer**.

MODELO

Mi madre ___conoce___ la ciudad maya de Tikal.

1. —Nosotros no ___conocemos___ Guatemala.
   —Ah, ¿no? Pues yo ___conozco___ bien las ciudades de Escuintla, Quetzaltenango y Antigua.
2. —¿___Saben___ ustedes dónde vive Pilar?
   —No, nosotras no ___sabemos___.
3. Mi amiga Carla ___sabe___ conducir, pero yo no ___sé___.
4. —¿___Conoces___ a Mateo, mi hermano mayor?
   —No, no lo ___conozco___.
5. —Todavía no ___conozco___ a tu novio.
   —Sí, ya lo ___conoces___.
6. Tú ___sabes___ esquiar, pero Tino y Luis son pequeños y no ___saben___.
7. Roberto ___conoce___ bien el *Popol Vuh*, el libro sagrado de los mayas; también ___sabe___ leer los jeroglíficos de los templos mayas.

2 **Oraciones** Combina las palabras de las tres columnas para formar oraciones. Answers will vary.

MODELO

No conozco a Jennifer Lawrence. Yo conozco a Angelina Jolie.

Sujetos	Verbos	Objetos directos
Taylor Swift		Jennifer Lawrence
Lady Gaga	(no) conocer	Angelina Jolie
Ozzy Osbourne	(no) saber	cantar
Brad Pitt		Montreal en Canadá
Nelson Mandela		hablar dos lenguas extranjeras
Miguel Cabrera		hacer reír (*laugh*) a la gente
yo		actuar (*perform*) muy bien
tú		escribir novelas de terror
tu compañero/a		programar computadoras
tu profesor(a)		muchas personas importantes

3 **Deportes** Pregúntale a un(a) compañero/a qué deportes practica y por qué. Usen los verbos **saber** y **conocer**.
Answers will vary.

MODELO

Estudiante 1: ¿Sabes esquiar?
Estudiante 2: Sí, sé esquiar./No, no sé esquiar.
Estudiante 1: ¿Por qué?
Estudiante 2: Porque me interesa el esquí./Porque no me gusta el invierno.

1. 2. 3.

4. 5. 6.

4 **Preguntas** Con un(a) compañero/a, contesta las siguientes preguntas. Answers will vary.

1. ¿Qué restaurantes buenos conoces? ¿Cenas en esos restaurantes frecuentemente (*frequently*)?
2. En tu familia, ¿quién sabe cocinar mejor (*best*)? ¿Por qué?
3. ¿Conoces algún mercado cerca que tenga (*has*) productos orgánicos? ¿Vas allí con frecuencia?
4. ¿Conoces recetas de comidas latinas? ¿Cuáles?
5. ¿Conoces a algún/alguna chef famoso/a? ¿Qué tipo de comida prepara?
6. ¿Sabes preparar algún plato especial? ¿Cuál es?
7. ¿Sabes que el ajo es bueno para la salud (*health*)? ¿Qué otras comidas o condimentos saludables conoces?
8. ¿Conoces a alguna persona que coma solamente hamburguesas y papas fritas?

8.4 Comparatives and superlatives

Tutorial

La ensalada es menos cara que la sopa.

¿El pollo es más rico que el jamón?

▶ Comparisons of inequality are formed by placing **más** (*more*) or **menos** (*less*) before adjectives, adverbs, and nouns and **que** (*than*) after them. When the comparison involves a numerical expression, use **de** before the number.

El té es **más caro que** el jugo.
Tea is more expensive than juice.

Susana es **menos generosa que** su prima.
Susana is less generous than her cousin.

Luis se despierta **más temprano que** yo.
Luis gets up earlier than I (do).

Tomo **más clases que** Enrique.
I take more classes than Enrique (does).

▶ With verbs, use this construction to make comparisons of inequality:
[*verb*] + **más/menos que**.

Mis hermanos **comen más que** yo.
My brothers eat more than I (do).

Arturo **duerme menos que** su padre.
Arturo sleeps less than his father (does).

▶ The constructions **tan** + [*adverb, adjective*] + **como** and **tanto/a(s)** + [*singular noun, plural noun*] + **como** are used to make comparisons of equality.

Este plato es **tan delicioso como** aquél.
This dish is as delicious as that one.

Yo comí **tanta comida como** tú.
I ate as much food as you (did).

Tu amigo es **tan simpático como** tú.
Your friend is as nice as you (are).

Ustedes probaron **tantos platos como** ellos.
You tried as many dishes as they (did).

▶ Comparisons of equality with verbs are formed by placing **tanto como** after the verb. Note that **tanto** does not change in number or gender.

No **duermo tanto como** mi tía.
I don't sleep as much as my aunt (does).

Estudiamos **tanto como** ustedes.
We study as much as you (do).

▶ Form the superlative with this construction: **el/la/los/las** + [*noun*] + **más/menos** + [*adjective*] + **de** Note that the noun is preceded by a definite article. **De** is equivalent to the English *in* or *of*.

Es **el café más rico del** país.
It's the most delicious coffee in the country.

Son **las tiendas menos caras de** la ciudad.
They are the least expensive stores in the city.

▶ The noun in a superlative construction can be omitted if it is clear to whom or what the superlative refers.

¿El restaurante El Cráter? Es **el más elegante de** la ciudad.
The El Cráter restaurant? It's the most elegant (one) in the city.

¡ojo!

The absolute superlative, which ends in **–ísimo/a(s)**, is equivalent to the English *extremely/very* + [*adjective/adverb*]. For example: **muchísimo/a(s)** (*very much*), **malísimo/a(s)** (*very bad*), **facilísimo/a(s)** (*extremely easy*).

¡ojo!

Note these spelling changes.

fácil → facilísimo

feliz → felicísimo

joven → jovencísimo

largo → larguísimo

rico → riquísimo

trabajador → trabajadorcísimo

Irregular comparative and superlative forms		
Adjective	**Comparative form**	**Superlative form**
bueno/a	*good*	mejor	*better*	el/la mejor	*(the) best*
malo/a	*bad*	peor	*worse*	el/la peor	*(the) worst*
grande	*big; old*	mayor	*bigger*	el/la mayor	*(the) biggest*
pequeño/a	*small; young*	menor	*smaller*	el/la menor	*(the) smallest*
joven	*young*	menor	*younger*	el/la menor	*(the) youngest*
viejo/a	*old*	mayor	*older*	el/la mayor	*(the) oldest*

▶ When **grande** and **pequeño/a** refer to age, use the irregular comparative and superlative forms, **mayor/menor**. However, when **grande** and **pequeño/a** refer to size, use the regular forms, **más grande/más pequeño/a**.

Isabel es **la mayor**.
Isabel is the oldest.

Tu ensalada es **más grande que** ésa.
Your salad is bigger than that one.

▶ **Bien** and **mal** have the same comparative forms as **bueno/a** and **malo/a**.

Julio nada **mejor que** los otros chicos.
Julio swims better than the other boys.

Ellas cantan **peor que** las otras chicas.
They sing worse than the other girls.

SUGGESTION Dictate 6–10 comparative and superlative sentences to the class to practice listening comprehension. After each sentence, give students about 30 seconds to write the sentence's direct opposite. Ask volunteers to present their sentences. Ex: **Ernesto mira más televisión que Alberto. (Alberto mira menos televisión que Ernesto.)**

Práctica y conversación

ACTIVITY PACK For additional activities, go to the **Activity Pack** in the **Resources** section of the Supersite.

1 **Lucila y Teresa** Escoge (*choose*) la palabra correcta para comparar a las hermanas Lucila y Teresa y a los hermanos Mario y Luis.

Lucila y Teresa   **Mario y Luis**

1. Lucila es más alta y más atractiva ___que___ [de, más, menos, que] Teresa.

2. Teresa es más delgada porque practica ___más___ [de, más, menos, que] deportes que Lucila.

3. Mario es ___tan___ [tan, tanto, tantos, tantas] interesante como Luis.

4. Mario viaja ___tanto___ [tan, tanto, tantos, tantas] como Luis.

5. A Teresa le gusta quedarse en casa. Va a ___menos___ [de, más, menos, que] fiestas que su hermana.

6. Lucila es ___más___ [más, menos de, más que] simpática que Teresa porque es alegre.

7. Luis habla ___tantas___ [tan, tanto, tantos, tantas] lenguas extranjeras como Mario.

8. ¡Qué casualidad (*coincidence*)! Mario y Luis también son hermanos, pero no hay ___tanta___ [tan, tanto, tanta, tantos, tantas] diferencia entre ellos como entre Lucila y Teresa.

2 **La familia García** En grupos, túrnense (*take turns*) para hacer comparaciones entre Rafael, Eva, Esteban y Lourdes García. Answers will vary.

MODELO
Estudiante 1: Esteban es el más activo de la familia.
Estudiante 2: Pues yo creo que Rafael es tan activo como Esteban.
Estudiante 1: Mmm, pero Esteban es mucho más delgado.

3 **Comparaciones** Con un(a) compañero/a, conversa sobre estos temas y luego comparte tres datos interesantes con la clase. Answers will vary.

MODELO artistas de moda
Estudiante 1: Creo que Adele es la mejor artista de estos tiempos.
Estudiante 2: ¡Pero qué dices! Esa artista es malísima. Rihanna y Snoop son los mejores. Además, Adele no se viste tan bien como Rihanna.

cafés y restaurantes	libros favoritos	los profesores
comidas favoritas	música de moda	ropa favorita
los cursos que toman	periódicos	tiendas en tu comunidad
	personas famosas	

S Practice more at **vhlcentral.com**.

Ampliación

1 Escuchar

① SCRIPT For the script, go to the Supersite.

A Rosa y Roberto están en un restaurante. Escucha la conversación entre ellos y la camarera y toma nota de cuáles son los especiales del día.

🐟 **TIP Jot down notes as you listen.** Jotting down notes while you listen can help you keep track of the important points or details. Focus actively on comprehension rather than on remembering what you have heard.

(**Los especiales del día**)

arroz con pollo   cerdo con salsa de   bistec a la criolla
_____   champiñones y papas

B Usa tus notas para completar las oraciones con la opción correcta.

1. La camarera les dio información sobre _____ (dos / (tres) / cuatro) especiales para plato principal.

2. Rosa pidió _____ ((el arroz con pollo) / bistec a la criolla / cerdo con salsa de champiñones y papas).

3. Roberto pidió _____ (los entremeses / bistec a la criolla / (cerdo con salsa de champiñones y papas)).

4. Roberto va a comer _____ (más platos que / menos platos que / (tantos platos como)) Rosa.

2 Conversar
Con un(a) compañero/a, conversa sobre la última vez (*the last time*) que fuiste a un restaurante. Utiliza las preguntas como guía. Answers will vary.

- ¿Cuándo fue la última vez que fuiste a un restaurante?
- ¿Con quién comiste?
- ¿A qué restaurante fueron?
- ¿Qué pidieron? ¿Les gustó la comida?
- ¿Se la sirvieron rápidamente (quickly)?
- ¿Fue mejor o peor que la comida que comes en casa? ¿Fue muy cara?
- ¿Van a volver a ese restaurante en el futuro?

recursos

WB
pp. 77–84

LM
pp. 45–48

vhlcentral

Inform students that the material listed in the **recursos** box applies to the complete **Gramática** section.

3 **Escribir** Escribe una crítica sobre un restaurante local. Answers will vary.

TIP **Expressing and supporting opinions.** Use details, facts, examples, and other forms of evidence to convince your readers to take your opinions seriously.

Organizar	Usa un mapa de ideas para organizar comentarios sobre la comida, el servicio, el ambiente (*atmosphere*) y otros datos sobre el restaurante.
Escribir	Utiliza tus notas para escribir el primer borrador de la crítica.
Corregir	Intercambia (*exchange*) tu composición con la de un(a) compañero/a. Comenta sobre el título, la organización, los detalles específicos y los errores de gramática o de ortografía.
Compartir	Revisa el primer borrador teniendo en cuenta los comentarios de tu compañero/a. Incorpora nuevas ideas o más información para reforzar (*support*) tu opinión. Luego entrégale (*hand in*) la crítica a tu profesor(a).

4 **Un paso más** Imagina que abres un nuevo restaurante en la capital de un país hispano. Sigue estos pasos para diseñar el menú. Answers will vary.

- Decide en qué país y en qué ciudad vas a abrir el restaurante.
- Investiga cuáles son las comidas típicas y los platos más populares del país.
- Investiga cómo son los restaurantes típicos del país que elegiste y qué características tienen en común.
- Elige el nombre del restaurante.
- Diseña el menú. Piensa en el estilo y en los colores que representan la cultura del país.
- Haz una lista de los entremeses, los platos principales, las ensaladas, los postres y las bebidas que quieres incluir en el menú.
- Piensa en un plato único de tu restaurante e inclúyelo en el menú. El plato debe tener un ingrediente típico del país y representar su cultura.
- Busca información sobre los precios de los platos en la moneda del país. Indica estos precios al lado de cada plato que seleccionaste.
- Intercambia tu menú con los de tres o cuatro compañeros/as y comparen los platos que escogieron.

5 **Conexión Internet** Investiga estos temas en el sitio **vhlcentral.com**.
- Capitales de los países hispanos
- Comidas del mundo hispano

3 **SUGGESTION** Guide students with these questions: ¿Qué tipo de comida sirven? ¿Cuál es el mejor plato? ¿Y el peor? ¿Hay que esperar mucho? ¿Es el ambiente informal o elegante? ¿Cómo son los precios? ¿Cuál es la dirección y el número de teléfono?

3 **SUGGESTION** Have students write the critique after they read the **Lectura** reading on p. 186.

3 **EVALUATION**

Criteria	Scale
Content	1 2 3 4 5
Organization	1 2 3 4 5
Accuracy	1 2 3 4 5
Creativity	1 2 3 4 5

Scoring

Excellent	18–20 points
Good	14–17 points
Satisfactory	10–13 points
Unsatisfactory	< 10 points

4 **SUGGESTION** Provide students with several menus written in Spanish and English. Ask them to discuss the design of each and integrate what they like into their own menus.

connections communities

NATIONAL STANDARDS

El Tamalito
Especialidades guatemaltecas

5.ª calle (Los Próceres)
Zona 4, Guatemala
Tel: (502) 345 89 76
Fax: (502) 243 56 34

Antes de leer

Audio: Reading
Additional Reading

Reading for the main idea is a useful strategy. Locate the topic sentences of each paragraph to determine the author's purpose for writing. In particular, the first sentence in each paragraph usually provides clues about its content, as well as impressions of how the entire reading selection is organized.

Examinar el texto

Aquí se presentan dos textos distintos. ¿Qué estrategias puedes usar para leer la crítica? ¿Cuáles son las estrategias apropiadas para familiarizarte con el menú? Utiliza las más eficaces para cada texto. Luego, identifica las estrategias similares que se aplican en los dos textos.

Identificar la idea principal

Lee la primera oración de cada párrafo de la crítica del restaurante **El Palmito**. Apunta el tema principal de cada párrafo. Luego lee el primer párrafo. ¿Crees que el restaurante le gustó a la autora? ¿Por qué? Ahora lee la crítica entera. En tu opinión, ¿cuál es la idea principal de la crítica? ¿Por qué la escribió la autora? Compara tus opiniones con las de un(a) compañero/a.

SUGGESTION Ask students to scan the menu and give the English equivalents of **Entremeses** (Hors d'oeuvres), **Sopas** (Soups), **Entradas** (Entrees), **Postres** (Desserts), and **Bebidas** (Beverages).

EXPANSION To further check comprehension, ask: **¿Cómo es el servicio en el restaurante? ¿Cuál fue la opinión de la crítica respecto a la comida? ¿Cómo son los precios en El Palmito? ¿Cuándo está abierto El Palmito?** You may want to discuss the classification of 1 star (*) to 5 stars (*****).

TEACHING OPTION Divide the class into small groups and have them take turns ordering from the **El Palmito** menu. They should take turns being the server and the customers.

37E

El Tiempo de Guatemala

Restaurantes
Domingo 9 de mayo, Antigua, Guatemala

Cinco estrellas para El Palmito

Margarita Galán, crítica de restaurantes

El viernes pasado me sorprendí° cuando encontré un restaurante fantástico en el barrio donde vivo. Cené en el restaurante **El Palmito**, donde se mezclan° de una manera extraordinaria la comida tradicional de Centroamérica y la belleza arquitectónica de nuestra ciudad. Su propietario, Héctor Suárez, es uno de los chefs más respetados de Guatemala.

El exterior del restaurante refleja el estilo colonial de Nueva Inglaterra. Por dentro°, la decoración rústica crea un ambiente cálido°. Hay que° mencionar también el hermoso patio, lleno° de plantas y flores, donde muchas personas se reúnen para tomar un café en un ambiente° relajado° y cordial.

Uno no se puede quejar° del servicio de **El Palmito**. El personal del restaurante es muy amable y atento, desde los cocineros que preparan la comida hasta los camareros que la sirven.

La comida del restaurante es exquisita. Las tortillas, que se sirven con ajiaceite, son deliciosas. La sopa de pollo y huevo es excelente, y los frijoles enchilados, ricos. También recomiendo el tomaticán, cocinado con una gran variedad de verduras muy ricas. De postre°, don Héctor me preparó su especialidad, un rico pastel de yogur.

Les recomiendo que visiten **El Palmito** cuando tengan ocasión°.

El Palmito

de lunes a sábado 10:00a.m.-11:00p.m.
domingo 11:00a.m.-10:00p.m.

Comida *****
Servicio *****
Ambiente *****
Precio ****

MENÚ

Entremeses

Pan tostado con
- Queso frito • Huevos revueltos°

Tortillas con
- Ajicomino (chile, comino°) • Ajiaceite (chile, aceite)

Sopas
- Cebolla • Verduras • Pollo y huevo • Mariscos

Platos Principales

Chilaquil
(tortilla de maíz, queso y chile)

Tomatícan
(tomate, papas, maíz, chile, arvejas y zanahorias)

Tamales
(maíz, azúcar, ajo, cebolla)

Frijoles enchilados
(frijoles negros, carne de cerdo o de res, arroz, chile)

Postres
- Helado° de limón • Plátanos° caribeños
- Uvate (uvas, azúcar y ron°) • Pastel de yogur

Bebidas
- Té helado • Vino tinto
- Vino blanco • Agua mineral • Jugos
- Chilate (maíz, chile y cacao)

---

sorprendí *was surprised*   mezclan *mix*   por dentro *inside*   cálido *warm*
Hay que *One must*   lleno *full*   ambiente *atmosphere*   relajado *relaxed*
Uno no se puede quejar *One can't complain*   postre *dessert*   cuando tengan
ocasión *when you have the opportunity*   huevos revueltos *scrambled eggs*
comino *cumin*   helado *ice cream*   plátanos *plantains*   ron *rum*

Después de leer

∞ ¿Comprendiste?

Completa cada oración con la opción correcta.

1. La arquitectura del restaurante es __colonial__
[moderna, colonial, fea].

2. A muchos clientes les gusta tomar el café en
__el patio__ [las mesas, el bar, el patio].

3. El dueño del restaurante es uno de los
__mejores__ [peores, menores, mejores] chefs
de Guatemala.

4. La comida en este restaurante, según la autora,
es __muy buena__ [muy buena, mala, regular].

5. La crítica __habla bien__ [no da información, habla
bien, se queja] del restaurante.

∞ Preguntas

Responde a estas preguntas con oraciones completas.

1. ¿Cómo se llama el dueño del restaurante?

El dueño del restaurante se llama Héctor Suárez.

2. ¿Qué tipo de comida se sirve en El Palmito?

En El Palmito se sirve comida tradicional de Centroamérica.

3. ¿Cómo es el ambiente del restaurante?

El ambiente del restaurante es cálido, relajado y cordial.

4. ¿Quién escribió este artículo?

Margarita Galán escribió este artículo.

5. ¿Cuál es la profesión de la autora del artículo?

Ella es crítica de restaurantes.

6. ¿Cuántos platos probó la autora del artículo?

La autora probó cinco platos.

∞ Coméntalo

¿Te interesan las comidas y bebidas que sirven en
El Palmito? ¿Cuáles te parecen más interesantes?
¿Por qué? ¿Se sirven platos y bebidas similares a
éstos en donde vives? Answers will vary.

Vocabulary Tools

En un restaurante

el/la camarero/a	waiter/waitress
el/la dueño/a	owner
el menú	menu
el almuerzo	lunch
la cena	dinner
la comida	food; meal
el desayuno	breakfast
los entremeses	hors d'oeuvres
el plato (principal)	(main) dish
almorzar (o:ue)	to have lunch
cenar	to have dinner
desayunar	to have breakfast
pedir (e:i)	to order (food)
probar (o:ue)	to taste; to try
recomendar (e:ie)	to recommend
servir (e:i)	to serve

El gusto y los sabores

agrio/a	sour
amargo/a	bitter
delicioso/a	delicious
dulce	sweet
picante	hot, spicy
rico/a	tasty; delicious
sabroso/a	tasty; delicious
salado/a	salty

Las bebidas

el agua (f.) (mineral)	(mineral) water
la bebida	drink; beverage
el café	coffee
la cerveza	beer
el jugo (de fruta)	(fruit) juice
la leche	milk
el refresco	soft drink
el té (helado)	(iced) tea
el vino (blanco/tinto)	(white/red) wine

Los granos y las verduras

el ajo	garlic
el arroz	rice
las arvejas	peas
la cebolla	onion
los cereales	cereal; grains
el champiñón	mushroom
la ensalada	salad
los frijoles	beans
la lechuga	lettuce
el maíz	corn
la papa/patata	potato
el tomate	tomato
las verduras	vegetables
la zanahoria	carrot

Las carnes, los pescados y los mariscos

el atún	tuna
el bistec	steak
los camarones	shrimp
la carne	meat
la carne de res	beef
la chuleta de cerdo	pork chop
la hamburguesa (vegetariana)	(veggie) hamburger
el jamón	ham
la langosta	lobster
los mariscos	seafood
el pavo	turkey
el pescado	fish
el pollo (asado)	(roast) chicken
la salchicha	sausage
el salmón	salmon

Las frutas

la banana	banana
las frutas	fruit
el limón	lemon
la manzana	apple
la naranja	orange
las uvas	grapes

Los condimentos y otras comidas

el aceite	oil
el azúcar	sugar
el huevo	egg
la mantequilla	butter
la margarina	margarine
la mayonesa	mayonnaise
el pan (tostado)	(toasted) bread
las papas/ patatas fritas	French fries
la pimienta	pepper
el queso	cheese
la sal	salt
el sándwich	sandwich
la sopa	soup
el vinagre	vinegar

Verbos

conocer	to know; to be acquainted with
conducir	to drive
morir (o:ue)	to die
ofrecer	to offer
parecer	to seem; to appear
saber	to know; to know how
traducir	to translate

Comparatives and superlatives	See pages 182–183.

As students finish the lesson, encourage them to explore the **Repaso** section on the Supersite. There they will find quizzes for practicing vocabulary, grammar, and oral language.

¡VIVAN LOS PAÍSES HISPANOS!

El Amazonas es el río más caudaloso (*the most vast*) del mundo. Por ser muy profundo (*deep*) y ancho (*wide*), tiene otro nombre: "río océano". Desde barcos muy grandes hasta barcos pequeños, como la canoa que vemos en la foto, navegan en él. Alrededor (*around*) del río Amazonas hay una gran selva (*jungle*) y muy poca gente vive allí.

Suramérica I

Venezuela

Área: 912.050 km² (352.144 millas²)
Población: 29.275.000
Capital: Caracas–2.916.000
Ciudades principales: Maracaibo, Valencia, Maracay, Barquisimeto
Moneda: bolívar

SOURCE: Population Division, UN Secretariat & CIA World Factbook

Colombia

Área: 1.138.910 km² (439.734 millas²)
Población: 46.737.000
Capital: Bogotá–9.765.000
Ciudades principales: Cali, Medellín, Barranquilla, Cartagena
Moneda: peso colombiano

SOURCE: Population Division, UN Secretariat & CIA World Factbook

Ecuador

Área: 283.560 km² (109.483 millas²)
Población: 15.868.000
Capital: Quito–1.726.000
Ciudades principales: Guayaquil, Cuenca, Machala, Portoviejo
Moneda: dólar estadounidense

SOURCE: Population Division, UN Secretariat & CIA World Factbook

Perú

Área: 1.285.220 km² (496.224 millas²)
Población: 30.445.000
Capital: Lima–9.897.000
Ciudades principales: Arequipa, Trujillo, Chiclayo, Iquitos
Moneda: nuevo sol

SOURCE: Population Division, UN Secretariat & CIA World Factbook

Video: *Países hispanos*
Interactive map

Gente

Indígenas de Ecuador

Ecuador tiene una gran población indígena *(native)*. La lengua oficial de Ecuador es el español, pero hoy día también se hablan *(are spoken)* otras lenguas. Aproximadamente unos 4.000.000 de ecuatorianos hablan lenguas indígenas; la mayoría de ellos habla quechua. Las comunidades indígenas de Ecuador son excelentes tejedoras *(weavers)*; sus tejidos son famosos en todo el mundo por sus colores vivos y sus hermosos diseños *(designs)*. En el mercado de Otavalo se venden mantas *(blankets)*, ropas tradicionales y tapices *(tapestries)* hechos por estas comunidades.

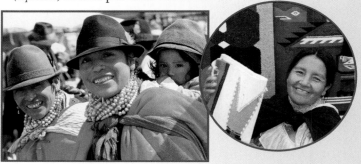

Lugares

El Salto Ángel

El Salto Ángel, en el sureste de Venezuela, es la catarata *(waterfall)* más alta del mundo. Tiene 979 metros (3.212 pies) de altura *(height)*. Es diecisiete veces más alta que las cataratas del Niágara. James C. Angel "descubrió" esta catarata en 1937 y por eso lleva su nombre. Está en el Parque Nacional Canaima y los indígenas la llaman *Kerepakupai Merú,* que significa catarata.

Mar Caribe

Barranquilla
Maracaib

Medellín

Bogotá
R. Magdalena
Cali
COLOMBIA

Pasto

Quito

ECUADOR
Guayaquil

Iquitos

Cordillera de los Andes

PERÚ

Lima

Cuzco

Océano Pacífico

Lago Ti

Arequipa

Puerto España
TRINIDAD

Caracas

VENEZUELA

R. Orinoco

GUAYANA

BRASIL

BOLIVIA

recursos

WB
pp. 85-86

VM
pp. 241-244

vhlcentral

PARAGUAY

Literatura

Gabriel García Márquez

Publicó su primer cuento (*short story*) en 1947, cuando era estudiante universitario. Su libro más conocido, *Cien años de soledad*, está escrito en el estilo (*style*) literario llamado "realismo mágico", un estilo que mezcla (*mixes*) la realidad con lo irreal y lo mítico (*mythical*). García Márquez recibió el Premio Nobel de Literatura en 1982. Tras su muerte es recordado (*remembered*) como uno de los escritores contemporáneos más importantes del mundo.

Economía

Las alpacas del Perú

La alpaca es un animal suramericano de la familia de la llama y de la vicuña. Vive en rebaños (*herds*) en los Andes. Es un animal muy importante para la economía del país, ya que da una lana muy buena que los peruanos utilizan para hacer ropa, mantas y bolsas de alta calidad (*quality*). Pero cuidado: ¡las alpacas escupen (*spit*) para defenderse!

Familia peruana esquilando (*shearing*) una alpaca.

¿Qué aprendiste?

1 ¿Cierto o falso? Indica si las oraciones son **ciertas** o **falsas**.

Cierto	Falso	
✓		**1.** El río Amazonas es el más caudaloso del mundo.
	✓	**2.** Alrededor del río Amazonas hay una gran playa.
✓		**3.** La moneda de Ecuador es el dólar estadounidense.
	✓	**4.** Arequipa es una de las ciudades principales de Venezuela.
	✓	**5.** La lengua oficial de Ecuador es el quechua.
✓		**6.** Los tejidos de Ecuador son famosos en todo el mundo.
	✓	**7.** Las cataratas del Niágara son más altas que el Salto Ángel.
✓		**8.** Los indígenas llaman *Kerepakupai Merú* al Salto Ángel.
✓		**9.** García Márquez ganó el Premio Nobel en 1982.
	✓	**10.** García Márquez publicó su primer cuento en 1999.
✓		**11.** La alpaca es de la familia de la llama y la vicuña.
✓		**12.** La alpaca escupe para defenderse.

2 Preguntas Contesta las siguientes preguntas. Answers will vary.

1. ¿Te gustaría navegar en el río Amazonas? ¿Por qué?

2. ¿Qué te gustaría comprar en el mercado de Otavalo?

3. ¿Conoces alguna catarata similar a la de Salto Ángel? ¿Dónde está? ¿Cómo es comparada con la de Salto Ángel?

4. ¿Leíste alguna obra de García Márquez? ¿Cuál? Si no, ¿crees que te gustaría leer algo de él?

5. ¿Tienes ropa, mantas o bolsas de alpaca? ¿Te gusta la calidad de la alpaca?

3 Conversación Con un(a) compañero/a responde las preguntas.

1. ¿Te gustaría conocer un país como Colombia? ¿Qué sabes sobre su cultura?

2. La alpaca es muy importante para la economía peruana. ¿En qué otros lugares los animales son importantes para la economía del país?

3. Además de la catarata Salto Ángel de Venezuela, ¿qué otras cataratas conoces? ¿Dónde están ubicadas?

4. ¿Te gustaría aprender una lengua indígena como el quechua? ¿Qué importancia crees que tiene aprender una lengua indígena?

4 Conexión Internet Investiga estos temas en el sitio **vhlcentral.com**.

• La cultura inca y personajes importantes de Perú, Venezuela y Colombia

• Ecoturismo en el Orinoco y lugares para visitar en Colombia y Ecuador

 Practice more at **vhlcentral.com**.

9 Las celebraciones

PARA EMPEZAR Here are some additional questions: **¿Fuiste a una fiesta importante el año pasado? ¿Cuál fue la ocasión? ¿Sirvieron buena comida? En tu opinión, ¿qué fiestas son las más divertidas?**

Para empezar

- ¿Cómo se sienten estas personas, alegres o tristes?
- ¿Qué hay en la mesa?
- ¿Qué crees que está celebrando la familia?

Las celebraciones

 Vocabulary Tools

la boda
wedding

las galletas
cookies

el cumpleaños
birthday

brindar
to toast

LAS FIESTAS

el aniversario (de bodas) *(wedding) anniversary*
el día de fiesta *holiday*
la fiesta *party*
el/la invitado/a *guest*
la Navidad *Christmas*
la quinceañera *young woman celebrating her fifteenth birthday*
la sorpresa *surprise*

SUGGESTION Point out to students that while **quinceañera** is used to refer only to the woman, in the U.S., **quinceañera** means both the woman and the event. In Spanish, the event is called **fiesta de quince años.**

celebrar *to celebrate*
cumplir años *to have a birthday*
dejar una propina *to leave a tip*
divertirse (e:ie) *to have fun*
invitar *to invite; to treat*
pagar la cuenta *to pay the bill*

pasarlo bien/mal *to have a good/bad time*
regalar *to give (a gift)*
reírse (e:i) *to laugh*
relajarse *to relax*
sonreír (e:i) *to smile*
sorprender *to surprise*

SUGGESTION Introduce vocabulary by asking students if they went to a party recently. Ex: **¿Quiénes fueron a una fiesta el fin de semana pasado? ¿Qué tipo de fiesta? ¿Qué comiste y qué tomaste? ¿Bailaste**

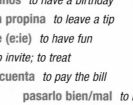

LOS POSTRES Y OTRAS COMIDAS

la botella de vino *bottle of wine*
los dulces *sweets; candy*
el helado *ice cream*
el pastel *cake*
de cumpleaños *birthday cake*
los postres *desserts*

el flan
baked custard

el champán
champagne

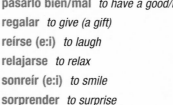

graduarse (de)
to graduate (from)

SUGGESTION Write **divertirse** and **pasarlo bien** on the board and explain their meanings. Then ask students about a recent party they may have attended. Ex: **¿Te divertiste? ¿Lo pasaste bien?**

LAS ETAPAS DE LA VIDA

la etapa *stage*
la juventud *youth*
el nacimiento *birth*
la vida *life*

jubilarse *to retire (from work)*
nacer *to be born*

la niñez
childhood

SUGGESTION To review new vocabulary and check comprehension, ask: **¿Tiene esposa un soltero? ¿Cuándo es tu cumpleaños? ¿Qué tipo de pastel te gusta para tu cumpleaños? ¿Estás casado/a? ¿Cuándo es tu aniversario? ¿Ocurre la vejez antes o después de la niñez?**

SUGGESTION Point out that many Hispanics celebrate their **día del santo**, or Saint's Day. This is the day that commemorates the saint for whom a person was named. In many cases, the **día del santo** is as important in an individual's life as his or her birthday.

la adolescencia
adolescence

LAS RELACIONES PERSONALES

la alegría *happiness*
la amistad *friendship*
el amor *love*
el divorcio *divorce*
el estado civil *marital status*
el matrimonio *marriage; married couple*
la pareja *couple; partner*
el/la recién casado/a *newlywed*

casado/a *married*
divorciado/a *divorced*
juntos/as *together*
separado/a *separated*
soltero/a *single*
viudo/a *widowed*

la madurez
maturity; middle age

ASÍ SE DICE Point out these lexical items: **comprometerse →
prometerse** (*Esp.*)
pastel → torta (*Arg., Venez.*);
queque (*C. Rica*)

la vejez
old age

cambiar (de) *to change*
casarse (con) *to get married (to)*
comprometerse (con) *to get engaged (to)*
divorciarse (de) *to get divorced (from)*
enamorarse (de) *to fall in love (with)*
llevarse bien/mal (con) *to get along well/badly (with)*
odiar *to hate*
romper (con) *to break up (with)*
salir (con) *to go out (with); to date*
separarse (de) *to separate (from)*
tener una cita *to have a date; to have an appointment*

la muerte
death

OTRAS PALABRAS

el apellido *last name*
el consejo *advice*
la respuesta *answer*

VOCABULARIO ADICIONAL For additional vocabulary on this theme, go to **Vocabulario adicional** in the **Resources** section of the Supersite.

Práctica y conversación

1 SCRIPT For the script, go to the Supersite.

1 **¿Lógico o ilógico?** Escucha las oraciones e indica si son **lógicas** o **ilógicas**.

	1.	2.	3.	4.	5.	6.
Lógico	✓		✓		✓	✓
Ilógico		✓		✓		

2 SCRIPT For the script, go to the Supersite.

2 **¡Feliz cumpleaños!** Los amigos de Silvia están preparándole una fiesta de cumpleaños. Escucha la conversación y contesta las preguntas.

1. ¿Sabe Silvia que sus amigos le van a organizar una fiesta? <u>No, es una sorpresa.</u>
2. ¿Qué van a comer los amigos en la fiesta? <u>Van a comer pastel de chocolate y helado.</u>
3. ¿A Silvia le gusta el chocolate? <u>Sí, a Silvia le encanta el chocolate.</u>
4. ¿Dónde compraron el helado? <u>Compraron el helado en la tienda que está al lado de la residencia estudiantil.</u>
5. ¿Por qué no quieren comer el helado de la cafetería? <u>Porque el helado de la tienda es mejor.</u>
6. ¿Qué pasa cuando llega Silvia? <u>Silvia se sorprende con la fiesta.</u>
7. ¿Cuántos años cumple Silvia? <u>Silvia cumple dieciocho años.</u>
8. ¿Con qué brindan los amigos? <u>Los amigos brindan con champán.</u>
9. ¿Silvia es mayor o menor que sus amigos? <u>Silvia es menor que sus amigos.</u>

3 SUGGESTION If the activity was assigned homework, quickly go over the answers in class.

3 **Completar** Completa las oraciones.

1. Nelson y Mónica <u>se casaron</u> en septiembre. La boda fue maravillosa.
2. Mi tía le <u>dejó una propina</u> muy grande al camarero.
3. Mi padrastro <u>se jubiló</u> hace un año.
4. A Alejandra le gustan las galletas. Ella se puso contenta y <u>sonrió</u> después de comérselas todas.
5. Luis y yo <u>nos divertimos</u> en la fiesta. Bailamos y comimos mucho.
6. ¡Tengo una nueva sobrina! Ella <u>nació</u> ayer por la mañana y se llama Sofía.
7. Irene y su esposo <u>se llevan bien</u>. Ellos casi nunca se pelean y disfrutan haciendo actividades juntos.
8. Isabel y yo <u>tenemos una cita</u> esta noche. Vamos a ir a un restaurante muy elegante.

dejó una propina	se jubiló
nació	se llevan bien
nos divertimos	sonrió
lo pasaron mal	tenemos una cita
se casaron	pagaron la cuenta

recursos

WB
pp. 89–90

LM
p. 49

S
vhlcentral

4 **Planes para una fiesta** Trabaja con un(a) compañero/a para planear una fiesta. Recuerda incluir la siguiente información. Answers will vary.

1. ¿Qué tipo de fiesta es?
2. ¿Dónde va a ser? ¿Cuándo va a ser?
3. ¿A quiénes van a invitar?
4. ¿Qué van a comer? ¿Quiénes van a llevar la comida?
5. ¿Qué van a beber? ¿Quiénes van a traer las bebidas?
6. ¿Cómo planean entretener a los invitados? ¿Van a bailar o jugar algún juego?

 EXPANSION
Have students make invitations for their party. They may also make a shopping list and a "to-do" list.

5 **Una fiesta inolvidable** Cuéntale a un(a) compañero/a cómo fue la fiesta más divertida a la que fuiste. Usa estas preguntas como guía. **¿Qué se celebró? ¿Por qué? ¿Cuándo? ¿Dónde? ¿Cómo? ¿Quién(es)?**
Answers will vary.

5 EXPANSION Ask volunteers to talk about their unforgettable party experiences. Ask others comprehension questions about what was said.

 Practice more at **vhlcentral.com.**

Pronunciación The letters **h**, **j**, and **g** Audio

helado   **h**ombre   **h**ola   **h**ermosa

The Spanish **h** is always silent.

José   **j**ubilarse   de**j**ar   pare**j**a

The letter **j** is pronounced much like the English *h* in *his*.

a**g**encia   **g**eneral   **G**il   **G**isela

The letter **g** can be pronounced three different ways. Before **e** or **i**, the letter **g** is pronounced much like the English *h*.

Gustavo, **g**racias por llamar el domin**g**o.

At the beginning of a phrase or after the letter **n**, the Spanish **g** is pronounced like the English *g* in *girl*.

Me **g**radué en a**g**osto.

In any other position, the Spanish **g** has a somewhat softer sound.

Guerra   conse**g**uir   **g**uantes   a**g**ua

In the combinations **gue** and **gui**, the **g** has a hard sound and the **u** is silent. In the combination **gua**, the **g** has a hard sound and the **u** is pronounced like the English *w*.

SUGGESTION Model the pronunciation of each word or sentence, having students repeat after you.

EXPANSION Other words with **h**, **j**, or **g** from the lesson vocabulary include: **alegría**, **graduarse**, **pagar**, **relajarse**, **juntos**, **consejo**, **vejez**, and **juventud**. Have students repeat these words after you.

Refranes Lee los refranes en voz alta, prestando atención a la **h**, la **j** y la **g**.

A la larga, lo más dulce amarga.[1]

El hábito no hace al monje.[2]

1 Too much of a good thing.
2 The clothes don't make the man.

recursos

LM p. 50   vhlcentral

Practice more at **vhlcentral.com.**

El Día de Muertos

Video: Fotonovela

La familia Díaz conmemora el Día de Muertos.

MARISSA   JIMENA   FELIPE

Expresiones útiles

Discussing family history

El mole siempre fue el plato favorito de mi papá.
Mole was always my dad's favorite dish.
Mi hijo Eduardo nació el día de su cumpleaños.
My son Eduardo was born on his birthday.
Por eso le pusimos su nombre.
That's why we named him after him (after my father).
¿Cómo se conocieron sus padres?
How did your parents meet?
En la fiesta de un amigo. Fue amor a primera vista.
At a friend's party. It was love at first sight.

Talking about a party/celebration

Ésta es una fiesta única que todos deben ver por lo menos una vez.
This is a unique celebration that everyone should see at least once.
Gracias por invitarme.
Thanks for inviting me.
Brindamos por ustedes.
A toast to you.

Additional vocabulary

alma *soul*
altar *altar*
ángel *angel*
calavera de azúcar
skull made out of sugar
cementerio *cemetery*
cocina *kitchen*
disfraz *costume*

VIDEO SYNOPSIS The Díaz family gets ready for their annual **Día de Muertos** celebration. The whole family participates in the preparations, and Ana María shows Marissa and Jimena how to make mole. Juan Carlos is invited to accompany the family to the cemetery, where Ana María, Ramón, and Roberto remember their parents.

recursos

VM
pp. 185–186   vhlcentral

MAITE FUENTES El Día de Muertos se celebra en México el primero y el segundo de noviembre. Como pueden ver, hay calaveras de azúcar, flores, música y comida por todas partes. Ésta es una fiesta única que todos deben ver por lo menos una vez en la vida.

MARISSA *Holy moley!* ¡Está delicioso!
TÍA ANA MARÍA Mi mamá me enseñó a prepararlo. El mole siempre fue el plato favorito de mi papá. Mi hijo Eduardo nació el día de su cumpleaños. Por eso le pusimos su nombre.

TÍO RAMÓN ¿Dónde están mis hermanos?
JIMENA Mi papá y Felipe están en el otro cuarto. Esos dos antipáticos no quieren decirnos qué están haciendo. Y la tía Ana María...
TÍO RAMÓN ... está en la cocina.

TÍA ANA MARÍA Marissa, ¿le puedes llevar esa foto que está ahí a Carolina? La necesita para el altar.
MARISSA Sí. ¿Son sus padres?
TÍA ANA MARÍA Sí, el día de su boda.

MARISSA ¿Cómo se conocieron?
TÍA ANA MARÍA En la fiesta de un amigo. Fue amor a primera vista.
MARISSA *(Señala la foto.)* La voy a llevar al altar.

JUAN CARLOS

SRA. DÍAZ

SR. DÍAZ

TÍA ANA MARÍA

TÍO RAMÓN

TÍA NAYELI

DON DIEGO

MARTA

VALENTINA

MAITE FUENTES

TÍA ANA MARÍA Ramón, ¿cómo estás?

TÍO RAMÓN Bien, gracias. ¿Y Mateo? ¿No vino contigo?

TÍA ANA MARÍA No. Ya sabes que me casé con un doctor y, pues, trabaja muchísimo.

SR. DÍAZ Familia Díaz, deben prepararse...

FELIPE ... ¡para la sorpresa de sus vidas!

JUAN CARLOS Gracias por invitarme.

SR. DÍAZ Juan Carlos, como eres nuestro amigo, ya eres parte de la familia.

(*En el cementerio*)

JIMENA Yo hice las galletas y el pastel. ¿Dónde los puse?

MARTA Postres... ¿Cuál prefiero? ¿Galletas? ¿Pastel? ¡Dulces!

VALENTINA Me gustan las galletas.

SR. DÍAZ Brindamos por ustedes, mamá y papá.

TÍO RAMÓN Todas las otras noches estamos separados. Pero esta noche estamos juntos.

TÍA ANA MARÍA Con gratitud y amor.

Actividades

1 Identificar Identifica quién puede decir estas oraciones. Vas a usar un nombre dos veces.

1. Mis padres se conocieron en la fiesta de un amigo.   tía Ana María

2. El Día de Muertos se celebra con flores, calaveras de azúcar, música y comida.   Maite Fuentes

3. Gracias por invitarme a celebrar este Día de Muertos.   Juan Carlos

4. Los de la foto son mis padres el día de su boda.   tía Ana María

5. A mí me gustan mucho las galletas.   Valentina

2 Completar Completa las oraciones con la información correcta.

1. El Día de Muertos es una __fiesta__ única que todos deben ver.

2. La tía Ana María preparó __mole__ para celebrar.

3. Marissa lleva la __foto__ al altar.

4. Jimena hizo las __galletas__ y el __pastel__.

5. Marta no sabe qué __postre__ prefiere.

3 Una cena Trabajen en grupos para representar una conversación en una cena de Año Nuevo. Usen la guía para representar la situación.

- Una persona brinda por el año que está por comenzar y por estar con su familia y amigos.

- Cada persona del grupo habla de cuál es su comida favorita en Año Nuevo.

- Después de la cena, una persona del grupo dice que es hora de (*it's time to*) comer las uvas.

- Cada persona del grupo dice qué desea para el año que empieza.

Additional Reading
Video

NATIONAL STANDARDS
comparisons
cultures
communities

Semana Santa:
más que una celebración

De todas las celebraciones hispanas, la Semana Santa° es una de las más importantes. Esta fiesta religiosa se celebra la semana antes de Pascua° y conmemora la muerte y resurrección de Jesucristo, figura central del cristianismo.

Pero, ¿por qué es tan importante esta celebración? Para los cristianos, durante la Semana Santa se recuerdan los principales hechos° que forman la base de su religión. Cada día tiene su significado. Por ejemplo, el Viernes Santo, con la representación del Vía Crucis°, se recuerdan el juicio° y la muerte de Jesucristo. Por esta razón, cada año tienen lugar diferentes celebraciones populares, famosas alrededor del mundo gracias a su originalidad y despliegue°. Así, aunque algunas personas aprovechan° estos días para viajar, muchas prefieren participar en estas celebraciones religiosas en las calles°. Por ejemplo, en **Sevilla**, España, los fieles° sacan a las calles imágenes religiosas sobre plataformas decoradas con abundantes flores° y velas°. En **Antigua**, Guatemala, los fieles hacen alfombras° de flores y altares, además de organizar Vía Crucis y danzas.

Alfombra de flores en Antigua, Guatemala

Éstos son sólo algunos ejemplos del tipo de celebraciones que se presentan en casi todos los países hispanos durante la Semana Santa. Esta fiesta religiosa es una muestra innegable de la cultura y de las creencias religiosas de muchos hispanos.

Procesión en Sevilla, España

Semana Santa *Holy Week*   Pascua *Easter Sunday*   hechos *events*
Via Crucis *Stations of the Cross*   juicio *trial*   despliegue *display*
aprovechan *take advantage of*   calles *streets*   fieles *faithful*   flores *flowers*
velas *candles*   alfombras *carpets*   quema de la chamiza *burning of brushwood*   cerro *hill*   recorrido *route*   cruz *cross*

Otras celebraciones famosas

Ayacucho, Perú: Además de alfombras de flores y procesiones, aquí hay una antigua tradición llamada "quema de la chamiza"°.

Iztapalapa, Ciudad de México: Es famoso el Vía Crucis del cerro° de la Estrella. Es una representación del recorrido° de Jesucristo con la cruz°.

Popayán, Colombia: En las procesiones "chiquitas" los niños llevan imágenes que son copias pequeñas de las que llevan los mayores.

recursos

VM
pp. 217–218

vhlcentral

ACTIVIDADES

1 **¿Cierto o falso?** Indica si las oraciones son **ciertas** o **falsas.** Corrige las falsas.

MODELO

En Iztapalapa, Ciudad de México, las personas tocan un tambor por veinticuatro horas para celebrar el Viernes Santo.

Falso. Las personas tocan un tambor por veinticuatro horas para celebrar el Viernes Santo en Calanda, España.

1. La Semana Santa se celebra después de Pascua.
   Falso. La Semana Santa se celebra la semana antes de Pascua.
2. La Semana Santa conmemora el nacimiento de la Virgen María. Falso. La Semana Santa conmemora la muerte y resurrección de Jesucristo.
3. La celebración de la Semana Santa es importante porque recuerda los eventos más importantes que forman la base del cristianismo. Cierto.
4. Todos los días de la Semana Santa tienen el mismo significado. Falso. Cada día de la Semana Santa tiene un significado diferente.
5. El Viernes Santo se recuerda la resurrección de Jesucristo. Falso. El Viernes Santo se recuerdan el juicio y la muerte de Jesucristo.
6. Las personas tienen días libres durante la Semana Santa. Cierto.
7. Todas las personas asisten a las celebraciones religiosas. Falso. Algunas personas aprovechan estos días para viajar.
8. En los países hispanos, las celebraciones se hacen en las calles. Cierto.
9. España es el único país donde se celebra la Semana Santa con procesiones y desfiles. Falso. La Semana Santa se celebra de esta manera en muchos países hispanos.
10. Las procesiones "chiquitas" son famosas en Sevilla, España. Falso. Son famosas en Popayán, Colombia.

2 **Comparación** Compara una celebración del mundo hispano con una celebración importante de tu país. ¿Cómo celebra la gente? ¿Cuáles son actividades típicas de estas celebraciones? ¿En qué se parecen? ¿En qué se diferencian? Comparte tus ideas con la clase.

3 **Conexión Internet** Investiga en el sitio **vhlcentral.com** qué celebraciones hispanas hay en los Estados Unidos.

Flash CULTURA

Las fiestas

1 **Preparación** ¿Se celebra la Navidad en tu país? ¿Qué otras fiestas importantes se celebran? ¿Cuánto tiempo duran? ¿Cuáles son las tradiciones y actividades típicas?

2 **El video** Mira el episodio de **Flash Cultura**.

Vocabulario

los cabezudos carnival figures with large heads
los carteles posters
fiesta de pueblo local celebration
santos de palo wooden sculptures of saints

Los cabezudos son una tradición […] de España.

Es una fiesta de pueblo… una tradición. Vengo todos los años.

3 **Elegir** Indica cuál de las dos opciones resume mejor este episodio.

a. Las Navidades puertorriqueñas son las más largas y terminan después de las fiestas de la calle San Sebastián. Esta fiesta se celebra con baile, música y distintas expresiones artísticas típicas.

b. En la celebración de las Navidades puertorriqueñas, los cabezudos son una tradición de España y el elemento más importante de la fiesta. A la gente le gusta bailar y hacer procesiones por la noche.

9.1 Irregular preterites 🅢 Tutorial

Marissa le dio la foto a la Sra. Díaz.

Hubo una celebración en casa de los Díaz.

▶ You already know that **ir** and **ser** are irregular in the preterite. Here are some other verbs that are irregular in the preterite.

Preterite of *tener*, *venir*, and *decir*			
	tener (u-stem)	venir (i-stem)	decir (j-stem)
yo	tuve	vine	dije
tú	tuviste	viniste	dijiste
Ud./él/ella	tuvo	vino	dijo
nosotros/as	tuvimos	vinimos	dijimos
vosotros/as	tuvisteis	vinisteis	dijisteis
Uds./ellos/ellas	tuvieron	vinieron	dijeron

▶ Observe the stem changes in the chart: the **e** in **tener** changes to **u**, and the **e** in **venir** and **decir** changes to **i**. Note also that the **c** in **decir** changes to **j**. None of these verbs have written accents in the **yo** or **usted/él/ella** forms.

▶ These verbs have similar stem changes to **tener**, **venir**, and **decir**.

SUGGESTION Point out to students that the preterite of **estar** and **tener** are identical except for the initial **-es**. Write the preterite paradigm for **estar** on the board and erase the inital **-es** to show this similarity.

INFINITIVE	U-STEM	PRETERITE FORMS
poder	pud–	pude, pudiste, pudo, pudimos, pudisteis, pudieron
poner	pus–	puse, pusiste, puso, pusimos, pusisteis, pusieron
saber	sup–	supe, supiste, supo, supimos, supisteis, supieron
estar	estuv–	estuve, estuviste, estuvo, estuvimos, estuvisteis, estuvieron

INFINITIVE	I-STEM	PRETERITE FORMS
querer	quis–	quise, quisiste, quiso, quisimos, quisisteis, quisieron
hacer	hic–	hice, hiciste, hizo, hicimos, hicisteis, hicieron

INFINITIVE	J-STEM	PRETERITE FORMS
traer	traj–	traje, trajiste, trajo, trajimos, trajisteis, trajeron
conducir	conduj–	conduje, condujiste, condujo, condujimos, condujisteis, condujeron
traducir	traduj–	traduje, tradujiste, tradujo, tradujimos, tradujisteis, tradujeron

¡ojo!

Verbs with **j**-stems omit the letter **i** in the **Uds./ellos/ellas** endings.

For example:

tener → tuvieron, but **decir → dijeron**.

Most verbs that end in **–cir** are **j**-stem verbs in the preterite.

For example:

producir → produje, produjiste, produjo, produjimos, produjisteis, produjeron.

Cónvercel
Larga distancia prepagada

¿Dijiste minutos ilimitados?

Ninguna te da más tiempo para hablar
$5.000

Con Cónvercel, habla más y paga menos.

Refer students to the **recursos** box in **Ampliación** for complete information.

The preterite of *dar*

yo	di	Ud./él/ella	dio	vosotros/as	disteis
tú	diste	nosotros/as	dimos	Uds./ellos/ellas	dieron

▶ The endings for **dar** are the same as the regular preterite endings for **–er** and **–ir** verbs, but there are no written accent marks.

La camarera me **dio** el menú.
The waitress gave me the menu.

Le **di** a Juan algunos consejos.
I gave Juan some advice.

▶ The preterite of **hay** (*inf.* **haber**) is **hubo** (*there was/were*).

Hubo una fiesta el sábado pasado.
There was a party last Saturday.

Hubo muchos invitados.
There were a lot of guests.

SUGGESTION Tell students that, no matter the tense, **haber** is always used in the singular when it indicates the presence or existence of people or things. Ex: **Hay tres frutas en el plato. Hubo doce hamburguesas distintas en el menú.**

Práctica y conversación

NATIONAL communication STANDARDS

ACTIVITY PACK For additional activities, go to the **Activity Pack** in the **Resources** section of the Supersite.

1 Una fiesta sorpresa Completa estas oraciones con el pretérito de los verbos indicados.

1. El sábado ___hubo___ [haber] una fiesta para Elsa.
2. Sofía ___hizo___ [hacer] un pastel para la fiesta y Miguel ___trajo___ [traer] un flan.
3. Los amigos de Elsa ___trajeron___ [traer] regalos.
4. El hermano de Elsa no ___vino___ [venir] porque ___tuvo___ [tener] que trabajar.
5. Su tía María tampoco ___pudo___ [poder] venir.
6. ¡La fiesta le ___dio___ [dar] a Elsa tanta alegría!

2 ¿Qué hicieron? Usa los siguientes verbos para describir lo que hicieron estas personas: **dar, estar, poner, tener, traer.**
Answers will vary. Suggested answers:

1. El señor López/dinero
El señor López le dio/trajo dinero a su hijo.

3. Nosotros/fiesta
Nosotros tuvimos/dimos una fiesta./ Nosotros estuvimos en una fiesta.

2. Norma/pavo
Norma puso el pavo en la mesa./ Norma trajo el pavo a la mesa.

4. Roberto y Elena/regalo
Roberto y Elena le trajeron/dieron un regalo a su amigo.

3 Preguntas Con un(a) compañero/a, túrnate para contestar estas preguntas. Answers will vary.

1. ¿Qué hiciste anoche? ¿Y el domingo pasado?
2. ¿Quiénes no estuvieron en clase la semana pasada?
3. ¿Qué trajiste a clase hoy?
4. ¿Hubo una fiesta en tu casa o residencia el sábado?
5. ¿Cuándo fue la última (*last*) vez que tus parientes vinieron a visitarte? ¿Te trajeron algo? ¿Qué te trajeron?
6. ¿Les diste a tus padres un regalo para su aniversario de bodas? ¿Qué les regalaste?

4 Encuesta Averigua (*Find out*) quién de tus compañeros/as hizo cada una de estas actividades. Luego, comparte los resultados con la clase. Answers will vary.

Descripciones	Nombres
1. Tuvo un examen ayer.	_____
2. Trajo dulces a clase.	_____
3. Condujo su auto a clase.	_____
4. Estuvo en la biblioteca ayer.	_____
5. Le dio consejos a alguien ayer.	_____
6. Tuvo que levantarse temprano ayer.	_____
7. Tuvo una cita anoche.	_____
8. Hizo un viaje por más de dos semanas el verano pasado.	_____

9.2 Verbs that change meaning in the preterite

Tutorial

▶ **Conocer**, **saber**, **poder**, and **querer** change meanings in the preterite.

EXPANSION To test students' comprehension, prepare sentences using **conocer**, **saber**, **poder**, and **querer** in the present tense that can be logically converted into the preterite. Have students convert them and explain the meaning of the sentence change. Ex: **Sé la fecha de la fiesta. (Supe la fecha de la fiesta.)**

Verbs that change meaning in the preterite

PRESENT	conocer	PRETERITE
to know; to be acquainted with Conozco a esa pareja. *I know that couple.*		*to meet* Conocí a esa pareja ayer. *I met that couple yesterday.*

	saber	
to know information; to know how to do something Sabemos la respuesta. *We know the answer.*		*to find out; to learn* Supimos la respuesta anoche. *We found out (learned) the answer last night.*

	poder	
to be able; can Podemos hacerlo. *We can do it.*		*to manage; to succeed (could and did)* Pudimos hacerlo ayer. *We managed to do it yesterday.*

	querer	
to want; to love Quiero ir a la fiesta, pero tengo que trabajar. *I want to go to the party, but I have to work.*		*to try* Quise ir a la fiesta, pero tuve que trabajar. *I tried to go to the party, but I had to work.*

▶ In the preterite, **poder** and **querer** have different meanings, depending on whether they are used in affirmative or negative sentences.

Affirmative		Negative	
pude	*I was able (to)/succeeded*	no pude	*I failed (to)*
quise	*I tried (to)*	no quise	*I refused (to)*

SUGGESTION Have students scan the advertisement and identify the instances where preterite verbs are used.

SUGGESTION Ask students these questions: ¿Qué quiso hacer la humanidad? ¿Qué pudo conocer? ¿Cuándo llegó Cristóbal Colón a América? ¿Qué tipo de compañía es la del anuncio? ¿Es eficaz la conexión entre el viaje de Colón y los servicios bancarios?

ESPAÑOL EN VIVO

Hubo un día en el que la humanidad quiso ir más allá de sus límites.

Pudo conocer un mundo° increíble.

Supo asegurar° su futuro.

BANCO COLÓN
El banco de Puerto Rico

Ahora todos lo pueden hacer.

mundo *world*
asegurar *to ensure*

Práctica y conversación

1 **Oraciones** Forma oraciones con estos elementos. Usa el pretérito.

MODELO

Mis padres / no querer / venir / fiesta

Mis padres no quisieron venir a la fiesta.

1. Anoche / nosotros / saber / del divorcio / Carlos y Eva ___Anoche supimos del divorcio de Carlos y Eva.___

2. Tú / conocer / Nora / clase / historia / ¿no?
Tú conociste a Nora en la clase de historia, ¿no?

3. ¿Poder / ustedes / visitar / la Isla de Pascua?
¿Pudieron ustedes visitar la Isla de Pascua?

4. Pedro / querer / romper / Olivia
Pedro quiso romper con Olivia.

5. Irma / saber / de la fiesta sorpresa
Irma supo de la fiesta sorpresa.

6. Gustavo y Elena / conocer / mi esposo / fiesta de Ana ___Gustavo y Elena conocieron a mi esposo en la fiesta de Ana.___

7. Yolanda / no poder / dormir / anoche
Yolanda no pudo dormir anoche.

8. El señor Navarro / querer / jubilarse / pero / no poder ___El señor Navarro quiso jubilarse, pero no pudo.___

10. Ayer / yo / no poder / llamar / tú
Ayer no pude llamarte.

11. Nosotros / querer / pagar la cuenta
Nosotros quisimos pagar la cuenta.

2 **Completar** Completa estas frases de una manera lógica. *Answers will vary.*

1. La semana pasada yo supe…

2. Ayer mi compañero/a de cuarto supo…

3. Esta mañana no pude…

4. El fin de semana pasado mis amigos/as y yo no pudimos…

5. Conocí a mi mejor amigo/a en…

6. Mis padres no quisieron…

7. Mi mejor amigo/a no pudo…

8. Mi novio/a y yo nos conocimos en…

9. El mes pasado quise…

10. Ayer mis amigos/as quisieron…

11. Mis abuelos pudieron…

3 **El fin de semana** Prepara dos listas: una con las actividades que hiciste el fin de semana pasado y la otra lista con las actividades que quisiste hacer, pero no pudiste hacer. Luego, compara tu lista con la de un(a) compañero/a, y explica por qué no pudiste hacer esas cosas. *Answers will vary.*

Cosas que hice	Cosas que quise hacer
1. ___	1. ___
2. ___	2. ___
3. ___	3. ___
4. ___	4. ___
5. ___	5. ___
6. ___	6. ___
7. ___	7. ___
8. ___	8. ___
9. ___	9. ___
10. ___	10. ___

4 **Telenovela** En grupos de tres, escriban el guión (*script*) de una escena amorosa entre los tres personajes de la telenovela (*soap opera*) llamada **La mujer doble**. Usen el pretérito de **conocer**, **poder**, **querer** y **saber**. ¡Sean creativos! *Answers will vary.*

Daniel   Mirta   Raúl

La mujer doble

Ⓞ Pasión   Ⓞ Aventura   Ⓞ Hechicería   ⓞVenganza

ACTIVITY PACK For additional activities, go to the **Activity Pack** in the **Resources** section of the Supersite.

Practice more at **vhlcentral.com**.

La comida que
prepararon fue
muy rica.

La Sra. Díaz, quien
tiene las flores,
preparó la comida.

¡ojo!

Note that relative
pronouns never carry
an accent, unlike
interrogative words
(**qué, quién,** etc.).

SUGGESTION Show the class
four or five magazine pictures.
Ask questions about the
pictures using relative
pronouns, or elicit relative
pronouns in student responses.
Ex: —¿Quién sabe lo que hace
esta muchacha?
—Lo que hace esta muchacha
es estudiar español.

SUGGESTION Compare and
contrast the use of **que** and
quien by writing some
examples on the board. Ex: **Es
la chica que vino con Carlos
a mi fiesta. Es la chica a
quien conocí en mi fiesta.**
Have students deduce the rule.

9.3 Relative pronouns

 Tutorial

▶ Relative pronouns are used to combine two sentences or clauses that share a common element, such as a noun or pronoun. Study these diagrams.

Éste es el flan.
This is the flan.

Manuela preparó el flan.
Manuela made the flan.

Éste es el flan que Manuela preparó.
This is the flan that Manuela made.

Lourdes es muy inteligente.
Lourdes is very intelligent.

Lourdes estudia español.
Lourdes studies Spanish.

Lourdes, quien estudia español, es muy inteligente.
Lourdes, who studies Spanish, is very intelligent.

▶ Spanish has three commonly used relative pronouns.

Common relative pronouns	
que	that; which; who
quien(es)	who; whom; that
lo que	that which; what

▶ **Que**, the most frequently used relative pronoun, can refer to things or to people. Unlike the English *that*, **que** is never omitted.

¿Dónde está el pastel **que** pedí?
Where is the cake (that) I ordered?

El hombre **que** sirve la comida se llama Diego.
The man who serves the food is named Diego.

▶ **Quien** (singular) and **quienes** (plural) refer only to people and are often used after a preposition or the personal **a.**

Eva, **a quien** vi anoche, cumple veinticinco años hoy.
Eva, whom I saw last night, turns twenty-five today.

¿Son ésas las chicas **de quienes** me hablaste la semana pasada?
Are those the girls you told me about last week?

▶ **Quien(es)** is occasionally used instead of **que** in clauses set off by commas.

Lola, **quien** es cubana, es médica.
Lola, who is Cuban, is a doctor.

Su tía, **que** es alemana, ya llegó.
Her aunt, who is German, already arrived.

▶ **Lo que** refers to an idea, a situation, or a past event and means *what* or *the thing that.*

Juana tiene todo **lo que** necesitamos.
Juana has everything we need.

Lo que quiero es verte.
What I want is to see you.

Lo que me molesta es el calor.
The thing that bothers me is the heat.

Lo que más te gusta es divertirte.
What you like most is to have fun.

Práctica y conversación

1 Una fiesta de aniversario Amparo está hablando de la fiesta de aniversario de sus abuelos. Completa las oraciones con las expresiones de la lista.

a quien conozco muy bien	que se graduó
de quienes te hablé	quien es la novia
que saqué	quien se jubiló

1. El sábado fui a la fiesta de aniversario de mis abuelos, _de quienes te hablé_ la semana pasada.
2. Éstas son las fotos _que saqué_ durante la fiesta.
3. Éste es Ramón, mi primo. Es el chico _que se graduó_ de la universidad en junio.
4. Éste es mi abuelo, _quien se jubiló_ el año pasado.
5. Esta mujer, _a quien conozco muy bien_, se llama Ana.
6. Y ésta es Lucía, _quien es la novia_ de Ramón.

2 Una fiesta de cumpleaños Describe la fiesta sorpresa que van a dar Jaime y Tina, usando los pronombres relativos **que, quien, quienes** y **lo que.**

MODELO
Éstos son los amigos ___que___ planean la fiesta.

1. Manuela, ___quien___ cumple veintiún años mañana, no sabe que sus amigos están planeando una fiesta.
2. Éstas son las personas ___que___ van a invitar.
3. Juan y Luz, ___quienes___ son los hermanos de Manuela, van a venir.
4. Marco, ___quien___ es el novio de Manuela, va a venir también.
5. ___Lo que___ Jaime y Laura van a servir de postre es un pastel.
6. Todos van a bailar salsa y rock hasta la una de la mañana, ___lo que___ va a ser muy divertido.

3 Entrevista Con un(a) compañero/a, túrnate para contestar las preguntas. Answers will vary.

1. ¿Qué es lo que más te gusta de las fiestas familiares? ¿Por qué?
2. ¿Qué es lo que menos te gusta de las fiestas familiares? ¿Por qué?
3. ¿Quiénes son las personas con quienes celebras tu cumpleaños?
4. ¿Quién es el/la pariente o amigo/a a quien más le gustan los cumpleaños? ¿Por qué le gustan tanto?
5. ¿Dónde compras los regalos que le das a tu mejor amigo/a?
6. ¿Tienes hermanos/as o amigos/as que están casados/as? ¿Dónde viven?
7. ¿Quién es la persona que más te importa?
8. ¿Quiénes son las personas con quienes te diviertes más? ¿Por qué lo pasas bien con ellos/ellas?

4 Definiciones Con un(a) compañero/a, túrnate para definir estas palabras, usando **que, quien(es)** y **lo que.** Luego, comparte las definiciones con la clase. Answers will vary.

MODELO
un pastel de cumpleaños
Estudiante 1: ¿Qué es un pastel de cumpleaños?
Estudiante 2: Es un postre que comes en tu cumpleaños./ Es lo que comes en tu cumpleaños.

1. el helado
2. el champán
3. una propina
4. una boda
5. un invitado
6. la Navidad
7. una recién casada
8. los dulces
9. la camarera
10. la leche
11. una viuda
12. una fiesta de quince años

Ⓢ Practice more at **vhlcentral.com.**

ACTIVITY PACK For additional activities, go to the **Activity Pack** in the **Resources** section of the Supersite. *doscientos siete* **207**

SUGGESTION Reinforce to students that while both question words mean *what?* or *which?*, ¿qué? is used with a noun, whereas ¿cuál? is used with a verb. Ex: ¿Qué clase te gusta más? ¿Cuál es tu clase favorita?

9.4 ¿Qué? and ¿cuál? Tutorial

▶ As you know, **¿qué?** and **¿cuál?** or **¿cuáles?** mean *what?* or *which?* However, they are not interchangeable.

▶ **¿Qué?** is used to ask for a definition or explanation.

¿Qué es un flan?
What is flan?

¿Qué estudias?
What do you study?

▶ **¿Cuál(es)?** is used when there is a choice between two or more possibilities.

¿Cuáles quieres, éstos o ésos?
Which (ones) do you want, these or those?

¿Cuál es tu apellido, Martínez o Vásquez?
What is your last name, Martínez or Vásquez?

▶ **¿Cuál(es)?** cannot be used before a noun; **¿qué?** is used instead.

¿Cuál es tu color favorito?
What is your favorite color?

¿Qué colores te gustan?
What colors do you like?

▶ **¿Qué?** used before a noun has the same meaning as **¿cuál?**

Qué + [*noun*]
¿Qué regalo te gusta?
¿Qué dulces quieren ustedes?

Cuál + [*verb*]
¿Cuál te gusta?
¿Cuáles quieren ustedes?

Review of interrogative words and phrases

¿a qué hora?	at what time?	¿cuándo?	when?	¿dónde?	where?
¿adónde?	(to) where?	¿cuánto/a?	how much?	¿por qué?	why?
¿cómo?	how?	¿cuántos/as?	how many?	¿qué?	what?; which?
¿cuál(es)?	what?; which?	¿de dónde?	from where?	¿quién(es)?	who?

SUGGESTION Have students scan the advertisement and identify the interrogative words.

SUGGESTION Ask students these questions: ¿Te gustaría viajar en un crucero? ¿Adónde? ¿Por qué te gustaría viajar a ese lugar? ¿Te gusta este anuncio? ¿Por qué?

ESPAÑOL EN VIVO

¿Con quién quieres compartir momentos mágicos?
¿Qué prioridades° tienes en la vida?
¿Qué es para ti la libertad?
Tú eliges° cómo vivir.

VIAJES LIBERTAD
¿Te gusta viajar en crucero?

prioridades *priorities*
eliges *choose*

Práctica y conversación

1 **Minidiálogos** Completa los minidiálogos con las palabras interrogativas correctas.

MODELO

Silvia: ¿(1) _Cuándo_ es la fiesta de aniversario de tus padres?

Ernesto: El sábado por la noche.

MICAELA ¿(2) _Dónde_ va a ser la fiesta de cumpleaños?

DIEGO En casa de mi primo.

• • •

CAMILA ¿(3) _Cuál_ es tu clase favorita?

CARLOS La clase de arte es mi favorita.

• • •

TOMÁS ¿(4) _Cuánto_ dinero te van a dar tus abuelos para tu graduación de la universidad?

MERCEDES Dicen que van a darme dos mil dólares.

• • •

LIDIA ¿(5) _Qué_ compraste para tu sobrino?

MARTA Una raqueta de tenis.

• • •

PEDRO ¿(6) _Adónde_ vas después de la boda?

JUAN Mi novia y yo vamos al cine. ¿Quieres venir?

2 **Completar** Completa estas preguntas con una palabra interrogativa. En algunos casos se puede usar más de una palabra interrogativa.

MODELO

¿En _qué_ país nacieron tus padres?

1. ¿_Cuál_ es la fecha de tu cumpleaños?
2. ¿_A qué hora/Dónde/Cuándo_ naciste?
3. ¿_Cuál_ es tu estado civil?
4. ¿_Cuándo/Cómo/Dónde_ te relajas?
5. ¿_Cuáles/A qué hora_ son tus programas de televisión favoritos?
6. ¿_Quién/Cómo/De dónde_ es tu mejor amigo?
7. ¿_Adónde_ van tus amigos para divertirse?
8. ¿_Qué_ postres te gustan? ¿_Cuál_ te gusta más?
9. ¿_Qué/Cuántos_ problemas tuviste el primer día de clase?
10. ¿_Cuántos_ primos tienes?

3 **Una invitación** Con un(a) compañero/a, lee esta invitación. Luego, cada estudiante debe pensar en tres preguntas que su compañero/a debe responder sobre el texto. Answers will vary.

MODELO

Estudiante 1: ¿Quiénes se casan?

Estudiante 2: María Luisa y José Antonio

Fernando Sandoval Valera   Lorenzo Vásquez Amaral
Isabel Arzipe de Sandoval   Elena Soto de Vásquez

tienen el agrado de invitarlos
a la boda de sus hijos

María Luisa y José Antonio

La ceremonia religiosa tendrá lugar
el sábado 10 de junio a las dos de la tarde
en el Templo de Santo Domingo
(Calle Santo Domingo, 961).

Después de la ceremonia, sírvanse pasar a la recepción en el salón
de baile del Hotel Metrópoli (Sotero del Río, 465).

4 **Fotos** Con un(a) compañero/a, haz preguntas sobre estas personas. Answers will vary.

MODELO

Estudiante 1: ¿Quién es esta mujer?

Estudiante 2: Es una estudiante.

Estudiante 1: ¿Dónde está?

Estudiante 2: Está en la biblioteca.

Estudiante 1: ¿Qué está haciendo?

Estudiante 2: Está estudiando para un examen.

1.

3.

2.

4.

ACTIVITY PACK For additional activities, go to the **Activity Pack** in the **Resources** section of the Supersite.

doscientos nueve **209**

Ampliación

 Video: TV Clip

1 SCRIPT For the script, go to the Supersite.

1 Escuchar

A Escucha la conversación entre Josefina y Rosa. Cuando oigas una de las palabras de la **columna A**, usa el contexto para identificar un sinónimo en la **columna B**.

🔊

TIP Guess the meaning of the words through context. Listen to the words and phrases around an unfamiliar word to guess its meaning.

A	B
_d_ **1.** festejar	**a.** conmemoración religiosa de una muerte
_e_ **2.** te divertiste	**b.** tolera
_c_ **3.** dicha	**c.** suerte
_h_ **4.** bien parecido	**d.** celebrar
_g_ **5.** finge (fingir)	**e.** lo pasaste bien
_b_ **6.** soporta (soportar)	**f.** horror
	g. pretende ser algo que no es
	h. guapo

B ¿Son solteras Rosa y Josefina? ¿Cómo lo sabes? Answers will vary.

*Margarita Robles de García
y Roberto García Olmos

Piden su presencia en la celebración
del segundo aniversario de bodas
el día 13 de marzo de 2018
con una misa en la Iglesia
Virgen del Coromoto
a las 6:30 p.m.

Seguida por cena y baile
en el restaurante El Campanero,
Calle Principal, Las Mercedes
a las 8:30 p.m.*

2 Conversar
Con un(a) compañero/a, conversa sobre cómo celebraron el Día de Acción de Gracias (*Thanksgiving*) el año pasado. Incluye esta información. Answers will vary.

- ¿Dónde celebraron el día de fiesta? ¿A qué hora fue?
- ¿Cuántos invitados hubo? ¿Quiénes fueron los invitados? ¿Conocieron a alguien?
- ¿Cuál fue el menú? ¿Quién hizo la comida?
- ¿Qué bebida tomaron? ¿Brindaron?
- ¿Lo pasaron bien? ¿Qué fue lo que más (*more*) les gustó de la celebración?

recursos

WB pp. 91–97 · LM pp. 51–54 · vhlcentral

Inform students that the material listed in the **recursos** box applies to the complete **Gramática** section.

3 **Escribir** En una composición, compara dos celebraciones a las que tú asististe recientemente.

Answers will vary.

✎ TIP Use Venn diagrams. Use Venn diagrams to organize your ideas visually before comparing and contrasting people, places, objects, events, or issues. Differences are listed in the outer rings of the two circles; similarities appear where the circles overlap.

Boda de Silvia Reyes y Carlos Espinoza

Diferencias:
1. Primero hay una celebración religiosa.
2. Se celebra el matrimonio de dos personas.

Similitudes:
1. Las dos fiestas se celebran por la noche.
2. Hay música y baile.

Fiesta de quince años de Ana Ester Larenas Vera

Diferencias:
1. Se celebra en un club.
2. Vienen invitados especiales.

Organizar Utiliza un diagrama de Venn para anotar las similitudes y las diferencias entre las dos celebraciones.

Escribir Utiliza tus notas para escribir el primer borrador de la composición.

Corregir Intercambia tu composición con la de un(a) compañero/a. Dale sugerencias para mejorar su borrador y si ves errores gramaticales u ortográficos, coméntaselos.

Compartir Revisa el primer borrador según las indicaciones de tu compañero/a. Incorpora nuevas ideas o más información para ampliar la comparación. Luego comparte tu composición con otro/a compañero/a.

3 SUGGESTION To create a Venn diagram, draw two circles that overlap and label the top of each circle with a different family celebration.

3 SUGGESTION Have students hand in their Venn diagrams with their compositions.

3 4 EVALUATION

Criteria	Scale
Content	1 2 3 4
Organization	1 2 3 4
Use of comparisons/ contrasts	1 2 3 4
Use of vocabulary	1 2 3 4
Accuracy	1 2 3 4

Scoring
Excellent	18–20 points
Good	14–17 points
Satisfactory	10–13 points
Unsatisfactory	< 10 points

4 **Un paso más** Imagina que eres periodista en un país hispano. Escribe un artículo sobre un día de fiesta o una celebración que viste. Answers will vary.

- Investiga las fiestas, las celebraciones y los festivales de ese país.
- Explica el nombre de la celebración que escogiste, cuándo fue y cómo la celebraron.
- Incluye información sobre la ropa especial que llevaron, la comida, la música y el baile.
- Indica qué hiciste tú durante la celebración.
- Presenta el artículo a la clase. Explica los detalles y muestra fotos.

5 **Conexión Internet** Investiga estos temas en el sitio **vhlcentral.com**.

- Festivales nacionales del mundo hispano
- Fiestas religiosas del mundo hispano

4 SUGGESTION Have students interview a person from a Spanish-speaking country to get information on celebrations in that country.

4 TEACHING OPTION Have students play the role of a news reporter and present their articles to the class as if they had created live broadcasts of the event.

 Practice more at **vhlcentral.com**.

Antes de leer

Audio: Reading
Additional Reading

Recognizing root words and word families can help you guess the meaning of words in context, ensuring better comprehension of a reading selection. Using this strategy will enrich your Spanish vocabulary as well.

Examinar el texto

Familiarízate con el texto usando las estrategias de lectura más efectivas para ti. ¿Qué tipo de documento es? ¿De qué tratan las cuatro secciones del documento? Explica tus respuestas.

Raíces

Completa el siguiente cuadro para ampliar tu vocabulario. Usa palabras de la lectura de esta lección y vocabulario de las lecciones anteriores. ¿Qué significan las palabras que escribiste en el cuadro? Answers may vary. Suggested answers:

Verbs	Nouns	Other forms
1. agradecer *to thank, to be grateful for*	*agradecimiento/ gracias* *gratitude/thanks*	*agradecido* *grateful, thankful*
2. estudiar	estudiante *student*	estudiado *studied*
3. celebrar *to celebrate*	celebración *celebration*	celebrando
4. bailar *to dance*	baile	bailable *danceable*
5. bautizar	bautismo *baptism*	bautizado *baptized*

SUGGESTION Present these other examples of word families: **conocer, conocimiento, conocido; habla, hablador, hablar, hablante; idea, ideal, idealismo, idealista**.

SUGGESTION Have students scan the text for clues about its content. Ask volunteers to tell what kind of text it is and how they know. Headlines (**titulares**), photos, and layout (**composición de la página**) reveal that it is the society section of a news website (**notas de sociedad**).

EL INFORMANTE

| Actualidad | Opinión | Vida social | Entretenimiento |

Matrimonio

Espinoza Álvarez - Reyes Salazar

El día sábado 17 de junio a las 19 horas, se celebró el matrimonio de Silvia Reyes y Carlos Espinoza en la catedral de Santiago. La ceremonia fue oficiada por el pastor Federico Salas y participaron los padres de los novios, el señor Jorge Espinoza y señora y el señor José Alfredo Reyes y señora. Después de la ceremonia, los padres de los recién casados ofrecieron una fiesta bailable en el restaurante La Misión.

Bautismo

José María recibió el bautismo el 26 de junio.

Sus padres, don Roberto Lagos Moreno y doña María Angélica Sánchez, compartieron la alegría de la fiesta con todos sus parientes y amigos. La ceremonia religiosa tuvo lugarº en la catedral de Aguas Blancas. Después de la ceremonia, padres, parientes y amigos celebraron una fiesta en la residencia de la familia Lagos.

Lunes, 30 de junio de 2018

| Tecnología | Deportes | Economía |

Fiesta de quince años *Señorita Ana Ester*

El doctor don Amador Larenas Fernández y la señora Felisa Vera de Larenas celebraron los quince años de su hija Ana Ester junto a sus parientes y amigos. La quinceañera reside en la ciudad de Valparaíso y es estudiante del Colegio Francés. La fiesta de presentación en sociedad de la señorita Ana Ester fue el día viernes 2 de junio a las 19 horas en el Club Español. Entre los invitados especiales asistieron el alcalde° de la ciudad, don Pedro Castedo, y su esposa. La música estuvo a cargo de la Orquesta Americana. ¡Feliz cumpleaños, le deseamos a la señorita Ana Ester en su fiesta bailable!

Expresión de gracias *Carmen Godoy Tapia*

Agradecemos° sinceramente a todas las personas que nos acompañaron en el último adiós a nuestra apreciada esposa, madre, abuela y tía, la señora Carmen Godoy Tapia. El funeral tuvo lugar el día 28 de junio en la ciudad de Viña del Mar. La vida de Carmen Godoy fue un ejemplo de trabajo, amistad, alegría y amor para todos nosotros. Su esposo, hijos y familia agradecen de todo corazón° su asistencia° al funeral a todos los parientes y amigos.

tuvo lugar *took place* **alcalde** *mayor* **Agradecemos** *We thank* **de todo corazón** *sincerely*
asistencia *attendance*

Después de leer

¿Comprendiste?

Indica si lo que dice cada oración es **cierto** o **falso**. Corrige las oraciones falsas.

Cierto	Falso	
____	✓	**1.** El alcalde y su esposa asistieron a la boda de Silvia y Carlos. *Ellos asistieron a la fiesta de quince años de Ana Ester.*
____	✓	**2.** Todos los anuncios (*announcements*) describen eventos felices. *Tres describen eventos felices y uno trata de la muerte.*
✓	____	**3.** Ana Ester Larenas cumple quince años.
____	✓	**4.** Roberto Lagos y María Angélica Sánchez son hermanos. *Ellos están casados.*
✓	____	**5.** La familia de Carmen Godoy Tapia les dio las gracias a las personas que asistieron al funeral.

Preguntas

Responde a estas preguntas con oraciones completas.

1. ¿Quién murió el 28 de junio?
Carmen Godoy Tapia murió el 28 de junio.

2. ¿Dónde tuvo lugar el funeral?
El funeral tuvo lugar en la ciudad de Viña del Mar.

3. ¿Dónde fue la fiesta de bautismo de José María?
La fiesta fue en la residencia de la familia Lagos.

4. ¿Qué hicieron los recién casados y sus invitados después de la ceremonia?
Fueron a la fiesta bailable en el restaurante La Misión.

5. ¿Quién estuvo a cargo de la música en la fiesta de quince años de Ana Ester?
La música estuvo a cargo de la Orquesta Americana.

Coméntalo

¿Hay una sección de notas sociales en el periódico de tu universidad, comunidad o región? ¿Qué tipo de información encuentras en la sección de notas sociales? ¿La lees normalmente? ¿Por qué? Answers will vary.

Vocabulary Tools

Las fiestas

el aniversario (de bodas)	(wedding) anniversary
la boda	wedding
el cumpleaños	birthday
el día de fiesta	holiday
la fiesta	party
el/la invitado/a	guest
la Navidad	Christmas
la quinceañera	young woman celebrating her fifteenth birthday
la sorpresa	surprise
brindar	to toast (drink)
celebrar	to celebrate
cumplir años	to have a birthday
dejar una propina	to leave a tip
divertirse (e:ie)	to have fun
graduarse (de)	to graduate (from)
invitar	to invite; to treat
pagar la cuenta	to pay the bill
pasarlo bien/mal	to have a good/bad time
regalar	to give (a gift)
reírse (e:i)	to laugh
relajarse	to relax
sonreír (e:i)	to smile
sorprender	to surprise

Los postres y otras comidas

la botella de vino	bottle of wine
el champán	champagne
los dulces	sweets; candy
el flan	baked custard
las galletas	cookies
el helado	ice cream
el pastel	cake
el pastel de cumpleaños	birthday cake
los postres	desserts

Las relaciones personales

la alegría	happiness
la amistad	friendship
el amor	love
el divorcio	divorce
el estado civil	marital status
el matrimonio	marriage; married couple
la pareja	couple; partner
el/la recién casado/a	newlywed
casado/a	married
divorciado/a	divorced
juntos/as	together
separado/a	separated
soltero/a	single
viudo/a	widowed
cambiar (de)	to change
casarse (con)	to get married (to)
comprometerse (con)	to get engaged (to)
divorciarse (de)	to get divorced (from)
enamorarse (de)	to fall in love (with)
llevarse bien/mal (con)	to get along well/badly (with)
odiar	to hate
romper (con)	to break up (with)
salir (con)	to go out (with); to date
separarse (de)	to separate (from)
tener una cita	to have a date; to have an appointment

Otras palabras

el apellido	last name
el consejo	advice
la respuesta	answer

Las etapas de la vida

la adolescencia	adolescence
la etapa	stage
la juventud	youth
la madurez	maturity; middle age
la muerte	death
el nacimiento	birth
la niñez	childhood
la vejez	old age
la vida	life
jubilarse	to retire (from work)
nacer	to be born

Relative pronouns	See page 206.
Interrogative words and phrases	See page 208.

As students finish the lesson, encourage them to explore the **Repaso** section on the Supersite. There they will find quizzes for practicing vocabulary, grammar, and oral language.

10 En el consultorio

PARA EMPEZAR Here are some additional questions: ¿Tienes un(a) médico/a general? ¿Vas mucho a verlo/la? ¿Lo/La viste la semana pasada? ¿El mes pasado? ¿El año pasado?

Para empezar

- ¿Están en una farmacia o en un hospital?
- ¿El hombre es médico o dentista?
- ¿Qué hace él, una operación o un examen médico?
- ¿Cómo se siente la paciente?

En el consultorio

Vocabulary Tools

SUGGESTION Introduce active vocabulary by pointing to parts of your body or by using the Digital Image Bank.

TEACHING OPTION Play a game of **Simón dice**. Write **señalen** on the board and explain that it means *point*. Start by saying **Simón dice... señalen la nariz, la cabeza**, and so forth.

el ojo — eye

la nariz — nose

la boca — mouth

la oreja — (outer) ear

EL CUERPO

el corazón — heart
el cuerpo — body
el estómago — stomach
el hueso — bone
la rodilla — knee
el tobillo — ankle

el pie — foot
la pierna — leg

la cabeza — head
el cuello — neck
la garganta — throat
el brazo — arm
el dedo — finger

SUGGESTION Remind students that body parts are referred to with the article and not the possessive: **Me duelen los pies**.

LA SALUD

el accidente — accident
la clínica — clinic
el consultorio — doctor's office
el/la doctor(a) — doctor
el/la enfermero/a — nurse
el examen médico — physical exam
el hospital — hospital
la operación — operation
el/la paciente — patient
la radiografía — X-ray
la sala de emergencia(s) — emergency room
la salud — health

la farmacia
pharmacy

el dentista
dentist

tomar(le) la temperatura (a alguien)
to take (someone's) temperature

estornudar
to sneeze

VERBOS

caerse *to fall (down)*
doler (o:ue) *to hurt*
enfermarse *to get sick*
estar enfermo/a *to be sick*
lastimarse (el pie) *to injure (one's foot)*
poner una inyección *to give an injection*
recetar *to prescribe*
romperse (la pierna) *to break (one's leg)*
sacar(se) una muela *to have a tooth pulled*
ser alérgico/a (a) *to be allergic (to)*
tener fiebre (f.) *to have a fever*
torcerse (el tobillo) *to sprain (one's ankle)*
toser *to cough*

LAS ENFERMEDADES Y LOS SÍNTOMAS

el dolor (de cabeza) *(head)ache; pain*
la enfermedad *illness; sickness*
la gripe *flu*
la infección *infection*
el resfriado *cold*
el síntoma *symptom*
la tos *cough*

congestionado/a *congested*
mareado/a *dizzy; nauseated*

LOS MEDICAMENTOS

el antibiótico *antibiotic*
el medicamento *medication*
la medicina *medicine*
las pastillas *pills; tablets*
la receta *prescription*

VOCABULARIO ADICIONAL
For additional vocabulary on this theme, go to **Vocabulario adicional** in the **Resources** section of the Supersite.

la aspirina
aspirin

ADJETIVOS

embarazada *pregnant*
grave *grave; serious*
médico/a *medical*
saludable *healthy*
sano/a *healthy*

ASÍ SE DICE Point out these lexical items:
el resfriado → el resfrío (*Cono Sur*), **el catarro** (*Méx.*)
la sala de emergencia(s) → la sala de urgencias (*Amér. L.*)
romperse → quebrarse (*Amér. L.*)

SUGGESTION To check comprehension, ask: **¿Cuáles son los síntomas de un resfriado? ¿De la gripe? ¿Qué necesita hacer una persona con un resfriado? ¿Y gripe? ¿Y el tobillo torcido? ¿Y fiebre?**

SUGGESTION Point out that **embarazada** means *pregnant*, not *embarrassed*. Also, explain that in Spain **constipado/a** means *congested* or *stuffed up*, not *constipated*.

Práctica y conversación

1 SCRIPT For the script, go to the Supersite.

1 Escuchar
Escucha las preguntas y selecciona la respuesta más adecuada.

1. ___c___   **a.** Tengo dolor de cabeza y fiebre.

2. ___e___   **b.** No fui a la clase porque estaba (*I was*) enfermo.

3. ___g___   **c.** Me caí ayer jugando al tenis.

4. ___d___   **d.** Debes ir a la farmacia.

5. ___f___   **e.** Porque tengo gripe.

6. ___h___   **f.** Sí, tengo mucha tos por las noches.

7. ___a___   **g.** Lo llevaron directamente a la sala de emergencia.

8. ___b___   **h.** No sé. Todavía tienen que tomarme la temperatura.

2 EXPANSION Reverse this activity by naming body parts and have students supply the activities that they associate with each one.

2 EXPANSION Give the class these additional items: **bailar, hacer la tarea, trabajar como camarero/a, ir de compras, hacer un examen médico, visitar al dentista.**

2 Actividades
Con un(a) compañero/a, identifica las partes del cuerpo asociadas con estas actividades.

Answers will vary.

MODELO

nadar

Estudiante 1: *Usamos los brazos para nadar.*
Estudiante 2: *También usamos las piernas.*

1. conducir
2. caminar
3. toser
4. comer arroz con pollo
5. comprar un perfume
6. ver una película
7. hablar por teléfono
8. correr en el parque
9. tocar el piano

3 SUGGESTION Give students ten minutes to complete the survey and then tally the class results.

3 EXPANSION Ask for a show of hands for those who fall into the different groups, then analyze the trends of the class. Are your students healthy or unhealthy?

3 Cuestionario
Selecciona las respuestas que reflejen mejor tu estado de salud. Suma (*add*) los puntos de cada respuesta y anota el resultado. Después, compara los resultados con el resto de la clase.   Answers will vary.

¿Tienes buena salud?

27–30 puntos	Salud y hábitos excelentes
23–26 puntos	Salud y hábitos buenos
22 puntos o menos	Salud y hábitos problemáticos

1. ¿Con qué frecuencia te enfermas (resfriados, gripe, etc.)?
   • Cuatro veces por año o más. (1 punto)
   • Dos o tres veces por año. (2 puntos)
   • Casi nunca. (3 puntos)

2. ¿Con qué frecuencia tienes dolor de estómago o problemas digestivos?
   • Con mucha frecuencia. (1 punto)
   • A veces. (2 puntos)
   • Casi nunca. (3 puntos)

3. ¿Con qué frecuencia tienes dolor de cabeza?
   • Frecuentemente. (1 punto)
   • A veces. (2 puntos)
   • Casi nunca. (3 puntos)

4. ¿Comes verduras y frutas?
   • No, casi nunca. (1 punto)
   • Sí, a veces. (2 puntos)
   • Sí, todos los días. (3 puntos)

5. ¿Eres alérgico/a a algo?
   • Sí, a muchas cosas. (1 punto)
   • Sí, a algunas cosas. (2 puntos)
   • No. (3 puntos)

6. ¿Haces ejercicios aeróbicos?
   • No, casi nunca hago ejercicios aeróbicos. (1 punto)
   • Sí, a veces. (2 puntos)
   • Sí, con frecuencia. (3 puntos)

7. ¿Con qué frecuencia te haces un examen médico?
   • Nunca o casi nunca. (1 punto)
   • Cada dos años. (2 puntos)
   • Cada año o antes de practicar un deporte. (3 puntos)

8. ¿Con qué frecuencia vas al dentista?
   • Nunca voy al dentista. (1 punto)
   • Sólo cuando me duele una muela. (2 puntos)
   • Por lo menos una vez por año. (3 puntos)

9. ¿Qué desayunas normalmente por la mañana?
   • No como nada. (1 punto)
   • Tomo una bebida dietética. (2 puntos)
   • Como cereales y fruta. (3 puntos)

10. ¿Con qué frecuencia te sientes mareado/a?
    • Frecuentemente. (1 punto)
    • A veces. (2 puntos)
    • Casi nunca. (3 puntos)

recursos

WB
pp. 99–100

LM
p. 55

S
vhlcentral

4 SUGGESTION Before doing the activity, have students brainstorm a list of symptoms they might have.

4 **¿Cuáles son sus síntomas?** Con un(a) compañero/a, túrnate para representar los papeles (*roles*) de un(a) médico/a y su paciente. Answers will vary.

5 **Un accidente** En parejas, conversen sobre un accidente que ustedes, un(a) amigo/a o un miembro de la familia tuvo. Usen estas preguntas de guía: **¿Qué ocurrió? ¿Dónde y cuándo ocurrió? ¿Cómo ocurrió? ¿Quién te ayudó y cómo?** Answers will vary.

5 SUGGESTION Model this activity by describing an accident you or a friend of yours had.

ACTIVITY PACK For additional activities, go to the **Activity Pack** in the **Resources** section of the Supersite.

Practice more at **vhlcentral.com**.

Ortografía El acento y las sílabas fuertes

Audio: Pronunciation

In Spanish, written accent marks are used on many words. Here is a review of some of the principles governing word stress and the use of written accents.

as-pi-ri-na   **gri-pe**   **to-man**   **an-tes**

In Spanish, when a word ends in a vowel, **–n**, or **–s**, the spoken stress usually falls on the next-to-last syllable. Words of this type are very common and do not need a written accent.

SUGGESTION Other words from the lesson's vocabulary that require written accents include: **corazón, estómago, antibiótico, clínica, médico**, and **radiografía**.

a-sí   **in-glés**   **in-fec-ción**   **hé-ro-e**

When a word ends in a vowel, **–n**, or **–s**, and the spoken stress does *not* fall on the next-to-last syllable, then a written accent is needed.

hos-pi-tal   **na-riz**   **re-ce-tar**   **to-ser**

When a word ends in any consonant *other* than **–n** or **–s**, the spoken stress usually falls on the last syllable. Words of this type are very common and do not need a written accent.

SUGGESTION Point out that **Ortografía** replaces **Pronunciación** in the Student Edition for **Lecciones 10–16**, but not in the Lab Manual. The **recursos** box references the **Pronunciación** sections found in all lessons of the Lab Manual.

lá-piz   **fút-bol**   **hués-ped**   **sué-ter**

When a word ends in any consonant *other* than **–n** or **–s**, and the spoken stress does *not* fall on the last syllable, then a written accent is needed.

SUGGESTION Teach students which vowels are strong (**-a, -e, -o**) and which are weak (**-i, -u**), before introducing them to dipthongs.

far-ma-cia   **bio-lo-gí-a**   **su-cio**   **frí-o**

Diphthongs (two weak vowels or a strong and weak vowel together) are normally pronounced as a single syllable. A written accent is needed when a diphthong is broken into two syllables.

sol   **pan**   **mar**   **tos**

Spanish words of only one syllable do not usually carry a written accent.

El ahorcado Juega al ahorcado (*hangman*) para adivinar las palabras.

1. __ l __ __ __ __ __ a   Vas allí cuando estás enfermo/a. clínica
2. __ __ __ __ e __ c __ __ __ n   Se usa para poner una vacuna (*vaccination*). inyección
3. __ __ __ d __ o __ __ __ __ __ a   Se usa para ver los huesos. radiografía

recursos

LM
p. 56

vhlcentral

Practice more at **vhlcentral.com**.

¡Qué dolor!

S Video: Fotonovela

Jimena no se siente bien y tiene que ir al doctor.

NATIONAL communication cultures **STANDARDS**

VIDEO SYNOPSIS While out with her friend Elena, Jimena's cold symptoms start bothering her. Despite taking don Diego's and Elena's home remedies, the cold symptoms persist. At her mother's insistence, Jimena goes to the doctor, who prescribes some medicine.

Expresiones útiles

Discussing medical conditions

¿Cómo te sientes?
How do you feel?
Me duele un poco la garganta.
My throat hurts a little.
No me duele el estómago.
My stomach doesn't hurt.
De niño/a apenas me enfermaba.
As a child, I rarely got sick.
¡Soy alérgico/a al chile!
I'm allergic to chili peppers!

Discussing remedies

Se dice que el té de jengibre es bueno para el dolor de estómago.
They say ginger tea is good for stomach aches.
Aquí están las pastillas para el resfriado.
Here are the pills for your cold.
Se debe tomar una cada seis horas.
You should take one every six hours.

Expressions with hacer

Hace + [*period of time*] **que** + [*present/ preterite*]
¿Cuánto tiempo hace que tienes estos síntomas?
How long have you had these symptoms?
Hace dos días que me duele la garganta.
My throat has been hurting for two days.
¿Cuánto tiempo hace que lo llamaste?
How long has it been since you called him?
Hace media hora.
It's been a half hour (since I called).

Additional vocabulary

canela *cinnamon*
miel *honey*
terco/a *stubborn*

recursos

VM
pp. 187–188

S
vhlcentral

ELENA ¿Cómo te sientes?

JIMENA Me duele un poco la garganta. Pero no tengo fiebre.

ELENA Creo que tienes un resfriado. Te voy a llevar a casa.

ELENA ¿Don Diego ya fue a la farmacia? ¿Cuánto tiempo hace que lo llamaste?

JIMENA Hace media hora. Ay, qué cosas, de niña apenas me enfermaba. No perdí ni un solo día de clases.

ELENA Yo tampoco.

ELENA Nunca tenía resfriados, pero me rompí el brazo dos veces. Mi hermana y yo estábamos paseando en bicicleta y casi me di con un señor que caminaba por la calle. Me caí y me rompí el brazo.

JIMENA ¿Qué es esto?

ELENA Es té de jengibre. Cuando me dolía el estómago, mi mamá siempre me hacía tomarlo. Se dice que es bueno para el dolor de estómago.

JIMENA Pero no me duele el estómago.

JIMENA Hola, don Diego. Gracias por venir.

DON DIEGO Fui a la farmacia. Aquí están las pastillas para el resfriado. Se debe tomar una cada seis horas con las comidas. Y no se deben tomar más de seis pastillas al día.

ELENA

JIMENA

DON DIEGO

SRA. DÍAZ

DR. MELÉNDEZ

(*La Sra. Díaz llama a Jimena*)

JIMENA Hola, mamá. Don Diego me trajo los medicamentos... ¿Al doctor? ¿Estás segura? Allá nos vemos. (*A Elena*) Mi mamá ya hizo una cita para mí con el Dr. Meléndez.

SRA. DÍAZ ¿Te pusiste un suéter anoche?

JIMENEZ No, mamá. Se me olvidó.

SRA. DÍAZ Doctor, esta jovencita salió anoche, se le olvidó ponerse un suéter y parece que le dio un resfriado.

DR. MELÉNDEZ Jimena, ¿cuáles son tus síntomas?

JIMENA Toso con frecuencia y me duele la garganta.

DR. MELÉNDEZ ¿Cuánto tiempo hace que tienes estos síntomas?

JIMENA Hace dos días que me duele la garganta.

DR. MELÉNDEZ Muy bien. Aquí no tienes infección. No tienes fiebre. Te voy a mandar algo para la garganta. Puedes ir por los medicamentos inmediatamente a la farmacia.

SRA. DÍAZ Doctor, ¿cómo está? ¿Es grave?

DR. MELÉNDEZ No, no es nada grave. Jimena, la próxima vez, escucha a tu mamá. ¡Tienes que usar suéter!

Actividades

1 ¿Cierto o falso? Decide si lo que dicen estas oraciones sobre Jimena es **cierto** o **falso**. Corrige las oraciones falsas.

1. Dice que de niña apenas se enfermaba. **Cierto.**
2. Tiene dolor de garganta y fiebre. **Falso.** Tiene dolor de garganta y tos.
3. Olvidó ponerse un suéter anoche. **Cierto.**
4. Hace tres días que le duele la garganta. **Falso.** Hace dos días que le duele la garganta.
5. El doctor le dice que tiene una infección. **Falso.** El doctor le dice que no tiene infección.

2 Ordenar Pon estos eventos en el orden correcto.

a. Jimena va a ver al doctor. __4__
b. El doctor le dice a la Sra. Díaz que no es nada serio. __6__
c. Elena le habla a Jimena de cuando se rompió el brazo. __2__
d. El doctor le receta medicamentos. __5__
e. Jimena le dice a Elena que le duele la garganta. __1__
f. Don Diego le trae a Jimena las pastillas para el resfriado. __3__

3 En el consultorio Con un(a) compañero/a, prepara una conversación entre un(a) médico/a y su paciente. Sigue la guía. Answers will vary.

- El/La médico/a le pregunta al/a la paciente qué le pasó.
- El/La paciente se cayó en su casa y piensa que se rompió un dedo.
- El/La médico/a le pregunta al/a la paciente si le duele y cuánto tiempo hace que se cayó.
- El/La paciente describe el dolor.
- El/La médico/a le recomienda un tratamiento (*treatment*).

Practice more at **vhlcentral.com**.

Additional Reading
Video

Servicios de salud

¿Sabías que en los países hispanos no necesitas pagar por los servicios de salud? Ésta es una de las diferencias que hay entre países como los Estados Unidos y los países hispanos.

En la mayor parte de estos países, el gobierno ofrece servicios médicos muy baratos o gratuitos° a sus ciudadanos°. Los turistas y extranjeros también pueden tener acceso a los servicios médicos a bajo° costo. La Seguridad Social y organizaciones similares son las responsables de gestionar° estos servicios.

Naturalmente, esto no funciona igual° en todos los países. En Ecuador, México y Perú, la

Cruz verde de farmacia en Madrid, España

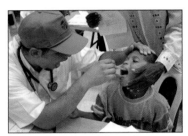
Consulta médica en la
República Dominicana

situación varía según las regiones. Los habitantes de las ciudades y pueblos grandes tienen acceso a más servicios médicos, mientras que quienes viven en pueblos remotos sólo cuentan con° pequeñas clínicas.

Por su parte, Costa Rica, Colombia, Cuba y España tienen sistemas de salud muy desarrollados°. En España, por ejemplo, la mayoría de la gente tienen acceso a ellos y en muchos casos son completamente gratuitos. Según un informe de la Organización Mundial de la Salud, el sistema de salud español ocupa uno de los primeros diez lugares del mundo. Esto se debe no sólo al buen funcionamiento° del sistema, sino también al nivel de salud general de la población. Impresionante, ¿no?

Las farmacias

Farmacia de guardia: Las farmacias generalmente tienen un horario comercial. Sin embargo°, en cada barrio° hay una farmacia de guardia que abre las veinticuatro horas del día.

Productos farmacéuticos: Hay muchas farmacias especializadas en medicinas y productos farmacéuticos. No venden productos de otro tipo.

Recetas: Muchos medicamentos se venden sin receta. Los farmacéuticos aconsejan° a las personas sobre problemas de salud y les dan las medicinas.

Cruz° verde: En muchos países, las farmacias tienen el signo de una cruz verde. Cuando la cruz verde está encendida°, la farmacia está abierta.

gratuitos *free (of charge)*   ciudadanos *citizens*   bajo *low*
gestionar *to manage*   igual *in the same way*   cuentan con *have*
desarrollados *developed*   funcionamiento *operation*
Sin embargo *However*   barrio *neighborhood*   aconsejan *advise*
Cruz *Cross*   encendida *lit (up)*

recursos

VM
pp. 219–220   vhlcentral

ACTIVIDADES

1 ¿Cierto o falso? Indica si lo que dicen las oraciones es **cierto** o **falso**. Corrige la información falsa.

MODELO
Los alcaldes gestionan los servicios de salud en los países hispanos.
Falso. Son la Seguridad Social y otras instituciones similares las que lo hacen.

1. En los países hispanos los gobiernos ofrecen servicios de salud accesibles a sus ciudadanos. Cierto.
2. En los países hispanos los extranjeros tienen que pagar mucho dinero por los servicios médicos. Falso. Los extranjeros tienen acceso a los servicios médicos a bajo costo.
3. El sistema de salud español es uno de los mejores del mundo. Cierto.
4. Las farmacias de guardia abren sólo los sábados y domingos. Falso. Las farmacias de guardia abren las 24 horas del día.
5. En los países hispanos las farmacias venden una gran variedad de productos. Falso. Allí están más especializadas en medicinas y productos farmacéuticos.
6. Los farmacéuticos de los países hispanos aconsejan a los enfermos y venden algunas medicinas sin necesidad de receta. Cierto.
7. En México y otros países, los pueblos remotos cuentan con grandes centros médicos. Falso. Cuentan con pequeñas clínicas.
8. Muchas farmacias usan una cruz verde como símbolo. Cierto.

2 Comparación Con un(a) compañero/a, compara el sistema de salud de los países hispanos con el de tu país. ¿En qué se parecen? ¿En qué se diferencian? ¿Cuál prefieres?

3 Sin receta ¿Piensas que los medicamentos deben venderse sin receta? Escribe un párrafo para explicar por qué deben o no hacerlo.

4 Conexión Internet Investiga en el sitio **vhlcentral.com** qué otra forma de servicio de atención médica se ofrece en los países hispanos.

La salud

1 Preparación ¿Qué haces si tienes un pequeño accidente o quieres hacer una consulta? ¿Visitas a tu médico general o vas al hospital? ¿Debes pedir un turno (*appointment*)?

2 El video Mira el episodio de **Flash Cultura.**

Vocabulario
la cita previa *previous appointment*
la guardia *emergency room*
Me di un golpe. *I hurt myself.*
la práctica *rotation (hands-on medical experience)*

¿Le podría° pedir que me explique qué es la guardia?

Nuestro hospital público es gratuito para todas las personas.

podría *could*

3 ¿Cierto o falso? Indica si las oraciones son **ciertas** o **falsas**.

1. Silvina tuvo un accidente en su automóvil. Falso.
2. Silvina fue a la guardia del hospital. Cierto.
3. La guardia del hospital está abierta sólo durante el día y es necesario tener cita previa. Falso.
4. Los entrevistados (*interviewees*) tienen enfermedades graves. Falso.
5. En Argentina, los médicos reciben la certificación cuando terminan la práctica. Cierto.

National comparisons standards

10.1 The imperfect tense Tutorial

De niña apenas me enfermaba.

▶ In Lessons 6–9, you learned the preterite tense. Now you will learn the imperfect tense, which describes past activities in a different way.

The imperfect of regular verbs

	cantar	beber	escribir
yo	cantaba	bebía	escribía
tú	cantabas	bebías	escribías
Ud./él/ella	cantaba	bebía	escribía
nosotros/as	cantábamos	bebíamos	escribíamos
vosotros/as	cantabais	bebíais	escribíais
Uds./ellos/ellas	cantaban	bebían	escribían

Cuando me dolía el estómago, mi mamá me daba té de jengibre.

▶ There are no stem changes in the imperfect tense.

Me **duelen** los pies.
My feet hurt.

Me **dolían** los pies.
My feet were hurting.

SUGGESTION Point out that like **hay**, **había** is impersonal and can be followed by a singular or plural noun. Ex: **Había una enfermera. Había muchos pacientes.**

¡ojo!

The imperfect endings of **–er** and **–ir** verbs are the same. The **nosotros** form of **–ar** verbs has an accent on the first **a** of the ending. **–Er** and **–ir** verb forms carry an accent on the first **i** of the ending.

• • •

Ir, ser, and **ver** are the only irregular verbs in the imperfect.

▶ The imperfect form of **hay** (*inf.* **haber**) is **había** (*there was/were/used to be*).

Había sólo un médico.
There was only one doctor.

Había dos pacientes allí.
There were two patients there.

Irregular verbs in the imperfect

	ir	ser	ver
yo	iba	era	veía
tú	ibas	eras	veías
Ud./él/ella	iba	era	veía
nosotros/as	íbamos	éramos	veíamos
vosotros/as	ibais	erais	veíais
Uds./ellos/ellas	iban	eran	veían

Refer students to the **recursos** box in *Ampliación* for complete information.

SUGGESTION Have students bring in video clips from popular movies. Choose three or four clips and have the students describe the events after viewing.

▶ The imperfect is used to describe past events in a different way than the preterite. Generally, the imperfect describes actions which are seen by the speaker as incomplete or continuing, while the preterite describes actions that have been completed. The imperfect expresses what was happening at a certain time or how things used to be.

¿Qué te **pasó**?
What happened to you?

Me **torcí** el tobillo.
I sprained my ankle.

¿Dónde **vivías** de niño?
Where did you live as a child?

Vivía en San José.
I lived in San José.

▶ Use these expressions with the imperfect to express habitual or repeated actions: **de niño/a** (*as a child*), **todos los días** (*every day*), **mientras** (*while*).

Uses of the imperfect

Habitual or repeated actions	Íbamos al parque los domingos. *We used to go to the park on Sundays.*	**Age**	Los niños tenían seis años. *The children were 6 years old.*
Events or actions that were in progress	Yo leía mientras él estudiaba. *I was reading while he was studying.*	**Physical characteristics**	Era alto y guapo. *He was tall and handsome.*
Telling time	Eran las tres y media. *It was 3:30.*	**Mental or emotional states**	Quería mucho a su familia. *He loved his family very much.*

NATIONAL communication STANDARDS

Práctica y conversación

1 **La salud** Completa las oraciones con el imperfecto de los verbos de la lista. Algunos verbos se repiten.

caerse	esperar	mirar	sentirse
doler	estar	poder	tener
enfermarse	estornudar	querer	toser

1. Ana ___miraba___ el termómetro; con tanta fiebre no ___podía/quería___ leerlo.
2. El paciente ___esperaba___, mientras la enfermera ___estaba___ muy ocupada atendiendo a otros pacientes.
3. Lorenzo ___tenía___ dolor de muelas, pero no ___quería/podía___ ir al dentista porque tenía miedo.
4. Paco y Luis ___tenían___ dolor de estómago y ___querían/esperaban___ unas pastillas para el dolor.
5. Le ___dolía___ la cabeza y ___estaba/se sentía___ mareado.
6. Luisa ___estornudaba___ siempre porque era alérgica al polen.

2 **¡Pobre Miguelito!** Completa las oraciones con el imperfecto de los verbos. Luego, ponlas en orden lógico.

a. Finalmente, Miguelito no tenía ganas de jugar más. Ahora ___quería___ [querer] ir a casa a descansar.
b. El doctor dijo que no ___era___ [ser] nada grave.
c. El niño le dijo a la enfermera que ___le dolía___ [dolerle] la nariz.
d. ___Eran___ [ser] las dos de la tarde y los niños ___jugaban___ [jugar] en el patio.
e. Su mamá ___estaba___ [estar] dibujando cuando Miguelito entró llorando.
f. Miguelito ___tenía___ [tener] mucho dolor.
g. El doctor ___veía___ [ver] una inflamación.

2 Order: a. 7 b. 6 c. 4 d. 1 e. 2 f. 3 g. 5

3 **Entrevista** Sigue las preguntas como guía y entrevista a un(a) compañero/a. Luego, comparte los resultados con la clase. Answers will vary.

1. ¿Cuántos años tenías en 2001? ¿Y en 2010?
2. ¿Veías mucha televisión cuando eras niño/a?
3. Cuando eras niño/a, ¿qué hacías durante las vacaciones?
4. Cuando eras estudiante de primaria, ¿te gustaban tus maestros/as?
5. Cuando tenías diez años, ¿cuál era tu programa de televisión favorito?
6. Cuando tenías quince años, ¿cuál era tu grupo musical favorito?
7. Cuando eras estudiante de secundaria, ¿qué hacías con tus amigos/as después de la escuela?
8. Antes de tomar esta clase, ¿sabías hablar español?

4 **Describir** Con un(a) compañero/a, túrnate para describir lo que hacías de niño/a. Elige una de estas preguntas guía y comparte la anécdota con tu compañero/a. Answers will vary.

MODELO
De niña, mi familia y yo siempre íbamos a Tortuguero. Tomábamos un barco desde Limón, y por las noches mirábamos las tortugas (*turtles*) en la playa...

- ¿Qué hacías durante las vacaciones cuando eras niño/a?
- ¿Qué hacías en ocasiones especiales?
- ¿Cómo eran las celebraciones con tus amigos/as o familia?
- ¿Cómo era tu escuela? ¿Te gustaban tus maestros/as y compañeros/as?
- ¿Cómo eran tus amigos/as? ¿A qué jugabas con ellos/as?

S
Practice more at vhlcentral.com.

ACTIVITY PACK For additional activities, go to the **Activity Pack** in the **Resources** section of the Supersite.

doscientos veinticinco **225**

10.2 Constructions with **se** Tutorial

▸ As you know, **se** can be used as a reflexive pronoun (**Él se despierta.**).

▸ Non-reflexive verbs can also be used with **se** to form impersonal constructions. In impersonal constructions, the person performing the action is not defined. In English, the passive voice or indefinite subjects (*you, they, one*) are used.

Se habla español en Costa Rica.
Spanish is spoken in Costa Rica.

Se puede leer en la sala de espera.
You can read in the waiting room.

¡ojo!

The **usted/él/ella** verb form is used with singular nouns and the **ustedes/ellos/ellas** verb form is used with plural nouns:

Se vende ropa.

Se venden camisas.

▸ You often see the impersonal **se** in signs and advertisements.

SE PROHÍBE NADAR

Se necesitan programadores
GRUPO TECNO
Tel. 778-34-34

ENTRADA

Se entra por la izquierda

¿Se te perdió el suéter anoche?

▸ **Se** can also be used to de-emphasize the person who performs an action, implying that the accident or event is not his/her direct responsibility. Use this construction:

se	+	INDIRECT OBJECT PRONOUN	+	VERB	+	SUBJECT
Se		me		cayó		la pluma.

I dropped the pen.

▸ In this construction, what would normally be the direct object of the sentence becomes the subject and agrees with the verb.

No, mamá. Se me olvidó.

	I.O. PRONOUN	+	VERB	+	SUBJECT
Se	me				
	te		perdieron		las llaves.
	le		cayó		la taza.
	nos		dañó		el radio.
	os		rompieron		las botellas.
	les		olvidaron		las pastillas.

SUGGESTION Tell students that this construction has no exact equivalent in English. Have them examine the examples in the textbook and make up some of their own in order to get a feel for how this construction works.

¡ojo!

Dejar caer (*to let fall*) is often used to mean *to drop*.

Elena **dejó caer** el libro.
Elena dropped the book.

El médico **dejó caer** la aspirina.
The doctor dropped the aspirin.

▸ These verbs are often used with **se** to describe unplanned events.

caer	to fall; to drop	olvidar	to forget	quedar	to be left behind
dañar	to damage; to break down	perder (e:ie)	to lose	romper	to break

▸ **A** + [*noun*] or **a** + [*prepositional pronoun*] is frequently used to clarify or emphasize who is involved in the action.

Al estudiante se le perdió la tarea.
The student lost his homework.

A mí se me olvidó ir a clase ayer.
I forgot to go to class yesterday.

Práctica y conversación

1 **¿Cierto o falso?** Lee estas oraciones sobre la vida en 1901. Indica si lo que dice cada oración es **cierto** o **falso**. Luego corrige las oraciones falsas.

Cierto	Falso	
	✓	**1.** Se veía mucha televisión. *No se veía la televisión.*
✓		**2.** Se escribían muchos libros.
✓		**3.** Se viajaba mucho en tren.
✓		**4.** Se montaba a caballo.
	✓	**5.** Se mandaban correos electrónicos. *No se mandaban correos electrónicos. Se mandaban cartas y postales.*
✓		**6.** Se preparaban comidas en casa.

2 **Anuncios** Traduce estos letreros (*ads*) al español con el **se** impersonal.

MODELO

Se necesitan ingenieros.

ENGINEERS NEEDED

NO TALKING

1. Se prohíbe hablar.

EATING AND DRINKING PROHIBITED

2. Se prohíbe comer y beber.

TEACHER NEEDED

3. Se necesita profesor(a).

PROGRAMMERS SOUGHT

4. Se buscan programadores.

WE SELL BOOKS

5. Se venden libros.

WE SPEAK ENGLISH

6. Se habla inglés.

DO NOT ENTER

7. Se prohíbe entrar.

WE SELL COMPUTERS

8. Se venden computadoras.

3 **Preguntas** Usa estas preguntas para entrevistar a un(a) compañero/a. Answers will vary.

1. ¿Qué comidas se sirven en tu restaurante favorito?
2. ¿Se te olvidó invitar a alguien a tu última fiesta o cena? ¿A quién?
3. ¿A qué hora se abre la cafetería de tu universidad?
4. ¿Alguna vez se te quedó algo importante en casa?
5. ¿Alguna vez se te perdió algo importante durante un viaje? ¿Qué?
6. ¿Qué se vende en la librería de la universidad?
7. ¿Sabes si en la librería se aceptan cheques?
8. ¿Alguna vez se te rompió un plato o un vaso (*glass*)? ¿Dónde?

4 **Minidiálogos** Con un(a) compañero/a, prepara estos minidiálogos. Luego, preséntalos. Answers will vary.

1. Un(a) profesor(a) de español le pide a un(a) estudiante su cuaderno de práctica (*workbook*). El/La estudiante le explica por qué él/ella no lo tiene.
2. Un(a) turista le pregunta al/a la empleado/a dónde se sirve la mejor comida en la ciudad. El/La empleado/a hace varias sugerencias.
3. Un(a) paciente le dice al/a la doctor(a) que él/ella no puede caminar. El/La doctor(a) examina al/a la paciente y le explica el problema.
4. Un padre/una madre le pregunta a su hijo/a qué le pasó al plato que está roto (*broken*) en el piso. El/La hijo/a se disculpa y le explica lo que sucedió.

5 **Anuncios** En grupos, preparen dos anuncios (*ads*) de televisión para presentar a la clase. Deben usar el imperfecto y dos construcciones con **se**.

MODELO

Se me cayeron unos libros sobre el pie. Me dolía mucho. Pero ahora no, gracias a Superaspirina 500. ¡Tomé dos pastillas y se me fue el dolor! Se puede comprar Superaspirina 500 en todas las farmacias Recetamax.

10.3 Adverbs Tutorial

▶ Adverbs describe how, when, and where actions take place. They modify verbs, adjectives, and even other adverbs. The list below contains some adverbs you have already learned.

bien	muy	hoy	temprano	aquí
mal	nunca	siempre	ayer	allí

¡ojo!

When a sentence contains two or more adverbs in sequence, the suffix **-mente** is dropped from all but the last adverb.

Ex: **El médico nos habló simple y abiertamente.** *The doctor spoke to us simply and openly.*

▶ Most adverbs end in **–mente.** These are equivalent to the English adverbs which end in *–ly.*

lentamente	*slowly*	generalmente	*generally*
verdaderamente	*truly, really*	simplemente	*simply*

▶ To form adverbs which end in **–mente**, add **–mente** to the feminine form of the adjective. If the adjective does not have a feminine form, just add **–mente** to the standard form.

ADJECTIVE	FEMININE FORM	SUFFIX	ADVERB
lento	lenta	–mente	lentamente
fabuloso	fabulosa	–mente	fabulosamente
enorme		–mente	enormemente
feliz		–mente	felizmente

SUGGESTION Point out that adjectives with an accent keep it when the suffix -mente is added. Ex:
fácil → fácilmente (*easily*)
práctica → prácticamente (*practically*)

▶ Adverbs that end in **–mente** generally follow the verb, while adverbs that modify an adjective or another adverb precede the word they modify.

Javier dibuja **maravillosamente.**
Javier draws wonderfully.

Inés está **casi siempre** ocupada.
Inés is almost always busy.

Common adverbs and adverbial expressions

a menudo	*often*	así	*like this; so*	menos	*less*
a tiempo	*on time*	bastante	*enough; quite*	muchas veces	*a lot; many times*
a veces	*sometimes*	casi	*almost*		
además (de)	*furthermore; besides*	con frecuencia	*frequently*	poco	*little*
		de vez en	*from time*	por lo menos	*at least*
apenas	*hardly; scarcely*	cuando	*to time*	pronto	*soon*

SUGGESTION Have students scan the advertisement and identify the adverbs.

SUGGESTION Ask students these questions: **Según el anuncio, ¿cuáles son las ventajas de este tipo de aspirina? ¿Qué tan a menudo te duele la cabeza? ¿Tomas aspirina cuando te duele la cabeza? ¿Necesitas una receta del médico para comprar aspirina?**

ESPAÑOL EN VIVO

No hay tiempo para el dolor de cabeza.

Si tienes prisa, o si simplemente quieres que tu dolor de cabeza se vaya muy pronto, piensa en Aspirina. Se asimila mejor y actúa rápidamente. Ya no se puede perder tiempo por un dolor de cabeza.

Práctica y conversación

1 **En la clínica** Completa las oraciones con los adverbios adecuados.

1. La cita era a las nueve, pero llegamos ___tarde___ [aquí, nunca, tarde].

2. El problema fue que ___ayer___ [aquí, ayer, así] se nos rompió el despertador.

3. La recepcionista no se enojó porque sabía que normalmente llegamos ___a tiempo___ [a veces, a tiempo, poco].

4. ___Por lo menos___ [Por lo menos, Muchas veces, Poco] el doctor estaba listo.

5. ___Apenas___ [Lentamente, Además, Apenas] tuvimos que esperar cinco minutos.

6. El doctor dijo que nuestra hija Irene necesitaba una operación ___inmediatamente___ [casi, a veces, inmediatamente].

7. Cuando Irene salió de la operación, le preguntamos ___nerviosamente___ [con frecuencia, nerviosamente, muchas veces] al doctor cómo estaba nuestra hija.

8. ___Afortunadamente___ [Bastante, Afortunadamente, A menudo], el médico nos contestó que Irene estaba bien.

2 **Oraciones** Combina palabras de las tres columnas para formar oraciones completas. Answers will vary.

MODELO

Mi mejor amigo se enferma frecuentemente.

Sujetos	Verbos	Adverbios
mi mejor amigo/a	caerse	bien
mi(s) padre(s)	casarse	fabulosamente
el/la profesor(a) de español	conducir	felizmente
yo	divertirse	frecuentemente
los jóvenes	enfermarse	mal
Charlie Sheen	estornudar	muchas veces
Jennifer López	ir	poco
las celebridades	levantarse	pronto
todos nosotros	llevarse	rápidamente
	vestirse	tarde
		temprano

3 **Preguntas** Usa estas preguntas para entrevistar a un(a) compañero/a. Answers will vary.

1. ¿Qué sabes hacer muy bien?
2. ¿Qué estudias además de español?
3. ¿Hay compañeros/as de clase a quienes apenas conoces?
4. ¿Qué gustos (*treats*) te das de vez en cuando?
5. ¿Cenas bastante en restaurantes?
6. ¿Te enfermas a menudo?
7. ¿Con qué frecuencia vas al doctor?
8. ¿Qué haces si te sientes congestionado/a y estornudas muchas veces?

4 **¿Con qué frecuencia?** Averigua (*Find out*) con qué frecuencia tus compañeros/as hacen estas actividades. Comparte los resultados con la clase. Answers will vary.

MODELO

pasear en bicicleta

Estudiante 1: ¿Paseas en bicicleta con mucha frecuencia?

Estudiante 2: Sí, paseo en bicicleta con mucha frecuencia./No, casi nunca paseo en bicicleta.

Actividades	con mucha frecuencia	de vez en cuando	casi nunca	nunca
1. Nadar	_____	_____	_____	_____
2. Jugar al tenis	_____	_____	_____	_____
3. Hacer la tarea	_____	_____	_____	_____
4. Salir a bailar	_____	_____	_____	_____
5. Mirar la televisión	_____	_____	_____	_____
6. Dormir en clase	_____	_____	_____	_____
7. Perder las gafas	_____	_____	_____	_____
8. Tomar medicina	_____	_____	_____	_____
9. Ir al dentista	_____	_____	_____	_____

Ampliación

① SCRIPT For the script, go to the Supersite.

1 Escuchar

A Escucha la conversación de la señorita Méndez y Carlos Peña. Indica las oraciones donde se mencionan los síntomas de Carlos.

TIP Listen for specific information. Identify the subject of a conversation and use your background knowledge to predict what kinds of information you might hear. For example, what would you expect to hear in a conversation between a sick person and a doctor's receptionist?

_____ 1. Tiene infección en los ojos.
_____ 2. Se lastimó el dedo.
✓ 3. Tiene tos.
✓ 4. Está congestionado.
_____ 5. Está mareado.
✓ 6. Le duele la cabeza.
_____ 7. Le duele el estómago.

✓ 8. No puede dormir.
_____ 9. Es alérgico a la aspirina.
✓ 10. Le duele la garganta.
✓ 11. Tiene frío.
_____ 12. Se rompió la pierna.
_____ 13. Le duele la rodilla.
✓ 14. Siente dolor en los huesos.

B En tu opinión, ¿qué tiene Carlos? ¿Gripe? ¿Un resfriado? ¿Alergia? Explica tu opinión.
Answers will vary.

2 Conversar
Con un(a) compañero/a, prepara una conversación entre un(a) estudiante hipocondríaco/a y un(a) enfermero/a. Presenta la conversación a la clase. Answers will vary.

• Decidan qué síntomas tiene el/la estudiante y con qué frecuencia los tiene.

• Decidan qué preguntas le va a hacer el/la enfermero/a. Por ejemplo: ¿Cuánto tiempo hace que comenzaron los síntomas? ¿Tenía el mismo problema cuando era niño/a? ¿Lo tenía la semana pasada?

• Decidan qué consejos le va a dar el/la enfermero/a.

Inform students that the material listed in the **recursos** box applies to the complete **Gramática** section.

recursos
WB pp. 101–106 | LM pp. 57–59 | vhlcentral

3 Escribir Imagina que eres enfermero/a en la sala de emergencia de un hospital. Tienes que escribir cada día un parte (*report*) médico para tu supervisor(a). Answers will vary.

TIP Avoid redundancies. To avoid repetition of verbs and nouns, consult a Spanish-language thesaurus. You can also use direct object pronouns, possessive adjectives, demonstrative adjectives and pronouns, and prepositional pronouns to streamline your writing.

Susana se lastimó la rodilla ayer. Susana ~~Ella~~ estaba corriendo por el parque cuando se cayó y se ~~la~~ lastimó la rodilla.

Organizar | Utiliza un mapa de ideas para organizar tu parte médico. Incluye información sobre los pacientes, sus síntomas y el resultado de los tratamientos.

Escribir | Utiliza tus apuntes para escribir el primer borrador del parte médico.

Corregir | Intercambia tu composición con un(a) compañero/a. Lee su borrador y anota los aspectos mejor escritos (*written*). Ofrécele sugerencias para evitar (*avoid*) redundancias, y si ves algunos errores gramaticales u ortográficos, coméntaselos.

Compartir | Revisa el primer borrador según las indicaciones de tu compañero/a. Incorpora nuevas ideas o más información si es necesario antes de escribir la versión final del parte médico.

4 Un paso más Prepara una presentación sobre el sistema de servicios médicos de un país hispano. Tu presentación debe contestar estas preguntas. Answers will vary.

- ¿Qué servicios médicos públicos hay en el país?
- ¿Cuál es el papel (*role*) de las clínicas y los hospitales privados?
- ¿Cómo son los servicios médicos en las ciudades y en las áreas rurales?
- ¿Son populares los tratamientos alternativos?
- ¿Hay personas reconocidas por sus contribuciones a la medicina?

5 Conexión Internet Investiga estos temas en el sitio **vhlcentral.com**.

- Hospitales y clínicas en el mundo hispano
- Facultades de medicina en el mundo hispano
- Médicos famosos del mundo hispano

connections communities NATIONAL STANDARDS

3 SUGGESTION Discuss what kind of information may be included in a medical report written by an emergency room nurse and list it on the board.

3 EVALUATION

Criteria	Scale
Content	1 2 3 4
Organization	1 2 3 4
Accuracy	1 2 3 4
Comprehensibility	1 2 3 4
Creativity	1 2 3 4

Scoring

Excellent	18–20 points
Good	14–17 points
Satisfactory	10–13 points
Unsatisfactory	< 10 points

4 SUGGESTION Have students work in small groups and divide up the research. Each student can present on what they learned about their target country's health care system. Encourage classmates to ask questions about each presentation.

4 EXPANSION Have students discuss the similarities or differences between the health care system in the United States with that of their target country. ¿Qué tienen en común? ¿En qué se diferencian?

Antes de leer

Audio: Reading
Additional Reading

Using what you already know about a particular subject will often help you better understand a reading selection. For example, if you read an article about a recent medical discovery, you might think about what you already know about health in order to understand unfamiliar words or concepts.

1. A primera vista, ¿cuál es el tema de esta lectura? Answers will vary.

_____

_____

2. ¿Qué tipo de documento es? ¿Cómo lo sabes?
Answers will vary.

_____

_____

3. Basándote en documentos similares que conoces, ¿qué tipo de información esperas encontrar en esta lectura? Answers will vary.

_____

_____

SUGGESTION Have students share their observations about the text. Then ask: **¿Qué tipo de texto es?** (una columna de consejos médicos) **¿Dónde se publicó?** (en un blog en Internet) **¿Quién es la doctora Fernanda Jiménez Ocaña?** (la doctora que da los consejos)

SUGGESTION To check comprehension, ask students to summarize the medical problems in each entry.

EXPANSION Bring in samples of health advice columns from local newspapers. Have students compare the format, the questions, and the style of the responses.

El consultorio

Usuario [   ]   Contraseña [   ]

Soy una madre española y le escribo para hacerle una consulta sobre mi hijo. Tiene ocho años y hace una semana que ni come ni duerme bien. Además, desde hace cuatro días° tose constantemente. Al no consumir la cantidad de alimentos° necesarios ni dormir lo suficiente, mi hijo no tiene energía para realizar sus actividades diarias. Estoy un poco preocupada porque es la primera vez que el niño presenta este tipo de síntomas. Todavía no hemos ido° al médico porque me interesa conocer primero su punto de vista°. Muchísimas gracias por su ayuda.

Querida° madre española: Gracias por escribir en mi columna. Cuando un niño de la edad de su hijo presenta este tipo de síntomas, puede ser señal° de que tiene una pequeña infección en las vías° respiratorias, producida por una bacteria o por un virus. Creo que debe llevar pronto a su hijo al consultorio de su médico para evitar° la aparición de una enfermedad crónica como la bronquitis. Si tiene alguna pregunta más o si desea contarme cómo evoluciona su hijo, ya sabe que puede escribirme otra vez.

Hola, doctora. Soy un ciclista profesional de Colombia. Hace dos semanas tuve un accidente con mi bicicleta y me lastimé la rodilla. Fui a la sala de emergencias y el médico me hizo una radiografía para ver si tenía un hueso roto. Afortunadamente, los resultados de la radiografía fueron muy buenos y sólo me recetaron unas pastillas y mucho reposo. Le escribo porque, después de este tiempo, sigo sintiendo dolor en la zona de la rodilla. ¿Qué puedo hacer?

www.elconsultorio.com

Después de leer

Dra. Fernanda Jiménez Ocaña

Querido amigo ciclista: Creo que, en su caso, necesita tener más paciencia. Hay que° comprender que algunas veces el cuerpo requiere más tiempo para recuperarse. Pienso que tiene que esperar dos semanas más para ver si el dolor va desapareciendo o no. Si sigue las indicaciones de su médico y no nota ningún cambio, debe volver al hospital. En mi opinión, no debe hacer ningún movimiento con la pierna y debe seguir tomándose las pastillas que le recetaron.

Le escribo desde Puerto Rico para pedirle su opinión. Desde hace un mes tengo los síntomas de un resfriado que no desaparece nunca. Toso, estoy congestionado y tengo la garganta y los ojos irritados. Mi novia opina que puedo ser alérgico a algo. ¿Cree usted que eso es posible?

Estimado° amigo puertorriqueño: Debe empezar por observar dónde y cuándo aparecen sus síntomas. El otoño y la primavera son las épocas del año en que suele haber° más reacciones alérgicas del tipo que usted presenta. Creo que debe ir al médico y esperar los resultados de las pruebas. Si le diagnostican un tipo de alergia, no debe preocuparse. En la actualidad, existen tratamientos excelentes, incluyendo antihistamínicos e inyecciones que calman los efectos de las reacciones alérgicas y lo ayudan a llevar una vida normal.

¡Salud! *Dra. Fernanda Jiménez Ocaña*

¿Comprendiste?

Indica si cada oración es **cierta** o **falsa**. Corrige las oraciones falsas.

Cierto	Falso	
_____	✓	**1.** La madre española no come bien.
	Su hijo no come bien.	
✓	_____	**2.** La doctora piensa que el hijo de la española puede tener una infección.
_____	✓	**3.** La doctora piensa que el ciclista debe practicar más el ciclismo.
	La doctora piensa que él no debe hacer ningún movimiento con la pierna.	
_____	✓	**4.** La radiografía indica que el ciclista colombiano tiene algunos huesos rotos.
	Los resultados de la radiografía fueron buenos.	
✓	_____	**5.** La doctora cree que el chico puertorriqueño puede tener alergias.
✓	_____	**6.** Hace un mes que el puertorriqueño tiene los síntomas de un resfriado.

Preguntas

Responde a estas preguntas con oraciones completas.

1. ¿Con qué frecuencia tose el hijo de la madre española? El hijo de la madre española tose constantemente.

2. ¿Cuánto tiempo hace que el colombiano se lastimó la rodilla? Hace dos semanas que el colombiano se lastimó la rodilla.

3. ¿Qué debe hacer la madre española? La madre española debe llevar pronto a su hijo al consultorio de su médico.

4. ¿Qué hizo el médico cuando el ciclista fue a la sala de emergencias? El médico le hizo una radiografía para ver si tenía un hueso roto.

5. ¿Por qué debe ser paciente el ciclista? El ciclista debe ser paciente porque el cuerpo necesita tiempo para recuperarse.

6. Según (*According to*) la doctora, ¿cuándo ocurren más frecuentemente las reacciones alérgicas? Según la doctora, las reacciones alérgicas ocurren más frecuentemente durante el otoño y la primavera.

Coméntalo

¿Conoces una columna de consejos médicos en Internet? ¿La lees frecuentemente? ¿Por qué sí o por qué no? Imagina que tú escribes las respuestas de esta columna, ¿qué deben hacer las tres personas que pidieron consejos? Answers will vary.

desde hace cuatro días *for four days* alimentos *foods* hemos ido *have been*
punto de vista *point of view* Querido/a *Dear* señal *sign* vías *passages* evitar
to avoid Hay que *It is necessary to* Estimado/a *Dear* suele haber *there are customarily*

Vocabulary Tools

El cuerpo

la boca	mouth
el brazo	arm
la cabeza	head
el corazón	heart
el cuello	neck
el cuerpo	body
el dedo	finger
el estómago	stomach
la garganta	throat
el hueso	bone
la nariz	nose
el ojo	eye
la oreja	(outer) ear
el pie	foot
la pierna	leg
la rodilla	knee
el tobillo	ankle

Adjetivos

embarazada	pregnant
grave	grave; serious
médico/a	medical
saludable	healthy
sano/a	healthy

Las enfermedades y los síntomas

el dolor (de cabeza)	(head)ache; pain
la enfermedad	illness
la gripe	flu
la infección	infection
el resfriado	cold
el síntoma	symptom
la tos	cough
congestionado/a	congested
mareado/a	dizzy; nauseated

La salud

el accidente	accident
la clínica	clinic
el consultorio	doctor's office
el/la dentista	dentist
el/la doctor(a)	doctor
el/la enfermero/a	nurse
el examen médico	physical exam
la farmacia	pharmacy
el hospital	hospital
la operación	operation
el/la paciente	patient
la radiografía	X-ray
la sala de emergencia(s)	emergency room
la salud	health

Los medicamentos

el antibiótico	antibiotic
la aspirina	aspirin
el medicamento	medication
la medicina	medicine
las pastillas	pills
la receta	prescription

As students finish the lesson, encourage them to explore the **Repaso** section on the Supersite. There they will find quizzes for practicing vocabulary, grammar, and oral language.

Verbos

caer	to fall; to drop
caerse	to fall (down)
dañar	to damage; to break down
doler (o:ue)	to hurt
enfermarse	to get sick
estar enfermo/a	to be sick
estornudar	to sneeze
lastimarse (el pie)	to injure (one's foot)
olvidar	to forget
perder (e:ie)	to lose
poner una inyección	to give an injection
prohibir	to prohibit
quedar	to be left behind
recetar	to prescribe
romper	to break
romperse (la pierna)	to break (one's leg)
sacar(se) una muela	to have a tooth pulled
ser alérgico/a (a)	to be allergic (to)
tener fiebre (f.)	to have a fever
tomar(le) la temperatura (a alguien)	to take (someone's) temperature
torcerse (el tobillo)	to sprain (one's ankle)
toser	to cough

Otras palabras y expresiones

de niño/a	as a child
mientras	while
todos los días	every day

Adverbs	See page 228.

¡VIVAN LOS PAÍSES HISPANOS!

Un *snowboarder* salta (*jumps*) en el centro de esquí Portillo, uno de los más famosos y antiguos (*old*) de Chile. El esquí y el *snowboard* se pueden practicar en las montañas nevadas (*snow-capped*) de la cordillera de los Andes, que se extiende por todo el país. Gente de todo el mundo va a Chile a practicar los deportes de invierno. ¿Te gustaría esquiar en Chile?

Suramérica II

Argentina

Área: 2.780.400 km² (1.074.000 millas²)

Población: 43.431.000

Capital: Buenos Aires– 15.180.000

Ciudades principales: Córdoba, Rosario, Mendoza

Moneda: peso argentino

SOURCE: Population Division, UN Secretariat & CIA World Factbook

Chile

Área: 756.100 km² (292.000 millas²)

Población: 17.508.000

Capital: Santiago de Chile– 6.507.000

Ciudades principales: Concepción, Viña del Mar, Valparaíso, Temuco

Moneda: peso chileno

SOURCE: Population Division, UN Secretariat & CIA World Factbook

Uruguay

Área: 176.220 km² (68.039 millas²)

Población: 3.341.000

Capital: Montevideo– 1.707.000

Ciudades principales: Salto, Paysandú, Las Piedras, Rivera

Moneda: peso uruguayo

SOURCE: Population Division, UN Secretariat & CIA World Factbook

Paraguay

Área: 406.750 km² (157.046 millas²)

Población: 6.783.000

Capital: Asunción– 2.356.000

Ciudades principales: Ciudad del Este, San Lorenzo, Lambaré, Fernando de la Mora

Moneda: guaraní

SOURCE: Population Division, UN Secretariat & CIA World Factbook

Bolivia

Área: 1.098.580 km² (424.164 millas²)

Población: 10.800.000

Capital: **La Paz,** sede del gobierno (*seat of government*), capital administrativa– 1.816.000; **Sucre,** capital constitucional y judicial

Ciudades principales: Santa Cruz de la Sierra, Cochabamba, Oruro, Potosí

Moneda: peso boliviano

SOURCE: Population Division, UN Secretariat & CIA World Factbook

Video: *Panorama cultural*
Interactive map

Artes

El tango argentino

El tango es un símbolo cultural muy importante de Argentina. Este género (*genre*) musical es una mezcla de ritmos de origen africano, italiano y español, y surgió a finales del siglo XIX entre los porteños (*people of Buenos Aires*). Poco después se hizo popular entre el resto de los argentinos y su fama llegó hasta París. Como baile, el tango en un principio (*at first*) era provocativo y violento, pero se hizo más romántico desde la década de 1930. Hoy en día, este estilo musical es popular en muchas partes del mundo (*world*).

Lugares

El lago Titicaca

Situado en los Andes de Bolivia y Perú, éste es el lago navegable más alto del mundo, a una altitud de 3.815 metros (12.500 pies). Con un área de más de 8.000 kilómetros^2 (3.000 millas^2), también es el segundo lago más grande de Suramérica, después del lago de Maracaibo, en Venezuela. La mitología inca cuenta que los hijos del dios (*god*) Sol emergieron de las profundas aguas del lago Titicaca para fundar su imperio (*empire*).

PERÚ

BOLIVIA

⭐ La Paz

Arica ●

Sucre ⭐

Iquique ●

Antofagasta ●

Salta ●

CHILE

Océano
Pacífico

ARGENTI

Córdoba

Valparaíso ●   Mendoza ●
⭐
Santiago

Concepción ●   Bahía Blan

Cordillera de los Andes

Puerto Montt ●

Estrecho d
Magallane

Punta Arenas ●

Tierra
del Fuego

BRASIL

PARAGUAY

 Asunción

Río Paraná

URUGUAY

Rosario

  Montevideo

Buenos Aires

NATIONAL cultures connections STANDARDS

Costumbres

La carne y el mate

En Chile, Uruguay y Argentina, la carne de res es un elemento esencial de la dieta diaria. Los platos más representativos de estas naciones son el asado (*barbecue*), la parrillada (*grilled meat*) y el chivito (*goat*).

El mate, una infusión similar al té, también es típico de la región. Esta bebida de origen indígena se bebe a diario y reemplaza al café. Tradicionalmente se toma en una calabaza (*gourd*) con una bombilla (*straw*) de metal.

Naturaleza

Los ríos Paraguay y Paraná

Los ríos Paraguay y Paraná sirven de frontera (*border*) natural entre Argentina y Paraguay, y son las principales rutas de transporte de este último (*last*) país. El río Paraguay divide el Gran Chaco de la meseta (*plateau*) Paraná, donde vive la mayoría de los paraguayos. El Paraná tiene unos 3.200 kilómetros navegables, y por esta ruta pasan barcos de más de 5.000 toneladas, los cuales viajan desde el estuario (*estuary*) del Río de la Plata hasta la ciudad de Asunción. El río Paraná confluye (*meets*) con el río Iguazú en la frontera entre Brasil, Argentina y Paraguay. Allí forman las cataratas (*waterfalls*) del Iguazú, uno de los sitios turísticos más visitados en Suramérica. Estas extensas cataratas miden unos 70 metros (230 pies) de altura (*height*).

recursos

WB	VM	S
pp. 107–108	pp. 245–250	vhlcentral

¿Qué aprendiste?

1 **¿Cierto o falso?** Decide si lo que dicen las oraciones es **cierto** o **falso**.

Cierto	Falso	
	✓	1. Portillo es un centro de esquí en Argentina.
✓		2. Viña del Mar y Concepción son dos de las ciudades principales de Chile.
	✓	3. Asunción es la capital de Uruguay.
	✓	4. En un principio, el tango era un baile tranquilo.
✓		5. El tango es uno de los símbolos culturales más importantes de Argentina.
	✓	6. El lago Titicaca es el más bajo del mundo.
✓		7. El lago Titicaca es el lago más grande de Suramérica después del lago de Maracaibo.
✓		8. La carne de res forma parte de la dieta diaria de Argentina y de Uruguay.
✓		9. El mate es una bebida similar al té.
	✓	10. El río Paraguay pasa entre Argentina y Chile.
	✓	11. En la meseta Paraná vive muy poca gente.
✓		12. Las cataratas del Iguazú están en la frontera entre Brasil, Paraguay y Argentina.

2 **Preguntas** Contesta las preguntas. *Answers will vary.*

1. ¿En qué lugares de los Estados Unidos se puede practicar esquí y *snowboard*? ¿Te gustaría practicarlos en las montañas nevadas de la cordillera de Los Andes?

2. ¿Sabes bailar tango? ¿Te gusta ese tipo de baile? ¿Por qué?

3. ¿Qué otros lagos navegables conoces? ¿Cuál te gustaría visitar?

4. ¿Probaste alguna vez el mate? ¿Te gustaría probarlo? ¿Qué otras comidas típicas de estos países conoces?

5. ¿Qué otras cataratas conoces? ¿Qué río(s) afecta(n)?

3 **Conexión Internet** Investiga estos temas en el sitio **vhlcentral.com**.

- El tango en Argentina
- Deportes de invierno en Chile
- Preferencias gastronómicas en Uruguay
- La historia de Paraguay
- El sitio arqueológico Tiahuanaco en Bolivia

Practice more at **vhlcentral.com**.

11 El carro y la tecnología

PARA EMPEZAR Here are some additional questions: ¿Te gustan las computadoras? ¿Para qué usas el correo electrónico? ¿Cómo se escribían tus abuelos cuando no existía el correo electrónico? ¿Cuánto tiempo hace que sabes conducir? ¿Tienes auto?

Communicative Goals

You will learn how to:
- talk about using technology and electronics
- talk about car trouble
- use common expressions on the telephone
- say how far away things are

PREPARACIÓN

pages 240–243
- Cars and driving
- Home electronics and the Internet
- Written accents with homophones

ESCENAS

pages 244–245
- Miguel's car has broken down again, and he has to take it to the mechanic. In the meantime, Maru has a similar streak of bad luck with her computer. Can their problems with technology be resolved?

EXPLORACIÓN

pages 246–247
- Bajo la lupa: *Los cibercafés*
- Flash Cultura: *Maravillas de la tecnología*

GRAMÁTICA

pages 248–255
- The preterite and the imperfect
- **Por** and **para**
- Stressed possessive adjectives and pronouns

LECTURA

pages 256–257
- Comic strip: *El celular*

Para empezar

- ¿Quiénes son las personas de la foto?
- ¿Dónde están: en un consultorio o en un taller mecánico?
- ¿Qué están haciendo?
- ¿Qué crees que está pasando?

Vocabulary Tools

El carro y la tecnología

EN LA CALLE

la calle *street*

el camino *route*

el garaje *garage; (mechanic's) repair shop*

la gasolina *gasoline*

la gasolinera *gas station*

el kilómetro *kilometer*

el/la mecánico/a *mechanic*

la milla *mile*

la multa *fine; ticket*

el policía/la mujer policía *police officer*

la policía *police (force)*

el taller (mecánico) *(mechanic's) repair shop*

el tráfico *traffic*

la velocidad máxima *speed limit*

arrancar *to start*

arreglar *to fix; to arrange*

bajar *to go down*

bajar(se) de *to get out of (a vehicle)*

chocar (con) *to run into; to crash into*

conducir *to drive*

estacionar *to park*

manejar *to drive*

parar *to stop*

revisar (el aceite) *to check (the oil)*

subir *to go up*

subir(se) a *to get into (a vehicle)*

el semáforo
traffic light

LAS PARTES DEL CARRO

el carro *car*

el coche *car*

los frenos *brakes*

EXPANSION Ask pairs of students to role-play these situations: 1. A driver takes his car to the mechanic. 2. One driver crashes into another. 3. A police officer gives a driver a ticket for going through a light and/or speeding (**exceder la velocidad máxima**).

el capó
(car) hood

el parabrisas
windshield

el motor
motor

el volante
steering wheel

el baúl
trunk

la llanta
tire

la licencia de conducir
driver's license

llenar (el tanque)
to fill up (the tank)

ASÍ SE DICE
Point out these lexical items:
el baúl → la cajuela (*Méx.*); la maletera (*Perú*)
la computadora → el ordenador (*Esp.*)
la gasolinera → la bencinera (*Chile*)
el radio → la radio (*Esp., Cono Sur*)

SUGGESTION Draw a picture of a car on the board that includes identifiable parts from the active vocabulary. Make cards with the Spanish names for the parts and place tape on the back. Have students place the cards on the relevant parts of the drawing.

LA TECNOLOGÍA

la aplicación *app*
el buzón de voz *voicemail*
la cámara digital *digital camera*
el cargador *charger*
el control remoto *remote control*
el disco compacto *CD (compact disc)*
el estéreo *stereo*
el fax *fax (machine)*
el mensaje de texto *text message*
el navegador GPS *GPS*
el radio *radio (set)*
el reproductor de CD *CD player*
  de DVD *DVD player*
  de MP3 *MP3 player*
el teléfono celular *cell phone*

apagar *to turn off*
funcionar *to work*
llamar *to call*
poner *to turn on*
prender *to turn on*
sonar (o:ue) *to ring*

la cámara (de video)
(video) camera

EXPANSION Have students list six electronic items that they use. Have them circulate around the room to find other students if they also use those items. When someone answers affirmatively, the student asks for his or her signature (**Firma aquí, por favor.**). Students should try to get a different signature for each item.

ADJETIVOS

descompuesto/a *not working; out of order*
lento/a *slow*
lleno/a *full*

VOCABULARIO ADICIONAL For additional vocabulary on this theme, go to **Vocabulario adicional** in the **Resources** section of the Supersite.

el televisor
television set

la calculadora
calculator

INTERNET Y LA COMPUTADORA

el archivo *file*
la computadora portátil *laptop*
la conexión inalámbrica *wireless (connection)*
el disco *disk*
Internet *Internet*
la página principal *home page*
la pantalla *screen*
el programa de computación *software*
la red *network; Web*
el sitio web *website*

chatear *to chat*
guardar *to save*
imprimir *to print*
navegar en Internet *to surf the Internet*

la computadora
computer

el monitor
monitor

el ratón
mouse

la impresora
printer

el teclado
keyboard

SUGGESTION Mention that many English computer-related words, such as **software**, **antivirus**, **joystick**, and **Internet**, have become part of the Spanish language.

Práctica y conversación

① SCRIPT For the script, go to the Supersite.

① EXPANSION In pairs, have students describe five situations in which the unused items in this activity are required. Then, in groups of four, have pairs take turns reading their situations and naming the items needed.

② EXPANSION Ask volunteers to talk about problems they have had with computers and technology. Possible subjects include a malfunctioning printer, slow Internet access, a computer crash (**falla**), etc.

② TEACHING OPTION Play "Concentration." On eight cards, write vocabulary words. On another eight cards, draw or paste a picture that matches each word. Place cards face down in four rows of four. Have students select two cards. If the cards match, they keep them. If the cards do not match, the students place them in their original position. The person with the most cards at the end wins.

③ EXPANSION Stage a debate about the role of technology in today's world: **La tecnología: ¿beneficia o no?** Divide groups (or the whole class) in half, assigning each a position. Allow students time to plan their arguments before staging the debate.

1 **¿Qué necesitas?** Identifica oralmente los dibujos. Luego, escucha las oraciones e indica el objeto que necesitas para cada actividad.

1. ____✓____ _____   4. ____✓____ _____ _____

2. ____✓____ _____   5. ____✓____ _____ _____

3. _____ ____✓____

2 **Problemas con la computadora** Completa la conversación con las palabras de la lista.

el archivo	funciona	llamar	prendiste
arreglar	la impresora	navegar	el ratón
descompuesto	imprimir	la pantalla	el teléfono celular

JUAN CARLOS Mariana, la computadora no (1) ___funciona___. No veo nada en (2) ___la pantalla___.

MARIANA Pues, ¿la (3) ___prendiste___?

JUAN CARLOS Ah sí, tienes razón; no estaba prendida. Mariana, ahora no puedo conectarme a Internet. Parece que el sistema de conexión inalámbrica está (4) ___descompuesto___. ¿Sabes cómo lo puedo (5) ___arreglar___?

MARIANA ¡Ay, mi amor! Si (*If*) quieres, puedo (6) ___llamar___ a la compañía de Internet para ver qué pasa. Mientras tanto, creo que es mejor que uses (7) ___el teléfono celular___ para conectarte.

JUAN CARLOS Sí, gracias… Bueno, ahora sí estoy conectado. Voy a (8) ___navegar___ en Internet un rato y después voy a (9) ___imprimir___ el trabajo para mi clase de historia… Pero… Mariana! ¿dónde está (10) ___la impresora___?

MARIANA Lo siento, ésa sí que está descompuesta.

JUAN CARLOS No te preocupes voy a guardar (11) ___el archivo___ para imprimirlo en la universidad.

MARIANA ¡Qué buena idea!

recursos

WB
pp. 109–110

LM
p. 61

vhlcentral

3 **Preguntas** Con un(a) compañero/a, contesta las preguntas. Después, comparte las respuestas con la clase. Answers will vary.

¿Cómo te comunicas más: llamas por teléfono, escribes mensajes electrónicos o hablas por *chat*?

¿Cuáles son las ventajas (*advantages*) y desventajas de los diferentes modos de comunicación?

¿Cómo usas la tecnología para divertirte? ¿Y para comunicarte? ¿Y para trabajar?

4 En el taller Con un(a) compañero/a, prepara una conversación entre un(a) mecánico/a y un(a) cliente/a cuyo (*whose*) coche se dañó en un accidente. El/La cliente/a le dice al/a la mecánico/a qué ocurrió en el accidente y los dos hablan de las partes dañadas. Answers will vary.

5 Situación En parejas, preparen una conversación entre el/la director(a) de ventas (*sales*) de una tienda de computadoras y un(a) cliente/a. El cliente puede ser el padre de un niño de seis años, una mujer que va a crear una nueva empresa (*business*) en su casa, un hombre que viaja mucho o un estudiante que no sabe nada de computadoras. El/La director(a) de ventas pregunta lo que el/la cliente/a desea hacer con la computadora y le muestra la computadora que éste/a necesita. Answers will vary.

4 5 EXPANSION Have students present their conversations to the class. Students can vote on the most original, funniest, etc.

ACTIVITY PACK For additional activities, go to the **Activity Pack** in the **Resources** section of the Supersite.

Practice more at vhlcentral.com.

Ortografía La acentuación de palabras similares

 Audio: Pronunciation

Although accent marks usually indicate which syllable in a word is stressed, they are also used to distinguish between words that have the same or similar spellings.

SUGGESTION Read the examples aloud and have volunteers write them on the board.

EXPANSION Write these sentences on the board without accent marks. Have volunteers come to the board to correct them.
1. ¿Esta es tu camara?
2. Si, papa la trajo de Japon para mi.
3. ¿Donde encontraste mi mochila?
4. ¡Pues, donde la dejaste, claro!
5. ¿Cuando visito Buenos Aires Mario?
6. Yo se que Lourdes fue alli el año pasado, pero ¿cuando fue el?
7. ¿Me explicas por que llegas tarde?
8. Porque mi coche esta descompuesto.

Él maneja el coche.   **Sí, voy si quieres.**

Although one-syllable words do not usually carry written accents, some *do* have accent marks to distinguish them from words that have the same spelling but different meanings.

SUGGESTION Model the pronunciation of each word and sentence, and have students repeat after you.

Sé cocinar.   **Se baña.**   **¿Tomas té?**   **Te duermes.**

Sé (*I know*) and **té** (*tea*) have accent marks to distinguish them from the pronouns **se** and **te**.

para mí   **mi cámara**   **Tú lees.**   **tu estéreo**

Mí (*me*) and **tú** (*you*) have accent marks to distinguish them from the possessive adjectives **mi** and **tu**.

¿Por qué vas?   **Voy porque quiero.**

Several words of more than one syllable also have accent marks to distinguish them from words that have the same or similar spellings.

Éste es rápido.   **Este módem es rápido.**

Demonstrative pronouns have accent marks to distinguish them from demonstrative adjectives.

¿Cuándo fuiste?   **Fui cuando me llamó.**

Adverbs have accent marks when they are used to convey a question.

recursos

LM p. 62   vhlcentral

Crucigrama Utiliza las siguientes pistas (*clues*) para completar el crucigrama. ¡Ojo con los acentos!

Horizontales
1. Él _____ levanta.
4. No voy _____ no puedo.
7. Tú _____ acuestas.
9. ¿ _____ es el examen?
10. Quiero este video y _____.

Verticales
2. ¿Cómo _____ usted?
3. Eres _____ mi hermano.
5. ¿ _____ tal?
6. Me gusta _____ suéter.
8. Navego _____ la red.

Practice more at vhlcentral.com.

En el taller Video: Fotonovela

El coche de Miguel está descompuesto y Maru tiene problemas con su computadora.

Expresiones útiles

Giving instructions to a friend

¿Me pasas la llave?
Can you pass me the wrench?
No lo manejes en carretera.
Don't drive it on the highway.
Revisa el aceite cada 1.500 kilómetros.
Check the oil every 1,500 kilometers.
Asegúrate de llenar el tanque.
Make sure to fill up the tank.
No manejes con el cofre abierto.
Don't drive with the hood open.
Recomiéndame con tus amigos.
Recommend me to your friends.

Taking a phone call

Aló./Bueno./Diga.
Hello.
¿Quién habla? / ¿De parte de quién?
Who is speaking/calling?
Con él/ella habla.
Speaking.
¿Puedo dejar un recado?
May I leave a message?

Reassuring someone

Tranquilo/a, cariño.
Relax, sweetie.
Nos ayudamos los unos a los otros.
We help each other out.
No te preocupes.
Don't worry.

Additional vocabulary

entregar *to hand in*
el intento *attempt*
la noticia *news*
el proyecto *project*
recuperar *to recover*

MIGUEL ¿Cómo lo ves?

JORGE Creo que puedo arreglarlo. ¿Me pasas la llave?

VIDEO SYNOPSIS Miguel's car has broken down again, and he has to take it to his friend Jorge's repair shop. In the meantime, Maru has bad luck with her computer. Their friends do their best to help them with their technological problems. Miguel's car is saved one last time, but Maru may not be so lucky with her computer.

JORGE ¿Y dónde está Maru?

MIGUEL Acaba de enviarme un mensaje de texto: "Última noticia sobre la computadora portátil: todavía está descompuesta. Moni intenta arreglarla. Voy para allá".

JORGE ¿Está descompuesta tu computadora?

MIGUEL No, la mía no, la suya. Una amiga la está ayudando.

JORGE Un mal día para la tecnología, ¿no?

MIGUEL Ella está preparando un proyecto para ver si puede hacer sus prácticas profesionales en el Museo de Antropología.

JORGE ¿Y todo está en la computadora?

MIGUEL Y claro.

MARU Buenos días, Jorge.

JORGE ¡Qué gusto verte, Maru! ¿Cómo está la computadora?

MARU Mi amiga Mónica recuperó muchos archivos, pero muchos otros se borraron.

---

recursos

VM
pp. 189–190

vhlcentral

MIGUEL

JORGE

MARU

MARU Estamos en una triste situación. Yo necesito una computadora nueva, y Miguel necesita otro coche.

JORGE Y un televisor nuevo para mí, por favor.

MARU ¿Qué vamos a hacer, Miguel?

MIGUEL Tranquila, cariño. Por eso tenemos amigos como Jorge y Mónica. Nos ayudamos los unos a los otros.

JORGE ¿No te sientes afortunada, Maru? No te preocupes. Sube.

MIGUEL ¡Por fin!

MARU Gracias, Jorge. Eres el mejor mecánico de la ciudad.

MIGUEL ¿Cuánto te debo por el trabajo?

JORGE Hombre, no es nada. Guárdalo para el coche nuevo. Eso sí, recomiéndame con tus amigos.

MIGUEL Gracias, Jorge.

JORGE No manejes en carretera. Revisa el aceite cada 1.500 kilómetros y asegúrate de llenarle el tanque... No manejes con el cofre abierto. Nos vemos.

Actividades

1 Seleccionar Selecciona las respuestas apropiadas.

1. Jorge intenta arreglar _____.
   a. la computadora de Maru
   b.) el coche de Miguel
   c. el teléfono celular de Felipe

2. Maru dice que se borraron muchos _____ de su computadora.
   a.) archivos b. sitios web
   c. mensajes de texto

3. Jorge dice que necesita un _____.
   a. navegador GPS b. reproductor de DVD c.) televisor

2 Identificar Identifica quién puede decir estas oraciones.

1. Debes comprarte un coche nuevo y recomendarme con tus amigos. _Jorge_

2. El mensaje de texto de Maru dice que su computadora todavía está descompuesta. _Miguel_

3. Mónica me ayudó a recuperar muchos archivos. _Maru_

4. No debes conducir con el cofre abierto y debes recordar que el tanque tiene que estar lleno. _Jorge_

3 Situación Con un(a) compañero/a, representa una conversación entre un(a) mecánico/a y un(a) cliente/a.

- El/La cliente/a llama al taller y explica el problema del carro.
- El/La mecánico/a le pregunta dónde está. Answers will vary.
- El/La cliente/a le pregunta cuánto dinero cuesta el servicio mecánico y si acepta tarjeta de crédito.
- El/La mecánico/a dice que va enseguida.

Practice more at **vhlcentral.com**.

BAJO LA LUPA

comparisons
cultures
communities
NATIONAL STANDARDS

Los cibercafés

Additional Reading
Video

¿Estás pensando pasar un semestre en Latinoamérica y no quieres llevar tu computadora portátil? ¡No te preocupes! En casi cualquier ciudad latinoamericana, grande o pequeña, te puedes encontrar con **un cibercafé**. Pagando una tarifa° muy barata (¡a veces menos de un dólar por hora!), uno puede disfrutar de° un refresco o de un café mientras navega en Internet, escribe correo electrónico o chatea° en múltiples foros virtuales.

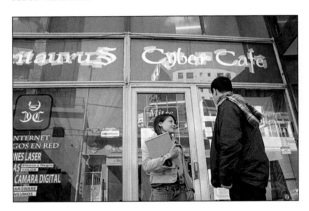

De hecho°, el negocio° del cibercafé está mucho más desarrollado° en Latinoamérica que en los Estados Unidos. En las grandes ciudades hispanas, es común ver varios cibercafés en una misma cuadra°. Muchos extranjeros piensan que no puede haber suficientes clientes para todos, pero los cibercafés ofrecen servicios especializados que permiten su coexistencia. Por ejemplo, algunos cibercafés informales atraen° a adolescentes y a jóvenes con videojuegos en línea° o servicio de chat con cámara. Otros centros de Internet, como los centros telefónicos, atraen a estudiantes o profesionales, ya que generalmente son más tranquilos para hacer las tareas de la escuela o del trabajo.

Sin embargo, para los fanáticos que no se pueden despegar° de las computadoras portátiles, también hay bares, restaurantes

y librerías que ofrecen el servicio inalámbrico° de Internet como lo hace Starbucks en los Estados Unidos y en Canadá. Como ves, Internet está en cada esquina°. ¿Qué esperas para hacer tus maletas y salir para Latinoamérica?

tarifa *fee*   disfrutar de *enjoy*   chatea *chat (from the English verb "to chat")*
De hecho *In fact*   negocio *business*   desarrollado *developed*
cuadra *(city) block*   atraen *attract*   en línea *online*   despegar *detach*
inalámbrico/a *wireless*   esquina *corner*

Mensajes de texto en español

Al igual que en otros idiomas, el chateo está cambiando la forma en que la gente escribe el español. Ésta es una lista de expresiones comunes al chatear.

¿K TL?	¿Qué tal?	**CONT, XFA**	Contesta, por favor.
Toy cansada	Estoy cansada.	**TB**	también
TQ MXO.	Te quiero mucho.	**1 BSO**	Un beso.
A2	Adiós.	**¿Q T PARECE?**	¿Qué te parece?
¿XQ?	¿Por qué?	**T MANDO 1**	Te mando un
GNL	genial	**MSG DSPS**	mensaje después.

recursos
VM
pp. 221–222   vhlcentral

Maravillas de la tecnología

ACTIVIDADES

1 ¿Cierto o falso? Indica si estas oraciones son **ciertas** o **falsas**. Corrige las falsas.

MODELO
El mensaje de texto "TQ MXO" significa "Te cuidas mucho".
Falso. "TQ MXO" significa "Te quiero mucho".

1. Los cibercafés son más populares en las ciudades grandes que en las pequeñas.
Falso. Son populares en las ciudades grandes y pequeñas.
2. El servicio de Internet es caro en los cibercafés.
Falso. El servicio es barato.
3. Hay más cibercafés en Latinoamérica que en los Estados Unidos. Cierto.
4. Todos los cibercafés ofrecen servicios similares.
Falso. Los cibercafés ofrecen servicios especializados.
5. Muchos turistas se quejan de que no hay suficientes cibercafés. *Falso. Piensan que no puede haber suficientes clientes para todos.*
6. Hay cibercafés con videojuegos en línea. Cierto.
7. Si eres estudiante, puedes hacer tus tareas en los centros de Internet. Cierto.
8. En los países hispanos, no hay servicio inalámbrico de Internet. *Falso. Este servicio se ofrece en bares, restaurantes y librerías.*
9. La primera palabra de la expresión **Toy cansada** viene del verbo **ser**. *Falso. Viene del verbo **estar**.*
10. TB significa "también". Cierto.

2 ¿Cómo te comunicas? Escribe un párrafo breve para explicar qué utilizas para comunicarte con tus amigos/as (correo electrónico, teléfono, chat, etc.) y de qué hablan cuando se comunican.

3 Nuevas expresiones Con un(a) compañero/a, observa la lista de expresiones comunes en los mensajes de texto. ¿Están de acuerdo con esta forma de escribir? ¿Creen que es una buena forma de comunicarse? ¿Por qué?

4 Conexión Internet Investiga en el sitio **vhlcentral.com** qué sitios web son populares entre los jóvenes hispanos.

1 Preparación ¿Con qué frecuencia navegas en Internet? ¿Dónde lo haces: en tu casa o en un lugar público?

2 El video Mira el episodio de **Flash Cultura**.

Vocabulario	
chateando *chatting*	**romper con la barrera**
comunidad indígena	**de la distancia**
indigenous community	*to break the distance barrier*
	usuarios *users*

… los cibercafés se conocen como "cabinas de Internet" y están localizados° por todo el país.

… el primer *hotspot* de Cuzco, que permite a los usuarios navegar de manera inalámbrica…

localizados located

3 Elegir Indica cuál de las dos opciones resume mejor este episodio.

- En Cuzco, Internet es un elemento importante para las comunidades indígenas que quieren vender sus productos en otros países. Con Internet inalámbrico, estas comunidades chatean con clientes en otros países.

- En Cuzco, la comunidad y los turistas usan la tecnología de los celulares e Internet para comunicarse con sus familias o vender productos. Para navegar en Internet, se pueden visitar las cabinas de Internet o ir a la Plaza de Armas con una computadora portátil. ✓

11.1 The preterite and the imperfect

Tutorial

▸ The preterite and the imperfect are not interchangeable. The choice between these two tenses depends on the context and on the point of view of the speaker.

¡ojo!

These words and expressions, as well as similar ones, commonly occur with the preterite: **ayer, anteayer, una vez, dos veces, tres veces, el año pasado, de repente.** They usually imply that an action has happened at a specific point in time.

¡ojo!

These words and expressions, as well as similar ones, commonly occur with the imperfect: **de niño/a, todos los días, mientras, siempre, con frecuencia, todas las semanas.** They usually express habitual or repeated actions in the past.

Uses of the preterite

To express actions that are viewed by the speaker as completed

Don Alejandro estacionó el autobús.
Don Alejandro parked the bus.

Fueron a Valparaíso ayer.
They went to Valparaíso yesterday.

To express the beginning or end of a past action

La película empezó a las nueve.
The movie began at nine o'clock.

Ayer terminé el proyecto.
Yesterday I finished the project.

To narrate a series of past actions or events

Don Alejandro paró el autobús, abrió la ventanilla y saludó a doña Rita.
Don Alejandro stopped the bus, opened the window, and greeted Doña Rita.

SUGGESTION Ask students to describe the most interesting, embarrassing, exciting, or annoying thing that has happened to them recently. Have them use preterite and imperfect verbs to talk about what happened and how they felt.

Uses of the imperfect

To describe an ongoing past action with no reference to its beginning or end

Maite conducía muy rápido en Madrid.
Maite was driving very fast in Madrid.

Javier esperaba en el garaje.
Javier was waiting in the garage.

To express habitual past actions and events

Cuando era joven, jugaba al tenis.
When I was young, I used to play tennis.

Álex siempre revisaba su correo electrónico a las tres.
Álex always checked his e-mail at three o'clock.

To describe physical and emotional states or characteristics

La chica quería descansar. Se sentía mal y tenía dolor de cabeza.
The girl wanted to rest. She felt ill and had a headache.

Ellos eran altos y tenían ojos verdes.
They were tall and had green eyes.

Estábamos felices de ver a la familia.
We were happy to see the family.

▸ When the preterite and the imperfect appear in the same sentence, the imperfect describes what was happening, while the preterite describes the action that "interrupted" the ongoing activity.

¿Y revisaste el aceite?

Navegaba en la red cuando **sonó** el teléfono.
I was surfing the Web when the phone rang.

Maite **leía** un libro cuando **llegó** Álex.
Maite was reading a book when Álex arrived.

▸ You will see the preterite and the imperfect together in narratives such as fiction, news, and retelling of events. The imperfect provides background information, such as time, weather, and location. The preterite indicates the specific events that occurred.

Pensé que podía arreglar el coche, pero no puedo.

Eran las dos de la mañana y el detective ya no **podía** mantenerse despierto. **Se bajó** lentamente del coche, **estiró** las piernas y **levantó** los brazos.

It was two in the morning, and the detective could no longer stay awake. He slowly stepped out of the car, stretched his legs, and raised his arms.

La luna **estaba** llena y no **había** en el cielo ni una sola nube. De repente, el detective **escuchó** un grito espeluznante.

The moon was full and there wasn't a single cloud in the sky. Suddenly, the detective heard a terrifying scream.

Refer students to the **recursos** box in **Ampliación** for complete information.

Práctica y conversación

1 Un accidente Completa este artículo de periódico con las formas correctas del pretérito o del imperfecto.

Un trágico accidente

Ayer en la mañana (1) ___hubo___ [haber] un trágico accidente en el centro de Lima, cuando un autobús (2) ___chocó___ [chocar] con un carro. La mujer que (3) ___manejaba___ [manejar] el carro (4) ___murió___ [morir] al instante. Los paramédicos llevaron al conductor del autobús al hospital porque (5) ___tenía___ [tener] varias fracturas. Su estado de salud es todavía muy grave. El conductor del autobús (6) ___dijo___ [decir] que no (7) ___vio___ [ver] el carro hasta el último momento porque (8) ___había___ [haber] mucha niebla y (9) ___llovía___ [llover]. Él (10) ___intentó___ [intentar] (*to attempt*) dar un viraje brusco (*to swerve*), pero (11) ___perdió___ [perder] el control del autobús y no (12) ___pudo___ [poder] evitar (*to avoid*) el accidente. Según nos informaron, no (13) ___se lastimó___ [lastimarse] ningún pasajero que (14) ___viajaban___ [viajar] en el autobús.

2 Combinar Combina elementos de las tres columnas para hablar de lo que hicieron y lo que hacían las personas de la primera columna. Usa el imperfecto o el pretérito para formar las oraciones. Answers will vary.

Sujetos	Verbos	Adverbios
el mecánico	arreglar	ayer
Adrián González	caerse	bien
la mujer policía	chocar	con frecuencia
Serena Williams	conducir	de vez en cuando
mis padres	decir	fácilmente
mis amigos y yo	enamorarse	lentamente
John Mayer	lastimarse	por aquí
yo	llamar	por fin
	navegar (en)	la semana pasada
	olvidar	todos los días

3 Oraciones Con un(a) compañero/a, completa las oraciones usando el pretérito o el imperfecto. Luego, compara tus respuestas. Answers will vary.

MODELO

De niño/a, yo…

Estudiante 1: *De niña, yo vivía con mis abuelos en un apartamento cerca de la escuela.*

Estudiante 2: *Pues, mi mamá, mis hermanos y yo vivíamos en una casita con un jardín.*

Estudiante 1: *De niña, me lastimé una vez la rodilla. Mientras corría, me caí.*

Estudiante 2: *En cambio, yo nunca me lastimé la rodilla, pero me torcía constantemente el tobillo.*

1. El verano pasado…
2. Yo manejaba el coche mientras…
3. Anoche mi novio/a…
4. Ayer el/la profesor(a)…
5. La semana pasada un(a) amigo/a…
6. A menudo mi madre…
7. Esta mañana en la cafetería…
8. Navegábamos en la red cuando…

4 Tu primer(a) novio/a Entrevista a un(a) compañero/a acerca de su primer(a) novio/a. Si quieres, puedes añadir (*add*) otras preguntas. Answers will vary.

1. ¿Quién fue tu primer(a) novio/a?
2. ¿Cuántos años tenías cuando lo/la conociste?
3. ¿Cómo era él/ella?
4. ¿Qué le gustaba hacer? ¿Tenían ustedes los mismos pasatiempos?
5. ¿Por cuánto tiempo salieron ustedes?
6. ¿Adónde iban ustedes cuando salían?
7. ¿Pensaban casarse?
8. ¿Cuándo y por qué rompieron ustedes?

5 Un robo misterioso Anoche alguien robó (*stole*) el examen de la Lección 11 de la oficina de tu profesor(a) y tú tienes que averiguar (*to find out*) quién lo hizo. Pregúntales a varios compañeros dónde estaban, con quién estaban y qué hicieron entre las ocho y las doce de la noche. Luego decide quién robó el examen. Answers will vary.

11.2 Por and para

 Tutorial

▶ Both **por** and **para** mean *for*, but they are not interchangeable. Study their uses in the charts.

Uses of *por*

Motion or a general location (around, through, along, by)	La excursión nos llevó por el centro. *The tour took us through downtown.* Pasamos por el parque y por el río. *We passed by the park and along the river.*	**Means by which something is done** (by, by way of, by means of)	Ellos viajan por la autopista. *They travel by (by way of) highway.* ¿Hablaste con la policía por teléfono? *Did you talk to the police by (on the) phone?*
Duration of an action (for, during, in)	Estuve en Montevideo por un mes. *I was in Montevideo for a month.* Miguel estudió por la noche. *Miguel studied during the night.*	**Exchange or substitution** (for, in exchange for)	Le di dinero por el estéreo. *I gave him money for the stereo.* Cambiamos este carro por uno nuevo. *We exchanged this car for a new one.*
Object of a search (for, in search of)	Vengo por ti a las ocho. *I am coming for you at eight.* Maite fue por su cámara. *Maite went in search of her camera.*	**Unit of measure** (per, by)	José manejaba a 120 kilómetros por hora. *José was driving 120 kilometers per hour.*

Uses of *para*

Destination (toward, in the direction of)	Salimos para Mérida hoy. *We are leaving for Mérida today.* Voy para el banco. *I'm going to the bank.*	**Purpose or goal +** [infinitive] (in order to)	Juan estudia para (ser) mecánico. *Juan is studying to be a mechanic.*
Deadline or a specific time in the future (by, for)	Él va a arreglar el carro para el viernes. *He will fix the car by Friday.*	**The recipient of something** (for)	Compré una calculadora para mi hijo. *I bought a calculator for my son.*
Purpose + [noun/verb] (for, used for)	Es una llanta para el carro. *It's a tire for the car.* Uso mi celular para ver mi correo electrónico. *I use my cell phone to read my e-mail.*	**Comparisons or opinions** (for, considering)	Para ser joven, es demasiado serio. *For a young person, he is too serious.* Para mí, esta lección no es difícil. *For me, this lesson isn't difficult.*
		Employment (for)	Sara trabaja para Telecom. *Sara works for Telecom.*

▶ **Por** is used in several idiomatic expressions.

por aquí	*around here*	por eso	*that's why; therefore*
por ejemplo	*for example*	por fin	*finally*

Maru habla
por teléfono.

¡Y un televisor nuevo
para mí, por favor!

▶ When giving an exact time, **de** is used instead of **por** before **la mañana, la tarde,** and **la noche.**

Llegué a las diez **de** la noche.
I arrived at ten p.m.

Me gusta estudiar **por** la noche.
I like to study at night.

SUGGESTION Point out to students that in addition to **por**, **durante** is also commonly used to mean *for* when referring to time. Share this example with the class: **Esperé al mecánico durante cincuenta minutos.**

▶ Often, either **por** or **para** can be used in a sentence, although the meaning may change.

Caminé **por** el parque.
I walked through (around) the park.

Caminé **para** el parque.
I walked to (toward) the park.

Trabajó **por** su padre.
He worked for (in place of) his father.

Trabajó **para** su padre.
He worked for his father('s business).

Se exhibió **por** todo el pueblo.
It was shown throughout (around) the whole town.

Se exhibió **para** todo el pueblo.
It was shown for the whole town.

Práctica y conversación

1 **Un viaje a Buenos Aires** Completa este párrafo con las preposiciones **por** o **para**.

El mes pasado, mi esposo y yo hicimos un viaje a Buenos Aires y sólo pagamos dos mil dólares (1) __por__ los pasajes. Estuvimos en Buenos Aires (2) __por__ una semana y exploramos toda la ciudad. Durante el día caminamos (3) __por__ la plaza San Martín, el microcentro y el barrio de La Boca, donde viven muchos artistas. (4) __Por__ la noche fuimos a una tanguería, que es un tipo de teatro, (5) __para__ ver a la gente bailar tango. Dos días después decidimos hacer una excursión (6) __por__ las Pampas (7) __para__ ver el paisaje y un rodeo con gauchos. (8) __Por__ eso, alquilamos (*we rented*) un carro y pasamos unos días muy agradables. El último día fuimos a Galerías Pacífico (9) __para__ comprar recuerdos (*souvenirs*) (10) __para__ nuestros hijos y nietos. Compramos tantos regalos que, al regresar, tuvimos que pagar impuestos (*duties*) cuando pasamos (11) __por__ la aduana.

2 **Completar** Habla con un(a) compañero/a para completar estas oraciones sobre él/ella. Usa **por** y **para** en las respuestas. Answers will vary.

1. El año pasado compró un regalo…
2. Ayer fue al taller…
3. Necesita hacer la tarea…
4. En casa, habla con sus amigos/as…
5. Los miércoles tiene clases…
6. A veces va a la biblioteca…
7. Necesita… dólares…
8. Su mejor amigo/a estudia…

3 **¿Qué pasa aquí?** Usa **por** o **para** y el tiempo presente para describir estos dibujos. Answers will vary. Suggested answers below.

Él trabaja para el Taller Juárez.

1. Él va al parque para leer. / Él camina por el parque.

2. Él va para el trabajo. / Él habla por su teléfono celular.

3. Ella tiene un regalo para su amiga. / Ella le da las gracias por el regalo.

4. Él va para su casa. / Él maneja a cien kilómetros por hora.

5. Ella va para Salamanca. / Ella viaja por tren.

4 **Una subasta** En grupos, dramaticen una subasta (*auction*). Cada estudiante debe traer a la clase un objeto o una foto del objeto para vender. Luego, un(a) estudiante es el/la vendedor(a) y los otros son los postores (*bidders*). Answers will vary.

Practice more at vhlcentral.com. **ACTIVITY PACK** For additional activities, go to the **Activity Pack** in the **Resources** section of the Supersite.

doscientos cincuenta y uno **251**

11.3 Stressed possessive adjectives and pronouns

 Tutorial

¿También está descompuesta tu computadora?

No, la mía no, la suya.

▶ Spanish has two types of possessive adjectives: the unstressed (short) forms you learned in Lesson 3 and the stressed (long) forms. The stressed possessive adjectives are used for emphasis or to express *(of) mine, (of) yours, (of) his,* and so on.

Stressed possessive adjectives

Singular forms		Plural forms		
MASCULINE	**FEMININE**	**MASCULINE**	**FEMININE**	
mío	mía	míos	mías	*my; (of) mine*
tuyo	tuya	tuyos	tuyas	*your; (of) yours (fam.)*
suyo	suya	suyos	suyas	*your; (of) yours (form.); his; (of) his; her; (of) hers; its*
nuestro	nuestra	nuestros	nuestras	*our; (of) ours*
vuestro	vuestra	vuestros	vuestras	*your; (of) yours (fam.)*
suyo	suya	suyos	suyas	*your; (of) yours (form.); their; (of) theirs*

▶ Stressed possessive adjectives agree in gender and number with the nouns they modify.

mi **impresora**	la **impresora** mía	nuestros **televisores**	los **televisores** nuestros
my printer	*my printer*	*our television sets*	*our television sets*

▶ Stressed possessive adjectives are placed after the nouns they modify. Unstressed possessive adjectives are placed before the noun.

Son **mis** llaves.
They are my keys.

Son las llaves **mías**.
They are my keys.

▶ A definite article, an indefinite article, or a demonstrative adjective usually precedes a noun modified by a stressed possessive adjective.

Alberto tenía
unos discos **tuyos**. *Alberto had some disks of yours.*
los discos **tuyos**. *Alberto had your disks.*
estos discos **tuyos**. *Alberto had these disks of yours.*

▶ Since **suyo, suya, suyos,** and **suyas** have more than one meaning, you can avoid confusion by using the construction: [*article*] + [*noun*] + **de** + [*subject pronoun or noun*].

el teclado **suyo**
el teclado **de él/ella** *his/her keyboard*
el teclado **de usted(es)** *your keyboard*
el teclado **de ellos/ellas** *their keyboard*
el teclado **de Ramón** *Ramón's keyboard*

▶ **El** and **la** are usually omitted when a stressed possessive adjective follows the verb **ser**.

¿**Es suya** esta cámara? No, no **es mía**.

SUGGESTION Point out that the function of stressed possessives is to give emphasis. They are often used to point out contrasts. Show students these examples: ¿Tu carro es azul? Pues, el carro mío es rojo. ¿Tu cámara digital no es buena? La mía es excelente.

▶ Possessive pronouns are used to replace [*noun*] + [*possessive adjective*]. In Spanish, possessive pronouns have the same forms as the stressed possessive adjectives, and they are preceded by a definite article.

la **calculadora** nuestra la nuestra el **radio** tuyo el tuyo los **archivos** suyos los suyos

▶ Possessive pronouns agree in number and gender with the nouns they replace.

Aquí está **mi coche**. ¿Dónde está **el tuyo**?
Here's my car. Where is yours?

¿Tienes **los archivos** de Carlos?
Do you have Carlos' files?

El mío está en el taller de mi hermano Armando.
Mine is at my brother Armando's garage.

No, pero tengo **los nuestros**.
No, but I have ours.

SUGGESTION Refer students to the chart of stressed possessive adjectives. Call out a noun and subject pronoun, then ask students to tell you which adjective they would use. Ex: **discos compactos, ustedes (suyos)**

Práctica y conversación

1 Oraciones Forma oraciones con estos elementos. Usa el presente y haz todos los cambios necesarios.

1. yo / necesitar / usar / impresora / de Miguel / porque / mío / no / funcionar *Yo necesito usar la impresora de Miguel porque la mía no funciona.*

2. pero / él / no poder / ayudarme / porque / suyo / tampoco / funcionar *Pero él no puede ayudarme porque la suya tampoco funciona.*

3. me gustaría / pedirle / a Juana / su ratón, / pero / suyo / estar / descompuesto *Me gustaría pedirle a Juana su ratón, pero el suyo está descompuesto.*

4. yo / no poder / usar / teclado / de Valeria / porque / suyo / también / estar descompuesto *Yo no puedo usar el teclado de Valeria porque el suyo también está descompuesto.*

5. si / yo / pedirte / computadora, / estar / seguro/a de que / ir a / decirme / que / no poder / usar / tuyo *Si yo te pido tu computadora, estoy seguro/a de que vas a decirme qué no puedo usar la tuya.*

2 Anuncios Lee este anuncio (*ad*) con un(a) compañero/a. Luego, preparen su propio (*own*) anuncio usando adjetivos o pronombres posesivos. Después, conviértanlo en un anuncio de televisión (*commercial*) y preséntenlo a la clase. *Answers will vary.*

Esta **computadora** y esta **impresora** pueden ser suyas **por sólo**

$699

Características de la computadora
- Procesador: Intel Dual Core a 3000 MHz
- 4GB DDR3 de memoria
- Disco duro de 250 GB
- Sistema operativo: Linux

Impresora
- Impresora, fotocopiadora y escáner
- Velocidad: 40 páginas por minuto a color

El precio incluye un año de servicio de Internet gratis.
Para más información, llame al 3 62 19 90 o visite nuestro sitio web www.tecnolibre.com

3 ¿Es suyo? Un policía ha capturado (*has captured*) al hombre que robó (*robbed*) en tu casa. Ahora quiere saber qué cosas son tuyas. Túrnate con un(a) compañero/a para hacer el papel del policía y usa las pistas (*clues*) para contestar las preguntas.

MODELO
No / pequeño

> **Policía:** Esta computadora, ¿es suya?
> **Estudiante:** No, no es mía. La mía es más pequeña.

1. Sí
E1: Esta calculadora, ¿es suya?
E2: Sí, es mía.

2. Sí
E1: Estos reproductores de MP3, ¿son suyos?
E2: Sí, son míos.

3. No / nuevo
E1: Este televisor, ¿es suyo?
E2: No, no es mío. El mío es más nuevo.

4. No / viejo
E1: Esta cámara de video, ¿es suya?
E2: No, no es mía. La mía es más vieja.

5. Sí
E1: Este estéreo, ¿es suyo?
E2: Sí, es mío.

6. No / caro
E1: Estos teléfonos celulares, ¿son suyos?
E2: No, no son míos. Los míos son más caros.

 Practice more at vhlcentral.com.

Ampliación

 Video: TV Clip

SCRIPT For the script, go to the Supersite.

1 Escuchar

A Escucha a Ricardo Moreno y luego contesta las preguntas.

TIP Recognize the genre of spoken discourse. Identifying the genre (for example: political speech, radio interview, news broadcast) of what you hear can help you figure out what kinds of things you are likely to hear. It will also help you identify the speaker's motives and intentions.

1. ¿Qué tipo de discurso es?

   a. noticias (*news*) por radio o televisión   (b.) un anuncio comercial
   c. una reseña (*review*) de una película

2. ¿De qué habla?

   a. de su vida   (b.) de un producto o servicio   c. de algo que oyó o vio

3. ¿Cuál es el propósito?

   a. relacionarse con alguien   b. informar   (c.) vender

B ¿Qué pistas (*clues*) te ayudaron a identificar el género de la grabación (*recording*)?   Answers will vary.

2 Conversar Con un(a) compañero/a, prepara una conversación sobre la primera vez que manejaste un carro o el día en que fuiste al Departamento de Tráfico para conseguir tu licencia de conducir. Incluye la siguiente información: Answers will vary.

- *¿Cuántos años tenías?*
- *¿A qué hora fue? ¿Te levantaste temprano para practicar?*
- *¿Cómo estaba el tiempo?*
- *¿Fuiste solo/a? ¿Quién fue contigo (with you)?*
- *¿Cómo te sentías antes de hacerlo? ¿Y cómo te sentiste después?*
- *¿Fue una experiencia linda? ¿Te gustaría repetirla? ¿Por qué?*

2 SUGGESTION Before beginning the conversation, have students list information they plan to include, such as age, date, weather, time of day, and so forth. Next, have students review how they will place the events of the day in order, and which past tense will be used to express the ideas in their conversation.

2 EXPANSION Ask volunteers to present their conversation to the class. Follow with a discussion on aspects of this life experience that students found they had in common or during which they had something interesting or unusual happen.

recursos

WB pp. 111–118

LM pp. 63–65

vhlcentral

Inform students that the material listed in the **recursos** box applies to the complete **Gramática** section.

3 **Escribir** Escribe una historia acerca de una experiencia tuya con una máquina electrónica o con el carro. Answers will vary.

TIP **Master the simple past tenses.** To write about events that occurred in the past, you will need to know when to use the preterite and the imperfect. The box on this page contains a summary of their uses.

Preterite
- Past actions viewed as completed
- Beginning or end of past actions
- Series of past actions

Imperfect
- Ongoing past actions
- Habitual past actions
- Physical and emotional states in the past

Organizar Prepara una lista de todos los detalles que quieres narrar (*narrate*). Identifica qué acciones fueron completadas (pretérito) y cuáles están incompletas o cuáles describen (imperfecto).

Escribir Utiliza tu lista para escribir el primer borrador de tu historia.

Corregir Intercambia tu historia con un(a) compañero/a. Lee su borrador y reflexiona sobre las partes mejor escritas. Da sugerencias sobre los detalles, la lógica de la secuencia de eventos y el uso del pretérito y del imperfecto.

Compartir Revisa el primer borrador según las indicaciones de tu compañero/a. Incorpora las nuevas ideas y prepara la versión final. Luego, comparte la historia con la clase.

3 SUGGESTION Review the summary box of uses of the preterite vs. imperfect. Write a few sentences on the board and ask volunteers to explain why the preterite or imperfect was chosen in each case. Ex:
1. Gloria paró para contestar su teléfono celular.
2. Cuando mi papá era joven, no había computadoras.
3. Fue a comprar una computadora la semana pasada. 4. Mis abuelos estaban felices de ver la foto de su nieto en su correo electrónico.

3 EVALUATION

Criteria	Scale
Content	1 2 3 4
Organization	1 2 3 4
Use of preterite and imperfect	1 2 3 4
Use of vocabulary	1 2 3 4
Accuracy, mechanics	1 2 3 4

Scoring

Excellent	18–20 points
Good	14–17 points
Satisfactory	10–13 points
Unsatisfactory	< 10 points

4 **Un paso más** Busca información sobre los cibercafés en los países hispanos e inventa un cibercafé nuevo. Crea un anuncio de revista para promocionarlo. El anuncio debe incluir estos elementos: Answers will vary.

- Nombre del cibercafé
- Una descripción del lugar donde está ubicado (*located*)
- Una descripción de la tecnología y de los servicios que se ofrecen a los clientes
- Fotos o dibujos
- Por qué este cibercafé es mejor que otros
- Los precios

5 **Conexión Internet** Investiga estos temas en el sitio **vhlcentral.com**.

- Cibercafés en el mundo hispano
- Internet en el mundo hispano
- La tecnología en el mundo hispano

4 SUGGESTION Point out that different countries have unique domain codes. Ex: **.ar** (Argentina), **.co** (Colombia), **.mx** (Mexico), **.es** (Spain), **.ve** (Venezuela)

4 SUGGESTION Bring in examples of advertisements for technology products that students can examine.

4 EXPANSION Have students use their advertisement as the basis for a radio announcement promoting their cybercafe.

4 EVALUATION

Criteria	Scale
Content	1 2 3 4 5
Organization	1 2 3 4 5
Accuracy	1 2 3 4 5
Creativity	1 2 3 4 5

Scoring

Excellent	18–20 points
Good	14–17 points
Satisfactory	0–13 points
Unsatisfactory	< 10 points

 Practice more at **vhlcentral.com**.

Antes de leer

Audio: Reading
Additional Reading

EXPANSION In groups, have students think of other technological devices and design a comic about one of them. Tell them to follow the reading as a model.

One way languages grow is by borrowing words from each other. English words that relate to technology are often borrowed by Spanish and other languages throughout the world. Sometimes the words are modified slightly to fit the sounds of the languages that borrow them. When reading in Spanish, you can often increase your understanding by looking for words borrowed from English or other languages you know.

Examinar el texto

Observa la tira cómica (*comic strip*). ¿De qué trata (*is it about*)? ¿Cómo lo sabes? Answers will vary.

Buscar

Esta lectura contiene una palabra tomada (*taken*) del inglés. Trabaja con un(a) compañero/a para encontrarla.

El celular

Repasa (*Review*) las nuevas palabras relacionadas con la tecnología que aprendiste en **Preparación** y expande la lista de palabras tomadas del inglés.

_____ _____

_____ _____

_____ _____

Juan Matías Loiseau (1974). Más conocido como *Tute*, este artista nació en Buenos Aires, Argentina. Estudió diseño gráfico, humorismo y cine. Sus tiras cómicas se publican en los Estados Unidos, Francia y toda Latinoamérica.

SUGGESTION Have students skim the text briefly and guess if the comic will say something positive or negative about cell phones. They should support their guesses with specific visuals from the comic.

Después de leer

¿Comprendiste?

Indica si las oraciones son **ciertas** o **falsas**. Corrige las falsas.

Cierto	Falso	
✓		**1.** Hay tres personajes en la tira cómica: un usuario de teléfono, un amigo y un empleado de la empresa (*company*) telefónica.
	✓	**2.** El nuevo servicio de teléfono incluye las llamadas telefónicas únicamente. También viene con un tipo que te sigue a todos lados.
	✓	**3.** El empleado duerme en su casa. Duerme al lado de la cama del usuario.
✓		**4.** El contrato de teléfono dura (*lasts*) un año.
	✓	**5.** El usuario y el amigo están trabajando (*working*). Están de vacaciones.

Preguntas

Responde a estas preguntas con oraciones completas. Usa el pretérito y el imperfecto.

1. ¿Al usuario le gustaba usar el teléfono celular todo el tiempo? No, al usuario le molestaba usar el celular todo el tiempo.

2. ¿Por qué el usuario decidió tirar el teléfono al mar? Porque el celular y el tipo lo tenían harto.

3. Según el amigo, ¿para qué tenía el usuario que tirar el teléfono celular al mar? El usuario tenía que tirar el teléfono al mar para recuperar su libertad.

4. ¿Qué ocurrió cuando el usuario tiró el teléfono? El empleado fue a buscar el teléfono.

5. ¿Qué le dijo el empleado al usuario cuando salió del mar? El empleado le dijo que tenía una llamada perdida.

Coméntalo

¿Cuáles son los aspectos positivos y los negativos de tener teléfono celular? ¿Te sientes identificado/a con el usuario del teléfono? ¿Por qué? Answers will vary.

te viene *comes with*   tipo *guy, dude*   te avisa *alerts you*   escuchás *listen (Arg.)*   distraídos *careless*   piso *floor*   bolsa de dormir *sleeping bag*
darle de baja *to cancel*   harto *fed up*   revolear *throw away forcefully (S. America)*   bien hecho *well done*   llamada perdida *missed call*

Vocabulary Tools

En la calle

la calle	street
el camino	route
el garaje	garage; (mechanic's) repair shop
la gasolina	gasoline
la gasolinera	gas station
el kilómetro	kilometer
la licencia de conducir	driver's license
el/la mecánico/a	mechanic
la milla	mile
la multa	fine; ticket
el policía/la mujer policía	police officer
la policía	police (force)
el semáforo	traffic light
el taller (mecánico)	(mechanic's) repair shop
el tráfico	traffic
la velocidad máxima	speed limit
arrancar	to start
arreglar	to fix; to arrange
bajar	to go down
bajar(se) de	to get out of (a vehicle)
chocar (con)	to run into; to crash
conducir	to drive
estacionar	to park
llenar (el tanque)	to fill (the tank)
manejar	to drive
parar	to stop
revisar (el aceite)	to check (the oil)
subir	to go up
subir(se) a	to get into (a vehicle)

Stressed possessive adjectives and pronouns	See pages 252–253.

La tecnología

la aplicación	app
el buzón de voz	voicemail
la calculadora	calculator
la cámara (de video)	(video) camera
la cámara digital	digital camera
el cargador	charger
el control remoto	remote control
el disco compacto	compact disc
el estéreo	stereo
el mensaje de texto	text message
el navegador GPS	GPS
el radio	radio (set)
el reproductor de CD	CD player
el reproductor de DVD	DVD player
el reproductor de MP3	MP3 player
el teléfono (celular)	cell phone
el televisor	television set
apagar	to turn off
funcionar	to work
llamar	to call
poner	to turn on
prender	to turn on
sonar (o:ue)	to ring
descompuesto/a	not working; out of order
lento/a	slow
lleno/a	full

Las partes del carro

el baúl	trunk
el capó	(car) hood
el carro	car
el coche	car
los frenos	lbrakes
la llanta	tire
el motor	motor
el parabrisas	windshield
el volante	steering wheel

Internet y la computadora

el archivo	file
la computadora	computer
la computadora portátil	laptop
la conexión inalámbrica	wireless (connection)
el disco	disk
la impresora	printer
Internet	Internet
el monitor	monitor
la página principal	home page
la pantalla	screen
el programa de computación	software
el ratón	mouse
la red	network, Web
el sitio web	website
el teclado	keyboard
chatear	chat
guardar	to save
imprimir	to print
navegar en Internet	to surf the Internet

Otras palabras y expresiones

para	toward; in the direction of; by; for; in order to; used for; considering
por	around; through; along; by; for; during; in; in search of; by the way of; by means of; in exchange for; per
por aquí	around here
por ejemplo	for example
por eso	that's why; therefore
por fin	finally

As students finish the lesson, encourage them to explore the **Repaso** section on the Supersite. There they will find quizzes for practicing vocabulary, grammar, and oral language.

12 Hogar, dulce hogar

PARA EMPEZAR Here are some additional questions: **¿Vives en una casa o en un apartamento? ¿Cómo es? ¿Tienes un cuarto para ti solo/a o lo compartes? ¿Es grande o pequeño?**

Para empezar

- ¿Dónde está él: en una oficina o en una casa?
- ¿Qué está haciendo?
- ¿Cómo es la decoración de la casa: moderna o tradicional?

Hogar, dulce hogar

 Vocabulary Tools

SUGGESTION Ask students about their living arrangements. Ex: **¿Vives en una residencia, en una casa o en un apartamento? ¿Cuántos cuartos hay? ¿Tiene un altillo? ¿Tiene jardín?**

LA CASA Y SUS CUARTOS

la alcoba *bedroom*
el altillo *attic*
el balcón *balcony*
la cocina *kitchen*
el comedor *dining room*
la entrada *entrance*
el garaje *garage*
la oficina *office*
el pasillo *hallway*
el patio *patio; yard*
la sala *living room*
el sótano *basement*

la escalera
stairs

el jardín
garden; yard

LA MESA

la copa *wineglass*
la cuchara *spoon*
el cuchillo *knife*
el plato *plate*
la servilleta *napkin*
la taza *cup; mug*
el tenedor *fork*
el vaso *glass*

LOS ELECTRODOMÉSTICOS

la estufa *stove*
el horno (de microondas) *(microwave) oven*
la lavadora *washing machine*
el lavaplatos *dishwasher*
el refrigerador *refrigerator*
la secadora *clothes dryer*

SUGGESTION Bring in a place setting for a table and use it to present the **la mesa** vocabulary. As you hold up each item, have students name it and guide you in setting the table. Ex: **¿Dónde pongo el tenedor, a la derecha o a la izquierda del plato?**

SUGGESTION Use magazine photos, real estate ads, or other visuals to present the vocabulary related to houses.

el electrodoméstico
electrical appliance

planchar la ropa
to iron clothes

LOS QUEHACERES DOMÉSTICOS

barrer el suelo
to sweep the floor

arreglar *to tidy*

cocinar *to cook*

hacer los quehaceres domésticos
  to do household chores

lavar (el suelo, los platos) *to wash (the floor, the dishes)*

limpiar la casa *to clean the house*

pasar la aspiradora *to vacuum*

poner la mesa *to set the table*

quitar la mesa *to clear the table*

sacar la basura *to take out the trash*

sacudir los muebles *to dust the furniture*

SUGGESTION Take a class survey on household chores. Have students raise their hands when you say a chore that they do: **cocinar, lavar el suelo, poner la mesa,** and so forth.

hacer la cama
to make the bed

LOS MUEBLES Y OTRAS COSAS

la alfombra *carpet; rug*

la almohada *pillow*

el armario *closet*

la cómoda *chest with drawers*

las cortinas *curtains*

el cuadro *picture*

el estante *bookcase; bookshelf*

la lámpara *lamp*

la luz *light; electricity*

la manta *blanket*

la mesita *end table*

la mesita de noche *nightstand*

la pared *wall*

la pintura *painting*

el sillón *armchair*

el sofá *sofa*

los muebles
furniture

ASÍ SE DICE
Point out these lexical items:
la alcoba → el aposento (*Rep. Dom.*);
la recámara (*Méx.*), **la habitación,**
el dormitorio (*Esp.*); **el cuarto** (*Amér. L.*);
la pieza (*Col., Arg.*)
el apartamento → el departamento (*Amér. L.*);
  el piso (*Esp.*)
lavar los platos → fregar los trastes (*Amér. C.*)

OTRAS PALABRAS

las afueras *suburbs; outskirts*

la agencia de bienes raíces *real estate agency*

el alquiler *rent (payment)*

el ama (f.) de casa *homemaker; housekeeper*

el barrio *neighborhood*

el edificio de apartamentos *apartment building*

el hogar *home*

el/la vecino/a *neighbor*

la vivienda *housing*

alquilar *to rent*

ensuciar *to get (something) dirty*

mudarse *to move (residences)*

VOCABULARIO ADICIONAL For additional vocabulary on this theme, go to **Vocabulario adicional** in the **Resources** section of the Supersite.

Práctica y conversación

1 SCRIPT For the script, go to the Supersite.

1 Escoger Escucha las preguntas e indica la respuesta correcta.

1. ___ Al pasillo.
   ✓ Al balcón.
2. ___ En el lavaplatos.
   ✓ En la mesita de noche.
3. ___ Al edificio.
   ✓ A las afueras.
4. ✓ En la secadora.
   ___ En la basura.
5. ___ El balcón.
   ✓ Las escaleras.
6. ✓ En las paredes.
   ___ En el horno.
7. ✓ La estufa.
   ___ La aspiradora.
8. ___ En la alfombra.
   ✓ En la alcoba.

2 SCRIPT For the script, go to the Supersite.

3 EXPANSION Using magazine pictures, ask students what utensils are needed for various foods. Ex: **¿Con qué se come un taco?** (con las manos) **¿Qué se necesita para comer espaguetis?** (un tenedor y una cuchara)

2 Escuchar Escucha la conversación y completa las oraciones con las palabras o expresiones adecuadas.

1. Paula va a comenzar por _____la cocina_____.
2. Pedro va a limpiar _____la sala_____ primero.
3. Pedro también va a limpiar _____la oficina_____.
4. Pedro le dice a Paula que debe _____hacer la cama_____ en la alcoba de huéspedes.
5. Pedro va a _____planchar la ropa_____ en el sótano.
6. Ellos están limpiando la casa porque _____la madre de Pedro_____ va a visitarlos.

4 SUGGESTION Before dividing the class into groups, model the activity by talking about your home. Ex: **En casa, mi marido siempre pasa la aspiradora, pero yo sacudo los muebles. Mi hijo saca la basura y mi hija pone la mesa.**

4 SUGGESTION In groups, play a game of charades. Ask students to act out the household chores.

3 Emparejar Empareja cada dibujo con su descripción. Luego, nombra los dibujos.

___e___ 1. Lo usas para tomar agua.
___b___ 2. Lo necesitas para comer un bistec.
___f___ 3. Necesitas este objeto para la sopa.
___c___ 4. La necesitas para tomar café.
___a___ 5. La necesitas para tomar vino.
___d___ 6. Necesitas este objeto para limpiarte la boca después de comer.

a. _____una copa_____   b. _____un tenedor_____   c. _____una taza_____

d. _____una servilleta_____   e. _____un vaso_____   f. _____una cuchara_____

4 Los quehaceres domésticos Trabajen en grupos para indicar quién hace los siguientes quehaceres domésticos en sus casas. Luego contesten las preguntas. Answers will vary.

barrer el suelo	lavar la ropa	planchar la ropa
cocinar	lavar los platos	sacar la basura
hacer las camas	pasar la aspiradora	sacudir los muebles

- ¿Quién es la persona de tu grupo que hace más quehaceres?
- ¿Cúales son los quehaceres que más te molestan y los que más te gustan? ¿Por qué?
- ¿Piensas que debes hacer más quehaceres? ¿Por qué?

recursos

WB
pp. 119–120

LM
p. 67

vhlcentral

4 **¿Una casa o un apartamento?** Con un(a) compañero/a, compara las ventajas y desventajas de vivir en una casa o en un apartamento. Considera el espacio, la comodidad, el precio del alquiler (rent), las reglas para las visitas, la organización de fiestas, etc.

Answers will vary.

Practice more at **vhlcentral.com**.

NATIONAL comparisons STANDARDS

Ortografía Las mayúsculas y las minúsculas

Audio: Pronunciation

Here are some of the rules that govern the use of capital letters (**mayúsculas**) and lowercase letters (**minúsculas**) in Spanish.

Los estudiantes llegaron al aeropuerto a las dos. Luego fueron al hotel.

In both Spanish and English, the first letter of every sentence is capitalized.

Rubén Blades **Panamá** **Colón** **los Andes**

The first letter of all proper nouns (names of people, countries, cities, geographical features, etc.) is capitalized.

Cien años de soledad **Don Quijote de la Mancha** **El País** **Muy Interesante**

The first letter of the first word in titles of books, films, and works of art is generally capitalized, as well as the first letter of any proper names. In newspaper and magazine titles, as well as other short titles, the initial letter of each word is often capitalized.

la señora Ramos **don Francisco** **el presidente** **Sra. Vives**

Titles associated with people are *not* capitalized unless they appear as the first word in a sentence. Note, however, that the first letter of an abbreviated title is capitalized.

Último **Álex** **MENÚ** **PERDÓN**

Accent marks should be retained on capital letters. In practice, however, this rule is often ignored.

lunes **viernes** **marzo** **primavera**

The first letter of days, months, and seasons is *not* capitalized.

español **estadounidense** **japonés** **panameños**

The first letter of nationalities and languages is *not* capitalized.

SUGGESTION Explain that if a city or country has a definite article as part of its name, then the article is capitalized. Ex: **La Habana, La Coruña, La Haya, El Salvador.**

SUGGESTION Tell students that *El País* is a Spanish newspaper and *Muy Interesante* is a magazine.

EXPANSION Give this sentence to the class as a dictation: **El doctor Guzmán, el amigo panameño de la señorita Rivera, llegó a Quito el lunes, doce de mayo.** Tell students to abbreviate all titles. Then write the sentence on the board so they can check their work.

Oraciones Lee el diálogo de las serpientes. Ordena las letras para saber de qué palabras se trata. Después escribe las letras indicadas para descubrir por qué llora Pepito.

Profesor Herrera, ¿es cierto que somos venenosas°?

Sí, Pepito. ¿Por qué lloras?

m n a a P á ⬭ _ _ _ _ _   y a U r u g u _ _ _ _ ⬭ _ _

s t e m r a ⬭ _ _ _ _ _   r o ñ e s a _ _ _ _ _ ⬭

i g s l é n _ _ _ ⬭ _ _

¡ _orque _e acabo de morder° la _ en _u _!

venenosas *venomous*
morder *to bite*

recursos
LM p. 68

vhlcentral

¡Porque me acabo de morder la lengua!
Respuestas: Panamá, martes, inglés, Uruguay, señora

Practice more at **vhlcentral.com**.

Los quehaceres

 Video: Fotonovela

NATIONAL communication cultures STANDARDS

VIDEO SYNOPSIS Felipe and Jimena have promised to clean the apartment in exchange for permission to take a trip to the Yucatán Peninsula. Marissa, Juan Carlos, and don Diego help them finish on time.

Jimena y Felipe deben limpiar el apartamento para poder ir de viaje con Marissa.

Expresiones útiles

Making recommendations

Le(s) sugiero que arregle(n) este apartamento.
I suggest you tidy up this apartment.
Le(s) aconsejo que prepare(n) la cena para las ocho y media.
I recommend that you have dinner ready for eight thirty.

Organizing work

Recomiendo que se organicen en equipos para limpiar.
I recommend that you divide yourselves into teams to clean.
Yo lleno el lavaplatos... después de vaciarlo.
I'll fill the dishwasher… after I empty it.
¿Por qué no terminas de pasar la aspiradora?
Why don't you finish vacuuming?
¡Ya casi acaban!
You're almost finished!
Felipe, tú quita el polvo.
Felipe, you dust.

Making polite requests

Don Diego, quédese a cenar con nosotros.
Don Diego, stay and have dinner with us.
Venga.
Come on.
Don Diego, pase.
Don Diego, come in.

Additional vocabulary

el plumero *duster*

recursos
VM pp. 191–192
vhlcentral

SR. DÍAZ Quieren ir a Yucatán con Marissa, ¿verdad?
SRA. DÍAZ Entonces, les sugiero que arreglen este apartamento. Regresamos más tarde.
SR. DÍAZ Les aconsejo que preparen la cena para las 8:30.

MARISSA ¿Qué pasa?
JIMENA Nuestros papás quieren que Felipe y yo arreglemos toda la casa.
FELIPE Y que, además, preparemos la cena.
MARISSA ¡Pues, yo les ayudo!

MARISSA Mis padres siempre quieren que mis hermanos y yo ayudemos con los quehaceres. No me molesta ayudar. Pero odio limpiar el baño.
JIMENA Lo que más odio yo es sacar la basura.

JUAN CARLOS Hola, Jimena. ¿Está Felipe? *(a Felipe)* Te olvidaste del partido de fútbol.
FELIPE Juan Carlos, ¿verdad que mi papá te considera como de la familia?
JUAN CARLOS Sí.

(Don Diego llega a ayudar a los chicos.)
FELIPE Tenemos que limpiar la casa hoy.
JIMENA ¿Nos ayuda, don Diego?
DON DIEGO Claro. Recomiendo que se organicen en equipos para limpiar.

JIMENA   FELIPE   SRA. DÍAZ   SR. DÍAZ   MARISSA   JUAN CARLOS DON DIEGO

MARISSA Yo lleno el lavaplatos... después de vaciarlo.

DON DIEGO Juan Carlos, ¿por qué no terminas de pasar la aspiradora? Y Felipe, tú limpia el polvo. ¡Ya casi acaban!

(*Los chicos preparan la cena y ponen la mesa.*)

JUAN CARLOS ¿Dónde están los tenedores?

JIMENA Allá.

JUAN CARLOS ¿Y las servilletas?

MARISSA Aquí están.

FELIPE La sala está tan limpia. Le pasamos la aspiradora al sillón y a las cortinas. ¡Y también a las almohadas!

JIMENA Yucatán, ¡ya casi llegamos!

(*Papá y mamá regresan a casa.*)

SRA. DÍAZ ¡Qué bonita está la casa!

SR. DÍAZ Buen trabajo, muchachos. ¿Qué hay para cenar?

JIMENA Quesadillas. Vengan.

SRA. DÍAZ Don Diego, quédese a cenar con nosotros. Venga.

SR. DÍAZ Sí, don Diego. Pase.

DON DIEGO Gracias.

Actividades

1 **¿Cierto o falso?** Indica si lo que dicen estas oraciones es **cierto** o **falso**. Corrige las oraciones falsas.

1. Felipe y Jimena tienen que preparar el desayuno. Falso. Felipe y Jimena tienen que preparar la cena.
2. Don Diego ayuda a los chicos organizando los quehaceres domésticos. Cierto.
3. Jimena le dice a Juan Carlos dónde están los tenedores. Cierto.
4. A Marissa no le molesta limpiar el baño. Falso. Marissa odia limpiar el baño.
5. Juan Carlos termina de lavar los platos. Falso. Juan Carlos termina de pasar la aspiradora.

2 **Completar** Los chicos y don Diego están haciendo los quehaceres. Adivina en qué cuarto está cada uno de ellos.

1. Jimena limpia el congelador. Jimena está en ___la cocina___.
2. Don Diego limpia el escritorio. Don Diego está en ___la oficina___.
3. Felipe pasa la aspiradora debajo de la mesa y de las sillas. Felipe está en ___el comedor___.
4. Juan Carlos sacude el sillón. Juan Carlos está en ___la sala___.
5. Marissa hace la cama. Marissa está en ___el dormitorio/la alcoba/el cuarto___.

3 **La casa** Con un(a) compañero/a, describe la casa de una celebridad o de alguien a quien conoces bien. Luego, comparte la descripción con la clase.
Answers will vary.

MODELO

La mansión de 50 Cent tiene una sala grande, con muebles muy originales...

BAJO LA LUPA

NATIONAL · STANDARDS
comparisons
cultures
communities

El patio central

Additional Reading
Video

En las tardes cálidas° de Oaxaca, México; Córdoba, España, o Popayán, Colombia, es un placer sentarse en **el patio central** de una casa y tomar un refresco disfrutando de° una buena conversación. Esta característica arquitectónica°, de influencia árabe, fue traída° a las Américas por los españoles. En la época° colonial, se construyeron casas, palacios, monasterios, hospitales y escuelas con patio central. Éste es un espacio privado e íntimo en donde se disfruta del sol y de la brisa° y, al mismo tiempo, se puede estar aislado° de la calle.

El centro del patio es un espacio abierto. Alrededor de° él, separado por columnas, hay un pasillo cubierto°. Así, hay zonas de sol y de sombra°. El patio es una parte importante de la vivienda familiar y su decoración se cuida° mucho. En el centro del patio muchas veces hay una fuente°, plantas e incluso árboles°. El agua es un elemento muy importante en la ideología islámica porque simboliza la purificación del cuerpo y del alma°. Por esta razón y para disminuir° la temperatura, el agua es muy importante en estas construcciones. El agua y la vegetación ayudan a mantener la temperatura fresca y el patio proporciona° luz y ventilación a todas las habitaciones.

cálidas *hot*   disfrutando de *enjoying*   arquitectónica *architectural*
traída *brought*   época *era*   brisa *breeze*   aislado *isolated*
Alrededor de *Surrounding*   cubierto *covered*   sombra *shade*
se cuida *is looked after*   fuente *fountain*   árboles *trees*   alma *soul*
disminuir *lower*   proporciona *provides*   adineradas *wealthy*

La distribución

Las casas con patio central eran usualmente las viviendas de familias adineradas°. Son casas de dos o tres pisos. Los cuartos de la planta baja son las áreas comunes: cocina, comedor, sala, etc., y tienen puertas al patio. En los pisos superiores están las habitaciones privadas de la familia.

recursos

VM
pp. 223–224   vhlcentral

ACTIVIDADES

1 **¿Cierto o falso?** Indica si lo que dicen las oraciones es **cierto** o **falso.** Corrige las falsas.

MODELO
En el patio central no hay espacio para plantas ni árboles.
Falso. Es común encontrar plantas y árboles en los patios.

1. Los patios centrales de Latinoamérica tienen su origen en la tradición indígena. **Falso.** Los patios tienen su origen en la arquitectura árabe.
2. Los españoles llevaron a América el concepto del patio. **Cierto.**
3. En la época colonial las casas eran las únicas construcciones con patio central. **Falso.** Se construyeron casas, palacios, monasterios, hospitales y escuelas.
4. El patio es una parte importante en estas construcciones, y es por ello que se le presta atención a su decoración. **Cierto.**
5. El patio central es un lugar de descanso que da luz y ventilación a las habitaciones. **Cierto.**
6. Las fuentes en los patios tienen importancia por razones ideológicas y porque bajan la temperatura. **Cierto.**
7. En la ideología española el agua simboliza salud y bienestar del cuerpo y del alma. **Falso.** En la ideología islámica el agua simboliza la purificación del cuerpo y del alma.
8. Las casas con patio central eran de personas con dinero. **Cierto.**
9. Los cuartos de la planta baja son privados. **Falso.** Los cuartos de la planta baja son las áreas comunes.
10. Las alcobas están en los pisos superiores. **Cierto.**

2 **Viviendas tradicionales** Escribe cuatro oraciones sobre una vivienda tradicional que conoces. Explica su origen, en qué lugar se encuentra, qué materiales tiene y cómo es.

3 **Mi lugar favorito** Describe en un párrafo tu lugar favorito de tu casa o apartamento. Incluye los detalles sobre los muebles y la decoración del lugar. Luego, comparte tu párrafo con un(a) compañero/a y hazle preguntas sobre su párrafo.

4 **Conexión Internet** Investiga en el sitio **vhlcentral.com** cuáles son las características de la arquitectura moderna en los países hispanos.

La casa de Frida

1 **Preparación** Imagina que eres un(a) artista, ¿cómo sería (*would be*) tu casa? ¿Sería muy diferente de la casa en donde vives ahora?

2 **El video** Mira el episodio de **Flash Cultura.**

Vocabulario	
jardinero *gardener*	**la silla de ruedas** *wheelchair*
muros *walls*	**las valiosas obras** *valuable works*

El hogar en que nació la pintora Frida Kahlo en 1907 se caracteriza por su arquitectura típicamente mexicana…

Uno de los espacios más atractivos de esta casa es este estudio que Diego instaló…

3 **¿Cierto o falso?** Indica si lo que dicen estas oraciones es **cierto** o **falso.**

1. La casa de Frida Kahlo está en el centro de México, D.F. **Falso.**
2. La casa de Frida se transformó en un museo en los años 50. **Cierto.**
3. Frida Kahlo vivió sola en su casa. **Falso.**
4. Entre las obras que se exhiben está el cuadro (*painting*) de *Las dos Fridas*. **Cierto.**
5. El jardinero actual (*current*) jamás conoció ni a Frida ni a Diego. **Falso.**
6. En el museo se exhiben la silla de ruedas y los aparatos ortopédicos de Frida. **Cierto.**

12.1 Usted and ustedes commands

Tutorial

Don Diego, quédese a cenar con nosotros.

No se preocupen, yo los ayudo.

SUGGESTION Use the following sentences as a dictation. Read each sentence twice, pausing after the second time for students to write. (1) Saquen la basura a la calle. (2) Almuerce usted a la una hoy. (3) Niños, jueguen en la calle. (4) Váyase inmediatamente. (5) Esté usted aquí a las diez.

▶ Command forms are used to give orders or advice. **Usted** and **ustedes** can be used to refer to a group of people or in formal situations.

Hable con ellos, don Francisco.
Talk to them, Don Francisco.

Coma frutas y verduras.
Eat fruits and vegetables.

Laven los platos ahora mismo.
Wash the dishes right now.

▶ Form **usted** and **ustedes** commands (**mandatos**) by dropping the final **–o** of the **yo** form of the present tense. For **–ar** verbs, add **–e** or **–en**. For **–er** and **–ir** verbs, add **–a** or **–an**.

Formal commands (Ud. and Uds.)

Infinitive	Present tense *yo* form	*Ud.* command	*Uds.* command
barrer	barro	barra	barran
decir (e:i)	digo	diga	digan
limpiar	limpio	limpie	limpien
sacudir	sacudo	sacuda	sacudan
salir	salgo	salga	salgan
servir (e:i)	sirvo	sirva	sirvan
venir	vengo	venga	vengan
volver (o:ue)	vuelvo	vuelva	vuelvan

▶ Verbs with irregular **yo** forms have the same irregularity in their formal commands. These verbs include **conducir, conocer, decir, hacer, ofrecer, oír, poner, salir, tener, traducir, traer, venir,** and **ver.**

Oiga, don Francisco…
Listen, Don Francisco…

¡Salga inmediatamente!
Leave immediately!

Ponga la mesa, por favor.
Set the table, please.

▶ Stem-changing verbs maintain their stem changes in **usted** and **ustedes** commands.

e:ie	o:ue	e:i
No **pierda** la llave.	**Vuelva** temprano, joven.	**Sirva** la sopa, por favor.
Cierren la puerta.	**Duerman** bien, chicos.	**Repitan** las oraciones.

¡ojo!

These spelling changes are necessary to ensure that the words are pronounced correctly. It may help you to study the following five series of syllables. Note that, within each series, the consonant sound doesn't change.

**ca que qui co cu
za ce ci zo zu
ga gue gui go gu
ja ge gi jo ju**

▶ Verbs ending in **–car**, **–gar**, and **–zar** have a spelling change in the command forms.

sacar	c ▶ qu	saque, saquen
jugar	g ▶ gu	juegue, jueguen
almorzar	z ▶ c	almuerce, almuercen

▶ These verbs have irregular formal commands:

INFINITIVE	*UD.* COMMAND	*UDS.* COMMAND	INFINITIVE	*UD.* COMMAND	*UDS.* COMMAND
dar	dé	den	saber	sepa	sepan
estar	esté	estén	ser	sea	sean
ir	vaya	vayan			

Refer students to the **recursos** box in **Ampliación** for complete information.

▶ To make a command negative, place **no** before the verb. Note that the pronouns precede the verb.

No ponga las maletas en la cama.
Don't put the suitcases on the bed.

No ensucien los sillones.
Don't dirty the armchairs.

No **se** preocupe.
Don't worry.

No **me lo** dé.
Don't give it to me.

▶ In affirmative commands, reflexive and object pronouns are attached to the end of the verb. Note that when a pronoun is attached to a verb that has two or more syllables, an accent mark is added.

Siénten**se**, por favor.

Díga**melo**.

Acuésten**se** ahora.

Póngan**las** en el suelo, por favor.

▶ **Usted** and **ustedes** can be used after command forms for a more formal, polite tone.

Muéstrele usted la foto a su amigo.
Show the photo to your friend.

Tomen ustedes esta alcoba.
Take this bedroom.

Práctica y conversación

1 ¡A mudarse! La señora González quiere mudarse. Ayúdala a organizarse, indicando el mandato formal de cada verbo.

1. Decida qué casa quiere y ___llame___ [llamar] al agente. ___Pídale___ [pedirle] un contrato de alquiler.

2. ___Dígales___ [decirles] a todos que tienen que ayudar. No ___les diga___ [decirles] que usted va a hacerlo todo.

3. El día de la mudanza no ___esté___ [estar] nerviosa.

4. No ___se preocupe___ [preocuparse]. ___Sepa___ [saber] que todo va a salir bien.

2 ¿Qué dicen? Mira los dibujos y escribe un mandato lógico para cada uno. Answers will vary. Suggested answers:

MODELO

Arreglen estas cosas, por favor.

1. Abran sus libros, por favor.

2. Cierre la puerta. ¡Hace frío!

3. Traiga usted la cuenta, por favor.

4. Barran, por favor.

3 Consejos Con un(a) compañero/a, representa a un(a) estudiante y a un(a) profesor(a). El/La estudiante cuenta sus problemas y el/la profesor(a) le da órdenes. Sigue el modelo. Answers will vary.

MODELO

Me torcí el tobillo jugando al tenis. Es la tercera vez.

Estudiante 1: Me torcí el tobillo jugando al tenis. Es la tercera vez.

Estudiante 2: No juegue más al tenis. / Vaya a ver a un médico.

1. Me enfermé después de volver de las vacaciones.
2. Nuestro cuarto es demasiado ruidoso para estudiar.
3. Me duele la cabeza y no puedo hacer la presentación para la clase hoy.
4. ¡Se me olvidó estudiar para el examen!

4 Un programa de consejos Con un(a) compañero/a, representa los papeles de una persona que da consejos en la radio y de los radioyentes (*radio listeners*) que la llaman con estos problemas. Answers will vary.

- problemas sentimentales
- problemas académicos
- problemas con los amigos
- problemas financieros
- problemas médicos
- problemas con el coche

5 Un anuncio de televisión En grupos, presenten un anuncio de televisión a la clase. Debe tratar de (*be about*) un detergente, un electrodoméstico o una agencia de bienes raíces. Usen mandatos, los pronombres relativos (**que, quien(es)** o **lo que**) y el **se** impersonal. Answers will vary.

MODELO

Compre el lavaplatos Cristal. Tiene todo lo que usted desea. Es el lavaplatos que mejor funciona. Venga a verlo ahora mismo... No pierda ni un minuto más.

12.2 The present subjunctive

  Tutorial

▶ The subjunctive mood expresses the speaker's attitude toward events, actions, or states that the speaker views as uncertain or hypothetical.

Es bueno que estudies más.
It is good that you study more.

Es necesario que no lleguemos tarde.
It is necessary that we don't arrive late.

▶ The subjunctive is mainly used to express: 1) will and influence; 2) emotion; 3) doubt, disbelief, and denial; and 4) indefiniteness and nonexistence.

▶ Some expressions are always followed by clauses in the subjunctive. These include:

Es bueno (malo, mejor) que...
It's good (bad, better) that...

Es mejor que vayas con él.
It's better that you go with him.

Es importante (necesario, urgente) que...
It's important (necessary, urgent) that...

Es urgente que sepa la verdad.
It's urgent that she know the truth.

Es bueno que coma verduras.
It is good that I eat vegetables.

Es malo que el niño no hable mucho.
It is bad that the boy does not speak much.

Es necesario que los estudiantes traduzcan la lectura.
It is necessary that the students translate the reading.

Es mejor que vayas con él.
It is better that you go with him.

Es importante que traigamos la tarea.
It is important that we bring our homework.

Es urgente que Luisa sepa la verdad.
It is urgent that Luisa know the truth.

▶ Note the following endings for the subjunctive:

Present subjunctive of regular verbs

	hablar	comer	escribir
yo	hable	coma	escriba
tú	hables	comas	escribas
Ud./él/ella	hable	coma	escriba
nosotros/as	hablemos	comamos	escribamos
vosotros/as	habléis	comáis	escribáis
Uds./ellos/ellas	hablen	coman	escriban

▶ To form the present subjunctive of regular verbs, drop the **–o** ending from the **yo** form of the present indicative, and replace it with the subjunctive endings.

INFINITIVE	PRESENT INDICATIVE	PRESENT SUBJUNCTIVE
hablar	hablo	hable
comer	como	coma
escribir	escribo	escriba

¡ojo!

The subjunctive is most often used in sentences that consist of a main clause and a subordinate clause. The main clause contains a verb or expression that triggers the use of the subjunctive in the subordinate clause. The word **que** connects the subordinate clause to the main clause.

¡ojo!

You may think that English doesn't have the subjunctive, but it does! While once common, it now mostly survives in set expressions, such as *If I were you...* and *Be that as it may...*

▶ Verbs ending in **–car, –gar,** and **–zar** have a spelling change in all forms.

sacar	saque, saques, saque, saquemos, saquéis, saquen
jugar	juegue, juegues, juegue, juguemos, juguéis, jueguen
almorzar	almuerce, almuerces, almuerce, almorcemos, almorcéis, almuercen

SUGGESTION Check for understanding by asking volunteers to give subjunctive forms of other regular verbs that you have learned, such as **planchar**, **barrer**, and **imprimir**.

Present subjuntive of stem-changing verbs

▶ **–Ar** and **–er** stem-changing verbs have the same stem changes in the subjunctive as they do in the present indicative.

pensar (e:ie)	piense, pienses, piense, pensemos, penséis, piensen
mostrar (o:ue)	muestre, muestres, muestre, mostremos, mostréis, muestren
entender (e:ie)	entienda, entiendas, entienda, entendamos, entendáis, entiendan
volver (o:ue)	vuelva, vuelvas, vuelva, volvamos, volváis, vuelvan

▶ **–Ir** stem-changing verbs have the same stem changes in the subjunctive as in the present indicative. In addition, the **nosotros/as** and **vosotros/as** forms also undergo a stem change. The unstressed **e** changes to **i** and the unstressed **o** changes to **u**.

pedir (e:i)	pida, pidas, pida, pidamos, pidáis, pidan
sentir (e:ie)	sienta, sientas, sienta, sintamos, sintáis, sientan
dormir (o:ue)	duerma, duermas, duerma, durmamos, durmáis, duerman

▶ Verbs with irregular **yo** forms in the present indicative tense have the same irregularity in the present subjunctive.

INFINITIVE	PRESENT INDICATIVE	PRESENT SUBJUNCTIVE
conducir	conduzco	conduzca
conocer	conozco	conozca
decir	digo	diga
hacer	hago	haga
ofrecer	ofrezco	ofrezca
oír	oigo	oiga
parecer	parezco	parezca
poner	pongo	ponga
tener	tengo	tenga
traducir	traduzco	traduzca
traer	traigo	traiga
venir	vengo	venga
ver	veo	vea

Irregular verbs in the present subjuntive Tutorial

▶ These five verbs are irregular in the present subjunctive:

SUGGESTION Point out to students that the **yo** and **Ud./él/ ella** forms of **dar** have an accent in order to distinguish them from the preposition **de**.

Irregular verbs in the present subjunctive					
	dar	estar	ir	saber	ser
yo	dé	esté	vaya	sepa	sea
tú	des	estés	vayas	sepas	seas
Ud./él/ella	dé	esté	vaya	sepa	sea
nosotros/as	demos	estemos	vayamos	sepamos	seamos
vosotros/as	deis	estéis	vayáis	sepáis	seáis
Uds./ellos/ellas	den	estén	vayan	sepan	sean

▶ The subjunctive form of **hay** (*there is, there are*) is **haya**.

SUGGESTION Reiterate that, whereas the word *that* is usually optional in English, **que** is required in Spanish.

▶ The subjunctive is usually used in complex sentences that consist of a main clause and a subordinate clause. The main clause contains a verb or expression that triggers the use of the subjunctive. The word **que** connects the subordinate clause to the main clause.

Main clause	Connector	Subordinate clause
Es **muy importante**	**que**	**vayas** al hotel ahora mismo.

Es necesario que pidas permiso antes de entrar a mi oficina.
It's necessary that you ask permission before you enter my office.

Es bueno que haya clases de español en mi universidad.
It's good that there are Spanish classes at my university.

SUGGESTION Have students scan the advertisement and identify the subjunctive.

SUGGESTION Ask students questions about the advertisement. Ex: **¿Qué tipo de compañía es la del anuncio? ¿Qué recomienda el anuncio? ¿Qué otras recomendaciones debería hacer el anuncio?**

ESPAÑOL EN VIVO

Para que tenga dientes más sanos...

- Es bueno que vaya al dentista con frecuencia.
- Es necesario que use blanqueador.
- ¡Y lo más importante es que se limpie los dientes con *Dentabrit*!

Práctica y conversación

1 Emparejar Completa las oraciones con el subjuntivo de los verbos. Luego, empareja las oraciones del grupo **A** con las del grupo **B**.

A

1. Es mejor que ___cenemos___ [nosotros, cenar] en casa. _b_

2. Es importante que ___tome___ [yo, tomar] algo para el dolor de cabeza. _c_

3. Señora, es urgente que le ___saque___ [yo, sacar] la muela. Parece que tiene una infección. _e_

4. Es malo que Ana les ___dé___ [dar] tantos dulces a los niños. _a_

5. Es necesario que ___lleguen___ [ustedes, llegar] a la una de la tarde. _f_

6. Es importante que ___nos acostemos___ [nosotros, acostarse] temprano. _d_

B

a. Es importante que ___coman___ [ellos, comer] más verduras y frutas.

b. No, es mejor que ___salgamos___ [nosotros, salir] a comer.

c. Y yo creo que es urgente que ___llames___ [tú, llamar] al médico.

d. En mi opinión, no es necesario que ___durmamos___ [nosotros, dormir] tanto.

e. ¿Ah, sí? ¿Es necesario que me ___tome___ [yo, tomar] un antibiótico también?

f. Para llegar a tiempo, es necesario que ___almorcemos___ [nosotros, almorzar] temprano.

2 Oraciones Combina los elementos de las tres columnas para formar oraciones. Usa el subjuntivo. Answers will vary.

Expresiones	Sujetos	Actividades
Es bueno que	mis amigos	barrer el suelo
Es importante que	mi hermano	cocinar
Es malo que	Kevin Durant	comer
Es mejor que	los padres	despertarse
Es necesario que	el/la profesor(a)	ensuciar la casa
Es urgente que	Sofía Vergara	hacer la cama
	yo	lavar los platos
		levantarse
		mudarse
		sacar la basura

2 Minidiálogos Con un(a) compañero/a, completa los minidiálogos de una manera lógica, usando el subjuntivo.
Answers will vary.

MODELO

Miguelito: Mamá, no quiero arreglar mi cuarto.
Sra. Torres: Es necesario que lo arregles. Y es mportante que sacudas los muebles también.

MIGUELITO Mamá, no quiero estudiar. Quiero salir a jugar con mis amigos.

SRA. TORRES (1) _____.

• • •

MIGUELITO Mamá, es que no me gustan las verduras. Prefiero comer pasteles.

SRA. TORRES (2) _____.

• • •

MIGUELITO ¿Tengo que poner la mesa, mamá?
SRA. TORRES (3) _____.

• • •

MIGUELITO No me siento bien, mamá. Me duele todo el cuerpo y tengo fiebre.

SRA. TORRES (4) _____.

3 Entrevista Usa estas preguntas para entrevistar a un(a) compañero/a. Explica tus respuestas. Answers will vary.

1. ¿Es importante que los niños ayuden con los quehaceres domésticos?

2. ¿Es urgente que los norteamericanos aprendan otras lenguas?

3. Si un(a) norteamericano/a quiere aprender francés, ¿es mejor que lo aprenda en Francia?

4. En tu universidad, ¿es necesario que los estudiantes vivan en residencias estudiantiles?

5. ¿Es bueno que todos los estudiantes practiquen algún deporte?

6. ¿Es importante que los estudiantes asistan a las clases?

12.3 Subjunctive with verbs of will and influence

Tutorial

▸ The subjunctive is used with verbs and expressions of will and influence. Verbs of will and influence are often used when someone wants to affect the actions or behavior of other people.

Enrique **quiere** que **salgamos** a cenar.
Enrique wants us to go out for dinner.

Mi madre nos **ruega** que **vayamos** a verla.
My mother begs us to come see her.

▸ Here are some verbs of will and influence.

¡ojo!

In English, constructions using the infinitive, such as *I want you to go*, are often used with verbs of will and influence. This is not the case with Spanish, where the subjunctive would be used in the subordinate clause. **Quiero que vayas.**

Verbs of will and influence

aconsejar	*to advise*	mandar	*to order*	recomendar (e:ie)	*to recommend*
desear	*to wish; to desire*	necesitar	*to need*	rogar (o:ue)	*to beg*
importar	*to be important; to matter*	pedir (e:i)	*to ask (for)*	sugerir (e:ie)	*to suggest*
		prohibir	*to prohibit*		
insistir (en)	*to insist (on)*	querer (e:ie)	*to want*		

▸ Some impersonal expressions convey will or influence, such as **es necesario que**, **es importante que**, **es mejor que**, and **es urgente que**.

Es importante que duermas bien.
It's important that you sleep well.

Es urgente que él lo **haga** hoy.
It's urgent that he do it today.

Les sugiero que arreglen este apartamento.

▸ When the main clause contains an expression of will or influence and the subordinate clause has a different subject, the subjunctive is required.

Main clause	Connector	Subordinate clause
VERB OF WILL		SUBJUNCTIVE
Mi mamá prefiere	que	yo saque la basura.

▸ Indirect object pronouns are often used with the verbs **aconsejar, mandar, pedir, recomendar, rogar,** and **sugerir.**

Te aconsejo que estudies.
I advise you to study.

Le ruego que no venga.
I beg you not to come.

Le sugiero que vaya a casa.
I suggest that he go home.

Recomiendo que se organicen en equipos.

SUGGESTION Give small teams five minutes to write nine sentences, each of which uses a different verb of will and influence with the subjunctive. Ask volunteers to write some of their team's best sentences on the board. Work with the whole class to read the sentences and correct any errors.

▸ Note that all the forms of **prohibir** in the present tense carry a written accent, except for the **nosotros/as** form: **prohíbo, prohíbes, prohíbe, prohibimos, prohibís, prohíben.**

Ella les **prohíbe** que miren la televisión.
She prohibits them from watching television.

Nos **prohíben** que nademos en la piscina.
They prohibit us from swimming in the pool.

▸ The infinitive is used with expressions of will and influence if there is no change of subject.

No quiero **sacudir** los muebles.
I don't want to dust the furniture.

Es importante **sacar** la basura.
It's important to take out the trash.

Paco prefiere **descansar**.
Paco prefers to rest.

No es necesario **quitar** la mesa.
It's not necessary to clear the table.

Práctica y conversación

1 Entre amigas Completa el diálogo con palabras de la lista.

cocina	haga	ponga	quiere	sé	ser
diga	mires	prohíbe	saber	sea	vaya

IRENE Tengo problemas con Vilma. ¿Qué me recomiendas que le (1) ___diga___?

JULIA Necesito (2) ___saber___ más para aconsejarte.

IRENE Me (3) ___prohíbe___ que mire televisión cuando llego de la escuela.

JULIA Tiene razón. Es mejor que tú no (4) ___mires___ tanta televisión.

IRENE Quiero que (5) ___sea___ más flexible, pero insiste en que yo (6) ___haga___ todo en la casa.

JULIA No es verdad. Yo (7) ___sé___ que Vilma (8) ___cocina___ y hace los quehaceres todos los días.

IRENE Sí, pero siempre me pide que (9) ___ponga___ los cubiertos en la mesa y que (10) ___vaya___ al sótano por las servilletas.

JULIA ¡Vilma sólo (11) ___quiere___ que ayudes en la casa!

2 Unos consejos Lee lo que dice cada persona. Luego, da consejos lógicos usando verbos como **aconsejar, recomendar** y **prohibir**. Sigue el modelo. *Answers will vary.*

MODELO

El presidente: Quiero comprar la Casa Blanca.
Le aconsejo que compre otra casa.

1. **Tu mamá:** Pienso poner la secadora en la entrada de la casa.
2. **Martha Stewart:** Voy a ir a la gasolinera para comprar unas elegantes copas de cristal.
3. **Tu profesor(a):** No voy a corregir los exámenes.
4. **Enrique Iglesias:** Pienso llevar todos mis muebles nuevos al altillo.
5. **Katy Perry:** Hay una fiesta en mi casa esta noche, pero no quiero arreglar la casa.
6. **Tu papá:** Hoy no tengo ganas de hacer las camas.

3 Preguntas Usa estas preguntas para entrevistar a un(a) compañero/a. *Answers will vary.*

1. ¿Te dan consejos tus amigos/as? ¿Qué te aconsejan? ¿Aceptas sus consejos? ¿Por qué?
2. ¿Qué te sugieren tus profesores/as que hagas antes de terminar los cursos que tomas?
3. ¿Insisten tus amigos/as en que salgas mucho con ellos/as?
4. ¿Qué quieres que te regalen tu familia y tus amigos/as para tu cumpleaños?
5. ¿Qué le recomiendas tú a un(a) amigo/a que no quiere salir los sábados con su novio/a?
6. ¿Qué les aconsejas a los nuevos estudiantes de tu universidad?

4 Recomendaciones Con un(a) compañero/a, prepara una lista de seis personas famosas. Un(a) estudiante da el nombre de una persona famosa y el/la otro/a le da un consejo. *Answers will vary.*

MODELO

Estudiante 1: Judge Judy.
Estudiante 2: Le recomiendo que sea más simpática con la gente.
Estudiante 1: Will Ferrell.
Estudiante 2: Le aconsejo que haga más películas.

5 El apartamento de Luisa Con un(a) compañero/a, mira la ilustración. Da consejos a Luisa sobre cómo arreglar su apartamento. Usa expresiones impersonales y verbos como **aconsejar**, **sugerir** y **recomendar**. *Answers will vary.*

MODELO

Es mejor que arregles el apartamento más a menudo. Te aconsejo que guardes (*put away*) la tabla de planchar (*ironing board*).

Ampliación

1 SCRIPT For the script, go to the Supersite.

1 Escuchar

A Mira los anuncios en esta página y escucha la conversación entre el señor Núñez, Adriana y Felipe. Luego, indica si cada descripción se refiere a la casa del anuncio o al apartamento del anuncio.

TIP Use visual cues. Visual cues, like illustrations and headings, provide useful clues about what you will hear.

18G

Bienes raíces

Se vende.
4 alcobas, 3 baños,
cocina moderna,
jardín con árboles
frutales. B/. 225.000

Se alquila.
2 alcobas, 1 baño.
Balcón. Urbanización
Las Brisas. 525

Descripciones	La casa del anuncio	El apartamento del anuncio
1. Es barato.	☐	☑
2. Tiene cuatro alcobas.	☑	☐
3. Tiene oficina.	☐	☐
4. Tiene balcón.	☐	☑
5. Tiene una cocina moderna.	☑	☐
6. Tiene un jardín muy grande.	☑	☐
7. Tiene patio.	☐	☐

B Vuelve a escuchar la conversación e indica cómo es la casa ideal de Adriana y Felipe.
Tiene un mínimo de dos alcobas, un baño, una sala grande, una oficina y un patio.

2 Conversar
Con un(a) compañero/a, prepara una conversación entre un(a) psicólogo/a y un(a) paciente que le consulta sobre un problema personal (la familia, el/la novio/a, etc.). Luego, presenta la conversación a la clase. Incluye la siguiente información: Answers will vary.

> • ¿Cómo se siente el/la paciente?
> • ¿Cuál es el problema que tiene el/la paciente?
> • ¿Por qué tiene este problema?
> • ¿Desde cuándo lo tiene?
> • ¿Qué soluciones le da el/la psicólogo/a?

recursos

WB
pp. 121–126

LM
pp. 69–71

S
vhlcentral

Inform students that the material listed in the **recursos** box applies to the complete **Gramática** section.

3 **Escribir** Eres el/la administrador(a) de un edificio de apartamentos. Prepara un contrato de arrendamiento (*lease*) para los nuevos inquilinos (*tenants*). Answers will vary.

TIP **Use linking words.** To make your writing more cohesive, use linking words to connect simple sentences or ideas. Some common linking words are: **cuando, mientras, o, pero, porque, pues, que, quien(es), sino,** and **y.**

3 SUGGESTION Brainstorm with students and list on the board the kinds of things that might be needed in a rental agreement contract.
Ex: **la dirección del apartamento, las fechas del contrato, el precio del alquiler, la fecha de pago del alquiler, la suma del depósito, reglas acerca de la basura, el correo, los animales domésticos,** and **el ruido.**

Here are some technical terms that might help you in writing your contract: **el/la arrendatario/a** *tenant* **el/la arrendador(a)** *landlord* **el/la propietario/a** *owner* **las estipulaciones** *stipulations* **la parte** *party* **de anticipación,** **de antelación** *in advance*		
	Organizar	Utiliza un mapa de ideas para organizar la información sobre las fechas del contrato, el precio del alquiler y otros aspectos importantes.
	Escribir	Escribe el primer borrador de tu contrato de arrendamiento.
	Corregir	Intercambia el contrato con un(a) compañero/a. Anota los mejores aspectos, especialmente el uso de las palabras de enlace (*linking words*). Dale sugerencias y, si ves algunos errores, coméntaselos.
	Compartir	Revisa el primer borrador según las indicaciones de tu compañero/a. Incorpora nuevas ideas o más información si es necesario, antes de escribir la versión final.

3 EVALUATION

Criteria	Scale
Content	1 2 3 4
Organization	1 2 3 4
Use of vocabulary	1 2 3 4
Use of linking words	1 2 3 4
Grammar	1 2 3 4

Scoring

Excellent	18–20 points
Good	14–17 points
Satisfactory	10–13 points
Unsatisfactory	< 10 points

4 **Un paso más** Imagina que quieres construir (*to build*) una casa de vacaciones en un país hispano. Prepara una presentación sobre la casa. Considera estas preguntas. Answers will vary.

- ¿Dónde quieres construir la casa? ¿Prefieres que esté en la selva (*jungle*), en una isla, en una montaña o en un lugar con vistas al mar?

- ¿Cómo va a ser la casa? ¿Quieres que sea grande? ¿Cuántos pisos y cuántos cuartos va a tener?

- ¿Qué muebles quieres poner en cada cuarto?

- ¿Qué efectos visuales puedes usar para hacer más interesante la presentación? ¿Tienes mapas, fotos o planos (*blueprints*) de la casa?

4 SUGGESTION Give students several days to prepare this assignment.

EXPANSION After each presentation, ask students if they would like to own this vacation home and to explain why or why not.

5 **Conexión Internet** Investiga estos temas en el sitio **vhlcentral.com.**

- Lugares turísticos del mundo hispano
- Agencias de bienes raíces en el mundo hispano
- Mueblerías (*furniture stores*) en el mundo hispano

NATIONAL connections communities STANDARDS

Antes de leer

Audio: Reading
Additional Reading

Did you know that a text written in Spanish is often longer than the same text written in English? Because the Spanish language often uses more words to express ideas, you will often encounter long sentences when reading in Spanish. Of course, sentence length varies with genre and with authors' individual styles. To help you understand long sentences, identify the main parts of the sentence before trying to read it in its entirety. First, locate the main verb of the sentence, along with its subject, ignoring any words or phrases set off by commas. Then re-read the sentence, adding details like direct and indirect objects, transitional words, and prepositional phrases. Practice this strategy on a few sentences from this reading selection.

For example, locate the main subject and verb in the first sentence of this reading: _La Casa Colorada es_

SUGGESTION Have students examine the layout and format of the reading. Ask them what kind of reading they think it is. Before reading it for comprehension, they should also scan for cognates, such as **estilo, colonial, espacio público, exhibición permanente.**

SUGGESTION Practice the reading strategy with the first, second, and third sentences in the reading. Then have them work in pairs to look for long sentences. Have them point out the main verb and subject in each.

SUGGESTION Point out that the word **piso** has several meanings. It can mean *floor, flooring; apartment* (in Spain); or *story* (of a building).

EXPANSION Have students give a brief presentation on a historical building in the area that includes a physical description and some basic historical facts about the building. Ask volunteers to present their descriptions to the class.

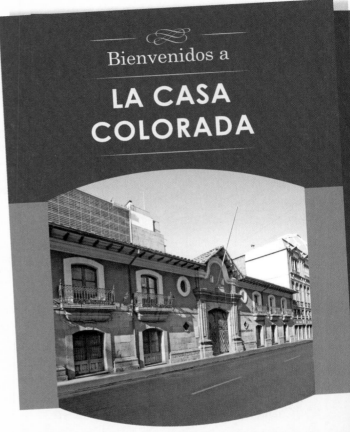

Bienvenidos a

LA CASA COLORADA

La Casa Colorada es un atractivo edificio de estilo colonial, construido° en 1769. Está situado en el centro de Santiago de Chile, en la calle Merced. En sus orígenes fue la vivienda de Mateo de Toro y Zambrano, un aristócrata chileno conocido por sus actividades en el ejército°, los negocios° y la administración de la ciudad. En la actualidad°, la Casa Colorada no está habitada por nadie.

El edificio se convirtió en un espacio público en el siglo° XX y en su interior están el Museo de Santiago, la Oficina de Turismo y la Fundación Vicente Huidobro, donde se encuentra abundante información sobre la vida y la obra° de este escritor chileno. El Museo de Santiago ofrece una exhibición permanente sobre la historia de la ciudad, desde la época precolombina hasta nuestros días.

La Casa Colorada es una obra del arquitecto portugués Joseph de la Vega. Los materiales fundamentales que se utilizaron en su construcción fueron el adobe, la madera° y la cal°. Desde el primer momento, esta casa se convirtió en el centro de atención de la sociedad santiaguina° por la elegancia de su diseño°. Además, una característica que la diferenciaba de otras viviendas del mismo estilo arquitectónico es que su fachada estaba recubierta de piedra° hasta el primer piso. El edificio empezó a llamarse Casa Colorada en 1888, año en que pintaron su fachada° de color rojo.

La composición exterior del edificio es simétrica. En el centro de la fachada hay una gran puerta que sirve de acceso principal a la vivienda; a los lados se ven unos arcos que forman puertas adicionales en el primer piso y ventanas con balcones de hierro forjado° en el segundo. Otra característica interesante del exterior de la casa es la elevación triangular del tejado° sobre la puerta principal.

construido *built* ejército *army* negocios *business* En la actualidad *At the present time* siglo *century* obra *work* madera *wood* cal *lime* santiaguina *of Santiago* diseño *design* fachada *façade* recubierta de piedra *covered with stone* hierro forjado *wrought iron* tejado *roof*

Después de leer

¿Comprendiste?

Completa las oraciones con las palabras adecuadas.

1. En el siglo XVIII, Mateo de Toro y Zambrano, un aristócrata de __Chile__, vivió en la Casa Colorada.

2. Ahora __nadie__ vive en la Casa Colorada.

3. El exterior de la casa es de color __rojo__.

4. La __puerta__ principal está en el centro de la fachada.

5. Los materiales que se utilizaron en su construcción fueron __el adobe__, la madera y la cal.

6. En el Museo de Santiago hay una exhibición sobre la __historia__ de la ciudad.

Preguntas

Responde estas preguntas con oraciones completas.

1. ¿Cuándo se construyó la Casa Colorada?
La Casa Colorada se construyó en 1769.

2. ¿Cuándo se convirtió en lugar público?
Se convirtió en lugar público en el siglo XX.

3. ¿Dónde están el Museo de Santiago, la Oficina de Turismo y la Fundación de Vicente Huidobro?
El Museo de Santiago, la Oficina de Turismo y la Fundación de Vicente Huidobro están en (el interior de) la Casa Colorada.

4. ¿Cómo se llamaba el arquitecto de la Casa Colorada?
El arquitecto se llamaba Joseph de la Vega.

5. ¿Por qué la Casa Colorada se diferenciaba de otras viviendas del mismo estilo arquitectónico?
Porque su fachada estaba recubierta de piedra hasta el primer piso.

6. ¿Por qué este edificio se llama la Casa Colorada?
Se llama la Casa Colorada porque pintaron de color rojo su fachada en 1888.

Coméntalo

¿Te gustaría visitar la Casa Colorada? ¿Te gustaría vivir en una casa similar a ésta? ¿Hay edificios históricos en tu ciudad o comunidad? Descríbelos. Answers will vary.

Vocabulary Tools

La casa y sus cuartos

la alcoba	bedroom
el altillo	attic
el balcón	balcony
la cocina	kitchen
el comedor	dining room
la entrada	entrance
la escalera	stairs
el garaje	garage
el jardín	garden; yard
la oficina	office
el pasillo	hallway
el patio	patio; yard
la sala	living room
el sótano	basement

Los muebles y otras cosas

la alfombra	carpet; rug
la almohada	pillow
el armario	closet
la cómoda	chest of drawers
las cortinas	curtains
el cuadro	picture
el estante	bookcase; bookshelf
la lámpara	lamp
la luz	light; electricity
la manta	blanket
la mesita	end table
la mesita de noche	nightstand
los muebles	furniture
la pared	wall
la pintura	painting
el sillón	armchair
el sofá	sofa

Los quehaceres domésticos

arreglar	to tidy
barrer el suelo	to sweep the floor
cocinar	to cook
hacer la cama	to make the bed
hacer los quehaceres domésticos	to do household chores
lavar (el suelo, los platos)	to wash (the floor, the dishes)
limpiar la casa	to clean the house
pasar la aspiradora	to vacuum
planchar la ropa	to iron clothes
poner la mesa	to set the table
quitar la mesa	to clear the table
sacar la basura	to take out the trash
sacudir los muebles	to dust the furniture

Los electrodomésticos

la estufa	stove
el electrodoméstico	electric appliance
el horno (de microondas)	(microwave) oven
la lavadora	washing machine
el lavaplatos	dishwasher
el refrigerador	refrigerator
la secadora	clothes dryer

La mesa

la copa	wineglass
la cuchara	spoon
el cuchillo	knife
el plato	plate
la servilleta	napkin
la taza	cup; mug
el tenedor	fork
el vaso	glass

Otras palabras

las afueras	suburbs; outskirts
la agencia de bienes raíces	real estate agency
el alquiler	rent (payment)
el ama (f.) de casa	homemaker; housekeeper
el barrio	neighborhood
el edificio de apartamentos	apartment building
el hogar	home
el/la vecino/a	neighbor
la vivienda	housing
alquilar	to rent
ensuciar	to get (something) dirty
mudarse	to move (residences)

Verbs of will and influence	See page 274.

As students finish the lesson, encourage them to explore the **Repaso** section on the Supersite. There they will find quizzes for practicing vocabulary, grammar, and oral language.

La ropa tradicional de los guatemaltecos se llama *huipil* y en ella se puede observar el amor de la cultura maya por la naturaleza (*nature*). El diseño (*design*) y los colores de cada *huipil* indican el pueblo de origen y, a veces, también el sexo y la edad (*age*) de la persona que lo lleva.

América Central I

Guatemala

Área: 108.890 km² (42.042 millas²)
Población: 14.919.000
Capital: Ciudad de Guatemala–2.918.000
Ciudades principales: Quetzaltenango, Escuintla, Mazatenango, Puerto Barrios
Moneda: quetzal

SOURCE: Population Division, UN Secretariat & CIA World Factbook

Honduras

Área: 112.492 km² (43.870 millas²)
Población: 8.746.000
Capital: Tegucigalpa–1.123.000
Ciudades principales: San Pedro Sula, El Progreso
Moneda: lempira

SOURCE: Population Division, UN Secretariat & CIA World Factbook

El Salvador

Área: 21.040 km² (8.124 millas²)
Población: 6.141.000
Capital: San Salvador–1.605.000
Ciudades principales: Soyapango, Santa Ana, San Miguel
Moneda: dólar estadounidense

SOURCE: Population Division, UN Secretariat & CIA World Factbook

Video: *Panorama cultural*
Interactive map

Deportes

El surfing

El Salvador es uno de los destinos favoritos en Latinoamérica para la práctica del *surfing*. Cuenta con 300 kilómetros de costa a lo largo del océano Pacífico y sus olas (*waves*) altas son ideales para quienes practican este deporte. De sus playas, La Libertad es la más visitada por surfistas de todo el mundo, gracias a que está muy cerca de la capital salvadoreña.

Ciudades

Antigua Guatemala

Antigua Guatemala fue fundada en 1543. Fue una capital de gran importancia hasta 1773, cuando un terremoto (*earthquake*) la destruyó. Hoy día, conserva el carácter original de su arquitectura y es un gran centro turístico. Su celebración de la Semana Santa es, para muchas personas, la más importante del hemisferio.

MÉXICO

Lago Petén Itzá

BELICE

Río de la Pasión

Golfo de Hondu

Puerto Barrios

GUATEMALA

Lago de Izabal

La Ceiba

San Pedro S

Quetzaltenango

Río Motagua

Sierra Espíritu Santo

El Progreso

Sierra Grita

Sierr

Ciudad de Guatemala

Lago de Yojo

Mazatenango

Antigua Guatemala

Lago de Güija

Tegucigalp

Río Lempa

Escuintla

Río de la Paz

Santa Ana

San Salvador

La Libertad

San Miguel

Río Lempa

Río Cho

EL SALVADOR

La Unión

Río

Océano Pacífico

Mar Caribe

Islas de la Bahía

HONDURAS

Sierra de Payas

Río Patuca

Montañas de Colón

Río Coco

Laguna de Caratasca

NICARAGUA

COSTA RICA

recursos

WB
pp. 127–128

VM
pp. 251–254

vhlcentral

Lugares

Copán

Copán es una zona arqueológica muy importante de Honduras. Fue construida por los mayas y se calcula que en el año 400 d. C. era una ciudad con más de 150 edificios y una gran cantidad de plazas, patios, templos y canchas (*courts*) para el juego de pelota (*ceremonial ball game*). Las ruinas más famosas del lugar son los edificios adornados con esculturas pintadas a mano, los cetros (*scepters*) ceremoniales de piedra y el templo Rosalila. Una de las actividades más importantes de Copán era la astronomía. ¡Hasta se hacían congresos (*conventions*) de astrónomos!

Naturaleza

El Parque Nacional Montecristo

El Parque Nacional Montecristo se encuentra en la región norte de El Salvador. Se le conoce también como El Trifinio porque se ubica (*it is located*) en el punto donde se unen las fronteras de Guatemala, Honduras y El Salvador. Este bosque reúne muchas especies vegetales y animales, como orquídeas, monos araña (*spider monkeys*), pumas, quetzales y tucanes. En este hermoso bosque, las copas de sus enormes árboles forman una bóveda que impide (*blocks*) el paso de la luz del sol.

¿Qué aprendiste?

1 **¿Cierto o falso?** Indica si lo que dicen estas oraciones es **cierto** o **falso**.

Cierto	Falso	
	✓	**1.** La ropa tradicional de los guatemaltecos se llama Quetzaltenango.
✓		**2.** Los diseños del *huipil* indican el origen de la persona que lo lleva.
✓		**3.** Tegucigalpa es la capital de Honduras.
	✓	**4.** La lempira es la moneda de Guatemala.
	✓	**5.** En Copán se hacían congresos de geografía.
✓		**6.** Los mayas eran muy buenos astrónomos.
	✓	**7.** Antigua Guatemala es la capital de Guatemala.
✓		**8.** Antigua Guatemala es muy famosa por su celebración de la Semana Santa.
✓		**9.** El Parque Nacional Montecristo está en El Salvador, en el límite con Honduras y Guatemala.
	✓	**10.** La vegetación del bosque del Parque Nacional Montecristo permite el paso de la luz del sol.

2 **Preguntas** Contesta estas preguntas. Answers will vary.

1. ¿Conoces la ropa tradicional de algún lugar en el mundo? ¿De dónde? ¿Tiene muchos colores, como la ropa tradicional de Guatemala?

2. ¿En qué lugares de los Estados Unidos se puede practicar el *surfing*? ¿Te gustaría practicarlo en las playas de América Central?

3. ¿Conoces algún país donde se celebra la Semana Santa? ¿Cómo se celebra?

4. Además de Honduras, ¿qué otros países en el mundo son famosos por sus ruinas arqueológicas? ¿Sabes de qué época datan esas ruinas?

5. ¿Cuáles son algunos de los parques naturales más famosos en los Estados Unidos? ¿Has visitado alguno de ellos?

3 **Por América Central** Con un(a) compañero/a, prepara un folleto (*brochure*) turístico en el que se hable de las características principales de Antigua Guatemala, Copán o el Parque Nacional Montecristo. Después, intercambia los folletos con otras parejas y elige el que más te guste.

4 **Conexión Internet** Investiga estos temas en el sitio **vhlcentral.com**.

- Rigoberta Menchú
- Lugares para visitar en América Central
- Base de la economía hondureña

Practice more at **vhlcentral.com**.

13 La naturaleza

PARA EMPEZAR Here are some additional questions: ¿Tienes algún pasatiempo? ¿Cuál? ¿Dónde lo practicas? ¿Puedes escalar montañas? ¿Te gusta acampar?

Communicative Goals

You will learn how to:
- talk about nature
- discuss environmental conditions
- express wishes, desires, and doubts

Para empezar

- ¿Dónde están estas personas? ¿Qué hacen?
- ¿Qué ropa y objetos llevan? ¿Por qué?
- ¿Crees que disfrutan de la naturaleza?

La naturaleza

 Vocabulary Tools

ASÍ SE DICE Point out these lexical items:
el césped/la hierba → el pasto (*Arg., Col., Méx. y Urug.*); **la grama** (*Ec., Hond., Pan., Perú y P. Rico*); **el zacate** (*Am. C., y Méx.*)

el volcán
volcano

EL MEDIO AMBIENTE

el calentamiento global *global warming*

la caza *hunting*

la conservación *conservation*

la contaminación (del aire; del agua) *(air; water) pollution*

la ecología *ecology*

el ecoturismo *ecotourism*

la energía (solar) *(solar) energy*

la extinción *extinction*

la fábrica *factory*

el gobierno *government*

la ley *law*

el medio ambiente *environment*

el peligro *danger*

la población *population*

el reciclaje *recycling*

el recurso natural *natural resource*

la solución *solution*

ecologista *ecological; ecologist*

renovable *renewable*

LA NATURALEZA

el árbol *tree*

el bosque (tropical) *(tropical; rain) forest*

el césped *grass*

el cielo *sky*

el cráter *crater*

el desierto *desert*

la estrella *star*

la hierba *grass*

el lago *lake*

la luna *moon*

el mundo *world*

la naturaleza *nature*

la nube *cloud*

el océano *ocean*

el paisaje *landscape*

la piedra *stone*

la planta *plant*

la región *region; area*

el río *river*

la selva *jungle*

el sendero *trail*

el sol *sun*

la tierra *land; soil*

el valle *valley*

la flor
flower

SUGGESTION Write **la naturaleza** and **la conservación** on the board and have students guess their meanings. Ask volunteers to write English words under those headings. Have the class look in their texts to see how many Spanish equivalents they find.

la energía nuclear
nuclear energy

EXPANSION Play Pictionary. Give words to individual students to draw on the board. Then the class guesses the word and spells it aloud in Spanish.

la deforestación
deforestation

la tortuga marina
sea turtle

LOS ANIMALES

el animal *animal*
la ballena *whale*
el pez *fish*

el pájaro
bird

VOCABULARIO ADICIONAL For additional vocabulary on this theme, go to **Vocabulario adicional** in the **Resources** section of the Supersite.

el mono
monkey

EXPANSION Have students play *Bingo* using vocabulary words.

VERBOS

conservar *to conserve*
contaminar *to pollute*
controlar *to control*
cuidar *to take care of*
dejar de (+ *inf*.) *to stop (doing something)*
desarrollar *to develop*
descubrir *to discover*
destruir *to destroy*
estar afectado/a (por) *to be affected (by)*
evitar *to avoid*
mejorar *to improve*
proteger *to protect*
reciclar *to recycle*
recoger *to pick up*
reducir *to reduce*
resolver (o:ue) *to resolve; to solve*
respirar *to breathe*

SUGGESTION Invite students to share their thoughts about ecotourism. Does it serve to promote awareness and conservation? Or does it needlessly bring human traffic through natural locations?

estar contaminado/a
to be polluted

la botella de vidrio
glass bottle

SUGGESTION Involve students in a discussion by asking: ¿Está contaminado el aire en tu ciudad? ¿De dónde viene la contaminación? ¿Tiene tu ciudad un programa de reciclaje? ¿Tenemos un programa aquí en la universidad? ¿Reciclas tú?

OTRAS PALABRAS Y EXPRESIONES

el envase de plástico *plastic container*
puro/a *pure*

la lata de aluminio
aluminum can

Práctica y conversación

1 SCRIPT For the script, go to the Supersite.

1 **Escuchar** Escucha estas oraciones y anota los sustantivos (*nouns*) que se refieren a **las plantas, los animales, la tierra** y **el cielo**.

Plantas	Animales	Tierra	Cielo
flores	perro	desiertos	sol
hierba	tortugas marinas	volcán	nubes
árboles	peces	bosques tropicales	estrellas

2 SCRIPT For the script, go to the Supersite.

2 **Seleccionar** Escucha las descripciones y escribe el número que corresponda a cada foto.

a. ___2___   b. ___3___   c. ___4___   d. ___1___

3 EXPANSION Have students write five more original sentences, using different verb tenses. Ask volunteers to share their sentences with the class.

4 EXPANSION Have student pairs prepare definitions for five additional words. Call on a pair to write the words they have chosen on the board. Then have the pairs present their definitions to the class; after each definition the class identifies the word.

3 **Completar** Completa las oraciones.

1. Si vemos basura en las calles, la debemos __recoger__.

2. Los científicos trabajan para __descubrir__ nuevas soluciones.

contaminar	destruyen	reciclamos
controlan	están afectadas	recoger
cuidan	mejoramos	resolver
descubrir	proteger	se desarrollaron

3. Es necesario que todos trabajemos juntos para __resolver__ los problemas del medio ambiente.

4. Debemos __proteger__ el medio ambiente porque está en peligro.

5. Muchas leyes nuevas __controlan__ el número de árboles que se pueden cortar (*cut down*).

6. Las primeras civilizaciones __se desarrollaron__ cerca de los ríos, los lagos y los océanos.

7. Todas las personas del mundo __están afectadas__ por la contaminación.

8. Los turistas deben tener cuidado y no __contaminar__ las regiones que visitan.

9. Podemos conservar los recursos si __reciclamos__ el aluminio, el vidrio y el plástico.

10. La contaminación y la deforestación __destruyen__ el medio ambiente.

recursos

WB
pp. 131–132

LM
p. 73

S
vhlcentral

4 **Definir** Con un(a) compañero/a, define cada palabra. Answers will vary.

1. la población   4. la naturaleza   7. la ecología
2. una ballena   5. un desierto   8. un mono
3. la lluvia   6. la caza

¿Qué es el calentamiento global?

El calentamiento global significa que la temperatura de la Tierra sube.

5 **Un póster** Con un(a) compañero/a, conversa sobre cuál es el problema ambiental de la actividad anterior que a ustedes les parece más importante y diseña un póster para presentar a la clase. Describe el problema y explica por qué es grave y cómo se podría solucionar. Usa al menos ocho palabras de **Preparación**. Answers will vary.

5 SUGGESTION Remind students that the expression **es necesario** triggers the subjunctive.

ACTIVITY PACK For additional activities, go to the **Activity Pack** in the **Resources** section of the Supersite.

Practice more at **vhlcentral.com.**

Ortografía Los signos de puntuación

 Audio: Pronunciation

In Spanish, as in English, punctuation marks are important because they help you express your ideas in a clear, organized way.

No podía ver las llaves. Las buscó por los estantes, las mesas, las sillas, el suelo; minutos después, decidió mirar por la ventana. Allí estaban…

The **punto y coma (;)**, the **puntos suspensivos (…)**, and the **punto (.)** are used in very similar ways in Spanish and English.

Argentina, Brasil, Paraguay y Uruguay son miembros del Mercosur.

In Spanish, the **coma (,)** is not used in a series before **y** or **o**.

| 13,5% | 29,2° | 3.000.000 | $2.999,99 |

In numbers, Spanish uses a **coma** where English uses a decimal point and a **punto** where English uses a comma.

¿Cómo te llamas?   **¿Dónde está?**   **¡Ven aquí!**   **¡Hola!**

Questions in Spanish are preceded and followed by **signos de interrogación (¿ ?)**, and exclamations are preceded and followed by **signos de exclamación (¡ !)**.

SUGGESTION Model reading numerical examples. Ex: 13,5% = trece coma cinco por ciento, 29,2° = veintinueve coma dos grados.

SUGGESTION Explain that an inverted question mark or exclamation point comes at the beginning of the part of the sentence where the question or exclamation begins. Ex:
—¿Cómo estás, Mirta?
—¡Muy bien, Andrés! Y tú, ¿cómo estás?
—No me siento bien y me duele la cabeza, ¡caramba!

¿Palabras de amor? El siguiente diálogo tiene diferentes significados (*meanings*), dependiendo de los signos de puntuación que utilizas y el lugar donde los pones. Intenta encontrar los diferentes significados. Answers will vary.

JULIÁN me quieres

MARISOL no puedo vivir sin ti

JULIÁN me quieres dejar

MARISOL no me parece mala idea

JULIÁN no eres feliz conmigo

MARISOL no soy feliz

recursos

LM p. 74

vhlcentral

Aventuras en la naturaleza Video: Fotonovela

Las chicas visitan un santuario de tortugas, mientras los chicos pasean por la selva.

Expresiones útiles

Talking about the environment

Aprendimos sobre las normas que existen para proteger a las tortugas marinas.
We learned about the regulations that exist to protect sea turtles.

Afortunadamente, ahora la población está aumentando.
Fortunately, the population is now growing.

No cabe duda de que necesitamos aprobar más leyes para protegerlas.
There is no doubt that we need to pass more laws to protect them.

Es maravilloso que México tenga tantos programas estupendos para proteger a las tortugas.
It's marvelous that Mexico has so many wonderful programs to protect the turtles.

A menos que protejamos a los animales de la contaminación y la deforestación, muchos van a estar en peligro de extinción.
Unless we protect animals from pollution and deforestation, many of them will become endangered.

Additional vocabulary

aumentar to grow; to get bigger
meterse en problemas to get into trouble
perdido/a lost
el recorrido tour
sobre todo above all

VIDEO SYNOPSIS Jimena, Felipe, Juan Carlos, and Marissa take a trip to the Yucatán Peninsula. While Marissa and Jimena visit a turtle sanctuary and the Mayan ruins of Tulum, the boys take a guided tour of the jungle, where Felipe has a mishap.

recursos

VM
pp. 193–194

vhlcentral

MARISSA Querida tía Ana María, lo estoy pasando muy bien. Es maravilloso que México tenga tantos programas estupendos para proteger a las tortugas. Hoy estamos en Tulum, y ¡el paisaje es espectacular! Con cariño, Marissa.

MARISSA Estoy tan feliz de que estés aquí conmigo.

JIMENA Es mucho más divertido cuando se viaja con amigos.

(*Llegan Felipe y Juan Carlos*)

JIMENA ¿Qué pasó?

JUAN CARLOS No lo van a creer.

GUÍA A menos que protejamos a los animales de la contaminación y la deforestación, muchos van a estar en peligro de extinción. Por favor, síganme y eviten pisar las plantas.

SUGGESTION Use video captions 1, 2, and 4 to point out examples of the present subjunctive, which will be studied in this lesson's **Gramática** section.

FELIPE Nos retrasamos sólo cinco minutos... Qué extraño. Estaban aquí hace unos minutos.

JUAN CARLOS ¿Adónde se fueron?

FELIPE No creo que puedan ir muy lejos.

(*Se separan para buscar al grupo.*)

FELIPE Juan Carlos encontró al grupo. ¡Yo esperaba encontrarlos también! ¡Pero nunca vinieron por mí! Yo estaba asustado. Regresé al lugar de donde salimos y esperé. Me perdí todo el recorrido.

MARISSA

JIMENA

JUAN CARLOS

FELIPE

GUÍA

6

FELIPE Decidí seguir un río y...

MARISSA No es posible que un guía continúe el recorrido cuando hay dos personas perdidas.

JIMENA Vamos a ver, chicos, ¿qué pasó? Dígannos la verdad.

7

JUAN CARLOS Felipe se cayó. Él no quería contarles.

JIMENA ¡Lo sabía!

8

FELIPE Y ustedes, ¿qué hicieron hoy?

JIMENA Marissa y yo fuimos al santuario de las tortugas.

9

MARISSA Aprendimos sobre las normas que existen para proteger a las tortugas marinas.

JIMENA Pero no cabe duda de que necesitamos aprobar más leyes para protegerlas.

MARISSA Fue muy divertido verlas tan cerca.

10

JUAN CARLOS Entonces se divirtieron. ¡Qué bien!

JIMENA Gracias, y tú, pobrecito, pasaste todo el día con mi hermano. Siempre te mete en problemas.

Actividades

1 Identificar Identifica quién puede decir estas oraciones. Puedes usar algunos nombres más de una vez.

1. Fue divertido ver a las tortugas y aprender las normas para protegerlas. _Marissa/Jimena_

2. Tenemos que evitar la contaminación y la deforestación. ____guía____

3. Estoy feliz de estar aquí, Tulum es maravilloso. ___Marissa___

4. Es una lástima que me pierda el recorrido. ___Felipe___

5. No es posible que esa historia que nos dices sea verdad. __Jimena/Marissa__

2 Preguntas Responde a estas preguntas usando la información de Escenas.

1. ¿Qué lugar visitan Marissa y Jimena?
   Marissa y Jimena visitan un santuario de tortugas.
2. ¿Adónde fueron Juan Carlos y Felipe?
   Juan Carlos y Felipe fueron a la selva.
3. Según la guía, ¿por qué muchos animales están en peligro de extinción?
   Por la contaminación y la deforestación.
4. ¿Por qué Jimena y Marissa no creen la historia de Felipe? Porque un guía no puede continuar el recorrido cuando hay dos personas perdidas.
5. ¿Qué esperaba Felipe cuando se perdió? Felipe esperaba encontrar al grupo.

3 Situación Imagina que tú y tu compañero/a son un(a) turista y un(a) guía que van de excursión a las montañas. El/La turista pregunta al/a la guía lo que van a ver y lo que deben o no hacer durante la excursión. Usa las Expresiones útiles. Answers will vary.

BAJO LA LUPA

Additional Reading
Video

¡Los Andes se mueven!

Los Andes, la cadena° de montañas más extensa de América, son conocidos como "la espina dorsal° de Suramérica". Sus 7.240 kilómetros (4.500 millas) van desde el norte° de la región entre Venezuela y Colombia, hasta el extremo sur°, entre Argentina y Chile, y pasan por casi todos los países suramericanos. La cordillera° de los Andes, formada hace veintisiete millones de años, es la segunda más alta del mundo, después de la del Himalaya (aunque° esta última es mucho más "joven", ya que se formó hace apenas cinco millones de años).

Para poder atravesar° de un lado a otro de los Andes, existen varios pasos o puertos° de montaña. Situados a grandes alturas°, son generalmente estrechos° y peligrosos. En algunos de ellos hay, también, vías ferroviarias°.

De acuerdo con° varias instituciones científicas, la cordillera de los Andes se eleva° y se hace más angosta° cada año. La capital de Chile se acerca° a la capital de Argentina a un ritmo° de 19,4 milímetros por año. Si ese ritmo se mantiene°, Santiago y Buenos Aires podrían unirse° en unos... sesenta y tres millones de años, ¡casi el mismo tiempo que ha transcurrido° desde la extinción de los dinosaurios!

cadena *range* espina dorsal *spine* norte *north* sur *south* cordillera *mountain range* aunque *although* atravesar *to cross* puertos *passes* alturas *heights* estrechos *narrow* vías ferroviarias *railroad tracks* De acuerdo con *According to* se eleva *rises* angosta *narrow* se acerca *gets closer* ritmo *rate* se mantiene *continues* podrían unirse *could join together* ha transcurrido *has passed* a. C. *B.C.* desarrollo *development* pico *peak*

Los Andes en números

3 Cordilleras que forman los Andes: Las cordilleras Central, Occidental y Oriental
900 (a. C.°) Año aproximado en que empezó el desarrollo° de la cultura chavín, en los Andes peruanos
600 Número aproximado de volcanes que hay en los Andes
6.960 Metros (**22.835** pies) de altura del Aconcagua (Argentina), el pico° más alto de los Andes

Arequipa, Perú

recursos

VM
pp. 225–226

vhlcentral

ACTIVIDADES

1 Escoger Escoge la opción que completa mejor cada oración.

1. Los Andes es la cadena montañosa más extensa del...
   a. mundo. b. continente americano.
   c. hemisferio norte.

2. "La espina dorsal de Suramérica" es...
   a. los Andes. b. el Himalaya.
   c. el Aconcagua.

3. La cordillera de los Andes se extiende...
   a. de este a oeste. b. de sur a oeste.
   c. de norte a sur.

4. El Himalaya y los Andes tienen...
   a. diferente altura. b. la misma altura.
   c. el mismo color.

5. Es posible atravesar los Andes por medio de...
   a. montañas b. puertos
   c. aviones

6. En algunos de los puertos de montaña de los Andes hay...
   a. puertas. b. vías ferroviarias.
   c. cordilleras.

7. En sesenta y tres millones de años, Buenos Aires y Santiago podrían...
   a. separarse. b. desarrollarse.
   c. unirse.

8. El Aconcagua es...
   a. una montaña. b. un grupo indígena.
   c. un volcán.

2 Maravillas de la naturaleza Escribe un párrafo breve donde describas alguna maravilla de la naturaleza que te haya impresionado. Puede ser cualquier (*any*) sitio natural: un río, una montaña, una selva, etc.

3 Conexión Internet Investiga en el sitio **vhlcentral.com** en qué otros lugares de Latinoamérica se puede hacer ecoturismo.

Naturaleza en Costa Rica

1 Preparación ¿Qué sabes de los volcanes de Costa Rica? ¿Y de sus aguas termales? Si no sabes nada, escribe tres predicciones sobre cada tema.

2 El video Mira el episodio de **Flash Cultura.**

Vocabulario
aguas termales *hot springs*
hace erupción *erupts*
los poderes curativos *healing powers*
rocas incandescentes *incandescent rocks*

Aquí existen más de cien volcanes. Hoy visitaremos el Parque Nacional Volcán Arenal.

En los alrededores del volcán [...] nacen aguas termales de origen volcánico...

3 ¿Cierto o falso? Indica si estas oraciones son **ciertas** o **falsas**.

1. Centroamérica es una zona de pocos volcanes. Falso.
2. El volcán Arenal está en un parque nacional. Cierto.
3. El volcán Arenal hace erupción pocas veces. Falso.
4. Las aguas termales cerca del volcán vienen del mar. Falso.
5. Cuando Alberto sale del agua, tiene calor. Falso.
6. Se pueden ver las rocas incandescentes desde algunos hoteles. Cierto.

13.1 The subjunctive with verbs of emotion

 Tutorial

Main clause	Connector	Subordinate clause
Marta espera	que	yo vaya al lago este fin de semana.

Es una lástima que ellos no estén aquí con nosotros.

Me alegra que te diviertas.

▶ When the main clause of a sentence expresses an emotion or feeling, use the subjunctive in the subordinate clause.

Nos alegramos de que te **gusten** las flores.
We are happy that you like the flowers.

Temo que Ana no **pueda** ir mañana con nosotros.
I'm afraid Ana won't be able to go with us tomorrow.

Siento que tú no **vengas** mañana.
I'm sorry that you're not coming tomorrow.

Le **sorprende** que Juan **sea** tan joven.
It surprises him that Juan is so young.

Common verbs and expressions of emotion

alegrarse (de)	to be happy	esperar	to hope; to wish	sentir (e:ie)	to be sorry; to regret
es extraño	it's strange	gustar	to be pleasing; to like		
es ridículo	it's ridiculous			sorprender	to surprise
es terrible	it's terrible	molestar	to bother	temer	to be afraid
es triste	it's sad	ojalá (que)	I hope (that); I wish (that)	tener miedo (de)	to be afraid (of)
es una lástima	it's a shame				

Me molesta que la gente no **recicle** el plástico.
It bothers me that people don't recycle plastic.

Es una lástima que no **controlemos** la deforestación.
It's a shame we don't control deforestation.

Es terrible que no **respiremos** aire puro.
It's terrible that we don't breathe clean air.

Espera que el gobierno **proteja** el medio ambiente.
He hopes that the government protects the environment.

Using the subjunctive

▶ Use the infinitive after an expression of emotion when there is no change of subject.

Temo **llegar** tarde.
I'm afraid I'll arrive late.

Temo que mi novio **llegue** tarde.
I'm afraid my boyfriend will arrive late.

Me molesta **ver** el bosque tropical en peligro.
It bothers me to see the rainforest in danger.

Me alegro de que algunas fábricas **se preocupen** por el medio ambiente.
I'm happy that some factories worry about the environment.

▶ The expression **ojalá (que)** is always followed by the subjunctive. The use of **que** is optional.

Ojalá (que) se conserven nuestros recursos naturales.
I hope (that) our natural resources will be conserved.

Ojalá (que) recojan la basura muy pronto.
I hope (that) they collect the garbage soon.

SUGGESTION Have pairs of students tell each other three things that bother him/her and three things he/she is happy about. Remind them to use verbs of emotion and the subjunctive.

SUGGESTION Remind students, that certain verbs of emotion like **gustar, molestar,** and **sorprender,** require indirect object pronouns. Have students turn to lessons 6 and 7 for additional help.

Refer students to the **recursos** box in **Ampliación** for complete information.

Práctica y conversación

1 Julia y Sara Completa la conversación. Hay dos palabras que no vas a usar.

alegro	molesta	temer
conozcan	ojalá	tengo miedo de
estén	puedan	vayan
lleguen	sorprender	visitar

JULIA Me alegro de que Adriana y Raquel
(1) _____vayan_____ a Colombia.

SARA Sí… Es una lástima que (2) _____lleguen_____ cuando ya comenzaron las clases. Ojalá que la universidad las ayude a buscar casa.
(3) _Tengo miedo de_ que no consigan dónde vivir.

JULIA Me (4) _____molesta_____ que seas tan pesimista. Yo espero que (5) _____conozcan_____ gente simpática.

SARA ¿Sabías que ellas van a estudiar la deforestación en las costas? Es triste que en tantos países los recursos naturales (6) _____estén_____ en peligro.

JULIA Me (7) _____alegro_____ de que no se queden en la capital, pero (8) _____ojalá_____ tengan tiempo de viajar por el país.

SARA Sí, espero que (9) _____puedan_____ ir al Museo del Oro. Sé que también esperan (10) _____visitar_____ la Catedral de Sal de Zipaquirá.

2 Oraciones Combina elementos de las tres columnas para formar oraciones. Answers will vary.

MODELO Es triste que algunas personas no cuiden la naturaleza.

Me alegro de que	yo	desarrollar programas de reciclaje
Espero que	tú	
Es extraño que	el gobierno	proteger las ballenas
Me gusta que	el/la profesor(a)	destruir los bosques
Tengo miedo de que	la universidad	poner en peligro las tortugas marinas
Es triste que	las fábricas	
Ojalá que	algunas personas	
	los centros comerciales	cuidar la naturaleza

3 Diálogo Usa los elementos para crear una conversación entre Juan y la madre de su novia. Añade palabras si es necesario. Luego, preséntala con un compañero.

MODELO

Juan, / esperar / (tú) llamar / Raquel. / Ser / tu / novia. / Ojalá / no / sentirse / sola.

Juan, espero que llames a Raquel. Es tu novia. Ojalá no se sienta sola.

1. molestarme / (usted) decirme / lo que / tener / hacer. / Ahora / mismo / estar / llamándola
Me molesta que me diga lo que tengo que hacer. Ahora mismo estoy llamándola.

2. alegrarme / oírte / decir / eso. / Ser / terrible / estar / lejos / cuando / nadie / recordarte
Me alegra oírte decir eso. Es terrible estar lejos cuando nadie te recuerda.

3. señora, / ¡yo / tener / miedo / (ella) no recordarme / mí! / Ser / triste / estar / sin / novia
Señora, ¡yo tengo miedo de que no me recuerde a mí! Es triste estar sin novia.

4. ser / ridículo / (tú) sentirte / así. / Mi hija / esperar / (tú) casarte / con ella
Es ridículo que te sientas así. Mi hija espera que tú te cases con ella.

5. ridículo / o / no, / sorprenderme / todos preocuparse / ella / y / nadie acordarse / mí
Ridículo o no, me sorprende que todos se preocupen por ella y nadie se acuerde de mí.

4 Comentar Con un(a) compañero/a, comparte tus opiniones sobre las clases que más te gustan y las que menos te gustan. Usa expresiones como **me alegro de que, temo que** y **es extraño que**. Answers will vary.

MODELO

Estudiante 1: Mi clase favorita es español. Me alegra que mi profesor nos ayude con la tarea.

Estudiante 2: Yo, en cambio, odio las matemáticas. Temo que mi profesor piense darnos más tarea.

5 Problemas Haz una lista de cuatro problemas ambientales en tu universidad. Luego, escribe tu reacción usando el subjuntivo. Comparte la información con la clase. Answers will vary.

MODELO
la basura de la cafetería
Tememos que la basura de la cafetería no se pueda reducir.

6 Ecologistas En grupos, preparen un anuncio de una campaña ecológica. Usen el subjuntivo o el indicativo con algunas de estas expresiones: **alegrarse (de), tener miedo (de), esperar, sentir, sorprender, ojalá (que), temer**. Recuerden incluir: Answers will vary.

- el nombre de la campaña ecológica
- un eslogan
- un mensaje para la comunidad
- una imagen que los identifique

Practice more at **vhlcentral.com**. **ACTIVITY PACK** For additional activities, go to the **Activity Pack** in the **Resources** section of the Supersite.

doscientos noventa y cinco **295**

13.2 The subjunctive with doubt, disbelief, and denial

Tutorial

▶ The subjunctive is used with expressions of doubt, disbelief, and denial.

Main clause	Connector	Subordinate clause
Dudan	que	su hijo les diga la verdad.

No creo que puedan ir muy lejos.

▶ The subjunctive is used in a subordinate clause when there is a change of subject and the main clause implies negation or uncertainty.

Expressions of doubt, disbelief, or denial

dudar	*to doubt*	no es cierto	*it's not true; it's not certain*	es improbable	*it's improbable*
negar (e:ie)	*to deny*			(no) es posible	*it's (not) possible*
no creer	*not to believe*	no es seguro	*it's not certain*	(no) es probable	*it's (not) probable*
no estar	*not to be sure (of)*	no es verdad	*it's not true*		
seguro/a (de)		es imposible	*it's impossible*		

No es posible que el guía continúe el recorrido sin ustedes.

El gobierno **niega** que el agua **esté** contaminada.
The government denies that the water is polluted.

Dudo que el gobierno **resuelva** el problema.
I doubt that the government will solve the problem.

¡ojo!

Use the infinitive after an expression of uncertainty, doubt, disbelief, or denial when there is no change of subject.

Dudo llegar temprano.
I doubt I will arrive early.

Mauricio duda llegar temprano.
Mauricio doubts he will arrive early.

▶ In English, the expression *it is probable/possible* indicates a fairly high degree of certainty. In Spanish, however, **es probable/posible** implies inherent uncertainty and therefore triggers the subjunctive in the subordinate clause.

Es posible que **haya** menos bosques y selvas en el futuro.
It's possible that there will be fewer forests and jungles in the future.

Es muy **probable** que **contaminemos** el medio ambiente.
It's very probable that we're polluting the environment.

▶ **Quizás** and **tal vez** imply an uncertain possibility and are usually followed by the subjunctive.

Quizás haga sol mañana.
Perhaps it will be sunny tomorrow.

Tal vez veamos la luna esta noche.
Perhaps we will see the moon tonight.

▶ Use the indicative in a subordinate clause when the main clause expresses certainty.

Expressions of certainty

es cierto	*it's true; it's certain*	es verdad	*it's true*	no dudar	*not to doubt*
es obvio	*it's obvious*	estar seguro/a (de)	*to be sure (of)*	no hay duda de	*there is no doubt*
es seguro	*it's certain*	no cabe duda de	*there is no doubt*	no negar (e:ie)	*not to deny*

No negamos que hay demasiados carros en las carreteras.
We don't deny that there are too many cars on the highways.

Es cierto que los tigres están en peligro de extinción.
It's certain that tigers are in danger of extinction.

SUGGESTION Write these statements on the board, then ask students to write their reactions using a different expression of doubt, disbelief, or denial for each.
(1) Muchos tipos de peces viven en el desierto. (2) El cielo se está cayendo. (3) Hay plantas grandes en la luna. (4) Los carros pequeños no contaminan. (5) No hay ningún animal en peligro de extinción.

▶ The verb **creer** expresses belief or certainty, so it is followed by the indicative. **No creer** implies doubt and is followed by the subjunctive.

Creo que debemos usar exclusivamente la energía solar.
I believe we should exclusively use solar energy.

No creo que haya vida en el planeta Marte.
I don't believe that there is life on the planet Mars.

---

1 **EXPANSION** Ask volunteers to present the dialogue to the class. Have the class listen carefully to the dramatization to make sure the correct verb forms are used.

Práctica y conversación

1 **Conversación** Completa el diálogo con la opción adecuada. Luego, dramatízalo con un(a) compañero/a.

RAÚL Ustedes dudan que yo (1) _estudie_ [estudio/estudie]. No niego que a veces me (2) _divierto_ [divierto/divierta], pero no cabe duda de que (3) _tomo_ [tomo/tome] mis estudios en serio. Creo que no (4) _tienen_ [tienen/tengan] razón.

PAPÁ Es posible que tu mamá y yo no (5) _tengamos_ [tenemos/tengamos] razón. Pero no hay duda de que te (6) _pasas_ [pasas/pases] toda la noche en Internet y escuchando música. No es seguro que (7) _estés_ [estás/estés] estudiando.

RAÚL Es verdad que (8) _uso_ [uso/use] mucho Internet, pero ¿no es posible que (9) _sea_ [es/sea] para buscar información para mis clases?

PAPÁ Dudo que esta conversación nos (10) _vaya_ [va/vaya] a ayudar. Pero tal vez (11) _puedas_ [puedes/puedas] estudiar sin música.

2 **Dudas** Carolina siempre miente. Exprésale a Carolina tus dudas sobre sus afirmaciones. Sigue el modelo.

MODELO
El próximo año mi familia y yo vamos a ir de vacaciones por diez meses. [dudar]
Dudo que vayan a ir de vacaciones por diez meses.

1. Mi tía es la directora del Sierra Club. [no ser verdad]
No es verdad que tu tía sea la directora del Sierra Club.
2. Dos profesores míos juegan para los Osos (*Bears*) de Chicago. [ser imposible]
Es imposible que dos profesores tuyos jueguen para los Osos de Chicago.
3. Mi mejor amiga conoce al chef Emeril. [no ser cierto]
No es cierto que tu mejor amiga conozca al chef Emeril.
4. Mi padre es dueño del Rockefeller Center.
[no ser posible] No es posible que tu padre sea dueño del Rockefeller Center.

3 **Hablando con un(a) burócrata** Con un(a) compañero/a, prepara una conversación entre un(a) activista ambiental y un(a) funcionario/a público/a (*government official*). Usa el subjuntivo. Luego, presenta la conversación a la clase.
Answers will vary.

MODELO
Activista: *Queremos reducir la contaminación del aire, pero dudo que el gobierno nos ayude.*
Funcionario: *No es cierto. ¡Lea las noticias del periódico! Es obvio que el gobierno está haciendo muchas cosas para reducir la contaminación del aire.*

4 **Adivinar** Escribe cinco oraciones sobre tu vida presente y futura. Cuatro deben ser falsas y sólo una debe ser cierta. Preséntalas al grupo. El grupo adivina (*guesses*) cuál es la oración cierta y expresa sus dudas sobre las falsas.
Answers will vary.

MODELO
Estudiante 1: *Quiero irme un año a trabajar en la selva.*
Estudiante 2: *Dudo que te guste vivir en la selva.*
Estudiante 3: *En cinco años voy a ser presidente de los Estados Unidos.*
Estudiante 2: *No creo que vayas a ser presidente de los Estados Unidos en cinco años. ¡Tal vez en treinta! Algún día pienso enseñar arte a los niños.*
Estudiante 1: *No dudo que vas a ser profesor. Te gustan mucho los niños.*

5 **Debate** Con un(a) compañero/a, conversa sobre tus dudas y miedos para cuando te gradúes de la universidad.
Answers will vary.

MODELO
Estudiante 1: *Es improbable que me case inmediatamente.*
Estudiante 2: *Dudo que nosotros podamos comprarnos una casa después de terminar la universidad.*

 Practice more at vhlcentral.com. **ACTIVITY PACK** For additional activities, go to the **Activity Pack** in the **Resources** section of the Supersite.

13.3 The subjunctive with conjunctions

 Tutorial

▶ Conjunctions are words or phrases that connect clauses in sentences. Certain conjunctions introduce adverbial clauses, which describe *how, why, when,* and *where* an action takes place. These conjunctions always require the subjunctive.

Conjunctions that require the subjunctive					
a menos que	*unless*	con tal (de) que	*provided that*	para que	*so that*
antes (de) que	*before*	en caso (de) que	*in case (that)*	sin que	*without*

Muchos animales van a estar en peligro de extinción, a menos que los protejamos.

Voy a dejar un recado **en caso de que** Gustavo me **llame**.
I'm going to leave a message in case Gustavo calls me.

Voy al supermercado **para que tengas** algo de comer.
I'm going to the supermarket so that you'll have something to eat.

▶ Use the infinitive after the prepositions **antes de, para,** and **sin** when there is no change of subject. Compare these sentences.

Marissa habla con Jimena antes de que lleguen los chicos.

Te llamamos el viernes **antes de salir** de la casa.
We will call you on Friday before leaving the house.

Te llamamos mañana **antes de que salgas.**
We will call you tomorrow before you leave.

SUGGESTION Point out to students that, while you may use a present participle with the English equivalent of these conjunctions, in Spanish you cannot.

Conjunctions used with subjunctive or indicative					
cuando	*when*	en cuanto	*as soon as*	tan pronto como	*as soon as*
después (de) que	*after*	hasta que	*until*		

▶ With the conjunctions above, use the subjunctive in the subordinate clause if the main clause expresses a future action or command.

Cuando veo basura, la recojo.

Vamos a resolver el problema **cuando desarrollemos** nuevas tecnologías.
We are going to solve the problem when we develop new technology.

Después de que ustedes **tomen** sus refrescos, reciclen las botellas.
After you drink your soft drinks, recycle the bottles.

▶ Use the indicative if the verb in the main clause expresses an action that habitually happens or that happened in the past.

Voy a formar un club de ecología tan pronto como vuelva al DF.

Contaminan los ríos **cuando construyen** nuevos edificios.
They pollute the rivers when they build new buildings.

Contaminaron el río **cuando construyeron** ese edificio.
They polluted the river when they built that building.

Siempre vamos de excursión **tan pronto como llega** Rafael.
We always go hiking as soon as Rafael arrives.

Salimos **tan pronto como llegó** Rafael.
We left as soon as Rafael arrived.

SUGGESTION Have students use the following prepositions and conjunctions to make statements about the environment: para, para que, sin, sin que, antes de, and antes de que. Ex: **Es importante empezar un programa de reciclaje antes de que tengamos demasiada basura.**

Práctica y conversación

1 Una excursión Completa las oraciones.

MODELO

Voy a llevar a mis hijos al parque para que __hagan__ [hacer] actividades al aire libre.

1. Vamos a pasar todo el día allí con tal de que ellos no __se aburran__ [aburrirse] en casa.
2. Vamos a alquilar bicicletas en cuanto __lleguemos__ [llegar] al parque.
3. En bicicleta, podemos explorar el parque sin __caminar__ [caminar] demasiado.
4. Siempre llevamos al perro cuando __vamos__ [ir] al parque.
5. En caso de que __llueva__ [llover], vamos a regresar temprano a la casa.
6. Queremos almorzar a la orilla (*shore*) del río cuando __tengamos__ [tener] hambre.
7. Mis hijos van a ver muchas cosas interesantes antes de __salir__ [salir] del parque.

2 Oraciones Completa las oraciones. Answers will vary.

1. No podemos controlar la contaminación del aire a menos que…
2. Voy a reciclar los productos de papel en cuanto…
3. Protegemos los animales en peligro de extinción para que…
4. Mis amigos y yo vamos a recoger la basura de la universidad después de que…
5. Todos podemos conservar energía cuando…
6. No podemos desarrollar nuevas fuentes (*sources*) de energía sin…
7. Debemos comprar coches eléctricos tan pronto como…
8. Hay que eliminar la contaminación del agua para…
9. No podemos proteger los monos de Suramérica sin que…
10. Los gobiernos deben alertar a la población de que las tortugas marinas están en peligro de extinción, antes de que…

3 ¿Yo, ambientalista? Con un(a) compañero/a, túrnate para preguntar sobre sus conductas (*behavior*) ambientales. Usa el subjuntivo para las acciones que todavía no has hecho y el indicativo para las acciones que haces habitualmente. Answers will vary.

MODELO

reciclar la basura

Estudiante 1: ¿Reciclas la basura?
Estudiante 2: Sí, siempre reciclo la basura después de comer./ No, no voy a reciclar la basura a menos que tenga recipientes para reciclar.

1. Venir en bicicleta a la universidad
2. Comer alimentos orgánicos
3. Usar excesiva calefacción en invierno
4. Comprar productos ecológicos
5. Interesarse por los animales en peligro de extinción
6. Pensar en las consecuencias del calentamiento global

4 Instrucciones Antes de salir de viaje, Javier le deja una lista de instrucciones a su compañero de cuarto. Con un(a) compañero/a, túrnate para escribir las instrucciones con el subjuntivo y las conjunciones de la lista. Answers will vary.

MODELO

No dejes las luces prendidas cuando salgas de la casa.

| a menos que |
| cuando |
| en caso de que |
| en cuanto |
| tan pronto como |

Instrucciones
- Darles de comer a los peces
- Comprar productos ecológicos
- Reciclar la basura orgánica
- Usar sólo papel reciclado
- Llamarme por cualquier problema

5 Tres en línea Formen dos equipos. En la pizarra, una persona comienza a escribir una oración y otra persona de su equipo la termina, usando palabras de la gráfica. El primer equipo que forme tres oraciones seguidas (*consecutive*) gana. Answers will vary.

MODELO

Estudiante 1: Dudo que podamos eliminar la deforestación…
Estudiante 2: … sin que nos ayude el gobierno.

cuando	con tal de que	para que
antes de que	para	sin que
hasta que	en caso de que	antes de

1 SCRIPT For the script, go to the Supersite.

1 SUGGESTION Guide students to generate predictions based on the image. Have them describe in detail what they see: her body language, the poster and banner, possible location, etc.

2 SUGGESTION Before beginning the conversation, have students list additional vocabulary and expressions that they are likely to use.

2 EXPANSION Ask volunteers to present their conversation to the rest of the class.

Ampliación

 Video: TV Clip

 NATIONAL communication STANDARDS

1 Escuchar

A Soledad Morales es una activista preocupada por el medio ambiente. Observa el dibujo y escribe tres predicciones sobre lo que piensas que va a decir. Answers will vary.

TIP Use your background knowledge. / Guess meaning from context. Your background knowledge helps you anticipate the content. If you hear words or expressions you do not understand, you can often guess their meanings based on the surrounding words.

B Escucha lo que Soledad dice e indica si estas oraciones son **ciertas** o **falsas**.

	Cierto	Falso
1. Soledad conversa con unos compañeros de trabajo.		✓
2. Soledad teme que el futuro del medio ambiente no sea bueno.	✓	
3. Soledad cree que las distintas formas de vida— la naturaleza y los humanos— están relacionadas.	✓	
4. Soledad dice que la caza ilegal de animales es un problema grave.		✓
5. La contaminación del río afecta la ecología de las playas de Barranquilla.	✓	
6. Soledad dice que la comunidad debe dejar de cazar animales en peligro de extinción.		✓

¡Protejamos la Tierra!

NUESTRO PATRIMONIO

C Compara tus predicciones con las respuestas correctas. ¿Fueron tus predicciones correctas? ¿Qué elementos te ayudaron a anticipar el discurso de Soledad? Answers will vary.

2 Conversar
Conversa con un(a) compañero/a sobre los animales en peligro de extinción. Usa las siguientes preguntas como guía: Answers will vary.

- ¿Cuáles son las causas de la extinción de los animales?
- ¿Cuáles son sus consecuencias?
- ¿Cómo se puede controlar este problema?
- ¿Qué medidas (measures) debería (should) tomar el gobierno?
- ¿Qué medidas debería tomar cada persona para que los animales no estén en peligro de extinción?

En América, el puma del este o de montaña está en peligro de extinción debido a la caza excesiva y la falta de hábitat.

recursos

WB pp. 133–138

LM pp. 75–77

vhlcentral

Inform students that the material listed in the **recursos** box applies to the complete **Gramática** section.

3 Escribir Escribe una carta a un periódico en la que hables sobre una situación importante que afecta el medio ambiente en tu comunidad.

Answers will vary.

TIP Consider your audience and purpose. Once you have defined both your audience and your purpose, you will be able to decide which tone, vocabulary, and grammatical structures will best serve your needs.

- Are you going to comment on one topic or several?
- Do you intend to register a complaint or to inform others?
- Are you hoping to persuade others to adopt your point of view or to take specific action?

Organizar	Decide cuál es el propósito de tu carta y planéala.
Escribir	Utiliza tus apuntes para escribir el primer borrador de tu carta.
Corregir	Intercambia tu carta con un(a) compañero/a. Lee su carta y anota los mejores aspectos. Dale sugerencias para mejorarla. Si ves algunos errores, coméntaselos.
Compartir	Revisa el primer borrador teniendo en cuenta las indicaciones de tu compañero/a. Si es necesario, incorpora nuevas ideas y/o más información.

3 EXPANSION Ask student volunteers to provide examples of vocabulary and expressions that inspire, inform, persuade, or register a complaint.

3 EVALUATION

Criteria	Scale
Content	1 2 3 4
Organization	1 2 3 4
Use of Vocabulary	1 2 3 4
Accuracy and Mechanics	1 2 3 4
Creativity	1 2 3 4

Scoring

Excellent	18–20 points
Good	14–17 points
Satisfactory	10–13 points
Unsatisfactory	< 10 points

4 Un paso más Escribe una carta al/a la presidente/a de un país hispano para hablarle de tus dudas, deseos y preocupaciones sobre el futuro de una de las atracciones naturales del país.

Answers will vary.

- Investiga algunas de las atracciones naturales del mundo hispano.

- Escoge una con base en las características y el peligro en que se encuentra esta atracción natural.

- Piensa en lo que se puede hacer para protegerla. Presenta diferentes ideas que ayuden a mejorar las condiciones de esta atracción natural en la actualidad.

Las tortugas marinas están en grave peligro de extinción.

- Explica lo que temes de los problemas ambientales, lo que esperas y tus dudas sobre el futuro.

- Presenta recomendaciones para proteger este lugar en el futuro. Menciona qué se debe y no se debe hacer para que esta atracción se conserve.

4 SUGGESTION Ask students to use print resources as well as the Internet.

4 EXPANSION Have students present their letters to the class. Mention to students that their presentations will be more interesting if they integrate visual information such as posters, photos, and brochures.

4 EXPANSION Write a few slogans on the board: **Conserve el medio ambiente. Prohibido contaminar. Este planeta es también para generaciones futuras.** Have pairs of students brainstorm other slogans to promote environmental awareness. Ask pairs to share their work with the class.

5 Conexión Internet Investiga estos temas en el sitio **vhlcentral.com**.

- Atracciones naturales de España
- Atracciones naturales de Latinoamérica

NATIONAL
connections
communities
STANDARDS

Antes de leer

Audio: Reading
Additional Reading

Examining the title and visual elements can help you predict a reading's content and understand it better. Look at the title and the illustration. What do you think the story is about?

Answers will vary.

_____

_____

_____

Sobre el autor

Enrique Anderson Imbert (1910–2000) fue un escritor y crítico literario argentino. Escribió ensayos y novelas, pero sus obras (*works*) más famosas son sus microcuentos, o cuentos muy breves, que se sitúan (*are situated*) entre lo fantástico y el realismo mágico. En este estilo literario se presentan elementos fantásticos e irreales como ordinarios o comunes.

SUGGESTION Complete the **Antes de leer** task as a whole class.

SUGGESTION After completing the **Antes de leer** task, ask students to predict what will happen to the photo. Write students' ideas on the board. Then have them read the story and review their predictions.

Después de leer

J aime y Paula se casaron. Ya durante la luna de miel° fue evidente que Paula se moría. Apenas unos pocos meses de vida le pronosticó el médico. Jaime, para conservar ese bello rostro°, le pidió que se dejara fotografiar. Paula, que estaba plantando una semilla de girasol° en una maceta°, lo complació°: sentada con la maceta en el regazo° sonreía y...

¡Clic!

Poco después, la muerte. Entonces Jaime hizo ampliar° la foto —la cara de Paula era bella como una flor—, le puso vidrio, marco° y la colocó° en la mesita de noche.

Una mañana, al despertarse, vio que en la fotografía había aparecido una manchita°. ¿Acaso° de humedad? No prestó más atención°. Tres días más tarde: ¿qué era eso? No una mancha que se superpusiese° a la foto sino un brote° que dentro de la foto surgía° de la maceta. El sentimiento de rareza se convirtió en miedo cuando en los días siguientes comprobó que la fotografía vivía como si, en vez de reproducir la naturaleza, se reprodujera en la naturaleza. Cada mañana, al despertarse, observaba un cambio. Era que la planta fotografiada crecía°. Creció, creció hasta que al final un gran girasol cubrió° la cara de Paula.

93

¿Comprendiste?

Ordena los eventos del cuento del 1 al 7.

_4_ 1. Paula muere.

_2_ 2. Paula va al médico.

_3_ 3. Jaime le toma una foto a Paula.

_7_ 4. La cara de Paula se cubre totalmente por el girasol.

_1_ 5. Paula y Jaime se casan.

_6_ 6. El girasol empieza a crecer.

_5_ 7. Jaime pone la foto de Paula en su mesita de noche.

Preguntas

Responde estas preguntas con oraciones completas.

Answers will vary.

1. ¿Por qué quiere Jaime una foto de Paula?

_____

2. ¿Con qué se compara la cara de Paula?

_____

3. ¿Cómo reacciona Jaime cuando ve una manchita en la foto?

_____

4. ¿Qué observa Jaime en los días siguientes? ¿Cómo se siente?

_____

5. ¿Qué ocurre al final? ¿Cómo crees que reaccionará Jaime?

_____

Coméntalo

¿Crees que las fotos pueden representar fielmente la realidad? ¿Existe alguna forma de distorsión o manipulación de la realidad en las fotos? Explica.

Answers will vary.

luna de *miel honeymoon* rostro *face* semilla de girasol *sunflower seed* maceta *flowerpot* complació *obliged* regazo *lap* ampliar *to enlarge* marco *frame* colocó *he put* manchita *stain, mark* Acaso *Maybe* No prestó... atención *He didn't pay... attention* se superpusiese *was covering* brote *sprout* surgía *was emerging* crecía *was growing* cubrió *covered*

EXPANSION Have pairs of students retell **La foto** in graphic novel format. Tell them to use 8 to 10 panels of illustrations with selected narration from the story. Encourage them to add dialogue, keeping in mind the tone of the original story. Have students share their finished work in groups.

Vocabulary Tools

La naturaleza

el árbol	tree
el bosque (tropical)	(tropical; rain) forest
el césped	grass
el cielo	sky
el cráter	crater
el desierto	desert
la estrella	star
la flor	flower
la hierba	grass
el lago	lake
la luna	moon
el mundo	world
la naturaleza	nature
la nube	cloud
el océano	ocean
el paisaje	landscape
la piedra	stone
la planta	plant
la región	region; area
el río	river
la selva	jungle
el sendero	trail
el sol	sun
la tierra	land; soil
el valle	valley
el volcán	volcano

Conjunciones

a menos que	unless
antes (de) que	before
con tal (de) que	provided that
después (de) que	after
en caso (de) que	in case (that)
en cuanto	as soon as
hasta que	until
para que	so that
sin que	without
tan pronto como	as soon as

As students finish the lesson, encourage them to explore the **Repaso** section on the Supersite. There they will find quizzes for practicing vocabulary, grammar, and oral language.

El medio ambiente

el calentamiento global	global warming
la caza	hunting
la conservación	conservation
la contaminación (del aire; del agua)	(air; water) pollution
la deforestación	deforestation
la ecología	ecology
el ecoturismo	ecotourism
la energía (nuclear; solar)	(nuclear; solar) energy
la extinción	extinction
la fábrica	factory
el gobierno	government
la ley	law
el medio ambiente	environment
el peligro	danger
la población	population
el reciclaje	recycling
el recurso natural	natural resource
la solución	solution
conservar	to conserve
contaminar	to pollute
controlar	to control
cuidar	to take care of
dejar de (+ *inf.*)	to stop (doing something)
desarrollar	to develop
descubrir	to discover
destruir	to destroy
estar afectado/a (por)	to be affected (by)
estar contaminado/a	to be polluted
evitar	to avoid
mejorar	to improve
proteger	to protect
reciclar	to recycle
recoger	to pick up
reducir	to reduce
resolver (o:ue)	to resolve; to solve
respirar	to breathe
la botella de vidrio	glass bottle
el envase de plástico	plastic container
la lata de aluminio	aluminum can
ecologista	ecological; ecologist
puro/a	pure
renovable	renewable

Las emociones

alegrarse (de)	to be happy
esperar	to hope; to wish
sentir (e:ie)	to be sorry; to regret
temer	to be afraid
es extraño	it's strange
es una lástima	it's a shame
es ridículo	it's ridiculous
es terrible	it's terrible
es triste	it's sad
ojalá (que)	I hope (that); I wish (that)

Las dudas y las certezas

(no) creer	(not) to believe
(no) dudar	(not) to doubt
(no) estar seguro/a (de)	(not) to be sure (of)
(no) negar (e:ie)	(not) to deny
es imposible	it's impossible
es improbable	it's improbable
es obvio	it's obvious
no cabe duda de	there is no doubt
no hay duda de	there is no doubt
(no) es posible	it's (not) possible
(no) es probable	it's (not) probable
(no) es cierto	it's (not) true; it's (not) certain
(no) es verdad	it's (not) true
(no) es seguro	it's (not) certain

Los animales

el animal	animal
la ballena	whale
el mono	monkey
el pájaro	bird
el pez	fish
la tortuga marina	sea turtle

14 En la ciudad

PARA EMPEZAR Here are some additional questions: ¿Te gustan las ciudades grandes? ¿Por qué? ¿Hay más contaminación en esos lugares o en pueblos pequeños? ¿Cómo pueden proteger el medio ambiente las personas que viven en la ciudad?

Communicative Goals

You will learn how to:
- talk about errands
- ask for and give directions
- give advice

Para empezar

- ¿Dónde están ellos, en una ciudad o en un pueblo?
- ¿Qué están haciendo?
- ¿Cómo crees que es la vida en esta ciudad?

En la ciudad

 Vocabulary Tools

SUGGESTION Using realia or pictures, ask students to identify **carne**, **zapato**, **pan**, etc. As students answer, write the names of the corresponding establishments on the board (**carnicería**, **zapatería**, **panadería**).

EN LA CIUDAD

la pescadería
fish market

EXPANSION Have each student list ten items from different kinds of stores. Have partners exchange lists and explain where to get each item. Ex: **(botas) Para comprar unas botas, tienes que ir a la zapatería.**

el banco *bank*
la carnicería *butcher shop*
el correo *post office*
la heladería *ice cream shop*
la joyería *jewelry store*
la lavandería *laundromat*
la panadería *bakery*
la pastelería *pastry shop*
la peluquería *hairdressing salon*
el salón de belleza *beauty salon*
el supermercado *supermarket*
la zapatería *shoe store*

hacer cola *to stand in line*
hacer diligencias *to run errands*

la ciudad
city

EN EL CORREO

el correo *mail; post office*
el paquete *package*
los sellos *stamps*
el sobre *envelope*

echar (una carta) al buzón *to put (a letter) in the mailbox; to mail (a letter)*
enviar *to send*
mandar *to send*

la cartera
mail carrier

la frutería
fruit store

las estampillas
stamps

EXPANSION Have students draw a schematic map of a few city blocks, labeling the establishments and naming the streets. Then have them write a description of the location of each establishment and exchange their description with a partner. The partner recreates the city map from the description. When finished, partners compare the maps.

SERIE KY 5296221
Diamante 787
Valparaíso

0-744679-00-5
JUAN FLORES GARCÍA

$ 2387.00

044-0365
011

Páguese a
la orden de *María Eugenia Castaño*

8 de noviembre de 2018

la suma de *dos mil trescientos ochenta y siete con 00/100*

o, al portador

pesos m/l

IIII BANCO NACIONAL

:54892332.A 0440900657008- 01

Juan Flores García
Firma autorizada

Este cheque tiene papel de seguridad con marca de agua, verifíquela antes de aceptarlo.

el cheque
check

EN EL BANCO

el cheque de viajero *traveler's check*

la cuenta corriente *checking account*

la cuenta de ahorros *savings account*

ahorrar *to save (money)*

cobrar *to cash (a check); to charge (for a product or service)*

depositar *to deposit*

llenar (un formulario) *to fill out (a form)*

pagar al contado *to pay in cash*

pagar a plazos *to pay in installments*

pedir prestado *to borrow*

pedir un préstamo *to apply for a loan*

ser gratis *to be free of charge*

SUGGESTION Act out common banking transactions as you describe them. Say: **Cuando necesito dinero, busco un cajero automático.** Do the same with post office vocabulary. Say: **En el correo, compro unas estampillas, las pongo en el sobre y echo la carta al buzón.**

firmar
to sign

TEACHING OPTION Play **Concentración**, using cards with establishment names and corresponding picture cards.

el cajero automático
automatic teller machine, ATM

VOCABULARIO ADICIONAL For additional vocabulary on this theme, go to **Vocabulario adicional** in the **Resources** section of the Supersite.

CÓMO LLEGAR

la cuadra *(city) block*

la dirección *address*

la esquina *corner*

cruzar *to cross*

doblar *to turn*

estar perdido/a *to be lost*

quedar *to be located*

(al) este *(to the) east*

(al) oeste *(to the) west*

(al) norte *(to the) north*

(al) sur *(to the) south*

derecho *straight (ahead)*

enfrente de *opposite; facing*

hacia *toward*

el letrero
sign

PARE

indicar cómo llegar
to give directions

ASÍ SE DICE Point out these lexical items:
el cheque de viajero → el cheque de viaje (*Esp.*)
la cuadra → la manzana (*Esp.*)
doblar → girar (*Esp.*); virar, voltear (*Amér. L.*)
hacer diligencias → hacer mandados (*Amér. L.*)

Práctica y conversación

NATIONAL communication STANDARDS

1 SCRIPT For the script, go to the Supersite.

1 **¿Lógico o ilógico?** Escucha las oraciones e indica si cada oración es **lógica** o **ilógica**.

	1.	2.	3.	4.	5.	6.	7.	8.
Lógico	✓		✓		✓	✓		
Ilógico		✓		✓			✓	✓

2 SCRIPT For the script, go to the Supersite.

3 SUGGESTION Check answers by asking questions, such as: **¿Para qué vamos a la carnicería?**

3 EXPANSION Ask follow-up questions, such as: **¿Qué más podemos comprar en una carnicería?**

4 EXPANSION Ask students which of the banking activities described they perform most often. Ask: **¿Cuáles de estas actividades haces con frecuencia? ¿Prefieres ir al banco o hacer estas operaciones por Internet? ¿Tiene tu banco cajeros automáticos en lugares convenientes?**

2 **¿Adónde fue?** Óscar está hablándote de las diligencias que hizo ayer. Indica adónde fue.

1. ___✓___ 2. _____ 3. ___✓___

4. ___✓___ 5. _____ 6. ___✓___

3 **Emparejar** Indica la actividad que se puede hacer en cada lugar.

Lugares

1. carnicería ___g___   5. lavandería ___e___
2. pastelería ___a___   6. pescadería ___f___
3. frutería ___b___   7. salón de belleza ___d___
4. joyería ___c___   8. zapatería ___h___

Actividades

a. comprar galletas
b. conseguir manzanas
c. comprar un collar (*necklace*)
d. cortarse (*to cut*) el pelo
e. lavar la ropa
f. comprar pescado
g. comprar pollo
h. probarse unas sandalias

4 **Completar** Completa las oraciones con las palabras de la lista.

1. El banco me regaló un reloj. Lo conseguí ___gratis___.
2. Me gusta ___ahorrar___ dinero, pero no me molesta gastarlo.
3. Tengo que ___firmar___ el cheque en el dorso (*on the back*) para cobrarlo.
4. Mi madre va a un ___cajero automático___ para obtener dinero.
5. Julio lleva su cheque al banco y lo ___cobra___ para tener dinero en efectivo.
6. Anoche en el restaurante, Marcos ___pagó al contado___ en vez de usar una tarjeta de crédito.

ahorrar	firmar
cajero automático	gratis
cobra	pagó al contado

recursos

WB
pp. 139–140

LM
p. 79

S
vhlcentral

5 SUGGESTION Brainstorm a list of useful phrases on the board. Ask volunteers to suggest expressions and grammatical constructions that will help with their role-plays.

5 **Situaciones** Con un(a) compañero/a, representa una conversación entre un(a) empleado/a de banco y uno/a de estos/as clientes/as. Answers will vary.

- un(a) estudiante universitario/a que quiere abrir una cuenta corriente
- una persona que quiere pedir un préstamo para comprar una casa
- una persona que quiere información de los servicios que ofrece el banco

5 SUGGESTION Go over new vocabulary by asking **¿Cuándo pedimos un préstamo? ¿Los cheques son para una cuenta corriente o una cuenta de ahorros?** and so forth.

ACTIVITY PACK For additional activities, go to the **Activity Pack** in the **Resources** section of the Supersite.

6 **¿Dónde está?** En grupos, escriban un minidrama en el que unos/as turistas piden ayuda para llegar a tres diferentes sitios de la comunidad en la que viven ustedes. Luego preséntenlo a la clase.
Answers will vary.

 Practice more at vhlcentral.com.

SUGGESTION Tell students that the ability to recognize common abbreviations will make it easier for them to interpret written information in a Spanish-speaking country.

Ortografía Las abreviaturas 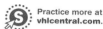 Audio: Pronunciation

In Spanish, as in English, abbreviations are often used in order to save space and time while writing. Here are some of the most commonly used abbreviations in Spanish.

EXPANSION In pairs, have students write an imaginary mailing address that uses as many abbreviations as possible. Then have a few pairs write their work on the board and ask for volunteers to read the addresses aloud.

usted ⟶ Ud.	ustedes ⟶ Uds.

As you have already learned, the subject pronouns **usted** and **ustedes** are often abbreviated.

don ⟶ D.	doña ⟶ Dña.	doctor(a) ⟶ Dr(a).
señor ⟶ Sr.	señora ⟶ Sra.	señorita ⟶ Srta.

These titles are frequently abbreviated.

Sra. Emilia F. Bazán
Cía. Romero, S.A.
3336
Calle Lozano, n.º 37
Caracas, Venezuela

centímetro ⟶ cm	metro ⟶ m	kilómetro ⟶ km
litro ⟶ l	gramo ⟶ g; gr	kilogramo ⟶ kg

The abbreviations for these units of measurement are often used, but without periods.

por ejemplo ⟶ p. ej.	página(s) ⟶ pág(s).

These abbreviations are often seen in books.

SUGGESTION Write abbreviations on the board and ask volunteers what each abbreviation stands for.

derecha ⟶ dcha.	izquierda ⟶ izq.; izqda.
código postal ⟶ C.P.	número ⟶ n.º

These abbreviations are often used in mailing addresses.

Banco ⟶ Bco.	Compañía ⟶ Cía.
cuenta corriente ⟶ c/c.	Sociedad Anónima (*Inc.*) ⟶ S.A.

These abbreviations are frequently used in the business world.

Emparejar En la tabla hay nueve abreviaturas. Empareja los cuadros necesarios para formarlas.

S.	c.	C.	c	co.	U
B	c/	Sr	A.	D	dc
ta.	P.	ña.	ha.	m	d.

S.A., Bco., cm, Dña., c/c., dcha., Srta., C.P., Ud.

 Practice more at **vhlcentral.com**.

recursos

LM
p. 80

vhlcentral

Corriendo por la ciudad Video: Fotonovela

Maru necesita entregar unos documentos en el Museo de Antropología.

Expresiones útiles

Getting/giving directions

Estoy en la esquina de Zaragoza y Francisco Sosa.
I'm at the corner of Zaragoza and Francisco Sosa.
Dobla en la avenida Hidalgo.
Turn on Hidalgo Avenue.
Luego cruza la calle Independencia y dobla a la derecha.
Then cross Independencia Street and turn right.
El coche está enfrente de la pastelería.
The car is in front of the pastry shop.
En el semáforo, a la izquierda y sigue derecho.
Left at the light, then straight ahead.

Talking about errands

Voy a pasar al banco porque necesito dinero.
I'm going to the bank because I need money.
No tengo tiempo. *I don't have time.*
Estoy haciendo diligencias, y me gasté casi todo el efectivo.
I'm running errands, and I spent most of my cash.

Asking for a favor

¿Me puedes prestar algo de dinero?
Could you lend me some money?
¿Me podrías prestar tu coche?
Could I borrow your car?

Talking about deadlines

Tengo que entregar mi proyecto.
I have to turn in my project.
El plazo para mandarlo por correo se venció la semana pasada.
The deadline to mail it in passed last week.

Additional vocabulary

aguantar *to endure, to hold*
pálido/a *pale*
¿Qué onda? *What's up?*

recursos

VM
pp. 195–196   vhlcentral

MARU Miguel, ¿estás seguro de que tu coche está estacionado en la calle Independencia? Estoy en la esquina de Zaragoza y Francisco Sosa. OK. Estoy enfrente del salón de belleza.

MIGUEL Dobla en la avenida Hidalgo. Luego cruza la calle Independencia y dobla a la derecha. El coche está enfrente de la pastelería.

MARU ¡Ahí está! Gracias, cariño. Hablamos luego.

MARU Vamos, arranca. Pensé que podías aguantar unos kilómetros más. Necesito un coche que funcione bien. (en el teléfono) Miguel, tu coche está descompuesto. Voy a pasar al banco porque necesito dinero, y luego me voy en taxi al museo.

MARU Hola, Moni. Lo siento, tengo que ir a entregar un paquete y todavía tengo que ir a un cajero.

MÓNICA ¡Uf! Y la cola está súper larga.

VIDEO SYNOPSIS Maru is racing against the clock to deliver her application for an internship at the **Museo de Antropología**. However, with Miguel's car broken down again, long lines at the bank, and heavy traffic, Maru needs her friend Monica's help to meet the deadline.

MARU ¿Me puedes prestar algo de dinero?

MÓNICA Déjame ver cuánto tengo. Estoy haciendo diligencias, y me gasté casi todo el efectivo en la carnicería y en la panadería y en la frutería.

MARU

MIGUEL

MÓNICA

MÓNICA ¿Estás bien? Te ves pálida. Sentémonos un minuto.

MARU ¡No tengo tiempo! Tengo que llegar al Museo de Antropología. Necesito entregar...

MÓNICA ¡Ah, sí, tu proyecto!

MÓNICA ¿Puedes mandarlo por correo? El correo está muy cerca de aquí.

MARU El plazo para mandarlo por correo se venció la semana pasada. Tengo que entregarlo personalmente.

MARU ¿Me podrías prestar tu coche?

MÓNICA Estás muy nerviosa para manejar con este tráfico. Te acompaño. ¡No!, mejor, yo te llevo. Mi coche está en el estacionamiento de la calle Constitución.

MARU En esta esquina dobla a la derecha. En el semáforo, a la izquierda y sigue derecho.

MÓNICA Hay demasiado tráfico. No sé si podemos...

MARU Hola, Miguel. No, no hubo más problemas. Lo entregué justo a tiempo. Nos vemos más tarde. (*a Mónica*) ¡Vamos a celebrar!

Actividades

1 **¿Cierto o falso?** Decide si lo que dicen estas oraciones es **cierto** o **falso**. Corrige las oraciones falsas.

1. Miguel dice que su coche está estacionado enfrente de la carnicería. **Falso.** Miguel dice que su coche está estacionado enfrente de la pastelería.
2. Maru necesita pasar al banco porque necesita dinero. **Cierto.**
3. Mónica gastó el efectivo en la joyería y el supermercado. **Falso.** Mónica gastó el efectivo en la carnicería, la panadería y la frutería.
4. Maru puede mandar el paquete por correo. **Falso.** Maru no puede mandar el paquete por correo.
5. Maru va al museo en taxi. **Falso.** Mónica la lleva en su coche.

2 **Ordenar** Pon los sucesos de la Fotonovela en el orden correcto.

a. Maru le pide dinero prestado a Mónica. __3__
b. Maru entregó el paquete justo a tiempo (*just in time*). __6__
c. Mónica dice que hay una cola súper larga en el banco. __2__
d. Mónica lleva a Maru en su coche. __4__
e. Maru dice que se va a ir en taxi al museo. __1__
f. Maru le dice a Mónica que doble a la derecha en la esquina. __5__

3 **Conversación** Un(a) compañero/a y tú son vecinos/as. Uno/a de ustedes acaba de mudarse y necesita ayuda porque no conoce la ciudad. Preparen una conversación que incluya instrucciones para ir a estos lugares. Usen las **Expresiones útiles**.

- un banco
- una lavandería
- una panadería
- un supermercado
- una heladería

BAJO LA LUPA

Additional Reading
Video

Paseando en metro

Hoy es el primer día de Teresa en la Ciudad de México. Debe tomar el metro para ir del centro de la ciudad a Coyoacán, en el sur. Llega a la estación Zócalo y compra un pasaje por el equivalente a treinta y nueve centavos° de dólar, ¡qué ganga! Con este pasaje puede ir a cualquier° parte de la ciudad o del área metropolitana.

No sólo en México, sino también en ciudades de Venezuela, Chile, Argentina y España, hay sistemas de transporte público eficientes y muy económicos. También suele haber° varios tipos de transporte: autobús, metro, tranvía°, microbús y tren. Generalmente se pueden comprar abonos° de uno o varios días para un determinado tipo de transporte. En algunas ciudades también existen

abonos de transporte combinados que permiten usar, por ejemplo, el metro y el autobús o el autobús y el tren. En estas ciudades, los metros, autobuses y trenes pasan con mucha frecuencia. Las paradas° y estaciones están bien señalizadas°.

Vaya°, Teresa ya está llegando a Coyoacán. Con lo que ahorró en el pasaje del metro, puede comprarse un helado de mango y unos esquites° en el jardín Centenario.

El metro de México, D.F.

Conexión con
Tren Ligero

El metro	
El primer metro de Suramérica que se abrió al público fue el de Buenos Aires, Argentina (1913); el último, el de Lima, Perú (2011).	
Ciudad	**Pasajeros/Día (aprox.)**
México D.F., México	5.200.000
Madrid, España	2.500.000
Santiago, Chile	2.400.000
Caracas, Venezuela	1.800.000
Buenos Aires, Argentina	1.000.000
Medellín, Colombia	770.000
Guadalajara, México	206.000

centavos *cents* cualquier *any* suele haber *there usually are* tranvía *streetcar* abonos *passes* paradas *stops* señalizadas *labeled* Vaya *Well* esquites *toasted corn kernels*

recursos

VM
pp. 227–228

vhlcentral

ACTIVIDADES

1 ¿Cierto o falso? Indica si lo que dice cada oración es **cierto** o **falso**. Corrige la información falsa.

MODELO
En México sólo hay un metro, que funciona en la ciudad de Mérida.
Falso. En México, las ciudades de Guadalajara y México D.F. tienen metro.

1. En la Ciudad de México, el pasaje de metro cuesta dieciocho dólares. Falso. Cuesta treinta y nueve centavos de dólar.
2. En México, un pasaje se puede usar sólo para ir al centro de la ciudad. Falso. Se puede ir a cualquier parte de la ciudad o del área metropolitana.
3. En Chile hay varios tipos de transporte público. Cierto.
4. Un abono es una multa que tienes que pagar si no compras el pasaje de metro de antemano (*in advance*). Falso.
5. Los abonos de transporte no sirven para más de un tipo de transporte. Falso.
6. En ciudades con varios tipos de transporte, los trenes, autobuses y metros pasan con mucha frecuencia. Cierto.
7. Hay pocos letreros en las paradas y estaciones. Falso.
8. Los metros en los que viaja más gente cada día están en México, España y Chile. Cierto.
9. La ciudad de Buenos Aires tiene el sistema de metro más viejo de Suramérica. Cierto.
10. El metro que lleva menos tiempo en servicio es el de la ciudad de Medellín, Colombia. Falso.

2 Comparación Compara el servicio de metro en México con el servicio de un transporte público en el área donde vives. Da información de la frecuencia, el precio del pasaje, cuántas personas lo usan y cuál prefieres tú.

3 Conexión Internet Investiga en el sitio **vhlcentral.com** qué edificios están ubicados alrededor de las plazas (*squares*) en los países hispanos.

El metro del D.F.

1 Preparación Imagina que estás en México, D.F., una de las ciudades más grandes del mundo. ¿Qué transporte usas para ir de un lugar a otro? ¿Por qué?

2 El video Mira el episodio de **Flash Cultura**.

Vocabulario	
concurrido *busy, crowded*	**transbordo** *transfer, change*
se esconde *is hidden*	**el rincón** *corner*

Viajando en el metro puedes conocer más acerca de la cultura de este país.

Para la gente mayor de 60 años, el transporte es totalmente gratuito.

3 Seleccionar Selecciona la respuesta correcta.

1. El Parque de _____ (Chapultepec/Los Leones) es uno de los lugares más concurridos de la ciudad.
2. En las estaciones _____ (de transbordo/ de una sola línea) los pasajeros pueden cambiar de trenes para llegar fácilmente a su destino.
3. Algunas líneas de metro son _____ (subterráneas/superficiales), es decir, circulan al nivel de la calle.
4. Dentro de algunas estaciones hay _____ (danzas indígenas/exposiciones de arte).

Tutorial

14.1 The subjunctive in adjective clauses

▶ Adjective clauses modify nouns or pronouns. The subjunctive can be used in adjective clauses to indicate that the existence of someone or something is uncertain or indefinite.

¿Conoces una joyería que esté cerca?

▶ The subjunctive is used in an adjective clause that refers to a person, place, thing, or idea that either does not exist or whose existence is uncertain or indefinite.

Busco **un profesor** que **enseñe japonés.**
I'm looking for a professor who teaches Japanese.

¿Conoces **un buen restaurante** que **esté** cerca de mi casa?
Do you know a good restaurant that is near my house?

▶ The indicative is used when the adjective clause refers to a person, place, thing, or idea that is clearly known, certain, or definite.

No, no conozco ninguna joyería que esté cerca de aquí.

Quiero ir **al restaurante** que **está** en frente de la biblioteca.
I want to go to the restaurant that's in front of the library.

Conozco a **alguien** que **va** a esa peluquería.
I know someone who goes to that hair salon.

Adjective clauses

Indicative	Subjunctive
Necesito el libro que tiene información sobre Venezuela. *I need the book that has information about Venezuela.*	Necesito un libro que tenga información sobre Venezuela. *I need a book that has information about Venezuela.*
Quiero vivir en esta casa que tiene jardín. *I want to live in this house that has a garden.*	Quiero vivir en una casa que tenga jardín. *I want to live in a house that has a garden.*
En mi barrio, hay una heladería que vende helado de mango. *In my neighborhood, there's an ice cream shop that sells mango ice cream.*	En mi barrio, no hay ninguna heladería que venda helado de mango. *In my neighborhood, there is no ice cream shop that sells mango ice cream.*

¡ojo!

These verbs are commonly followed by adjective clauses in the subjunctive:

buscar	conocer
encontrar	haber
necesitar	querer

SUGGESTION Make sure students notice the role of the indefinite article vs. the definite article in determining the use of the subjunctive in adjective clauses. Show students these two sentences and have them explain why the subjunctive is used in one, but not the other. **¿Conoces** *un buen restaurante italiano que* *esté* cerca de mi casa? **¿Conoces** *el buen restaurante italiano que* *está* cerca de mi casa?

Refer students to the **recursos** box in **Ampliación** for complete information.

▶ The personal **a** is not used with direct objects that are hypothetical people. However, **alguien** and **nadie** are always preceded by the personal **a** when they function as direct objects.

Necesitamos **un empleado** que **sepa** usar computadoras.
We need an employee who knows how to use computers.

Necesitamos **al empleado** que **sabe** usar computadoras.
We need the employee who knows how to use computers.

SUGGESTION Provide students with main clauses and ask them to write adjective clauses. Ex: **Necesito un coche que...; Busco al señor que...; No hay nadie que...**

Busco **a alguien** que **pueda** cocinar hoy.
I'm looking for someone who can cook today.

No conozco **a nadie** que **pueda** cocinar hoy.
I don't know anyone who can cook today.

▶ The subjunctive is commonly used in questions when the speaker is uncertain. However, if the person who responds to the question knows the information, the indicative is used.

—¿Hay un parque que **esté** cerca de nuestro hotel?
Is there a park that's close to our hotel?

—Sí, hay un parque que **está** muy cerca del hotel.
Yes, there's a park that's very close to the hotel.

Práctica y conversación

1 Minidiálogos Completa los minidiálogos con la forma correcta de los verbos indicados.

MARCELA Buscamos un hotel que (1) ___tenga___ [tener] piscina.

MARTÍN Hay tres o cuatro hoteles por aquí que (2) ___tienen___ [tener] piscina.

• • •

EDUARDO ¿Hay algún buzón por aquí donde yo (3) ___pueda___ [poder] echar una carta?

SUSANA Sí, hay uno en la esquina donde (4) ___puedes___ [poder] echar una carta.

• • •

ANA Queremos encontrar un restaurante que (5) ___sirva___ [servir] comida venezolana.

ROBERTO Creo que el restaurante en esta cuadra (6) ___sirve___ [servir] comida venezolana.

• • •

VICENTE Necesitas hablar con José, el empleado que (7) ___entiende___ [entender] este nuevo programa de computación.

MARISOL No hay nadie que (8) ___entienda___ [entender] este programa.

2 Completar Completa estas oraciones de manera lógica. Luego, compara tus respuestas con las de un(a) compañero/a. Answers will vary.

1. Tengo un(a) amigo/a que…
2. Algún día espero tener un apartamento o una casa que…
3. Quiero visitar un país que…
4. No tengo ningún/ninguna profesor(a) que…
5. Es importante conocer a alguien que…
6. Mi compañero/a de cuarto busca una lavandería que…
7. Un(a) consejero/a (*advisor*) debe ser una persona que…
8. Mi novio/a desea un perro que…
9. En esta clase no hay nadie que…
10. Mis padres buscan un carro que…

3 Encuesta Averigua (*Find out*) cuál de tus compañeros/as conoce a alguien que haga estas actividades. Si responden que sí, pregunta quién es y anota sus respuestas. Comparte los resultados con la clase. Answers will vary.

Actividades	Nombres	Respuestas
1. Conocer bien su ciudad		
2. Hablar japonés		
3. Comprender el subjuntivo		
4. Odiar ir de compras		
5. Estudiar música		
6. Trabajar en una zapatería		
7. No tener tarjeta de crédito		
8. Graduarse este año		

4 Anuncios clasificados En parejas, lean estos anuncios y describan el tipo de persona u objeto que se busca. Usen el subjuntivo. Answers will vary.

11:11

CLASIFICADOS

CLASES DE INGLÉS Profesor de Inglaterra con diez años de experiencia ofrece clases para grupos o instrucción privada para individuos. Llamar al 0416-933-4110 de 16:30 a 18:30.

SE BUSCA CONDOMINIO Se busca condominio en Sabana Grande con 3 alcobas, 2 baños, sala, comedor y aire acondicionado. Tel: 0412-977-2018.

PELUQUERÍA UNISEX Se busca persona con experiencia en peluquería y maquillaje para trabajar tiempo completo. Llamar de 9 a 13h. Tel: 0212-261-3548.

EJECUTIVO DE CUENTAS Se requiere joven profesional con al menos dos años de experiencia en el sector financiero. Se ofrecen beneficios excelentes. Enviar *currículum vitae* al Banco Mercantil, Avda. Urdaneta 263, Caracas.

COMPARTIR APARTAMENTO Se necesita compañera para compartir apartamento de 2 alcobas en Chacao. Alquiler 3.000 bolívares por mes. No fumar. Llamar al 0212-951-3642 entre 19 y 22h.

 Practice more at **vhlcentral.com**. **ACTIVITY PACK** For additional activities, go to the **Activity Pack** in the **Resources** section of the Supersite.

trescientos quince **315**

14.2 Familiar (tú) commands

 Tutorial

▶ Use familiar (**tú**) commands when you want to give an order or advice to someone that you normally address with **tú**.

Llámame cuando termine tu clase.

▶ Affirmative **tú** commands usually have the same form as the **usted/él/ella** form of the present indicative. The pronoun **tú** is only used for emphasis.

Paga al contado.
Pay in cash.

Pide un préstamo.
Ask for a loan.

Affirmative *tú* commands

Infinitive	Present indicative	Affirmative *tú* command
cuidar	Ud./él/ella cuida	cuida (tú)
tocar	Ud./él/ella toca	toca (tú)
temer	Ud./él/ella teme	teme (tú)
volver	Ud./él/ella vuelve	vuelve (tú)
insistir	Ud./él/ella insiste	insiste (tú)
pedir	Ud./él/ella pide	pide (tú)

Dobla en la avenida Hidalgo y luego cruza la calle Independencia.

▶ Negative **tú** commands have the same form as the **tú** form of the present subjunctive.

Carlos, **no eches** eso al buzón.
Carlos, don't put that in the mailbox.

Julia, **no cruces** la calle.
Julia, don't cross the street.

Negative *tú* commands

Infinitive	Present subjunctive	Negative *tú* command
cuidar	que tú cuides	no cuides (tú)
tocar	que tú toques	no toques (tú)
temer	que tú temas	no temas (tú)
volver	que tú vuelvas	no vuelvas (tú)
insistir	que tú insistas	no insistas (tú)
pedir	que tú pidas	no pidas (tú)

¡ojo!

Verbs ending in **-car**, **-gar**, and **-zar** have a spelling change in the negative **tú** commands.

c → qu
sacar   no saques
g → gu
apagar   no apagues
z → c
almorzar   no almuerces

▶ The negative familiar commands keep the same stem changes as the indicative.

No p**ie**rdas el mapa.
Don't lose the map.

No v**ue**lvas a esa gasolinera.
Don't go back to that gas station.

¡ojo!

These verbs have irregular negative tú commands:

dar   no des
estar   no estés
ir   no vayas
saber   no sepas
ser   no seas

▶ There are eight irregular affirmative **tú** commands.

decir	di	ir	ve	salir	sal	tener	ten
hacer	haz	poner	pon	ser	sé	venir	ven

Haz los ejercicios.
Do the exercises.

¡Sal de aquí ahora mismo!
Leave here at once!

¡Ten cuidado con el perro!
Be careful with the dog!

▶ **Ir** and **ver** have the same **tú** command. Context will determine the meaning.

Ve al supermercado con José.
Go to the supermarket with José.

Ve ese programa… es muy interesante.
Watch that program… it's very interesting.

▶ The placement of reflexive and object pronouns in **tú** commands follows the same rules as in formal commands. When a pronoun is attached to a command of more than two syllables, a written accent is used.

SUGGESTION Make a list of verbs and review informal commands by stating a verb, then calling on a volunteer to make an affirmative command using that verb. Call on a second volunteer to counter with a negative command.

Informal

¡Alég**ra**te!
Be happy!

Dime.
Tell me.

No **te** sientas triste.
Don't feel sad.

No **me** lo digas.
Don't tell me (it).

Formal

¡Alég**re**se!
Be happy!

Dígame.
Tell me.

No **se** sienta triste.
Don't feel sad.

No **me** lo diga.
Don't tell me (it).

Práctica y conversación

NATIONAL · communication · STANDARDS

1 Unas diligencias Completa los pedidos que la señora Ramos le hace a su esposo. Usa las formas correctas de los mandatos informales.

1. Enrique, _____ve_____ [ir] al banco, por favor.
2. Cuando llegues al banco, ___deposita___ [depositar] este cheque en nuestra cuenta corriente.
3. No __lo deposites__ [depositarlo] en la cuenta de ahorros y, por favor, no ___pidas___ [pedir] un préstamo.
4. Luego ___pasa___ [pasar] por la zapatería y ___recoge___ [recoger] mis zapatos.
5. No ___pagues___ [pagar] al contado, sino con un cheque.

2 Quehaceres Lee los quehaceres que Pedro le da a Miguel. Después, usa la información entre paréntesis para formar las contraórdenes que, a su vez, le da Marina. Sigue el modelo.

MODELO
Recoge los libros. (poner la mesa)
No los recojas, Miguel. Pon la mesa.

1. Barre el suelo. (pasar la aspiradora)
   No lo barras. Pasa la aspiradora.
2. Plancha la ropa. (hacer las camas)
   No la planches. Haz las camas.
3. Saca la basura. (quitar la mesa)
   No la saques. Quita la mesa.
4. Ve a la joyería. (ir a la frutería)
   No vayas a la joyería. Ve a la frutería.
5. Dale los libros a Isabel. (dárselos a Juan)
   No se los des. Dáselos a Juan.
6. Prepara la cena. (limpiar el carro)
   No la prepares. Limpia el carro.

3 Estoy perdido/a Con un(a) compañero/a, prepara una conversación breve entre un(a) estudiante nuevo/a en la universidad y otro/a estudiante que le indica cómo llegar a varios lugares. Answers will vary.

MODELO
Estudiante 1: *Quiero ir al laboratorio de Ciencias, pero estoy perdido. ¿Me puedes ayudar?*
Estudiante 2: *Sí. Sigue derecho hasta llegar a la Facultad de Negocios. Dobla a la izquierda…*

4 Órdenes En grupos, intercambien tres órdenes con cada uno. Luego, cada uno debe seguir las órdenes que el resto del grupo le da o reaccionar apropiadamente. Answers will vary.

MODELO
Estudiante 1: *Dame todo tu dinero.*
Estudiante 2: *No, no quiero dártelo. Muéstrame tu cuaderno.*
Estudiante 1: *Aquí está.*
Estudiante 3: *Ve a la pizarra y escribe tu nombre.*
Estudiante 4: *No quiero. Hazlo tú.*

14.3 Nosotros/as commands

Tutorial

▶ **Nosotros/as** commands, which correspond to the English *let's* + [*verb*], are used to give orders or suggestions that include yourself and other people.

Crucemos la calle.
Let's cross the street.

No crucemos la calle.
Let's not cross the street.

▶ Both affirmative and negative **nosotros/as** commands are generally formed by using the **nosotros** form of the present subjunctive.

▶ The affirmative *let's* + [*verb*] may also be expressed with **vamos a** + [*infinitive*]. Remember, however, that **vamos a** + [*infinitive*] can also mean *we are going to (do something)*. Context and tone will determine which meaning is being expressed.

Vamos a caminar por la ciudad.
Let's walk around the city.

Vamos a ir a Chile este verano.
We're going to Chile this summer.

▶ To express *let's go*, the present indicative form of **ir** (**vamos**) is used, not the subjunctive. For the negative command, however, the subjunctive is used.

Affirmative	Negative
Vamos a la pescadería.	**No vayamos** a la pescadería.
Let's go to the fish market.	*Let's not go to the fish market.*

▶ Object pronouns are attached to affirmative **nosotros/as** commands. A written accent is added to maintain the original stress.

Firmemos el cheque.
Let's sign the check.

Firmémoslo.
Let's sign it.

Escribamos a Ana y a Raúl.
Let's write to Ana and Raúl.

Escribámosles.
Let's write to them.

▶ When **nos** or **se** is attached to an affirmative **nosotros/as** command, the final **–s** of the command verb is dropped.

Démoselo a ella.
Let's give it to her.

Mandémoselo a ellos.
Let's send it to them.

Sentémonos allí.
Let's sit down there.

Levantémonos temprano.
Let's get up early.

▶ Object pronouns are placed in front of negative **nosotros/as** commands.

No **les paguemos** el préstamo.
Let's not pay them the loan.

No **se lo digamos** a ellos.
Let's not tell them (it).

No **lo compremos.**
Let's not buy it.

No **se la presentemos.**
Let's not introduce her (to him).

▶ The **nosotros/as** command form of **irse** (*to go away*) is **vámonos.** Its negative form is **no nos vayamos.**

¡Vámonos de vacaciones!
Let's go away on vacation!

No nos vayamos de aquí.
Let's not go away from here.

Pensemos, ¿adónde
fuiste hoy?

¡Eso es! ¡El carro de
Miguel! ¡Vamos!

SUGGESTION Remind students,
that stem-changing -**ir** verbs
have an additional stem change
in the **nosotros/as** and
vosotros/as forms of the
present subjunctive. Have
students turn to **Lección 12** if
they need to review these forms.

SUGGESTION Model the
nosotros/as commands by giving
commands to the class. Begin by
having students respond to **tú**
and **ustedes** commands, and
then add commands for the
class as a whole. Ex: ____, **abre**
el libro. ____ y ____, **abran los**
libros. Ahora todos, abramos
los libros. Abrámoslos.

Práctica y conversación

1 **Conversación** Completa esta conversación con mandatos de **nosotros/as**.

MARÍA   Sergio, ¿quieres hacer diligencias ahora o por la tarde?

SERGIO   No (1) __las dejemos__ [dejarlas] para más tarde.
(2) __Hagámoslas__ [Hacerlas] ahora.

MARÍA   Necesito comprar sellos.

SERGIO   Yo también. (3) __Vamos__ [Ir] al correo.

MARÍA   Pues, antes de ir al correo, necesito sacar dinero de mi cuenta corriente.

SERGIO   Bueno, (4) __busquemos__ [buscar] un cajero automático.

MARÍA   ¿Tienes hambre?

SERGIO   Sí. (5) __Crucemos__ [Cruzar] la calle y (6) __comamos__ [comer] algo en ese café.

MARÍA   Buena idea.

SERGIO   ¿Nos sentamos aquí?

MARÍA   No, no (7) __nos sentemos__ [sentarse] aquí; (8) __sentémonos__ [sentarse] enfrente de la ventana.

SERGIO   ¿Qué pedimos?

MARÍA   (9) __Pidamos__ [Pedir] café y pan dulce.

2 **Hagámoslo** Responde a cada oración; sigue el modelo.

MODELO
Vamos a vender el carro. (Sí)
Sí, vendámoslo.

1. Vamos a levantarnos a las seis. (Sí)   Sí, levantémonos a las seis.
2. Vamos a enviar los paquetes. (No)   No, no los enviemos.
3. Vamos al supermercado. (No)   No, no vayamos.
4. Vamos a mandar esta tarjeta postal a nuestros amigos. (No)   No, no se la mandemos.
5. Vamos a limpiar la habitación. (Sí)   Sí, limpiémosla.
6. Vamos a mirar la televisión. (No)   No, no la miremos.
7. Vamos a bailar. (Sí)   Sí, bailemos.
8. Vamos a arreglar la sala. (No)
9. Vamos a comprar estampillas. (Sí)

3 **Decisiones** Imagina que estás con un(a) amigo/a. Túrnense para hacerse estas preguntas. Usen mandatos de **nosotros/as** en sus respuestas.   Answers will vary.

1. ¿Cruzamos la calle aquí o caminamos una cuadra más?
2. ¿Vamos a casa o comemos en un restaurante?
3. ¿Salimos para el cine a las seis o a las seis y media?

4 **Preguntar** Tú y un(a) compañero/a están de vacaciones y se hacen sugerencias para resolver las situaciones. Usen mandatos de **nosotros/as**.   Answers will vary.

MODELO
Se nos olvidaron las tarjetas de crédito.
Paguemos en efectivo./ No compremos más regalos.

1. El museo está a sólo una cuadra de aquí.
2. Tenemos hambre.
3. Hay una cola larga en el cine.
4. Tenemos muchos cheques de viajero.
5. Tenemos prisa para llegar al cine.
6. Estamos cansados y queremos dormir.

5 **Turistas** Imaginen que están en Caracas. En grupos pequeños, lean esta guía turística y decidan qué van a hacer hoy por la mañana, por la tarde y por la noche. Usen mandatos de **nosotros/as**.   Answers will vary.

MODELO
Visitemos el Museo de Arte Contemporáneo Sofía Imber esta mañana. Quiero ver las esculturas de Jesús Rafael Soto.

Guía de Caracas

MUSEOS
- **Museo de Arte Colonial** Avenida Panteón
- **Museo de Arte Contemporáneo Sofía Imber** Parque Central. Esculturas de Jesús Rafael Soto y pinturas de Miró, Chagall y Picasso.
- **Galería de Arte Nacional** Parque Central. Colección de más de 4.000 obras de arte venezolano.

SITIOS DE INTERÉS
- **Plaza Bolívar**
- **Jardín Botánico** Avenida Interna UCV. De 8:00 a 5:00.
- **Parque del Este** Avenida Francisco de Miranda. Parque más grande de la ciudad con serpentario.
- **Casa Natal de Simón Bolívar** Esquinas San Jacinto y Traposos. Casa colonial donde nació Simón Bolívar.

RESTAURANTES
- **El Barquero** Avenida Luis Roche
- **Restaurante El Coyuco** Avenida Urdaneta
- **Restaurante Sorrento** Avenida Francisco Solano
- **Café Tonino** Avenida Andrés Bello

Ampliación

① SCRIPT For the script, go to the Supersite.

1 Escuchar

A Lee estas oraciones y luego escucha la conversación entre Alberto y Eduardo. Indica si cada verbo se refiere a algo en el pasado, en el presente o en el futuro.

TIP **Listen for specific information and linguistic cues.** You can often get the facts you need by listening for specific pieces of information. You should also be aware of the linguistic structures you hear. By listening for verb endings, you can figure out whether the verbs describe past, present, or future actions. Verb endings also indicate who is performing the action.

1. Demetrio / comprar en Macro ____pasado____
2. Alberto / comprar en Macro ____futuro____
3. Alberto / estudiar psicología ____pasado____
4. carro / tener frenos malos ____presente____
5. Eduardo / comprar un anillo (*ring*) para Rebeca ____pasado____
6. Eduardo / estudiar ____futuro____

B ¿Crees que Alberto y Eduardo viven en una ciudad grande o en un pueblo? ¿Cómo lo sabes?
Viven en una ciudad grande. La ciudad es grande porque tiene metro.

2 Conversar
Imagina que tú y tu compañero/a de cuarto tienen problemas económicos. Preparen una conversación en la que hablen de cuatro problemas y propongan soluciones para cada uno. Usen mandatos de **nosotros/as**. Answers will vary.

MODELO

Estudiante 1: No sé qué hacer. Casi no tengo el dinero para el alquiler.

Estudiante 2: Debes ahorrar más dinero… y yo también. No comamos en restaurantes. Preparemos comida en casa.

Estudiante 1: Tal vez necesitemos mudarnos. Necesitamos un apartamento que sea más barato.

Estudiante 2: ¡Uy! No quiero mudarme. Pídele un préstamo a tu papá, mejor.

Estudiante 1: No lo puedo hacer cada mes. Pero tienes razón, podemos ahorrar dinero comiendo en casa.

Estudiante 2: Y no usemos más las tarjetas de crédito. Paguemos todo al contado para saber mejor adónde va el dinero.

Inform students that the material listed in the **recursos** box applies to the complete **Gramática** section.

recursos

WB
pp. 141–146

LM
pp. 81–83

vhlcentral

3 Escribir Escribe una carta a un(a) amigo/a en la cual le explicas claramente cómo llegar a tu casa desde el aeropuerto. Incluye también un mapa detallado para que no se confunda.

Answers will vary.

TIP **List key words.** When you give directions, you use prepositions that describe location, such as **enfrente de, al lado de,** and **detrás de.** Making a list of these expressions will help you write your directions more efficiently.

Organizar	Planea la mejor ruta para llegar a tu casa. Apunta las expresiones útiles para dar direcciones, como los nombres de las calles y de los monumentos.
Escribir	Dibuja un mapa y utilízalo para escribir el primer borrador de tu carta.
Corregir	Intercambia tu carta con un(a) compañero/a. Anota los aspectos mejor escritos. Ofrécele sugerencias. ¿Hay suficientes detalles? ¿Está claro el mapa? Si ves algunos errores, coméntaselos.
Compartir	Revisa el primer borrador de la carta y el mapa según las indicaciones de tu compañero/a. Incorpora nuevas ideas y prepara la versión final.

3 SUGGESTION Have students brainstorm verbs, locations, and directions in a word map on the board. Remind them that they will be giving directions using **tú** commands.

3 EXPANSION Have students work in pairs to practice giving directions to each other from their homes to the university.

3 EVALUATION

Criteria	Scale
Content	1 2 3 4
Organization	1 2 3 4
Use of vocabulary	1 2 3 4
Grammar	1 2 3 4
Accuracy of map	1 2 3 4

Scoring

Excellent	18–20 points
Good	14–17 points
Satisfactory	10–13 points
Unsatisfactory	< 10 points

4 Un paso más Imagina que eres miembro de un grupo que está promocionando una comunidad modelo en un país hispano. Diseña un folleto (*brochure*) informativo para dar a conocer la comunidad.

Answers will vary.

- Escoge el lugar ideal para el proyecto. Considera el acceso a las ciudades grandes, los eventos culturales y los recursos naturales.

- Incluye un mapa del país elegido que indique dónde está localizada la comunidad modelo.

- Crea un mapa de la zona que muestre las atracciones principales del centro de la comunidad.

- Explica las características de la comunidad.

5 Conexión Internet Investiga estos temas en el sitio **vhlcentral.com**.

- Ciudades de España
- Ciudades de Latinoamérica

4 EXPANSION Have students present their brochures to the class. After the presentations, have students compare and contrast the different communities.

4 SUGGESTION You may wish to have students work in pairs, with one partner focusing on the residential areas and the other on the commercial areas of the community. Suggest they interview local designers or developers to get first-hand information. Students may wish to produce an electronic brochure if they have access to multimedia or Web authoring software.

Antes de leer Audio: Reading
Additional Reading

Visualizing a text as you read can help you
comprehend it. Before you begin, read the title
and create a picture in your mind. Then skim
each paragraph and visualize what you read.
As you create these mental pictures, think about
not only the sights, but also the sounds, smells,
tastes, and feelings that are conveyed in the
text. These visualizations will help you create
an image of what the story will be about.
The reading selection for this lesson consists
of a **microcuento**, or very short story, by Mario
Benedetti. Why do you think this approach to
reading might be important in the *Los bomberos*
short story?

_____

_____

Sobre el autor

Mario Benedetti (1920-2009) fue un escritor
uruguayo. Aunque es conocido principalmente
por sus poemas, escribió también ensayos,
novelas y cuentos. Gran parte de la obra de
Benedetti se centra en la temática urbana y se
caracteriza por su compromiso político y social.

SUGGESTION Do the **Antes de leer** task as a whole class. Have
students skim the text once. Then have them close their eyes and
visualize the story as you read it aloud.

EXPANSION Have students work in pairs or small groups to write
an alternate ending to the story. Discuss the endings as a class.

TEACHING OPTION Divide the class into small groups and have them
act out the story. Tell groups to write additional dialogue; encourage
creativity. Allow groups time to rehearse before performing their skits
for the class.

Los
bomberos
Mario Benedetti

O legario no sólo fue un as° del presentimiento, sino que además siempre estuvo muy orgulloso° de su poder. A veces se quedaba absorto° por un instante, y luego decía: "Mañana va a llover". Y llovía. Otras veces se rascaba la nuca° y anunciaba: "El martes saldrá el 57 a la cabeza". Y el martes salía el 57 a la cabeza. Entre sus amigos gozaba de° una admiración sin límites.

Algunos de ellos recuerdan el más famoso de sus aciertos°. Caminaban con él frente a la Universidad, cuando de pronto el aire matutino° fue atravesado° por el sonido y la furia de los bomberos°. Olegario sonrió° de modo casi imperceptible, y dijo: "Es posible que mi casa se esté quemando".

Llamaron un taxi y encargaron° al chofer que siguiera de cerca a los bomberos. Éstos tomaron por Rivera, y Olegario dijo: "Es casi seguro que mi casa se esté quemando". Los amigos guardaron un respetuoso y afable silencio; tanto lo admiraban.

Los bomberos siguieron por Pereyra y la nerviosidad llegó a su colmo°. Cuando doblaron por la calle en que vivía Olegario, los amigos se pusieron tiesos° de expectativa. Por fin, frente mismo a la llameante° casa de Olegario, el carro de bomberos se detuvo° y los hombres comenzaron rápida y serenamente los preparativos de rigor. De vez en cuando, desde las ventanas de la planta alta, alguna astilla° volaba por los aires.

Con toda parsimonia°, Olegario bajó del taxi. Se acomodó el nudo° de la corbata, y luego, con un aire de humilde vencedor°, se aprestó° a recibir las felicitaciones y los abrazos de sus buenos amigos.

as *ace* **orgulloso** *proud* **absorto** *absorbed* **se rascaba la nuca** *he scratched the back of his neck*
gozaba de *he enjoyed* **aciertos** *correct predictions* **matutino** *morning* **atravesado** *pierced*
bomberos *firefighters* **sonrió** *smiled* **encargaron** *asked* **colmo** *peak* **tiesos** *tense, stiff*
llameante *flaming* **se detuvo** *stopped* **astilla** *splinter* **parsimonia** *lack of urgency* **nudo** *knot*
vencedor *victor* **se aprestó** *he prepared*

Después de leer

¿Comprendiste?

Indica si las oraciones son **ciertas** o **falsas**. Corrige las falsas.

1. Las predicciones de Olegario a veces son correctas. **Falso.** Las predicciones de Olegario siempre son correctas.

2. Los amigos de Olegario dudan de sus predicciones. **Falso.** Los amigos de Olegario lo admiran porque sus predicciones son acertadas.

3. Un día, Olegario y sus amigos caminaban por la calle cuando escucharon el carro de los bomberos. **Cierto.**

4. Olegario y sus amigos siguieron a los bomberos en un taxi. **Cierto.**

5. Los amigos de Olegario tuvieron miedo al ver que su casa se quemaba. **Falso.** Los amigos de Olegario se alegraron cuando vieron que Olegario acertaba su predicción y lo felicitaron.

Preguntas

Responde a estas preguntas con oraciones completas.

Answers will vary.

1. Busca las dos predicciones de Olegario en el primer párrafo del cuento. ¿Expresan un grado de certeza (*certainty*) fuerte o pequeño?

_____

2. Ahora, busca las dos predicciones que hace sobre la casa. ¿Expresan certeza o dejan lugar a dudas?

_____

3. Al final, ¿crees que a Olegario le importa que se queme la casa? Explica.

_____

4. ¿Tiene Olegario una actitud arrogante con respecto a su talento? ¿Por qué?

_____

5. ¿Cómo crees que ocurrió el incendio (*fire*)? ¿Es posible que lo ocasionara Olegario? ¿Por qué haría una cosa así?

_____

Coméntalo

¿Te gustaría predecir el futuro? ¿Conoces a alguien que diga tener este poder? ¿Cómo usarías tú el poder de predecir el futuro? Explica. Answers will vary.

Vocabulary Tools

En la ciudad

el banco	bank
la carnicería	butcher's shop
el correo	post office
la frutería	fruit store
la heladería	ice cream shop
la joyería	jewelry store
la lavandería	laundromat
la panadería	bakery
la pastelería	pastry shop
la peluquería	hairdressing salon
la pescadería	fish market
el salón de belleza	beauty salon
el supermercado	supermarket
la zapatería	shoe store
hacer cola	to stand in line
hacer diligencias	to run errands

En el correo

el/la cartero/a	mail carrier
el correo	mail; post office
las estampillas	stamps
el paquete	package
los sellos	stamps
el sobre	envelope
echar (una carta) al buzón	to put (a letter) in the mailbox; to mail (a letter)
enviar	to send
mandar	to send

En el banco

el cajero automático	automatic teller machine, ATM
el cheque	check
el cheque de viajero	traveler's check
la cuenta corriente	checking account
la cuenta de ahorros	savings account
ahorrar	to save (money)
cobrar	to cash (a check); to charge (for a product or service)
depositar	to deposit
firmar	to sign
llenar (un formulario)	to fill out (a form)
pagar al contado	to pay in cash
pagar a plazos	to pay in installments
pedir prestado	to borrow
pedir un préstamo	to apply for a loan
ser gratis	to be free of charge

As students finish the lesson, encourage them to explore the **Repaso** section on the Supersite. There they will find quizzes for practicing vocabulary, grammar, and oral language.

Las direcciones

la cuadra	(city) block
la dirección	address
la esquina	corner
el letrero	sign
cruzar	to cross
doblar	to turn
estar perdido/a	to be lost
indicar cómo llegar	to give directions
quedar	to be located
(al) este	(to the) east
(al) norte	(to the) north
(al) oeste	(to the) west
(al) sur	(to the) south
derecho	straight (ahead)
enfrente de	opposite; facing
hacia	toward

¡VIVAN LOS PAÍSES HISPANOS!

El Canal de Panamá conecta el océano Pacífico con el océano Atlántico. La construcción de este cauce (*channel*) artificial empezó en 1903 y concluyó diez años después. Es la fuente (*source*) principal de ingresos (*income*) del país, gracias al dinero que aportan los más de 12.000 buques (*ships*) que transitan anualmente por esta ruta.

América Central II

Nicaragua

Área: 130.370 km² (50.336 millas²)
Población: 5.907.000
Capital: Managua– 956.000
Ciudades principales: León, Masaya, Granada
Moneda: córdoba

SOURCE: Population Division, UN Secretariat & CIA World Factbook

Costa Rica

Área: 51.100 km² (19.730 millas²)
Población: 4.814.000
Capital: San José– 1.515.000
Ciudades principales: Alajuela, Cartago, Puntarenas, Heredia
Moneda: colón costarricense

SOURCE: Population Division, UN Secretariat & CIA World Factbook

Panamá

Área: 75.420 km² (29.119 millas²)
Población: 3.657.000
Capital: Ciudad de Panamá– 1.673.000
Ciudades principales: Colón, David
Moneda: balboa (es equivalente al dólar estadounidense)

SOURCE: Population Division, UN Secretariat & CIA World Factbook

---

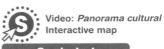

Video: *Panorama cultural*
Interactive map

Sociedad

Costa Rica: una nación progresista

Costa Rica es un país progresista. Tiene un nivel de alfabetización del 95%, uno de los más altos de Latinoamérica. Además, en 1870, Costa Rica abolió la pena de muerte (*death penalty*) y, en 1948, disolvió el ejército (*army*) e hizo la educación gratis y obligatoria para todos los costarricenses.

Museo Nacional de Costa Rica, antiguo cuartel (*barracks*) del ejército (*army*).

Indígenas

La mola

La mola es una forma de arte textil de los kunas, una tribu indígena que vive en las islas San Blas de Panamá. Las molas se hacen con fragmentos de tela (*material*) de colores vivos. Las molas tradicionales tienen diseños (*patterns*) geométricos. Antes se usaban como ropa, pero hoy día también sirven para decorar casas.

cultures connections

Escritores

Ernesto Cardenal

El nicaragüense Ernesto Cardenal es poeta, escultor y sacerdote (*priest*) católico. Es uno de los escritores más famosos de Latinoamérica. Ha escrito (*He has written*) más de treinta y cinco libros. Desde joven creyó en el poder (*power*) de la poesía para mejorar la sociedad, y trabajó por establecer la igualdad y la justicia en su país.

Política

Óscar Arias

Óscar Arias es el expresidente de Costa Rica.[1] Fue elegido presidente dos veces. Su primer período presidencial fue de 1986 a 1990 y su segundo período fue de 2006 a 2010. Arias tiene una amplia formación académica: estudió en Costa Rica, Estados Unidos e Inglaterra y fue profesor de Ciencias Políticas en la Universidad de Costa Rica. Durante su primer período como presidente, trabajó incansablemente (*tirelessly*) para establecer la paz (*peace*) en Centroamérica. Finalmente, logró (*he achieved*) un acuerdo (*agreement*) de paz con los presidentes de El Salvador, Nicaragua, Honduras y Guatemala. Por sus esfuerzos (*efforts*), ganó el Premio Nobel de la Paz en 1987.

[1] A la fecha de publicación, el actual presidente de Costa Rica es Luis Guillermo Solís Rivera.

Mar Caribe

cas del Toro

Canal de Panamá

Islas San Blas

Colón •

Cordillera de San Blas

Río Chepo

★ Ciudad de Panamá

Serranía de Tabasará

PANAMÁ

Isla del Rey

Isla de Coiba

Golfo de Panamá

recursos

WB
pp. 147–148

VM
pp. 255–258

Ⓢ vhlcentral

COLOMBIA

¿Qué aprendiste?

1 ¿Cierto o falso? Indica si estas oraciones son **ciertas** o **falsas**.

Cierto	Falso	
✓		**1.** El Canal de Panamá conecta los océanos Pacífico y Atlántico.
	✓	**2.** Por el Canal de Panamá pasan más de 12.000 barcos por día.
✓		**3.** La población de Nicaragua es mayor que la de Panamá.
	✓	**4.** San José es la capital de Panamá.
	✓	**5.** En Costa Rica, la educación es gratis y obligatoria para todos los turistas.
✓		**6.** Costa Rica disolvió el ejército en 1948.
	✓	**7.** La mola es una tribu indígena que vive en Panamá.
✓		**8.** Las molas se usan hoy para decorar casas.
✓		**9.** Ernesto Cardenal es uno de los escritores más famosos de América Latina.
	✓	**10.** Ernesto Cardenal escribió menos de veinte libros.
	✓	**11.** Óscar Arias fue presidente de Panamá.

2 Preguntas Contesta estas preguntas. Answers will vary.

1. ¿Te gustaría visitar el canal de Panamá? ¿Por qué crees que es importante para el comercio de los países del continente americano?

2. ¿Qué sabes sobre Panamá? ¿Conoces algo sobre su historia?

3. ¿Fuiste a Costa Rica o conoces a alguien que visitó alguna vez Costa Rica? ¿Qué sabes sobre ese país?

4. ¿Te gusta la artesanía de Latinoamérica? ¿Te gusta su variedad de colores?

5. ¿En qué crees que se diferencian las artesanías de Latinoamérica y las de tu país? ¿Qué características tienen estos dos tipos de artesanías?

6. ¿Conoces artistas o escritores de Latinoamérica? ¿A quién conoces?

7. ¿Conoces a alguna persona importante en el área de la política en Latinoamérica? ¿Y en los Estados Unidos?

3 Conexión Internet Investiga estos temas en el sitio **vhlcentral.com**.

- Cultura nicaragüense
- Personajes importantes de Nicaragua, Costa Rica y Panamá
- Economía y derechos humanos en Nicaragua
- El canal de Panamá

 Practice more at **vhlcentral.com**.

15 El bienestar

PARA EMPEZAR Here are some additional questions: **¿Tienes buena salud?** ¿Vas al gimnasio regularmente? ¿Qué deben hacer las personas que quieren mejorar su salud?

Communicative Goals

You will learn how to:
- **discuss health, well-being, and nutrition**
- **describe an action or event in the immediate past**
- **describe an event that occurred before another past event**

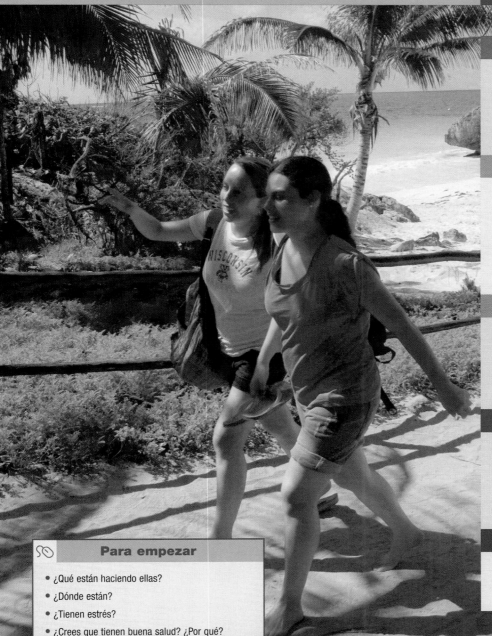

Para empezar

- ¿Qué están haciendo ellas?
- ¿Dónde están?
- ¿Tienen estrés?
- ¿Crees que tienen buena salud? ¿Por qué?

El bienestar

 Vocabulary Tools

EL BIENESTAR

el bienestar *well-being*

aliviar el estrés/la tensión *to relieve stress/tension*

disfrutar (de) *to enjoy; to reap the benefits (of)*

llevar una vida sana *to lead a healthy lifestyle*

(no) fumar *(not) to smoke*

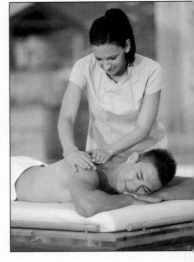

el masaje
massage

EN EL GIMNASIO

el músculo *muscle*

calentarse (e:ie) *to warm up*

entrenarse *to train*

estar en buena forma *to be in good shape*

hacer ejercicio *to exercise*

hacer ejercicios aeróbicos *to do aerobics*

hacer gimnasia *to work out*

mantenerse en forma *to stay in shape*

sudar *to sweat*

hacer ejercicios de estiramiento
to do stretching exercises

SUGGESTION Write **hacer ejercicio** on the board and ask students these questions: **¿Quiénes hacen ejercicio regularmente? ¿Hacen ejercicios aeróbicos? ¿Quiénes levantan pesas?**

levantar pesas
to lift weights

ASÍ SE DICE
Point out this lexical item:
hacer ejercicios aeróbicos → hacer aeróbic (*Esp.*)

**la clase de
ejercicios aeróbicos**
aerobics class

LA NUTRICIÓN

la caloría *calorie*
el colesterol *cholesterol*
la grasa *fat*
la merienda *(afternoon) snack*
los minerales *minerals*
la nutrición *nutrition*
la proteína *protein*

adelgazar *to lose weight; to slim down*
aumentar de peso *to gain weight*
consumir alcohol *to consume alcohol*
engordar *to gain weight*
estar a dieta *to be on a diet*
seguir una dieta equilibrada
    to eat a balanced diet

descafeinado/a *decaffeinated*

merendar (e:ie)
to have a(n) (afternoon) snack

las vitaminas
vitamins

Vitamina E
1000 UI

60 Cápsulas de
gelatina blanda

SUGGESTION Ask students where they would go to do these activities. Ex: **levantar pesas, merendar, hacer ejercicios aeróbicos, hacer gimnasia, comprar comida para una dieta equilibrada.**

la bebida alcohólica
alcoholic beverage

ADJETIVOS

activo/a *active*
débil *weak*
flexible *flexible*
sedentario/a *sedentary*
tranquilo/a *calm; quiet*

TEACHING OPTION Have students interview each other about their own exercise and workout habits.

SUGGESTION Discuss the characteristics of a **teleadicto** and write them on the board. Ex: **No es muy activo. Es sedentario. Mira la televisión en exceso. Come mucho. No hace mucho ejercicio.**

OTRAS PALABRAS Y EXPRESIONES

la droga *drug*
el/la drogadicto/a *drug addict*
el/la teleadicto/a *couch potato*

apurarse *to hurry; to rush*
darse prisa *to hurry; to rush*
sufrir muchas presiones *to be under a lot of pressure*
tratar de (+ *inf.*) *to try (to do something)*

en exceso *in excess; too much*
sin *without*

VOCABULARIO ADICIONAL
For additional vocabulary on this theme, go to **Vocabulario adicional** in the **Resources** section of the Supersite.

fuerte
strong

Práctica y conversación

1 SCRIPT For the script, go to the Supersite.

3 SUGGESTION
Suggested answers include:
1. levantar pesas 2. hacer ejercicios de estiramiento
3. clase de ejercicios aeróbicos
4. hacer ejercicio, correr

3 TEACHING OPTION Call out commands based on lesson vocabulary. Ex. ¡Levanten pesas! ¡Hagan ejercicios aeróbicos! ¡Descansen! Working with students, invent a gesture to mime each activity. Then carry out a TPR activity with the class, varying singular and plural commands.

4 SUGGESTION Share some fitness magazine ads or local health club brochures with the class to prepare for this activity.

5 SUGGESTION Review verbs and expressions of will and influence from **Lección 12**.

1 **Seleccionar** Escucha el anuncio del gimnasio Sucre. Marca los servicios que se ofrecen.

✓ **1.** dietas para adelgazar
_____ **2.** programa para aumentar de peso
✓ **3.** clases de gimnasia
✓ **4.** entrenador personal
✓ **5.** programas privados de pesas
_____ **6.** clases de estiramiento
✓ **7.** masajes
_____ **8.** programa para dejar de fumar
_____ **9.** programas para teleadictos
✓ **10.** clases de ejercicios aeróbicos

2 **Combinar** Combina las frases de las dos columnas para formar ocho oraciones lógicas.

h **1.** David levanta pesas…
e **2.** Estás en buena forma…
f **3.** Felipe se lastimó…
a **4.** Mi hermano…
b **5.** Sara hace ejercicios de…
d **6.** Mis primos están a dieta…
g **7.** Para llevar una vida sana,…
c **8.** Los médicos sufren muchas…

a. aumentó de peso por sufrir estrés.
b. estiramiento.
c. presiones de sus pacientes.
d. porque quieren adelgazar.
e. porque haces ejercicio.
f. un músculo de la pierna.
g. no se debe fumar.
h. y corre mucho.

3 **Describir** Describe lo que ocurre en los dibujos. Answers will vary.

1.

2.

3.

4.

4 **Un anuncio** En grupos de cuatro, imaginen que son dueños/as de un gimnasio con equipo (*equipment*) moderno, entrenadores cualificados y un(a) nutricionista. Preparen un anuncio para la televisión que atraiga (*attracts*) a nuevos clientes. Incluyan esta información: **las ventajas de estar en buena forma, el equipo que tienen, las características únicas del gimnasio, los servicios y las clases que ofrecen, la dirección y el teléfono del gimnasio, el precio para los socios (*members*).** Answers will vary.

5 **Recomendaciones** Imagina que tú y tu compañero/a están preocupados/as por los malos hábitos de un(a) amigo/a suyo/a que no está bien últimamente (*lately*). Escriban y representen un diálogo en el cual hablan de lo que está pasando en la vida de su amigo/a y los cambios que necesita hacer para llevar una vida sana. Answers will vary.

recursos

WB
pp. 149–150

LM
p. 85

vhlcentral

4 **El teleadicto** Con un(a) compañero/a, representa una conversación entre un(a) nutricionista y un(a) teleadicto/a. La persona sedentaria habla de sus malos hábitos de salud. El/La nutricionista debe sugerir una dieta equilibrada y una rutina para mantenerse en forma. Answers will vary.

ACTIVITY PACK For additional activities, go to the **Activity Pack** in the **Resources** section of the Supersite.

Practice more at **vhlcentral.com**.

Ortografía Las letras **b** y **v** Audio: Pronunciation

Since there is no difference in pronunciation between the Spanish letters *b* and *v*, spelling words that contain these letters can be tricky. Here are some tips.

nombr**e** **b**l**usa** **a**b**soluto** **descu**br**ir**

The letter *b* is always used before consonants.

bo**nita** **b**o**tella** **b**u**scar** **b**i**enestar**

At the beginning of words, the letter **b** is usually used when it is followed by the letter combinations –on, –or, –ot, –u, –ur, –us, –ien, and –ene.

SUGGESTION Write these words on the board and have students explain why the **b** or **v** is used: flexible, bien, autobús, engordaba, iban, va, estuve, tuvimos, pavo.

SUGGESTION Write all the forms of **ir** in the present tense, and **estar** and **tener** in the preterite tense on the board.

adelgazab**a** **disfruta**b**an** **i**b**as** **í**b**amos**

The letter *b* is used in the verb endings of the imperfect tense for –ar verbs and **ir**.

vo**y** **v**a**mos** **estu**v**o** **tu**v**ieron**

The letter *v* is used in the present tense forms of **ir** and in the preterite forms of **estar** and **tener**.

octav**o/a** **hu**ev**o** **act**iv**o/a** **gr**av**e**

The letter *v* is used in these noun and adjective endings: –avo/a, –evo/a, –ivo/a, –ave, –eve.

TEACHING OPTION For additional practice, write these sentences on the board and have students fill in the missing letters: Doña _ioleta era muy acti_a y lle_aba una _ida muy sana. Siempre comía _ien y nunca toma_a _ino ni refrescos. Nunca fuma_a e i_a al gimnasio todos los días para hacer ejercicios aeró_icos. As an alternative, do a dictation with the sentences.

El ahorcado Juega al ahorcado (*hangman*) para adivinar las palabras.

1. n u b e s   Están en el cielo. nubes
2. b u z ó n   Relacionado con el correo. buzón
3. b o t e l l a   Está llena de líquido. botella
4. n i e v e   Fenómeno meteorológico. nieve
5. v e n t a n a s Los "ojos" de la casa. ventanas

recursos

LM
p. 86

vhlcentral

Practice more at **vhlcentral.com**.

Chichén Itzá

 Video: Fotonovela

Los chicos exploran Chichén Itzá y se relajan en un spa.

Expresiones útiles

Wishing a friend were with you

Qué lástima que no hayan podido venir.
What a shame that they were not able to come.
Sobre todo Maru.
Especially Maru.
Él/Ella ha estado bajo mucha presión.
He/She has been under a lot of pressure.
Creo que ellos ya habían venido antes.
I think they had already come (here) before.

Talking about trips

¿Ustedes ya habían venido antes?
Had you been (here) before?
Sí. He querido regresar desde que leí el *Chilam Balam*.
Yes. I have wanted to come back ever since I read the Chilam Balam.
¿Recuerdas cuando nos trajo papá?
Remember when Dad brought us?
Al llegar a la cima, comenzaste a llorar.
When we got to the top, you started to cry.

Talking about well-being

Siempre había llevado una vida sana antes de entrar a la universidad.
I had always led a healthy lifestyle before starting college.
Ofrecemos varios servicios para aliviar el estrés.
We offer several services to relieve stress.
Me gustaría un masaje.
I would like a massage.

Additional vocabulary

la cima *top, peak*
el escalón *step*
el muro *wall*
tomar una decisión *to make a decision*

recursos

VM
pp. 197–198 vhlcentral

MARISSA ¡Chichén Itzá es impresionante! Qué lástima que Maru y Miguel no hayan podido venir. Sobre todo Maru.

FELIPE Ha estado bajo mucha presión.

MARISSA ¿Ustedes ya habían venido antes?

FELIPE Sí. Nuestros papás nos trajeron cuando éramos niños.

VIDEO SYNOPSIS Marissa, Felipe, Jimena, and Juan Carlos visit the famous Mayan ruins of Chichén Itzá. After exploring the archeological site, they visit a spa to escape the sun and unwind. Juan Carlos and Jimena finally make an important decision.

(en otro lugar de las ruinas)

JUAN CARLOS ¡Hace calor!

JIMENA ¡Sí! Hay que estar en buena forma para recorrer las ruinas.

JUAN CARLOS Siempre había llevado una vida sana antes de entrar a la universidad.

JIMENA Tienes razón. La universidad hace que seamos muy sedentarios.

JUAN CARLOS ¡Busquemos a Felipe y a Marissa!

FELIPE El otro día le gané a Juan Carlos en el parque.

JUAN CARLOS Estaba mirando hacia otro lado, cuando me di cuenta, Felipe ya había empezado a correr.

SUGGESTION Have students read through the entire **Escenas** section, with volunteers playing the various parts.

MARISSA **FELIPE** **JUAN CARLOS** **JIMENA** **EMPLEADA**

FELIPE ¡Gané!

JIMENA Qué calor. Tengo una idea. Vamos.

EMPLEADA Ofrecemos varios servicios para aliviar el estrés: masajes, saunas...

FELIPE Me gustaría un masaje.

MARISSA Yo prefiero un baño mineral.

JUAN CARLOS ¿Crees que tienes un poco de tiempo libre la semana que viene? Me gustaría invitarte a salir.

JIMENA ¿Sin Felipe?

JUAN CARLOS Sin Felipe.

EMPLEADA ¿Ya tomaron una decisión?

JIMENA Sí.

Actividades

1 Seleccionar Selecciona la respuesta que completa mejor cada oración.

1. Felipe y Marissa piensan que Maru…
   a. debe hacer ejercicios b. aumentó de peso c. ha estado bajo mucha presión

2. Felipe y Jimena visitaron Chichén Itzá…
   a. para aliviar el estrés b. cuando eran niños c. para llevar una vida sana

3. Jimena dice que la universidad hace a los estudiantes…
   a. comer una dieta equilibrada b. ser sedentarios c. levantar pesas

4. En el spa ofrecen servicios para…
   a. sudar b. aliviar el estrés c. ser flexibles

2 Identificar Identifica quién puede decir estas oraciones.

1. No me di cuenta de que empezaste a correr antes, por eso ganaste. Juan Carlos

2. Miguel y Maru no visitaron Chichén Itzá, ¡qué lástima que no pudieron venir! Marissa

3. Se necesita estar en buena forma para visitar este tipo de lugares. Jimena

4. Los baños minerales y saunas que ofrecemos alivian la tensión. empleada

5. Salgamos sin mi hermano Felipe. Jimena

6. Yo corro más rápido que Juan Carlos. Felipe

3 Inventar Con un(a) compañero/a, describe los personajes de **Escenas**. Utiliza las expresiones útiles u otras. Answers will vary.

MODELO

Marissa siempre hace ejercicios de estiramiento.

BAJO LA LUPA

Spas naturales

Additional Reading
Video

Muchas veces no hay nada mejor que un buen baño° para descansar y aliviar la tensión. Y si el baño se toma en una terma°, el beneficio° es mayor. Los tratamientos con agua y lodo° para mejorar la salud y el bienestar son populares en Latinoamérica desde hace muchos siglos°. Las termas son manantiales° naturales de agua caliente. La temperatura de estos manantiales facilita la absorción de minerales y otros elementos que el agua contiene y que son buenos para la salud. El agua de las termas se usa en piscinas, baños y duchas o en el sitio natural en el que surge° el agua: pozas°, estanques° o cuevas°.

Ecotermales en Arenal, Costa Rica

En Baños de San Vicente, en Ecuador, son muy

Volcán de lodo El Totumo, Colombia

populares los tratamientos° con lodo volcánico. El lodo caliente se extiende por el cuerpo y, de esta manera, la piel° absorbe los minerales beneficiosos para la salud. El lodo también se usa para dar masajes. La lodoterapia es útil para tratar varias enfermedades; además, hace que la piel se vea radiante.

En Costa Rica, la actividad volcánica también ha dado° origen a fuentes° y pozas termales. Si te gusta cuidarte y amas la naturaleza, recuerda estos nombres: Las Hornillas y Las Pailas. Son pozas naturales de aguas termales que están cerca del volcán Rincón de la Vieja. ¡Un baño termal en medio de un paisaje tan hermoso es una experiencia única!

Otros balnearios°

Todos ofrecen piscinas, baños, pozas y duchas de aguas termales y además...

Lugar	Servicios
El Edén y Yanasara, Curgos (Perú)	cascadas° de aguas termales
Montbrió del Camp, Tarragona (España)	baños de algas°
Termas de Puyuhuapi (Chile)	duchas de agua de mar; baños de algas
Termas de Río Hondo, Santiago del Estero (Argentina)	baños de lodo
Tepoztlán, Morelos (México)	temazcales° aztecas
Uyuni, Potosí (Bolivia)	baños de sal

recursos

VM
pp. 229–230

vhlcentral

baño *bath* terma *hot spring* beneficio *benefit* lodo *mud* siglos *centuries* manantiales *springs* surge *springs forth*
pozas *small pools* estanques *ponds* cuevas *caves* tratamientos *treatments* piel *skin* ha dado *has given*
fuentes *springs* balnearios *spas* cascadas *waterfalls* algas *seaweed* temazcales *steam and medicinal herb baths*

¿Estrés? ¿Qué estrés?

ACTIVIDADES

1 **¿Cierto o falso?** Indica si lo que dicen las oraciones es **cierto** o **falso**. Corrige la información falsa.

MODELO
Las termas son pozas de agua fría.
Falso. Son manantiales de agua caliente.

1. Las aguas termales son beneficiosas para algunas enfermedades, incluido el estrés. Cierto.
2. Los tratamientos con agua y lodo se conocen sólo desde hace pocos años. **Falso.** Son populares desde hace muchos siglos.
3. Las termas son manantiales naturales de agua caliente. Cierto.
4. La temperatura de las aguas termales no afecta la absorción de los minerales. **Falso.** Facilita la absorción de minerales y otros elementos.
5. La lodoterapia es un tratamiento con barro. Cierto.
6. Mucha gente va a Baños de San Vicente, Ecuador, por sus playas. **Falso.** Mucha gente va por los tratamientos con lodo.
7. Las Hornillas y Las Pailas son pozas de aguas termales en Costa Rica. Cierto.
8. Montbrió del Camp ofrece baños de sal. **Falso.** Montbrió del Camp ofrece baños de algas.
9. Es posible ver aguas termales en forma de cascadas. Cierto.
10. Tepoztlán ofrece temazcales aztecas. Cierto.

2 **Para sentirte mejor** Entrevista a un(a) compañero/a sobre sus hábitos de salud y sobre lo que le ayuda a sentirse mejor. Incluye las actividades deportivas, la alimentación y lo que hace en sus ratos libres.

3 **Itinerario** En grupos de tres planeen un viaje a uno de los balnearios mencionados en la lectura. Imaginen cómo llegar, qué servicios se ofrecen y cuáles son los precios del lugar. Presenten su plan a la clase.

4 **Conexión Internet** Investiga en el sitio **vhlcentral.com** sobre los atletas famosos del mundo hispano.

1 **Preparación** ¿Sufres de estrés? ¿Qué situaciones te producen estrés? ¿Qué haces para combatirlo?

2 **El video** Mira el episodio de **Flash Cultura.**

Vocabulario

árabe *Moorish, Arab*
el bullicio *hustle and bustle*
combatir el estrés *to fight against stress*
el ruido *noise*

El tráfico, el ruido de las calles... Todos quieren llegar al trabajo a tiempo.

... es un lugar donde la gente viene a "retirarse", a escapar del estrés y el bullicio de la ciudad.

3 **¿Cierto o falso?** Indica si las oraciones son **ciertas** o **falsas**. Corrige las oraciones falsas.

1. Madrid es la segunda ciudad más grande de España, después de Barcelona. **Falso.** Es la ciudad más grande.
2. Madrid es una ciudad muy poco congestionada (*congested*) gracias a los policías de tráfico. **Falso.** Es una ciudad muy congestionada.
3. Un turista estadounidense intenta saltarse la cola (*cut the line*) para entrar a un espectáculo. Cierto.
4. En el Parque del Retiro, puedes descansar, hacer gimnasia, etc. Cierto.
5. Los baños termales Medina Mayrit son de influencia cristiana. **Falso.** Son de influencia árabe.
6. En Medina Mayrit es posible bañarse en aguas termales, tomar el té y hasta comer. Cierto.

15.1 Past participles used as adjectives

Tutorial

Forming past participles

Sólo tomo café descafeinado.

Estoy cansada.

▶ The past participles of English verbs often end in **–ed** (*to turn* → *turned*), but many are irregular (*to buy* → *bought*; *to drive* → *driven*).

▶ In Spanish, regular **–ar** verbs form the past participle with **–ado**. Regular **–er** and **–ir** verbs form the past participle with **–ido**.

INFINITIVE	STEM	PAST PARTICIPLE
bailar	bail–	bailado
comer	com–	comido
vivir	viv–	vivido

▶ You already know several past participles used as adjectives: **aburrido, cansado, interesado, nublado, perdido,** etc.

▶ All irregular past participles, except for those of **decir (dicho)** and **hacer (hecho)**, end in **–to.**

Irregular past participles

abrir	abierto	escribir	escrito	resolver	resuelto
decir	dicho	hacer	hecho	romper	roto
describir	descrito	morir	muerto	ver	visto
descubrir	descubierto	poner	puesto	volver	vuelto

La ventana está rota.

▶ The past participles of **–er** and **–ir** verbs whose stems end in **–a, –e,** or **–o** carry a written accent mark on the **i** of the **–ido** ending.

caer	caído	oír	oído	sonreír	sonreído
creer	creído	reír	reído	traer	traído
leer	leído				

Past participles used as adjectives

▶ In Spanish, as in English, past participles can be used as adjectives. They are often used with the verb **estar** to describe a condition or state that results from an action. Like other Spanish adjectives, past participles must agree in gender and number with the nouns they modify.

La puerta está abierta.

El gimnasio **está cerrado.**
The gym is closed.

En la entrada, hay algunos letreros **escritos** en español.
In the entrance, there are some signs written in Spanish.

El cheque ya **está firmado.**
The check is already signed.

Tenemos la mesa **puesta** y la cena **hecha**.
We have the table set and dinner made.

SUGGESTION Have pairs make a promotional flyer for a new business in town. Their flyers should include at least three past participles used as adjectives. When they have finished, circulate the flyers in class.

Refer students to the **recursos** box in **Ampliación** for complete information.

Práctica y conversación

1 Completar Completa estas oraciones con la forma adecuada del participio pasado.

MODELO

El hombre ___descrito___ [describir] en ese panfleto es un entrenador personal de gimnasia.

1. Lindsey Vonn es una atleta muy ___conocida___ [conocer].
2. ¿Está ___hecha___ [hacer] la cena?
3. Los libros ___usados___ [usar] son más baratos que los nuevos.
4. Los documentos están ___firmados___ [firmar].
5. Creo que el gimnasio está ___abierto___ [abrir] veinticuatro horas al día.

2 Describir Completa las oraciones con las palabras de la lista. Haz los cambios necesarios.

estar cerrado	estar abierto	estar firmado
estar muerto	estar aburrido	no estar hecho
estar roto	estar descrito	

1. Los estudiantes ___están aburridos___.

2. Los cheques ___están firmados___.

3. La ventana ___está rota___.

4. La cama ___no está hecha___.

5. La puerta ___está cerrada___.

6. El señor Vargas ___está muerto___.

3 Preguntas Túrnate con un(a) compañero/a para responder estas preguntas. Answers will vary.

1. ¿Qué haces cuando no estás preparado/a para una clase?
2. ¿Qué haces cuando estás perdido/a en una ciudad?
3. ¿Está ordenado tu cuarto?
4. ¿Dejas la luz prendida en tu cuarto?
5. ¿Prefieres comprar libros usados o nuevos? ¿Por qué?
6. ¿Tienes mucho dinero ahorrado?
7. ¿Necesitas pedirles dinero prestado a tus padres?
8. ¿Quiénes están aburridos en la clase?
9. ¿Hay alguien que esté dormido en la clase?
10. ¿Cuándo está abierto el gimnasio de la universidad?

4 Encuesta Averigua quién de tus compañeros/as se identifica con estas descripciones. Anota sus respuestas y comparte los resultados con la clase. Answers will vary.

Descripciones	Nombres	Respuestas
1. Tiene un electrodoméstico roto en casa. (¿Qué es?)		
2. Lleva algo hecho en Europa o en un país hispano. (¿Qué es?)		
3. Deja la puerta de su cuarto abierta por la noche. (¿Por qué?)		
4. Toma café descafeinado. (¿Cuándo?)		
5. Está interesado/a en trabajar en un banco. (¿Por qué?)		
6. Le gusta comprar ropa usada. (¿Dónde y por qué?)		
7. Tiene un pariente o un(a) amigo/a muy conocido/a. (¿Quién?)		
8. Es teleadicto/a. (¿Cuáles son sus programas favoritos?)		

Practice more at vhlcentral.com. **ACTIVITY PACK** For additional activities, go to the **Activity Pack** in the **Resources** section of the Supersite.

trescientos treinta y nueve **339**

15.2 The present perfect

Tutorial

Maru ha estado bajo
mucha presión.

He querido regresar
desde que leí el
Chilam Balam.

¡ojo!

To say that someone
has *just done*
something, **acabar
de** + [*infinitive*] is used.

Juan **acaba de llegar**.
Juan has just arrived.

Ellos **acaban de salir**.
They have just left.

Acabo de terminar.
I have just finished.

Acabamos de comer.
We have just eaten.

¿Y Juan Carlos todavía
no te ha invitado
a salir?

Últimamente hemos
sufrido muchas
presiones en la
universidad.

▶ The present perfect indicative tense (**el pretérito perfecto de indicativo**) is used to talk about what someone *has done*. It is formed with the present tense of **haber** and a past participle.

Present indicative of *haber*

Singular forms		Plural forms	
yo	he	nosotros/as	hemos
tú	has	vosotros/as	habéis
Ud./él/ella	ha	Uds./ellos/ellas	han

SUGGESTION Have students discuss with a classmate five things they have already done today. Ex: **He estudiado la lección para esta clase. He ido al gimnasio. He hecho una clase de ejercicios aeróbicos. He almorzado con unos amigos. He escrito una carta a mis abuelos. ¿Qué has hecho tú?**

Tú no **has cerrado** la puerta.
You haven't closed the door.

Yo ya **he leído** esos libros.
I've already read those books.

¿**Ha asistido** Juan a la clase?
Has Juan attended class?

Hemos presentado el proyecto.
We have presented the project.

▶ The past participle agrees with the noun when it functions as an adjective, but not when it is part of the present perfect tense.

Clara **ha abierto** las ventanas.
Clara has opened the windows.

Las ventanas están **abiertas**.
The windows are open.

▶ The present perfect is generally used just as in English: to talk about what *has occurred*. It usually refers to the recent past.

He trabajado cuarenta horas.
I have worked forty hours.

¿Cuál es el último libro que **has leído**?
What is the last book that you have read?

▶ **Haber** and the past participle cannot be separated by any word.

Siempre **hemos vivido** en Bolivia.
We have always lived in Bolivia.

Usted nunca **ha venido** a mi oficina.
You have never come to my office.

▶ The word **no** and any object or reflexive pronouns are placed immediately before **haber**.

Yo **no he cobrado** el cheque.
I have not cashed the check.

Susana ya **lo ha hecho**.
Susana has already done it.

¿Por qué **no lo has cobrado**?
Why haven't you cashed it?

Ellos **no lo han arreglado**.
They haven't fixed it.

▶ In English, *to have* can be either a main verb or an auxiliary verb. As a main verb, it corresponds to **tener**, while as an auxiliary, it corresponds to **haber**.

Tengo un problema.
I have a problem.

He resuelto mi problema.
I have resolved my problem.

▶ The present perfect of **hay** is **ha habido**.

Ha habido muchos problemas.
There have been a lot of problems.

Ha habido un accidente.
There has been an accident.

Práctica y conversación

1 Completar Completa estas oraciones sobre el estado de salud y bienestar de algunos estudiantes con el pretérito perfecto del indicativo de estos verbos.

adelgazar	llevar
aumentar	seguir
hacer	sufrir

MODELO

Luisa __ha sufrido__ muchas presiones.

1. Juan y Raúl __han aumentado__ de peso porque no hacen ejercicio.
2. Pero María __ha adelgazado__ porque trabaja demasiado y siempre se olvida de comer.
3. Hasta ahora, yo __he llevado__ una vida muy sana.
4. Pero tú y yo no __hemos hecho__ gimnasia este semestre.
5. Tú tampoco __has seguido__ una dieta equilibrada recientemente.

2 Estilos de vida Indica si has hecho estas actividades. Sigue el modelo. Answers will vary.

MODELO

Encontrar un buen gimnasio

He encontrado un buen gimnasio. /
Yo no he encontrado un buen gimnasio.

1. Tratar de estar en forma
2. Estar a dieta los últimos dos meses
3. Dejar de tomar refrescos
4. Hacerse una prueba de colesterol
5. Entrenarse cinco días a la semana
6. Cambiar de una vida sedentaria a una vida activa
7. Tomar vitaminas por las noches y por las mañanas
8. Practicar yoga para relajarse
9. Consumir mucha proteína
10. Quedarse despierto/a toda una noche
11. Levantar pesas tres días a la semana
12. Aliviar el estrés

3 ¿Qué han hecho? Con un(a) compañero/a, describe lo que han hecho y lo que no han hecho estas personas. Usen su imaginación. Answers will vary.

1. Jorge y Raúl

2. Natalia y Diego

3. Luisa

4. Ricardo

5. Jorge

6. Carmen

4 Cosas en común Con un(a) compañero/a, encuentra una película, un libro y un lugar que han visto, leído y visitado los/las dos. Luego, coméntenlo al resto de la clase. Answers will vary.

MODELO

Estudiante 1: ¿Has visto la película *Relatos salvajes*?

Estudiante 2: ¿*Relatos salvajes*?

Estudiante 1: Sí, la película de Damián Szifron. Los actores principales son Ricardo Darín y Óscar Martínez.

Estudiante 2: Ah. Sí, la he visto. Me gustó mucho.

Creo que ya habían
venido antes.

Siempre había
llevado una
vida sana.

15.3 The past perfect

Tutorial

▶ The past perfect indicative (**el pretérito pluscuamperfecto de indicativo**) is used to talk about what someone *had done* or what *had occurred* before another past action, event, or state. The past perfect uses the imperfect of **haber** plus the past participle.

Past perfect indicative

	cerrar	perder	asistir
yo	había cerrado	había perdido	había asistido
tú	habías cerrado	habías perdido	habías asistido
Ud./él/ella	había cerrado	había perdido	había asistido
nosotros/as	habíamos cerrado	habíamos perdido	habíamos asistido
vosotros/as	habíais cerrado	habíais perdido	habíais asistido
Uds./ellos/ellas	habían cerrado	habían perdido	habían asistido

Pensé que ya se **habían ido**.
I thought you had already left.

Cuando llegamos, Luis ya **había salido**.
When we arrived, Luis had already left.

▶ The past perfect is often used with the word **ya** (*already*). Note that **ya** cannot be placed between **haber** and the past participle.

Ella **ya había empezado**
cuando llamaron.
*She had already begun when
they called.*

Cuando llegué a casa, Raúl **ya se
había acostado**.
*When I arrived home, Raúl had
already gone to bed.*

SUGGESTION Ask students to write five things they had already done before the following birthdays: **los tres años, los trece años, los dieciocho años.** Ex: **Antes de los tres años, ya había caminado.**

SUGGESTION Check for comprehension of **ya** by contrasting it with **nunca**. Ex: **Antes del semestre pasado, nunca había enseñado este curso, pero ya había enseñado otros cursos de español.**

¡ojo!

The past perfect is often used in conjunction with **antes de + [*noun*]** or **antes de + [*infinitive*]** to describe when the action(s) occurred.

**Antes de este año,
nunca había
estudiado español.**
*Before this year, I had
never studied Spanish.*

**Luis me había llamado
antes de venir.**
*Luis had called me
before he came.*

SUGGESTION Have students scan the advertisement and identify the past perfect verbs.

SUGGESTION Ask students these questions about the advertisement: ¿**Cómo era la vida de este joven hasta el año pasado? ¿Cómo es ahora? ¿Te identificas con algunos de los hábitos, presentes o pasados, de este joven? ¿Con cuáles? ¿Qué les recomienda el joven del anuncio a los lectores?**

ESPAÑOL EN VIVO

**¡Acabo de descubrir
UNA NUEVA VIDA!**

Hasta el año pasado, siempre había mirado la tele sentado en el sofá durante mis ratos libres. ¡Era un sedentario y un teleadicto! Había aumentado mucho de peso porque jamás había practicado ningún deporte.

Este año, he empezado a tener una dieta más sana y voy al gimnasio todos los días. He comenzado a ser una persona muy activa y he adelgazado. Disfruto de una vida sana y... ¡me siento muy feliz!

MANTÉNGASE EN FORMA

GIMNASIO OLÍMPICO

Práctica y conversación

1 **Completar** Completa los minidiálogos con las formas correctas del pretérito pluscuamperfecto del indicativo.

SARA Antes de cumplir los 15 años, ¿ (1) ___habías estudiado___ [estudiar] tú otra lengua?

JOSÉ Sí, (2) ___había tomado___ [tomar] clases de inglés y de italiano.

DIANA Antes del 2017, ¿ (3) ___habían viajado___ [viajar] tú y tu familia a Europa?

TOMÁS Sí, (4) ___habíamos visitado___ [visitar] Europa tres veces.

ANTONIO Antes de este año, ¿ (5) ___había corrido___ [correr] usted en un maratón?

SRA. VERA No, nunca lo (6) ___había hecho___ [hacer].

SOFÍA Antes de su enfermedad, ¿ (7) ___había sufrido___ [sufrir] muchas presiones tu tío?

IRENE Sí... y mi tío nunca antes (8) ___se había mantenido___ [mantenerse] en forma.

2 **Quehaceres** Indica lo que ya había hecho cada miembro de la familia antes de la llegada de la madre, la señora Ferrer.

Answers will vary.

Teresa
Carmen
el Sr. Ferrer
Tomás
su suegra
Armando

3 **Tu vida** Indica si ya habías hecho las siguientes cosas cuando cumpliste los dieciséis años. Answers will vary.

1. Hacer un viaje en avión
2. Escalar una montaña
3. Escribir un poema
4. Leer una novela
5. Enamorarte
6. Tomar una clase de educación física
7. Montar a caballo
8. Ir de pesca

4 **Oraciones** Túrnate con un(a) compañero/a para completar estas oraciones, usando el pretérito pluscuamperfecto del indicativo. Answers will vary.

1. Cuando yo llamé a mi mejor amigo/a la semana pasada, él/ella ya...
2. Antes de este año, mis amigos/as y yo nunca...
3. Hasta el año pasado, yo siempre...
4. Antes de cumplir los veinte años, mi mejor amigo/a...
5. Antes de cumplir los treinta años, mis padres ya...
6. Hasta que cumplí los dieciocho años, yo nunca...
7. Antes de este semestre, el/la profesor(a) de español nunca...
8. Antes de tomar esta clase, yo nunca...

5 **Lo dudo** Escribe cinco oraciones, algunas ciertas y otras falsas, sobre cosas que habías hecho antes de venir a la universidad. Luego, en grupos, túrnense para leer sus oraciones. Cada miembro del grupo debe decir "es cierto" o "lo dudo" después de escuchar cada oración. Cada uno escribe la reacción de cada compañero/a para ver quién obtiene más respuestas ciertas. Answers will vary.

MODELO

Estudiante 1: Cuando tenía diez años, ya había manejado el carro de mi papá.

Estudiante 2: Lo dudo.

Estudiante 3: Es cierto.

6 **Entrevista** Con un(a) compañero/a, prepara una conversación en la que un(a) periodista de televisión está entrevistando (*interviewing*) a un(a) actor/actriz famoso/a que está haciendo un video de ejercicios aeróbicos. El/La periodista le hace preguntas para descubrir esta información: Answers will vary.

• Si siempre se había mantenido en forma antes de hacer este video
• Si había seguido alguna dieta especial antes de hacer este video
• Qué le recomienda a la gente que quiere mantenerse en forma
• Qué le recomienda a las personas que quieren adelgazar
• Qué va a hacer cuando termine este video

Ampliación

  Video: TV Clip

SCRIPT For the script, go to the Supersite.

1 Escuchar

A Escucha lo que dice Ofelia Cortez de Bauer. Anota algunos de los cognados que escuchas y también la idea general del discurso.

TIP **Listen for the gist and cognates.** By listening for the gist, you can get the general idea of what you're hearing. Listening for cognates will help you to fill in the details. Answers will vary.

Cognados	Idea general
_____	_____
_____	_____
_____	_____

Ahora indica si estas oraciones son **ciertas** o **falsas**.

Cierto	Falso	
✓	_____	**1.** La señora Bauer habla de la importancia de estar en buena forma.
_____	✓	**2.** Según la señora Bauer, es importante que todos sigan el mismo programa.
✓	_____	**3.** La señora Bauer participa en actividades individuales y de grupo.
_____	✓	**4.** Según la señora Bauer, el objetivo más importante de cada persona debe ser adelgazar.

B ¿Qué piensas de los consejos que ella da? ¿Hay otra información que ella debía haber incluido (*included*)? Answers will vary.

2 Conversar
Con un(a) compañero/a, preparen una conversación entre el/la enfermero/a de la clínica de la universidad y un(a) estudiante que no se siente bien. Usen estas preguntas como guía. Answers will vary.

- *¿Qué problema tiene y de dónde viene?*
- *¿Tiene buenos hábitos el/la estudiante?*
- *¿Qué ha hecho el/la estudiante en los últimos meses? ¿Cómo se ha sentido?*
- *¿Qué recomendaciones tiene el/la enfermero/a para el/la estudiante?*
- *¿Qué va a hacer el/la estudiante para llevar una vida más sana?*

recursos

WB pp. 151–156 | LM pp. 87–89 | vhlcentral

Inform students that the material listed in the **recursos** box applies to the complete **Gramática** section.

3 **Escribir** Desarrolla un plan personal para mejorar tu bienestar físico y emocional. Considera la nutrición, el ejercicio y el descanso. Answers will vary.

TIP **Organize your information logically.** To make your writing and message clearer to your readers, organize information chronologically, sequentially, or in order of importance.

Organizar	Escribe tus objetivos. Anota lo que has hecho hasta ahora, lo que no has hecho y lo que todavía tienes que hacer para conseguir tus objetivos.
Escribir	Organiza tus apuntes y escribe el primer borrador de tu plan personal.
Corregir	Intercambia tu plan personal con un(a) compañero/a. Dale sugerencias para mejorar la organización. ¿Incluye toda la información pertinente? ¿Es lógica la organización? Si ves algunos errores, coméntaselos.
Compartir	Prepara la versión final, tomando en cuenta los comentarios de tu compañero/a. Luego, con otro/a compañero/a, compara lo que han escrito. ¿Son similares sus planes? ¿Son diferentes?

4 **Un paso más** Imagina que estás a cargo de (*in charge of*) promocionar una excursión de aventuras con actividades deportivas en algún país hispano. Crea un atractivo folleto (*brochure*) para vender la idea de la excursión. Luego compara tu folleto con los de tus compañeros/as. Answers will vary.

- Escoge el país y los lugares que van a visitar.
- Describe las actividades deportivas y de aventura que van a hacer en cada lugar.
- Explica los aspectos de la excursión que son importantes para la salud.
- Incluye el costo del viaje.

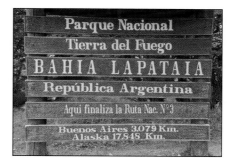

5 **Conexión Internet** Investiga estos temas en el sitio **vhlcentral.com**.

- Actividades deportivas en el mundo hispano
- Turismo alternativo en el mundo hispano

3 SUGGESTION Have students brainstorm details of a personal fitness plan. As a class, talk about how to organize the information in a logical manner before starting the writing assignment.

3 EVALUATION
Criteria	Scale
Content	1 2 3 4
Organization	1 2 3 4
Use of vocabulary	1 2 3 4
Accuracy and mechanics	1 2 3 4
Creativity	1 2 3 4

Scoring
Excellent	18–20 points
Good	14–17 points
Satisfactory	10–13 points
Unsatisfactory	< 10 points

4 SUGGESTION Students will need a week to complete this project. Bring in some adventure magazines or travel brochures to serve as models. Travel websites can also be a source of information.

4 EXPANSION Tell students to go to the Centers for Disease Control and Prevention website at www.cdc.gov for vaccination requirements and other medical information.

4 SUGGESTION Have students present their brochures to the class. Do a few presentations every day until all students have shown their brochures.

Antes de leer

**Audio: Reading
Additional Reading**

For dramatic effect and to achieve a smoother writing style, authors often do not explicitly supply the reader with all the details of a story. Clues in the text can help you infer those things the writer chooses not to state in a direct manner. You simply "read between the lines" to fill in the missing information and draw conclusions about the story.

Sobre la autora

Cristina Peri Rossi (1941) Nació en Uruguay, pero ahora vive en España. En sus cuentos, novelas y poemas explora las pasiones, el aislamiento (*isolation*) y las incertidumbres (*uncertainties*) que sentimos como seres humanos (*human beings*).

SUGGESTION Read the first sentence of the story aloud and discuss with the class what it may mean.

TEACHING OPTION Have students read through the passage and locate the verbs in the present perfect tense. Discuss why this tense is used and how it contributes to the meaning of the story. You can also have students identify the past participles used as adjectives and their corresponding infinitives. Ex: **cerrada (cerrar).**

SUGGESTION For item 1 in **¿Comprendiste?**, have students identify the words in the story that signal to the reader the sex of the narrator. (The feminine adjective is the clue: **no seas distraída**).

SUGGESTION Have pairs interview one another with the questions in **Coméntalo.**

El viaje

Cristina Peri Rossi

Ella me ha entregado la felicidad dentro de una caja° bien cerrada, y me la ha dado, diciéndome:

—Ten cuidado, no vayas a perderla, no seas distraída, me ha costado un gran esfuerzo° conseguirla: los mercados estaban cerrados, en las tiendas ya no había y los pocos vendedores ambulantes que existían se han jubilado, porque tenían los pies cansados. Ésta es la única que pude hallar° en la plaza, pero es de las legítimas. Tiene un poco menos brillo° que aquella que consumíamos mientras éramos jóvenes y está un poco arrugada°, pero si caminas bien, no notarás° la diferencia. Si la apoyas en alguna parte°, por favor, recógela antes de irte, y si decides tomar un ómnibus, apriétala° bien entre las manos: la ciudad está llena de ladrones° y fácilmente te la podrían arrebatar°.

Después de todas estas recomendaciones soltó° la caja y me la puso entre las manos. Mientras caminaba, noté que no pesaba° mucho pero que era un poco incómoda de usar: mientras la sostenía no podía tocar otra cosa, ni me animaba a dejarla depositada, para hacer las compras. De manera que no podía entretenerme, y menos aún, detenerme a explorar, como era mi costumbre. A la mitad de la tarde tuve frío. Quería abrirla, para saber si era de las legítimas, pero ella me dijo que se podía evaporar. Cuando desprendí° el papel, noté que en la etiqueta° venía una leyenda°:

"Consérvese sin usar."

Desde ese momento tengo la felicidad guardada en una caja. Los domingos de mañana la llevo a pasear, por la plaza, para que los demás me envidien° y lamenten su situación; de noche la guardo en el fondo del ropero°. Pero se aproxima el verano y tengo un temor: ¿cómo la defenderé° de las polillas°?

---

me… caja *handed me happiness in a box* esfuerzo *effort*
la única… hallar *the only one I could find* brillo *shine*
arrugada *wrinkled* no notarás *you won't notice* Si… parte *If you set it down somewhere* apriétala *hold* ladrones *thieves* podrían arrebatar *could snatch*
soltó *let go of* no pesaba *it didn't weigh* desprendí *I took off* etiqueta *label*
leyenda *inscription* envidien *envy* en… ropero *in the back of the closet*
defenderé *will I defend* polillas *moths*

Después de leer

NATIONAL communication STANDARDS

¿Comprendiste?

Responde las preguntas de acuerdo con la lectura. Suggested answers.

1. La persona que narra el cuento, ¿es hombre o es mujer? Es mujer.

2. El regalo, la felicidad, ¿fue fácil o difícil de conseguir? Fue difícil de conseguir.

3. ¿Dónde compró la persona la felicidad, en la calle o en una tienda? La compró en la calle.

4. Según la persona que la dio, ¿esta felicidad es de mejor o de peor calidad que la que tenía de joven? Es de peor calidad.

5. Según ella, ¿hay mucho o poco riesgo (*risk*) de perder la felicidad? Hay mucho riesgo.

6. ¿Por qué no puede abrir la caja la narradora? Porque hay una leyenda que dice: "Consérvese sin usar."

7. Al final, ¿qué hace la narradora con la felicidad? La deja en el ropero, excepto los domingos.

Preguntas

Responde a estas preguntas con oraciones completas. Answers will vary.

1. ¿Qué debe hacer la narradora para cuidar la felicidad?

2. ¿Qué límites le impone la felicidad a la narradora?

3. ¿Cómo quiere la narradora que su felicidad afecte a otras personas?

4. ¿Por qué la narradora tiene miedo de las polillas?

Coméntalo

Con un(a) compañero/a, conversa sobre estas preguntas: Answers will vary.

• ¿Por qué a la persona le resulta (*results*) difícil conseguir la felicidad?

• ¿Por qué está encerrada en una caja?

• ¿Vale la pena (*Is it worth it*) tener la "felicidad" guardada en una caja sin usar?

• ¿Qué simboliza la felicidad en este cuento?

Vocabulary Tools

El bienestar

el bienestar	well-being
el masaje	massage
aliviar el estrés/ la tensión	to relieve stress/tension
disfrutar (de)	to enjoy; to reap the benefits (of)
(no) fumar	(not) to smoke
llevar una vida sana	to lead a healthy lifestyle
activo/a	active
débil	weak
flexible	flexible
fuerte	strong
sedentario/a	sedentary
tranquilo/a	calm; quiet

En el gimnasio

la clase de ejercicios aeróbicos	aerobics class
el músculo	muscle
calentarse (e:ie)	to warm up
entrenarse	to train
estar en buena forma	to be in good shape
hacer ejercicio	to exercise
hacer ejercicios aeróbicos	to do aerobics
hacer ejercicios de estiramiento	to do stretching exercises
hacer gimnasia	to work out
levantar pesas	to lift weights
mantenerse en forma	to stay in shape
sudar	to sweat

La nutrición

la bebida alcohólica	alcoholic beverage
la caloría	calorie
el colesterol	cholesterol
la grasa	fat
la merienda	(afternoon) snack
los minerales	minerals
la nutrición	nutrition
la proteína	protein
las vitaminas	vitamins
adelgazar	to lose weight; to slim down
aumentar de peso	to gain weight
consumir alcohol	to consume alcohol
engordar	to gain weight
estar a dieta	to be on a diet
merendar (e:ie)	to have a(n) (afternoon) snack
seguir una dieta equilibrada	to eat a balanced diet
descafeinado/a	decaffeinated

As students finish the lesson, encourage them to explore the **Repaso** section on the Supersite. There they will find quizzes for practicing vocabulary, grammar, and oral language.

Otras palabras y expresiones

la droga	drug
el/la drogadicto/a	drug addict
el/la teleadicto/a	couch potato
apurarse	to hurry; to rush
darse prisa	to hurry; to rush
sufrir muchas presiones	to be under a lot of pressure
tratar de (+ inf.)	to try (to do something)
en exceso	in excess; too much
sin	without

Irregular past participles	See page 338.

16 El mundo del trabajo

Communicative Goals

You will learn how to:
- discuss the world of work
- talk about future plans
- reminisce
- express hopes

PARA EMPEZAR Here are some additional questions you can ask: **¿Has tenido un trabajo? ¿Dónde? ¿Qué hacías?** **¿Te gusta trabajar? ¿Por qué? ¿Has sufrido presiones? Explica. ¿Qué haces para aliviar el estrés?**

Para empezar

- ¿Está estudiando o trabajando esta persona?
- ¿Qué clase de ropa lleva?
- ¿Cuál es su profesión?
- ¿Crees que ella sufre de mucho estrés?

S Vocabulary Tools

El mundo del trabajo

el científico
scientist

el actor
actor

SUGGESTION In pairs, have students list words associated with professions. Ex: **cocinero: cocina, restaurante, cuchara, horno, comida.**

LAS OCUPACIONES

el/la **abogado/a** *lawyer*
la **actriz** *actress*
el/la **arqueólogo/a** *archaeologist*
el/la **arquitecto/a** *architect*
el **bailarín** *dancer*
la **bailarina** *dancer*
el/la **cantante** *singer*
el/la **carpintero/a** *carpenter*
el/la **consejero/a** *counselor; advisor*
el/la **contador(a)** *accountant*
el/la **corredor(a) de bolsa** *stockbroker*
el/la **diseñador(a)** *designer*
el/la **electricista** *electrician*
el/la **escritor(a)** *writer*
el/la **escultor(a)** *sculptor*
el/la **gerente** *manager*
el **hombre/la mujer de negocios**
   businessperson
el/la **jefe/a** *boss*
el/la **maestro/a** *teacher*
el/la **pintor(a)** *painter*
el/la **poeta** *poet*
el/la **político/a** *politician*
el/la **reportero/a** *reporter*
el/la **secretario/a** *secretary*
el/la **técnico/a** *technician*

el cocinero
cook; chef

la peluquera
hairdresser

el bombero
firefighter

ASÍ SE DICE
Point out these lexical items:
el/la **abogado/a** → el/la **licenciado/a** (*Amér. C.*)
el/la **contador(a)** → el/la **contable** (*Esp.*)

el psicólogo
psychologist

el anuncio
advertisement

SE BUSCA

diseñador gráfico

Ofrecemos excelentes beneficios. Para mayor información, diríjase a nuestra oficina principal, Calle Castilla, n.° 44.

LAS ENTREVISTAS

el/la aspirante *candidate; applicant*
los beneficios *benefits; profits*
el/la entrevistador(a) *interviewer*
el puesto *position; job*
el salario *salary*
la solicitud (de trabajo) *(job) application*
el sueldo *salary*

contratar *to hire*
entrevistar *to interview*
ganar *to earn*
obtener *to obtain; to get*
solicitar *to apply (for a job)*

VOCABULARIO ADICIONAL For additional vocabulary on this theme, go to **Vocabulario adicional** in the **Resources** section of the Supersite.

el currículum
résumé

DATOS PERSONALES

Nombre y apellidos: Carmela Roca
Fecha de nacimiento: 14 de diciembre de 1993.
Lugar de nacimiento: Salamanca
D.N.I.: 7885270-R
Dirección: Calle Ferrara 17, 5
37500 Salamanca
Teléfono: 923 270 118
Correo electrónico: rocac@teleline.com

FORMACIÓN ACADÉMICA
• 2015–2018 Máster en Administración y Dirección de Empresas, Universidad Autónoma de Madrid

CURSOS Y SEMINARIOS
• 2012 "Gestión y Creación de Empresas", Universidad de Córdoba

EXPERIENCIA PROFESIONAL
• 2013–2014 Contrato de un año en la empresa RAMA, S.L., realizando tareas administrativas

IDIOMAS
• INGLÉS Nivel alto. Título de la Escuela Oficial de Idiomas
• ITALIANO Nivel medio

INFORMÁTICA/COMPUTACIÓN
• Conocimientos de usuario de Mac / Windows
• MS Office

EL MUNDO DEL TRABAJO

el ascenso *promotion*
el aumento de sueldo *raise*
la carrera *career*
la compañía *company; firm*
el empleo *job; employment*
la empresa *company; firm*
la especialización *field of study*
los negocios *business; commerce*
la ocupación *occupation*
el oficio *trade*
la profesión *profession*
el teletrabajo *telecommuting*
el trabajo *job; work*
la videoconferencia *videoconference*

dejar *to quit; to leave behind*
despedir (e:i) *to fire*
invertir (e:ie) *to invest*
renunciar (a) *to resign (from)*
tener éxito *to be successful*

comercial *commercial; business-related*

TEACHING OPTION Take a class survey of the occupations students hope to have in the future. List the most popular occupations on the board and have students name the requirements for each.

EXPANSION In pairs, have students write down a few questions they would ask a potential employer or a potential employee in a job interview.

SUGGESTION Have students describe their job interviews. Ask: ¿Te pones nervioso/a antes de una entrevista? ¿Cómo te preparas para una entrevista?

la reunión
meeting

SUGGESTION In small groups, have students order the events involved in securing a job.

la entrevista
interview

SUGGESTION Using pictures and the Digital Image Bank, ask students to identify places of business and occupations. Ex: **¿Qué tipo de negocio es? (peluquería) ¿Quién trabaja aquí? (un(a) peluquero/a)**

Práctica y conversación

1 SCRIPT For the script, go to the Supersite.

2 EXPANSION Have pairs write logical sentences with the unused choices. Ex: **Mi hermano tuvo una entrevista de trabajo ayer.** Call on different pairs to read their sentences aloud.

2 TEACHING OPTION Divide the class into groups of four. Give groups five minutes to write a job advertisement, without mentioning the name of the position being offered. Then have groups take turns reading the ads. The other teams must guess what job is being announced.

3 SUGGESTION Have students make a list of words or expressions they associate with these professions: **arqueólogo/a, contador(a), diseñador(a), cocinero/a**

4 SUGGESTION This activity can be done in pairs or small groups in round-robin fashion. Call on students to report on their group's responses.

1 **¿Lógico o ilógico?** Escucha las oraciones e indica si son **lógicas** o **ilógicas**.

	1.	2.	3.	4.	5.	6.	7.	8.
Lógico	✓		✓	✓		✓		
Ilógico		✓			✓		✓	✓

2 **Completar** Escoge la respuesta que completa cada oración.

1. Quiero conseguir un puesto con _____.
   a. oficios   (b.) beneficios   c. ocupación

2. Luisa tiene la oportunidad de _____ la empresa donde trabaja.
   a. despedir   b. entrevistar   (c.) invertir en

3. Mi vecino dejó su _____ porque no le gustaba su jefe.
   (a.) puesto   b. anuncio   c. sueldo

4. Raúl va a _____ su empleo antes de empezar su propia empresa.
   a. solicitar   b. tener éxito   (c.) renunciar a

5. Mi madre _____ su carrera como escultora.
   (a.) tuvo éxito en   b. contrató   c. entrevistó

6. ¿Cuándo obtuviste _____ más reciente?
   a. los negocios   b. la videoconferencia   (c.) el aumento de sueldo

7. Jorge llegó tarde a la _____ esta mañana.
   (a.) reunión   b. especialización   c. carrera

3 **Asociaciones** Escribe las profesiones que asocias con estas palabras.

1. pelo _____peluquero/a_____   6. pinturas _____pintor(a)_____
2. novelas _____escritor(a)_____   7. elecciones _____político/a_____
3. emociones _psicólogo/a/consejero/a_   8. baile _____bailarín/bailarina_____
4. teatro _____actor/actriz_____   9. leyes _____abogado/a_____
5. periódico _reportero/a/escritor(a)_   10. luz artificial _____electricista_____

4 **Conversación** Contesta las preguntas con un(a) compañero/a. Answers will vary.

1. ¿Te gusta tu especialización? ¿Cuál es tu carrera ideal? ¿Por qué?
2. ¿Cómo te preparas para una entrevista? ¿Obtienes siempre los puestos que quieres?
3. ¿Qué características tiene un(a) jefe/a bueno/a?
4. ¿Te gustaría más un teletrabajo o un trabajo en una oficina? ¿Por qué?

recursos

WB
pp. 157–158

LM
p. 91

S
vhlcentral

5 SUGGESTION Divide the class so half will play the role of **Representantes** and half will be **Aspirantes**. Give students 10 minutes to prepare their assigned roles or you may assign this preparation as homework. **Representantes** should create job announcements, and **Aspirantes** should prepare their résumés.

5 **Una feria de trabajo** La clase va a organizar una feria (*fair*) de trabajo. Unos estudiantes son representantes de compañías y otros están buscando empleo. Answers will vary.

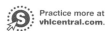

Practice more at
vhlcentral.com.

Representantes

- Preparan carteles con el nombre de su compañía.
- Escriben los puestos de trabajo que ofrecen.
- Contestan las preguntas de los aspirantes y describen los puestos disponibles.
- Consiguen los nombres y referencias de los aspirantes.

Aspirantes

- Circulan por la feria de trabajo.
- Hablan con tres representantes y formulan preguntas sobre los puestos que tienen.
- Muestran sus referencias y sus currículums.
- Escogen el puesto que les gustó más.

ACTIVITY PACK For additional activities, go to the **Activity Pack** in the **Resources** section of the Supersite.

5 TEACHING OPTION Have the class do a continuous narration. One student begins: **Es mi primera entrevista para mi trabajo ideal.** The next student continues: **Tengo mi solicitud de empleo y mi currículum.** The next student continues: **Voy a la empresa y hablo con la recepcionista.** Students continue taking turns until the interview ends.

NATIONAL comparisons STANDARDS

Ortografía Las letras y, ll y h

Audio: Pronunciation

The letters *ll* and *y* were not pronounced alike in Old Spanish. Nowadays, however, *ll* and *y* have the same or similar pronunciations in many parts of the Spanish-speaking world. This results in frequent misspellings. The letter *h*, as you already know, is silent in Spanish, and it is often difficult to know whether words should be written with or without it. Here are some of the word groups that are spelled with each letter.

EXPANSION Read aloud a list of words that contain **y**, **ll**, and **h**. Each time you read a word, the class should say **i griega**, **elle** or **hache** to indicate which letter is used. Ex: **ayer**, **llegaba, oyó, llamamos, humano, huésped, millonario, cayeron, leyó.**

| **ta**lla | **se**llo | **bote**lla | **amari**llo |

The letter *ll* is used in these endings: **–allo/a, –ello/a, –illo/a.**

| **lla**ve | **lle**ga | **llo**rar | **llu**via |

The letter *ll* is used at the beginning of words in these combinations: **lla–, lle–, llo–, llu–.**

| **ca**yendo | **le**yeron | **o**ye | **inclu**ye |

The letter *y* is used in some forms of the verbs **caer, leer,** and **oír,** and of verbs ending in **–uir.**

recursos

LM
p. 92

vhlcentral

| **hiper**activo | **hosp**ital | **hipo**pótamo | **hum**or |

The letter *h* is used at the beginning of words in these combinations: **hiper–, hosp–, hidr–, hipo–, hum–.**

| **hia**to | **hie**rba | **hue**so | **hui**r |

The letter *h* is also used in words that begin with these combinations: **hia–, hie–, hue–, hui–.**

Adivinanza Aquí tienes una adivinanza (*riddle*). Intenta descubrir de qué se trata.

EXPANSION Have the class work in groups to make a list of six new words that are spelled with **y**, **ll**, or **h** (two words for each letter). Then have them create humorous sentences that include all of the words. Have several groups share their sentences with the class.

Una cajita chiquita, blanca como la nieve: todos la saben abrir, nadie la sabe cerrar.[1]

Pista: Es una comida.

1 El huevo

Practice more at **vhlcentral.com.**

La entrevista de trabajo

 Video: Fotonovela

Los chicos hablan de sus planes para el futuro. Y la Sra. Díaz prepara a Miguel para unas entrevistas de trabajo.

NATIONAL communication cultures STANDARDS

VIDEO SYNOPSIS As the friends r[...] on their professional goals and pla[...] the future, Felipe becomes aware [...] Carlos and Jimena's romance. Sra[...] helps Miguel with a mock job inte[...] and Maru gets some good news.

Expresiones útiles

Talking about future plans

En menos de dos meses, ya habré regresado a mi casa en Wisconsin.
In less than two months, I'll have gone back home to Wisconsin.

¿Qué piensas hacer después de graduarte?
What do you think you'll do after graduating?

Vamos a crear una compañía de asesores de negocios.
We're going to open a consulting firm.

Les enseñaremos a las empresas a disminuir la cantidad de contaminación que producen.
We'll teach businesses how to reduce the amount of pollution they produce.

No sé cómo vaya a ser mi vida a los treinta años.
I don't know what my life will be like when I am thirty.

Probablemente me habré ido de Wisconsin.
I'll probably have left Wisconsin.

Seré arqueóloga en un país exótico.
I'll be an archeologist in some exotic country.

Reactions

Estoy seguro/a de que tendrán mucho éxito.
I'm sure you'll be very successful.

¡Genial! *Great!*

Additional Vocabulary

ejercer *to practice/exercise (a degree/profession)*
enterarse *to find out*
establecer *to establish*
extrañar *to miss*
por el porvenir *for/to the future*
el título *title*

recursos

VM pp. 199–200
vhlcentral

MARISSA En menos de dos meses, ya habré regresado a mi casa en Wisconsin.

FELIPE No pensé que el año terminara tan pronto.

JIMENA ¡Todavía no se ha acabado! Tengo que escribir tres ensayos.

MARISSA ¿Qué piensas hacer después de graduarte, Felipe?

JUAN CARLOS Vamos a crear una compañía de asesores de negocios.

FELIPE Les enseñaremos a las empresas a disminuir la cantidad de contaminación que producen.

MARISSA Estoy segura de que tendrán mucho éxito.

FELIPE También me gustaría viajar. Me muero por ir a visitarte a los Estados Unidos.

JIMENA Pues date prisa. Pronto estará lejos trabajando como arqueóloga.

MARISSA No sé cómo vaya a ser mi vida a los 30 años. Probablemente me habré ido de Wisconsin y seré arqueóloga en un país exótico.

JUAN CARLOS (*a Jimena*) Para entonces ya serás doctora.

(*Mientras tanto, en la oficina de la Sra. Díaz*)

MIGUEL Gracias por recibirme hoy.

SRA. DÍAZ De nada, Miguel. Estoy muy feliz de poder ayudarte con las entrevistas de trabajo.

MARISSA   **FELIPE**   **JIMENA**   **JUAN CARLOS**   **MIGUEL**   **SRA. DÍAZ**

SRA. DÍAZ Durante la entrevista, tienes que convencer al entrevistador de que tú eres el mejor candidato. ¿Estás listo para comenzar?

MIGUEL Sí.

MIGUEL Mucho gusto. Soy Miguel Ángel Lagasca Martínez.

SRA. DÍAZ Encantada, Miguel. Veamos. Hábleme sobre su trabajo en el Museo Guggenheim de Bilbao.

MIGUEL Estuve allí seis meses en una práctica.

SRA. DÍAZ ¿Cuáles son sus planes para el futuro?

MIGUEL Seguir estudiando historia del arte, especialmente la española y la latinoamericana. Me encanta el arte moderno. En el futuro, quiero trabajar en un museo y ser un pintor famoso.

SRA. DÍAZ ¿Qué te hace especial, Miguel?

MIGUEL ¿Especial?

SRA. DÍAZ Bueno. Paremos un momento. Necesitas relajarte. Vamos a caminar.

MIGUEL Estamos esperando noticias del museo. (*al teléfono*) Hola. ¿Maru? ¡Genial! (*a la Sra. Díaz*) ¡La aceptaron!

SRA. DÍAZ Felicidades. Ahora quiero que tomes ese mismo entusiasmo y lo lleves a la entrevista.

Actividades

1 ¿Cierto o falso? Indica si lo que dicen las oraciones es **cierto** o **falso**. Corrige las oraciones falsas.

1. Juan Carlos y Felipe quieren crear su propia empresa. Cierto.

2. En el futuro, Marissa va a viajar porque va a ser psicóloga. Falso. En el futuro, Marissa va a viajar porque va a ser arqueóloga.

3. La Sra. Díaz ayuda a Miguel con su currículum. Falso. La Sra. Díaz ayuda a Miguel con sus entrevistas de trabajo.

4. Miguel quiere seguir estudiando historia del arte. Cierto.

2 Identificar Identifica quién puede decir estas oraciones.

1. Nosotros vamos a ayudar a que se reduzca la contaminación. Felipe

2. Me gustan los hospitales, por eso quiero ser doctora. Jimena

3. No imagino cómo será mi vida en el futuro. Marissa

4. Quiero ser un pintor famoso, como Salvador Dalí. Miguel

5. Lleva ese entusiasmo a la entrevista y serás el mejor candidato. Sra. Díaz

3 Profesiones Los protagonistas de **Escenas** mencionan estas profesiones. En parejas, túrnense para identificar cada profesión. Answers will vary.

1. arqueólogo/a
2. doctor(a)
3. administrador(a) de empresas
4. artista
5. hombre/mujer de negocios
6. abogado/a
7. pintor(a)
8. profesor(a)

BAJO LA LUPA

 Additional Reading
Video

Beneficios
en los empleos

¿Qué piensas si te ofrecen un trabajo que te da treinta días de vacaciones pagadas? Los beneficios laborales° en los Estados Unidos, España e Hispanoamérica son diferentes en varios sentidos°. En España, por ejemplo, los empleados tienen treinta días de vacaciones pagadas al año. Por otra parte, mientras que° en los Estados Unidos se otorga° una licencia por maternidad° de doce semanas, la ley° no especifica que sea pagada, esto depende de cada empresa. Sin embargo, en muchos países hispanoamericanos las leyes dictan que esta licencia sea pagada. Países como Cuba y Venezuela ofrecen a las madres trabajadoras° dieciocho semanas de licencia pagada. Chile cuenta con la licencia por maternidad más larga de Suramérica: veinticuatro meses.

Otra diferencia está en los sistemas de jubilación° de los países hispanoamericanos. Hasta la década de

1990, la mayoría de los países de Centroamérica y Suramérica tenía un sistema de jubilación público. Es decir que las personas no tenían que pagar directamente por su jubilación, sino que el Estado la administraba. Sin embargo, en las últimas décadas las cosas han cambiado en Hispanoamérica: casi todos los países han incorporado el sistema privado° de jubilación y en muchos países podemos encontrar los dos sistemas (público y privado) funcionando al mismo tiempo, como en Colombia, Perú o Costa Rica.

El currículum vitae

- El currículum vitae contiene información personal y es fundamental que sea muy detallado°. En general, mientras más páginas tenga, mejor.
- Normalmente incluye° la educación completa del aspirante, todos los trabajos que ha tenido e, incluso, sus gustos personales y pasatiempos.
- Puede también incluir detalles que no se suele incluir en los Estados Unidos: una foto del aspirante, su estado civil, e incluso, si tiene auto y de qué tipo.

beneficios laborales *job benefits*   varios sentidos *many ways*
mientras que *while*   se otorga *is given*   licencia por maternidad
maternity leave   ley *law*   madres trabajadoras *working mothers*
jubilación *retirement*   privado *private*   detallado *detailed*
incluye *includes*

recursos

VM
pp. 231–232   vhlcentral

ACTIVIDADES

1 **¿Cierto o falso?** Indica si lo que dicen estas oraciones es **cierto** o **falso**. Corrige las falsas.

MODELO
La licencia de maternidad en Chile es de un año.
Falso. En Chile, esta licencia dura dos años.

1. Los trabajadores de los Estados Unidos y los de España tienen beneficios laborales diferentes. **Cierto.**

2. La licencia por maternidad es igual en Hispanoamérica y los Estados Unidos. **Falso.** Son diferentes.

3. En Venezuela, la licencia por maternidad es de cuatro meses y medio. **Cierto.**

4. En España, los empleados tienen treinta días de vacaciones al año. **Cierto.**

5. Hasta 1990, muchos países hispanoamericanos tenían un sistema de jubilación privado. **Falso.** La mayoría de los países hispanoamericanos tenía un sistema de jubilación público.

6. En Perú sólo tienen sistema de jubilación privado. **Falso.** En Perú tienen sistema de jubilación público y privado.

7. En general, el currículum vitae hispano y el estadounidense tienen contenido distinto. **Cierto.**

8. En Hispanoamérica, es importante que el currículum vitae tenga pocas páginas. **Falso.** Mientras más páginas tenga, mejor.

2 **Futuro laboral** Con un(a) compañero/a, haz una lista de las expectativas que tienen sobre su futuro como trabajadores/as y de los trabajos que quisieran tener. Luego, respondan estas preguntas: ¿Conocen bien las reglas para conseguir un trabajo? ¿Les gustan? ¿Les disgustan? Presenten sus ideas ante la clase para un debate.

3 **Ofertas de trabajo** Busca en Internet ofertas laborales en páginas en español y elige las dos que más te interesen. Escribe un párrafo en el que describas el empleo y sus condiciones, y por qué te llamó la atención.

4 **Conexión Internet** Investiga en el sitio **vhlcentral.com** qué tipos de trabajos voluntarios se pueden realizar en Latinoamérica.

El mundo del trabajo

1 **Preparación** ¿Trabajas? ¿Cuáles son tus metas (*goals*) profesionales?

2 **El video** Mira el episodio de **Flash Cultura**.

Vocabulario	
el desarrollo *development*	**promover** *to promote*
el horario *schedule*	**las ventas** *sales*

Gabriela, ¿qué es lo más difícil de ser una mujer policía?

Nuestra principal estrategia de ventas es promover nuestra naturaleza…

3 **Escoger** Escoge la opción correcta de cada par de afirmaciones.

1. a. Todos los ecuatorianos que trabajan en Ecuador son muy felices en su trabajo.
   b. En Ecuador, como en todos los países del mundo, hay personas que aman su trabajo y hay otras que lo odian.

2. a. El objetivo principal de Klein Tours es mostrar al mundo las maravillas de Ecuador.
   b. Klein Tours quiere mostrar al mundo que tiene los empleados más fieles y profesionales de toda Latinoamérica.

16.1 The future tense

 Tutorial

▶ You have already learned how to use **ir a** + [*infinitive*] to express the near future. You will now learn the future tense. Compare these different ways of expressing the future.

PRESENT INDICATIVE

Voy al cine mañana.
I'm going to the movies tomorrow.

PRESENT SUBJUNCTIVE

Ojalá **vaya al cine** mañana.
I hope I will go to the movies tomorrow.

IR A + INFINITIVE

Voy a ir al cine.
I'm going to go to the movies.

FUTURE

Iré al cine.
I will go to the movies.

Future tense of regular verbs

	estudiar	aprender	recibir
yo	estudiaré	aprenderé	recibiré
tú	estudiarás	aprenderás	recibirás
Ud./él/ella	estudiará	aprenderá	recibirá
nosotros/as	estudiaremos	aprenderemos	recibiremos
vosotros/as	estudiaréis	aprenderéis	recibiréis
Uds./ellos/ellas	estudiarán	aprenderán	recibirán

¡ojo!

All the forms of the future tense have written accents, except the **nosotros/as** form.

. . .

The future of **hay** (*inf.* **haber**) is **habrá** (*there will be*).

La próxima semana **habrá** dos reuniones.
Next week there will be two meetings.

Habrá muchos gerentes en la conferencia.
There will be many managers at the conference.

▶ In Spanish, the future tense consists of one word, whereas in English it is made up of the auxiliary verb *will* or *shall* and the main verb.

¿Cuándo **recibirás** el ascenso?
When will you receive the promotion?

Mañana **aprenderemos** más.
Tomorrow we will learn more.

▶ The future endings are the same for all verbs. For regular verbs, add the endings to the infinitive. For irregular verbs, add the endings to the irregular stem.

SUGGESTION Check for understanding by asking volunteers to give different forms of verbs not listed. Ex: renunciar, solicitar, invertir.

SUGGESTION Ask pairs to use the future tense to write ten academic resolutions for the upcoming semester. Ex: Haré dos o tres borradores de cada trabajo escrito. Practicaremos el español con los estudiantes hispanos.

Irregular verbs in the future

INFINITIVE	STEM	FUTURE FORMS	INFINITIVE	STEM	FUTURE FORMS
decir	dir–	diré	querer	querr–	querré
haber	habr–	habré	saber	sabr–	sabré
hacer	har–	haré	salir	saldr–	saldré
poder	podr–	podré	tener	tendr–	tendré
poner	pondr–	pondré	venir	vendr–	vendré

▶ Although the English verb *will* can refer to future time, it also refers to someone's willingness to do something. In this case, Spanish uses **querer** + [*infinitive*].

¿**Quieres llamarme**, por favor?
Will you please call me?

¿**Quieren ustedes escucharnos**, por favor?
Will you please listen to us?

Refer students to the **recursos** box in **Ampliación** for complete information.

▶ English sentences involving expressions such as *I wonder, I bet, must be, may, might,* and *probably* are often conveyed in Spanish using the future of probability. This use of the future tense expresses conjecture about *present* conditions, events, or actions.

> —¿Dónde **estarán** mis llaves?
> *I wonder where my keys are?*

> —**Estarán** en la cocina.
> *They're probably in the kitchen.*

▶ The future may be used in the main clause of sentences in which the present subjunctive follows a conjunction of time such as **cuando, después (de) que, en cuanto, hasta que,** and **tan pronto como.**

> **Cuando llegues** a la oficina, **hablaremos**.
> *When you arrive at the office, we will talk.*

> **Saldremos tan pronto como termine** su trabajo.
> *We will leave as soon as you finish your work.*

Práctica y conversación

1 Planes Celia está hablando de sus planes. Repite lo que dice, usando el tiempo futuro.

MODELO

Voy a consultar un diccionario en la biblioteca.
Consultaré un diccionario en la biblioteca.

1. Julián me va a decir dónde puedo buscar trabajo.
   Me dirá…
2. Voy a buscar un puesto que ofrezca ascensos.
   Buscaré…
3. Álvaro y yo nos vamos a casar pronto.
   Nos casaremos…
4. Voy a obtener un puesto en mi especialización.
   Obtendré…
5. Mis amigos van a intentar (*try*) obtener un teletrabajo.
   Intentarán…

2 Preguntas Túrnate con un(a) compañero/a para hablar del puesto que prefieren y por qué, basándose en los anuncios. Usen las preguntas como guía y hagan también sus propias preguntas. Answers will vary.

SE BUSCA DIRECTOR
de mercadeo para empresa privada. Mínimo de 5 años de experiencia en turismo y conexiones con INTUR (Instituto Nicaragüense de Turismo) y ANTUR (Asociación Nicaragüense de Turismo Receptivo). Debe hablar inglés, español y alemán. Salario anual: 306.000 córdobas. Horario flexible. Buenos beneficios. Envíe currículum por fax al 492-38-67.

MUEBLERÍA MANAGUA
busca carpintero/a. Experiencia en fabricación de muebles finos. Horario: lunes a viernes de 7:30 a 11:30 y de 1:30 a 5:30. Sueldo semanal: 462 córdobas (y beneficios). Comenzará inmediatamente. Solicite en persona: Calle El Lago, Managua.

---

1. ¿Cuál será tu trabajo?
2. ¿Cuánto te pagarán?
3. ¿Te ofrecerán beneficios?
4. ¿Qué horario tendrás?
5. ¿Crees que te gustará?
6. ¿Cuándo comenzarás?

3 Conversar Tú y tu compañero/a viajarán a la República Dominicana por siete días. Indiquen lo que harán y no harán. Digan dónde, cómo, con quién o cuándo lo harán, usando el anuncio como guía. Pueden usar sus propias ideas también.
Answers will vary.

MODELO

Estudiante 1: ¿Qué haremos el martes?
Estudiante 2: Visitaremos el Jardín Botánico.

¡Bienvenido a la República Dominicana!

Se divertirá desde el momento en que llegue al Aeropuerto Internacional de las Américas.

- Visite la ciudad colonial de Santo Domingo con su interesante arquitectura.
- Vaya al Jardín Botánico y disfrute de nuestra abundante naturaleza.

- En el Mercado Modelo no va a poder resistir la tentación de comprar artesanías.
- No deje de escalar la montaña del Pico Duarte (se recomiendan 3 días).
- ¿Le gusta bucear? Cabarete tiene todo el equipo que Ud. necesita.
- ¿Desea nadar? Punta Cana le ofrece hermosas playas.

---

4 Una empresa privada En grupos pequeños, hagan planes para formar una empresa privada. Usen las preguntas como guía. Después presenten su plan a la clase. Answers will vary.

1. ¿Cómo se llamará y qué tipo de empresa será?
2. ¿Cuántos empleados tendrá y cuáles serán sus oficios?
3. ¿Qué tipo de beneficios se ofrecerán?
4. ¿Quién será el/la gerente y quién será el/la jefe/a?
5. ¿Permitirá su empresa el teletrabajo? ¿Por qué?
6. ¿Dónde pondrán anuncios para buscar empleados?

5 Predicciones En grupos pequeños, especulen sobre lo que ocurrirá en estos años: 2030, 2050 y 2080. Usen su imaginación. Luego, compartan sus predicciones con la clase.
Answers will vary.

Practice more at vhlcentral.com. **ACTIVITY PACK** For additional activities, go to the **Activity Pack** in the **Resources** section of the Supersite.

trescientos cincuenta y nueve **359**

16.2 The conditional tense Tutorial

▶ The conditional tense in Spanish expresses what you *would do* or what *would happen* under certain circumstances. In Lesson 7, you learned the polite expression **me gustaría…** (*I would like…*), which uses a conditional form of **gustar**.

The conditional tense			
	visitar	**comer**	**aplaudir**
yo	visitaría	comería	aplaudiría
tú	visitarías	comerías	aplaudirías
Ud./él/ella	visitaría	comería	aplaudiría
nosotros/as	visitaríamos	comeríamos	aplaudiríamos
vosotros/as	visitaríais	comeríais	aplaudiríais
Uds./ellos/ellas	visitarían	comerían	aplaudirían

SUGGESTION Ask students to write a short paragraph answering this question: **Si pudieras cambiar tu vida, ¿qué harías?** Call on volunteers to write their paragraphs on the board. Ask the class to check the paragraphs for correct usage and spelling.

▶ The conditional endings are the same for all verbs, and all forms carry a written accent. For regular verbs, add the endings to the infinitive. For irregular verbs, add the endings to the irregular stems.

¡ojo!

The conditional form of **hay** (*inf.* **haber**) is **habría** (*there would be*).

Irregular verbs in the conditional					
INFINITIVE	STEM	CONDITIONAL	INFINITIVE	STEM	CONDITIONAL
decir	dir–	diría	querer	querr–	querría
haber	habr–	habría	saber	sabr–	sabría
hacer	har–	haría	salir	saldr–	saldría
poder	podr–	podría	tener	tendr–	tendría
poner	pondr–	pondría	venir	vendr–	vendría

¡ojo!

Keep in mind the two parallel combinations shown in the example sentences:

1) present tense in main clause → future tense in subordinate clause

2) past tense in main clause → conditional tense in subordinate clause

▶ While in English the conditional is made up of the auxiliary verb *would* and a main verb, in Spanish it consists of one word.

Este aspirante **sería** perfecto para el puesto.
This candidate would be perfect for the job.

¿**Vivirían** ustedes en otro país por un trabajo?
Would you live in another country for a job?

Querría un puesto con un buen salario.
I would like a job with a good salary.

Ganarían más en otra compañía.
They would earn more in another company.

▶ The conditional is commonly used to make polite requests.

¿**Podrías** llamar al gerente, por favor?
Would you call the manager, please?

¿**Sería** tan amable de venir ahora?
Would you be so kind as to come now?

▶ In both Spanish and English, the conditional expresses the future in relation to a past action or state of being. The future indicates what *will happen*, whereas the conditional indicates what *would happen*. The future tense is often used if the main verb is in the present tense. The conditional is often used if the main verb is in one of the past tenses.

Creo que mañana **hará** sol.
I think it will be sunny tomorrow.

Creía que hoy **haría** sol.
I thought it would be sunny today.

▶ The English *would* can also mean *used to*, in the sense of past habitual action. To express past habitual actions, Spanish uses the imperfect.

Íbamos al parque los sábados.
We would go to the park on Saturdays.

De adolescentes, **comíamos** mucho.
As teenagers, we used to eat a lot.

▶ English sentences involving expressions such as *I wondered if, probably*, and *must have been* are often conveyed in Spanish using the conditional of probability. This use of the conditional expresses conjecture or probability about *past* conditions, events, or actions.

Serían las nueve cuando el jefe me llamó.
It must have been (It was probably) 9 o'clock when my boss called me.

Sonó el teléfono. ¿**Llamaría** Tina para cancelar nuestra cita?
The phone rang. I wondered if it was Tina calling to cancel our date.

Práctica y conversación

1 Un viaje Completa las oraciones con el condicional del verbo indicado.

1. Me _gustaría_ [gustar] llegar unos días antes de la conferencia para viajar por el país.
2. Ana y Rubén _saldrían_ [salir] primero a la playa.
3. Yo _diría_ [decir] que fuéramos a San Juan.
4. Nosotras _preferiríamos_ [preferir] tener las reuniones por la mañana. Así, por la tarde _podríamos_ [poder] visitar la ciudad.
5. Y nosotros _visitaríamos_ [visitar] la zona comercial de la ciudad. Y tú, Luisa, ¿qué _harías_ [hacer]?
6. El jefe _tendría_ [tener] interés en hacer una videoconferencia. Él _visitaría_ [visitar] los museos.

2 Preguntas Forma preguntas con estos elementos. Luego, inventa las respuestas. Usa el condicional. Answers will vary.

MODELO
hacer (ustedes) / videoconferencia / con / empresa de Chile
—¿Harían ustedes una videoconferencia con una empresa de Chile?
—Sí, haríamos una videoconferencia con una empresa de Chile.

1. contratar (tú) / primo / para / puesto nuevo
2. invertir (ellos) / dinero / en / compañía nueva
3. solicitar (ella) / trabajo / de abogado
4. renunciar (tú) / puesto / trabajo con más beneficios

3 En tu lugar... Lee las situaciones. Responde con lo que harías en esta situación usando la frase **Yo en tu lugar...** (*If I were you...*). Después, compara tus ideas con las de un(a) compañero/a. Answers will vary.

MODELO
Me encanta mi puesto, pero mi jefe nunca me deja hablar.
Estudiante 1: Me encanta mi puesto, pero mi jefe nunca me deja hablar.
Estudiante 2: Pues, yo en tu lugar hablaría con mi jefe sobre este problema.

1. El año pasado escogí la contabilidad como mi especialización, pero ahora he descubierto que no me gusta trabajar con números todo el día.
2. Me ofrecen un puesto interesantísimo, pero tiene un horario horrible. No volveré a ver a mis amigos jamás.
3. Mi peluquero es maravilloso, pero se va de viaje por dos meses a San Juan. Los otros peluqueros que trabajan en su salón no me gustan. Y tengo que hacer varias presentaciones durante esos dos meses.

4 ¿Qué harías? Quieres saber qué harían tus compañeros/as por un millón de dólares. Escribe siete preguntas usando el tiempo condicional. Circula por la clase y hazles las preguntas a tus compañeros/as. Anota las respuestas e informa a la clase de los resultados de la encuesta. Answers will vary.

MODELO
Estudiante 1: ¿Trabajarías como cantante en Las Vegas?
Estudiante 2: Sí, lo haría. Sería un puesto muy interesante.

16.3 The past subjunctive

Tutorial

¡ojo!

The past subjunctive endings are the same for all verbs. Also, note that the **nosotros/as** form always has a written accent.

▶ The past subjunctive (**el pretérito imperfecto de subjuntivo**) is also called the imperfect subjunctive. Like the present subjunctive, it is mainly used in multiple-clause sentences that express will, influence, emotion, commands, indefiniteness, and non-existence.

The past subjunctive			
	estudiar	aprender	recibir
yo	estudiara	aprendiera	recibiera
tú	estudiaras	aprendieras	recibieras
Ud./él/ella	estudiara	aprendiera	recibiera
nosotros/as	estudiáramos	aprendiéramos	recibiéramos
vosotros/as	estudiarais	aprendierais	recibierais
Uds./ellos/ellas	estudiaran	aprendieran	recibieran

Cuando llegaste, no creí que tuviéramos muchas cosas en común.

Me sorprendió que el año terminara tan pronto.

▶ For *all* verbs, the past subjunctive is formed with the **Uds./ellos/ellas** form of the preterite. By dropping the **–ron** ending, you establish the stem for all the past subjunctive forms. You then add the past subjunctive endings.

INFINITIVE	PRETERITE FORM	STEM	PAST SUBJUNCTIVE
hablar	ellos habla~~ron~~	habla–	hablara, hablaras, habláramos…
beber	ellos bebie~~ron~~	bebie–	bebiera, bebieras, bebiéramos…
escribir	ellos escribie~~ron~~	escribie–	escribiera, escribieras, escribiéramos…

▶ For verbs with irregular preterites, add the past subjunctive endings to the irregular stem.

INFINITIVE	PRETERITE FORM	STEM	PAST SUBJUNCTIVE
dar	die~~ron~~	die–	diera, dieras, diéramos…
decir	dije~~ron~~	dije–	dijera, dijeras, dijéramos…
estar	estuvie~~ron~~	estuvie–	estuviera, estuvieras, estuviéramos…
hacer	hicie~~ron~~	hicie–	hiciera, hicieras, hiciéramos…
ir/ser	fue~~ron~~	fue–	fuera, fueras, fuéramos…
poder	pudie~~ron~~	pudie–	pudiera, pudieras, pudiéramos…
poner	pusie~~ron~~	pusie–	pusiera, pusieras, pusiéramos…
querer	quisie~~ron~~	quisie–	quisiera, quisieras, quisiéramos…
saber	supie~~ron~~	supie–	supiera, supieras, supiéramos…
tener	tuvie~~ron~~	tuvie–	tuviera, tuvieras, tuviéramos…
venir	vinie~~ron~~	vinie–	viniera, vinieras, viniéramos…

¡ojo!

Quisiera is often used to make polite requests.

Quisiera hablar con Marco.
I would like to speak to Marco.

¿Quisiera usted algo más?
Would you like anything else?

▶ **–Ir** stem-changing verbs and other verbs with spelling changes follow a similar process to form the past subjunctive.

INFINITIVE	PRETERITE FORM	STEM	PAST SUBJUNCTIVE
preferir	prefirie~~ron~~	prefirie–	prefiriera, prefirieras, prefiriéramos
repetir	repitie~~ron~~	repitie–	repitiera, repitieras, repitiéramos
dormir	durmie~~ron~~	durmie–	durmiera, durmieras, durmiéramos
conducir	conduje~~ron~~	conduje–	condujera, condujeras, condujéramos
creer	creye~~ron~~	creye–	creyera, creyeras, creyéramos
destruir	destruye~~ron~~	destruye–	destruyera, destruyeras, destruyéramos
oír	oye~~ron~~	oye–	oyera, oyeras, oyéramos

SUGGESTION Write this cloze paragraph on the board, asking students to complete it using the correct forms of the verbs ser, querer, poder, estudiar, or tener. Mis padres siempre querían que yo _____ en la universidad. (estudiara) Nunca dudaban de que llegara a ser lo que _____. (pudiera, quisiera) Cuando _____ hijos, espero tener la misma confianza en ellos. (tenga)

▶ The past subjunctive is used in the same contexts and situations as the present subjunctive, except that it generally describes actions, events or conditions that have already happened. The verb in the main clause is usually in the preterite or the imperfect.

Me pidieron que no **llegara** tarde.
They asked me not to arrive late.

Ellos querían que yo les **escribiera**.
They wanted me to write to them.

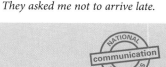

Práctica y conversación

1 Conversaciones Completa los minidiálogos con el pretérito imperfecto de subjuntivo de los verbos.

PACO ¿Qué le dijo el consejero a Andrés?

JULIA Le aconsejó que (1) _dejara_ [dejar] los estudios de arte y que (2) _estudiara_ [estudiar] una carrera que (3) _pagara_ [pagar] mejor.

PACO ¿No se enojó él de que le (4) _aconsejara_ [aconsejar] eso?

JULIA Sí, y le dijo que no creía que ninguna carrera le (5) _fuera_ [ir] a gustar más.

• • •

EVA Qué lástima que ellos no te (6) _ofrecieran_ [ofrecer] el puesto de gerente.

LUIS Querían a alguien que (7) _tuviera_ [tener] experiencia.

EVA ¿No te molestó que te (8) _dijeran_ [decir] eso?

LUIS No. Me pidieron que (9) _volviera_ [volver] en un año y (10) _solicitara_ [solicitar] el puesto otra vez.

• • •

CARLA Cuánto me alegró que tus hijas (11) _vinieran_ [venir] ayer a visitarte. ¿Cuándo se van?

ANA Bueno, yo esperaba que (12) _se quedaran_ [quedarse] dos semanas, pero no pueden. Ojalá (13) _pudieran_ [poder]. Hace muchísimo tiempo que no las veo.

2 Transformar Cambia las oraciones al pasado. Sigue el modelo. Answers will vary.

MODELO

Temo que Juanita no consiga el trabajo.

Temía que Juanita no consiguiera el trabajo.

1. Esperamos que Miguel no renuncie.
   Esperábamos que Miguel no renunciara.
2. No hay nadie que responda al anuncio.
   No había nadie que respondiera al anuncio.
3. Me sorprende que ellos no inviertan su dinero.
   Me sorprendía que ellos no invirtieran su dinero.
4. Te piden que no llegues tarde a la oficina.
   Te pidieron que no llegaras tarde a la oficina.

3 Preguntas Con un(a) compañero/a, contesta las preguntas.
Answers will vary.

1. De pequeño/a, ¿qué querías que hicieran tus padres?
2. Cuando eras niño/a, ¿esperaban tus padres que trabajaras en una profesión específica?
3. ¿Dudaban tus profesores que tú pudieras llegar a ser lo que querías?
4. ¿Insistían tus padres en que fueras a la universidad? ¿Insistían en otras cosas?
5. ¿Qué te aconsejaron tus amigos que hicieras para tener éxito?
6. ¿Cuál esperabas que fuera tu profesión?

Practice more at vhlcentral.com. **ACTIVITY PACK** For additional activities, go to the **Activity Pack** in the **Resources** section of the Supersite.

trescientos sesenta y tres **363**

Ampliación

SCRIPT For the script, go to the Supersite.

1 Escuchar

A Escucha la entrevista de la señora Sánchez y Rafael Ventura Romero. Antes de escucharla, prepara una lista de la información que esperas oír, según tu conocimiento previo (*prior knowledge*) del tema.

TIP **Use background knowledge./Listen for specific information.** Knowing the subject of what you are going to hear will help you use your background knowledge to anticipate words and phrases that you are likely to hear, and to determine important information that you should listen for.

Llena el formulario con la información necesaria. Si no oyes un dato (piece of information) que necesitas, escribe Buscar en el currículum. ¿Oíste toda la información de tu lista?

Puesto solicitado contador (general)
Nombre y apellidos del solicitante Rafael Ventura Romero
Dirección Buscar en el currículum   **Tel.** Buscar en el currículum

Educación Universidad Politécnica de Nicaragua
Experiencia profesional: **Puesto** contador
Empresa Dulces González
¿Cuánto tiempo? 3 años durante las vacaciones de la universidad

Referencias:
Nombre Héctor Cruz
Dirección Buscar en el currículum   **Tel.** Buscar en el currículum

Nombre Prof. Armando Carreño
Dirección Buscar en el currículum   **Tel.** Buscar en el currículum

B ¿Cómo sabes si los resultados de la entrevista han sido positivos para Rafael Ventura?
Los resultados fueron positivos porque la jefa quiere que él empiece a trabajar antes de que se gradúe.

2 Conversar
Conversa con un(a) compañero/a sobre sus planes para el futuro. Incluye esta información en su conversación.

• ¿Qué profesión u oficio seguirás en el futuro?

• ¿Por qué te interesa esta carrera?

• ¿En qué compañía te gustaría trabajar?

• ¿Te gustaría tener un teletrabajo?

• ¿Qué se necesita hacer para tener éxito?

• ¿Te mudarías de país por un puesto excelente?

recursos

WB
pp. 159–164

LM
pp. 93–95

S
vhlcentral

Inform students that the material listed in the **recursos** box applies to the complete **Gramática** section.

3 **Escribir** Escribe una composición sobre tus planes para el futuro. Formula planes para tu vida personal, profesional y financiera. Termina tu composición con una lista de metas (*goals*).

Answers will vary.

TIP **Use note cards.** Note cards (**fichas**) can help you organize and sequence your information. Label the top of each card with a general subject, such as **lugar** or **empleo**. Number the cards so you can easily flip through them to find information.

Organizar	Utiliza fichas para apuntar cada plan o meta para el futuro. Asigna un año a cada meta.
Escribir	Organiza tus fichas y escribe el primer borrador de tu composición.
Corregir	Intercambia tu composición con un(a) compañero/a. Léela y anota sus mejores aspectos. ¿Habla de las metas específicas para su futuro? Ofrécele sugerencias para mejorar la organización. Si ves algunos errores, coméntaselos.
Compartir	Revisa el primer borrador de tu composición, según las indicaciones de tu compañero/a. Incorpora nuevas ideas y/o más información si es necesario, antes de escribir la versión final.

4 **Un paso más** Imagina que en el futuro trabajarás para una empresa multinacional que tiene sus oficinas más importantes en algún país hispano. Crea una cronología con texto y fotos de tu futura carrera profesional y compártela con la clase. Answers will vary.

- Escoge el país y busca información sobre las industrias y las compañías que operen allá.
- Describe la empresa y sus productos.
- Incluye fotos relacionadas con la empresa y con sus productos.
- Describe tu carrera, desde el comienzo hasta tu jubilación.
- Incluye los puestos que vas a tener en la empresa, y también fotos relacionadas con tu carrera.

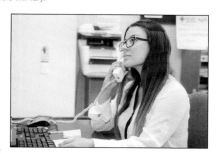

5 **Conexión Internet** Investiga estos temas en el sitio **vhlcentral.com**.

- Empresas en el mundo hispano
- Industrias en el mundo hispano
- Compañías multinacionales en el mundo hispano

3 SUGGESTION Write these questions on the board to get students started: ¿Dónde vivirás? ¿Siempre vivirás en la misma ciudad? ¿Te mudarás mucho? ¿Te casarás? ¿Tendrás hijos? ¿En qué trabajarás? ¿Ganarás mucho dinero? ¿Lo invertirás?

3 EVALUATION

Criteria	Scale
Content	1 2 3 4
Organization	1 2 3 4
Use of vocabulary	1 2 3 4
Accuracy and mechanics	1 2 3 4
Creativity	1 2 3 4

Scoring

Excellent	18–20 points
Good	14–17 points
Satisfactory	10–13 points
Unsatisfactory	< 10 points

4 SUGGESTION Provide students with articles in Spanish about multinational companies and their products.

Antes de leer

Audio: Reading
Additional Reading

Summarizing a text in your own words can help you understand it better. Before you begin, you may find it helpful to skim the text and jot down a few notes about its general meaning. You can then read it again, writing down important details or noting special characteristics that occur in the text. Your notes will help you summarize what you have read.

The reading selection for this lesson consists of a short story by Augusto Monterroso. What special characteristics in this text could help you summarize it? Skim the story and jot down your ideas.

_____

_____

_____

Sobre el autor

Augusto Monterroso (1921–2003) fue un escritor guatemalteco. Sus textos son concisos, sencillos (*simple*) y accesibles. Su trabajo incluye la parodia, el humor negro, la fábula y el ensayo.

SUGGESTION Introduce the author and his style, then discuss the meaning of **la parodia, el humor negro, la fábula,** and **el ensayo.**

SUGGESTION Do the **Antes de leer** task as a whole class before you assign the reading, **¿Comprendiste?** and **Preguntas** as homework. Have students share their notes.

EXPANSION To further check comprehension, ask students about the importance of the famous characters in the footnotes. Why did the author include Sir James Calisher, Sir Isaac Newton, and Sir Arthur Conan Doyle?

TEACHING OPTION Write on the board: **Un grupo de personas se gradúa el mismo día, pero ¿qué pasa después?** Have the class model the writing style of Augusto Monterroso by creating a similar short story. As a class, create a repetitive introductory paragraph, then assign students to write their different endings. After volunteers have read aloud their responses, brainstorm an appropriate ending.

Imaginación y destino
Augusto Monterroso

Después de leer

¿Comprendiste?

Responde las preguntas de acuerdo con la lectura.

1. ¿Qué estación del año es y qué tiempo hace?
   Es verano y hace calor.
2. ¿Qué hace el primer hombre después de descansar?
   Escribe un poema.
3. ¿Qué hace el segundo hombre después de descansar?
   Establece la Ley de la Gravitación Universal.
4. ¿Qué encuentra el tercer hombre en el árbol?
   Encuentra al muchacho travieso del pueblo.
5. ¿Cuáles son las profesiones de estos tres hombres al final del cuento?
   El primer hombre es poeta, el segundo es físico y el tercero es policía.

Preguntas

Responde a estas preguntas con oraciones completas.
Answers will vary.

1. ¿Por qué lleva el cuento el título "Imaginación y destino"?

2. ¿Por qué utiliza el autor la repetición?

3. La misma situación les ocurre a los tres hombres, pero tienen reacciones distintas. ¿Por qué?

4. El autor escribe "o era ya irremediablemente desde niño". ¿Qué significa esta frase en relación con el resto del cuento?

5. Imagina que hay una cuarta persona en la historia. Escribe un párrafo en el estilo del autor sobre qué le pasa a esta persona cuando "una manzana cae sobre su cabeza".

Coméntalo

En el cuento, tres personajes tienen la misma experiencia con distintos resultados. ¿Has tenido una experiencia así? Un ejemplo es la graduación: un grupo de personas se gradúa el mismo día, pero ¿qué pasa después? ¿Podemos controlar nuestros destinos? ¿Afectarán tus experiencias actuales tu futuro? ¿Cómo sabes qué profesión quieres ejercer (*carry out*) en el futuro? Answers will vary.

En la calurosa° tarde de verano un hombre descansa acostado°, viendo° al cielo, bajo un árbol; una manzana cae sobre su cabeza; tiene imaginación, se va a su casa y escribe la Oda a Eva.

En la calurosa tarde de verano un hombre descansa acostado, viendo al cielo, bajo un árbol; una manzana cae sobre su cabeza; tiene imaginación, se va a su casa y establece la Ley de la Gravitación Universal.

En la calurosa tarde de verano un hombre descansa acostado, viendo al cielo, bajo un árbol; una manzana cae sobre su cabeza; tiene imaginación, observa que el árbol no es un manzano sino una encina° y descubre, oculto° entre las ramas°, al muchacho travieso° del pueblo que se entretiene° arrojando° manzanas a los señores que descansan bajo los árboles, viendo al cielo, en las calurosas tardes del verano.

El primero era, o se convierte entonces para siempre en el poeta sir James Calisher; el segundo era, o se convierte entonces para siempre en el físico sir Isaac Newton[1]; el tercero pudo ser o convertirse entonces para siempre en el novelista sir Arthur Conan Doyle[2]; pero se convierte, o era ya irremediablemente desde niño, en el Jefe de Policía de San Blas, S.B.[3]

[1] Sir Isaac Newton (1642–1727), matemático y físico británico. Es considerado uno de los científicos más importantes de la historia. Formuló la Ley de la Gravitación Universal.
[2] Sir Arthur Conan Doyle (1859–1930), escritor británico. Sus más famosos protagonistas son Sherlock Holmes y su ayudante, el doctor Watson.
[3] S.B. Abreviatura para San Blas, una isla en Panamá. Una de las novelas de Monterroso tiene lugar en San Blas.

---

calurosa *hot* **acostado** *lying down* **viendo** *looking* **encina** *oak tree* **oculto** *hidden* **ramas** *branches* **travieso** *mischievous* **se entretiene** *entertains himself* **arrojando** *throwing*

Vocabulary Tools

Las ocupaciones

el/la abogado/a	lawyer
el actor	actor
la actriz	actress
el/la arqueólogo/a	archaeologist
el/la arquitecto/a	architect
el bailarín	dancer
la bailarina	dancer
el/la bombero/a	firefighter
el/la cantante	singer
el/la carpintero/a	carpenter
el/la científico/a	scientist
el/la cocinero/a	cook; chef
el/la consejero/a	counselor; advisor
el/la contador(a)	accountant
el/la corredor(a) de bolsa	stockbroker
el/la diseñador(a)	designer
el/la electricista	electrician
el/la escritor(a)	writer
el/la escultor(a)	sculptor
el/la gerente	manager
el hombre/la mujer de negocios	businessperson
el/la jefe/a	boss
el/la maestro/a	teacher
el/la peluquero/a	hairdresser
el/la pintor(a)	painter
el/la poeta	poet
el/la político/a	politician
el/la psicólogo/a	psychologist
el/la reportero/a	reporter
el/la secretario/a	secretary
el/la técnico/a	technician

Las entrevistas

el anuncio	advertisement
el/la aspirante	candidate; applicant
los beneficios	benefits; profits
el currículum	résumé
la entrevista	interview
el/la entrevistador(a)	interviewer
el puesto	position; job
el salario	salary
la solicitud (de trabajo)	(job) application
el sueldo	salary
contratar	to hire
entrevistar	to interview
ganar	to earn
obtener	to obtain; to get
solicitar	to apply (for a job)

El mundo del trabajo

el ascenso	promotion
el aumento de sueldo	raise
la carrera	career
la compañía	company; firm
el empleo	job; employment
la empresa	company; firm
la especialización	field of study
los negocios	business; commerce
la ocupación	occupation
el oficio	trade
la profesión	profession
la reunión	meeting
el teletrabajo	telecommuting
el trabajo	job; work
la videoconferencia	videoconference
dejar	to quit; to leave behind
despedir (e:i)	to fire
invertir (e:ie)	to invest
renunciar (a)	to resign (from)
tener éxito	to be successful
comercial	commercial; business-related

As students finish the lesson, encourage them to explore the **Repaso** section on the Supersite. There they will find quizzes for practicing vocabulary, grammar, and oral language.

Una mujer baila flamenco en Sevilla. El flamenco, el baile y su música, expresa las pasiones de la gente de España. Tiene raíces (*roots*) judías (*Jewish*), árabes y africanas. Hoy es popular en todo el mundo. ¿Te gusta la música flamenca?

España

España

Área: 505.370 km² (195.124 millas²), incluyendo las islas Baleares y las islas Canarias

Población: 48.146.000

Capital: Madrid—6.199.000

Ciudades principales: Barcelona, Valencia, Sevilla, Zaragoza

Moneda: euro

SOURCE: Population Division, UN Secretariat & CIA World Factbook

Video: *Panorama cultural*
Interactive map

Lugares

Madrid: La Plaza Mayor

La Plaza Mayor de Madrid es uno de los lugares turísticos más importantes de la capital. Fue construida (*built*) en 1617 y está totalmente rodeada (*surrounded*) por edificios de tres pisos con balcones y pórticos antiguos. En la Plaza Mayor hay muchas cafeterías, donde la gente pasa el tiempo bebiendo café y hablando con amigos.

Celebraciones

La Tomatina

En Buñol, un pequeño pueblo de Valencia, la producción de tomates es un recurso económico muy importante. Cada año en agosto se celebra el festival de La Tomatina. Durante todo un día, miles de personas se tiran (*throw*) tomates. Llegan turistas de todo el mundo, y se usan varias toneladas (*tons*) de tomates.

Mar Cantábrico

La Coruña

Salamanca

Madrid

PORTUGAL

ESPAÑA

Sevilla

Estrecho
de Gibraltar

Ceuta

Islas Canarias

La Palma
Tenerife
Gran
Canaria
Lanzarote
Fuerteventura

Gomera

Hierro

MARRUECOS

FRANCIA

ANDORRA

Pirineos

n Sebastián

Zaragoza

Barcelona

Valencia

Ibiza

Islas Baleares

Mallorca

Menorca

Mar Mediterráneo

Sierra Nevada

la

Artes

Velázquez y el Prado

El Prado, en Madrid, es uno de los museos más famosos del mundo. En el Prado hay miles de pinturas importantes, incluyendo obras (*works*) de Botticelli, El Greco y los españoles Goya y Velázquez. Diego Velázquez pintó (*painted*) *Las Meninas* en 1656 y es su obra más famosa. Actualmente, *Las Meninas* está en el Museo del Prado.

Lugares

La Universidad de Salamanca

La Universidad de Salamanca, fundada en 1218, es la más antigua (*oldest*) de España. Más de 36.000 estudiantes toman clases en esta institución. La universidad está en la ciudad de Salamanca, famosa por sus edificios (*buildings*) históricos, tales como (*such as*) los puentes (*bridges*) romanos y sus catedrales góticas.

recursos

WB pp. 165–166 | VM pp. 259–260 | vhlcentral

¿Qué aprendiste?

1 ¿Cierto o falso? Indica si estas oraciones son **ciertas** o **falsas**.

Cierto	Falso	
	✓	**1.** La moneda de España es la peseta.
	✓	**2.** El flamenco es un instrumento musical.
✓		**3.** El flamenco es hoy popular en todo el mundo.
	✓	**4.** En la Plaza Mayor no hay cafeterías.
✓		**5.** La Plaza Mayor fue construida en 1617.
✓		**6.** En Buñol, los tomates son un recurso importante.
	✓	**7.** Durante La Tomatina, se tiran pelotas.
✓		**8.** En el Museo del Prado hay miles de pinturas importantes.
	✓	**9.** *Las meninas* es la obra más famosa de Botticelli.
✓		**10.** En Salamanca se ve la influencia del Imperio Romano en la arquitectura.

2 Preguntas Contesta estas preguntas con oraciones completas.

1. ¿Alguna vez has visto bailar flamenco? ¿Te gustó?

2. ¿Sabes cuál es la capital de España? ¿Conoces algún dato interesante de esa ciudad?

3. ¿Te gustaría ir al festival de La Tomatina? ¿Conoces algún otro festival o celebración fuera de lo común (*out of the ordinary*)? ¿Cuál es y dónde se celebra?

4. ¿Cuál es tu museo favorito? ¿Recuerdas alguna obra de arte que se encuentra en ese museo? ¿Cuál?

5. ¿Cuál es la universidad más antigua que conoces? ¿Sabes en qué año fue fundada?

3 Otros lugares En grupos de tres busquen información sobre La Alhambra. Preparen una presentación de diez minutos en la que hablen sobre su historia y describan, por medio de ayudas visuales, estos espacios:

- la Alcazaba
- los Palacios Nazaríes
- el Generalife

4 Conexión Internet Investiga estos temas en el sitio **vhlcentral.com.**

- Gastronomía en España
- Españoles célebres

Practice more at **vhlcentral.com.**

México

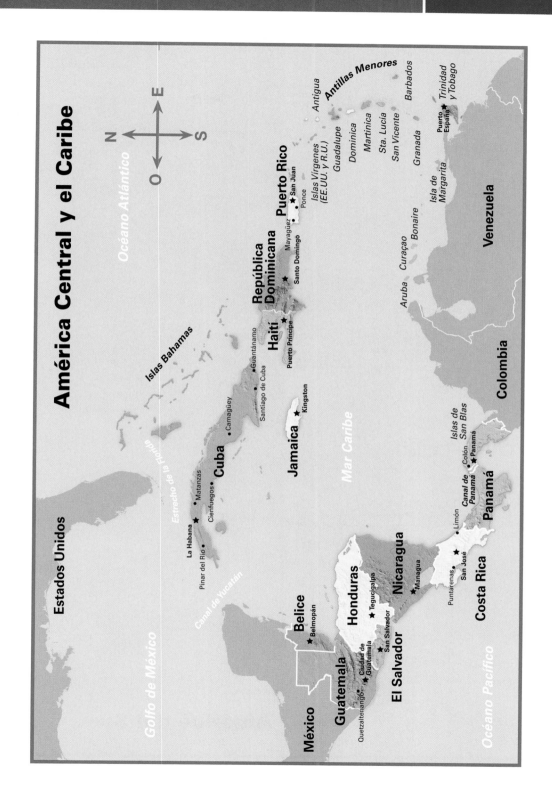

América Central y el Caribe

Mar Caribe

Barranquilla
Maracaibo
Venezuela
Caracas
Puerto España
Trinidad y Tobago

Medellín
Colombia
Bogotá
Cali
R. Orinoco
Georgetown
Guyana
Paramaribo
Cayena
Surinam
Guayana Francesa

Pasto
Quito
Ecuador
Guayaquil
R. Negro
R. Amazonas
Iquitos
Manaus
Belém

Perú
R. Madeira

Cordillera de los Andes
Lima
Cuzco
Lago Titicaca
Arequipa
La Paz
Bolivia
Arica
Sucre
Brasil
Brasilia

Océano Pacífico
Iquique
R. Paraguay
Belo Horizonte

Antofagasta
R. Paraná
São Paulo
Río de Janeiro
Santos

Salta
Paraguay
Asunción

Chile
R. Paraná
R. Uruguay
Porto Alegre

Córdoba
Valparaíso
Mendoza
Santiago
Rosario
Buenos Aires
Uruguay
Montevideo

Concepción
Argentina
Océano Atlántico
Bahía Blanca

Cordillera de los Andes
Puerto Montt

N
O — E
S

Estrecho de Magallanes
Punta Arenas
Islas Malvinas
Tierra del Fuego

América del Sur

Islas Galápagos

Océano Pacífico
Isla Pinta
Isla Marchena
Isla Genovesa
Isla Isabela
Línea Ecuatorial
ECUADOR
Volcán Darwin
Isla Santiago (San Salvador)
Isla Fernandina
Puerto Ayora
Isla San Cristóbal
Santo Tomás
Isla Santa Cruz
Puerto Barquerizo Moreno
Isla Santa María
Isla Española

C4

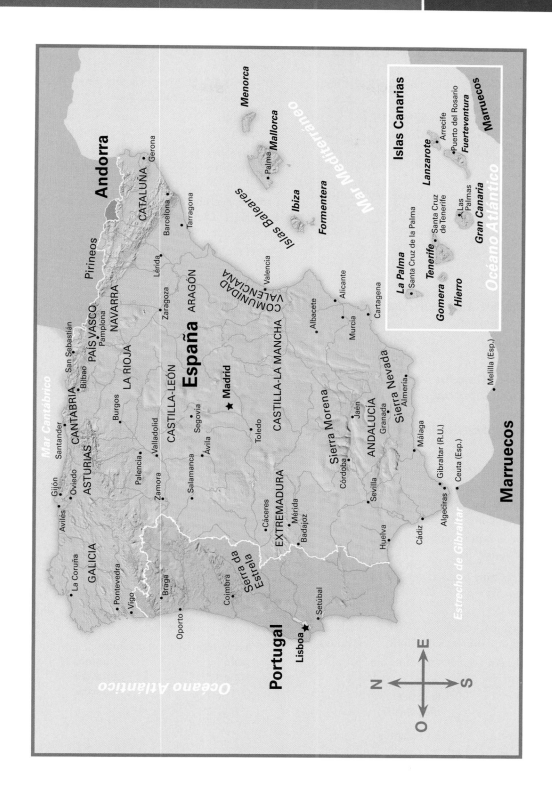

Islas Canarias

Marruecos
Arrecife
Puerto del Rosario
Lanzarote
Fuerteventura
Santa Cruz
de Tenerife
Tenerife
Las
Palmas
La Palma
Santa Cruz de la Palma
Gran Canaria
Gomera
Hierro
Océano Atlántico

Andorra

Gerona

CATALUÑA

Pirineos

Barcelona

Tarragona

Menorca

Mallorca

Palma

Ibiza

Formentera

Islas Baleares

Mar Mediterráneo

NAVARRA

PAÍS VASCO

Lérida

Pamplona

Zaragoza

ARAGÓN

COMUNIDAD
VALENCIANA

Valencia

San Sebastián

Bilbao

LA RIOJA

España

CASTILLA-LEÓN

Madrid

CASTILLA-LA MANCHA

Albacete

Alicante

Murcia

Cartagena

Mar Cantábrico

CANTABRIA

Santander

Burgos

Valladolid

Segovia

Ávila

Toledo

ASTURIAS

Oviedo

Gijón

Avilés

Palencia

Zamora

Salamanca

Sierra Morena

Sierra Nevada

Jaén

Granada

Almería

ANDALUCÍA

Córdoba

Málaga

Gibraltar (R.U.)

Ceuta (Esp.)

Melilla (Esp.)

GALICIA

La Coruña

Pontevedra

Vigo

Braga

Coimbra

Serra da
Estrela

EXTREMADURA

Cáceres

Mérida

Badajoz

Sevilla

Huelva

Cádiz

Algeciras

Estrecho de Gibraltar

Oporto

Portugal

Lisboa

Setúbal

Océano Atlántico

Marruecos

N
E
S
O

Glossary of Grammatical Terms

ADJECTIVE A word that modifies or describes a noun or pronoun.

muchos libros	un hombre **rico**
many books	*a **rich** man*
las mujeres **altas**	
*the **tall** women*	

Demonstrative adjective An adjective that points out a specific noun.

esta fiesta	**ese** chico
this party	*that boy*
aquellas flores	
those flowers	

Possessive adjective An adjective that indicates ownership or possession.

mi mejor vestido	Éste es **mi** hermano.
my best dress	*This is **my** brother.*

Stressed possessive adjective A possessive adjective that emphasizes the owner or possessor.

Es un libro **mío**.
*It's **my book**./It's a book **of mine**.*

Es amiga **tuya**; yo no la conozco.
*She's a friend **of yours**; I don't know her.*

ADVERB A word that modifies or describes a verb, adjective, or another adverb.

Pancho escribe **rápidamente**.
*Pancho writes **quickly**.*

Este cuadro es **muy** bonito.
*This picture is **very** pretty.*

ARTICLE A word that points out either a specific (definite) noun or a non-specific (indefinite) noun.

Definite article An article that points out a specific noun.

el libro	**la** maleta
the book	*the suitcase*
los diccionarios	**las** palabras
the dictionaries	*the words*

Indefinite article An article that points out a noun in a general, non-specific way.

un lápiz	**una** computadora
a pencil	*a computer*
unos pájaros	**unas** escuelas
some birds	*some schools*

CLAUSE A group of words that contains both a conjugated verb and a subject, either expressed or implied.

Main (or Independent) clause A clause that can stand alone as a complete sentence.

Pienso ir a cenar pronto.
I plan to go to dinner soon.

Subordinate (or Dependent) clause A clause that does not express a complete thought and therefore cannot stand alone as a sentence.

Trabajo en la cafetería **porque necesito dinero para la escuela**.
*I work in the cafeteria **because I need money for school**.*

COMPARATIVE A word or construction used with an adjective, adverb or noun to express a comparison between two people, places, or things.

Este programa es **más interesante que** el otro.
*This program is **more interesting than** the other one.*

Tomás no es **tan alto como** Alberto.
*Tomás is not **as tall as** Alberto.*

CONJUGATION A set of the forms of a verb for a specific tense or mood, or the process by which these verb forms are presented.

Preterite conjugation of **cantar**:

cant**é**	cant**amos**
cant**aste**	cant**asteis**
cant**ó**	cant**aron**

CONJUNCTION A word or phrase used to connect words, clauses, or phrases.

Susana es de Cuba **y** Pedro es de España.
*Susana is from Cuba **and** Pedro is from Spain.*

No quiero estudiar, **pero** tengo que hacerlo.
*I don't want to study, **but** I have to do it.*

CONTRACTION The joining of two words into one. The only contractions in Spanish are **al** and **del**.

Mi hermano fue **al** concierto ayer.
*My brother went **to the** concert yesterday.*

Saqué dinero **del** banco.
*I took money **from the** bank.*

DIRECT OBJECT A noun or pronoun that directly receives the action of the verb.

Tomás lee **el libro.**   **La** pagó ayer.
*Tomás reads **the book**.   She paid **it** yesterday.*

GENDER The grammatical categorizing of certain kinds of words, such as nouns and pronouns, as masculine, feminine, or neuter.

Masculine
articles **el**, l**os**, un**o**, un**os**
pronouns **él**, l**o**, mí**o**, ést**e**, és**e**, aquél
adjective simpátic**o**

Feminine
articles **la**, l**as**, un**a**, un**as**
pronouns **ella**, l**a**, mí**a**, ést**a**, és**a**, aquéll**a**
adjective simpátic**a**

IMPERSONAL EXPRESSION A third-person expression with no expressed or specific subject.

Es muy importante.   **Llueve** mucho.
It's very important.   ***It's raining** hard.*

INDIRECT OBJECT A noun or pronoun that receives the action of the verb indirectly; the object, often a living being, to or for whom an action is performed.

Eduardo **le** dio un libro **a Linda.**
*Eduardo gave a book **to Linda**.*

Carlos **me** prestó cincuenta pesos.
*Carlos loaned **me** fifty pesos.*

INFINITIVE The basic form of a verb. Infinitives in Spanish end in **–ar**, **–er**, or **–ir**.

hablar	**correr**	**abrir**
to speak	***to run***	***to open***

INTERROGATIVE An adjective or pronoun used to ask a question.

¿Quién habla?   **¿Cuántos** compraste?
***Who** is speaking?*   ***How many** did you buy?*

¿Qué piensas hacer hoy?
***What** do you plan to do today?*

INVERSION Changing the word order of a sentence, often to form a question.

Statement: Elena pagó la cuenta del restaurante.
      Elena paid the restaurant bill.

Inversion: ¿Pagó Elena la cuenta del restaurante?
      Did Elena pay the restaurant bill?

MOOD A grammatical distinction of verbs that indicates whether the verb is intended to make a statement or command, or to express doubt, emotion, or a condition contrary to fact.

Imperative mood Verb forms used to make commands.

Di la verdad.   **Caminen** ustedes
conmigo.
***Tell** the truth.*   ***Walk** with me.*

¡Comamos ahora!
***Let's eat** now!*

Indicative mood Verb forms used to state facts, actions, and states considered to be real.

Sé que **tienes** el dinero.
***I know** that **you have** the money.*

Subjunctive mood Verb forms used principally in subordinate (or dependent) clauses to express wishes, desires, emotions, doubts, and certain conditions, such as contrary-to-fact situations.

Prefieren que **hables** en español.
*They prefer that **you speak** in Spanish.*

Dudo que Luis **tenga** el dinero necesario.
*I doubt that Luis **has** the necessary money.*

C7

NOUN A word that identifies people, animals, places, things, and ideas.

hombre	libertad
man	*freedom*
casa	México
house	*Mexico*
gato	libro
cat	*book*

NUMBER A grammatical term that refers to singular or plural. Nouns in Spanish and English have number. Other parts of a sentence, such as adjectives, articles, and verbs, can also have number.

Singular	Plural
una cosa	**unas** cosa**s**
a thing	*some things*
el profesor	**los** profesor**es**
the professor	*the professors*

NUMBERS Words that represent amounts.

Cardinal numbers Words that show specific amounts.

cinco minutos	el año **dos mil diecinueve**
five minutes	*the year 2019*

Ordinal numbers Words that indicate the order of a noun in a series.

el **cuarto** jugador	la **décima** hora
the fourth player	*the tenth hour*

PAST PARTICIPLE A past form of the verb used in compound tenses. The past participle may also be used as an adjective, but it must then agree in number and gender with the word it modifies.

Han **buscado** por todas partes.
They have searched everywhere.

Yo no había **estudiado** para el examen.
I hadn't studied for the exam.

Hay una **ventana rota** en la sala.
There is a broken window in the living room.

PERSON The form of the verb or pronoun that indicates the speaker, the one spoken to, or the one spoken about. In Spanish, as in English, there are three persons: first, second, and third.

Person	Singular	Plural
1st	yo *I*	nosotros/as *we*
2nd	tú, Ud. *you*	vosotros/as, Uds. *you*
3rd	él, ella *he/she*	ellos, ellas *they*

PREPOSITION A word that describes the relationship, most often in time or space, between two other words.

Anita es **de** California.
Anita is from California.

La chaqueta está **en** el carro.
The jacket is in the car.

¿Quieres hablar **con** ella?
Do you want to talk to her?

PRESENT PARTICIPLE In English, a verb form that ends in –*ing*. In Spanish, the present participle ends in –**ndo**, and is often used with **estar** to form a progressive tense.

Mi hermana está **hablando** por teléfono ahora mismo.
My sister is talking on the phone right now.

PRONOUN A word that takes the place of a noun or nouns.

Demonstrative pronoun A pronoun that takes the place of a specific noun.

Quiero **ésta**.
I want this one.

¿Vas a comprar **ése**?
Are you going to buy that one?

Juan prefirió **aquéllos**.
Juan preferred those (over there).

Object pronoun A pronoun that functions as a direct or indirect object of the verb.

Te digo la verdad.	**Me lo** trajo Juan.
I'm telling you the truth.	*Juan brought it to me.*

Reflexive pronoun A pronoun that indicates that the action of a verb is performed by the subject on itself. These pronouns are often expressed in English with –self: *myself, yourself*, etc.

Yo **me bañé** antes de salir.
I bathed (myself) before going out.

Elena **se acostó** a las once y media.
Elena went to bed at eleven-thirty.

Relative pronoun A pronoun that connects a subordinate clause to a main clause.

El chico **que** nos escribió viene a visitarnos mañana.
The boy who wrote us is coming to visit us tomorrow.

Ya sé **lo que** tenemos que hacer.
I already know what we have to do.

Subject pronoun A pronoun that replaces the name or title of a person or thing and acts as the subject of a verb.

Tú debes estudiar más.   **Él** llegó primero.
You should study more.   *He arrived first.*

SUBJECT A noun or pronoun that performs the action of a verb and is often implied by the verb.

María va al supermercado.
María goes to the supermarket.

(Ellos) Trabajan mucho.
They work hard.

Esos **libros** son muy caros.
Those books are very expensive.

SUPERLATIVE A word or construction used with an adjective or adverb to express the highest or lowest degree of a specific quality among three or more people, places, or things.

Entre todas mis clases, ésta es la **más interesante**.
Among all my classes, this is the most interesting.

Raúl es el **menos simpático** de los chicos.
Raúl is the least pleasant of the boys.

TENSE A set of verb forms that indicates the time of an action or state: past, present, or future.

Compound tense A two-word tense made up of an auxiliary verb and a present or past participle. In Spanish, there are two auxiliary verbs: **estar** and **haber**.

En este momento, **estoy estudiando**.
At this time, I am studying.

El paquete no **ha llegado** todavía.
The package has not arrived yet.

Simple tense A tense expressed by a single verb form.

María **estaba** mal anoche.
María was sick last night.

Juana **hablará** con su mamá mañana.
Juana will speak with her mom tomorrow.

VERB A word that expresses actions or states of being.

Auxiliary verb A verb used with a present or past participle to form a compound tense. **Haber** is the most commonly used auxiliary verb in Spanish.

Los chicos **han** visto los elefantes.
The children have seen the elephants.

Espero que **hayas** comido.
I hope you have eaten.

Reflexive verb A verb that describes an action performed by the subject on itself and is always used with a reflexive pronoun.

Me compré un carro nuevo.
I bought myself a new car.

Pedro y Adela **se levantan** muy temprano.
Pedro and Adela get (themselves) up very early.

Spelling-change verb A verb that undergoes a predictable change in spelling in order to reflect its actual pronunciation in the various conjugations.

practicar	c → qu	practico	practiqué
dirigir	g → j	dirijo	dirigí
almorzar	z → c	almorzó	almorcé

Stem-changing verb A verb whose stem vowel undergoes one or more predictable changes in the various conjugations.

entender (e:ie)	entiendo
pedir (e:i)	piden
dormir (o:ue, u)	duermo, durmieron

Verb Conjugation Tables

The verb lists

The list of verbs below and the model-verb tables that start on page C10 show you how to conjugate every verb taught in **¡VIVA!**. Each verb in the list is followed by a model verb that is conjugated according to the same pattern. The number in parentheses indicates where in the tables you can find the conjugated forms of the model verb. If you want to find out how to conjugate **divertirse**, for example, look up number 33, **sentir**, the model for verbs that follow the **e:ie** stem-change pattern.

How to use the verb tables

In the tables you will find the infinitive, present and past participles, and all the simple forms of each model verb. The formation of the compound tenses of any verb can be inferred from the table of compound tenses, pages C12–C19, either by combining the past participle of the verb with a conjugated form of **haber** or combining the present participle with a conjugated form of **estar**.

---

abrir like vivir (3) *except* past participle is **abierto**

aburrir(se) like vivir (3)

acabar de like hablar (1)

acampar like hablar (1)

aconsejar like hablar (1)

acordar(se) (o:ue) like contar (24)

acostar(se) (o:ue) like contar (24)

adelgazar (z:c) like cruzar (37)

afeitar(se) like hablar (1)

ahorrar like hablar (1)

alegrar(se) like hablar (1)

aliviar like hablar (1)

almorzar (o:ue) like contar (24) *except* (z:c)

alquilar like hablar (1)

apagar (g:gu) like llegar (41)

aprender like comer (2)

apurar(se) like hablar (1)

arrancar (c:qu) like tocar (43)

arreglar like hablar (1)

asistir like vivir (3)

aumentar like hablar (1)

bailar like hablar (1)

bajar(se) like hablar (1)

bañar(se) like hablar (1)

barrer like comer (2)

beber like comer (2)

brindar like hablar (1)

bucear like hablar (1)

buscar (c:qu) like tocar (43)

caer(se) (5)

calentarse (e:ie) like pensar (30)

cambiar like hablar (1)

caminar like hablar (1)

cantar like hablar (1)

casarse like hablar (1)

celebrar like hablar (1)

cenar like hablar (1)

cepillar(se) like hablar (1)

cerrar (e:ie) like pensar (30)

chocar (c:qu) like tocar (43)

cobrar like hablar (1)

cocinar like hablar (1)

comenzar (e:ie) (z:c) like empezar (26)

comer (2)

compartir like vivir (3)

comprar like hablar (1)

comprender like comer (2)

comprometerse like comer (2)

conducir (c:zc) (6)

confirmar like hablar (1)

conocer (c:zc) (35)

conseguir (e:i) (g:gu) like seguir (32)

conservar like hablar (1)

consumir like vivir (3)

contaminar like hablar (1)

contar (o:ue) (24)

controlar like hablar (1)

correr like comer (2)

costar (o:ue) like contar (24)

creer (y) (36)

cruzar (z:c) (37)

cuidar like hablar (1)

cumplir like vivir (3)

dañar like hablar (1)

dar(se) (7)

deber like comer (2)

decidir like vivir (3)

decir (e:i) (8)

dejar like hablar (1)

depositar like hablar (1)

desarrollar like hablar (1)

desayunar like hablar (1)

descansar like hablar (1)

describir like vivir (3) *except* past participle is **descrito**

descubrir like vivir (3) *except* past participle is **descubierto**

desear like hablar (1)

despedir (e:i) like pedir (29)

despertar(se) (e:ie) like pensar (30)

destruir (y) (38)

dibujar like hablar (1)

disfrutar like hablar (1)

divertirse (e:ie) like sentir (33)

divorciarse like hablar (1)

doblar like hablar (1)

doler (o:ue) like volver (34) *except* past participle is regular

dormir(se) (o:ue, u) (25)

duchar(se) like hablar (1)

dudar like hablar (1)

echar like hablar (1)

empezar (e:ie) (z:c) (26)

enamorarse like hablar (1)

encantar like hablar (1)

encontrar (o:ue) like contar (24)

enfermarse like hablar (1)

enojar(se) like hablar (1)

enseñar like hablar (1)

ensuciar like hablar (1)

entender (e:ie) (27)

entrenar(se) like hablar (1)

entrevistar like hablar (1)

enviar (envío) (39)

escalar like hablar (1)

escribir like vivir (3) *except* past participle is **escrito**

escuchar like hablar (1)

esperar like hablar (1)

esquiar (esquío) like enviar (39)

establecer (c:zc) like conocer (35)

estacionar like hablar (1)

estar (9)

estornudar like hablar (1)

estudiar like hablar (1)

evitar like hablar (1)

explicar (c:qu) like tocar (43)

faltar like hablar (1)

fascinar like hablar (1)

firmar like hablar (1)

fumar like hablar (1)

funcionar like hablar (1)

ganar like hablar (1)

gastar like hablar (1)

graduarse (gradúo) (40)

guardar like hablar (1)

gustar like hablar (1)

haber (hay) (10)

hablar (1)

hacer (11)

importar like hablar (1)

imprimir like vivir (3)

indicar (c:qu) like tocar (43)

informar like hablar (1)

insistir like vivir (3)

interesar like hablar (1)

invertir (e:ie) like sentir (33)

invitar like hablar (1)

ir(se) (12)

jubilarse like hablar (1)

jugar (u:ue) (g:gu) (28)

lastimar(se) like hablar (1)

lavar(se) like hablar (1)

leer (y) like creer (36)

levantar(se) like hablar (1)

limpiar like hablar (1)

llamar(se) like hablar (1)

llegar (g:gu) (41)

llenar like hablar (1)

llevar(se) like hablar (1)

llover (o:ue) like volver (34)
except past participle is regular

mandar like hablar (1)

manejar like hablar (1)

mantenerse (e:ie) like tener (20)

maquillar(se) like hablar (1)

mejorar like hablar (1)

merendar (e:ie) like pensar (30)

mirar like hablar (1)

molestar like hablar (1)

montar like hablar (1)

morir (o:ue) like dormir (25)
except past participle is **muerto**

mostrar (o:ue) like contar (24)

mudarse like hablar (1)

nacer (c:zc) like conocer (35)

nadar like hablar (1)

navegar (g:gu) like llegar (41)

necesitar like hablar (1)

negar (e:ie) like pensar (30)
except (g:gu)

nevar (e:ie) like pensar (30)

obtener (e:ie) like tener (20)

odiar like hablar (1)

ofrecer (c:zc) like conocer (35)

oír (y) (13)

olvidar like hablar (1)

pagar (g:gu) like llegar (41)

parar like hablar (1)

parecer (c:zc) like conocer (35)

pasar like hablar (1)

pasear like hablar (1)

patinar like hablar (1)

pedir (e:i) (29)

peinar(se) like hablar (1)

pensar (e:ie) (30)

perder (e:ie) like entender (27)

pescar (c:qu) like tocar (43)

pintar like hablar (1)

planchar like hablar (1)

poder (o:ue) (14)

poner(se) (15)

practicar (c:qu) like tocar (43)

preferir (e:ie) like sentir (33)

preguntar like hablar (1)

preocupar(se) like hablar (1)

preparar like hablar (1)

prestar like hablar (1)

probar(se) (o:ue) like contar (24)

prohibir like vivir (3)

proteger (g:j) (42)

quedar(se) like hablar (1)

querer (e:ie) (16)

quitar(se) like hablar (1)

recetar like hablar (1)

recibir like vivir (3)

reciclar like hablar (1)

recoger (g:j) like proteger (42)

recomendar (e:ie) like pensar (30)

recordar (o:ue) like contar (24)

reducir (c:zc) like conducir (6)

regalar like hablar (1)

regatear like hablar (1)

regresar like hablar (1)

reír(se) (e:i) (31)

relajarse like hablar (1)

renunciar like hablar (1)

repetir (e:i) like pedir (29)

resolver (o:ue) like volver (34)

respirar like hablar (1)

revisar like hablar (1)

rogar (o:ue) like contar (24)
except (g:gu)

romper(se) like comer (2) except past participle is **roto**

saber (17)

sacar(se) (c:qu) like tocar (43)

sacudir like vivir (3)

salir (18)

seguir (e:i) (gu:g) (32)

sentarse (e:ie) like pensar (30)

sentir(se) (e:ie) (33)

separarse like hablar (1)

ser (19)

servir (e:i) like pedir (29)

solicitar like hablar (1)

sonar (o:ue) like contar (24)

sonreír (e:i) like reír(se) (31)

sorprender like comer (2)

subir like vivir (3)

sudar like hablar (1)

sufrir like vivir (3)

sugerir (e:ie) like sentir (33)

suponer like poner (15)

temer like comer (2)

tener (e:ie) (20)

terminar like hablar (1)

tomar like hablar (1)

torcerse (o:ue) like volver (34)
except (c:z) and past participle is regular; e.g., **yo tuerzo**

toser like comer (2)

trabajar like hablar (1)

traducir (c:zc) like conducir (6)

traer (21)

transmitir like vivir (3)

tratar like hablar (1)

usar like hablar (1)

vender like comer (2)

venir (e:ie) (22)

ver (23)

vestir(se) (e:i) like pedir (29)

viajar like hablar (1)

visitar like hablar (1)

vivir (3)

volver (o:ue) (34)

Regular verbs: simple tenses

| Infinitive | INDICATIVE | | | | | | SUBJUNCTIVE | | IMPERATIVE |
	Present	Imperfect	Preterite	Future	Conditional		Present	Past	
hablar	hablo	hablaba	hablé	hablaré	hablaría		hable	hablara	
	hablas	hablabas	hablaste	hablarás	hablarías		hables	hablaras	habla tú (no hables)
Participles:	habla	hablaba	habló	hablará	hablaría		hable	hablara	hable Ud.
hablando	hablamos	hablábamos	hablamos	hablaremos	hablaríamos		hablemos	habláramos	hablemos
hablado	habláis	hablabais	hablasteis	hablaréis	hablaríais		habléis	hablarais	hablad (no habléis)
	hablan	hablaban	hablaron	hablarán	hablarían		hablen	hablaran	hablen Uds.
comer	como	comía	comí	comeré	comería		coma	comiera	
	comes	comías	comiste	comerás	comerías		comas	comieras	come tú (no comas)
Participles:	come	comía	comió	comerá	comería		coma	comiera	coma Ud.
comiendo	comemos	comíamos	comimos	comeremos	comeríamos		comamos	comiéramos	comamos
comido	coméis	comíais	comisteis	comeréis	comeríais		comáis	comierais	comed (no comáis)
	comen	comían	comieron	comerán	comerían		coman	comieran	coman Uds.
vivir	vivo	vivía	viví	viviré	viviría		viva	viviera	
	vives	vivías	viviste	vivirás	vivirías		vivas	vivieras	vive tú (no vivas)
Participles:	vive	vivía	vivió	vivirá	viviría		viva	viviera	viva Ud.
viviendo	vivimos	vivíamos	vivimos	viviremos	viviríamos		vivamos	viviéramos	vivamos
vivido	vivís	vivíais	vivisteis	viviréis	viviríais		viváis	vivierais	vivid (no viváis)
	viven	vivían	vivieron	vivirán	vivirían		vivan	vivieran	vivan Uds.

All verbs: compound tenses

PERFECT TENSES

INDICATIVE

Present Perfect		Past Perfect		Future Perfect		Conditional Perfect	
he	hablado	había	hablado	habré	hablado	habría	hablado
has	comido	habías	comido	habrás	comido	habrías	comido
ha	vivido	había	vivido	habrá	vivido	habría	vivido
hemos		habíamos		habremos		habríamos	
habéis		habíais		habréis		habríais	
han		habían		habrán		habrían	

SUBJUNCTIVE

Present Perfect		Past Perfect	
haya	hablado	hubiera	hablado
hayas	comido	hubieras	comido
haya	vivido	hubiera	vivido
hayamos		hubiéramos	
hayáis		hubierais	
hayan		hubieran	

PROGRESSIVE TENSES

	INDICATIVE				SUBJUNCTIVE	
	Present Progressive	Past Progressive	Future Progressive	Conditional Progressive	Present Progressive	Past Progressive
	estoy	estaba	estaré	estaría	esté	estuviera
	estás	estabas	estarás	estarías	estés	estuvieras
	está hablando	estaba hablando	estará hablando	estaría hablando	esté hablando	estuviera hablando
	estamos comiendo	estábamos comiendo	estaremos comiendo	estaríamos comiendo	estemos comiendo	estuviéramos comiendo
	estáis viviendo	estabais viviendo	estaréis viviendo	estaríais viviendo	estéis viviendo	estuvierais viviendo
	están	estaban	estarán	estarían	estén	estuvieran

Irregular verbs

Infinitive	INDICATIVE					SUBJUNCTIVE		IMPERATIVE
	Present	Imperfect	Preterite	Future	Conditional	Present	Past	
4 caber	**quepo**	cabía	**cupe**	**cabré**	**cabría**	**quepa**	**cupiera**	
	cabes	cabías	**cupiste**	**cabrás**	**cabrías**	**quepas**	**cupieras**	cabe tú (no **quepas**)
Participles:	cabe	cabía	**cupo**	**cabrá**	**cabría**	**quepa**	**cupiera**	**quepa** Ud.
cabiendo	cabemos	cabíamos	**cupimos**	**cabremos**	**cabríamos**	**quepamos**	**cupiéramos**	**quepamos**
cabido	cabéis	cabíais	**cupisteis**	**cabréis**	**cabríais**	**quepáis**	**cupierais**	cabed (no **quepáis**)
	caben	cabían	**cupieron**	**cabrán**	**cabrían**	**quepan**	**cupieran**	**quepan** Uds.
5 caer(se)	**caigo**	caía	caí	caeré	caería	**caiga**	**cayera**	
	caes	caías	**caiste**	caerás	caerías	**caigas**	**cayeras**	cae tú (no **caigas**)
Participles:	cae	caía	**cayó**	caerá	caería	**caiga**	**cayera**	**caiga** Ud. (no **caiga**)
cayendo	caemos	caíamos	**caimos**	caeremos	caeríamos	**caigamos**	**cayéramos**	**caigamos**
caído	caéis	caíais	**caisteis**	caeréis	caeríais	**caigáis**	**cayerais**	caed (no **caigáis**)
	caen	caían	**cayeron**	caerán	caerían	**caigan**	**cayeran**	**caigan** Uds.
6 conducir	**conduzco**	conducía	**conduje**	conduciré	conduciría	**conduzca**	**condujera**	
(c:zc)	conduces	conducías	**condujiste**	conducirás	conducirías	**conduzcas**	**condujeras**	conduce tú (no **conduzcas**)
Participles:	conduce	conducía	**condujo**	conducirá	conduciría	**conduzca**	**condujera**	**conduzca** Ud. (no **conduzca**)
conduciendo	conducimos	conducíamos	**condujimos**	conduciremos	conduciríamos	**conduzcamos**	**condujéramos**	**conduzcamos**
conducido	conducís	conducíais	**condujisteis**	conduciréis	conduciríais	**conduzcáis**	**condujerais**	conducid (no **conduzcáis**)
	conducen	conducían	**condujeron**	conducirán	conducirían	**conduzcan**	**condujeran**	**conduzcan** Uds.

7. dar
Participles: dando, dado

	INDICATIVE					SUBJUNCTIVE		IMPERATIVE
	Present	Imperfect	Preterite	Future	Conditional	Present	Past	
	doy	daba	di	daré	daría	dé	diera	
	das	dabas	diste	darás	darías	des	dieras	da tú (no des)
	da	daba	dio	dará	daría	dé	diera	dé Ud.
	damos	dábamos	dimos	daremos	daríamos	demos	diéramos	demos
	dais	dabais	disteis	daréis	daríais	deis	dierais	dad (no deis)
	dan	daban	dieron	darán	darían	den	dieran	den Uds.

8. decir (e:i)
Participles: diciendo, dicho

	INDICATIVE					SUBJUNCTIVE		IMPERATIVE
	Present	Imperfect	Preterite	Future	Conditional	Present	Past	
	digo	decía	dije	diré	diría	diga	dijera	
	dices	decías	dijiste	dirás	dirías	digas	dijeras	di tú (no digas)
	dice	decía	dijo	dirá	diría	diga	dijera	diga Ud.
	decimos	decíamos	dijimos	diremos	diríamos	digamos	dijéramos	digamos
	decís	decíais	dijisteis	diréis	diríais	digáis	dijerais	decid (no digáis)
	dicen	decían	dijeron	dirán	dirían	digan	dijeran	digan Uds.

9. estar
Participles: estando, estado

	INDICATIVE					SUBJUNCTIVE		IMPERATIVE
	Present	Imperfect	Preterite	Future	Conditional	Present	Past	
	estoy	estaba	estuve	estaré	estaría	esté	estuviera	
	estás	estabas	estuviste	estarás	estarías	estés	estuvieras	está tú (no estés)
	está	estaba	estuvo	estará	estaría	esté	estuviera	esté Ud.
	estamos	estábamos	estuvimos	estaremos	estaríamos	estemos	estuviéramos	estemos
	estáis	estabais	estuvisteis	estaréis	estaríais	estéis	estuvierais	estad (no estéis)
	están	estaban	estuvieron	estarán	estarían	estén	estuvieran	estén Uds.

10. haber
Participles: habiendo, habido

	INDICATIVE					SUBJUNCTIVE		IMPERATIVE
	Present	Imperfect	Preterite	Future	Conditional	Present	Past	
	he	había	hube	habré	habría	haya	hubiera	
	has	habías	hubiste	habrás	habrías	hayas	hubieras	
	ha	había	hubo	habrá	habría	haya	hubiera	
	hemos	habíamos	hubimos	habremos	habríamos	hayamos	hubiéramos	
	habéis	habíais	hubisteis	habréis	habríais	hayáis	hubierais	
	han	habían	hubieron	habrán	habrían	hayan	hubieran	

11. hacer
Participles: haciendo, hecho

	INDICATIVE					SUBJUNCTIVE		IMPERATIVE
	Present	Imperfect	Preterite	Future	Conditional	Present	Past	
	hago	hacía	hice	haré	haría	haga	hiciera	
	haces	hacías	hiciste	harás	harías	hagas	hicieras	haz tú (no hagas)
	hace	hacía	hizo	hará	haría	haga	hiciera	haga Ud.
	hacemos	hacíamos	hicimos	haremos	haríamos	hagamos	hiciéramos	hagamos
	hacéis	hacíais	hicisteis	haréis	haríais	hagáis	hicierais	haced (no hagáis)
	hacen	hacían	hicieron	harán	harían	hagan	hicieran	hagan Uds.

12. ir
Participles: yendo, ido

	INDICATIVE					SUBJUNCTIVE		IMPERATIVE
	Present	Imperfect	Preterite	Future	Conditional	Present	Past	
	voy	iba	fui	iré	iría	vaya	fuera	
	vas	ibas	fuiste	irás	irías	vayas	fueras	ve tú (no vayas)
	va	iba	fue	irá	iría	vaya	fuera	vaya Ud.
	vamos	íbamos	fuimos	iremos	iríamos	vayamos	fuéramos	vamos
	vais	ibais	fuisteis	iréis	iríais	vayáis	fuerais	id (no vayáis)
	van	iban	fueron	irán	irían	vayan	fueran	vayan Uds.

13. oír (y)
Participles: oyendo, oído

	INDICATIVE					SUBJUNCTIVE		IMPERATIVE
	Present	Imperfect	Preterite	Future	Conditional	Present	Past	
	oigo	oía	oí	oiré	oiría	oiga	oyera	
	oyes	oías	oíste	oirás	oirías	oigas	oyeras	oye tú (no oigas)
	oye	oía	oyó	oirá	oiría	oiga	oyera	oiga Ud.
	oímos	oíamos	oímos	oiremos	oiríamos	oigamos	oyéramos	oigamos
	oís	oíais	oísteis	oiréis	oiríais	oigáis	oyerais	oíd (no oigáis)
	oyen	oían	oyeron	oirán	oirían	oigan	oyeran	oigan Uds.

Infinitive	INDICATIVE					SUBJUNCTIVE		IMPERATIVE
	Present	Imperfect	Preterite	Future	Conditional	Present	Past	
14 poder (o:ue)	**puedo**	podía	**pude**	**podré**	**podría**	**pueda**	**pudiera**	
	puedes	podías	**pudiste**	**podrás**	**podrías**	**puedas**	**pudieras**	**puede** tú (no **puedas**)
Participles:	**puede**	podía	**pudo**	**podrá**	**podría**	**pueda**	**pudiera**	**pueda** Ud.
pudiendo	podemos	podíamos	**pudimos**	**podremos**	**podríamos**	podamos	**pudiéramos**	podamos
podido	podéis	podíais	**pudisteis**	**podréis**	**podríais**	podáis	**pudierais**	poded (no podáis)
	pueden	podían	**pudieron**	**podrán**	**podrían**	**puedan**	**pudieran**	**puedan** Uds.
15 poner	**pongo**	ponía	**puse**	**pondré**	**pondría**	**ponga**	**pusiera**	
	pones	ponías	**pusiste**	**pondrás**	**pondrías**	**pongas**	**pusieras**	**pon** tú (no **pongas**)
Participles:	pone	ponía	**puso**	**pondrá**	**pondría**	**ponga**	**pusiera**	**ponga** Ud.
poniendo	ponemos	poníamos	**pusimos**	**pondremos**	**pondríamos**	**pongamos**	**pusiéramos**	**pongamos**
puesto	ponéis	poníais	**pusisteis**	**pondréis**	**pondríais**	**pongáis**	**pusierais**	poned (no **pongáis**)
	ponen	ponían	**pusieron**	**pondrán**	**pondrían**	**pongan**	**pusieran**	**pongan** Uds.
16 querer (e:ie)	**quiero**	quería	**quise**	**querré**	**querría**	**quiera**	**quisiera**	
	quieres	querías	**quisiste**	**querrás**	**querrías**	**quieras**	**quisieras**	**quiere** tú (no **quieras**)
Participles:	**quiere**	quería	**quiso**	**querrá**	**querría**	**quiera**	**quisiera**	**quiera** Ud.
queriendo	queremos	queríamos	**quisimos**	**querremos**	**querríamos**	queramos	**quisiéramos**	**queramos**
querido	queréis	queríais	**quisisteis**	**querréis**	**querríais**	queráis	**quisierais**	quered (no queráis)
	quieren	querían	**quisieron**	**querrán**	**querrían**	**quieran**	**quisieran**	**quieran** Uds.
17 saber	**sé**	sabía	**supe**	**sabré**	**sabría**	**sepa**	**supiera**	
	sabes	sabías	**supiste**	**sabrás**	**sabrías**	**sepas**	**supieras**	sabe tú (no **sepas**)
Participles:	sabe	sabía	**supo**	**sabrá**	**sabría**	**sepa**	**supiera**	**sepa** Ud.
sabiendo	sabemos	sabíamos	**supimos**	**sabremos**	**sabríamos**	**sepamos**	**supiéramos**	**sepamos**
sabido	sabéis	sabíais	**supisteis**	**sabréis**	**sabríais**	**sepáis**	**supierais**	sabed (no **sepáis**)
	saben	sabían	**supieron**	**sabrán**	**sabrían**	**sepan**	**supieran**	**sepan** Uds.
18 salir	**salgo**	salía	salí	**saldré**	**saldría**	**salga**	saliera	
	sales	salías	saliste	**saldrás**	**saldrías**	**salgas**	salieras	**sal** tú (no **salgas**)
Participles:	sale	salía	salió	**saldrá**	**saldría**	**salga**	saliera	**salga** Ud.
saliendo	salimos	salíamos	salimos	**saldremos**	**saldríamos**	**salgamos**	saliéramos	**salgamos**
salido	salís	salíais	salisteis	**saldréis**	**saldríais**	**salgáis**	salierais	salid (no **salgáis**)
	salen	salían	salieron	**saldrán**	**saldrían**	**salgan**	salieran	**salgan** Uds.
19 ser	**soy**	**era**	**fui**	seré	sería	**sea**	**fuera**	
	eres	**eras**	fuiste	serás	serías	**seas**	**fueras**	**sé** tú (no **seas**)
Participles:	**es**	**era**	**fue**	será	sería	**sea**	**fuera**	sea Ud.
siendo	**somos**	**éramos**	fuimos	seremos	seríamos	**seamos**	**fuéramos**	**seamos**
sido	**sois**	**erais**	fuisteis	seréis	seríais	**seáis**	**fuerais**	sed (no **seáis**)
	son	**eran**	fueron	serán	serían	**sean**	**fueran**	**sean** Uds.
20 tener (e:ie)	**tengo**	**tenía**	**tuve**	**tendré**	**tendría**	**tenga**	**tuviera**	
	tienes	**tenías**	**tuviste**	**tendrás**	**tendrías**	**tengas**	**tuvieras**	**ten** tú (no **tengas**)
Participles:	**tiene**	**tenía**	**tuvo**	**tendrá**	**tendría**	**tenga**	**tuviera**	**tenga** Ud.
teniendo	tenemos	**teníamos**	**tuvimos**	**tendremos**	**tendríamos**	**tengamos**	**tuviéramos**	**tengamos**
tenido	tenéis	**teníais**	**tuvisteis**	**tendréis**	**tendríais**	**tengáis**	**tuvierais**	tened (no **tengáis**)
	tienen	**tenían**	**tuvieron**	**tendrán**	**tendrían**	**tengan**	**tuvieran**	**tengan** Uds.

Infinitive	INDICATIVE					SUBJUNCTIVE		IMPERATIVE
	Present	Imperfect	Preterite	Future	Conditional	Present	Past	

21

Infinitive	Present	Imperfect	Preterite	Future	Conditional	Present	Past	IMPERATIVE
traer	**traigo**	traía	**traje**	traeré	traería	**traiga**	**trajera**	
	traes	traías	**trajiste**	traerás	traerías	**traigas**	**trajeras**	trae tú (no **traigas**)
Participles:	trae	traía	**trajo**	traerá	traería	**traiga**	**trajera**	**traiga** Ud.
trayendo	traemos	traíamos	**trajimos**	traeremos	traeríamos	**traigamos**	**trajéramos**	**traigamos**
traído	traéis	traíais	**trajisteis**	traeréis	traeríais	**traigáis**	**trajerais**	traed (no **traigáis**)
	traen	traían	**trajeron**	traerán	traerían	**traigan**	**trajeran**	**traigan** Uds.

22

Infinitive	Present	Imperfect	Preterite	Future	Conditional	Present	Past	IMPERATIVE
venir (e:ie)	**vengo**	venía	**vine**	**vendré**	**vendría**	**venga**	**viniera**	
	vienes	venías	**viniste**	**vendrás**	**vendrías**	**vengas**	**vinieras**	**ven** tú (no **vengas**)
Participles:	**viene**	venía	**vino**	**vendrá**	**vendría**	**venga**	**viniera**	**venga** Ud.
viniendo	venimos	veníamos	**vinimos**	**vendremos**	**vendríamos**	**vengamos**	**viniéramos**	**vengamos**
venido	venís	veníais	**vinisteis**	**vendréis**	**vendríais**	**vengáis**	**vinierais**	venid (no **vengáis**)
	vienen	venían	**vinieron**	**vendrán**	**vendrían**	**vengan**	**vinieran**	**vengan** Uds.

23

Infinitive	Present	Imperfect	Preterite	Future	Conditional	Present	Past	IMPERATIVE
ver	**veo**	**veía**	**vi**	veré	vería	**vea**	**viera**	
	ves	**veías**	**viste**	verás	verías	**veas**	**vieras**	**ve** tú (no **veas**)
Participles:	ve	**veía**	**vio**	verá	vería	**vea**	**viera**	**vea** Ud.
viendo	vemos	**veíamos**	**vimos**	veremos	veríamos	**veamos**	**viéramos**	**veamos**
visto	veis	**veíais**	**visteis**	veréis	veríais	**veáis**	**vierais**	ved (no **veáis**)
	ven	**veían**	**vieron**	verán	verían	**vean**	**vieran**	**vean** Uds.

Stem-changing verbs

24

Infinitive	Present	Imperfect	Preterite	Future	Conditional	Present	Past	IMPERATIVE
contar (o:ue)	**cuento**	contaba	conté	contaré	contaría	**cuente**	contara	
	cuentas	contabas	contaste	contarás	contarías	**cuentes**	contaras	**cuenta** tú (no **cuentes**)
Participles:	**cuenta**	contaba	contó	contará	contaría	**cuente**	contara	**cuente** Ud.
contando	contamos	contábamos	contamos	contaremos	contaríamos	contemos	contáramos	contemos
contado	contáis	contabais	contasteis	contaréis	contaríais	contéis	contarais	contad (no contéis)
	cuentan	contaban	contaron	contarán	contarían	**cuenten**	contaran	**cuenten** Uds.

25

Infinitive	Present	Imperfect	Preterite	Future	Conditional	Present	Past	IMPERATIVE
dormir (o:ue)	**duermo**	dormía	dormí	dormiré	dormiría	**duerma**	**durmiera**	
	duermes	dormías	dormiste	dormirás	dormirías	**duermas**	**durmieras**	**duerme** tú (no **duermas**)
Participles:	**duerme**	dormía	**durmió**	dormirá	dormiría	**duerma**	**durmiera**	**duerma** Ud.
durmiendo	dormimos	dormíamos	dormimos	dormiremos	dormiríamos	**durmamos**	**durmiéramos**	**durmamos**
dormido	dormís	dormíais	dormisteis	dormiréis	dormiríais	**durmáis**	**durmierais**	dormid (no **durmáis**)
	duermen	dormían	**durmieron**	dormirán	dormirían	**duerman**	**durmieran**	**duerman** Uds.

26

Infinitive	Present	Imperfect	Preterite	Future	Conditional	Present	Past	IMPERATIVE
empezar (e:ie) (z:c)	**empiezo**	empezaba	**empecé**	empezaré	empezaría	**empiece**	empezara	
	empiezas	empezabas	empezaste	empezarás	empezarías	**empieces**	empezaras	**empieza** tú (no **empieces**)
Participles:	**empieza**	empezaba	empezó	empezará	empezaría	**empiece**	empezara	**empiece** Ud.
empezando	empezamos	empezábamos	empezamos	empezaremos	empezaríamos	**empecemos**	empezáramos	**empecemos**
empezado	empezáis	empezabais	empezasteis	empezaréis	empezaríais	**empecéis**	empezarais	empezad (no **empecéis**)
	empiezan	empezaban	empezaron	empezarán	empezarían	**empiecen**	empezaran	**empiecen** Uds.

Infinitive	INDICATIVE					SUBJUNCTIVE		IMPERATIVE
	Present	Imperfect	Preterite	Future	Conditional	Present	Past	
27 entender (e:ie) Participles: entendiendo entendido	**entiendo** **entiendes** **entiende** entendemos entendéis **entienden**	entendía entendías entendía entendíamos entendíais entendían	entendí entendiste entendió entendimos entendisteis entendieron	entenderé entenderás entenderá entenderemos entenderéis entenderán	entendería entenderías entendería entenderíamos entenderíais entenderían	**entienda** **entiendas** **entienda** entendamos entendáis **entiendan**	entendiera entendieras entendiera entendiéramos entendierais entendieran	**entiende** tú (no **entiendas**) **entienda** Ud. entendamos entended (no entendáis) **entiendan** Uds.
28 jugar (u:ue) (g:gu) Participles: jugando jugado	**juego** **juegas** **juega** jugamos jugáis **juegan**	jugaba jugabas jugaba jugábamos jugabais jugaban	**jugué** jugaste jugó jugamos jugasteis jugaron	jugaré jugarás jugará jugaremos jugaréis jugarán	jugaría jugarías jugaría jugaríamos jugaríais jugarían	**juegue** **juegues** **juegue** juguemos juguéis **jueguen**	jugara jugaras jugara jugáramos jugarais jugaran	**juega** tú (no **juegues**) **juegue** Ud. **juguemos** jugad (no juguéis) **jueguen** Uds.
29 pedir (e:i) Participles: **pidiendo** pedido	**pido** **pides** **pide** pedimos pedís **piden**	pedía pedías pedía pedíamos pedíais pedían	pedí pediste **pidió** pedimos pedisteis **pidieron**	pediré pedirás pedirá pediremos pediréis pedirán	pediría pedirías pediría pediríamos pediríais pedirían	**pida** **pidas** **pida** **pidamos** **pidáis** **pidan**	**pidiera** **pidieras** **pidiera** **pidiéramos** **pidierais** **pidieran**	**pide** tú (no **pidas**) **pida** Ud. **pidamos** pedid (no **pidáis**) **pidan** Uds.
30 pensar (e:ie) Participles: pensando pensado	**pienso** **piensas** **piensa** pensamos pensáis **piensan**	pensaba pensabas pensaba pensábamos pensabais pensaban	pensé pensaste pensó pensamos pensasteis pensaron	pensaré pensarás pensará pensaremos pensaréis pensarán	pensaría pensarías pensaría pensaríamos pensaríais pensarían	**piense** **pienses** **piense** pensemos penséis **piensen**	pensara pensaras pensara pensáramos pensarais pensaran	**piensa** tú (no **pienses**) **piense** Ud. pensemos pensad (no penséis) **piensen** Uds.
31 reír(se) (e:i) Participles: **riendo** **reído**	**río** **ríes** **ríe** **reímos** **reís** **ríen**	reía reías reía reíamos reíais reían	**reí** **reíste** **rió** **reímos** **reísteis** **rieron**	reiré reirás reirá reiremos reiréis reirán	reiría reirías reiría reiríamos reiríais reirían	ría rías ría riamos riáis rían	riera rieras riera riéramos rierais rieran	**ríe** tú (no **rías**) ría Ud. riamos reíd (no riáis) rían Uds.
32 seguir (e:i) (gu:g) Participles: **siguiendo** seguido	**sigo** **sigues** **sigue** seguimos seguís **siguen**	seguía seguías seguía seguíamos seguíais seguían	seguí seguiste **siguió** seguimos seguisteis **siguieron**	seguiré seguirás seguirá seguiremos seguiréis seguirán	seguiría seguirías seguiría seguiríamos seguiríais seguirían	**siga** **sigas** **siga** **sigamos** **sigáis** **sigan**	**siguiera** **siguieras** **siguiera** **siguiéramos** **siguierais** **siguieran**	**sigue** tú (no **sigas**) **siga** Ud. **sigamos** seguid (no **sigáis**) **sigan** Uds.
33 sentir(se) (e:ie) Participles: **sintiendo** sentido	**siento** **sientes** **siente** sentimos sentís **sienten**	sentía sentías sentía sentíamos sentíais sentían	sentí sentiste **sintió** sentimos sentisteis **sintieron**	sentiré sentirás sentirá sentiremos sentiréis sentirán	sentiría sentirías sentiría sentiríamos sentiríais sentirían	**sienta** **sientas** **sienta** **sintamos** sintáis **sientan**	**sintiera** **sintieras** **sintiera** **sintiéramos** sintierais sintieran	**siente** tú (no **sientas**) **sienta** Ud. **sintamos** sentid (no **sintáis**) **sientan** Uds.

34 volver (o:ue)

Participles: volviendo, **vuelto**

Infinitive	INDICATIVE					SUBJUNCTIVE		IMPERATIVE
	Present	Imperfect	Preterite	Future	Conditional	Present	Past	
	vuelvo	volvía	volví	volveré	volvería	**vuelva**	volviera	
	vuelves	volvías	volviste	volverás	volverías	**vuelvas**	volvieras	**vuelve** tú (no **vuelvas**)
	vuelve	volvía	volvió	volverá	volvería	**vuelva**	volviera	**vuelva** Ud.
	volvemos	volvíamos	volvimos	volveremos	volveríamos	volvamos	volviéramos	volvamos
	volvéis	volvíais	volvisteis	volveréis	volveríais	volváis	volvierais	volved (no volváis)
	vuelven	volvían	volvieron	volverán	volverían	**vuelvan**	volvieran	**vuelvan** Uds.

Verbs with spelling changes only

Infinitive	INDICATIVE					SUBJUNCTIVE		IMPERATIVE
	Present	Imperfect	Preterite	Future	Conditional	Present	Past	
35 conocer (c:zc)	**conozco**	conocía	conocí	conoceré	conocería	**conozca**	conociera	
	conoces	conocías	conociste	conocerás	conocerías	**conozcas**	conocieras	conoce tú (no **conozcas**)
	conoce	conocía	conoció	conocerá	conocería	**conozca**	conociera	**conozca** Ud.
Participles:	conocemos	conocíamos	conocimos	conoceremos	conoceríamos	**conozcamos**	conociéramos	**conozcamos**
conociendo	conocéis	conocíais	conocisteis	conoceréis	conoceríais	**conozcáis**	conocierais	conoced (no **conozcáis**)
conocido	conocen	conocían	conocieron	conocerán	conocerían	**conozcan**	conocieran	**conozcan** Uds.
36 creer (y)	creo	creía	creí	creeré	creería	crea	**creyera**	
	crees	creías	**creíste**	creerás	creerías	creas	**creyeras**	cree tú (no creas)
	cree	creía	**creyó**	creerá	creería	crea	**creyera**	crea Ud.
Participles:	creemos	creíamos	**creímos**	creeremos	creeríamos	creamos	**creyéramos**	creamos
creyendo	creéis	creíais	**creísteis**	creeréis	creeríais	creáis	**creyerais**	creed (no creáis)
creído	creen	creían	**creyeron**	creerán	creerían	crean	**creyeran**	crean Uds.
37 cruzar (z:c)	cruzo	cruzaba	**crucé**	cruzaré	cruzaría	**cruce**	cruzara	
	cruzas	cruzabas	cruzaste	cruzarás	cruzarías	**cruces**	cruzaras	cruza tú (no **cruces**)
	cruza	cruzaba	cruzó	cruzará	cruzaría	**cruce**	cruzara	**cruce** Ud.
Participles:	cruzamos	cruzábamos	cruzamos	cruzaremos	cruzaríamos	**crucemos**	cruzáramos	**crucemos**
cruzando	cruzáis	cruzabais	cruzasteis	cruzaréis	cruzaríais	**crucéis**	cruzarais	cruzad (no **crucéis**)
cruzado	cruzan	cruzaban	cruzaron	cruzarán	cruzarían	**crucen**	cruzaran	**crucen** Uds.
38 destruir (y)	**destruyo**	destruía	destruí	destruiré	destruiría	**destruya**	**destruyera**	
	destruyes	destruías	destruiste	destruirás	destruirías	**destruyas**	**destruyeras**	**destruye** tú (no **destruyas**)
	destruye	destruía	**destruyó**	destruirá	destruiría	**destruya**	**destruyera**	**destruya** Ud.
Participles:	destruimos	destruíamos	destruimos	destruiremos	destruiríamos	**destruyamos**	**destruyéramos**	**destruyamos**
destruyendo	destruís	destruíais	destruisteis	destruiréis	destruiríais	**destruyáis**	**destruyerais**	destruid (no **destruyáis**)
destruido	**destruyen**	destruían	**destruyeron**	destruirán	destruirían	**destruyan**	**destruyeran**	**destruyan** Uds.
39 enviar (envío)	**envío**	enviaba	envié	enviaré	enviaría	**envíe**	enviara	
	envías	enviabas	enviaste	enviarás	enviarías	**envíes**	enviaras	**envía** tú (no **envíes**)
	envía	enviaba	envió	enviará	enviaría	**envíe**	enviara	**envíe** Ud.
Participles:	enviamos	enviábamos	enviamos	enviaremos	enviaríamos	**enviemos**	enviáramos	enviemos
enviando	enviáis	enviabais	enviasteis	enviaréis	enviaríais	**enviéis**	enviarais	enviad (no **enviéis**)
enviado	**envían**	enviaban	enviaron	enviarán	enviarían	**envíen**	enviaran	**envíen** Uds.

Infinitive	INDICATIVE					SUBJUNCTIVE		IMPERATIVE
	Present	Imperfect	Preterite	Future	Conditional	Present	Past	
40 graduarse (graduó)	gradúo	graduaba	gradué	graduaré	graduaría	gradúe	graduara	
	gradúas	graduabas	graduaste	graduarás	graduarías	gradúes	graduaras	gradúa tú (no gradúes)
	gradúa	graduaba	graduó	graduará	graduaría	gradúe	graduara	gradúe Ud.
Participles:	graduamos	graduábamos	graduamos	graduaremos	graduaríamos	graduemos	graduáramos	graduemos
graduando	graduáis	graduabais	graduasteis	graduaréis	graduaríais	graduéis	graduarais	graduad (no graduéis)
graduado	gradúan	graduaban	graduaron	graduarán	graduarían	gradúen	graduaran	gradúen Uds.
41 llegar (g:gu)	llego	llegaba	llegué	llegaré	llegaría	llegue	llegara	
	llegas	llegabas	llegaste	llegarás	llegarías	llegues	llegaras	llega tú (no llegues)
	llega	llegaba	llegó	llegará	llegaría	llegue	llegara	llegue Ud.
Participles:	llegamos	llegábamos	llegamos	llegaremos	llegaríamos	lleguemos	llegáramos	lleguemos
llegando	llegáis	llegabais	llegasteis	llegaréis	llegaríais	lleguéis	llegarais	llegad (no lleguéis)
llegado	llegan	llegaban	llegaron	llegarán	llegarían	lleguen	llegaran	lleguen Uds.
42 proteger (g:j)	protejo	protegía	protegí	protegeré	protegería	proteja	protegiera	
	proteges	protegías	protegiste	protegerás	protegerías	protejas	protegieras	protege tú (no protejas)
	protege	protegía	protegió	protegerá	protegería	proteja	protegiera	proteja Ud.
Participles:	protegemos	protegíamos	protegimos	protegeremos	protegeríamos	protejamos	protegiéramos	protejamos
protegiendo	protegéis	protegíais	protegisteis	protegeréis	protegeríais	protejáis	protegierais	proteged (no protejáis)
protegido	protegen	protegían	protegieron	protegerán	protegerían	protejan	protegieran	protejan Uds.
43 tocar (c:qu)	toco	tocaba	toqué	tocaré	tocaría	toque	tocara	
	tocas	tocabas	tocaste	tocarás	tocarías	toques	tocaras	toca tú (no toques)
	toca	tocaba	tocó	tocará	tocaría	toque	tocara	toque Ud.
Participles:	tocamos	tocábamos	tocamos	tocaremos	tocaríamos	toquemos	tocáramos	toquemos
tocando	tocáis	tocabais	tocasteis	tocaréis	tocaríais	toquéis	tocarais	tocad (no toquéis)
tocado	tocan	tocaban	tocaron	tocarán	tocarían	toquen	tocaran	toquen Uds.

Guide to Vocabulary

Note on alphabetization

For purposes of alphabetization, **ch** and **ll** are not treated as separate letters, but **ñ** still follows **n**. Therefore, in this glossary you will find that **año**, for example, appears after **anuncio**.

Abbreviations used in this glossary

adj.	adjective	*form.*	formal	*poss.*	possessive
adv.	adverb	*indef.*	indefinite	*prep.*	preposition
art.	article	*interj.*	interjection	*pron.*	pronoun
conj.	conjunction	*i.o.*	indirect object	*ref.*	reflexive
def.	definite	*m.*	masculine	*sing.*	singular
d.o.	direct object	*obj.*	object	*sub.*	subject
f.	feminine	*p.p.*	past participle	*v.*	verb
fam.	familiar	*pl.*	plural		

Spanish-English

A

a *prep.* at; to 1
  ¿A qué hora...? At what time...? 1, 9
  a bordo aboard 1
  a dieta on a diet 15
  a la derecha de to the right of 2
  a la izquierda de to the left of 2
  a la plancha grilled 8
  a la(s) + *time* at + *time* 1
  a menos que unless 13
  a menudo often 10
  a mi nombre in my name
  a nombre de in the name of
  a plazos in installments 14
  A sus órdenes. At your service.
  a tiempo on time 10
  a veces sometimes 10
  a ver let's see 2
¡Abajo! *adv.* Down!
abeja *f.* bee
abierto/a *adj.* open 5; *p.p.* opened 15
abogado/a *m., f.* lawyer 16
abrazar(se) *v.* to hug; to embrace (each other)
abrazo *m.* hug
abrigo *m.* coat 6
abril *m.* April 5
abrir *v.* to open 3
abuelo/a *m., f.* grandfather; grandmother 3
abuelos *pl.* grandparents 3
aburrido/a *adj.* bored 5
aburrir *v.* to bore 17
aburrirse *v.* to get bored
acabar de (+ *inf.*) *v.* to have just (*done something*) 6
acampar *v.* to camp 5

accidente *m.* accident 10
acción *f.* action
aceite *m.* oil 8
ácido/a *adj.* acid
acompañar *v.* to go with; to accompany 14
aconsejar *v.* to advise 12
acontecimiento *m.* event
acordarse (de) (o:ue) *v.* to remember 7
acostarse (o:ue) *v.* to lie down; to go to bed 7
activo/a *adj.* active 15
actor *m.* actor 16
actriz *f.* actress 16
actualidades *f., pl.* news; current events
acuático/a *adj.* aquatic 4
adelgazar *v.* to lose weight; to slim down 15
además (de) *adv.* furthermore; besides 10; in addition (to)
adicional *adj.* additional
adiós *m.* goodbye 1
adjetivo *m.* adjective
administración de empresas *f.* business administration
adolescencia *f.* adolescence 9
¿adónde? *adv.* where (to)? (*destination*) 2, 9
aduana *f.* customs 5
aeróbico/a *adj.* aerobic 15
aeropuerto *m.* airport 5
afectado/a *adj.* affected 13
afeitarse *v.* to shave 7
aficionado/a *adj.* fan 4
afirmativo/a *adj.* affirmative
afueras *f., pl.* suburbs; outskirts 12
agencia de bienes raíces *f.* real estate agency 1
agencia de viajes *f.* travel agency 5
agente de viajes *m., f.* travel agent 5
agosto *m.* August 5

agradable *adj.* pleasant
agrio/a *adj.* sour 8
agua *f.* water 8
  agua mineral mineral water 8
ahora *adv.* now
  ahora mismo right now 5
ahorrar *v.* to save money 14
ahorros *m., pl.* savings 14
aire *m.* air 6
ajo *m.* garlic
al (*contraction of* a + el) 4
  al aire libre open-air 6
  al contado in cash 14
  (al) este (to the) east 14
  al fondo (de) at the end (of)
  al lado de next to; beside 2
  (al) norte (to the) north 14
  (al) oeste (to the) west 14
  (al) sur (to the) south 14
alcoba *f.* bedroom 12
alcohol *m.* alcohol 15
alcohólico/a *adj.* alcoholic 15
alegrarse (de) *v.* to be happy 13
alegre *adj.* happy 5
alegría *f.* happiness 9
alemán, alemana *adj.* German 3
alérgico/a *adj.* allergic 10
alfombra *f.* carpet; rug 12
algo *pron.* something; anything 7
algodón *m.* cotton 6
alguien *pron.* someone; anyone 7
algún, alguno/a(s) *adj.* any; some 7
aliviar *v.* to relieve 15
  aliviar el estrés/la tensión to relieve stress/tension 15
allí *adv.* there 5
  allí mismo right there 14
almacén *m.* department store 6
almohada *f.* pillow 12
almorzar (o:ue) *v.* to have lunch 8
almuerzo *m.* lunch 8

¿Aló? *interj.* Hello? (*on the telephone*) **11**
alojamiento *m.* lodging **5**
alquilar *v.* to rent **12**
alquiler *m.* rent **12**
alternador *m.* alternator
altillo *m.* attic **5**
alto/a *adj.* tall **3**
aluminio *m.* aluminum **13**
amable *adj.* nice; friendly **5**
ama *f.* **de casa** homemaker; housekeeper **12**; housewife
amargo/a *adj.* bitter **8**
amarillo/a *adj.* yellow **6**
amigo/a *m., f.* friend **3**
amistad *f.* friendship **9**
amor *m.* love **9**
anaranjado/a *adj.* orange **6**
animal *m.* animal **13**
aniversario (de bodas) *m.* (wedding) anniversary **9**
anoche *adv.* last night **6**
anteayer *adv.* the day before yesterday **6**
antes *adv.* before **7**
antes de *prep.* before **7**
antes (de) que *conj.* before **13**
antibiótico *m.* antibiotic **10**
antipático/a *adj.* unpleasant **3**
anunciar *v.* to announce; to advertise
anuncio *m.* advertisement **16**
año *m.* year **5**
el año pasado last year **6**
apagar *v.* to turn off **11**
aparato *m.* appliance **12**
apartamento *m.* apartment **12**
apellido *m.* last name **9**
apenas *adv.* hardly; scarcely; just **10**
aplaudir *v.* to applaud
aplicación *f.* app **11**
apreciar *v.* to appreciate
aprender *v.* to learn **3**
apurarse *v.* to hurry; to rush **15**
aquel, aquella *adj.* that; those (over there) **6**
aquél, aquélla *pron.* that; those (over there) **6**
aquello *neuter, pron.* that; that thing; that fact **6**
aquellos/as *pl. adj.* that; those (over there) **6**
aquéllos/as *pl. pron.* those (ones) (over there) **6**
aquí *adv.* here **1**
Aquí está... Here it is... **5**
Aquí estamos en... Here we are at/in... **2**
aquí mismo right here
árbol *m.* tree **13**
archivo *m.* file **11**
argentino/a *adj.* Argentine **3**
armario *m.* closet **12**
arqueólogo/a *m., f.* archaeologist **16**
arquitecto/a *m., f.* architect **16**

arrancar *v.* to start (*a car*) **11**
arreglar *v.* to fix; to arrange **11**; to tidy **12**
arriba *adv.* up
arroz *m.* rice **8**
arte *m.* art **2**
artes *f., pl.* arts
artesanía *f.* craftsmanship; crafts
artículo *m.* article
artista *m., f.* artist **3**
artístico/a *adj.* artistic
arveja *m.* pea **8**
asado/a *adj.* roasted **8**
ascenso *m.* promotion **16**
ascensor *m.* elevator **5**
así *adj.* like this; so (*in such a way*) **10**
así así so-so **5**
asistir (a) *v.* to attend **3**
aspiradora *f.* vacuum cleaner **12**
aspirante *m., f.* candidate; applicant **16**
aspirina *f.* aspirin **10**
atún *m.* tuna **8**
aumentar *v.* **de peso** to gain weight **15**
aumento *m.* increase **16**
aumento de sueldo pay raise **16**
aunque *conj.* although
autobús *m.* bus **1**
automático/a *adj.* automatic **14**
auto(móvil) *m.* auto(mobile) **5**
autopista *f.* highway
ave *f.* bird
avenida *f.* avenue
aventura *f.* adventure
avergonzado/a *adj.* embarrassed **5**
avión *m.* airplane **5**
¡Ay! *interj.* Oh!
¡Ay, qué dolor! Oh, what pain!
ayer *adv.* yesterday **6**
ayudar *v.* to help **12**
ayudarse *v.* to help each other
azúcar *m.* sugar **8**
azul *adj.* blue **6**

B

bailar *v.* to dance **2**
bailarín/bailarina *m., f.* dancer **16**
baile *m.* dance
bajar *v.* to go down **11**
bajar(se) de *v.* to get out of (a vehicle) **11**
bajo/a *adj.* short (*in height*) **3**
bajo control under control
balcón *m.* balcony **12**
ballena *f.* whale **13**
ballet *m.* ballet
baloncesto *m.* basketball **4**
banana *f.* banana **8**
banco *m.* bank **14**
banda *f.* band
bandera *f.* flag
bañarse *v.* to take a bath **7**

baño *m.* bathroom **7**
barato/a *adj.* cheap **6**
barco *m.* boat **5**
barrer *v.* to sweep **12**
barrer el suelo to sweep the floor **12**
barrio *m.* neighborhood **12**
bastante *adv.* enough; quite **10**; pretty
basura *f.* trash **12**
baúl *m.* trunk **11**
beber *v.* to drink **3**
bebida *f.* drink **8**
bebida alcohólica alcoholic beverage **15**
béisbol *m.* baseball **4**
bellas artes *f., pl.* fine arts
belleza *f.* beauty **14**
beneficio *m.* benefit; profit **16**
besar(se) *v.* to kiss (each other)
beso *m.* kiss **6**
biblioteca *f.* library **2**
bicicleta *f.* bicycle **4**
bien *adj.* good; well **1**
bienestar *m.* well-being **15**
¡Bienvenido(s)/a(s)! *adj.* Welcome! **1**
billete *m.* paper money **8**
billón trillion **6**
biología *f.* biology **2**
bistec *m.* steak **8**
bizcocho *m.* biscuit
blanco/a *adj.* white **6**
bluejeans *m., pl.* jeans **6**
blusa *f.* blouse **6**
boca *f.* mouth **10**
boda *f.* wedding **9**
boleto *m.* ticket
bolsa *f.* bag; purse **6**
bombero/a *m., f.* firefighter **16**
bonito/a *adj.* pretty **3**
borrador *m.* eraser **2**
bosque *m.* forest **13**
bosque tropical tropical forest; rainforest **13**
bota *f.* boot **6**
botella *f.* bottle **9**
botella de vino bottle of wine **9**
botones *m., f., sing.* bellhop **5**
brazo *m.* arm **10**
brindar *v.* to toast (*drink*) **9**
bucear *v.* to scuba dive **4**
bueno... *adv.* well...
buen, bueno/a *adj.* good **3, 6**
¡Buen viaje! Have a good trip!
buena forma good shape (*physical*) **15**
¡Buena idea! Good idea! **4**
Buenas noches. Good evening; Good night. **1**
Buenas tardes. Good afternoon. **1**
buenísimo extremely good
¿Bueno? Hello? (*on telephone*) **11**
Buenos días. Good morning. **1**
bulevar *m.* boulevard

comprometerse (con) *v.* to get engaged (to) 9
computación *f.* computer science 2
computadora *f.* computer 1, 11
computadora portátil *f.* laptop 11; portable computer
comunicación *f.* communication
comunicarse (con) *v.* to communicate (with)
comunidad *f.* community 1
con *prep.* with
  Con él/ella habla. This is he/she. (*on telephone*) 11
  con frecuencia *adv.* frequently 10
  Con permiso. Pardon me., Excuse me. 1
  con tal (de) que provided that 13
concierto *m.* concert
concordar *v.* to agree
concurso *m.* contest; game show
conducir *v.* to drive 8, 11
conductor(a) *m., f.* driver, chauffeur 1
conexión *f.* **inalámbrica** wireless connection 11
confirmar *v.* to confirm 5
  confirmar una reservación to confirm a reservation 5
congelador *m.* freezer
congestionado/a *adj.* congested 10
conmigo *pron.* with me 4
conocer *v.* to know; to be acquainted with 8
conocido/a *adj.* known
conseguir (e:i) *v.* to get; to obtain 4
consejero/a *m., f.* counselor; advisor 16
consejo *m.* advice 9
conservación *f.* conservation 13
conservar *v.* to conserve 13
construir *v.* to build
consultorio *m.* doctor's office 10
consumir *v.* to consume 15
contabilidad *f.* accounting 2
contador(a) *m., f.* accountant 16
contaminación *f.* pollution 13; contamination
  contaminación del aire/del agua air/water pollution 13
contaminado/a *adj.* polluted 13
contaminar *v.* to pollute 13
contar (con) *v.* to count (on) 12
contento/a *adj.* content 5
contestar *v.* to answer 2
contigo *pron.* with you
contratar *v.* to hire 16
control *m.* control
  control remoto remote control 11
controlar *v.* to control 13
conversación *f.* conversation 1
conversar *v.* to talk; to chat 2
copa *f.* wineglass 12
corazón *m.* heart 10
corbata *f.* tie 6
corredor(a) *m., f.* **de bolsa** stockbroker 16

correo *m.* post office; mail 14
  correo electrónico e-mail 4
correr *v.* to run 3
cortesía *f.* courtesy
cortinas *f., pl.* curtains 12
corto/a *adj.* short (*in length*) 6
cosa *f.* thing 1
costar (o:ue) *f.* to cost 6
cráter *m.* crater 13
creer *v.* to believe 13
  creer (en) *v.* to believe (in) 3
creído/a *p.p.* believed
crema de afeitar *f.* shaving cream 7
crimen *m.* crime; murder
cruzar *v.* to cross 14
cuaderno *m.* notebook 1
cuadra *f.* city block 14
cuadros *m., pl.* plaid 6
¿cuál(es)? which?; which one(s)? 2; what? 9
  ¿Cuál es la fecha de hoy? What is today's date? 5
cuando *conj.* when 7
¿cuándo? *adv.* when? 2, 9
¿cuánto(s)/a(s)? *adv.* how much?, how many? 1, 9
  ¿Cuánto cuesta…? How much does… cost? 6
  ¿Cuántos años tienes/tiene? How old are you? 3
cuarenta forty 2
cuarto *m.* room
cuarto/a *adj.* quarter 1; fourth 5
  menos cuarto quarter to (time) 1
  y cuarto quarter after (time) 1
cuarto de baño *m.* bathroom
cuatro four 1
cuatrocientos/as four hundred 6
cubano/a *adj.* Cuban 3
cubiertos *m., pl.* silverware
cubierto/a *p.p.* covered
cubrir *v.* to cover
cuchara *f.* spoon 12
cuchillo *m.* knife 12
cuello *m.* neck 10
cuenta *f.* bill 9; account 14
  cuenta corriente *f.* checking account 14
  cuenta de ahorros *f.* savings account 14
cuento *m.* story
cuerpo *m.* body 10
cuidado *m.* care 3
cuidar *v.* to take care of 13
¡Cuídense! Take care!
cultura *f.* culture
cumpleaños *m., sing.* birthday 9
cumplir años *v.* to have a birthday 9
cuñado/a *m., f.* brother-in-law; sister-in-law 3
currículum *m.* résumé 16; curriculum vitae
curso *m.* course 2

D

danza *f.* dance
dañar *v.* to damage; to break down 10
dar *v.* to give 6
  dar un consejo to give advice
  darse con *v.* to bump into; to run into
  darse prisa to hurry; to rush 15
de *prep.* of; from 1
  ¿de dónde? from where? 9
  ¿De dónde eres? *fam.* Where are you from? 1
  ¿De dónde es usted? *form.* Where are you from? 1
  ¿De parte de quién? Who is calling? (*on telephone*) 11
  ¿de quién…? whose…? (*sing.*) 1
  ¿de quiénes…? whose…? (*pl.*) 1
  de algodón (made of) cotton 6
  de aluminio (made of) aluminum 13
  de compras shopping
  de cuadros plaid 6
  de excursión hiking 4
  de hecho in fact
  de ida y vuelta round-trip 5
  de la mañana in the morning; A.M. 1
  de la noche in the evening; at night; P.M. 1
  de la tarde in the afternoon; in the early evening; P.M. 1
  de lana (made of) wool 6
  de lunares polka-dotted 6
  de mi vida of my life
  de moda in fashion 6
  De nada. You're welcome. 1
  de ninguna manera no way
  de niño/a as a child 10
  de parte de on behalf of
  de plástico (made of) plastic 13
  de rayas striped 6
  de repente suddenly 6
  de seda (made of) silk 6
  de vaqueros western (genre)
  de vez en cuando from time to time 10
  de vidrio (made of) glass 13
debajo de *prep.* below; under 2
deber (+ inf.) *v.* should; ought to; must (*do something*) 3
  Debe ser… It must be… 6
deber *m.* responsibility; obligation
debido a due to; the fact that
débil *adj.* weak 15
decidido/a *adj.* decided
decidir *v.* to decide 3
décimo/a *adj.* tenth 5
decir *v.* to say; to tell 6
declarar *v.* to declare; to say
dedo *m.* finger 10
deforestación *f.* deforestation 13

dejar *v.* to let **12**; to quit; to leave behind **16**
  dejar de (+ *inf.*) to stop (*doing something*) **13**
  dejar una propina to leave a tip **9**
del (*contraction of* **de** + **el**) of the; from the
delante de *prep.* in front of **2**
delgado/a *adj.* thin **3**
delicioso/a *adj.* delicious **8**
demás *pron.* the rest
demasiado *adv.* too much **6**
dentista *m., f.* dentist **10**
dentro de *adv.* within
dependiente/a *m., f.* clerk **6**
deporte *m.* sport **4**
deportista *m.* sports person
deportivo/a *adj.* sports-related **4**
depositar *v.* to deposit **14**
derecha *f.* right **2**
  a la derecha de to the right of **2**
derecho *adj.* straight **14**
derechos *m., pl.* rights
desarrollar *v.* to develop **13**
desastre natural *m.* natural disaster
desayunar *v.* to have breakfast **8**
desayuno *m.* breakfast **8**
descafeinado/a *adj.* decaffeinated **15**
descansar *v.* to rest **2**
descompuesto/a *adj.* not working; out of order **11**
describir *v.* to describe **3**
descrito/a *p.p.* described **15**
descubierto/a *p.p.* discovered **15**
descubrir *v.* to discover **13**
desde *prep.* from **6**
desear *v.* to want; to wish **2**; to desire **12**
desempleo *m.* unemployment
desierto *m.* desert **13**
desigualdad *f.* inequality
desordenado/a *adj.* disorderly **5**
despacio *adj.* slowly
despedida *f.* farewell; goodbye
despedir (e:i) *v.* to fire **16**
despejado/a *adj.* clear (*weather*)
despertador *m.* alarm clock **7**
despertarse (e:ie) *v.* to wake up **7**
después *adv.* afterwards; then **7**
  después de after **7**
  después (de) que *conj.* after **13**
destruir *v.* to destroy **13**
detrás de *prep.* behind **2**
día *m.* day **1**
  día de fiesta holiday **9**
diario *m.* diary **1**; newspaper
  diario/a *adj.* daily **7**
dibujar *v.* to draw **2**
dibujo *m.* drawing
  dibujos animados *m., pl.* cartoons
diccionario *m.* dictionary **1**
dicho/a *p.p.* said **15**
diciembre *m.* December **5**
dictadura *f.* dictatorship

diecinueve nineteen **1**
dieciocho eighteen **1**
dieciséis sixteen **1**
diecisiete seventeen **1**
diente *m.* tooth **7**
dieta *f.* diet **15**
  dieta equilibrada balanced diet **15**
diez ten **1**
difícil *adj.* difficult **3**
¿Diga? Hello? (*on telephone*) **11**
diligencia *f.* errand **14**
dinero *m.* money **6**
dirección *f.* address **14**
director(a) *m., f.* director; (*musical*) conductor
disco *m.* disk **11**
disco compacto compact disc (CD) **11**
discriminación *f.* discrimination
discurso *m.* speech
diseñador(a) *m., f.* designer **16**
diseño *m.* design
disfrutar (de) *v.* to enjoy; to reap the benefits (of) **15**
diversión *f.* entertainment; fun activity **4**
divertido/a *adj.* fun
divertirse (e:ie) *v.* to have fun **9**
divorciado/a *adj.* divorced **9**
divorciarse (de) *v.* to get divorced (from) **9**
divorcio *m.* divorce **9**
doblar *v.* to turn **14**
doble *adj.* double
doce twelve **1**
doctor(a) *m., f.* doctor **3, 10**
documental *m.* documentary
documentos de viaje *m., pl.* travel documents
doler (o:ue) *v.* to hurt **10**
dolor *m.* ache; pain **10**
dolor de cabeza *m.* headache **10**
doméstico/a *adj.* domestic
domingo *m.* Sunday **2**
don/doña title of respect used with a person's first name **1**
donde *prep.* where
  ¿dónde? where? **1, 9**
  ¿Dónde está…? Where is…? **2**
dormir (o:ue) *v.* to sleep **4**
dormirse (o:ue) *v.* to go to sleep; to fall asleep **7**
dos two **1**
  dos veces twice **6**
doscientos/as two hundred **6**
drama *m.* drama; play
dramático/a *adj.* dramatic
dramaturgo/a *m., f.* playwright
droga *f.* drug **15**
drogadicto/a *m., f.* drug addict **15**
ducha *f.* shower
ducharse *v.* to shower **7**
duda *f.* doubt **13**
dudar *v.* to doubt **13**
dueño/a *m., f.* owner **8**; landlord

dulce *adj.* sweet **8**
dulces *m., pl.* sweets; candy **9**
durante *prep.* during **7**
durar *v.* to last

E

e *conj.* (*used instead of* **y** *before words beginning with* **i** *and* **hi**) and
echar *v.* to throw
  echar una carta al buzón to put a letter in the mailbox; to mail a letter **14**
ecología *f.* ecology **13**
ecologista *adj.* ecological; ecologist **13**
economía *f.* economics
ecoturismo *m.* ecotourism **13**
ecuatoriano/a *adj.* Ecuadorian **3**
edad *f.* age
edificio *m.* building **12**
  edificio de apartamentos apartment building **12**
efectivo *m.* cash
ejercicio *m.* exercise **15**
  ejercicios aeróbicos aerobic exercises **15**
  ejercicios de estiramiento stretching exercises **15**
ejército *m.* army
el *m., sing., def. art.* the **1**
él *sub. pron.* he **1**; *adj. pron.* him
elección *f.* election
electricista *m., f.* electrician **16**
electrodoméstico *m.* electrical appliance **12**
elegante *adj. m., f.* elegant **6**
elegir *v.* to elect
ella *sub. pron.* she **1**; *obj. pron.* her
ellos/as *sub. pron.* they **1**; them
embarazada *adj.* pregnant **10**
emergencia *f.* emergency **10**
emitir *v.* to broadcast
emocionante *adj.* exciting
empezar (e:ie) *v.* to begin **4**
empleado/a *m., f.* employee **5**
empleo *m.* job; employment **16**
empresa *f.* company; firm **16**
en *prep.* in; on; at **2**
  en casa at home **7**
  en caso (de) in case (that) **13**
  en cuanto as soon as **13**
  en efectivo in cash
  en exceso in excess; too much **15**
  en línea in-line **4**
  ¡En marcha! Let's get going!
  en mi nombre in my name
  en punto on the dot; exactly; sharp (*time*) **1**
  en qué in which; in what; how **2**
  ¿En qué puedo servirles? How can I help you? **5**
enamorado/a *adj.* (**de**) in love (with) **5**
enamorarse (de) *v.* to fall in love (with) **9**

encantado/a *adj.* pleased to meet you 1
encantar *v.* to like very much; to love
    (*objects*) 7
encima de *prep.* on top of 2
encontrar (o:ue) *v.* to find 4
encontrar(se) *v.* to meet (each other);
    to find (each other)
encuesta *f.* poll; survey
energía *f.* energy 13
    energía nuclear nuclear energy 13
    energía solar solar energy 13
enero *m.* January 5
enfermarse *v.* to get sick 10
enfermedad *f.* illness 10
enfermero/a *m., f.* nurse 10
enfermo/a *adj.* sick 10
enfrente de *adv.* opposite; facing;
    in front of 14
engordar *v.* to gain weight 15
enojado/a *adj.* angry 5
enojarse *v.* to get angry 7
ensalada *f.* salad 8
enseguida *adv.* right away
enseñar *v.* to teach 2
ensuciar *v.* to get (something) dirty 12;
    to dirty
entender (e:ie) *v.* to understand 4
entonces *adv.* then 7
entrada *f.* entrance 12; ticket
entre *prep.* between; among 2
entremeses *m., pl.* appetizers 8
entrenarse *v.* to train 15
entrevista *f.* interview 16
entrevistador(a) *m., f.* interviewer 16
entrevistar *v.* to interview 16
envase *m.* container 13
enviar *v.* to send 14; to mail
equilibrado/a *adj.* balanced 15
equipado/a *adj.* equipped
equipaje *m.* luggage 5
equipo *m.* team 4
equivocado/a *adj.* wrong 5
eres you are *fam.* 1
es you are *form.* ; he/she/it is 1
    Es una lástima... It's a shame... 13
    Es bueno que... It's good that... 12
    Es de... He/She is from . . . 1
    Es extraño... It's strange... 13
    Es importante que...
        It's important that . . . 12
    Es imposible... It's impossible... 13
    Es improbable... It's improbable... 13
    Es la una. It's one o'clock. 1
    Es malo que... It's bad that... 12
    Es mejor que... It's better that... 12
    Es necesario que... It's
        necessary that . . . 12
    Es obvio... It's obvious... 13
    Es ridículo... It's ridiculous... 13
    Es seguro... It's sure... 13
    Es terrible... It's terrible... 13
    Es triste... It's sad... 13

Es urgente que... It's urgent that... 12
Es verdad... It's true... 13
esa(s) *f., adj.* that; those 6
ésa(s) *f., pron.* those (ones) 6
escalar *v.* to climb 4
    escalar montañas *f., pl.* to go
        mountain climbing 4
escalera *f.* stairs 12
escoger *v.* choose
escribir *v.* to write 3
    escribir una carta to write a letter 4
    escribir un mensaje electrónico
        to write an e-mail 4
    escribir una (tarjeta) postal
        to write a postcard 4
escrito/a *p.p.* written 15
escritor(a) *m., f.* writer 16
escritorio *m.* desk 2
escuchar *v.* to listen 2
    escuchar la radio to listen to
        the radio
    escuchar música to listen to music
escuela *f.* school 1
esculpir *v.* to sculpt
escultor(a) *m., f.* sculptor 16
escultura *f.* sculpture
ese *m., sing., adj.* that 6
ése *m., sing., pron.* that (one) 6
eso *neuter, pron.* that; that thing 6
esos *m., pl., adj.* those 6
ésos *m., pl., pron.* those (ones) 6
español *m.* Spanish (*language*) 2
español(a) *adj.* Spanish 3
espárragos *m., pl.* asparagus
especialización *f.* field of study 16;
    specialization
espectacular *adj.* spectacular
espectáculo *m.* show
espejo *m.* mirror 7
esperar *v.* to wait (for); to hope 2;
    to wish 13
esposo/a *m., f.* husband/wife; spouse 3
esquí (acuático) *m.* (water) skiing 4
esquiar *v.* to ski 4
esquina *m.* corner 14
está he/she/it is, you are *form.* 1
    Está despejado. It's clear.
        (*weather*) 5
    Está (muy) nublado. It's
        (very) cloudy. (*weather*) 5
    Está bien. That's fine.
esta(s) *f., adj.* this; these 6
    esta noche tonight 4
ésta(s) *f., pron.* this (one); these (ones) 6
    Ésta es... *f.* This is...
        (*introducing someone*) 1
establecer *v.* to establish
estación *f.* station; season 5
    estación de autobuses bus station 5
    estación del metro subway station 5
    estación del tren train station 5
estacionar *v.* to park 11

estadio *m.* stadium 2
estado civil *m.* marital status 9
estadounidense *adj.* from the
    United States 3
estampado/a *adj.* print
estampilla *f.* stamp 14
estante *m.* bookcase; bookshelf 12
estar *v.* to be 2
    estar a (veinte kilómetros)
    de aquí to be (20 kilometers) from here
    estar a dieta to be on a diet 15
    estar aburrido/a to be bored 5
    estar afectado/a (por) to be
        affected (by) 13
    estar bajo control to be under control
    estar cansado/a to be tired 5
    estar contaminado/a to be polluted 13
    estar de acuerdo to agree
    estar de moda to be in fashion 6
    estar de vacaciones to be on vacation 5
    estar en buena forma to be in
        good shape 15
    estar enfermo/a to be sick 10
    estar listo/a to be ready
    estar perdido/a to be lost 14
    estar roto/a to be broken
    estar seguro/a (de) to be sure (of) 5, 13
    estar torcido/a to be twisted;
        to be sprained 10
estatua *f.* statue
este *m.* east 14; umm
este *m., sing., adj.* this 6
éste *m., sing., pron.* this (one) 6
    Éste es... *m.* This is...
        (*introducing someone*) 1
estéreo *m.* stereo 11
estilo *m.* style
estiramiento *m.* stretching 15
esto *neuter pron.* this; this thing 6
estómago *m.* stomach 10
estornudar *v.* to sneeze 10
estos *m., pl., adj.* these 6
éstos *m., pl., pron.* these (ones) 6
estrella *f.* star 13
    estrella de cine *m., f.* movie star
estrés *m.* stress 15
estudiante *m., f.* student 1, 2
estudiantil *adj. m., f.* student
estudiar *v.* to study 2
estufa *f.* stove 12
estupendo/a *adj.* stupendous 5
etapa *f.* stage 9; step
evitar *v.* to avoid 13
examen *m.* test; exam 2
    examen médico physical exam 10
excelente *adj.* excellent 5
exceso *m.* excess; too much 15
excursión *f.* hike; tour;
    excursion 4
excursionista *m., f.* hiker 4
éxito *m.* success 16
experiencia *f.* experience

explicar *v.* to explain 2
explorar *v.* to explore
  explorar un pueblo to explore a town
  explorar una ciudad to explore a city
expresión *f.* expression
extinción *f.* extinction 13
extranjero/a *adj.* foreign
extraño/a *adj.* strange 13

F

fábrica *f.* factory 13
fabuloso/a *adj* fabulous 5
fácil *adj.* easy 3
  facilísimo extremely easy 8
falda *f.* skirt 6
faltar *v.* to lack; to need 7
familia *f.* family 3
famoso/a *adj.* famous 16
farmacia *f.* pharmacy 10
fascinar *v.* to fascinate; to like very much 7
favorito/a *adj.* favorite 4
febrero *m.* February 5
fecha *f.* date 5
feliz *adj.* happy 5
  ¡Felicidades! Congratulations! (*for an event such as a birthday or anniversary*)
  ¡Felicitaciones! Congratulations! (*for an event such as an engagement or a good grade on a test*)
  ¡Feliz cumpleaños! Happy birthday! 9
fenomenal *adj.* great 5; phenomenal
feo/a *adj.* ugly 3
festival *m.* festival
fiebre *f.* fever 10
fiesta *f.* party 9
fijo/a *adj.* set, fixed 6
fin *m.* end 4
  fin de semana weekend 4
finalmente *adv.* finally
firmar *v.* to sign (*a document*) 14
física *f.* physics 2
flan *m.* baked custard 9
flexible *adj.* flexible 15
flor *f.* flower 13
folclórico/a *adj.* folk; folkloric
folleto *m.* brochure
fondo *m.* end 12
forma *f.* shape 15
formulario *m.* form 14
foto(grafía) *f.* photograph 1
francés, francesa *adj.* French 3
frecuentemente *adv.* frequently 10
frenos *m., pl.* brakes 11
fresco/a *adj.* cool
frijoles *m., pl.* beans 8
frío *m.* cold 3
fritada *f.* fried dish (pork, fish, etc.)
frito/a *adj.* fried 8
fruta *f.* fruit 8

frutería *f.* fruit shop 14
frutilla *f.* strawberry 8
fuente de fritada *f.* platter of fried food
fuera *adv.* outside
fuerte *adj.* strong 15
fumar *v.* to smoke 15
  no fumar not to smoke 15
funcionar *v.* to work 11; to function
fútbol *m.* soccer 4
fútbol americano football 4
futuro/a *adj.* future 16
  en el futuro in the future

G

gafas (de sol) *f., pl.* (sun)glasses 6
gafas (oscuras) *f., pl.* (sun)glasses
galleta *f.* cookie 9
ganar *v.* to win 4; to earn (money) 16
ganga *f.* bargain 6
garaje *m.* garage; (mechanic's) repair shop 11; garage 12
garganta *f.* throat 10
gasolina *f.* gasoline 11
gasolinera *f.* gas station 11
gastar *v.* to spend (*money*) 6
gato/a *m., f.* cat 3
gente *f.* people 3
geografía *f.* geography 2
gerente *m., f.* manager 16
gimnasio *m.* gym, gymnasium 4
gobierno *m.* government 13
golf *m.* golf 4
gordo/a *adj.* fat 3
gracias *f., pl.* thank you; thanks 1
  Gracias por todo. Thanks for everything.
  Gracias una vez más. Thanks once again.
graduarse (de) *v.* to graduate (from) 9
grande *adj.* big 3
grasa *f.* fat 15
gratis *adj.* free of charge 14
grave *adj.* grave; serious 10
gravísimo/a *adj.* extremely serious 13
grillo *m.* cricket
gripe *f.* flu 10
gris *adj.* gray 6
gritar *v.* to scream
guantes *m., pl.* gloves 6
guapo/a *adj.* good-looking 3
guardar *v.* to save (on a computer) 11
guerra *f.* war
guía *m., f.* guide
gustar *v.* to be pleasing to; to like 2, 7
  Me gustaría(n)… I would like 7
gusto *m.* pleasure 1
  El gusto es mío. The pleasure is mine. 1
  Gusto de (+ inf.) It's a pleasure to…
  Mucho gusto. Pleased to meet you. 1

H

haber (*aux.*) *v.* to have (*done something*) 15
  ha sido un placer it's been a pleasure
habitación *f.* room 5
  habitación doble double room 5
  habitación individual single room 5
habitantes *m., pl.* inhabitants 13
hablar *v.* to talk; to speak 2
hacer *v.* to do; to make 4
  Hace buen tiempo. It's nice weather. 5; The weather is good.
  Hace (mucho) calor. It's (very) hot. (*weather*) 5
  Hace fresco. It's cool. (*weather*) 5
  Hace (mucho) frío. It's (very) cold. (*weather*) 5
  Hace mal tiempo. It's bad weather. 5; The weather is bad.
  Hace (mucho) sol. It's (very) sunny. (*weather*) 5
  Hace (mucho) viento. It's (very) windy. (*weather*) 5
  hacer cola to stand in line 14
  hacer diligencias to do errands; to run errands 14
  hacer ejercicio to exercise 15
  hacer ejercicios aeróbicos to do aerobics 15
  hacer ejercicios de estiramiento to do stretching exercises 15
  hacer el papel to play a role
  hacer gimnasia to work out 15
  hacer juego (con) to match 6
  hacer la cama to make the bed 12
  hacer las maletas to pack (one's suitcases) 5
  hacer los quehaceres domésticos to do household chores 12
  hacer turismo to go sightseeing 5
  hacer un viaje to take a trip 5
  hacer una excursión to go on a hike; to go on a tour 5
hacha *f.* ax
hacia *prep.* toward 14
hambre *f.* hunger 3
hamburguesa *f.* hamburger 8
  hamburguesa vegetariana *f.* veggie hamburger 8
hasta *prep.* until 6; toward
  Hasta la vista. See you later. 1
  Hasta luego. See you later. 1
  Hasta mañana. See you tomorrow. 1
  hasta que until 13
  Hasta pronto. See you soon. 1
hay there is; there are 1
  Hay (mucha) contaminación. It's (very) smoggy.
  Hay (mucha) niebla. It's (very) foggy. 5
  Hay que It is necessary that 14
  No hay duda de There's no doubt 13

No hay de qué. You're welcome. 1
hecho/a *p.p.* done 15
heladería *f.* ice cream shop 14
helado/a *adj.* iced 8
helado *m.* ice cream 9
hermanastro/a *m., f.* stepbrother/stepsister 3
hermano/a *m., f.* brother/sister 3
hermano/a mayor/menor *m., f.* older/
  younger brother/sister 3
hermanos *m., pl.* siblings (brothers and
  sisters) 3
hermoso/a *adj.* beautiful 6
hierba *f.* grass 13
hijastro/a *m., f.* stepson/stepdaughter 3
hijo/a *m., f.* son/daughter 3
  hijo/a único/a only child 3
  hijos *m., pl.* children 3
historia *f.* history 2; story
hockey *m.* hockey 4
hogar *m.* home 12
hola *interj.* hello 1
hombre *m.* man 1
  hombre de negocios businessman 16
hora *f.* hour 1
horario *m.* schedule 2
horno *m.* oven 12
  horno de microondas
    microwave oven 12
hospital *m.* hospital 10
hotel *m.* hotel 5
hoy *adv.* today 2
  hoy día nowadays
  Hoy es... Today is... 2
huelga *f.* strike (labor)
hueso *m.* bone 10
huésped *m., f.* guest 5
huevo *m.* egg 8
humanidades *f., pl.* humanities
huracán *m.* hurricane

I

ida *f.* one way (*travel*)
idea *f.* idea 4
iglesia *f.* church 4
igualdad *f.* equality
igualmente *adv.* likewise 1
impermeable *m.* raincoat 6
importante *adj.* important 3
importar *v.* to be important (to);
  to matter 7, 12
imposible *adj.* impossible 13
impresora *f.* printer 11
imprimir *v.* to print 11
improbable *adj.* improbable 13
impuesto *m.* tax
incendio *m.* fire
increíble *adj.* incredible 5
indicar cómo llegar *v.* to give directions 14
individual *adj.* private (*room*) 5
infección *f.* infection 10
informar *v.* to inform

informe *m.* report; paper (*written work*)
ingeniero/a *m., f.* engineer 3
inglés *m.* English (*language*) 2
inglés, inglesa *adj.* English 3
insistir (en) *v.* to insist (on) 12
inspector(a) de aduanas *m., f.* customs
  inspector 5
inteligente *adj.* intelligent 3
intercambiar *v.* exchange
interesante *adj.* interesting 3
interesar *v.* to be interesting to; to interest 7
internacional *adj.* international
Internet *m.* Internet 11
inundación *f.* flood
invertir (e:ie) *v.* to invest 16
invierno *m.* winter 5
invitado/a *m., f.* guest (*at a function*) 9
invitar *v.* to invite; to treat 9
inyección *f.* injection 10
ir *v.* to go 4
  ir a (+ inf.) to be going to do something 4
  ir a la playa to go to the beach 5
  ir de compras to go shopping 6
  ir de excursión (a las montañas)
    to go for a hike (in the mountains) 4
  ir de pesca to go fishing 5
  ir de vacaciones to go on vacation 5
  ir en autobús to go by bus 5
  ir en auto(móvil) to go by car 5;
    to go by auto(mobile)
  ir en avión to go by plane 5
  ir en barco to go by ship 5
  ir en metro to go by subway 5
  ir en motocicleta to go by
    motorcycle 5
  ir en taxi to go by taxi 5
  ir en tren to go by train
irse *v.* to go away; to leave 7
italiano/a *adj.* Italian 3
izquierdo/a *adj.* left 2
  a la izquierda de to the left of 2

J

jabón *m.* soap 7
jamás *adv.* never; not ever 7
jamón *m.* ham 8
japonés, japonesa *adj.* Japanese 3
jardín *m.* garden; yard 12
jefe, jefa *m., f.* boss 16
joven *adj.* young 3
joven *m., f.* youth; young person 1
joyería *f.* jewelry store 14
jubilarse *v.* to retire (*from work*) 9
juego *m.* game
jueves *m., sing.* Thursday 2
jugador(a) *m., f.* player 4
jugar (u:ue) *v.* to play 4
  jugar a las cartas to play cards
jugo *m.* juice 8
  jugo de fruta fruit juice 8
julio *m.* July 5

jungla *f.* jungle
junio *m.* June 5
juntos/as *adj.* together 9
juventud *f.* youth 9

K

kilómetro *m.* kilometer 11

l

la *f., sing., def. art.* the 1
la *f., sing., d.o. pron.* her, it, *form.* you 5
laboratorio *m.* laboratory 2
lago *m.* lake 13
lámpara *f.* lamp 12
lana *f.* wool 6
langosta *f.* lobster 8
lápiz *m.* pencil 1
largo/a *m.* long (*in length*) 6
las *f., pl., def. art.* the 1
las *f., pl., d.o. pron.* them; *form.* you 5
lástima *f.* shame 13
lastimarse *v.* to injure oneself 10
  lastimarse el pie to injure one's
    foot 10
lata *f.* (*tin*) can 13
lavabo *m.* sink
lavadora *f.* washing machine 12
lavandería *f.* laundromat 14
lavaplatos *m., sing.* dishwasher 12
lavar *v.* to wash 12
lavarse *v.* to wash oneself 7
  lavarse la cara to wash one's
    face 7
  lavarse las manos to wash one's
    hands 7
le *sing., i.o. pron.* to/for him, her,
  you *form.* 6
Le presento a... I would like to
  introduce... to you. *form.* 1
lección *f.* lesson 1
leche *f.* milk 8
lechuga *f.* lettuce 8
leer *v.* to read 3
  leer el correo electrónico
    to read e-mail 4
  leer el periódico to read the
    newspaper 4
  leer una revista to read a
    magazine 4
leído/a *p.p.* read 15
lejos de *prep.* far from 2
lengua *f.* language 2
  lenguas extranjeras *f., pl.*
    foreign languages 2
lentes de contacto *m., pl.* contact lenses
  lentes de sol sunglasses
lento/a *adj.* slow 11
les *pl., i.o. pron.* to/for them, you *form.* 6
letrero *m.* sign 14

levantar *v.* to lift **15**
  levantar pesas to lift weights **15**
levantarse *v.* to get up **7**
ley *f.* law **13**
libertad *f.* liberty; freedom
libre *adj.* free **4**
librería *f.* bookstore **2**
libro *m.* book **2**
licencia de conducir *f.* driver's license **11**
limón *m.* lemon **8**
limpiar *v.* to clean **12**
  limpiar la casa to clean the house **12**
limpio/a *adj.* clean **5**
línea *f.* line **4**
listo/a *adj.* smart; ready **5**
literatura *f.* literature
llamar *v.* to call **11**
  llamar por teléfono to call on
    the phone
  llamarse to be named **7**
llanta *f.* tire **11**
llave *f.* key **5**
llegada *f.* arrival **5**
llegar *v.* to arrive **2**
llenar *v.* to fill
  llenar el tanque to fill the tank **11**
  llenar un formulario to fill out
    a form **14**
lleno/a *adj.* full **11**
llevar *v.* to carry **2**; to take; to wear **6**
  llevar una vida sana to lead
    a healthy lifestyle **15**
  llevarse bien/mal (con) to
    get along well/badly (with) **9**
llover (o:ue) *v.* to rain **5**
  Llueve. It's raining. **5**
lluvia *f.* rain
lo *m., sing. d.o. pronoun.* him, it,
  you *form.* **5**
  lo mejor the best (thing)
  Lo pasamos de película. We had a
    great time.
  lo peor the worst (thing)
  lo que what; that; which **9**
  Lo siento. I'm sorry. **1**
  Lo siento muchísimo. I'm so sorry. **4**
loco/a *adj.* crazy **6**
locutor(a) *m., f.* TV or radio announcer
lomo a la plancha *m.* grilled flank steak
los *m., pl., def. art.* the **1**
los *m., pl., do. pron.* them, you *form.* **5**
luchar (contra), (por) *v.* to fight; to struggle
  (against), (for)
luego *adv.* afterwards, then **7**; *adv.* later **1**
lugar *m.* place **4**
luna *f.* moon **13**
lunar *m.* polka dot **6**; mole
lunes *m., sing.* Monday **2**
luz *f.* light; electricity **12**

M

madrastra *f.* stepmother **3**
madre *f.* mother **3**
madurez *f.* maturity; middle age **9**
maestro/a *m., f.* teacher **16**
magnífico/a *adj.* magnificent **5**
maíz *m.* corn **8**
mal, malo/a *adj.* bad **3**; sick **5**
  malísimo very bad **8**
maleta *f.* suitcase **1**
mamá *f.* mom **3**
mandar *v.* to order **12**; to send **14**; to mail
manejar *v.* to drive **11**
manera *f.* way
mano *f.* hand **1**
  ¡Manos arriba! Hands up!
manta *f.* blanket **12**
mantener *v.* to maintain **15**
  mantenerse en forma to stay
    in shape **15**
mantequilla *f.* butter **8**
manzana *f.* apple **8**
mañana *f.* morning, A.M. **1**; tomorrow **1**
mapa *m.* map **1**
maquillaje *m.* makeup **7**
maquillarse *v.* to put on makeup **7**
mar *m.* ocean; sea **5**
maravilloso/a *adj.* marvelous **5**
marcador *m.* dry-erase marker **2**
mareado/a *adj.* dizzy; nauseated **10**
margarina *f.* margarine **8**
mariscos *m., pl.* seafood **8**
marrón *adj. m., f.* brown
martes *m., sing.* Tuesday **2**
marzo *m.* March **5**
más *adj.* more **2**
  el/la/los/las más the most **8**
  más de (+ number) more
    than (+ number) **8**
  más tarde later (on) **7**
  más... que more... than **8**
masaje *m.* massage **15**
matemáticas *f., pl.* mathematics **2**
materia *f.* course
matrimonio *m.* marriage; married couple **9**
máximo/a *m., f.* maximum **11**
mayo *m.* May **5**
mayonesa *f.* mayonnaise **8**
mayor *adj.* older **3**; bigger **8**
  el/la mayor *adj.* the oldest; the biggest **8**
me *pron.* me **7**
  Me duele mucho. It hurts me a lot. **10**
  Me gusta(n)... I like... **2**
  No me gusta(n)... I don't like... **2**
  Me gustaría(n)... I would like... **7**
  Me llamo... My name is... **1**
  Me muero por... I'm dying to (for)...
mecánico/a *m., f.* mechanic **11**
mediano/a *adj.* medium
medianoche *f.* midnight **1**
medias *f., pl.* pantyhose, stockings **6**

medicamento *m.* medication **10**
medicina *f.* medicine **10**
médico/a *m., f.* doctor **3**; *adj.* medical **10**
medio/a *m. adj.* half **3**
  medio ambiente environment **13**
  medio/a hermano/a
    half-brother/half-sister **3**
  medios de comunicación *m., pl.*
    means of communication; media
  y media thirty minutes past the
    hour (*time*)
mediodía *m.* noon **1**
mejor *adj.* better **8**
  el/la mejor *m., f.* the best **8**
mejorar *v.* to improve **13**
melocotón *m.* peach
menor *adj.* younger **3**; smaller **8**
  el/la menor *m., f.* the youngest;
    the smallest **8**
menos *adv.* less **10**
  el/la/los/las menos the least **8**
  menos cuarto/menos quince
    quarter to (*time*) **1**
  menos de (+ number) less
    than (+ number) **8**
  menos... que less... than **8**
mensaje de texto text message **11**
mensaje electrónico *m.* e-mail message **4**
mentira *f.* lie **6**
menú *m.* menu **8**
mercado *m.* market **6**
  mercado al aire libre open-air
    market **6**
merendar (e:ie) *v.* to snack in the
  afternoon; to have a(n) (afternoon)
  snack **15**
merienda *f.* (afternoon) snack **15**
mes *m.* month **5**
mesa *f.* table **2**
mesita *f.* end table **12**
  mesita de noche night stand **12**
metro *m.* subway **5**
mexicano/a *adj.* Mexican **3**
mí *pron. obj. of prep.* me
mi(s) *poss. adj.* my **3**
microonda *f.* microwave **12**
  horno de microondas
    microwave oven **12**
miedo *m.* fear **3**
mientras *adv.* while **10**
miércoles *m., sing.* Wednesday **2**
mil one thousand **6**
  mil millones billion **6**
  Mil perdones. I'm so sorry. (*lit.* A
    thousand pardons.)
milla *f.* mile **11**
millón million **6**
millones (de) millions (of) **6**
mineral *m.* mineral **15**
minuto *m.* minute **1**
mío(s)/a(s) *poss.* my; (of) mine **11**

mirar *v.* to look (at); to watch **2**
    mirar (la) televisión to watch television **2**
mismo/a *adj.* same
mochila *f.* backpack **1**
moda *f.* fashion **6**
moderno/a *adj.* modern
molestar *v.* to bother; to annoy **7**
monitor *m.* monitor **11**
mono *m.* monkey **13**
montaña *f.* mountain **4**
montar *v.* **a caballo** to ride a horse **5**
monumento *m.* monument **4**
mora *f.* blackberry **8**
morado/a *adj.* purple **6**
moreno/a *adj.* dark-haired **3**
morir (o:ue) *v.* to die **8**
mostrar (o:ue) *v.* to show **4**
moto(cicleta) *f.* motorcycle **5**
motor *m.* motor **11**
muchacho/a *m., f.* boy; girl **3**
mucho/a *adj., adv.* many; a lot; much **2, 3**
    muchas veces a lot; many times **10**
    Muchísimas gracias. Thank you
        very, very much.
    muchísimo *adj., adv.* very much **8**
    Mucho gusto. Pleased to meet you. **1**
    (Muchas) gracias. Thank you
        (very much) **1**
mudarse *v.* to move (from one house
    to another) **12**
muebles *m., pl.* furniture **12**
muela *f.* tooth **10**
muerte *f.* death **9**
muerto/a *p.p.* died **15**
mujer *f.* woman **1**
    mujer de negocios business
        woman **16**
    mujer policía female police
        officer **11**
multa *f.* fine; ticket **11**
mundial *adj.* worldwide
mundo *m.* world **13**
municipal *adj.* municipal
músculo *m.* muscle **15**
museo *m.* museum **4**
música *f.* music
musical *adj.* musical
músico/a *m., f.* musician
muy *adv.* very **1**
    Muy amable. That's very kind of you. **5**
    (Muy) bien, gracias. (Very) well, thanks. **1**

N

nacer *v.* to be born **9**
nacimiento *m.* birth **9**
nacional *adj.* national
nacionalidad *f.* nationality **1**
nada *pron., adv.* nothing **1**; not anything **7**
    nada mal not bad at all **5**
nadar *v.* to swim **4**
    nadar en la piscina to swim in the pool **4**

nadie *pron.* no one, not anyone **7**
naranja *m.* orange **8**
nariz *f.* nose **10**
natación *f.* swimming **4**
natural *adj.* natural **13**
naturaleza *f.* nature **13**
navegador GPS GPS **11**
navegar en Internet *v.* to surf the Internet **11**
Navidad *f.* Christmas **9**
necesario/a *adj.* necessary **12**
necesitar *v.* to need **2, 12**
negar (e:ie) *v.* to deny **13**
negativo/a *m.* negative **7**
negocios *m., pl.* business; commerce **16**
negro/a *adj.* black **6**
nervioso/a *adj.* nervous **5**
nevar (e:ie) *v.* to snow **5**
    Nieva. It's snowing. **5**
ni... ni *conj.* neither... nor **7**
niebla *f.* fog
nieto/a *m., f.* grandson/granddaughter **3**
nieve *f.* snow
ningún, ninguno/a(s) *adj.* no; none;
    not any **7**
    Ningún problema. No problem.
niñez *f.* childhood **9**
niño/a *m., f.* child; boy/girl **3**
no *adv.* no; not **1**
    No cabe duda de There is no doubt **13**
    No es así. That's not the way it is.
    No es para tanto. It's not a big deal.
    No es seguro... It's not sure... **13**
    No es verdad... It's not true... **13**
    No está. It's not here. **5**
    No está nada mal. It's not bad at all. **5**
    no estar de acuerdo to disagree
    no estar seguro/a (de) not to be
        sure (of) **13**
    No estoy seguro. I'm not sure.
    no hay there is not; there are not **1**
    No hay de qué. You're welcome. **1**
    No hay duda de There is no doubt **13**
    ¡No me diga(s)! You don't say!
    No me gustan nada. I don't
        like them at all.
    no muy bien not very well **1**
    ¿no? right? **1**
    no quiero I don't want to **4**
    no sé I don't know
    No te/se preocupe(s). Don't worry. **7**
    no tener razón to be wrong **3**
noche *f.* night **1**
nombre *m.* name **5**
norte *m.* north **14**
norteamericano/a *adj.* (North) American **3**
nos *pron.* us **5**
    Nos vemos. See you. **1**
nosotros/as *sub. pron.* we **1**;
    ob. pron. us **8**
noticias *f., pl.* news
noticiero *m.* newscast

novecientos/as nine hundred **6**
noveno/a *adj.* ninth **5**
noventa ninety **2**
noviembre *m.* November **5**
novio/a *m., f.* boyfriend/girlfriend **3**
nube *f.* cloud **13**
nublado/a *adj.* cloudy
    Está (muy) nublado. It's (very) cloudy.
nuclear *adj.* nuclear **13**
nuera *f.* daughter-in-law **3**
nuestro(s)/a(s) *poss. adj.* our **3**; of ours **11**
nueve nine **1**
nuevo/a *adj.* new **6**
número *m.* number **1**
    número (shoe) size **6**
nunca *adj.* never; not ever **7**
nutrición *f.* nutrition **15**

O

o *conj.* or **7**
o... o *conj.* either . . . or **7**
obedecer (c:zc) *v.* to obey
obra *f.* work (*of art, literature, music, etc.*)
    obra maestra masterpiece
obtener *v.* to obtain; to get **16**
obvio/a *adj.* obvious **13**
océano *m.* ocean **13**; sea
ochenta eighty **2**
ocho eight **1**
ochocientos/as eight hundred **6**
octavo/a *adj.* eighth **5**
octubre *m.* October **5**
ocupación *f.* occupation **16**
ocupado/a *adj.* busy **5**
ocurrir *v.* to occur; to happen
odiar *v.* to hate **9**
oeste *m.* west **14**
oferta *f.* offer
oficina *f.* office **12**
oficio *m.* trade **16**
ofrecer (c:zc) *v.* to offer **8**
oído *m.* sense of hearing; inner ear
oído *p.p.* heard **15**
oír *v.* to hear **4**
    oiga *form., sing.* listen
        (*in conversation*) **1**
    oigan *form., pl.* listen (*in conversation*) **1**
    Oye. *fam., sing.* Listen. (*in conversation*) **1**
ojalá (que) *interj.* I hope (that);
    I wish (that) **13**
ojo *m.* eye **10**
olvidar *v.* to forget **10**
once eleven **1**
ópera *f.* opera
operación *f.* operation **10**
ordenado/a *adj.* orderly **5**; well organized
ordinal *adj.* ordinal (*number*)
oreja *f.* (outer) ear **10**
orquesta *f.* orchestra
ortográfico/a *adj.* spelling
os *fam., pl. pron.* you **5**

otoño *m.* autumn 5
otro/a *adj.* other; another 6
  otra vez again

P

paciente *m., f.* patient 10
padrastro *m.* stepfather 3
padre *m.* father 3
  padres *m., pl.* parents 3
pagar *v.* to pay 6
  pagar a plazos to pay in installments 14
  pagar al contado to pay in cash 14
  pagar con to pay with 6
  pagar en efectivo to pay in cash
  pagar la cuenta to pay the bill 9
página *f.* page 11
  página principal home page 11
país *m.* country 1
paisaje *m.* landscape 13; countryside
pájaro *m.* bird 13
palabra *f.* word 1
pan *m.* bread 8
  pan tostado toasted bread 8; toast
panadería *f.* bakery 14
pantalla *f.* screen 11
pantalones *m., pl.* pants 6
  pantalones cortos shorts 6
papa *f.* potato 8
  papas fritas *f., pl.* French fries 8
papá *m.* dad 3
  papás *m., pl.* parents 3
papel *m.* paper 2; role
paquete *m.* package 14
par *m.* pair 6
  par de zapatos pair of shoes 6
para *prep.* for; in order to; toward;
  in the direction of; by; used for;
  considering 11
  para que so that 13
parabrisas *m., sing.* windshield 11
parar *v.* to stop 11
parecer *v.* to seem; to appear 8
pared *f.* wall 12
pareja *f.* couple; partner 9
parientes *m., pl.* relatives 3
parque *m.* park 4
párrafo *m.* paragraph
parte: de parte de on behalf of
partido *m.* game 4; match (*sports*)
pasado/a *adj.* last; past 6
pasado *p.p.* passed
pasaje *m.* ticket 5
  pasaje de ida y vuelta *m.*
    round-trip ticket 5
pasajero/a *m., f.* passenger 1
pasaporte *m.* passport 5
pasar *v.* to go through 5; to pass
  pasar la aspiradora to vacuum 12
  pasar por el banco to go by
    the bank 14

pasar por la aduana to go
  through customs 5
pasar el tiempo to spend time 4
pasarlo bien/mal to have a
  good/bad time 9
pasatiempo *m.* pastime, hobby 4
pasear *v.* to take a walk; to stroll 4
  pasear en bicicleta to ride a bicycle 4
  pasear por la ciudad/el pueblo to
    walk around the city/town 4
pasillo *m.* hallway 12
pastel *m.* cake 9
  pastel de chocolate chocolate cake
  pastel de cumpleaños birthday cake 9
pastelería *f.* pastry shop 14
pastilla *f.* pill 10
patata *f.* potato 8
  patatas fritas *f., pl.* French fries 8
patinar (en línea) *v.* to skate (in-line) 4
patio *m.* patio; yard 12
pavo *m.* turkey 8
paz *f.* peace
pedir (e:i) *v.* to ask for; to request 4, 12;
  to order (*food*) 8
  pedir prestado to borrow 14
  pedir un préstamo to apply for a loan 14
peinarse *v.* to comb one's hair 7
película *f.* movie 4
peligro *m.* danger 13
peligroso/a *adj.* dangerous
pelirrojo/a *adj.* red-haired 3
pelo *m.* hair 7
pelota *f.* ball 4
peluquería *f.* hairdressing salon 14
peluquero/a *m., f.* hairdresser 16
penicilina *f.* penicillin
pensar (e:ie) *v.* to think 4
  pensar (+ inf.) to intend;
    to plan (*to do something*) 4
  pensar en to think about 4
pensión *f.* boarding house 5
peor *adj.* worse 8
  el/la peor the worst 8
pequeño/a *adj.* small 3
pera *f.* pear
perder (e:ie) *v.* to lose; to miss 4
perdido/a *adj.* lost
Perdón. Pardon me.; Excuse me. 1
perezoso/a *adj.* lazy
perfecto/a *adj.* perfect 5
periódico *m.* newspaper 4
periodismo *m.* journalism 2
periodista *m., f.* journalist
permiso *m.* permission
pero *conj.* but 2
perro/a *m., f.* dog 3
persona *f.* person 3
personaje *m.* character
  personaje principal main character
pesas *f., pl.* weights 15
pesca *f.* fishing 5
pescadería *f.* fish market 14

pescado *m.* fish (*cooked*) 8
pescador(a) *m., f.* fisherman/fisherwoman
pescar *v.* to fish 5
peso *m.* weight 15
pez *m.* fish (*live*) 13
picante *adj.* spicy 8
pie *m.* foot 10
piedra *f.* stone 13
pierna *f.* leg 10
pimienta *f.* pepper 8
piña *f.* pineapple 8
pintar *v.* to paint
pintor(a) *m., f.* painter 16
pintura *f.* painting
piscina *f.* swimming pool 4
piso *m.* floor (*of a building*) 5
pizarra *f.* blackboard 2
placer *m.* pleasure
  Ha sido un placer. It's been a pleasure.
planchar la ropa *v.* to iron clothes 12
planes *m., pl.* plans
planta *f.* plant 7
  planta baja ground floor 5
plástico *m.* plastic 13
plato *m.* dish (*in a meal*) 8; *m.* plate 12
  plato principal main dish 8
playa *f.* beach 5
plazos *m., pl.* periods; time
pluma *f.* pen 2
población *f.* population 13
pobre *m., f., adj.* poor 6
pobreza *f.* poverty
poco/a *adj.* little 5, 10; few
poder (o:ue) *v.* to be able to; can 4
poema *m.* poem
poesía *f.* poetry
poeta *m., f.* poet 16
policía *f.* police (force) 11; *m.* (male) police
  officer 11
política *f.* politics
político/a *m., f.* politician 16
pollo *m.* chicken 8
  pollo asado roast chicken 8
ponchar *v.* to deflate; to get a flat (*tire*)
poner *v.* to put; to place 4; to turn on
  (*electrical appliances*) 11
  poner la mesa to set the table 12
  poner una inyección to give an
    injection 10
ponerse (+ adj.) to become (+ *adj.*) 7;
  to put on 7
por *prep.* in exchange for; for; by; in;
  through; by means of; along; during;
  around; in search of; by way of; per 11
  por aquí around here 11
  por avión by plane 5
  por ciento percent
  por ejemplo for example 11
  por eso that's why; therefore 11
  Por favor. Please. 1
  por fin finally 11
  por la mañana in the morning 7

por la noche at night **7**
por la tarde in the afternoon;
in the (early) evening **7**
por lo menos at least **10**
¿por qué? why? **2, 9**
por supuesto of course
por teléfono by phone; on the phone
por último finally **7**
portátil *adj.* portable **11**
porvenir *m.* future
posesivo/a *adj.* possessive **3**
posible *adj.* possible **13**
es posible it's possible **13**
no es posible it's not possible **13**
postal *f.* postcard **4**
postre *m.* dessert **9**
practicar *v.* to practice **2**
practicar deportes *m., pl.* to play sports **4**
precio (fijo) *m.* (fixed) price **6**
preferir (e:ie) *v.* to prefer **4, 12**
pregunta *f.* question
preguntar *v.* to ask (*a question*) **2**
premio *m.* prize; award
prender *v.* to turn on **11**
prensa *f.* press
preocupado/a (por) *adj.* worried (about) **5**
preocuparse (por) *v.* to worry (about) **7**
preparar *v.* to prepare **2**
preposición *f.* preposition
presentación *f.* introduction
presentar *v.* to introduce; to put on
(*a performance*)
presiones *f., pl.* pressure **15**
prestado/a *adj.* borrowed
préstamo *m.* loan **14**
prestar *v.* to loan **6**
primavera *f.* spring **5**
primer, primero/a *adj.* first **5**
primo/a *m., f.* cousin **3**
principal *adj.* main **8**
prisa *f.* haste **3**
probable *adj. m., f.* probable **13**
es probable it's probable **13**
no es probable it's not probable **13**
probar (o:ue) *v.* to taste; to try **8**
probarse (o:ue) *v.* to try on **7**
problema *m.* problem **1**
profesión *f.* profession **3, 16**
profesor(a) *m., f.* teacher; professor **1**
programa *m.* program **1**
programa de computación software **11**
programa de entrevistas talk show
programador(a) *m., f.* programmer **3**
prohibir *v.* to prohibit **10, 12**; to forbid
pronombre *m.* pronoun **8**
pronto *adj.* soon **10**
propina *f.* tip **9**
propio/a *adj.* own
proteger *v.* to protect **13**
proteína *f.* protein **15**
próximo/a *adj.* next
prueba *f.* test; quiz **2**

psicología *f.* psychology **2**
psicólogo/a *m., f.* psychologist **16**
publicar *v.* to publish
público *m.* audience
pueblo *m.* town **4**
puerta *f.* door **2**
puertorriqueño/a *adj.* Puerto Rican **3**
pues *conj.* well; then
puesto *m.* position; job **16**
puesto/a *p.p.* put **15**
puro/a *adj.* pure **13**

Q

que *pron.* that; who; which **9**
¡Qué…! How…! **3**
¡Qué dolor! What pain!
¡Qué gusto (+ *inf.*)! What a
pleasure to… !
¡Qué ropa más bonita!
What pretty clothes! **6**
¡Qué sorpresa! What a surprise!
¿qué? what? **1**; which? **9**
¿Qué día es hoy? What day is it?
¿Qué es? What is it? **1**
¿Qué hay de nuevo? What's new? **1**
¿Qué hicieron ellos/ellas? What
did they do? **6**
¿Qué hicieron ustedes? What did
you (*form., pl.*) do? **6**
¿Qué hiciste? What did you
(*fam., sing.*) do? **6**
¿Qué hizo él/ella? What did
he/she do? **6**
¿Qué hizo usted? What did you
(*form., sing.*) do? **6**
¿Qué hora es? What time is it? **1**
¿Qué les parece? What do
you guys think? **9**
¿Qué pasa? What's going on? **1**
¿Qué pasó? What happened?;
What's wrong?
¿Qué precio tiene? What is the price?
¿Qué tal? How is it going? **1**;
How is/are…?
¿Qué talla lleva/usa usted? What
size do you wear? **6**
¿Qué tiempo hace? How's the weather? **5**
quedar *v.* to be left over; to fit (*clothing*) **7**; to
be left behind **10**; to be located **14**
quedarse *v.* to stay **7**
quehaceres domésticos *m., pl.* household
chores **12**
quemado/a *adj.* burned (out) **11**
querer (e:ie) *v.* to want; to love **4**
queso *m.* cheese **8**
quien(es) *pron.* who **1**; whom; that **9**
¿Quién es…? Who is…? **1**
¿Quién habla? Who is
speaking? (*telephone*) **11**
¿quién(es)? who?; whom? **1, 9**
química *f.* chemistry **2**

quince fifteen **1**
menos quince quarter to (time) **1**
y quince quarter after (time) **1**
quinceañera *f.* young woman celebrating her
fifteenth birthday **9**
quinientos/as five hundred **6**
quinto/a *adj.* fifth **5**
quisiera *v.* I would like
quitar la mesa *v.* to clear the table **12**
quitarse *v.* to take off **7**
quizás *adv.* maybe **5**

R

racismo *m.* racism
radio *f.* radio (*medium*)
radio *m.* radio (set) **11**
radiografía *f.* X-ray **10**
rápido/a *adj.* fast
ratón *m.* mouse **11**
ratos libres *m., pl.* spare time **4**
raya *f.* stripe **6**
razón *f.* reason **3**
rebaja *f.* sale **6**
recado *m.* (telephone) message **11**
receta *f.* prescription **10**
recetar *v.* to prescribe **10**
recibir *v.* to receive **3**
reciclaje *m.* recycling **13**
reciclar *v.* to recycle **13**
recién casado/a *m., f.* newlywed **9**
recoger *v.* to pick up **13**
recomendar (e:ie) *v.* to recommend **8, 12**
recordar (o:ue) *v.* to remember **4**
recorrer *v.* to tour an area
recurso *m.* resource **13**
recurso natural natural resource **13**
red *f.* network; Web **11**
reducir *v.* to reduce **13**
refresco *m.* soft drink **8**
refrigerador *m.* refrigerator **12**
regalar *v.* to give (*as a gift*) **9**
regalo *m.* gift **6**
regatear *v.* to bargain **6**
región *f.* region; area **13**
regresar *v.* to return **2**
regular *adj. m., f.* so-so **1**
reído *p.p.* laughed **15**
reírse (e:i) *v.* to laugh **9**
relaciones *f., pl.* relationships
relajarse *v.* to relax **9**
reloj *m.* clock; watch **2**
renovable *adj.* renewable **13**
renunciar (a) *v.* to resign (from) **16**
repetir (e:i) *v.* to repeat **4**
reportaje *m.* report
reportero/a *m., f.* reporter **16**; journalist
representante *m., f.* representative
reproductor de CD *m.* CD player **11**
reproductor de DVD *m.* DVD player **11**
reproductor de MP3 *m.* MP3 player **11**
resfriado *m.* cold (*illness*) **10**

residencia estudiantil *f.* dormitory **2**
resolver (o:ue) *v.* to resolve; to solve **13**
respirar *v.* to breathe **13**
respuesta *f.* answer **9**
restaurante *m.* restaurant **4**
resuelto/a *p.p.* resolved **15**
reunión *f.* meeting **16**
revisar *v.* to check **11**
  revisar el aceite to check the oil **11**
revista *f.* magazine **4**
rico/a *adj.* rich **6**; *adj.* tasty **8**
ridículo *adj.* ridiculous **13**
río *m.* river **13**
riquísimo/a *adj.* extremely delicious **8**
rodilla *f.* knee **10**
rogar (o:ue) *v.* to beg **12**
rojo/a *adj.* red **6**
romántico/a *adj.* romantic
romper (con) *v.* to break up (with) **9**
romper(se) *v.* to break **10**
  romperse la pierna to break one's leg **10**
ropa *f.* clothing **6**
  ropa interior underwear **6**
rosado/a *adj.* pink **6**
roto/a *adj.* broken; *p.p.* broken **15**
rubio/a *adj.* blond **3**
ruso/a *adj.* Russian
rutina *f.* routine **7**
  rutina diaria daily routine **7**

S

sábado *m.* Saturday **2**
saber *v.* to know; to know how **8**
sabrosísimo/a *adj.* extremely delicious
sabroso/a *adj.* delicious **8**
sacar *v.* to take out **12**
  sacar fotos to take pictures **5**
  sacar la basura to take out the trash **12**
  sacar(se) una muela to have a tooth pulled **10**
sacudir *v.* to dust **12**
  sacudir los muebles dust the furniture **12**
sal *f.* salt **8**
sala *f.* living room **12**; room
  sala de emergencia(s) emergency room **10**
salado/a *adj.* salty **8**
salario *m.* salary **16**
salchicha *f.* sausage **8**
salida *f.* departure; exit **5**
salir *v.* to leave **4**; to go out **4**
  salir con to leave with; to go out with **4**; to date (*someone*) **9**
  salir de to leave from **4**
  salir para to leave for (*a place*) **4**
salmón *m.* salmon **8**
salón de belleza *m.* beauty salon **14**
salón de clases *m.* classroom **2**
salud *f.* health **10**

saludable *adj.* healthy **10**
saludar(se) *v.* to greet (each other)
saludo *m.* greeting **1**
  saludos a... say hello to... **1**
sandalia *f.* sandal **6**
sándwich *m.* sandwich **8**
sano/a *adj.* healthy **10**
se *ref.pron.* himself, herself, itself, *form.* yourself, themselves, yourselves **7**
se *impersonal* one **10**
  Se nos dañó... The... broke down. **11**
  Se hizo... He/she/it became...
  Se nos pinchó una llanta. We got a flat tire. **11**
secadora *f.* clothes dryer **12**
sección de (no) fumadores *f.* (non) smoking section **8**
secretario/a *m., f.* secretary **16**
secuencia *f.* sequence
sed *f.* thirst **3**
seda *f.* silk **6**
sedentario/a *adj.* sedentary **15**; related to sitting
seguir (e:i) *v.* to follow; to continue; to keep (doing something) **4**
  seguir una dieta equilibrada to eat a balanced diet **15**
según *prep.* according to
segundo/a *adj.* second **5**
seguro/a *adj.* sure; safe; confident **5**
seis six **1**
seiscientos/as six hundred **6**
sello *m.* stamp **14**
selva *f.* jungle **13**
semáforo *m.* traffic light **11**
semana *f.* week **2**
  fin *m.* **de semana** weekend **4**
  la semana pasada last week **6**
semestre *m.* semester **2**
sendero *m.* trail **13**; trailhead
sentarse (e:ie) *v.* to sit down **7**
sentir(se) (e:ie) *v.* to feel **7**; to be sorry; to regret **13**
señor (Sr.) *m.* Mr.; sir **1**
señora (Sra.) *f.* Mrs.; ma'am **1**
señorita (Srta.) *f.* Miss **1**; young woman
separado/a *adj.* separated **9**
separarse (de) *v.* to separate (from) **9**
septiembre *m.* September **5**
séptimo/a *adj.* seventh **5**
ser *v.* to be **1**
  ser aficionado/a (a) to be a fan (of) **4**
  ser alérgico/a (a) to be allergic (to) **10**
  ser gratis to be free of charge **14**
serio/a *adj.* serious
servilleta *f.* napkin **12**
servir (e:i) *v.* to help **5**; to serve **8**
sesenta sixty **2**
setecientos/as seven hundred **6**
setenta seventy **2**
sexismo *m.* sexism
sexto/a *adj.* sixth **5**

sí *adv.* yes **1**
si *conj.* if **13**
SIDA *m.* AIDS
sido *p.p.* been **15**
siempre *adv.* always **7**
siete seven **1**
silla *f.* chair **2**
sillón *m.* armchair **12**
similar *adj. m., f.* similar
simpático/a *adj.* nice **3**
sin *prep.* without **13, 15**
  sin duda without a doubt
  sin embargo *adv.* however
  sin que *conj.* without **13**
sino *conj.* but
síntoma *m.* symptom **10**
sitio *m.* **web** website **11**
situado/a *p.p.* located
sobre *m.* envelope **14**; *prep.* on; over **2**
sobrino/a *m., f.* nephew/niece **3**
sociología *f.* sociology **2**
sofá *m.* sofa **12**
sois *fam.* you are **1**
sol *m.* sun **4, 5, 13**
solar *adj.* solar **13**
solicitar *v.* to apply (*for a job*) **16**
solicitud (de trabajo) *f.* (job) application **16**
sólo *adv.* only
soltero/a *adj.* single **9**; unmarried
solución *f.* solution **13**
sombrero *m.* hat **6**
somos we are **1**
son you/they are **1**
  Son las... It's... o'clock. **1**
sonar (o:ue) *v.* to ring **11**
sonreído *p.p.* smiled **15**
sonreír (e:i) *v.* to smile **9**
sopa *f.* soup **8**
sorprender *v.* to surprise **9**
sorpresa *f.* surprise **9**
sótano *m.* basement **12**
soy I am **1**
  Soy yo. That's me. **1**
  soy de... I'm from... **1**
su(s) *poss. adj.* his; her; its; *form.* your; their; **3**
subir *v.* to go up **11**
subir(se) a to get into (a vehicle) **11**
sucio/a *adj.* dirty **5**
sucre *m.* former Ecuadorian currency **6**
sudar *v.* to sweat **15**
suegro/a *m., f.* father-in-law; mother-in-law **3**
sueldo *m.* salary **16**
suelo *m.* floor **12**
sueño *m.* sleep **3**
suerte *f.* luck **3**
suéter *m.* sweater **6**
sufrir *v.* to suffer **13**
  sufrir muchas presiones to be under a lot of pressure **15**

sufrir una enfermedad to suffer (from) an illness **13**
sugerir (e:ie) *v.* to suggest **12**
supermercado *m.* supermarket **14**
suponer *v.* to suppose **4**
sur *m.* south **14**
sustantivo *m.* noun
suyo(s)/a(s) *poss.* (of) his/her; (of) hers; (of) its; (of) *form.* your, (of) yours, (of) theirs; their **11**

T

tal vez *adv.* maybe **5**
talentoso/a *adj.* talented
talla *f.* size **6**
    talla grande large **6**
taller *m.* **(mecánico)** (mechanic's) repair shop **11**
también *adv.* also; too **7**
tampoco *adv.* neither; not either **7**
tan *adv.* so **5**
    tan pronto como as soon as **13**
    tan... como as... as **8**
tanque *m.* tank **11**
tanto *adv.* so much
    tanto... como as much... as **8**
    tantos/as... como as many... as **8**
tarde *adv.* late **7**
tarde *f.* afternoon; evening; P.M. **1**
tarea *f.* homework **2**
tarjeta *f.* (post) card **4**
    tarjeta de crédito credit card **6**
    tarjeta postal postcard **4**
taxi *m.* taxi(cab) **5**
taza *f.* cup; mug **12**
te *fam. pron.* you **5**
    Te presento a... I would like to introduce... to you. *(fam.)* **1**
    ¿Te gustaría? Would you like to?
    ¿Te gusta(n)... ? Do you like...? **2**
té *m.* tea **8**
    té helado ice tea **8**
teatro *m.* theater
teclado *m.* keyboard **11**
técnico/a *m., f.* technician **16**
tejido *m.* weaving
teleadicto/a *m., f.* couch potato **15**
teléfono celular *m.* cell phone **11**
telenovela *f.* soap opera
teletrabajo *m.* telecommuting **16**
televisión *f.* television **11**
televisor *m.* television set **11**
temer *v.* to be afraid **13**
temperatura *f.* temperature **10**
temprano *adv.* early **7**
tenedor *m.* fork **12**
tener *v.* to have **3**
    tener... años to be... years old **3**
    Tengo... años. I'm... years old. **3**
    tener (mucho) calor to be (very) hot **3**
    tener (mucho) cuidado to be (very) careful **3**
    tener dolor de to have a pain in
    tener éxito to be successful **16**
    tener fiebre to have a fever **10**
    tener (mucho) frío to be (very) cold **3**
    tener ganas de (+ inf.) to feel like (*doing something*) **3**
    tener (mucha) hambre *f.* to be (very) hungry **3**
    tener (mucho) miedo to be (very) afraid/scared of **3**
    tener miedo (de) que to be afraid that
    tener planes to have plans **4**
    tener (mucha) prisa to be in a (big) hurry **3**
    tener que (+ inf.) *v.* to have to (*do something*) **3**
    tener razón to be right **3**
    tener (mucha) sed to be (very) thirsty **3**
    tener (mucho) sueño to be (very) sleepy **3**
    tener (mucha) suerte to be (very) lucky **3**
    tener tiempo to have time
    tener una cita to have a date; an appointment **9**
tenis *m.* tennis **4**
tensión *f.* tension
tercer, tercero/a *adj.* third **5**
terminar *v.* to end; to finish **2**
    terminar de (+ inf.) to finish (*doing something*)
terremoto *m.* earthquake
terrible *adj.* terrible **13**
terror *m.* horror
ti *prep., obj. of prep., fam.* you
tiempo *m.* time **4**; weather
    tiempo libre free time **4**
tienda *f.* store **6**
    tienda de campaña *f.* tent **5**
tierra *f.* land; soil **13**
tinto/a *adj.* red (wine) **8**
tío/a *m., f.* uncle/aunt **3**
tíos *m.* aunts and uncles **3**
título *m.* title
tiza *f.* chalk **2**
toalla *f.* towel **7**
tobillo *m.* ankle **10**
tocar *v.* to play (*a musical instrument*); to touch **13**
todavía *adv.* yet; still **5**
todo *m.* everything **5**
    en todo el mundo throughout the world **13**
    Todo está bajo control. Everything is under control.
    (todo) derecho straight ahead **14**
    ¡Todos a bordo! All aboard!
todo(s)/a(s) *adj.* all **4**; whole
todos *m., pl.* all of us; *m., pl.* everybody; everyone
    todos los días every day **10**

tomar *v.* to take; to drink **2**
    tomar clases to take classes **2**
    tomar el sol to sunbathe **4**
    tomar en cuenta to take into account **8**
    tomar fotos to take pictures **13**
    tomar(le) la temperatura (a alguien) to take (someone's) temperature **10**
tomate *m.* tomato **8**
tonto/a *adj.* foolish **3**
torcerse (el tobillo) *v.* to sprain (one's ankle) **10**
torcido/a *adj.* twisted; sprained **10**
tormenta *f.* storm
tornado *m.* tornado
tortilla *f.* tortilla **8**
    tortillas de maíz tortilla made of corn flour
tortuga marina *f.* sea turtle **13**
tos *f., sing.* cough **10**
toser *v.* to cough **10**
tostado/a *adj.* toasted **8**
tostadora *f.* toaster
trabajador(a) *adj.* hard-working **3**
trabajar *v.* to work **2**
trabajo *m.* job; work **16**; written work
traducir *v.* to translate **8**
traer *v.* to bring **4**
tráfico *m.* traffic **11**
tragedia *f.* tragedy
traído/a *p.p.* brought **15**
traje *m.* suit **6**
    traje de baño bathing suit **6**
tranquilo/a *adj.* calm; quiet **15**
    ¡Tranquilo! Stay calm!
transmitir to broadcast
tratar de (+ inf.) *v.* to try (*to do something*) **15**
    Trato hecho. It's a deal.
trece thirteen **1**
treinta thirty **1**
    y treinta thirty minutes past the hour (time) **1**
tren *m.* train **5**
tres three **1**
trescientos/as three hundred **6**
trimestre *m.* trimester; quarter **2**
triste *adj.* sad **5**
tú *fam. sing. sub. pron.* you **1**
    Tú eres... You are... **1**
tu(s) *fam. poss. adj.* your **3**
turismo *m.* tourism **5**
turista *m., f.* tourist **1**
turístico/a *adj.* touristic
tuyo(s)/a(s) *fam. poss. pron.* your; (of) yours **11**

U

Ud. *form., sing. sub. pron.* you **1**
Uds. *form., pl. sub. pron.* you **1**
último/a *adj.* last

un, uno/a *indef. art.* a; one **1**
  una vez once **6**
  una vez más once again **9**
único/a *adj.* only **3**
universidad *f.* university **2**; college
unos/as *pron.* some **1**
urgente *adj.* urgent **12**
usar *v.* to wear; to use **6**
usted *form., sing. sub. pron.* you **1**
ustedes *form., pl. sub. pron.* you **1**
útil *adj.* useful
uva *f.* grape **8**

V

vaca *f.* cow
vacaciones *f., pl.* vacation **5**
valle *m.* valley **13**
vamos let's go **4**
vaquero *m.* cowboy
  de vaqueros *m., pl.* western
varios/as *adj., pl.* several
vaso *m.* glass **12**
veces *f., pl.* times **6**
vecino/a *m., f.* neighbor **12**
veinte twenty **1**
veinticinco twenty-five **1**
veinticuatro twenty-four **1**
veintidós twenty-two **1**
veintinueve twenty-nine **1**
veintiocho twenty-eight **1**
veintiséis twenty-six **1**
veintisiete twenty-seven **1**
veintitrés twenty-three **1**
veintiún, veintiuno/a twenty-one **1**
vejez *f.* old age **9**
velocidad *f.* speed **11**
  velocidad máxima speed limit **11**
vendedor(a) *m., f.* salesperson **6**
vender *v.* to sell **6**
venir *v.* to come **3**
ventana *f.* window **2**
ver *v.* to see; to watch **4**
  ver películas *f., pl.* to watch movies **4**
  a ver let's see **2**
verano *m.* summer **5**
verbo *m.* verb
verdad *f.* truth **6**
  ¿verdad? right?
verde *adj.,* green; not ripe **5**
verduras *pl. f.* vegetables **8**
vestido *m.* dress **6**
vestirse (e:i) *v.* to get dressed **7**
vez *f.* time **6**
viajar *v.* to travel **2**
viaje *m.* trip **5**
viajero/a *m., f.* traveler **5**
vida *f.* life **9**
video *m.* video **1**
videoconferencia *f.* video conference **16**
vidrio *m.* glass **13**
viejo/a *adj.* old **3**

viento *m.* wind
viernes *m., sing.* Friday **5**
vinagre *m.* vinegar **8**
vino *m.* wine **8**
  vino blanco white wine **8**
  vino tinto red wine **8**
violencia *f.* violence
visitar *v.* to visit **4**
  visitar un monumento to visit a
    monument **4**
visto/a *p.p.* seen **15**
vitamina *f.* vitamin **15**
viudo/a *adj.* widowed **9**
vivienda *f.* housing **12**
vivir *v.* to live **3**
vivo/a *adj.* clever; alive **5**; bright
volante *m.* steering wheel **11**
volcán *m.* volcano **13**
vóleibol *m.* volleyball **4**
volver (o:ue) *v.* to return **4**
volver a ver(te, lo, la) *v.* to see (you) again **9**
vos *pron.* you
vosotros/as *fam., pl. sub. pron.* you **1**
votar *v.* to vote
vuelta *f.* return trip
vuelto/a *p.p.* returned **15**
vuestro(s)/a(s) *poss. adj.* your **3**;
  (of) yours **11**

Y

y *conj.* and **1**
  y cuarto quarter after (time) **1**
  y media half-past (time) **1**
  y quince quarter after (time) **1**
  y treinta thirty (minutes past the hour) **1**
  ¿Y tú? *fam.* And you? **1**
  ¿Y usted? *form.* And you? **1**
ya *adv.* already **6**
yerno *m.* son-in-law **3**
yo *sub. pron.* I **1**
  Yo soy… I'm… **1**
yogur *m.* yogurt

Z

zanahoria *f.* carrot **8**
zapatería *f.* shoe store **14**
zapato *m.* shoe **6**
  par de zapatos pair of shoes **6**
  zapatos de tenis sneakers **6**

English-Spanish

A

A.M. **mañana** *f.* 1
able: be able to **poder (o:ue)** *v.* 4
aboard **a bordo** 1
accident **accidente** *m.* 10
accompany **acompañar** *v.* 14
account **cuenta** *f.* 14
accountant **contador(a)** *m., f.* 16
accounting **contabilidad** *f.* 2
ache **dolor** *m.* 10
acquainted: be acquainted with **conocer** *v.* 8
action **acción** *f.*
active **activo/a** *adj.* 15
actor **actor** *m.* 16
actress **actriz** *f.* 16
addict (*drug*) **drogadicto/a** *adj.* 15
additional **adicional** *adj.*
address **dirección** *f.* 14
adjective **adjetivo** *m.*
adolescence **adolescencia** *f.* 9
adventure **aventura** *f.*
advertise **anunciar** *v.*
advertisement **anuncio** *m.* 16
advice **consejo** *m.* 9
    give advice **dar** *v.* **un consejo**
advise **aconsejar** *v.* 12
advisor **consejero/a** *m., f.* 16
aerobic **aeróbico/a** *adj.* 15
    aerobic exercises **ejercicios aeróbicos** 15
    aerobics class **clase de ejercicios aeróbicos** 15
affected **afectado/a** *adj.* 13
    be affected (by) **estar** *v.* **afectado/a (por)** 13
affirmative **afirmativo/a** *adj.*
afraid: be (very) afraid **tener (mucho) miedo** 3
    be afraid **temer** *v.* 13
after **después de** *prep.* 7; **después (de) que** *conj.* 13
afternoon **tarde** *f.* 1
afterward **después** *adv.* 7; **luego** *adv.* 7
again **otra vez** *adv.*
age **edad** *f.*
agree **concordar** *v.* agree; **estar** *v.* **de acuerdo**
agreement **acuerdo** *m.*
AIDS **SIDA** *m.*
air **aire** *m.* 6
    air pollution **contaminación del aire** 13
airplane **avión** *m.* 5
airport **aeropuerto** *m.* 5
alarm clock **despertador** *m.* 7
alcohol **alcohol** *m.* 15

alcoholic **alcohólico/a** *adj.* 15
    alcoholic beverage **bebida alcohólica** 15
alive **vivo/a** *adj.* 5
all **todo(s)/toda(s)** *adj.* 4
    All aboard! **¡Todos a bordo!**
    all of us **todos**
    all over the world **en todo el mundo**
allergic **alérgico/a** *adj.* 10
    be allergic (to) **ser alérgico/a (a)** 10
alleviate **aliviar** *v.*
almost **casi** *adv.* 10
alone **solo/a** *adj.*
along **por** *prep.* 11
already **ya** *adv.* 6
also **también** *adv.* 7
alternator **alternador** *m.*
although **aunque** *conj.*
aluminum **aluminio** *m.* 13
    (made of) aluminum **de aluminio** 13
always **siempre** *adv.* 7
American (*North*) **norteamericano/a** *adj.* 3
among **entre** *prep.* 2
amusement **diversión** *f.*
and **y** 1; **e** (*before words beginning with i or hi*)
    And you? **¿Y tú?** *fam.* 1; **¿Y usted?** *form.* 1
angry **enojado/a** *adj.* 5
    get angry **enojarse** *v.* 7
animal **animal** *m.* 13
ankle **tobillo** *m.* 10
anniversary **aniversario** *m.* 9
    wedding anniversary **aniversario de bodas** 9
announce **anunciar** *v.*
announcer (*TV/radio*) **locutor(a)** *m., f.*
annoy **molestar** *v.* 7
another **otro/a** *adj.* 6
answer **contestar** *v.* 2; **respuesta** *f.* 9
antibiotic **antibiótico** *m.* 10
any **algún, alguno/a(s)** *adj.* 7
anyone **alguien** *pron.* 7
anything **algo** *pron.* 7
apartment **apartamento** *m.* 12
apartment building **edificio de apartamentos** 12
app **aplicación** *f.* 11
appear **parecer** *v.* 8
appetizers **entremeses** *m., pl.* 8
applaud **aplaudir** *v.*
apple **manzana** *f.* 8
appliance (electrical) **electrodoméstico** *m.* 12
applicant **aspirante** *m., f.* 16
application **solicitud** *f.* 16
    job application **solicitud de trabajo** 16
apply (*for a job*) **solicitar** *v.* 16
    apply for a loan **pedir** *v.* **un préstamo** 14
appointment **cita** *f.* 9
    have an appointment **tener** *v.* **una cita** 9
appreciate **apreciar** *v.*
April **abril** *m.* 5

aquatic **acuático/a** *adj.* 4
archaeologist **arqueólogo/a** *m., f.* 16
architect **arquitecto/a** *m., f.* 16
area **región** *f.* 13
Argentine **argentino/a** *adj.* 3
arm **brazo** *m.* 10
armchair **sillón** *m.* 12
army **ejército** *m.*
around **por** *prep.* 11
around here **por aquí** 11
arrange **arreglar** *v.* 11
arrival **llegada** *f.* 5
arrive **llegar** *v.* 2
art **arte** *m.* 2
    fine arts **bellas artes** *f., pl.*
article **artículo** *m.*
artist **artista** *m., f.* 3
artistic **artístico/a** *adj.*
arts **artes** *f., pl.*
as **como** *conj.* 8
    as... as **tan... como** 8
    as a child **de niño/a** 10
    as many... as **tantos/as... como** 8
    as much... as **tanto... como** 8
    as soon as **en cuanto** *conj.* 13; **tan pronto como** *conj.* 13
ask (*a question*) **preguntar** *v.* 2
    ask for **pedir (e:i)** *v.* 4, 12
asparagus **espárragos** *m., pl.*
aspirin **aspirina** *f.* 10
at **a** *prep.* 1; **en** *prep.* 2
    at + time **a la(s)** + *time* 1
    at home **en casa** 7
    at least **por lo menos** 10
    at night **por la noche** 7
    at the end (of) **al fondo (de)**
    At what time...? **¿A qué hora...?** 1, 9
    At your service. **A sus órdenes.**
attend **asistir (a)** *v.* 3
attic **altillo** *m.* 12
attract **atraer** *v.*
audience **público** *m.*
August **agosto** *m.* 5
aunt **tía** *f.* 3
    aunts and uncles **tíos** *m., pl.* 3
automatic **automático/a** *adj.* 14
    automatic teller machine (ATM) **cajero automático** 14
automobile **automóvil** *m.* 5
autumn **otoño** *m.* 5
avenue **avenida** *f.*
avoid **evitar** *v.* 13
award **premio** *m.*

B

backpack **mochila** *f.* 1
bad **mal, malo/a** *adj.* 3
    It's bad that... **Es malo que...** 12
    It's not bad at all. **No está nada mal.** 5

bag **bolsa** *f.* 6
bakery **panadería** *f.* 14
balanced **equilibrado/a** *adj.* 15
  balanced diet **dieta equilibrada** 15
balcony **balcón** *m.* 12
ball **pelota** *f.* 4
ballet **ballet** *m.*
banana **banana** *f.* 8
band **banda** *f.*
bank **banco** *m.* 14
bargain **ganga** *f.* 6; **regatear** *v.* 6
baseball (*game*) **béisbol** *m.* 4
basement **sótano** *m.* 12
basketball (*game*) **baloncesto** *m.* 4
bath **baño** *m.*
  take a bath **bañarse** *v.* 7
bathing suit **traje** *m.* **de baño** 6
bathroom **baño** *m.* 7; **cuarto de baño** *m.*
be **ser** *v.* 1; **estar** *v.* 2
be... years old **tener... años** 3
beach **playa** *f.* 5
  go to the beach **ir a la playa** 5
beans **frijoles** *m., pl.* 8
beautiful **hermoso/a** *adj.* 6
beauty **belleza** *f.* 14
  beauty salon **peluquería** *f.*; **salón** *m.* **de belleza** 14
because of **por** *prep.*
become (+ *adj.*) **ponerse (+ adj.)** 7; **convertirse** *v.*
bed **cama** *f.* 5
  go to bed **acostarse (o:ue)** *v.* 7
bedroom **alcoba** *f.* 12; **cuarto** *m.*; **recámara** *f.*
beef **carne** *f.* **de res** 8
  beef soup **caldo** *m.* **de patas**
been **sido** *p.p.* 15
beer **cerveza** *f.* 8
before **antes** *adv.* 7; **antes de** *prep.* 7; **antes (de) que** *conj.* 13
beg **rogar (o:ue)** *v.* 12
begin **comenzar (e:ie)** *v.* 4; **empezar (e:ie)** *v.* 4
behalf: on behalf of **de parte de**
behind **detrás de** *prep.* 2
believe **creer** *v.* 13
  believe (in) **creer** *v.* **(en)** 3
  believed **creído** *p.p.* 15
bellhop **botones** *m., f., sing.* 5
beloved **enamorado/a** *adj.*
below **debajo de** *prep.* 2
belt **cinturón** *m.* 6
benefit **beneficio** *m.* 16
beside **al lado de** *prep.* 2
besides **además (de)** *adv.* 10
best **mejor** *adj.* 8
  the best **el/la mejor** *m., f.* 8; **lo mejor** *neuter*
better **mejor** *adj.* 8
  It's better that... **Es mejor que...** 12

between **entre** *prep.* 2
bicycle **bicicleta** *f.* 4
big **grande** *adj.* 3
  bigger **mayor** *adj.* 8
  biggest, (the) **el/la mayor** *m., f.* 8
bill **cuenta** *f.* 9
billion **mil millones** 6
biology **biología** *f.* 2
bird **pájaro** *m.* 13; **ave** *f.*
birth **nacimiento** *m.* 9
birthday **cumpleaños** *m., sing.* 9
  birthday cake **pastel de cumpleaños** 9
  have a birthday **cumplir** *v.* **años** 9
biscuit **bizcocho** *m.*
bitter **amargo/a** *adj.* 8
black **negro/a** *adj.* 6
blackberry **mora** *f.* 8
blackboard **pizarra** *f.* 2
blanket **manta** *f.* 12
block (city) **cuadra** *f.* 14
blond **rubio/a** *adj.* 3
blouse **blusa** *f.* 6
blue **azul** *adj.* 6
boarding house **pensión** *f.* 5
boat **barco** *m.* 5
body **cuerpo** *m.* 10
bone **hueso** *m.* 10
book **libro** *m.* 2
bookcase **estante** *m.* 12
bookshelves **estante** *m.* 12
bookstore **librería** *f.* 2
boot **bota** *f.* 6
bore **aburrir** *v.* 7
bored **aburrido/a** *adj.* 5
  be bored **estar** *v.* **aburrido/a** 5
  get bored **aburrirse** *v.*
born: be born **nacer** *v.* 9
borrow **pedir prestado** 14
borrowed **prestado/a** *adj.*
boss **jefe** *m.*, **jefa** *f.* 16
bottle **botella** *f.* 9
  bottle of wine **botella de vino** 9
bother **molestar** *v.* 7
bottom **fondo** *m.*
boulevard **bulevar** *m.*
boy **chico** *m.* 1; **muchacho; niño** *m.* 3
boyfriend **novio** *m.* 3
brakes **frenos** *m., pl.* 11
bread **pan** *m.* 8
break **romper(se)** *v.* 10
  break (one's leg) **romperse (la pierna)** 10
break down **dañar** *v.* 10
  The bus broke down. **Se nos dañó el autobús.**
  break up (with) **romper** *v.* **(con)** 9
breakfast **desayuno** *m.* 8
  have breakfast **desayunar** *v.* 8
breathe **respirar** *v.* 13
bring **traer** *v.* 4
broadcast **transmitir** *v.*; **emitir** *v.*
brochure **folleto** *m.*

broken **roto/a** *adj.*; **roto/a** *p.p.* 15
  be broken **estar roto/a**
brother **hermano** *m.* 3
  brother-in-law **cuñado** *m., f.* 3
  brothers and sisters **hermanos** *m., pl.* 3
brought **traído/a** *p.p.* 15
brown **café** *adj.* 6; **marrón** *adj.*
brunet(te) **moreno/a** *adj.*
brush **cepillar** *v.* 7
  brush one's hair **cepillarse el pelo** 7
  brush one's teeth **cepillarse los dientes** 7
build **construir** *v.*
building **edificio** *m.* 12
bullfight **corrida** *f.* **de toros**
bump into (*meet accidentally*) **darse con**
burned (out) **quemado/a** *adj.* 11
bus **autobús** *m.* 1
  bus station **estación** *f.* **de autobuses** 5
business **negocios** *m., pl.* 16
  business administration **administración** *f.* **de empresas** 2
  business-related **comercial** *adj.* 16
businessman **hombre** *m.* **de negocios** 16
businesswoman **mujer** *f.* **de negocios** 16
busy **ocupado/a** *adj.* 5
but **pero** *conj.* 2; **sino** *conj.* (*in negative sentences*)
butcher shop **carnicería** *f.* 14
butter **mantequilla** *f.* 8
buy **comprar** *v.* 2
by **por** *conj.* 11; **para** *prep.* 11
  by means of **por** *prep.* 11
  by phone **por teléfono**
  by plane **en avión** 5
  by way of **por** *prep.* 11
Bye. **Chau.** *interj. fam.* 1

C

cabin **cabaña** *f.* 5
café **café** *m.* 4
cafeteria **cafetería** *f.* 2
cake **pastel** *m.* 9
calculator **calculadora** *f.* 11
call **llamar** *v.* 11
  call on the phone **llamar por teléfono**
calm **tranquilo/a** *adj.* 15
  Stay calm! **¡Tranquilo/a!**
calorie **caloría** *f.* 15
camera **cámara** *f.* 11
  digital camera **cámara digital** 11
camp **acampar** *v.* 5
can **lata** *f.* 13
can **poder (o:ue)** *v.* 4
Canadian **canadiense** *adj.* 3
candidate **aspirante** *m. f.* 16; candidate **candidato/a** *m., f.*
candy **dulces** *m., pl.* 9
capital city **capital** *f.* 1
car **coche** *m.* 11; **carro** *m.* 11; **auto(móvil)** *m.* 5

caramel **caramelo** m.
card **tarjeta** f. 4; (playing) **carta** f.
care **cuidado** m. 3
   take care of **cuidar** v. 13
career **carrera** f. 16
careful: be (very) careful **tener** v.
   (mucho) cuidado 3
caretaker **ama** f. **de casa** 12
carpenter **carpintero/a** m., f. 16
carpet **alfombra** f. 12
carrot **zanahoria** f. 8
carry **llevar** v. 2
cartoons **dibujos** m., pl. **animados**
case: in case (that) **en caso (de) que** 13
cash (a check) **cobrar** v. 14; **efectivo** m.
   cash register **caja** f. 6
   pay in cash **pagar** v. **al contado**
   pagar en efectivo
cashier **cajero/a** m., f.
cat **gato/a** m., f. 3
CD player **reproductor** m. **de CD** 11
celebrate **celebrar** v. 9
cell phone **teléfono** m. **celular** 11
cereal **cereales** m., pl. 8
certain **cierto** m.; **seguro** m. 13
   it's (not) certain **(no) es**
   seguro/cierto 13
chair **silla** f. 2
chalk **tiza** f. 2
champagne **champán** m. 9
change **cambiar** v. **(de)** 9
channel (TV) **canal** m.
character (fictional) **personaje** m.
   main character **personaje principal**
charge (for a product or service)
   cobrar v. 14
charger **cargador** m. 11
chauffeur **conductor(a)** m., f. 1
chat **conversar** v. 2; **chatear** v. 11
cheap **barato/a** adj. 6
check **comprobar** v.; **revisar** v. 11; (bank)
   cheque m. 14
   check the oil **revisar el aceite** 11
checking account **cuenta** f. **corriente** 14
cheese **queso** m. 8
chef **cocinero/a** m., f. 16
chemistry **química** f. 2
chest of drawers **cómoda** f. 12
chicken **pollo** m. 8
child **niño/a** m., f. 3
childhood **niñez** f. 9
children **hijos** m., pl. 3
Chinese **chino/a** adj.
chocolate **chocolate** m.
   chocolate cake **pastel** m. **de chocolate**
cholesterol **colesterol** m. 15
choose **escoger** v.
chop (food) **chuleta** f. 8
Christmas **Navidad** f. 9
church **iglesia** f. 4
citizen **ciudadano/a** m., f.

city **ciudad** f. 4
class **clase** f. 2
   take classes **tomar** v. **clases** 2
classical **clásico/a** adj.
classmate **compañero/a** m., f. **de clase** 2
classroom **salón de clases** m. 2
clean **limpio/a** adj. 5; **limpiar** v. 12
   clean the house v. **limpiar la casa** 12
clear (weather) **despejado/a** adj. 5
   clear the table **quitar** v. **la mesa** 12
   It's clear. (weather) **Está despejado.** 5
clerk **dependiente/a** m., f. 6
clever **vivo/a** adj. 5
client **cliente/a** m., f. 6
clinic **clínica** f. 10
clock **reloj** m. 2
close **cerrar** (e:ie) v. 4
closed **cerrado/a** adj. 5
closet **armario** m. 12
clothes dryer **secadora** f. 12
clothing **ropa** f. 6
cloud **nube** f. 13
cloudy **nublado/a** adj. 5
   It's (very) cloudy. **Está (muy)**
   nublado. 5
coat **abrigo** m. 6
coffee **café** m. 8
   coffee maker **cafetera** f.
cold **frío** m. 3; (disease) **resfriado** m. 10
   be (very) cold (feel) **tener (mucho)**
   frío 3
   It's (very) cold. (weather) **Hace**
   (mucho) frío. 5
college **universidad** f.
collision **choque** m.
color **color** m. 6
comb one's hair **peinarse** v. 7
come **venir** v. 3
comedy **comedia** f.
comfortable **cómodo/a** adj. 5
commerce **negocios** m., pl. 16
commercial **comercial** adj. 16
communicate (with) **comunicarse** v. **(con)**
communication **comunicación** f.
   means of communication
   medios m., pl. **de comunicación**
community **comunidad** f. 1
compact disc (CD) **disco** m. **compacto** 11
   compact disc player **reproductor** m.
   de CD 11
company **compañía** f. 16; **empresa** f. 16
comparison **comparación** f.
completely **completamente** adv.
composer **compositor(a)** m., f.
computer **computadora** f. 1, 11
   computer disc **disco** m. 11
   computer monitor **monitor** m. 11
   computer programmer
   programador(a) m., f. 3
   computer science **computación** f. 2
concert **concierto** m.

conductor (musical) **director(a)** m., f.
confirm **confirmar** v. 5
   confirm a reservation **confirmar**
   una reservación 5
congested **congestionado/a** adj. 10
Congratulations! (for an event such as a
   birthday or anniversary) **¡Felicidades!**;
   (for an event such as an engagement
   or a good grade on a test) f., pl.
   ¡Felicitaciones!
conservation **conservación** f. 13
conserve **conservar** v. 13
considering **para** prep. 11
consume **consumir** v. 15
contact lenses **lentes** m. pl. **de contacto**
container **envase** m. 13
contamination **contaminación** f.
content **contento/a** adj. 5
contest **concurso** m.
continue **seguir** (e:i) v. 4
control **control** m.; **controlar** v. 13
   be under control **estar bajo control**
conversation **conversación** f. 2
converse **conversar** v.
cook **cocinar** v. 12; **cocinero/a** m., f. 16
cookie **galleta** f. 9
cool **fresco/a** adj. 5
   It's cool. (weather) **Hace fresco.** 5
corn **maíz** m.
corner **esquina** m. 14
cost **costar** (o:ue) v. 6
cotton **algodón** m. 6
   (made of) cotton **de algodón** 6
couch potato **teleadicto/a** m., f. 15
cough **tos** f. 10; **toser** v. 10
counselor **consejero/a** m., f. 16
count (on) **contar** v. **(con)** 12
country (nation) **país** m. 1
countryside **campo** m. 5; **paisaje** m.
couple **pareja** f. 9
   couple (married) **matrimonio** m. 9
course **curso** m. 2; **materia** f.
courtesy **cortesía** f.
cousin **primo/a** m., f. 3
cover **cubrir** v.
covered **cubierto** p.p.
cow **vaca** f.
cowboy **vaquero** m.
crafts **artesanía** f.
craftsmanship **artesanía** f.
crash **chocar** v. **(con)** 11
crater **cráter** m. 13
crazy **loco/a** adj. 5
create **crear** v.
credit **crédito** m. 6
   credit card **tarjeta** f. **de crédito** 6
crime **crimen** m.
cross **cruzar** v. 14
Cuban **cubano/a** adj. 3
culture **cultura** f.
cup **taza** f. 12

currency exchange **cambio** *m.* **de moneda**
current events **actualidades** *f., pl.*
curriculum vitae **currículum** *m.*
curtains **cortinas** *f., pl.* 12
custard (*baked*) **flan** *m.* 9
custom **costumbre** *f.*
customer **cliente/a** *m., f.*
customs **aduana** *f.* 5
    customs inspector **inspector(a)**
      m., f. **de aduanas** 5
cycling **ciclismo** *m.* 4

D

dad **papá** *m.* 3
daily **diario/a** *adj.* 7
    daily routine **rutina** *f.* **diaria** 7
damage **dañar** *v.* 10
dance **bailar** *v.* 2; **danza** *f.* **baile** *m.*
dancer **bailarín/bailarina** *m., f.* 16
danger **peligro** *m.* 13
dangerous **peligroso/a** *adj.*
dark-haired **moreno/a** *adj.* 3
date (*appointment*) **cita** *f.* 9; (*calendar*)
    fecha *f.* 5; (*someone*) **salir** *v.*
    con (alguien) 9
    date: have a date **tener** *v.* **una cita** 9
daughter **hija** *f.* 3
daughter-in-law **nuera** *f.* 3
day **día** *m.* 1
    day before yesterday **anteayer** *adv.* 6
deal **trato** *m.*
    It's a deal. **Trato hecho.**
    It's not a big deal. **No es para tanto.**
death **muerte** *f.* 9
decaffeinated **descafeinado/a** *adj.* 15
December **diciembre** *m.* 5
decide **decidir** *v.* 3
decided **decidido/a** *adj.*
declare **declarar** *v.*
deforestation **deforestación** *f.* 13
delicious **delicioso/a** *adj.* 8; **rico/a** *adj.* 8;
    sabroso/a *adj.* 8
dentist **dentista** *m., f.* 10
deny **negar (e: ie)** *v.* 13
department store **almacén** *m.* 6
departure **salida** *f.* 5
deposit **depositar** *v.* 14
describe **describir** *v.* 3
described **descrito/a** *p.p.* 15
desert **desierto** *m.* 13
design **diseño** *m.*
designer **diseñador(a)** *m., f.* 16
desire **desear** *v.* 12
desk **escritorio** *m.* 2
dessert **postre** *m.* 9
destroy **destruir** *v.* 13
develop **desarrollar** *v.* 13
diary **diario** *m.* 1
dictatorship **dictadura** *f.*
dictionary **diccionario** *m.* 1

die **morir (o:ue)** *v.* 8
died **muerto/a** *p.p.* 15
diet **dieta** *f.* 15
    balanced diet **dieta equilibrada** 15
    be on a diet **estar** *v.* **a dieta** 15
    eat a balanced diet **seguir una dieta**
    equilibrada 15
difficult **difícil** *adj.* 3
dining room **comedor** *m.* 12
dinner **cena** *f.* 8
    have dinner **cenar** *v.* 8
direction: in the direction of **para** *prep.* 11
directions: give directions **indicar cómo**
    llegar *v.* 14
director **director(a)** *m., f.*
dirty **ensuciar** *v.*; **sucio/a** *adj.* 5
    get (something) dirty **ensuciar** *v.* 12
disagree **no estar de acuerdo**
disaster **desastre** *m.*
discover **descubrir** *v.* 13
discovered **descubierto** *p.p.* 15
discrimination **discriminación** *f.*
dish **plato** *m.* 8
    main dish **plato principal** 8
dishwasher **lavaplatos** *m., sing.* 12
disk **disco** *m.* 11
disorderly **desordenado/a** *adj.* 5
dive **bucear** *v.* 4
divorce **divorcio** *m.* 9
divorced **divorciado/a** *adj.* 9
    get divorced (from) **divorciarse** *v.* **(de)** 9
dizzy **mareado/a** *adj.* 10
do **hacer** *v.* 4
    do aerobics **hacer ejercicios**
    aeróbicos 15
    do errands **hacer diligencias**
    do household chores **hacer**
    quehaceres domésticos 12
    do stretching exercises **hacer**
    ejercicios de estiramiento 15
doctor **médico/a** *m., f.* 3;
    doctor(a) *m., f.* 10
documentary (*film*) **documental** *m.*
dog **perro/a** *m., f.* 3
domestic **doméstico/a** *adj.*
done **hecho/a** *p.p.* 15
door **puerta** *f.* 2
dormitory **residencia** *f.* **estudiantil** 2
double **doble** *adj.* 5
    double room **habitación** *f.* **doble** 5
doubt **duda** *f.* 13; **dudar** *v.* 13
    There is no doubt... **No cabe duda**
    de... 13; **No hay duda de...** 13
Down with... ! **¡Abajo el/la...!**
downtown **centro** *m.* 4
drama **drama** *m.*
dramatic **dramático/a** *adj.*
draw **dibujar** *v.* 2
drawing **dibujo** *m.*
dress **vestido** *m.* 6
    get dressed **vestirse (e:i)** *v.* 7

drink **beber** *v.* 3; **bebida** *f.* 8; **tomar** *v.* 2
    Do you want something to drink?
    ¿Quieres algo de tomar?
drive **conducir** *v.* 8; **manejar** *v.* 11
driver **conductor(a)** *m., f.* 1
drug *f.* **droga** 15
    drug addict **drogadicto/a** *adj.* 15
dry-erase marker **marcador** *m.* 2
due to **por** *prep.*
    due to the fact that **debido a**
during **durante** *prep.* 7; **por** *prep.* 11
dust **sacudir** *v.* 12
    dust the furniture **sacudir los**
    muebles 12
DVD player **reproductor de DVD** *m.* 11
dying: I'm dying to (for)... **me**
    muero por...

E

each **cada** *adj.* 6
eagle **águila** *f.*
ear (outer) **oreja** *f.* 10
early **temprano** *adv.* 7
earn **ganar** *v.* 16
earthquake **terremoto** *m.*
ease **aliviar** *v.*
east **este** *m.* 14
    to the east **al este** 14
easy **fácil** *adj.* 3
    extremely easy **facilísimo** 8
eat **comer** *v.* 3
ecological **ecologista** *adj.* 13
ecologist **ecologista** *adj.* 13
ecology **ecología** *f.* 13
economics **economía** *f.*
ecotourism **ecoturismo** *m.* 13
Ecuadorian **ecuatoriano/a** *adj.* 3
effective **eficaz** *adj. m., f.*
egg **huevo** *m.* 8
eight **ocho** 1
eight hundred **ochocientos/as** 6
eighteen **dieciocho** 1
eighth **octavo/a** 5
eighty **ochenta** 2
either... or **o... o** *conj.* 7
elect **elegir** *v.*
election **elecciones** *f., pl.*
electrician **electricista** *m., f.* 16
electricity **luz** *f.* 12
elegant **elegante** *adj.* 6
elevator **ascensor** *m.* 5
eleven **once** 1
e-mail **correo** *m.* **electrónico** 4
    e-mail message **mensaje** *m.*
    electrónico 4
    read e-mail **leer** *v.* **el correo**
    electrónico 4
    write an e-mail **escribir** *v.* **un**
    mensaje electrónico 4
embarrassed **avergonzado/a** *adj.* 5

embrace (each other) **abrazar(se)** *v.*
emergency **emergencia** *f.* 10
    emergency room **sala** *f.* **de emergencia(s)** 10
employee **empleado/a** *m., f.* 5
employment **empleo** *m.* 16
end **fin** *m.* 4; **terminar** *v.* 2
    end table **mesita** *f.*12
energy **energía** *f.*13
engaged: get engaged (to) **comprometerse** *v.* **(con)** 9
engineer **ingeniero/a** *m., f.* 3
English (*language*) **inglés** *m.* 2; **inglés, inglesa** *adj.* 3
enjoy **disfrutar** *v.* **(de)** 15
enough **bastante** *adj.* 10
entertainment **diversión** *f.* 4
entrance **entrada** *f.* 12
envelope **sobre** *m.*14
environment **medio ambiente** *m.* 13
equality **igualdad** *f.*
equipped **equipado/a** *adj.*
eraser **borrador** *m.* 2
errand *f.* **diligencia** 14
establish **establecer** *v.*
evening **tarde** *f.* 1
event **acontecimiento** *m.*
every day **todos los días** 10
everybody **todos** *m., pl.*
everything **todo** *m.* 5
    Everything is under control. **Todo está bajo control.**
exactly **en punto** *adv.* 1
exam **examen** *m.* 2
excellent **excelente** *adj.* 5
excess **exceso** *m.* 15
    in excess **en exceso** 15
exchange **intercambiar** *v.*
    in exchange for **por** 11
exciting **emocionante** *adj. m., f.*
excursion **excursión** *f.* 4
excuse **disculpar** *v.*
Excuse me. (*May I?*) **Con permiso.** 1; (*I beg your pardon.*) **Perdón.** 1
exercise **ejercicio** *m.* 15
    hacer *v.* **ejercicio** 15
exit **salida** *f.* 5
expensive **caro/a** *adj.* 6
experience **experiencia** *f.*
explain **explicar** *v.* 2
explore **explorar** *v.*
    explore a city/town **explorar una ciudad/pueblo**
expression **expresión** *f.*
extinction **extinción** *f.* 13
eye **ojo** *m.* 10

F

fabulous **fabuloso/a** *adj* 5
face **cara** *f.* 7
facing **enfrente de** *prep.* 14
fact: in fact **de hecho**
factory **fábrica** *f.* 13
fall **caerse** *v.* 10
    fall asleep **dormirse (o:ue)** *v.* 7
    fall in love (with) **enamorarse** *v.* **(de)** 9
fallen **caído/a** *p.p.* 15
family **familia** *f.* 3
famous **famoso/a** *adj.* 16
fan **aficionado/a** *adj.* 4
    be a fan (of) **ser aficionado/a (a)** 4
far from **lejos de** *prep.* 2
farewell **despedida** *f.*
fascinate **fascinar** *v.* 7
fashion **moda** *f.* 6
    be in fashion **estar** *v.* **de moda** 6
fast **rápido/a** *adj.*
fat **gordo/a** *adj.* 3; **grasa** *f.* 15
father **padre** *m.* 3
father-in-law **suegro** *m.* 3
favorite **favorito/a** *adj.* 4
fear **miedo** *m.* 3
February **febrero** *m.* 5
feel *v.* **sentir(se) (e:ie)** 7
    feel like (*doing something*) **tener ganas de (+ *inf.*)** 3
festival **festival** *m.*
fever **fiebre** *f.* 10
    have a fever **tener** *v.* **fiebre** 10
few **pocos/as** *adj. pl.*
field: field of study **especialización** *f.* 16
fifteen **quince** 1
    young woman celebrating her fifteenth birthday **quinceañera** *f.* 9
fifth **quinto/a** *adj.* 5
fifty **cincuenta** 2
fight **luchar** *v.* **(por)**
figure (*number*) **cifra** *f.*
file **archivo** *m.* 11
fill **llenar** *v.*
    fill out a form **llenar un formulario** 14
    fill the tank **llenar el tanque** 11
finally **finalmente** *adv*; **por último** 7; **por fin** 11
find **encontrar (o:ue)** *v.* 4
    find (each other) **encontrar(se)** *v.*
fine arts **bellas artes** *f., pl.*
fine **multa** *f.* 11
    That's fine. **Está bien.**
finger **dedo** *m.* 10
finish **terminar** *v.* 4
    finish (*doing something*) **terminar** *v.* **de (+ *inf.*)**
fire **incendio** *m.*; **despedir (e:i)** *v.* 16
firefighter **bombero/a** *m., f.* 16

firm **compañía** *f.* 16; **empresa** *f.* 16
first **primer, primero/a** *adj.* 5
fish (*food*) **pescado** *m.* 8; **pescar** *v.* 5; (*live*) **pez** *m.* 13
    fish market **pescadería** *f.* 14
fisherman **pescador** *m.*
fisherwoman **pescadora** *f.*
fishing **pesca** *f.* 5
fit (*clothing*) **quedar** *v.* 7
five **cinco**
five hundred **quinientos/as** 6
fix (*put in working order*) **arreglar** *v.* 11
fixed **fijo/a** *adj.* 6
flag **bandera** *f.*
flank steak **lomo** *m.*
flat tire: We got a flat tire. **Se nos pinchó una llanta.** 11
flexible **flexible** *adj.* 15
flood **inundación** *f.*
floor (*story in a building*) **piso** *m.* 5; **suelo** *m.*12
    ground floor **planta** *f.* **baja** 5
    top floor **planta** *f.* **alta**
flower **flor** *f.* 13
flu **gripe** *f.* 10
fog **niebla** *f.*
foggy: It's (very) foggy. **Hay (mucha) niebla.** 5
folk **folclórico/a** *adj.*
follow **seguir (e:i)** *v.* 4
food **comida** *f.* 8
foolish **tonto/a** *adj.* 3
foot **pie** *m.* 10
football **fútbol** *m.* **americano** 4
for **para** *prep.* 11; **por** *prep.* 11
    for example **por ejemplo** 11
    for me **para mí**
forbid **prohibir** *v.*
foreign **extranjero/a** *adj.*
    foreign languages **lenguas** *f,. pl.* **extranjeras** 2
forest **bosque** *m.* 13
forget **olvidar** *v.* 10
fork **tenedor** *m.* 12
form **formulario** *m.* 14
forty **cuarenta** 2
forward **en marcha** *adv.*
four **cuatro** 1
four hundred **cuatrocientos/as** 6
fourteen **catorce** 1
fourth **cuarto/a** *adj.* 5
free **libre** *adj.* 4
    be free of charge **ser gratis** 14
    free time **tiempo** *m.* **libre** 4; **ratos** *m., pl.* **libres** 4
freedom **libertad** *f.*
freezer **congelador** *m.*
French **francés, francesa** *adj.* 3
    French fries **papas** *f., pl* **fritas** 8; **patatas** *f., pl* **fritas** 8
frequently **frecuentemente** *adv.*; **con frecuencia** 10

Friday **viernes** *m., sing.* 2
fried **frito/a** *adj.* 8
   fried potatoes **papas** *f., pl.* **fritas;**
     patatas *f., pl.* **fritas**
friend **amigo/a** *m., f.* 3
friendly **amable** *adj.* 5
friendship **amistad** *f.* 9
from **de** *prep.* 1; **desde** *prep.* 6
   from where? **¿de dónde?** 9
   from the United States
     estadounidense *adj.* 3
   from time to time **de vez en**
     cuando 10
   He/She/It is from… **Es de…** 1
   I'm from… **Soy de…** 1
fruit **fruta** *f.* 8
   fruit juice **jugo** *m.* **de fruta** 8
   fruit shop **frutería** *f.* 14
full **lleno/a** *adj.* 11
fun **divertido/a** *adj.*
   fun activity **diversión** *f.* 4
   have fun **divertirse (e:ie)** *v.* 9
function **funcionar** *v.*
furniture **muebles** *m., pl.* 12
furthermore **además (de)** *adv.* 10
future **futuro** *m.* 16; **porvenir** *m.*
   in the future **en el futuro**

G

gain weight **aumentar** *v.* **de peso** 15;
   engordar *v.* 15
game (*match*) **partido** *m.* 4; **juego** *m.* 5
   game show **concurso** *m.*
garage **garaje** *m.* 11, 12
garden **jardín** *m.* 12
garlic **ajo** *m.* 8
gas station **gasolinera** *f.* 11
gasoline **gasolina** *f.* 11
geography **geografía** *f.* 2
German **alemán, alemana** *adj.* 3
get **conseguir (e:i)** *v.* 4; **obtener** *v.* 16
   get along well/badly (with)
     llevarse bien/mal (con) 9
   get bored **aburrirse** *v.*
   get out of (a vehicle)
     bajar(se) *v.* **de** 11
   get into (a vehicle)
     subir(se) *v.* **a** 11
   get up **levantarse** *v.* 7
gift **regalo** *m.* 6
girl **chica** *f.* 1; **muchacha; niña** *f.* 3
girlfriend **novia** *f.* 3
give **dar** *v.* 6; (*as a gift*) **regalar** 9
   give directions **indicar cómo llegar**
     v. 14
glass (*drinking*) **vaso** *m.* 12; **vidrio** *m.* 13
   (made of) glass **de vidrio** 13
glasses **gafas** *f., pl.* 6
   sunglasses **gafas de sol** 6

global warming **calentamiento global** *m.* 13
gloves **guantes** *m., pl.* 6
go **ir** *v.* 4
   go away **irse** 7
   go by boat **ir en barco** 5
   go by bus **ir en autobús** 5
   go by car **ir en auto(móvil)** 5
   go by motorcycle **ir en**
     motocicleta 5
   go by plane **ir en avión** 5
   go by subway **ir en metro**
   go by taxi **ir en taxi** 5
   go by the bank **pasar por el banco** 14
   go by train **ir en tren**
   go by **pasar** *v.* **por**
   go down; **bajar** *v.* 11
   go fishing **ir de pesca** 5
   go for a hike (in the mountains) **ir de**
     excursión (a las montañas) 4
   go mountain climbing **escalar**
     montañas 4
   go out **salir** *v.* 9
   go out with **salir con** 4, 9
   go through customs **pasar por la**
     aduana 5
   go up **subir** *v.* 11
   go with **acompañar** *v.* 14
   Let's get going. **En marcha.**
   Let's go. **Vamos.** 4
going to: be going to (*do something*)
   ir a (+ inf.) 4
golf **golf** *m.* 4
good **buen, bueno/a** *adj.* 1, 3
   Good afternoon. **Buenas tardes.** 1
   Good evening. **Buenas noches.** 1
   Good idea! **¡Buena idea!**
   Good morning. **Buenos días.** 1
   Good night. **Buenas noches.** 1
   I'm good, thanks. **Bien, gracias.**
   It's good that… **Es bueno que…** 12
goodbye **adiós** *m.* 1
good-looking **guapo/a** *adj.* 3
government **gobierno** *m.* 13
GPS **navegador GPS** *m.* 11
graduate (from) **graduarse** *v.* **(de)** 9
grains **cereales** *m., pl.* 8
granddaughter **nieta** *f.* 3
grandfather **abuelo** *m.* 3
grandmother **abuela** *f.* 3
grandparents **abuelos** *m., pl.* 3
grandson **nieto** *m.* 3
grape **uva** *f.* 8
grass **hierba** *f.*; **césped** *m.* 13
grave **grave** *adj.* 10
gray **gris** *adj. m., f.* 6
great **gran; grande** *adj.* 3;
   fenomenal *adj.* 5
green **verde** *adj. m., f.* 5
greet (each other) **saludar(se)** *v.*
greeting **saludo** *m.* 1

grilled (*food*) **a la plancha** 8
   grilled flank steak **lomo a la plancha**
ground floor **planta** *f.* **baja** 5
guest (*at a house/hotel*) **huésped** *m., f.* 5;
   (*invited to a function*) **invitado/a** *m., f.* 9
guide **guía** *m., f.*
gym **gimnasio** *m.* 4
gymnasium **gimnasio** *m.* 4

H

hair **pelo** *m.* 7
hairdresser **peluquero/a** *m., f.* 16
hairdressing salon **peluquería** *f.* 14
half **medio/a** *adj.* 3
   half-brother **medio hermano** 3;
   half-sister **media hermana** 3
   half-past (*time*) **y media** 1
hallway **pasillo** *m.* 12
ham **jamón** *m.* 8
hamburger **hamburguesa** *f.* 8
   veggie hamburger **hamburguesa**
     vegetariana *f.* 8
hand **mano** *f.* 1
   Hands up! **¡Manos arriba!**
happen **ocurrir** *v.*
happiness **alegría** *f.* 9
Happy birthday! **¡Feliz cumpleaños!**
happy **alegre** *adj.* 5; **feliz** *adj.* 5
   be happy **alegrarse** *v.* **(de)** 13
hard-working **trabajador(a)** *adj.* 3
hardly **apenas** *adv.* 10
haste **prisa** *f.* 3
hat **sombrero** *m.* 6
hate **odiar** *v.* 9
have **tener** *v.* 3
   Have a good trip! **¡Buen viaje!**
   have a tooth pulled **sacar(se) una**
     muela 10
he **él** *sub. pron.* 1
   he is **él es** 1
   he/she/it is, you (*form., sing.*) are **está** 2
head **cabeza** *f.* 10
headache **dolor de cabeza** *m.* 10
health **salud** *f.* 10
healthful **saludable** *adj.*
healthy **sano/a, saludable** *adj.* 10
   lead a healthy life **llevar** *v.* **una**
     vida sana 15
hear **oír** *v.* 4
heard **oído/a** *p.p.* 15
hearing: sense of hearing **oído** *m.*
heart **corazón** *m.* 10
heat **calor** *m.* 3
Hello. **Hola.** *interj.* 1; (*on the telephone*) **Aló.**
   11; **¿Bueno?** 11; **Diga.** 11
help **ayudar** *v.* 12; **servir (e:i)** *v.* 5
   help each other **ayudarse** *v.*
her **su(s)** *poss. adj.* 3; **la** *pron.* 5; **le** *pron.* 6;
   hers **suyo(s)/a(s)** *poss. pron.* 11

here **aquí** *adv.* 1
    Here it is... **Aquí está...** 5
    Here we are at/in... **Aquí estamos en...** 2
    It's not here. **No está.** 5
highway **autopista** *f.*; **carretera** *f.*
hike **excursión** *f.* 4
    go on a hike **hacer una excursión** 5; **ir de excursión** 4
hiker **excursionista** *m., f.* 4
hiking **de excursión** 4
him **lo** *pron.* 5; **le** *pron.* 6
hire **contratar** *v.* 16
his **su(s)** *poss. adj.* 3; **suyo(s)/a(s)** *poss. pron.* 11
history **historia** *f.* 2
hobby **pasatiempo** *m.* 4
hockey **hockey** *m.* 4
holiday **día** *m.* **de fiesta** 9
home **hogar** *m.* 12
    home page **página** *f.* **principal** 11
homemaker **ama** *f.* **de casa** 12
homework **tarea** *f.* 2
hood (car) **capó** *m.* 11
hope **esperar** *v.* 2, 13
    I hope (that) **ojalá (que)** *interj.* 13
horror **terror** *m.*
horse **caballo** *m.* 5
hospital **hospital** *m.* 10
hot: be (very) hot (*feel*) **tener (mucho) calor** 3; (*weather*) **hacer (mucho) calor** 5
hotel **hotel** *m.* 5
hour **hora** *f.* 1
house **casa** *f.* 4
household chores **quehaceres** *m., pl.* **domésticos** 12
housekeeper **ama** *f.* **de casa** 12
housing **vivienda** *f.* 12
How...! **¡Qué...!** 3
    how **¿cómo?** *adv.* 1, 9
    How are you? **¿Cómo estás?** *fam.* 1
    How are you? **¿Cómo está usted?** *form.* 1
    How can I help you? **¿En qué puedo servirles?** 5
    How did... go for you? **¿Cómo les fue...?** 15
    How is it going? **¿Qué tal?** 1
    How is/are... ? **¿Qué tal...?**
    How much/many? **¿Cuánto(s)/a(s)?** 1, 9
    How much does... cost? **¿Cuánto cuesta...?** 6
    How old are you? **¿Cuántos años tienes?** *fam.* 3
    How's the weather? **¿Qué tiempo hace?** 5
however **sin embargo** *adv.*
hug (each other) **abrazar(se)** *v.*
humanities **humanidades** *f., pl.*
hunger **hambre** *f.* 3
hundred **cien, ciento** 2
hungry: be (very) hungry **tener** *v.* **(mucha) hambre** 3

hunting **caza** *f.* 13
hurricane **huracán** *m.*
hurry **apurarse; darse prisa** *v.* 15
    be in a (big) hurry **tener** *v.* **(mucha) prisa** 3
hurt **doler (o:ue)** *v.* 10
    It hurts me a lot. **Me duele mucho.** 10
husband **esposo** *m.* 3

I

I **yo** *sub. pron.* 1
    I am... **Yo soy...** 1
    I don't like them at all. **No me gustan nada.**
    I hope (that) **Ojalá (que)** *interj.* 13
    I wish (that) **Ojalá (que)** *interj.* 13
    I would like... **me gustaría(n)...** 7
    I would like to introduce... to you. **Le presento a...** *form.* 1; **Te presento a...** *fam.* 1
ice cream **helado** *m.* 9
    ice cream shop **heladería** *f.* 14
ice tea **té helado** *m.* 8
iced **helado/a** *adj.* 9
idea **idea** *f.* 4
if **si** *conj.* 13
illness **enfermedad** *f.* 10
important **importante** *adj.* 3
    be important to **importar** *v.* 7, 12
    It's important that... **Es importante que...** 12
impossible **imposible** *adj.* 13
    It's impossible... **Es imposible...** 13
improbable **improbable** *adj.* 13
    It's improbable... **Es improbable...** 13
improve **mejorar** *v.* 13
in **en** *prep.* 2; **por** *prep.* 11
    in the afternoon **de la tarde** 1; **por la tarde** 7
    in the evening **de la noche** 1; (*early*) **por la tarde** 7
    in the morning **de la mañana** 1; **por la mañana** 7
    in love (with) **enamorado/a (de)** 5
    in which **en qué** 2
    in front of **delante de** *prep.* 2; **enfrente** 14
increase **aumento** *m.* 16
incredible **increíble** *adj.* 5
inequality **desigualdad** *f.*
infection **infección** *f.* 10
inform **informar** *v.*
inhabitants **habitantes** *m., pl* 13
injection **inyección** *f.* 10
    give an injection **poner** *v.* **una inyección** 10
injure (oneself) **lastimarse** *v.* 10
    injure (one's foot) **lastimarse (el pie)** 10
inner ear **oído** *m.*

insist (on) **insistir** *v.* **(en)** 12
installments: pay in installments **pagar** *v.* **a plazos** 14
intelligent **inteligente** *adj.* 3
intend **pensar** *v.* **(+ *inf.*)** 4
interest **interesar** *v.*
interesting **interesante** *adj.* 3
    be interesting to **interesar** *v.* 7
international **internacional** *adj. m., f.*
Internet **red** *f.*; **Internet** *m.* 11
interview **entrevista** *f.* 16; interview **entrevistar** *v.* 16
interviewer **entrevistador(a)** *m., f.* 16
introduction **presentación** *f.*
invest **invertir (e:ie)** *v.* 16
invite **invitar** *v.* 9
iron clothes **planchar** *v.* **la ropa** 12
it **lo/la** *pron.* 5
Italian **italiano/a** *adj.* 3
its **su(s)** *poss. adj.* 3 , **suyo(s)/a(s)** *poss. pron.* 11

J

jacket **chaqueta** *f.* 6
January **enero** *m.* 5
Japanese **japonés, japonesa** *adj.* 3
jeans **bluejeans** *m., pl.* 6
jewelry store **joyería** *f.* 14
job **empleo** *m.* 16; **puesto** *m.* 16; **trabajo** *m.* 16
    job application **solicitud** *f.* **de trabajo** 16
jog **correr** *v.*
journalism **periodismo** *m.* 2
journalist **periodista** *m., f.*; **reportero/a** *m., f.*
joy **alegría** *f.*
    give joy **dar** *v.* **alegría**
juice **jugo** *m.* 8
July **julio** *m.* 5
June **junio** *m.* 5
jungle **selva** *f.* 13, **jungla** *f.*
just **apenas** *adv.* 10
    have just done something **acabar de (+ *inf.*)** 6

K

keep (doing something) **seguir (e:ie)** *v.* 4
key **llave** *f.* 5
keyboard **teclado** *m.* 11
kilometer **kilómetro** *m.* 11
kind: That's very kind of you. **Muy amable.** *adj.* 5
kiss (each other) **besar(se)** *v.*; **beso** *m.* 6
kitchen **cocina** *f.* 12
knee **rodilla** *f.* 10
knife **cuchillo** *m.* 12
know **saber** *v.* 8; **conocer** *v.* 8
know how **saber** *v.* 8

L

laboratory **laboratorio** *m.* 2
lack **faltar** *v.* 7
lake **lago** *m.* 13
lamp **lámpara** *f.* 12
land **tierra** *f.* 13
landlord **dueño/a** *m., f.*
landscape **paisaje** *m.* 13
language **lengua** *f.* 2
laptop (computer) **computadora** *f.*
  portátil 11
large (clothing size) **talla** *f.* **grande** *adj.* 6
last **durar** *v.*; **pasado/a** *adj.* 6;
  último/a *adj.*
  last name **apellido** *m.* 9
  last night **anoche** *adv.* 6
  last week **la semana pasada** 6
  last year **el año pasado** 6
late **tarde** *adv.* 7
later (on) **más tarde** *adv.* 7
  See you later. **Hasta la vista.** 1;
    Hasta luego. 1
laugh **reírse (e:i)** *v.* 9
laughed **reído** *p.p.* 15
laundromat **lavandería** *f.* 14
law **ley** *f.* 13
lawyer **abogado/a** *m., f.* 16
lazy **perezoso/a** *adj.*
learn **aprender** *v.* 3
least, (the) **el/la/los/las menos** 8
leave **salir** *v.* 4; **irse** *v.* 7
  leave a tip **dejar una propina** 9
  leave for (a place) **salir para** 4
  leave from **salir de** 4
  leave behind **dejar** *v.* 16
left **izquierdo/a** *adj.* 2
  be left behind **quedar** *v.* 10
  be left over **quedar** *v.* 7
  to the left of **a la izquierda de** 2
leg **pierna** *f.* 10
lemon **limón** *m.* 8
less **menos** *adv.* 10
  less... than **menos... que** 8
  less than (+ number) **menos de**
    (+ number) 8
lesson **lección** *f.* 1
let **dejar** *v.* 12
  let's see **a ver**
letter **carta** *f.* 4
lettuce **lechuga** *f.* 8
liberty **libertad** *f.*
library **biblioteca** *f.* 2
license (driver's) **licencia** *f.* **de**
  conducir 11
lie **mentira** *f.* 6
lie down **acostarse (o:ue)** *v.* 7
life **vida** *f.* 9
  of my life **de mi vida**
lifestyle: lead a healthy lifestyle
  llevar una vida sana 15

lift **levantar** *v.* 15
  lift weights **levantar pesas** 15
light **luz** *f.* 12
like **como** *prep.* 8; **gustar** *v.* 2, 7
  like this **así** *adv.* 10
  like very much **encantar** *v.*;
    fascinar *v.* 7
  I like... **me gusta(n)...** 2
  I like... very much *v.* **Me encanta...**
  Do you like... ? **¿Te gusta(n)...?** 2
likewise **igualmente** *adv.* 1
line **línea** *f.* 4; **cola** (queue) *f.* 14
listen to **escuchar** *v.* 2
  Listen! (command) **¡Oye!** *fam.,*
    sing. 1; **¡Oigan!** *form., pl.*
  listen to music **escuchar música**
  listen to the radio **escuchar la radio**
literature **literatura** *f.*
little (quantity) **poco/a** *adj.* 5; **poco** *adv.* 10
live **vivir** *v.* 3
living room **sala** *f.* 12
loan **préstamo** *m.* 14; **prestar** *v.* 6
lobster **langosta** *f.* 8
located **situado/a** *adj.*
  be located **quedar** *v.* 14
lodging **alojamiento** *m.* 5
long **largo/a** *adj.* 6
look (at) **mirar** *v.* 2
look for **buscar** *v.* 2
lose **perder (e:ie)** *v.* 4
  lose weight **adelgazar** *v.* 15
lost **perdido/a** *adj.* 14
  be lost **estar perdido/a** 14
lot, a **muchas veces** 10
lot of, a **mucho/a** *adj.*
love (another person) **querer (e:ie)** *v.* 4;
  (things) **encantar** *v.* 7; **amor** *m.* 9;
  in love (with) **enamorado/a (de)** *adj.* 5
luck **suerte** *f.* 3
lucky: be (very) lucky **tener (mucha)**
  suerte 3
luggage **equipaje** *m.* 5
lunch **almuerzo** *m.* 8
  have lunch **almorzar (o:ue)** *v.* 8

M

ma'am **señora (Sra.)** *f.* 1
magazine **revista** *f.* 4
  read a magazine **leer una revista** 4
magnificent **magnífico/a** *adj.* 5
mail **correo** *m.* 14; **enviar** *v.*, **mandar** *v.*
  mail a letter **echar una carta**
    al buzón 14
    mail carrier **cartero/a** *m.* 14
mailbox **buzón** *m.* 14
main **principal** *adj. m., f.* 8
maintain **mantener** *v.* 15
make **hacer** *v.* 4
  make the bed **hacer la cama** 12
makeup **maquillaje** *m.* 7

man **hombre** *m.* 1
manager **gerente** *m., f.* 16
many **mucho/a** *adj.* 3
  many times **muchas veces** 10
map **mapa** *m.* 1
March **marzo** *m.* 5
margarine **margarina** *f.* 8
marinated fish **ceviche** *m.*
  lemon-marinated shrimp **ceviche**
    de camarón
marital status **estado** *m.* **civil** 9
market **mercado** *m.* 6
  open-air market **mercado al aire libre** 6
marriage **matrimonio** *m.* 9
married **casado/a** *adj.* 9
  get married (to) **casarse** *v.* **(con)** 9
marvelous **maravilloso/a** *adj.* 5
marvelously **maravillosamente** *adv.*
massage **masaje** *m.* 15
masterpiece **obra** *f.* **maestra**
match (sports) **partido** *m.*
  match **hacer** *v.* **juego (con)** 6
mathematics **matemáticas** *f., pl.* 2
matter **importar** *v.* 7, 12
maturity **madurez** *f.* 9
maximum **máximo/a** *m.* 11
May **mayo** *m.* 5
maybe **tal vez** *adv.* 5; **quizás** *adv.* 5
mayonnaise **mayonesa** *f.* 8
me **me** *pron.* 9
meal **comida** *f.* 8
means of communication **medios**
  m., pl. **de comunicación**
meat **carne** *f.* 8
mechanic **mecánico/a** *m., f.* 11
  (mechanic's) repair shop
    taller *m.* **mecánico** 11; **garaje** *m.* 11
media **medios** *m., pl.* **de**
  comunicación
medical **médico/a** *adj.* 10
medication **medicamento** *m.* 10
medicine **medicina** *f.* 10
medium **mediano/a** *adj.*
meet (each other) **encontrar(se)** *v.*
meeting **reunión** *f.* 16
menu **menú** *m.* 8
message (telephone) **recado** *m.* 11
Mexican **mexicano/a** *adj.* 3
microwave **microonda** *f.* 12
  microwave oven **horno** *m.* **de**
    microondas 12
middle age **madurez** *f.* 9
midnight **medianoche** *f.* 1
mile **milla** *f.* 11
milk **leche** *f.* 8
million **millón** 6
  million of **millón de** 6
mine **mío/a(s)** *poss. pron.* 11
mineral **mineral** *m.* 8
  mineral water **agua** *f.* **mineral** 8
minute **minuto** *m.* 1

mirror **espejo** *m.* 7
Miss **señorita (Srta.)** *f.* 1
miss **perder (e:ie)** *v.* 4
modern **moderno/a** *adj.*
mom **mamá** *f.* 3
Monday **lunes** *m., sing.* 2
money **dinero** *m.* 6
monitor **monitor** *m.* 11
monkey **mono** *m.* 13
month **mes** *m.* 5
monument **monumento** *m.* 4
moon **luna** *f.* 13
more **más** *adj.* 2
   more… than **más… que** 8
   more than (+ *number*) **más de**
    (+ *number*) 8
morning **mañana** *f.* 1
most, (the) **el/la/los/las más** 8
mother **madre** *f.* 3
mother-in-law **suegra** *f.* 3
motor **motor** *m.* 11
motorcycle **moto(cicleta)** *f.* 5
mountain **montaña** *f.* 4
mouse **ratón** *m.* 11
mouth **boca** *f.* 10
move (*to another house/city/country*)
   mudarse *v.* 12
movie **película** *f.* 4
   movie star **estrella** *f.* **de cine**
   movie theater **cine** *m.* 4
MP3 player **reproductor de MP3** *m.* 11
Mr. **señor (Sr.)** *m.* 1
Mrs. **señora (Sra.)** *f.* 1
much **mucho/a** *adj.* 2, 3
mug **taza** *f.* 12
municipal **municipal** *adj.*
murder **crimen** *m.*
muscle **músculo** *m.* 15
museum **museo** *m.* 4
mushroom **champiñón** *m.* 8
music **música** *f.*
musical **musical** *adj.*
musician **músico/a** *m., f.*
must: It must be . . . **Debe ser…** 6
my **mi(s)** *poss. adj.* 3; **mío(s)/a(s)**
   poss. pron. 11

N

name **nombre** *m.* 5
   in my name **a mi nombre**
   in the name of **a nombre de**
   last name **apellido** *m.* 9
   My name is… **Me llamo…** 1
   be named **llamarse** *v.* 7
napkin **servilleta** *f.* 12
national **nacional** *adj., m., f.*
nationality **nacionalidad** *f.* 1
natural **natural** *adj., m., f.* 13
   natural disaster **desastre** *m.* **natural**
   natural resource **recurso** *m.* **natural** 13

nature **naturaleza** *f.* 13
nauseated **mareado/a** *adj.* 10
near **cerca de** *prep.* 2
necessary **necesario/a** *adj.* 12
   It's necessary that… **Es necesario**
    que… 12; **Hay que…** 14
neck **cuello** *m.* 10
need **faltar** *v.* 7; **necesitar** *v.* 2, 12
negative **negativo/a** *adj.*
neighbor **vecino/a** *m., f.* 12
neighborhood **barrio** *m.* 12
neither… nor **ni… ni** *conj.* 7; neither
   tampoco *adv.* 7
nephew **sobrino** *m.* 3
nervous **nervioso/a** *adj.* 5
network **red** *f.* 11
never **nunca** *adv.* 7; **jamás** *adv.* 7
new **nuevo/a** *adj.* 6
newlywed **recién casado/a** *m., f.* 9
news **noticias** *f., pl.*; **actualidades** *f., pl.*
newscast **noticiero** *m.*
newspaper **periódico** *m.* 4; **diario** *m.*
   read the newspaper **leer el periódico** 4
next **próximo/a** *adj.*
next to **al lado de** 2
nice **simpático/a** *adj.* 3; **amable** *adj.* 5
niece **sobrina** *f.* 3
night **noche** *f.* 1
   night stand **mesita** *f.* **de noche** 12
nine **nueve** 1
nine hundred **novecientos/as** 6
nineteen **diecinueve** 1
ninety **noventa** 2
ninth **noveno/a** 5
no **no** 1; **ningún, ninguno/a(s)** *adj.* 7
   no one **nadie** *pron.* 7
   No problem. **Ningún problema.**
   no way **de ninguna manera**
none **ningún, ninguno/a(s)** *adj.* 7
noon **mediodía** *m.* 1
nor **ni** *conj.* 7
north **norte** *m.* 14
   to the north **al norte** 14
nose **nariz** *f.* 10
not **no** 1
   not any **ningún, ninguno/a(s)** *adj.* 7
   not anyone **nadie** *pron.* 7
   not anything **nada** *pron.* 7
   not bad at all **nada mal** 5
   not either **tampoco** *adv.* 7
   not ever **nunca** *adv.* 7; **jamás** *adv.* 7
   Not very well. **No muy bien.** 1
   not working **descompuesto/a** *adj.* 11
notebook **cuaderno** *m.* 1
nothing **nada** *pron.* 1; 7
noun **sustantivo** *m.*
November **noviembre** *m.* 5
now **ahora** *adv.*
nowadays **hoy día** *adv.*
nuclear energy **energía nuclear** 13
number **número** *m.* 1

nurse **enfermero/a** *m., f.* 10
nutrition **nutrición** *f.* 15

O

o'clock: It's… o'clock **Son las…** 1
   It's one o'clock. **Es la una.** 1
obey **obedecer (c:zc)** *v.*
obligation **deber** *m.*
obtain **conseguir (e:i)** *v.* 4; **obtener** *v.* 16
obvious **obvio** *adj.* 13
   it's obvious **es obvio** 13
occupation **ocupación** *f.* 16
occur **ocurrir** *v.*
ocean **mar** *m.* 5; **océano** *m.* 13
October **octubre** *m.* 5
of **de** *prep.* 1
of course **claro que sí; por supuesto**
offer **oferta** *f.*; **ofrecer (c:zc)** *v.* 8
office **oficina** *f.* 12
   doctor's office **consultorio** *m.* 10
often **a menudo** *adv.* 10
Oh! **¡Ay!**
oil **aceite** *m.* 8
okay: It's okay. **Está bien.**
old **viejo/a** *adj.* 3; old age **vejez** *f.* 9
older **mayor** *adj., m., f.* 3
   older brother, sister **hermano/a**
    mayor *m., f.* 3
oldest **el/la mayor** 8
on **en** *prep.* 2; **sobre** *prep.* 2
   on behalf of **de parte de** *prep.*
   on the dot **en punto** *adv.* 1
   on time **a tiempo** *adv.* 10
   on top of **encima de** *prep.* 2
once **una vez** 6
once again **una vez más** 9
one **un, uno/a** 1
   one hundred **cien(to)** 2
   one million **un millón** 6
   one thousand **mil** 6
   one time **una vez** 6
   one way (*travel*) **ida** *f.*
onion **cebolla** *f.* 8
only **sólo** *adv.*; **único/a** *adj.* 3
   only child **hijo/a único/a** *m., f.* 3
open **abrir** *v.* 3; **abierto/a** *adj.* 5
open-air **al aire libre** 6
opened **abierto/a** *p.p.* 15
opera **ópera** *f.*
operation **operación** *f.* 10
opposite **en frente de** *prep.* 14
or **o** *conj.* 7
orange **anaranjado/a** *adj.* 6;
   naranja *f.* 8
orchestra **orquesta** *f.*
order **mandar** 12; (*food*) **pedir (e:i)** *v.* 8
   in order to **para** *prep.* 11
orderly **ordenado/a** *adj.* 5
ordinal (*numbers*) **ordinal** *adj.*
other **otro/a** *adj.* 6

our **nuestro(s)/a(s)** *poss. adj.* 3; *poss. pron.* 11
out of order **descompuesto/a** *adj.* 11
outside **fuera** *adv.*
outskirts **afueras** *f., pl.* 12
oven **horno** *m.* 12
over **sobre** *prep.* 2
own **propio/a** *adj.*
owner **dueño/a** *m., f.* 8

P

P.M. **tarde** *f.* 1
pack (one's suitcases) **hacer** *v.* **las maletas** 5
package **paquete** *m.* 14
page **página** *f.* 11
pain **dolor** *m.* 10
   have a pain in the (knee) **tener** *v.* **dolor de (rodilla)**
paint **pintar** *v.*
painter **pintor(a)** *m., f.* 16
painting **pintura** *f.* 12
pair **par** *m.* 6
   pair of shoes **par de zapatos** 6
pants **pantalones** *m., pl.* 6
pantyhose **medias** *f., pl.* 6
paper **papel** *m.* 2; *(report)* **informe** *m.*
   paper money **billete** *m.*
paragraph **párrafo** *m.*
Pardon me. *(May I?)* **Con permiso.** 1; *(Excuse me.)* Pardon me. **Perdón.** 1
parents **padres** *m., pl.* 3; **papás** *m., pl.* 3
park **parque** *m.* 4; **estacionar** *v.* 11
partner *(one of a couple)* **pareja** *f.* 9
party **fiesta** *f.* 9
pass **pasar** *v.*
passed **pasado/a** *p.p.*
passenger **pasajero/a** *m., f.* 1
passport **pasaporte** *m.* 5
past **pasado/a** *adj.* 6
pastime **pasatiempo** *m.* 4
pastry shop **pastelería** *f.* 14
patient **paciente** *m., f.* 10
patio **patio** *m.* 12
pay **pagar** *v.* 6
   pay with **pagar con** 6
   pay in cash **pagar** *v.* **al contado** 14; **pagar en efectivo**
   pay in installments **pagar** *v.* **a plazos** 14
   pay the bill **pagar** *v.* **la cuenta** 9
pea **arveja** *m.* 8
peace **paz** *f.*
peach **melocotón** *m.*
pear **pera** *f.*
pen **pluma** *f.* 2
pencil **lápiz** *m.* 1
penicillin **penicilina** *f.*
people **gente** *f.* 3
pepper **pimienta** *f.* 8
per **por** *prep.* 11

percent **por ciento**
perfect **perfecto/a** *adj.* 5
perhaps **quizás** *adv.*; **tal vez** *adv.*
periods **plazos** *m., pl.*
permission **permiso** *m.*
person **persona** *f.* 3
pharmacy **farmacia** *f.* 10
phenomenal **fenomenal** *adj.*
photograph **foto(grafía)** *f.* 1
physical *(exam)* **examen** *m.* **médico** 10
physics **física** *f., sing.* 2
pick up **recoger** *v.* 3
picture **foto** *f.* 5; **pintura** *f.*
pie **pastel** *m.*
pill *(tablet)* **pastilla** *f.* 10
pillow **almohada** *f.* 12
pineapple **piña** *f.* 8
pink **rosado/a** *adj.* 6
place **lugar** *m.* 4; **poner** *v.* 4
plaid **de cuadros** *adj.* 6
plan *(to do something)* **pensar** *v.* **(+ inf.)** 4
plane **avión** *m.* 5
plans **planes** *m., pl.*
   have plans **tener** *v.* **planes** 4
plant **planta** *f.* 13
plastic **plástico** *m.* 13
   (made of) plastic **de plástico** 13
plate **plato** *m.* 8
   platter of fried food **fuente** *f.* **de fritada**
play **drama** *m.*; **comedia** *f.*; **jugar (u:ue)** *v.* 4; *(a musical instrument)* **tocar** *v.*; *(a role)* **hacer** *v.* **el papel**; *(cards)* **jugar** *v.* **a (las cartas)**; *(sports)* **practicar** *v.* **deportes** 4
player **jugador(a)** *m., f.* 4
playwright **dramaturgo/a** *m., f.*
pleasant **agradable** *adj.*
Please. **Por favor.** 1
Pleased to meet you. **Mucho gusto.** 1; **Encantado/a.** *adj.* 1
pleasing: be pleasing to **gustar** *v.* 7
pleasure **gusto** *m.* 1; **placer** *m.*
   It's a pleasure to… **Gusto de (+ inf.)**
   It's been a pleasure. **Ha sido un placer.**
   The pleasure is mine. **El gusto es mío.** 1
poem **poema** *m.*
poet **poeta** *m., f.* 16
poetry **poesía** *f.*
police *(force)* **policía** *f.* 11
   police officer **policía** *m.*, **mujer** *f.* **policía** 11
political **político/a** *adj.*
politician **político/a** *m., f.* 16
politics **política** *f.*
polka-dotted **de lunares** *adj.* 6
poll **encuesta** *f.*
pollute **contaminar** *v.* 13
polluted **contaminado/a** *adj.* 13
   be polluted **estar contaminado/a** 13
pollution **contaminación** *f.* 13
pool **piscina** *f.* 4
poor **pobre** *adj.* 6

population **población** *f.* 13
pork **cerdo** *m.* 8
   pork chop **chuleta** *f.* **de cerdo** 8
portable **portátil** *adj.* 11
   portable computer **computadora** *f.* **portátil**
position **puesto** *m.* 16
possessive **posesivo/a** *adj.* 3
possible **posible** *adj.* 13
   it's (not) possible **(no) es posible** 13
post office **correo** *m.* 14
postcard **postal** *f.* 4; **tarjeta** *f.* **postal** 4
poster **cartel** *m.*
potato **papa** *f.* 8; **patata** *f.* 8
pottery **cerámica** *f.*
practice **practicar** *v.* 2
prefer **preferir (e:ie)** *v.* 4, 12
pregnant **embarazada** *adj. f.* 10
prepare **preparar** *v.* 2
preposition **preposición** *f.*
prescribe *(medicine)* **recetar** *v.* 10
prescription **receta** *f.* 10
present **regalo** *m.*; **presentar** *v.*
press **prensa** *f.*
pressure: be under a lot of pressure **sufrir** *v.* **muchas presiones** 15
pretty **bonito/a** *adj.* 3; **bastante** *adv.*
price **precio** *m.* 6
   fixed price **precio** *m.* **fijo** 6
print **estampado/a** *adj.*; **imprimir** *v.* 11
printer **impresora** *f.* 11
private *(room)* **individual** *adj.* 5
prize **premio** *m.*
probable **probable** *adj.* 13
   it's (not) probable **(no) es probable** 13
problem **problema** *m.* 1
profession **profesión** *f.* 3, 16
professor **profesor(a)** *m., f.* 1
profit **beneficios** *m., pl.* 16
program **programa** *m.* 1
programmer **programador(a)** *m., f.* 3
prohibit **prohibir** *v.* 10, 12
promotion *(career)* **ascenso** *m.* 16
pronoun **pronombre** *m.*
protect **proteger** *v.* 13
protein **proteína** *f.* 15
provided that **con tal (de) que** *conj.* 13
psychologist **psicólogo/a** *m., f.* 16
psychology **psicología** *f.* 2
publish **publicar** *v.*
Puerto Rican **puertorriqueño/a** *adj.* 3
pull a tooth **sacar** *v.* **una muela**
purchases **compras** *f., pl.*
pure **puro/a** *adj.* 13
purple **morado/a** *adj.* 6
purse **bolsa** *f.* 6
put **poner** *v.* 4; **puesto/a** *p.p.* 15
   put a letter in the mailbox **echar** *v.* **una carta al buzón** 14
   put on *(a performance)* **presentar** *v.*
   put on *(clothing)* **ponerse** *v.* 7
   put on makeup **maquillarse** *v.* 7

quality **calidad** *f.* 6
quarter **trimestre** *m.* 2
   quarter after (*time*) **y cuarto** 1;
     y quince 1
   quarter to (*time*) **menos cuarto** 1;
     menos quince 1
question **pregunta** *f.*
quickly **rápido** *adv.*
quiet **tranquilo/a** *adj.* 15
quit **dejar** *v.* 16
quite **bastante** *adv.* 10
quiz **prueba** *f.* 2

racism **racismo** *m.*
radio (*medium*) **radio** *f.*;
   radio (*set*) **radio** *m.* 11
rain **llover (o:ue)** *v.* 5
   It's raining. **Llueve.** 5
raincoat **impermeable** *m.* 6
rainforest **bosque** *m.* **tropical** 13
raise (*salary*) **aumento** *v.* **de sueldo** 16
read **leer** *v.* 3; **leído/a** *p.p.* 15
ready **listo/a** *adj.*
real estate agency **agencia** *f.* **de bienes
   raíces** 12
reap the benefits (of) **disfrutar** *v.* **(de)** 15
reason **razón** *f.* 3
receive **recibir** *v.* 3
recommend **recomendar (e:ie)** *v.* 8, 12
recycle **reciclar** *v.* 13
recycling **reciclaje** *m.* 13
red **rojo/a** *adj.* 6
red-haired **pelirrojo/a** *adj.* 3
reduce **reducir** *v.* 13
   reduce stress/tension **aliviar** *v.* **el
     estrés/la tensión**
refrigerator **refrigerador** *m.* 12
region **región** *f.* 13
regret **sentir (e:ie)** *v.* 13
related to sitting **sedentario/a** *adj.*
relationships **relaciones** *f., pl.*
relatives **parientes** *m., pl.* 3
relax **relajarse** *v.* 9
relieve stress/tension **aliviar el
   estrés/la tensión** 15
remember **recordar (o:ue)** *v.* 4;
   acordarse (o:ue) *v.* **(de)** 7
remote control **control** *m.* **remoto** 11
renewable **renovable** *adj.* 13
rent **alquilar** *v.* 12; **alquiler** *m.* 12
repeat **repetir (e:i)** *v.* 4
report **informe** *m.*; **reportaje** *m.*
reporter **reportero/a** *m., f.* 16
representative **representante** *m., f.*
request **pedir (e:i)** *v.* 4
reservation **reservación** *f.* 5
resign (from) **renunciar (a)** *v.* 16

resolve **resolver (o:ue)** *v.* 13
resolved **resuelto/a** *p.p.* 15
resource **recurso** *m.* 13
responsibility **deber** *v.*
rest **descansar** *v.* 2
   the rest **lo/los/las demás** *pron.*
restaurant **restaurante** *m.* 4
résumé **currículum** *m.* 16
retire (from work) **jubilarse** *v.* 9
return **regresar** *v.* 2; **volver (o:ue)** *v.* 4
   return trip **vuelta** *f.*
returned **vuelto/a** *p.p.* 15
rice **arroz** *m.* 8
rich **rico/a** *adj.* 6
ride **pasear** *v.* 4
   ride a bicycle **pasear en bicicleta** 4
   ride a horse **montar a caballo** 5
ridiculous **ridículo/a** *adj.* 13
   it's ridiculous **es ridículo** 13
right **derecha** *f.* 2
   right away **enseguida** *adv.*
   right here **aquí mismo**
   right now **ahora mismo** 5
   right there **allí mismo** 14
   be right **tener** *v.* **razón** 3
   to the right of **a la derecha de** 2
   right? (*question tag*) **¿no?; ¿verdad?**
rights **derechos** *m., pl.*
ring (*a doorbell*) **sonar (o:ue)** *v.* 11
river **río** *m.* 13
road **camino** *m.*
roast chicken **pollo** *m.* **asado** 8
roasted **asado/a** *adj.* 8
role **papel** *m.*
rollerblade **patinar** *v.* **en línea**
romantic **romántico/a** *adj.*
room **habitación** *f.* 5; **cuarto** *m.*;
   (*large, living*) **sala** *f.*
roommate **compañero/a** *m., f.*
   de cuarto 2
round-trip **de ida y vuelta** 5
   round-trip ticket **pasaje** *m.* **de
     ida y vuelta** 5
route **camino** *m.* 11
routine **rutina** *f.* 7
rug **alfombra** *f.* 12
run **correr** *v.* 3
   run errands **hacer diligencias** 14
   run into (*have an accident*)
     chocar *v.* **(con)** 11; (*meet
     accidentally*) **darse con** *v.*
rush **apurarse; darse prisa** *v.* 15
Russian **ruso/a** *adj.*

sad **triste** *adj.* 5
   it's sad **es triste** 13
safe **seguro/a** *adj.* 5
said **dicho/a** *p.p.* 15
sake: for the sake of **por** *prep.*

salad **ensalada** *f.* 8
salary **salario** *m.* 16; **sueldo** *m.* 16
sale **rebaja** *f.* 6
salesperson **vendedor(a)** *m., f.* 6
salmon **salmón** *m.* 8
salt **sal** *f.* 8
salty **salado/a** *adj.* 8
same **mismo/a** *adj.*
sandal **sandalia** *f.* 6
sandwich **sándwich** *m.* 8
Saturday **sábado** *m.* 2
sausage **salchicha** *f.* 8
save (*on a computer*) **guardar** *v.* 11;
   save (money) **ahorrar** *v.* 14
savings **ahorros** *m., pl.* 14
   savings account **cuenta** *f.* **de ahorros** 14
say **decir** *v.* 6; **declarar** *v.*
   say hello to... **saludos** *m., pl.* **a...** 1
scarcely **apenas** *adv.* 10
scared: be (very) scared **tener** *v.* **(mucho)
   miedo** 3
schedule **horario** *m.* 2
school **escuela** *f.* 1
science **ciencia** *f.*
   science fiction **ciencia ficción** *f.*
scientist **científico/a** *m., f.* 16
scream **gritar** *v.*
screen **pantalla** *f.* 11
scuba dive **bucear** *v.* 4
sculpt **esculpir** *v.*
sculptor **escultor(a)** *m., f.* 16
sculpture **escultura** *f.*
sea **mar** *m.* 5; **océano** *m.*
sea turtle **tortuga marina** *f.* 13
seafood **mariscos** *m., pl.* 8
search: in search of **por** *prep.* 11
season **estación** *f.* 5
seat **silla** *f.*
second **segundo/a** *adj.* 5
secretary **secretario/a** *m., f.* 16
sedentary **sedentario/a** *adj.* 15
see **ver** *v.* 4
   see (you) again **volver** *v.* **a
     ver(te, lo, la)**
   See you. **Nos vemos.** 1
   See you later. **Hasta la vista.** 1;
     Hasta luego. 1
   See you soon. **Hasta pronto.** 1
   See you tomorrow. **Hasta mañana.** 1
seem **parecer** *v.* 8
seen **visto/a** *p.p.* 15
sell **vender** *v.* 6
semester **semestre** *m.* 2
send **enviar** *v.*; **mandar** *v.* 14
separate (from) **separarse** *v.* **(de)** 9
separated **separado/a** *adj.* 9
September **septiembre** *m.* 5
sequence **secuencia** *f.*
serious **grave** *adj.* 10
   extremely serious **gravísimo/a** *adj.* 13
serve **servir (e:i)** *v.* 8

set (*fixed*) **fijo** *adj.* 6
  set the table **poner** *v.* **la mesa** 12
seven **siete** 1
seven hundred **setecientos/as** 6
seventeen **diecisiete** 1
seventh **séptimo/a** *adj.* 5
seventy **setenta** 2
several **varios/as** *adj., pl.*
sexism **sexismo** *m.*
shame **lástima** *f.* 13
  It's a shame. **Es una lástima.** 13
shampoo **champú** *m.* 7
shape **forma** *f.* 15
  be in good shape **estar en**
    buena forma 15
share **compartir** *v.* 3
sharp (*time*) **en punto** 1
shave **afeitarse** *v.* 7
shaving cream **crema** *f.* **de afeitar** 7
she **ella** *sub. pron.* 1
  she is **ella es** 1
shellfish **mariscos** *m., pl.*
ship **barco** *m.*
shirt **camisa** *f.* 6
shoe **zapato** *m.* 6
  pair of shoes **par de zapatos** 6
  shoe size **número** *m.* **de zapato** 6
  shoe store **zapatería** *f.* 14
  tennis shoes **zapatos** *m., pl.* **de tenis**
shopping, to go **ir** *v.* **de compras** 6
  shopping mall **centro** *m.* **comercial** 6
short (*in height*) **bajo/a** *adj.* 3; (*in length*)
  corto/a *adj.* 6
short story **cuento** *m.*
shorts **pantalones cortos** *m., pl.* 6
should (*do something*) **deber** *v.* **(+ *inf.*)** 3
show **mostrar (o:ue)** *v.* 4; **espectáculo** *m.*
shower **ducha** *f.*; **ducharse** *v.* 7; **bañarse** *v.*
shrimp **camarón** *m.* 8
siblings **hermanos** *m., pl.* 3
sick **mal, malo/a** 5; **enfermo/a** *adj.* 10
  be sick **estar enfermo/a** 10
  get sick **enfermarse** *v.* 10
sightseeing: go sightseeing **hacer** *v.*
  turismo 5
sign **firmar** *v.* 14; **letrero** *m.* 14
silk **seda** *f.* 6; (*made of*) **de seda** 6
silverware **cubierto** *m.*
similar **similar** *adj. m., f.*
since **desde** *prep.*
sing **cantar** *v.* 2
singer **cantante** *m., f.* 16
single **soltero/a** *adj.* 9
  single room **habitación** *f.* **individual** 5
sink **lavabo** *m.*
sir **señor (Sr.)** *m.* 1
sister **hermana** *f.* 3
sister-in-law **cuñada** *f.* 3
sit down **sentarse (e:ie)** *v.* 7
six **seis** 1
six hundred **seiscientos/as** 6

sixteen **dieciséis** 1
sixth **sexto/a** *adj.* 5
sixty **sesenta** 2
size **talla** *f.* 6
  shoe size **número** *m.* **de zapato** 6
skate (in-line) **patinar** *v.* **(en línea)** 4
ski **esquiar** *v.* 4
skiing **esquí** *m.* 4
  water-skiing **esquí acuático** 4
skirt **falda** *f.* 6
sky **cielo** *m.* 13
sleep **dormir (o:ue)** *v.* 4; **sueño** *m.* 3
  go to sleep **dormirse (o:ue)** *v.* 7
sleepy: be (very) sleepy **tener** *v.* **(mucho)**
  sueño 3
slim down **adelgazar** *v.* 15
slow **lento/a** *adj.* 11
slowly **despacio** *adv.*
small **pequeño/a** *adj.* 3
smaller **menor** *adj.* 8
smallest, (the) **el/la menor** *m., f.* 8
smart **listo/a** *adj.* 5
smile **sonreír (e:i)** *v.* 9
smiled **sonreído** *p.p.* 15
smoggy: It's (very) smoggy. **Hay (mucha)**
  contaminación.
smoke **fumar** *v.* 15
  not to smoke **no fumar** *v.* 15
  (non) smoking section **sección**
    de (no) fumadores 8
snack (in the afternoon) **merendar** *v.* 15;
  (afternoon snack) **merienda** *f.* 15
  have a snack **merendar** *v.* 15
sneakers **zapatos de tenis** 6
sneeze **estornudar** *v.* 10
snow **nevar (e:ie)** *v.* 5; **nieve** *f.*
snowing: It's snowing. **Nieva.** 5
so (*in such a way*) **así** *adv.* 10; **tan** *adv.* 5
  so much **tanto** *adv.*
  so-so **regular** 1; **así así**
  so that **para que** *conj.* 13
soap **jabón** *m.* 7
  soap opera **telenovela** *f.*
soccer **fútbol** *m.* 4
sociology **sociología** *f.* 2
sock **calcetín** *m.* 6
sofa **sofá** *m.* 12
soft drink **refresco** *m.* 8
software **programa** *m.* **de computación** 11
soil **tierra** *f.* 13
solar energy **energía solar** 13
solution **solución** *f.* 13
solve **resolver (o:ue)** *v.* 13
some **algún, alguno/a(s)** *adj.* 7; **unos/as**
  pron. 1; **unos/as** *m., f., pl. indef. art.* 1
somebody **alguien** *pron.*
someone **alguien** *pron.* 7
something **algo** *pron.* 7
sometimes **a veces** *adv.* 10
son **hijo** *m.* 3
song **canción** *f.*
son-in-law **yerno** *m.* 3

soon **pronto** *adj.* 10
  See you soon. **Hasta pronto.** 1
sorry: be sorry **sentir (e:ie)** *v.* 13
  I'm sorry. **Lo siento.** 1
  I'm so sorry. **Mil perdones.;**
    Lo siento muchísimo.
soup **caldo** *m.*; **sopa** *f.*
sour **agrio/a** *adj.* 8
south **sur** *m.* 14
  to the south **al sur** 14
Spanish (*language*) **español** *m.* 2;
  español(a) *adj.; m., f.* 3
spare time **ratos** *m., pl.* **libres** 4
speak **hablar** *v.* 2
specialization **especialización** *f.*
spectacular **espectacular** *adj.*
speech **discurso** *m.*
speed **velocidad** *f.* 11
  speed limit **velocidad máxima** 11
spelling **ortográfico/a** *adj.*
spend (*money*) **gastar** *v.* 6
  spend time **pasar** *v.* **el tiempo** 4
spicy **picante** *adj.* 8
spoon (*table or large*) **cuchara** *f.* 12
sport **deporte** *m.* 4
  sports-loving **deportivo/a** *adj.*
  sports-related **deportivo/a** *adj.* 4
spouse **esposo/a** *m., f.* 3
sprain (one's ankle) **torcerse** *v.*
  (el tobillo) 10
sprained **torcido/a** *adj.* 10
  be sprained **estar** *v.* **torcido/a** 10
spring **primavera** *f.* 5
stadium **estadio** *m.* 2
stage **etapa** *f.* 9
stairs **escalera** *f.* 12
stamp **estampilla** *f.* 14; **sello** *m.* 14
stand in line **hacer** *v.* **cola** 14
star **estrella** *f.* 13
start (*a vehicle*) **arrancar** *v.* 11
state **estado** *m.*
station **estación** *f.* 5
statue **estatua** *f.*
status: marital status **estado** *m.* **civil** 9
stay **quedarse** *v.* 7
  Stay calm! **¡Tranquilo/a!** *adj.*
  stay in shape **mantenerse** *v.* **en forma** 15
steak **bistec** *m.* 8
steering wheel **volante** *m.* 11
step **etapa** *f.*
stepbrother **hermanastro** *m.* 3
stepdaughter **hijastra** *f.* 3
stepfather **padrastro** *m.* 3
stepmother **madrastra** *f.* 3
stepsister **hermanastra** *f.* 3
stepson **hijastro** *m.* 3
stereo **estéreo** *m.* 11
still **todavía** *adv.* 5
stock broker **corredor(a)** *m., f.* **de bolsa** 16
stockings **medias** *f., pl.* 6
stomach **estómago** *m.* 10
stone **piedra** *f.* 13

stop **parar** *v.* 11
  stop *(doing something)* **dejar** *v.* **de
    (+ inf.)** 13
store **tienda** *f.* 6
storm **tormenta** *f.*
story **cuento** *m.;* **historia** *f.*
stove **estufa** *f.* 12
straight **derecho** *adj.* 14
  straight ahead **(todo) derecho** 14
straigthen up **arreglar** *v.* 12
strange **extraño/a** *adj.* 13
  It's strange… **Es extraño…** 13
strawberry **frutilla** *f.;* **fresa** *f.* 8
street **calle** *f.* 11
stress **estrés** *m.* 15
stretching **estiramiento** *m.* 15
  stretching exercises **ejercicios**
    m., pl. **de estiramiento** 15
strike *(labor)* **huelga** *f.*
stripe **raya** *f.* 6
  striped **de rayas** *adj.* 6
stroll **pasear** *v.* 4
strong **fuerte** *adj.* 15
struggle (for) **luchar** *v.* **(por)**
student **estudiante** *m., f.* 1;
  estudiantil *adj.*
study **estudiar** *v.* 2
stupendous **estupendo/a** *adj.* 5
style **estilo** *m.*
suburbs **afueras** *f., pl.* 12
subway **metro** *m.* 5
  subway station **estación** *f.* **del metro** 5
success **éxito** *m.* 16
successful: be successful **tener** *v.* **éxito** 16
such as **tales como**
suddenly **de repente** *adv.* 6
suffer **sufrir** *v.* 13
  suffer from an illness **sufrir una
    enfermedad** 13
sufficient **bastante** *adj.*
sugar **azúcar** *m.* 8
suggest **sugerir (e:ie)** *v.* 12
suit **traje** *m.* 6
suitcase **maleta** *f.* 1
summer **verano** *m.* 5
sun **sol** *m.* 4, 13
sunbathe **tomar** *v.* **el sol** 4
Sunday **domingo** *m.* 2
sunglasses **gafas** *f., pl.* **de sol** 6; **gafas
  oscuras; lentes** *m., pl.* **de sol**
sunny: It's (very) sunny. **Hace (mucho) sol.** 5
supermarket **supermercado** *m.* 14
suppose **suponer** *v.* 4
sure **seguro/a** *adj.* 5
  be sure (of) **estar** *v.* **seguro/a (de)** 5, 13
surf the Internet **navegar** *v.* **en Internet** 11
surprise **sorprender** *v.* 9; **sorpresa** *f.* 9
survey **encuesta** *f.*
sweat **sudar** *v.* 15
sweater **suéter** *m.* 6
sweep the floor **barrer** *v.* **el suelo** 12

sweet **dulce** *adj.* 8
sweets **dulces** *m., pl.* 9
swim **nadar** *v.*
  swim in the pool **nadar en la piscina** 4
swimming **natación** *f.* 4
  swimming pool **piscina** *f.* 4
symptom **síntoma** *m.* 10

T

table **mesa** *f.* 2
tablespoon **cuchara** *f.* 12
take **tomar** *v.* 2, 8; **llevar** *v.*
  Take care! **¡Cuídense!**
  take care of **cuidar** *v.* 13
  take (someone's) temperature
    tomar(le) *v.* **la temperatura
    (a alguien)** 10
  take *(wear)* a shoe size **calzar** *v.* 6
  take a bath **bañarse** *v.* 7
  take into account **tomar** *v.* **en cuenta**
  take off **quitarse** *v.* 7
  take out the trash **sacar** *v.* **la basura** 12
  take pictures **sacar** *v.* **fotos** 5;
    tomar fotos 13
talented **talentoso/a** *adj.*
talk **hablar** *v.* 2; **conversar** *v.* 2
  talk show **programa** *m.* **de entrevistas**
tall **alto/a** *adj.* 3
tank **tanque** *m.* 11
tape (audio) **cinta** *f.*
taste **probar (o:ue)** *v.* 8
tasty **rico/a** *adj.* 8; **sabroso/a** *adj.* 8
tax **impuesto** *m.*
taxi(cab) **taxi** *m.* 5
tea **té** *m.* 8
teach **enseñar** *v.* 2
teacher **profesor(a)** *m., f.;*
  maestro/a *m., f.* 16
team **equipo** *m.* 4
technician **técnico/a** *m., f.* 16
telecommuting **teletrabajo** *m.* 16
teleconference **videoconferencia** *f.*
telephone **teléfono** *m.* 11
  cell phone **teléfono celular** 11
television **televisión** *f.* 11
  television set **televisor** *m.* 11
tell **decir** *v.* 6
temperature **temperatura** *f.* 10
ten **diez** 1
tennis **tenis** *m.* 4
  tennis shoes **zapatos** *m., pl.* **de tenis**
tension **tensión** *f.*
tent **tienda** *f.* **de campaña** 5
tenth **décimo/a** *adj.* 5
terrible **terrible** *adj. m., f.* 13
  it's terrible **es terrible** 13
terrific **chévere** *adj.*
test **prueba** *f.* 2; **examen** *m.* 2
text message **mensaje de texto** *m.* 11

Thank you. **Gracias.** *f., pl.* 1
  Thank you (very much).
    (Muchas) gracias. 1
  Thank you very, very much.
    Muchísimas gracias.
  Thanks for everything. **Gracias
    por todo.**
  Thanks once again. **Gracias una
    vez más.**
that **que; quien(es); lo que** *rel. pron.* 9
  that (one) **ése, ésa, eso** *pron.* 6;
    ese, esa, *adj.* 6
  that (over there) **aquél, aquélla,
    aquello** *pron.* 6;
    aquel, aquella *adj.* 6
  that which **lo que** *conj.* 9
  That's me. **Soy yo.**
  that's why **por eso** 11
the **el** *m.,* **la** *f. sing., def. art.;* **los** *m.,* **las** *f.
  pl., def. art.* 1
theater **teatro** *m.*
their **su(s)** *poss., adj.* 3; **suyo(s)/a(s)** *poss.,
  pron.* 11
them **los/las** *pron.* 5; **les** *pron.* 6
then **después** *(afterward) adv.* 7; **entonces**
  (as a result) adv. 7;
  luego *(next) adv.* 7; **pues** *adv.* 15
there **allí** *adv.* 5
  There is/are… **Hay…** 1;
  There is/are not… **No hay…** 1
therefore **por eso** *adv.* 11
these **éstos, éstas** *pron.* 6;
  estos, estas *adj.* 6
they **ellos/as** *sub. pron.* 1
  they are **ellos/as son** 1
thin **delgado/a** *adj.* 3
thing **cosa** *f.* 1
think **pensar (e:ie)** *v.* 4; (believe) **creer** *v.*
  think about **pensar en** 4
third **tercer, tercero/a** *adj.* 5
thirst **sed** *f.* 3
thirsty: be (very) thirsty **tener** *v.* **(mucha)
  sed** 3
thirteen **trece** 1
thirty **treinta** 1; thirty *(minutes past the
  hour)* **y treinta** 1; **y media** 1
this **este, esta** *adj.;*
  éste, ésta, esto *pron.* 6
  This is… *(introduction)* **Éste/a es…** 1
  This is he/she. *(on telephone)*
    Con él/ella habla. 11
those **ésos, ésas** *pron.* 6;
  esos, esas *adj.* 6
those (over there) **aquéllos, aquéllas** *pron.*
  6; **aquellos, aquellas** *adj.* 6
thousand **mil** *m.* 6
three **tres** 1
three hundred **trescientos/as** 6
throat **garganta** *f.* 10
through **por** *prep.* 11
throughout: throughout the world **en todo
  el mundo** 13

throw **echar** *v.*
Thursday **jueves** *m., sing.* 2
thus (*in such a way*) **así** *adj.*
ticket **boleto** *m.;* **entrada** *f.;* **pasaje** *m.* 5;
  (traffic) **multa** *f.* 11
tie **corbata** *f.* 6
time **vez** *f.* 6; **tiempo** *m.* 4
  buy on time **comprar** *v.* **a plazos** *m., pl.*
  *h*ave a good/bad time **pasar**
    lo *v.* **bien/mal** 9
  We had a great time. **Lo pasamos**
    de película.
times **veces** *f., pl.*
  many times **muchas veces** 10
tip **propina** *f.* 9
tire **llanta** *f.* 11
tired **cansado/a** *adj.* 5
  be tired **estar** *v.* **cansado/a** 5
title **título** *m.*
to **a** *prep.* 1
toast (*drink*) **brindar** *v.* 9
  toast **pan** *m.* **tostado**
toasted **tostado/a** *adj.* 8
toaster **tostadora** *f.*
today **hoy** *adv.* 2
  Today is . . . **Hoy es...** 2, 5
together **juntos/as** *adj.* 9
tomato **tomate** *m.* 8
tomorrow **mañana** *adv.* 1
  See you tomorrow. **Hasta mañana.** 1
tonight **esta noche** *adv.* 4
too **también** *adv.* 7
  too much **demasiado** *adv.* 6;
    en exceso 15
tooth **diente** *m.* 7; tooth **muela** *f.* 10
tornado **tornado** *m.*
tortilla **tortilla** *f.* 8
touch **tocar** *v.* 13
tour an area **recorrer** *v.;* **excursión** *f.*
  go on a tour **hacer** *v.* **una excursión** 5
tourism **turismo** *m.* 5
tourist **turista** *m., f.* 1; **turístico/a** *adj.*
toward **para** *prep.* 11; **hacia** *prep.* 14
towel **toalla** *f.* 7
town **pueblo** *m.* 4
trade **oficio** *m.* 16
traffic **circulación** *f.;* **tráfico** *m.* 11
  traffic light **semáforo** *m.* 11
tragedy **tragedia** *f.*
trail **sendero** *m.* 13
  trailhead **sendero** *m.*
train **entrenarse** *v.* 15; **tren** *m.* 5
  train station **estación** *f.* **del tren** *m.* 5
translate **traducir** *v.* 8
trash **basura** *f.* 12
travel **viajar** *v.* 2
  travel agency **agencia** *f.* **de viajes** 5
  travel agent **agente** *m., f.* **de viajes** 5
  travel documents **documentos**
    m., pl. **de viaje**
traveler **viajero/a** *m., f.* 5
  traveler's check **cheque** *m.* **de viajero** 14

treat (*entertain*) **invitar** *v.* 9
tree **árbol** *m.* 13
trillion **billón** 6
trimester **trimestre** *m.* 2
trip **viaje** *m.* 5
  take a trip **hacer** *v.* **un viaje** 5
tropical forest **bosque** *m.* **tropical** 13
truck **camión** *m.*
true **cierto/a; verdad** *adj.* 13
  it's (not) true **(no) es cierto/verdad** 13
trunk **baúl** *m.* 11
truth **verdad** *f.* 6
try **intentar** *v.;* **probar (o:ue)** *v.* 8
  try (*to do something*) **tratar** *v.* **de**
    (+ *inf.*) 15
  try on **probarse (o:ue)** *v.* 7
t-shirt **camiseta** *f.* 6
Tuesday **martes** *m., sing.* 2
tuna **atún** *m.* 8
turkey **pavo** *m.* 8
turn **doblar** *v.* 14
  turn off (*electricity/appliance*)
    apagar *v.* 11
  turn on (*electricity/appliance*)
    poner *v.* 11; **prender** *v.* 11
turtle **tortuga** *f.* 13
  sea turtle **tortuga marina** 13
twelve **doce** 1
twenty **veinte** 1
twenty-eight **veintiocho** 1
twenty-five **veinticinco** 1
twenty-four **veinticuatro** 1
twenty-nine **veintinueve** 1
twenty-one **veintiún, veintiuno/a** 1
twenty-seven **veintisiete** 1
twenty-six **veintiséis** 1
twenty-three **veintitrés** 1
twenty-two **veintidós** 1
twice **dos veces** 6
twisted **torcido/a** *adj.* 10
  be twisted **estar** *v.* **torcido/a** 10
two **dos** 1
two hundred **doscientos/as** 6

ugly **feo/a** *adj.* 3
uncle **tío** *m.* 3
under **debajo de** *prep.* 2; **bajo** *prep.*
understand **comprender** *v.* 3;
  entender (e:ie) *v.* 4
underwear **ropa** *f.* **interior** 6
unemployment **desempleo** *m.*
university **universidad** *f.* 2
unless **a menos que** *adv.* 13
unmarried **soltero/a** *adj.* 9
unpleasant **antipático/a** *adj.* 3
until **hasta** *prep.* 6; **hasta que** *conj.* 13
up **arriba** *adv.*
urgent **urgente** *adj.* 12
  It's urgent that... **Es urgente que...** 12

us **nos** *pron.* 5
use **usar** *v.* 6
used for **para** *prep.* 11
useful **útil** *adj.*

vacation **vacaciones** *f., pl.* 5
  be on vacation **estar** *v.* **de**
    vacaciones 5
  go on vacation **ir** *v.* **de vacaciones** 5
vacuum **pasar** *v.* **la aspiradora** 12
  vacuum cleaner **aspiradora** *f.* 12
valley **valle** *m.* 13
various **varios/as** *adj., pl.*
vegetables **verduras** *f., pl.* 8
verb **verbo** *m.*
very **muy** *adv.* 1
  very bad **malísimo** 8
  very much **muchísimo** *adv.*
  Very good, thank you. **Muy bien,**
    gracias.
  (Very) well, thanks. **(Muy) bien,**
    gracias. 1
vest **chaleco** *m.*
video **video** *m.* 1
  video conference
    videoconferencia *f.* 16
  videocamera **cámara** *f.* **de video** 11
vinegar **vinagre** *m.* 8
violence **violencia** *f.*
visit **visitar** *v.* 4
  visit a monument **visitar un**
    monumento 4
vitamin **vitamina** *f.* 15
voicemail **buzón** *m.* **de voz** 11
volcano **volcán** *m.* 13
volleyball **vóleibol** *m.* 4
vote **votar** *v.*

wait (for) **esperar** *v.* 2
waiter **camarero/a** *m., f.* 8
wake up **despertarse (e:ie)** *v.* 7
walk **caminar** *v.* 2
  take a walk **pasear** *v.* 4
  walk around the city/town **pasear**
    por la ciudad/el pueblo 4
wall **pared** *f.* 12
wallet **cartera** *f.* 6
want **desear** *v.* 2; **querer (e:ie)** *v.* 4, 12
  I don't want to **no quiero** 4
war **guerra** *f.*
warm (oneself) up **calentarse** *v.* 15
wash **lavar** *v.* 12
  wash one's face/hands **lavarse** *v.*
    la cara/las manos 7
  wash oneself **lavarse** 7
washing machine **lavadora** *f.* 12

watch **mirar** v. 2; **reloj** m. 2; **ver** v. 4
    watch television **mirar (la)
    televisión** 2
    watch movies **ver películas** 4
water **agua** f. 8
    water pollution **contaminación
    del agua** 13
    water-skiing **esquí** m. **acuático** 4
way **manera** f.
we **nosotros/as** sub. pron. 1
    we are **nosotros/as somos** 1
weak **débil** adj. 15
wear **llevar** v. 6; **usar** v. 6;
    calzar v. (shoes) 6
weather **tiempo** m. 5
    It's bad weather. **Hace mal tiempo.** 5
    It's nice weather. **Hace buen tiempo.** 5
weaving **tejido** m.
Web **red** f. 11
website **sitio** m. **web** 11
wedding **boda** f. 9
Wednesday **miércoles** m., sing. 2
week **semana** f. 2
weekend **fin** m. **de semana** 4
weight **peso** m. 15
    lift weights **levantar** v. **pesas** f., pl. 15
Welcome! **¡Bienvenido(s)/a(s)!**
    adj. 12
well **pues** adv.; **bueno** adv.
well-being **bienestar** m. 15
well organized **ordenado/a** adj.
west **oeste** m. 14
    to the west **al oeste** 14
western (genre) **de vaqueros** adj.
whale **ballena** f. 13
what **lo que** 9
    what? **¿qué?** adj., pron. 1, 9;
        ¿cuál(es)? 9
    At what time…? **¿A qué hora…?** 1
    What a… **¡Qué…!**
    What a pleasure to . . . ! **¡Qué
        gusto (+ inf.)…**
    What a surprise! **¡Qué sorpresa!**
    What day is it? **¿Qué día es hoy?**
    What did he/she do? **¿Qué hizo
        él/ella?** 6
    What did they do? **¿Qué hicieron
        ellos/ellas?** 6
    What did you do? **¿Qué hiciste?**
        fam., sing.; **¿Qué hizo usted?** form.,
        sing.; **¿Qué hicieron
        ustedes?** form., pl. 6
    What did you say? **¿Cómo?**
    What do you guys think? **¿Qué les
        parece?** 9
    What happened? **¿Qué pasó?**
    What is it? **¿Qué es?** 1
    What is the date (today)? **¿Cuál es
        la fecha (de hoy)?**
    What is the price? **¿Qué precio tiene?**
    What is today's date? **¿Cuál es la
        fecha de hoy?** 5

What pain! **¡Qué dolor!**
What pretty clothes! **¡Qué ropa
    más bonita!** 6
What size do you wear? **¿Qué talla
    lleva (usa)?** 6
What time is it? **¿Qué hora es?** 1
What's going on? **¿Qué pasa?** 1
What's… like? **¿Cómo es…?**
What's new? **¿Qué hay de nuevo?** 1
What's wrong? **¿Qué pasó?**
What's your name? **¿Cómo se
    llama usted?** form. 1
What's your name? **¿Cómo te
    llamas (tú)?** fam. 1
when **cuando** conj. 7
    When? **¿Cuándo?** 2, 9
where **donde** adj., conj.
    where? (destination) **¿adónde?** 2, 9;
    (location)**¿dónde?** 1, 9
    Where are you from? **¿De dónde eres?**
    fam. 1; **¿De dónde es usted?** form. 1
    Where is…? **¿Dónde está…?** 2
    (to) where? **¿adónde?** 2
which **que; lo que** rel. pron. 9
which? **¿cuál(es)?** adj., pron.; **¿qué?** 2, 9
    which one(s)? **¿cuál(es)?** 2
while **mientras** adv. 10
white **blanco/a** adj. 6
    white wine **vino** m. **blanco** 8
who **que; quien(es)** rel. pron. 9
    who? **¿quién(es)?** 1, 9
    Who is…? **¿Quién es…?** 1
    Who is calling? (on telephone)
    ¿De parte de quién?
    Who is speaking? (on telephone)
    ¿Quién habla? 11
whole **todo/a** adj.
whom **quien(es)** rel. pron. 9
whose…? **¿de quién(es)…?** 1
why? **¿por qué?** adv. 2, 9
widowed **viudo/a** adj. 9
wife **esposa** f. 3
win **ganar** v. 4
wind **viento** m.
window **ventana** f. 2
windshield **parabrisas** m., sing. 11
windy: It's (very) windy. **Hace (mucho)
    viento.** 5
wine **vino** m. 8
    red wine **vino tinto** 8
    white wine **vino blanco** 8
wineglass **copa** f. 12
winter **invierno** m. 5
wireless connection **conexión** f.
    inalámbrica 11
wish **desear** v. 2; **esperar** v. 13
    I wish (that) **Ojalá que** 13
with **con** prep.
    with me **conmigo** 4
    with you **contigo** fam.
within **dentro de** prep.

without **sin** prep. 13, 15; **sin que** conj. 13
    without a doubt **sin duda**
woman **mujer** f. 1
wool **lana** f. 6
    (made of) wool **de lana** 6
word **palabra** f. 1
work **trabajar** v. 2; **funcionar** v. 11;
    trabajo m. 16
    work (of art, literature, music, etc.) **obra** f.
    work out **hacer** v. **gimnasia** 15
world **mundo** m. 13
worldwide **mundial** adj. m., f.
worried (about) **preocupado/a (por)** adj. 5
worry (about) **preocuparse** v. **(por)** 7
    Don't worry. **No se preocupe.**
        form. 7; **No te preocupes.** fam. 7
worse **peor** adj. m., f. 8
worst **el/la peor** 8; **lo peor**
Would you like to? **¿Te gustaría?**
write **escribir** v. 3
    write a letter/post card/e-mail
    **escribir una carta/(tarjeta)
    postal/mensaje** m.
    electrónico 4
writer **escritor(a)** m., f. 16
written **escrito/a** p.p. 15
wrong **equivocado/a** adj. 5
    be wrong **no tener** v. **razón** 3

X

X-ray **radiografía** f. 10

Y

yard **jardín** m. 12; **patio** m. 12
year **año** m. 5
    be… years old **tener** v. … **años** 3
yellow **amarillo/a** adj. 6
yes **sí** interj. 1
yesterday **ayer** adv. 6
yet **todavía** adv. 5
yogurt **yogur** m.
you **tú** sub. pron. fam. sing. 1; **usted**
    sub. pron. form. sing. 1; **vosotros/
    as** sub. pron. fam. pl. 1; **ustedes**
    sub. pron. form. pl. 1; **te** d. o. pron.
    fam. sing. 5; **lo** d. o. pron. m. form.
    sing. 5; **la** d. o. pron. f. form. sing.
    5; **os** d. o. pron. fam. pl. 5; **los** d. o.
    pron. m. form. pl. 5; **las** d. o. pron.
    f. form. pl. 5; **le(s)** i. o. pron.
    form. 6
you are **tú eres** fam. sing. 1; **usted
    es** form. sing. 1; **vosotros/as
    sois** fam. pl. 1;   **ustedes son**
    form. pl. 1   You don't say! **¡No me
digas!** fam.;
    ¡No me diga! form.
You're welcome. **De nada.** 1; **No hay
de qué.** 1

young **joven** *adj.* 3
    young person **joven** *m., f.* 1
    young woman **señorita** *f.*
younger **menor** *adj. m., f.* 3
    younger brother, sister **hermano/a
    menor** *m., f.* 3
youngest **el/la menor** *m., f.* 8
your **su(s)** *poss., adj., form.* 3
    your **tu(s)** *poss., adj., fam. sing.* 3
    your **vuestro(s)/a(s)** *poss., adj.
    form., pl.*
    your(s) *form.* **suyo(s)/a(s)**
    poss. pron., form. 11
    your(s) **tuyo(s)/a(s)** *poss.,
    fam., sing.* 11
youth **juventud** *f.* 9; (young person)
    joven *m., f.* 1

Z

zero **cero** *m.* 1

ÍNDICE

Every effort has been made to trace the copyright holders of the works published herein. If proper copyright acknowledgment has not been made, please contact the publisher and we will correct the information in future printings.

TV Clip Credits

Lesson One: Courtesy of Mastercard.
Lesson Three: Courtesy of Banco Galicia/Mercado McCann.
Lesson Five: Courtesy of Visit Panama.
Lesson Seven: Courtesy of LAPIZ USA.
Lesson Nine: Courtesy of TV Azteca.
Lesson Eleven: Courtesy of Banco Galicia/Mercado McCann.
Lesson Thirteen: Courtesy of Entropic Films.
Lesson Fifteen: Courtesy of Cámara\\TBWA Agencia Publicitaria.

Comic Credits

page 256: © TUTE

Literature Credits

page 302: © Anderson Imbert, Enrique, "La foto", Dos mujeres y un Julián. Buenos Aires, Corregidor, 1999.
page 322: © Fundacion Mario Benedetti. c/o Schavelzon Graham Agencia Literaria. www.schavelzongraham.com
page 346: Courtesy of Cristina Peri Rossi.
page 366: © Augusto Monterroso

Photography and Art Credits

All images © Vista Higher Learning unless otherwise noted.

Cover: Reuters/Alamy.

Front Matter (SE): iii: Darío Eusse Tobón; **xxviii:** Kevin Schafer/Corbis Documentary/Getty Images.

Front Matter (IAE): IAE-6: Martin Bobrovsky/INSADCO Photography/Alamy; **IAE-34:** Kevin Schafer/Corbis Documentary/Getty Images.

Lesson 1: 1: Carolina Zapata; **2:** (l, br) Paula Díez; (tr) Sam Edwards/Media Bakery; **3:** (l) Laurence Mouton/Media Bakery; (r) Hero/Media Bakery; **4:** Martín Bernetti; **5:** (l, m) Martín Bernetti; (r) Frank and Helena/Media Bakery; **8:** (l) VHL; (r) Ali Burafi; **11:** (left col: t, bl, br) Annie Pickert Fuller; (left col: ml) Zentilia/Fotolia; (left col: mr, right col: bl, bm) Martín Bernetti; (right col: tl) Darío Eusse Tobón; (right col: tm) Tiero/Fotolia; (right col: tr) VibrantImage/Big Stock Photo; (right col: br) Gchutka/iStockphoto; **12:** Blend Images/Alamy; **15:** (t) Helga Esteb/Shutterstock; (ml) Hector Mata/AFP/Getty Images; (mm) Photo Works/Shutterstock; (mr) Rafiqur Rahman/Reuters; (b) Reuters; **17:** Prathan Chorruangsak/Shutterstock; **18:** (t) Hanibaram/iStockphoto; (b) Gary Conner/Getty Images; **19:** (t) Robert Daly/Media Bakery; (b) Philip Lange/123RF.

Lesson 2: 23: Carolina Zapata; **24:** (tr) RazvanPhotography/Big Stock Photo; (br) WavebreakmediaMicro/Fotolia; (tl) Alexander Raths/Fotolia; (bl) West Coast Surfer/Media Bakery; **25:** (tl) Annie Pickert Fuller; (bl, br) Martín Bernetti; **26:** (l) Bettmann/Getty Images; (r) Johnny Lye/iStockphoto; **30:** (l) Lorena Natalia Fernandez/LatinContent/Getty Images; (r) Pablo Corral V/Corbis/Getty Images; **33:** (t) Zero Creatives/Media Bakery; (ml, br) Martín Bernetti; (mr) Paula Díez; (bl) Ken Hurst/Shutterstock; **35:** (l) PNC/Media Bakery; (r) Paula Díez; **38:** (l) Martín Bernetti; (r) Adalberto Roque/AFP/Getty Images; **40:** (tl) Paula Díez; (tr) Darío Eusse Tobón; (b) Annie Pickert Fuller; **41:** (t) Michaeljung/Fotolia; (b) David R. Frazier Photolibrary, Inc/Alamy; **42:** Hongqi Zhang/123RF; **43:** (t) José Blanco; (inset) Pascal Pernix; **45:** Bryan Smith/ZUMA Press/Newscom; **46:** (tl) Ian Dagnall/AGE Fotostock; (tr) Sylvain Grandadam/AGE Fotostock; (bl) Lou Rocco/Disney ABC Television Group/Getty Images; (bml) Alliance Images/Alamy; (bmr) DFree/Big Stock Photo; (br) Spacephotos/AGE Fotostock; **47:** (tl) Danny Lehman/Corbis/VCG/Getty Images; (tr) Richard Cummins/Corbis Documentary/Getty Images; (b) Roberto Machado Noa/LightRocket/Getty Images.

Lesson 3: 49: Carolina Zapata; **50:** Martín Bernetti; **51:** (t) Media Bakery; (bl) Monkey Business/Fotolia; (br) Rob Marmion/Shutterstock; **52:** (tl) Tyler Olson/Fotolia; (tm) Paula Díez; (tr) Dann Tardif/Corbis/Getty Images; (bl) Golubovy/Fotolia; (bm) Martín Bernetti; (br) Ariel Skelley/Media Bakery; **56:** (tl) David Cantor/AP Images; (tr) Rafael Perez/Reuters; (b) Martial Trezzini/epa/Newscom; **59:** (left col: tl) Chris Fertnig/iStockphoto; (left col: tm) Grigorita Ko/Fotolia; (left col: tr) Daniel Ernst/Fotolia; (left col: bl) Olena Savytska/iStockphoto; (left col: bm) Martín Bernetti; (left col: br) Robert Kneschke/Fotolia; (right col: t) Ted Spiegel/Corbis Documentary/Getty Images; (right col: mtl) Heribert Proepper/AP Images; (right col: mtr) Shubroto Chattopadhyay/Corbis; (right col: mml) DFree/Shutterstock; (right col: mmr) Zuma Wire Service/Alamy; (right col: mbl) Ivo Roospold/Alamy; (right col: mbr) Dennis Brack/ Danita Delimont/Agent/Alamy; (right col: b) Samuel Borges/Fotolia; **60:** (l) Melica/Shutterstock; (r) Jupiterimages/Getty Images; **61:** (left col, right col: b) Martín Bernetti; (right col: t) Jupiterimages/Media Bakery; (right col: m) AntonioDiaz/ Fotolia; **62:** (t) GoGo/Media Bakery; (b) James Woodson/Photodisc/Getty Images; **63:** (t, ml) Martín Bernetti; (mr) Blend Images/Fotolia; (bl) Photosindia/AGE Fotostock; (br) Photodisc/Alamy; **66:** (tl) Jolopes/Fotolia; (tr) Martín Bernetti; (b) Mark Leibowitz/Fancy/AGE Fotostock; **67:** (tl) Diego Cervo/Fotolia; (tr) Ariel Skelley/Media Bakery; (bl, br) Martín Bernetti; **68:** (t) Glow Images/AGE Fotostock; (ml) Hill Street Studios/Media Bakery; (mr) Chuck Savage/ Corbis/Getty Images; (bl) Martín Bernetti; (br) AntonioDiaz/Fotolia; **69:** (t) Nora y Susana/Fotocolombia.

Lesson 4: 71: Carolina Zapata; **72:** (tl) PCN Photography/Alamy; (tr) Cathy Yeulet/123RF; (b) Richard Carey/Fotolia; **73:** (tl) Scott Cramer/iStockphoto; (tm) Natursports/Shutterstock; (tr) Ty Allison/Taxi/Getty Images; (bl) Aleksandar Todorovic/Big Stock Photo; (br) Paula Díez; **74:** (tl, tr, br) Martín Bernetti; (tml) Darío Eusse Tobón; (tmr) Andres Rodriguez/Fotolia; (bl) Astarot/Fotolia; **78:** (l) Javier Soriano/AFP/Getty Images; (r) Fernando Bustamante/AP Images; **80:** Cathy Yeulet/123RF; **85:** (left col) Paul Bradbury/OJO Images Ltd/Alamy; (right col: t) VojtechVlk/Shutterstock; (right col: b) Koh Sze Kiat/Shutterstock; **87:** (left col: tl) Paula Díez; (left col: tr) Blend Images/Fotolia; (left col: bl) Fancy/Media Bakery; (left col: br, right col) Darío Eusse Tobón; **88:** (tl) Martín Bernetti; (tr) Rido/Fotolia; (b) TheSupe87/Fotolia; **89:** (t) Media Bakery; (b) Ra2studio/Big Stock Photo; **90:** (t) Factofoto/Alamy; (b) Ghislain & Marie David de Lossy/2007 Cultura/Jupiter Images; **91:** Roger Viollet/Getty Images; **93:** Bill Ross/Corbis/Getty Images; **94:** (t) J. Schultes/Big Stock Photo; (bl) Holbox/Big Stock Photo; (br) Ritu Jethana/123RF; **95:** (tl) Bettmann/Corbis; (tr) *Sugar Cane* (1930), Diego Rivera. Fresco, 57 1/8 x 94 1/8 inches (145.1 x 239.1 cm). Gift of Mr. and Mrs. Herbert Cameron Morris, 1943. Philadelphia Museum of Art/Bridgeman Images/©2017 Banco de México Diego Rivera Frida Kahlo Museums Trust, Mexico, D.F./Artists Rights Society (ARS), New York; (bl) Omar Torres/AFP/Getty Images; (br) David R. Frazier Photolibrary/Alamy.

Lesson 5: 97: Carolina Zapata; **98:** (tl) Casadaphoto/123RF; (tr) Annie Pickert Fuller; (b) Penato/Fotolia; **99:** (t) Greg Ceo/ Taxi/Getty Images; (b) Paula Díez; **100:** (l) Margo Silver/Stone/Getty Images; (m) CPC Collection/Alamy; (r) Nicholas Monu/iStockphoto; **104:** Jeremy Horner/Corbis Documentary/Getty Images; **106:** Medioimages/Photodisc/Getty Images; **115:** Martín Bernetti; **116:** LivetImages/Fotolia; **117:** (t) Corel/Corbis; (mt) Fotoluminate LLC/Fotolia; (mb) Ian Lishman/Media Bakery; (b) Jason Ross/123RF.

Lesson 6: 119: Carolina Zapata; **120:** Martín Bernetti; **121:** (l) Karkas/Big Stock Photo; (r) Kiselev Andrey Valerevich/ Shutterstock; **126:** (t) Jose Caballero Digital Press Photos/Newscom; (b) INSADCO Photography/Alamy; **131:** (tl, tr, bl) Martín Bernetti; (br) John Lund/Annabelle Breakey/Media Bakery; **133:** Randy Faris/Corbis; **134:** (all) Paula Díez; **135:** Andres Rodriguez/123RF; **136:** (all) Media Bakery; **137:** (t) Martín Bernetti;(b) YakobchukOlena/Fotolia; **138:** (skirt, blouse) Karkas/Shutterstock; (dress) Paul Buturlimov/Shutterstock; (belt) Sergey Peterman/Shutterstock; (sunglasses, hat) Paula Díez; (socks) Polryaz/Shutterstock; (purse) Vladyslav Starozhylov/Shutterstock; (sandals) Fadedink.net/Shutterstock; **139:** (brown jacket) Karkas/Shutterstock; (grey jacket) Elnur/Shutterstock; (pants) Andrey Armyagov/Shutterstock; (sunglasses, tie, belt, socks) Paula Díez; (shoes) V.S. Anandhakrishna/Shutterstock; (underwear) Sagir/Shutterstock; **141:** PictureLake/Fotolia; **142:** (tr) Mark Williamson Stock Photography/Media Bakery; (tl) Nikada/iStockphoto; (br) Frank Jansky/Icon Sportswire DCT/Newscom; (bl) Anthony J. Causi/Icon SMI 942/Newscom; **143:** (t) Jeremy Horner/Corbis/VCG/Getty Images; (b) R. Peterkin/Fotolia.

Lesson 7: 145: Carolina Zapata; **146:** (l) Martín Bernetti; (r) Paula Díez; **147:** (tl, b) Martín Bernetti; (tr) Lightwavemedia/ Shutterstock; **148:** (tl, tr, bml, br) Darío Eusse Tobón; (tml, tmr, bl, bmr) Martín Bernetti; **152:** Stewart Cohen/Blend Images/Getty Images; **155:** (all) Martín Bernetti; **157:** (t) Photographee EU/Fotolia; (m) Paula Díez; (b) JGI/Tom Grill/Media Bakery; **158:** Masterfile RF; **159:** Anyaberkut/Fotolia; **162:** Anne Loubet; **163:** (t) Corbis RF; (b) Bartosz Hadyniak/Media Bakery.

Lesson 8: 167: Carolina Zapata; **168:** (tl) Marcel Kriegl/Shutterstock; (tr) Paula Díez; (b) Jack Puccio/iStockphoto; **169:** (tr) Annie Pickert Fuller; (tl) Martín Bernetti; (bl) Barry Gregg/Corbis; (br) Paula Díez; **174:** (t) Rachel Distler; (b) Greg Elms/Lonely Planet Images/Getty Images; **176:** (l) Benitez, Rodolfo/AGE Fotostock; (ml) Janet Dracksdorf; (mr) Gustavo Andrade/Bon Appetit/Alamy; (r) José Blanco; **177:** (t) Darío Eusse Tobón; (b) Thomas Northcut/Media Bakery; **180:** Jack Hollingsworth/Corbis; **181:** (t) Ben Blankenburg/Corbis; (ml) Corbis RF; (mm, bm, br) Martín Bernetti; (mr, bl) Darío Eusse Tobón; **184:** Commercial Eye/Getty Images; **185:** Darío Eusse Tobón; **189:** Galen Rowell/Corbis Documentary/Getty Images; **190:** (tl) John Beatty/Getty Images; (tr) David Barnes/Danita Delimont Photography/ Newscom; (b) Jeff Luckett/iStockphoto; **191:** (t) Piero Pomponi/Getty Images; (bl) Michael Marquand/Lonely Planet Images/Getty Images; (br) Marshall Bruce/iStockphoto.

Lesson 9: 193: Carolina Zapata; **194:** (tl) Susana/Fotocolombia; (tr, m) Martín Bernetti; (b) Andrew Unangst/Corbis; **196:** Martín Bernetti; **200:** (l) Aciero/Fotolia; (r) PictureNet/Corbis Documentary/Getty Images; **204:** (l) Nikolai Sorokin/Fotolia; (r) Ecliff6/iStockphoto; **205:** (l) Darío Eusse Tobón; (m) Martín Bernetti; (r) Monkey Business/Fotolia; **208:** Tim Pannell/Media Bakery; (b) Padnpen/iStockphoto; **209:** (t) Monkey Business/Fotolia; (ml) Africa Studio/ Fotolia; (mr) Martín Bernetti; (bl) Gloria Elena Restrepo; (br) SelectStock/iStockphoto; **211:** Darío Eusse Tobón; **212:** (l) Katrina Brown/123RF; (r) Digital Vision/Media Bakery; **213:** Carlos Hernandez/Media Bakery.

Lesson 10: 215: Carolina Zapata; **216:** (t) Martín Bernetti; (b) José Blanco; **217:** (t) Kmiragaya/Big Stock; (b) James Steidl/Shutterstock; **222:** (l) Ricardo Figueroa/AP Images; (r) José Blanco; **228:** (all) Martín Bernetti; **230:** Paula Díez; **231:** Stephanie Maze/Corbis Documentary/Getty Images; **232-233:** Martín Bernetti; **235:** Tips RF/Media Bakery; **236:** (t) Ali Burafi; (b) Gaelj/Fotolia; **237:** (all) Ali Burafi.

Lesson 11: 239: Carolina Zapata; **240:** (t, br) Martín Bernetti; (bl) Paula Díez; **241:** (l) Dmitry Kutlayev/iStockphoto; (tr) Annie Pickert Fuller; **242:** WavebreakMediaMicro/Fotolia; **246:** (l) Esteban Andrés Corbo; (r) RosaIreneBetancourt 7/Alamy; **249:** Martín Bernetti; **253:** (left col: all) Luca di Filippo/iStockphoto; (right col: ml) AHBE/Fotolia; (right col: mtr) Annie Pickert Fuller; (right col: mbl) Liliana Bobadilla; (right col: mbr) Bombaert/123RF; (right col: bl) Martín Bernetti; (right col: br) Nebojsa Markovic/Shutterstock; **254:** Marc Romanelli/Media Bakery; **255:** Torontonian/Alamy.

Lesson 12: 259: Carolina Zapata; **260:** (t) Martín Bernetti; (b) Darío Eusse Tobón; **261:** (tl, tr) Martín Bernetti; (b) Comstock Images/Jupiter Images; **262:** (l, r) Martín Bernetti; **266:** (l) Andreslebedev/Alamy; (r) Martín Bernetti; **273:** Martín Bernetti; **277:** Tony Arruza/Corbis Documentary/Getty Images; **278:** Chile DesConocido/Alamy; **281:** Owen Franken/Corbis Documentary/Getty Images; **282:** (t) Kato Inowe/Shutterstock; (bl) Dave G. Houser/Corbis Documentary/Getty Images; (br) Craig Lovell/Corbis Documentary/Getty Images; **283:** (tl) Kevin Schafer/Corbis Documentary/Getty Images; (tr) Tony Arruza/Corbis; (b) Johan Ordonez/AFP/Getty Images.

Lesson 13: 285: Carolina Zapata; **286:** (tl, b) Martín Bernetti; (tr) Rachel Distler; **287:** (tl) Ron Masessa/iStockphoto; (tm) Soleg/123RF; (tr) Simone van den Berg/iStockphoto; (b) Darren Greenwood/Design Pics/Corbis; **288:** (tl) Fotos 593/Fotolia; (tml) Daniel Stein/iStockphoto; (tmr, b) Martín Bernetti; (tr) Dean Pennala/iStockphoto; **292:** (t) Clive Tully/Alamy; (b) Fotosearch; **299:** Rick Rusing/The Image Bank/Getty Images; **300:** Deron Rodehaver/123RF; **301:** Brian Lasenby/Fotolia; **302:** (flower) Richard Griffin/Fotolia; (picture frame) Vlntn/Fotolia; (photo) Drobot Dean/ Fotolia; (open book) Morokey/123RF.

Lesson 14: 305: Carolina Zapata; **306:** (t) VHL; (m) Martín Bernetti; (bl) Media Bakery; (br, carriage) Lefteris Papaulakis/Fotolia; (br, soccer player) Grafissimo/iStockphoto; (br, woman) Freedom Studio/Shutterstock; (br, birds) DBI Studio/Alamy; **307:** (tl) Martín Bernetti; (tr) Kristian Sekulic/iStockphoto; (b) Bilge/iStockphoto, **308:** (tl) Anne Loubet; (tm, tr, bl, bm, br) Martín Bernetti; **312:** (t) José Blanco; (b) Sistema de Transporte Colectivo, Ciudad de México; **317:** Darío Eusse Tobón; **320:** Martín Bernetti; **321:** (t) Martín Bernetti; (b) David Parsons/iStockphoto; **322-323:** (book) Rangizzz/123RF; **322:** MattGush/iStockphoto; **325:** Bettmann/Getty Images; **326:** (t) Richard Cummins/Media Bakery; (bl) John Nakata/Corbis; (br) Bettmann/Getty Images; **327:** (t) Leo Morales/Agencia el Universal GDA Photo Service/Newscom; (b) Bill Gentile/Corbis Historical/Getty Images.

Lesson 15: 329: Carolina Zapata; **330:** (t) Neyya/Getty Images; (m) Manley099/iStockphoto; (b) Martín Bernetti; **331:** (l) Annie Pickert Fuller; (r) Martín Bernetti; **336:** (l) Krzysztof Dydynski/Lonely Planet Images/Getty Images; (r) Oscar Artavia Solano; **338:** (t) Darío Eusse Tobón; (mt, mb, b) Martín Bernetti; **342:** Martín Bernetti; **344:** Stasique/Fotolia; **345:** (t) Boggy/Fotolia; (b) Meunierd/Shutterstock; **346:** Martín Bernetti.

Lesson 16: 349: Carolina Zapata; **350:** (tl) Andersen Ross/Media Bakery; (tr) Peathegee Inc/Media Bakery; (bl) Glyn Jones/Corbis; (br) Martín Bernetti; **351:** (t) Jeffwqc/Big Stock Photo; (m) Pressmaster/Deposit Photos; (b) Martín Bernetti; **356:** (t) PhotoAlto/Alamy; (b) Jeffwqc/Big Stock Photo; **365:** (t) Martín Bernetti; (b) Paula Díez; **366:** Alessandra Manzotti/Arcangel Images; **369:** Greg Gerla/AGE Fotostock; **370:** (t) Graficart.net/Alamy; (b) Reuters; **371:** (tl) *Las Meninas* or the *Family of Philip IV* (1656), Diego Rodríguez Velázquez. Oil on canvas, 276 x 318 cm. Museo del Prado, Madrid, Spain. Ali Burafi; (tr) José Blanco; (b) Paul Almasy/Corbis Historical/Getty Images.

Back Cover: Demaerre/iStockphoto.

About the Authors

José A. Blanco founded Vista Higher Learning in 1998. A native of Barranquilla, Colombia, Mr. Blanco holds degrees in Literature and Hispanic Studies from Brown University and the University of California, Santa Cruz. He has worked as a writer, editor, and translator for Houghton Mifflin and D.C. Heath and Company, and has taught Spanish at the secondary and university levels. Mr. Blanco is also the co-author of several other Vista Higher Learning programs.

Philip Redwine Donley received his M.A. in Hispanic Literature from the University of Texas at Austin in 1986 and his Ph.D. in Foreign Language Education from the University of Texas at Austin in 1997. Dr. Donley taught Spanish at Austin Community College, Southwestern University, and the University of Texas at Austin. He published articles and conducted workshops about language anxiety, language anxiety management, and the development of critical thinking skills, and was involved in research about teaching languages to the visually impaired. Dr. Donley was also the co-author of three other introductory college Spanish textbook programs published by Vista Higher Learning, **AVENTURAS, VISTAS,** and **PANORAMA.**